国家社科基金
GUOJIA SHEKE JIJIN HOUQI ZIZHU XIANGMU
后期资助项目

# 基于语素库的汉语支配式双音词构词规律研究

## A Study on Word Formation Rules of Chinese Governing Disyllabic Compounds Based on Morpheme Database

陈 树 著

ZHEJIANG UNIVERSITY PRESS
浙江大学出版社
·杭州·

**图书在版编目（CIP）数据**

基于语素库的汉语支配式双音词构词规律研究 / 陈树著. —杭州：浙江大学出版社，2022.12

ISBN 978-7-308-21627-2

Ⅰ. ①基… Ⅱ. ①陈… Ⅲ. ①现代汉语—构词法—研究 Ⅳ. ①H146.1

中国版本图书馆 CIP 数据核字(2021)第 153905 号

**基于语素库的汉语支配式双音词构词规律研究**

JIYU YUSUKU DE HANYU ZHIPEISHI SHUANGYINCI GOUCI GUILÜ YANJIU

陈 树 著

| | |
|---|---|
| 责任编辑 | 杨利军 |
| 责任校对 | 张培洁 |
| 封面设计 | 周 灵 |
| 出版发行 | 浙江大学出版社 |
| | （杭州市天目山路 148 号 邮政编码 310007） |
| | （网址：http://www.zjupress.com） |
| 排 版 | 杭州青翊图文设计有限公司 |
| 印 刷 | 广东虎彩云印刷有限公司绍兴分公司 |
| 开 本 | 710mm×1000mm 1/16 |
| 印 张 | 32 |
| 字 数 | 598 千 |
| 版 印 次 | 2022 年 12 月第 1 版 2022 年 12 月第 1 次印刷 |
| 书 号 | ISBN 978-7-308-21627-2 |
| 定 价 | 128.00 元 |

# 国家社科基金后期资助项目
# 出版说明

后期资助项目是国家社科基金设立的一类重要项目，旨在鼓励广大社科研究者潜心治学，支持基础研究多出优秀成果。它是经过严格评审，从接近完成的科研成果中遴选立项的。为扩大后期资助项目的影响，更好地推动学术发展，促进成果转化，全国哲学社会科学工作办公室按照"统一设计、统一标识、统一版式、形成系列"的总体要求，组织出版国家社科基金后期资助项目成果。

全国哲学社会科学工作办公室

# 序

20 世纪 90 年代，我们提出了"汉语词汇双音化"的概念。这个概念是用来指称汉语词汇发展史中的一种现象的。在训诂词源学的研究和同源词的系联中，我们发现，汉语词汇的发展有一个明显的规律，那就是在词汇不断累积的过程中，构词的方式发生着有规律的变化，大约可以分成三个阶段：从开始的原生造词阶段，到单音词大量产生的孳生造词阶段，再到双音合成的造词阶段。这三个阶段并不是完全分割、彼此隔绝的。在每个阶段中，三种构词方式都是同时存在的，只是不同的阶段，都有一种方式是主导的构词方式。这种主导方式形成后，其他两种方式或逐步减弱，或尚未形成气候，都没有优势。汉语构词在从单音孳生构词为主发展为双音合成构词为主的过程中，会出现双音词激增的时期，通过双音词的激增实现双音合成构词为主，我们称之为"双音化"。

从已经流传下来的主要典籍的书面语来看，汉语双音构词成为主导的时代，大约始于魏晋南北朝，也就是公元 3 至 6 世纪，然后一直延续到今天，时间很长。今天现代汉语中的双音词，是从古到今积累下来的，它们不是共时的产物，但通过不断产生和应用，积淀到一个共时层面上。汉语以双音词为主并不排斥单音词的存在，双音词和单音词和谐地存在于同一个词汇系统里，共同承担汉语表达思想的任务。汉语双音化是一个十分值得研究的课题，它关系到汉语单音语素和汉字的关系，由此而影响了汉字特别是形声字的发展；它关系到汉语文言向白话的过渡，因而影响了文言及其意义在双音词语素中的保留传承和演变发展；它还关系到汉语句子中合成词和短语的分野，因而影响了句法的基本单位和组合层次。要想解决这些不能不深入探讨的问题，必须首先对汉语双音词加以分类、整理，以便对它的构成规律有更多的理性认识。

关于合成词的分类和语素的结合规律的研究，一直存在两种不同的意见：一种主张合成构词与句法中的短语结构完全一致，因而可以以句法短语的结构类型来指称合成词的结构类型，以句法短语的分类来规范合成词的分类；甚至认为，构词法就是句法的一个层次，隶属于句法学而不隶属于词汇学。另一种主张则认为，合成词的结构与句法中的短语结构，形式上的一致是存在的,但构词法与句法是本质不同的两种现象,深入到二者的意义特别是构成的理据来看,它们的差异十分明显。我们基本上同意第二种意见。经过大量的事实,我们在世纪之交提出了"汉语合成造词具有非句法特征"的命题,并举出多样的事实来证明合成词与句法中的短语内在的结合规律是不同的:合成词的语素之间的意义关系,不同于句法短语中词的意义关系;合成词结合以后的意义,也不似短语可以直接分析。用纯粹形式的方法研究汉语合成词,会丢掉很多有用的信息,有些本质问题也会被忽略,而在研究汉语双音词时,意义的介入是不可缺少的。但是在操作层面上,我们也认为,由于双音合成词意义的显示度并不完全一样,而且,意义带有较多的经验性,"唯意义论"并不是最优的分析方法。如果不将意义置于形式的框架里,势必会出现无从下手的困扰,甚至造成材料的堆砌,难以得出规律性的结论。所以,从形式分类出发,再介入意义分析,应当是有效的方法。

数据显示,汉语双音词的结构模式,一开始是以偏正式和并列式为主的。在符渝和肖晓晖分别对偏正式和并列式进行了全面研究后,支配式的研究就提到日程上来。陈树接受了这个研究的任务。

支配式双音合成词的研究,与偏正、并列双音词研究属于同一研究领域的不同分支,有些理念和方法是相同的;但是,支配式与偏正、并列两种结构模式又有着不同的研究价值。陈树给这种合成词下的定义是:"由一个表示行动意义的语素和一个表示该行动所涉及的对象语素联结在一起而构成的双音节复合词。"他对"支配"的界定是:"不是狭义的'作用—受事'的语义关系,它是指动作行为或状态作用、影响、涉及、牵连到这种事物、事件或情况,这是判定支配式双音词的重要标杆。"根据这个定义,支配式合成词与句法里的"动宾结构"在形式上有一致之处。在句本位语法里,"主—谓—宾—补"属于句子层面,"定—中""状—中"(二者皆属于偏正短语)和并列短语属于词组层面。所以,与"动—宾"结构比较,在支配式双音词中应当更能看到汉语构词的非句法特征。按照陈树的定义和解释,支配式的两个语素一个是动词性的,在生活中对应的是"业",也就是事物的动态本体,另一个是动作、变化涉及的对象,也就是"实"。这在现实生活里是最复杂的关系,反映在两个语素的意义关系上,支配式的语素关系要比联合式和偏正式丰富得多,分析这种类型的合成词也会比分析那两种合成词看到更不相同的语言现象,有利于更深入地揭示汉语双音构词的本质。

陈树的这部书稿以博士论文为基础,他说自己的研究"坚持当代理论训诂学的语义主体论、语义系统论的基本观点,吸取认知语言学等现代语言学相关理论的合理成分,择取相对封闭的共时语料《现代汉语词典》(第 7 版)

中的 7246 个支配式双音词词项作为研究对象,以构词基础元素——语素为着力点,从构词成分、搭配关系、合成整词三个层面探究支配式双音词构词规律"。2011 年,我和他一起完成并最后审定他的博士论文,十年以后再一次读他的书稿,是很有感触的。这是对学科点这些年在双音合成词研究中坚持的原则的全面体现,这是一项多角度、多维度的探讨;同时还要遵循章黄先师高度重视第一手材料的优秀传统,将一批材料遴选出来,封闭起来。这样做,既要面对支配式复合词两个语素复杂的语义关系,又要面对多至几千个词项的穷尽分析。这是给自己出了两个难题。这种高度的信任与踏实的跟进,是一种传承的责任感,一种学术共同体内可贵的合作精神。当我读完论文和书稿的全文,我又有进一步的感动:因为他绝非虚言,更非盲从,而是设计了一整套操作方法来体现这些精神,竭尽全力地分析了被他划在圈里的封闭的材料。

陈树的做法是:分别将支配式双音词的前一个语素和后一个语素的语义系统建构出来。前位的语素大部分是动词性的,少部分属于其他词类转为动词性的,情况比较复杂。他将择定的材料做了细致的分析,从底层出发,完成了这个层次众多、分类很细的系统建构,最终归纳为状态、变化、转移、活动、作用五类。后位语素大多是名词性的,他将后位语素进行了语义分类,探讨了各类语素的构词能力,将其分为极强、强、较强、较弱和弱五个等级,并对影响语素构词能力的因素展开了讨论。由于所采用的语料是足够而封闭的,对这批语料的分析又是穷尽的,他手上便掌握了两批经过整理的语素作为资源。有了以上两方面的资源,他便有条件探究支配式双音词两个语素结合的规律——哪些是可以结合的,哪些是不能结合的,制约两个语素结合的语义因素是什么。这就比较系统地解释了两个语素搭配的规则,而不是对材料进行经验性的个体解释。这部分工作体现了描写与解释相互促进的良好效果。他用自己创造性的操作方法,忠实地体现了研究的理念,也证实了、发展了这些理念。

陈树的最后一步工作是对复合词构词问题进行了一些理论的探讨:他用"结构-功能"的理念审视语素义与双音词语义结构模式的关联,追溯汉语构词方式发展历程,分析复合词构词与词汇系统形成和完善的关系。他在语素与直接生成式关系中,考察支配式双音词成词的语义条件,探求词与词组的区别;在语素与半直接生成式关系中,探讨支配式双音词构词中的语义要素的隐现规律。他也用认知语言学隐喻和转喻的理论,探讨一部分支配式双音词的生成规律。这些理论的探讨虽很初步,难得的是有大量的材料做基础,不是空论、泛论,对推进汉语双音合成词的理论研究,是有价值的。

陈树的书稿比起他的论文,采用的材料多出大约 40%,材料的增加必然带来数据和论证的变动。面对大量的数据和较少的参照,这部书稿应当还有可改进之处,但是令我们欣慰的是,这十年,陈树没有急着出版,也没有放下,一直在充实,在思考,书稿字里行间显示的专心和耐心以及心无旁骛、不断求进的学术品质,在年轻的学者身上不容易看到,是很可贵的。从汉语的特点出发,坚持中国传统语言学的继承和发展,适当吸收国外语言学适合汉语的合理方法,去面对汉语独特的问题,永远是我们不会放弃的追求目标。沿着这条路不停顿地走下去,相信陈树处理材料的经验会更丰富,研究方法会更成熟,理论素养会不断提高,会有更多的成就给我们惊喜!

王 宁

2021 年 6 月 28 日于北师大

# 前　　言

目前汉语复合词构词研究的主流仍是延承句法结构形式分析方法,但本书着重从语义视角考察语素结合成复合词的语言现象。此研究坚持当代理论训诂学的语义主体论、语义系统论的基本观点,并吸取认知语言学等现代语言学相关理论的合理成分,择取相对封闭的共时语料《现代汉语词典》(第7版)中的7246个支配式双音词词项作为研究对象,以构词基础元素——语素为着力点,从构词成分、搭配关系、合成整词三个层面探究支配式双音词构词规律。

本书除了绪论和结语,主体部分共八章。

在绪论部分,首先,提出汉语复合词构词法研究包含三个层面,明确本研究的宗旨是推动复合词构词研究向理据解释纵深发展。在仔细梳理前人研究成果的基础上提出深化汉语复合词构词研究需要回归到语素起点,而语素的深入研究必须要有语义系统的观念。其次,阐述了本研究的理论基础和具体的研究思路,着重介绍了语素库构建的依据和路径。最后,对如何择定支配式双音词做了详细说明。

第一章至第五章着力探讨前位动素后接语素的问题,对状态、变化、转移、活动、作用五大类前位动素的构词现象分别进行讨论,每章分四节,充分吸取了基于训诂学的汉语词汇语义学新的研究成果,主要是以语义为标准进行汉语动词、名词下位层次分类。首先,在每节中将同义的语素类聚成组,再依照语义结构标准,将不同语素组类聚成集,不同语素集汇聚成类,自下而上逐层归纳,形成完整的组、集、类多层级语素体系。其次,在语素组中详尽描写每个动素所构支配式双音词的语义结构模式以及后接语素所属义类,对部分有特点的语素构词现象加以分析。最后,在每节的小结部分归纳和解释每类前位动素后接语素的意义类型分布和特点。

第六章分析后位语素的语义分类及构词力。首先,将之分成具体名素、抽象名素、非名语素三个大类,其下再分次类及语素集,将每个语素归入各集或组,并列出所构词例和统计构词量。其次,比较同集、类中的语素构词力,分成极强、强、较强、较弱和弱五个等级,并且对影响语素构词能力的因素展开分析。

第七章探究支配式双音词语素结合的语义制约因素。首先,讨论类义素对语素结合的影响,分别从前位动素、后位语素两个角度归纳了各义类语素之间倾向性的搭配和不搭配规则,分析了超强构词力语素的义类分布倾向以及成因。其次,揭示表义素对语素结合的影响,从语义特征角度分析同义语素构词的差异,以及词义引申和泛化对语素结合的影响。最后,论证源义素对语素结合的影响,分析词源意义在语素结合中所起的作用,并揭示单音同源词义通关系对语素组合成词的影响。

第八章参考系统论"结构-功能"的理念,围绕语素义与双音词语义结构模式的关联展开构词专题研究。追溯汉语构词方式发展历程,分析复合词构词系统问题。在语素与直接生成式关系中,考察支配式双音词成词的语义条件,探求词与词组的区别,分析前位语素对后位语素支配力的强弱与语义结构类型的关联性;在语素与半直接生成式关系中,着重探讨支配式双音词成词过程中语义成分的隐现规律;在语素与非直接生成式关系中,集中讨论隐喻型支配式双音词,以及名词性、形容词性、副词性等转喻型支配式双音词的生成规律。

结语部分对研究进行全面总结,提出五个主要观点:汉语复合词构词法是包含多个层面的规则综合体系;语义是汉语复合词构词研究的核心内容;构建语素体系是探讨构词法的前提和基础;复合构词系统是运作有序的有机整体;古今沟通是解释构词理据的重要渠道。

本研究提出了汉语复合词构词法包含"语素—结构—整词"三个层面的观点,首次对现代汉语一定量的支配式双音词构词面貌做了穷尽、全面的描写,力图改善以往句法结构分析法的局限和已有的语素研究的不足,以语义系统的观念统领研究的各个环节,明晰了双音词构词语素的义类组合规则,解释了部分支配式双音词构词理据,以期推进汉语复合词构词法的研究。所形成的结论可供汉语词汇学、语义学、语素学、语言教学、词典编撰、中文信息处理等理论研究和应用领域参考。

# 目　录

# 绪　　论

## 一、研究宗旨

纵观汉语词汇发展史,自魏晋开始汉语词汇的主要构造方式从单音孳生造词转变为双音合成造词,直到现代汉语词汇中,双音节复合词在数量上占了大多数。探寻纷繁复杂的构词现象背后所隐藏的本质规律是汉语双音复合词构词法研究的核心任务。具体来说,它至少应当包含既相对独立又彼此联系的三个层面:在构词成分层面,涉及构词语素的类型、数量、特征以及参与构词的限制条件,语素构词能力强弱及其影响因素;在搭配关系层面,涉及语素与语素的结构关系类型、语素选择结合的制约因素;在合成整词层面,涉及合成方式及其类型、语素在构造整词中的功能及其与成词方式的关系,以及词与词之间构词模式异同对比等问题。目前,在汉语复合词构词法研究领域仍有很大的提升空间。

支配式双音词是汉语双音节复合词类型之一,它的前一语素表示一种动作行为或状态,后一语素表示一个事物、事件或情况,前、后位语素的语义关系是行为状态作用、影响或涉及该事物、事件或情况。[①] 从支配式双音词衍生历史来看,它出现时代较早,但是大量成词时代偏晚,在双音化历程中呈现缓慢增长的态势,直到当代汉语仍有增长的趋势。据周荐统计,《现汉》(1978 年版)支配式双音词占双音复合词的比例为 15.6%,[②]卜成林统计《现汉》(1996 年版)支配式双音词占双音复合词的比例为 20.18%,占比超过并列式,仅次于偏正式。[③] 我们统计中国传媒大学国家语言资源监测与研究有声媒体中心的新词语在线公示系统中 2008—2016 年双音复合词,其

---

[①]　周祖谟对合成词类型中"支配式"下的定义是:"前一个词素表示动作或行为,后面一个词素表示受这个动作或行为的影响或支配的事物。"参见周祖谟:《汉语词汇讲话》,外语教学与研究出版社,2006 年,第 5 页。葛本仪认为:"支配关系是指前一概念表示一种行为,后一种概念则表示这种行为所涉及的事物和情况。"参见葛本仪:《汉语词汇研究》,山东教育出版社,1985 年,第 82 页。本书参考了这些观点。

[②]　周荐:《复合词词素间的意义结构关系》,《语言研究论丛》第六辑,天津教育出版社,1991 年,第 211 页。

[③]　卜成林:《汉语工程词论》,山东大学出版社,2000 年,第 131 页。

中支配式双音词数量所占比例为 21%，仍列第二，总体呈现出一定的能产性和稳步发展的趋势。探求支配式双音词构词规律是汉语复合词构词研究不可缺少的一个部分。积累在现代汉语共时平面的支配式双音词由哪些语素参与构造？它们的构词能力如何？前位语素与后位语素的搭配选择有怎样的倾向性，究竟有哪些因素影响它们的结合？语素以怎样的方式合成双音词？这些问题能否得到明确的解答，关涉对汉语复合词构词规律的揭示。到目前为止，学界对此并没有太多的关注，而本研究则试图探明。

我们从《现代汉语词典》（第 7 版）中择取一定量的支配式双音词作为封闭语料，吸取中国训诂学语义主体和语义系统的研究理念，从构词语素的意义入手，对其构造支配式双音词的情况进行穷尽性的大规模分析描写。通过构建以义类为基础的语素库，比较语素的意义异同，探讨语素选择结合的倾向和语义制约因素，归纳语素组合成词的条件以及生成方式，揭示汉语复合词构词的有序性，推动汉语支配式双音词构词研究向理据解释纵深发展，逐步去接近汉语复合构词的本质。

## 二、相关研究成果回顾

### （一）研究综述

汉语复合词构词问题曾引起众多学者的关注，经过不懈努力，取得了一定的研究成果。潘文国等、朱彦曾对 20 世纪以来学界的复合词研究总貌做过较为详细的梳理和总结，[①]这些综述重在对复合词构词研究的总体情况及历史走向进行阐述。由于本书属于支配式双音词构词的专题研究，需要专门就该类复合词构词研究的成果做一个详尽的梳理，以便增强本研究的针对性，更好地总结经验，继承成就，开拓创新。

根据各个历史时期研究方法的特点，我们将以往的研究大致分为三个阶段加以阐述。

### 1. 20 世纪中期以前

汉语词汇研究有着悠久的历史，传统训诂学在词义研究方面积累了丰富的经验和材料。在一些训诂学家的随文释义中我们可以窥见古人对汉语中支配关系双音结构的分析。

例如，唐代颜师古《汉书注》在《文帝纪》"新喋血京师"后引如淳注为"杀

---

① 参见潘文国、叶步青、韩洋：《汉语的构词法研究》，华东师范大学出版社，2004 年；朱彦：《汉语复合词语义构词法研究》，北京大学出版社，2004 年。

人流血漉沱为喋血",解释说"喋音大颊反,本字当作蹀,蹀谓履涉之耳"[①],又在《成帝纪赞》中注解"称职"为"克当其任也"。又李贤等《后汉书注》在《王常传》"亡命"一词后说"命者,名也,言背其名籍而逃亡也"[②]。

这些分析,体现了古代学者"重在语言的运用与变化中观察与研究语言"[③],追求的是语义训释。但是,一方面,传统训诂学研究对象主要是以单音词为主体的先秦两汉文言典籍,另一方面,传世典籍中生成的汉语复合词意义可以借助单音语素的意义直接或间接地加以训解,故而训诂学并未将支配式复合词作为一个独立的类别问题专门研究。马建忠在《马氏文通》中对汉语复合词构词问题主要论及并列双音词,如"古籍中诸名,往往取双字同义者,或两字对待者。较单辞只字,其辞气稍觉浑厚"。他的关注点主要是句法方面,该书规定:"凡名代之字,后乎外动而为其行所及者,曰止词。"[④]这里的"止词"就是指动宾结构的宾语,至于支配式双音词并未直接涉及。

1919年,薛祥绥所作《中国言语文字说略》开汉语复合词构词研究的先声:"若夫用字之际,其道多方,而济单音之穷,使之孳乳繁盛者,则复合之法尚矣。"[⑤]此语实际上点明了汉语词汇复音化的现象和原因。文中提及并列式和偏正式双音复合词,但并未涉及支配式双音词。其后,1920年,刘复著《中国文法通论》,胡适著《国语的进化》;1922年,金兆梓著《国文法之研究》;1923年,胡以鲁所著的《国语学草创》出版。这些著作对汉语复合词构词问题开始重视,不过关注点还是集中在汉语复合词的大宗——偏正式和并列式。

真正把支配式双音词作为一个单独类别纳入复合词构词法体系的是黎锦熙先生。1922年,他在《汉字革命军前进的一条大路》中,列出《复音词类构成表》。此表经过修改,改名为《复合词构成方式简谱》,被收入1930年发表的论文《国语复合词的歧义和偏义》中。在文中黎先生提出了一个被认为"在正式的构词法研究名义下进行的最早、最详尽、分析最细微的汉语构词法大纲"[⑥]。他把汉语的复音词分为"合体的""并行的""相属的"3个大类,

① 班固:《汉书》,中华书局,1962年,第106页。
② 孙良明:《中国古代语法学探究》(增补本),商务印书馆,2005年,第251页,第268页。
③ 潘文国、叶步青、韩洋:《汉语的构词法研究》,华东师范大学出版社,2004年,第8页。
④ 马建忠:《马氏文通》,商务印书馆,2002年,第38页,第25页。
⑤ 转引自潘文国、叶步青、韩洋:《汉语的构词法研究》,华东师范大学出版社,2004年,第21页。
⑥ 潘文国、叶步青、韩洋:《汉语的构词法研究》,华东师范大学出版社,2004年,第29—32页。

下面再分为 15 个小类、30 个次小类和 11 个再次小类。其中,在"相属的复合词"大类下、"动名相属"小类下、"上动下名"次小类下,有"作动词者"再次小类,举出的例词"起身、出版、害病",都是支配式双音词。此外难能可贵的是,在"两动相属"小类下、"上动及下"次小类下,所举例词"催眠、讨厌",也可归入今天所说的支配式双音词。1946 年,夏丏尊《双字词语的构成方式》继承与发展了黎氏体系,他的"由句或兼词而成"下有两个次类,其中属于"兼词"类的"读书""吃饭""管家""执政"等是支配式双音词。接近 20 世纪中期,支配式双音词才被学者纳入汉语复合词体系,确立了独立地位。黎氏构词体系的基础是对构词成分的词性分析,这与后来用句法结构来分析复合词内部结构的思路是不一样的。

2. 20 世纪中期至 20 世纪晚期

该时期依照复合词研究的不同视角和侧重点大致可以分为 3 个研究方向。

(1)着重从句法形式分析

1948 年,赵元任《国语入门》主要采用句法模式来分析复合词内部结构,把复合词分为 6 类,其中有"动词宾语复合词",举例词"存款、护书、董事"等。1957 年,陆志韦等编著《汉语的构词法》提出"向心格""后补格""动宾格""主谓格""并立格"等汉语复合词大类,其中"动宾格"着重探讨的是区别动宾短语与动宾复合词的标准问题。这种以句法形式研究复合词构词法的分类体系为 1961 年《现代汉语语法讲话》所吸收,该书提出"动宾式"构词法,并给出明确的定义:"动宾式是由一个动词性的成分加一个宾语性的成分造成一个词。"并举出例词:"干事、防风(药名)、裹腿、当中、怀疑、动员、得罪、负责、有限、无效、凭空、彻底、因此。"[1]至此,采用句法结构形式分析汉语复合词的主体思路基本定型。至 1982 年,朱德熙《语法讲义》也强调:"汉语复合词的组成成分之间的结构关系基本上是和句法结构关系一致的。句法结构关系有主谓、述宾、述补、偏正、联合等等,绝大部分复合词也是按照这几类结构关系组成的。"[2]此后,采用句法形式分析双音复合词结构成为主流。

受此影响,出现了一些探讨支配式复合词的专文。何思成首先指出支配式复合词是用"句法学造词方式构成的",主张从语法角度去认识语素间的关系,后一语素在前一语素之后回答"什么"的问题,与行动性语素作修饰

---

① 丁声树等:《现代汉语语法讲话》,商务印书馆,1961 年,第 219—220 页。
② 朱德熙:《语法讲义》,商务印书馆,1982 年,第 32 页。

成分的偏正式复合词不同。其次,他认为:"支配式合成词的外延与其构成词素的外延互不相干,而偏正式复合词的外延则与其中心词素的外延呈从属关系。"①

张靖认为:"支配式合成词由两部分组成,前部分如句法中的谓语,后部分如句法中的宾语。"他从《现代汉语词典》所收的 56000 余条词(语)中提取出支配式复合词 5106 条,占总数的近 10%。其次,分析支配式复合词的词性,其中名词占支配式复合词总数的 18%,动词占 72%强,形容词占 6%,副词占 3%,连词占 0.8%。同时,他还认为大部分支配式合成动词有一个最突出的特点,就是"它们前后两个词素结合得并不紧密,可以拆开使用"。②

此外,汉语词汇双音化的发展过程也引起了古代汉语研究者的关注,比较有代表性的是 1978 年陈克炯所著的《〈左传〉复音词初探》、1980 年马真所著的《先秦复音词初探》、1982 年程湘清所著的《先秦双音词研究》等等。这些论著分析复合词的思路与陆志韦等编著的《汉语的构词法》比较接近,一般是将复合词的构造方式分为联合式、偏正式、动宾式(或支配式)、表述式、补充式,然后主要是分析联合式、偏正式由哪些语法属性的语素组成,例如,"社稷"是名名联合构成名词,"攻击"是动动联合构成动词。由于先秦支配式双音词还不发达,所以往往没有对支配式双音词的构成成分展开过多分析。

(2)着重从语义关系分析

从语义视角研究复合词构词最早可追溯到孙常叙 1956 年所著的《汉语词汇》,该书从词汇生成的角度提出用造词法来研究汉语复合词构成。他认为:"用这种方法(词汇-结构造词方法)造的词,虽然在结构中间依赖一定的语法关系,而成词之后也有一定的语法意义;但是在结构形式上是一个浑然整体,不依语法关系存在。因此,它只是属于词汇性质的。""造词法虽然和语法有联系,但是它有它自己的结构特点,不能用语法代替。"③孙先生全面用意义关系来代替句法关系的名称,他的"词组结构造词"下分为"修饰关系""并列关系""因果关系""支配关系"(分别对应着句法形式分析的偏正式、联合式、述补式、述宾式),又有"短句结构造词"(对应着句法形式分析的主谓式),"从而突破了用语法(词法、句法)控制词结构描写的模式"④。

---

① 何思成:《谈谈支配式合成词的界限》,《成都大学学报(社会科学版)》1982 年第 2 期。
② 张靖:《支配式合成词管窥》,《松辽学刊》1989 年第 4 期。
③ 孙常叙:《汉语词汇》(重排本),商务印书馆,2006 年,第 105 页,第 118 页。
④ 潘文国、叶步青、韩洋:《汉语的构词法研究》,华东师范大学出版社,2004 年,第 266 页。

1959 年，周祖谟《汉语词汇讲话》提出"支配式"复合词的定名，他定义说，"前一个词素表示一种动作或行为，后一个词素表示受这个动作或行为的影响或支配的事物"，并举出例词："动员、带头、开幕、握手、滑冰、满意、革命、司令"①。这个定义着重点是从语素之间的语义关系判定复合词结构类型。1968 年，赵元任《汉语口语语法》在分析主从复合词中"V－N"结构时，指出名词与动词的关系。如"导师""开水"，名词为主动者，"劈柴""炒饭"，名词为受动者，"蒸笼""斩刀"，名词为工具。② 这实际上谈的是参构语素的语义结构关系。随着对复合词内部语义关系的复杂性进行深入探索，研究者不断地提出一些新的结构类型。李行健提出动状类型，如"养病""打围""打拳"等，他认为动状结构来源于古汉语中的状语后置的造句法。③ 周荐提出中状正偏类，有"奠酒""托梦""点卯""卧病"等。④ 不过王洪君认为这些复合词的内部结构产生伊始就与述宾短语有可类比性，而与状动或动状短语的性质全然不同。⑤ 这些对复合词语义结构类型的讨论，反映了学者们对复合词内部语素关系的认识正在深化。

唐超群提出"必须进一步注意到动宾式合成词内深层的各种不同的语义关系"⑥。他归纳了动宾式复合词内部结构的 7 种语义关系：受事（如管家、革命）、结果（如钻井、成才）、施事（如淋雨、伤风）、时间（如辞行、签收）、方位（如落网、冲天）、原因（如卧病、膨气）、依凭（如打谱、打夯）。支配式双音词的研究由句法结构关系深入复合词内部语义关系。

（3）着重从构词语素分析

受结构主义语言学的影响，在汉语的构词法研究领域，对复合词的构词成分——语素的认识也在逐步深化。1940 年，陈望道提出"辞构成或语构成的成分，就是'辞素'或'语素'"⑦。1953 年，陈文彬《词儿连写的演变、办法和问题》中提出"基本词素"和"附加词素"⑧。1979 年，吕叔湘《汉语语法分析问题》指出："最小的语法单位是语素，语素可以定义为'最小的语音语

---

① 周祖谟：《汉语词汇讲话》，外语教学与研究出版社，2006 年，第 5 页。
② 赵元任著，吕叔湘译：《汉语口语语法》，商务印书馆，1979 年，第 190 页。
③ 李行建：《汉语构词法研究中的一个问题——关于"养病""救火""打抱不平"等词语的结构》，《语文研究》1982 年第 2 期。
④ 周荐：《语素逆序的现代汉语复合词》，《逻辑与语言学习》1991 年第 2 期。
⑤ 王洪君：《从与自由短语的类比看"打拳"、"养伤"的内部结构》，《语文研究》1998 年第 4 期。
⑥ 唐超群：《动宾式合成词研究》，《华中师范大学学报（人文社会科学版）》1990 年第 2 期。
⑦ 陈望道：《从"词儿连写"说到语文深入研究》，《陈望道语言学论文集》，商务印书馆，2009 年，第 203 页。
⑧ 潘文国、叶步青、韩洋：《汉语的构词法研究》，华东师范大学出版社，2004 年，第 97 页。

义结合体'。"并指出："讲西方语言的语法,词和句子是主要的单位,语素、短语、小句是次要的(这是就传统语法说,结构主义语法里边语素的地位比词重要)。讲汉语的语法,由于历史的原因,语素和短语的重要性不亚于词,小句的重要性不亚于句子。"①其后,对语素的分类也在进一步细化。1981年,张志公根据语素的意义,将语素分为"实素""虚素"和"半虚素"。其中,名素、动素、形素称为"实素"。② 1982年,朱德熙《语法讲义》将语素按能否单独成句,分为自由语素、粘着语素;按能否单独成句,分为成词语素、不成词语素;在词中的位置,分为定位语素与不定位语素。

1984年,尹斌庸第一次对汉语语素进行了定量研究。他分析了累积出现频率占99.94%以上的4000多个汉字,统计出现代汉语共使用着大约5000个单音节语素,然后从6个方面进行研究,列出相应的统计表:汉语语素的词性分配;语素的独立性;名、动、形三类语素的构词力;汉字和语素的对应关系;汉字"一字一素"在各级字数中比重的变化;音节和语素的对应关系。③ 该研究对构建语素体系有启发意义,为摸清现代汉语语素总貌及构词情况提供了重要的数值参考。

1986年,周士琦所编《实用解字组词词典》是一本新型的以解释语素义为主的词典。该书对80000多个汉语复合词和固定语中的构词语素义一一分析,将同一语素义的复合词类聚起来。这证明从语素义入手分析复合词结构具有一定的可行性。北京语言学院语言教学研究所编著的《现代汉语频率词典》"汉字构词能力分析"从大量语料出发,经过统计分析,对4574个汉字构词能力量化说明,推进了人们对汉语常用构词语素的认识。类似的还有1992年唐超群等编著的《组词字典》,对语素义的分析更为细化。

在研究词汇内部构成过程中,研究者们逐步认识到语素义和词义关系的复杂性。符淮青注意到复合词"词义同构成词的语素义也有一定联系,因此分析语素义对确定词义也有相当的作用"。"如果以词的语素义为中心,则释义的内容可分为下列几个部分:1.语素义内容,2.词的暗含内容,3.为表述需要而补充的内容,4.知识性附加内容。""在汉语中,语素义同词义的关系可分成:语素义直接完全表示词义,语素义直接部分表示词义,语素义间接表示词义,表词义的语素有的失落原义等类型。"④符先生的分析揭示

①　吕叔湘:《汉语语法分析问题》,商务印书馆,1979年,第12—13页。
②　张志公:《谈汉语的语素——并略介绍哈尔滨语法教学讨论会》,《语言教学与研究》1981年第4期。
③　尹斌庸:《汉语语素的定量研究》,《中国语文》1984年第5期。
④　符淮青:《词义和构成词的语素义的关系》,《辞书研究》1981年第1期。

出复合词在构造过程中存在语义成分隐现现象,词义并不是语素义的简单相加或减少。他提出的词义与语素义关系模式对分析复合词语义结构有一定的参考价值。

到 20 世纪晚期,汉语支配式双音词的研究格局基本确立,为后续的研究奠定了基础。

3.20 世纪末至今

这一时期,汉语复合词构词法的研究呈现多视角、多元化的特点。支配式双音词作为其中一个类型,也有一些新的进展。

一方面是继承和发展从句法角度探讨支配式双音词的句法结构和功能。

1999 年,施茂枝提取《现代汉语词典》(1996 年修订本)5733 个述宾式复合词,揭示了它们结构上"离合和骑墙"的特点。他认为:"述宾结构的非离合词、离合词、短语三者没有明显的界限,只是在离的频率大小、自由程度、方式多少上存在差异。"①其次,有些词具有同一个词形却兼有两种语义结构,例如"雕花、捐款"等等。词类的分布不平衡,动词 4908 条,占85.60%,它们大多不能带宾语;形容词 332 条,约占 5.79%;名词 188 条,约占 3.72%;副词 173 条,约占 3.01%;兼类 70 条,约占 1.22%,例如"帮闲、剪纸、卫生"等;代词、连词、数词 13 条,约占 0.22%。该文还分析了动词带宾语的类型和特点,他统计所有能带宾语的述宾动词仅占述宾动词总数的 5.05%,处所宾语取代了普通动词所带的受事宾语的绝对优势地位。

2003 年,周红采用配价语法理论对《现代汉语词典》中 4186 个动宾式动词进行穷尽分析,得出结论——"它们绝大多数是一价的,占 74.5%。零价、二价、三价的占 24.6%"②,并认为这种现象是由动宾式动词语义结构决定的。

此外,在汉语词汇史研究方面,涌现了一大批研究汉语史专书复合词的论著,其研究对象涵盖从上古到近代汉语各个时期的文献,对于支配式复合词研究来说,其意义在于摸清了汉语支配式双音词在汉语词汇史中各阶段的数量及增长情况。汉语复合词发展的总趋势是:在发展初期,复合词多为并列式、偏正式以及极少量的支配式,后来陈述式、补充式出现,支配式在汉语词汇双音化中的总体发展趋势是逐渐增加。由于这些专书复合词构词研究沿用的是一套 20 世纪 80 年代较为单一的句法形式分析方法,在构词的

---

① 施茂枝:《述宾复合词的语法特点》,《语言教学与研究》1999 年第 1 期。
② 周红:《动宾式动词配价分析》,《齐齐哈尔大学学报(哲学社会科学版)》2003 年第 2 期。

内部规律上探索并不多。

另一方面，一些学者坚持从语义角度来研究汉语复合词的主张。刘叔新指出"复合词内纷繁复杂的词素意义关系，可以而且也须要由词汇语义学去研究。"①黎良军认为"分析合成词的结构，只能是分析它们的语义结构，包括两个方面：语素义与词义的关系，词素义同词素义的关系，而前者是更为重要的"②。这启发了我们构词研究可以对复合词内部语义关系做分层考察。

这一时期构词语素的研究也朝信息化和数字化方向迈进。清华大学苑春法、黄昌宁构建了大规模的语素数据库。经初步统计，覆盖6763个常用汉字的语素项共有17470个，语素项归并为语素10442个。③ 数据库语素分名词性、动词性、形容词性、副词性等类型，设置是否可以独立成词、成词时的位置等信息，并且采用句法结构统计了主谓、偏正、联合等结构与复合词名词、动词、形容词关系的数据，得出二字复合名词的主要构词方式为定中偏正和体素联合。这是利用语素库的统计方法研究复合词构词规则的代表。此外，邢红兵构建了《〈汉语水平〉词汇等级大纲》双音合成词的语素库，对语素的类型、语素的独立成词能力、语素的构词能力、语素的多义性等属性进行了统计和分析，认为汉语语素系统是一个非常复杂的意义系统。④

20世纪、21世纪之交，王宁先生立足于训诂学，对汉语复合词构词问题做了一系列探索。她提出汉语词汇发生与积累的三阶段理论，并说明汉语构词方式从孳生阶段向合成阶段发展是解决汉语词义表达与别词手段矛盾的必然结果。⑤ 她提出双音词的构词理据包括三方面要点："(1)原始构词时两个语素各自的意义；(2)两个语素结合的语言原因和文化原因；(3)与这两方面原因相关的语素结构模式。"⑥此外，探讨汉语"本源双音合成词"凝结的历史原因，并提出该类词与词组区别的可操作鉴定方法。⑦ 她主张基

　　① 刘叔新：《复合词结构的词汇属性——兼论语法学、词汇学同构词法的关系》，《中国语文》1990年第4期。

　　② 黎良军：《汉语词汇语义学论稿》，广西师范大学出版社，1994年，第146页。

　　③ 苑春法、黄昌宁：《基于语素数据库的汉语语素及构词研究》，《世界汉语教学》1998年第3期。

　　④ 邢红兵：《〈〈汉语水平〉词汇等级大纲〉双音合成词语素统计分析》，《世界汉语教学》2006年第3期。

　　⑤ 王宁：《汉语词源的探求与阐释》，《中国社会科学》1995年第2期。

　　⑥ 王宁：《现代汉语双音合成词的构词理据与古今汉语的沟通》，《庆祝中国社会科学院语言研究所所建所45周年学术论文集》，商务印书馆，1997年，第129页。

　　⑦ 王宁：《论本源双音合成词凝结的历史原因——兼论古今汉语的传承与沟通》，《古典文献与文化论丛》(第二辑)，杭州大学出版社，1999年，第1—16页。

于理论训诂学源流并重的理念开展构词研究,用语义结构模式分析复合词的语素义生成词义的方式。① 肖晓晖吸取训诂学词义系统理论,从语义类聚关系考察并列式双音词语素结合的规律。② 符渝从复合词词义和语素义的关系角度划分偏正式双音词类型,并考察正、偏语素的语义限制。③ 朱志平运用训诂学相关理论,将对外汉语教学中常用双音词的语义属性进行测查,整理出数据库,用于指导教学实践。④ 卜师霞坚持训诂学源流并重的研究原则,对历史传承式的本源双音复合词进行重点研究,运用"语义结构模式"分析法探讨了源于先秦的现代汉语复合词构词特点。⑤ 这些研究对深入研究支配式双音词构词问题具有启发作用。

21世纪以来,在构词法研究领域,有更多学者有意识地将古代汉语与现代汉语研究结合起来,对汉语双音复合词生成的历史过程有更多的关注。其中较有代表性的是董秀芳,她主要从构词法对句法有继承性的认识出发,对双音词词汇化程度进行研究。她指出从历时研究来看,动宾式双音词是动宾短语词汇化的结果;从共时研究来看,动宾式短语成词得有一定语义条件——动词成分的语义特点是动作性比较弱,宾语成分的语义特点是非具体性、非个体性和无指性。她还说明"动作性弱的动词是非典型动词","具体性低的名词是非典型名词","非典型动词与非典型名词构成的是及物性低的非典型的动宾结构","有融合为一体的倾向"。⑥ 这些语义特征分析,深化了我们对支配式双音词成词条件的认识。此外,陈练军2009年至2011年有3篇系列论文探讨了汉语单音节名词、动词、形容词向黏着语素演变的历时过程,从句法、词法、韵律、语义属性等层面揭示了语素黏着化的动因和规律。这有益于我们探明语素系统的内部结构,并厘清汉语句法和构词法分属于语言系统的两个不同层面。

以朱彦为代表的学者对复合词内部的语义结构进行了更细密的描写。朱彦吸收了认知语言学成果及菲尔默(Fillmore)的格语法理论,提出"复合词的语义结构本质上是一种认知场景,可归结为一定的认知框架。复合词是框架(包括基本框架和复合框架)的成分在语言表层的映射"⑦。文中有

① 王宁:《当代理论训诂学与汉语双音合成词构词研究》,《当代语言学理论和汉语研究》,商务印书馆,2008年,第406—419页。

② 肖晓晖:《汉语双音并列合成词语素结合规律研究》,北京师范大学博士学位论文,2003年。

③ 符渝:《汉语偏正式双音合成词语素结合规律研究》,北京师范大学博士学位论文,2003年。

④ 朱志平:《汉语双音复合词属性研究》,北京大学出版社,2005年。

⑤ 卜师霞:《源于先秦的现代汉语复合词研究》,北京师范大学博士学位论文,2007年。

⑥ 董秀芳:《词汇化:汉语双音词的衍生和发展》,四川民族出版社,2002年,第176—180页。

⑦ 朱彦:《汉语复合词语义构词法研究》邵敬敏序言,北京大学出版社,2004年。

支配型谓词在前式,此类型分为单构式和复构式,前者有"施事—动作—受事""施事—动作—处所""主事—动作—客事""遭遇—动作—对象""像事—关系—喻事"等 14 类,后者分为"施事—动作—事件""主事—动作—事件""事件—关系—工具""事件—动作—依据"等 17 类。文中采用述谓结构描述所有的复合词语义结构,以用统一的模式将语义关系形式化,试图借此将表层结构形式背后隐藏的深层语义成分发掘出来。

有的延承由语素研究构词法的思路,从构词语素意义类型入手,分析支配式双音词的组合。石彦霞把支配式动词分为动作行为和具体事物组合、动作行为和抽象概念组合、动作行为和时间处所组合、心理活动和抽象概念组合、发展变化和抽象概念组合等 5 类,[①]对本研究有一定启发意义。

此外,还有研究者应用新理论和新方法来研究构词。孟凯借鉴构式理论对现代汉语中的"X＋N$_{役事}$"致使性动宾复合词展开了专题研究。[②] 按照X 的四个语义类(动作、行为、性状和心理感受)和 N$_{役事}$的[±生命]对"Xvt＋N$_{役事}$""Xvi＋N$_{役事}$"和"Xadj＋N$_{役事}$"三类致使词式进行解析后发现"X＋N$_{役事}$"内部语义呈现一个围绕中心词义"使 N$_{役事}$发生 X 的变化"向三类复合词构式义的具体化。同时,致使词式义与构成成分义也存在着双向互动关系。致使性动宾复合词集呈现一个致使构式统摄下的,由典型致使复合词向边缘致使复合词过渡和扩散的原型范畴。冯胜利提出"韵律构词法",认为双音节单位是汉语的"标准韵律词",复合词是在韵律词的基础上实现的。[③] 顾阳、沈阳从生成语法的角度讨论了复合词内部的论元关系及其构造过程,强调复合词是在词库和句法之间的层面上构造的。[④]

此期构词研究有几个鲜明亮点:注重古今汉语的沟通,注重构词方式内部差异的探讨,注重用语言理论解释构词现象。这一时期研究思路有了新的拓展,对复合构词现象有了更深入的认识。

(二)继承与反思

通过对支配式双音词研究脉络的梳理,我们对以往研究的思路方法和理论背景有了比较深刻的理解。前贤时彦从不同视角和路径对复合构词现

---

① 石彦霞:《支配式动词研究》,黑龙江大学硕士学位论文,2004 年,第 11—13 页。
② 孟凯:《汉语致使性动宾复合词构式研究》,北京语言大学出版社,2016 年,第 106 页。
③ 冯胜利:《汉语的韵律、词法和句法》,北京大学出版社,1997 年。
④ 顾阳、沈阳:《汉语合成复合词的构造过程》,《中国语文》2001 年第 2 期。

象进行探索和研究,取得众多成果,可以为我们的研究提供借鉴与参考,但也有许多值得完善和进一步深入的研究领域,某些学术现象、学术问题值得反思。

1. 构词研究需要回归到构词起点——语素上来

我们看到直至 20 世纪 30 年代,支配式双音词才纳入研究者的视野。原因之一,是客观上现代汉语双音复合词中,并列式和偏正式在数量上占了绝大多数,支配式双音词数量相对较少,不太容易引起注意。但黎锦熙先生为什么能将支配式双音词作为独立的单类纳入构词体系?黎先生之所以能比较细致、穷尽性地讨论汉语复合词的各种类型,原因在于他是从双音复合词两个构成成分的语义属性入手,这与一上来就用几个固定的框架涵盖汉语复合双音词内部结构的研究思路相比,更能接触到丰富的、鲜活的语言事实,正视汉语复合词构词问题的复杂性。这条思路对于支配式双音词构词研究的一个重要启示就是:需要对支配式的构词要素展开分析,对内部结构要有比较全面的描写。

句法结构是较为抽象的语法关系,虽然能够笼统地对部分构词现象进行概括性的说明,但是用它来分析复合构词规则有不足之处。首先,句法结构无法统括所有的复合词内部结构关系,复合构词成分的语义关系与句法成分的结构关系具有不一致性。其次,从词汇化的角度来看,采用句法结构分析词内结构,大多只是分析语素成词之前的语法关系,而忽视了词化之后,两个语素已融为整体,意义与形式并不完全对应的情况。再次,每次构词都是具体的语素之间的语义结合,符合句法结构的语素组合未必能满足成词的限制条件,仅依靠句法形式分析无法完成对构词规则的探讨。句法形式分析法在早期构词法探索中有一定的辅助作用,但是随着研究的深入,它的局限性日益突出。如果忽视语义在构词分析中的地位和作用,那么很多现象的解释就会流于形式,对构词规则的分析过于简单化。

从语义结构关系研究构词法,有利于将语素的意义关系形式化,并发掘表层结构形式背后隐藏的深层语义成分,对归纳概括构词模式有一定的积极作用。但是,该方式并不能从根本上解决哪些语素可以进入构词模式、语素的构词能力差异以及同义语素搭配组合的差异等构词问题。汉语复合词由语素组合而成,语素是复合词的构成成分,也是构词的基础材料,因此探讨构词规则应当从语素开始。王宁先生所提出的双音词构词理据三方面要点都与语素有关,可见如果缺少对语素的深入探讨是无法全面、透彻地分析复合词的构词理据的。

　　吕叔湘先生曾经提及汉语研究要重视"语素"。但是,语素作为构词基础元素的价值一直没有得到足够的注意。长期以来,在语素、词、词组和句子三级语言单位中,语素的研究最为薄弱。汉语语素的来历、数量、属性、特点等缺乏全面、系统的分析和研究,这直接阻碍了汉语双音词构词规律研究的进一步深入。苏宝荣认识到:"语素在语义学,特别是汉语词汇学研究中占有极其重要的位置,但是尚未引起人们足够的关注,对语素自身的性质、特征的认识及对其功能与变化的分析,还相当笼统。"①孙银新指出:"七十年间,学术界关于汉语词素(包括'语素')研究的论文,数量上虽然也已经有百余篇,可是要从研究的内容和研究的角度来看,还很难说得上全面、系统、深入。"②目前这种状况与语素在语言系统中的地位和作用很不相称,可以说语素研究是构词法研究中的短板,是直接关系到复合词构词研究能否再深入的重要一环。因此我们需要回归到吕叔湘等先生所倡导的重视语素研究的传统轨道上来。将合成构词的材料——语素的意义作为我们研究支配式双音词构词现象的起点。

　　2.语素的深入研究需要语义系统观念

　　20世纪80年代以来,汉语语素义分析取得一定成绩,对数万个复合词的参构语素意义进行考察,并将同一语素义参构的复合词罗列在一起,但这些类聚仅仅是单一语素的分析,孤立地考察某一语素的构词情况,对于语素与语素之间的语义聚合系联方面重视还不够,这样就很难走到归纳普适性的构词规则道路上来,致使构词法研究难有突破,汉语语素研究亟待在方法论上突破旧有的模式。

　　黄季刚先生曰:"夫所谓学者,有系统条理,而可以因简驭繁之法也。明其理而得其法,虽字不能遍识,义不能遍晓,亦得谓之学。不得其理与法,虽字书罗胸,亦不得名学。"③强调治学要注重整体系统的观念。其实在词汇研究领域系统观念已被广泛应用。蒋绍愚说:"在我们还无法描写一个时期的词汇系统的时候,只能从局部做起,即除了对单个的词语进行考释之外,还要把某一阶段的某些相关的词语(包括不常用的和常用的)放在一起,做综合的或比较的研究。"④王云路认为:"语言是一个系统,语言的词汇也不

---

①　苏宝荣:《论语素的大小与层级、融合与变异》,《中国语文》2007年第3期。
②　孙银新:《现代汉语词素系统研究》,中国社会科学出版社,2013年,第1页。
③　黄侃:《黄侃国学讲义录》,中华书局,2006年,第40页。
④　蒋绍愚:《近代汉语研究概况》,北京大学出版社,1994年,第287页。

例外。……在词义研究的模式上,要对一组词、一类词或相似类词的词语作整体考察。"①"词汇意义的系统性表现为词义关系的普遍性与有序性。"②如今系统论已经被广泛应用于语言文字研究的多个领域,语言单位只有在大量分散、孤立的个案研究的基础上,跃升至联系的、整体的、系统的研究,才能更好地探索它们的类聚和组合的有序性和规则性。

肖晓晖在做并列式双音词研究总结时说:"词义是成体系的,可形成大大小小的类聚,类聚中成员的地位并不均等,互相之间也存在不同的关系,从而构成词义网络。每个词义都是这个网上的一个节点,与周围的节点发生关系,所处的位置不同,与其他节点的亲疏关系也不同。正是这种系统关系的不同造成语素在互相选择、互相结合方面的差异。"③我们认为在复合词构词研究中需要有系统观念做指导。语素以语义为基础自成系统,它们按照语义的亲疏关系聚合成若干集合,语素之间所存在的语义联系与对立,决定语素选择结合的对象以及构造新词的能力。如果只是局限在个体语素构词情况的孤立研究,其总结的规则往往带有一定的偶然性。反之,如果将语素纳入语义系统综合考察,从单个语素为对象的考释方法跃升至鸟瞰式的观察,把每个语素放置在系统中,对其中具有某种共同特征的一组或一类语素展开研究,求其同或别其异,这不仅可以降低研究的片面性和主观性,而且有利于构词规则的归纳和背后理据的解释。

3.复合词内部语义结构描写是一个难题

在构词层面,双音复合词是通过两个语素义合成一个完整的词义。探讨两个语素义如何生成一个新的词义,应当成为构词研究的中心任务。这是复合词研究的一个难点,是需要学者们共同努力的一个课题。曾经有许多学者关注到复合词义与短语义有不同,但是对复合词义形式化描写并不多见。符淮青提出分析语素义和词义关系的操作性手段,但是他的着眼点主要还是词义训释方面。④ 刘叔新强调"无论如何,不能把复合式的结构和句式结构混同起来",同时,他又说:"自然,复合式大部分同语法结构的某种近似,也是不容否认的。可以说,彼此之间有一定程度的因应关联。"⑤他将复合词结构划分为"质限格""态饰格""支配格""补充格"等。从他对复合

---

① 王云路:《百年中古汉语词汇研究述略》,《浙江大学学报(人文社会科学版)》2001 年第 4 期。

② 王云路、王诚:《汉语词汇核心义研究》,北京大学出版社,2014 年,第 2 页。

③ 肖晓晖:《汉语双音并列合成词语素结合规律研究》,北京师范大学博士学位论文,2003 年,第 114 页。

④ 符淮青:《词义和构成词的语素义的关系》,《辞书研究》1981 年第 1 期。

⑤ 刘叔新:《汉语描写词汇学》(重排本),商务印书馆,2005 年,第 84 页。

词结构分类的做法来看,他并没有完全摆脱原有句法分析的格局。尽管已经有很多学者注意到构词研究存在对词汇属性认识不足的问题,但在实际操作上,仍很少有真正意义上将词汇的独立分析贯彻始终的研究。语义视角长期未能成为构词研究的主流,与缺少独立于句法之外的研究理论和一系列可操作的语义分析方法也是有关系的。因此,如何全面描写语素义生成支配式双音词的词义成为摆在我们面前的一个无法回避的任务。

### 4.构词理据探讨需要古今沟通

21 世纪以来,探讨复合词生成原因的研究比较多。支配式双音词构词理据的研究应当成为该领域的一个发展趋势,正如黎良军先生所说,"词的语义结构的分析,目的在于揭示合成词的理据,而不在于把合成词的结构归纳为一些语法类型"①。在构词层面起主导作用的是语义,从参构语素的意义特点出发,解释两个语素凝结成词的原因,这是复合词理据研究中有待发掘的一个领域。

现代汉语词汇是一个综合体,有的词由历代积累传承下来,有的来自现代生活中产生的新词。王宁先生指出:"大量的文言词和词义,并不经过中古和近古的阶段演变,可以直接被现代书面语继承,并同时进入普通话口语。文言与白话之间,并不存在一个绝然相离的鸿沟。""现代双音词两个语素相互选择的缘由,有一部分要在先秦语言中去找。"②这些分析说明在汉语复合词构词研究时,必须打破古今之界限,上下贯通。在研究支配式双音词时,注重历时的溯源,从古今沟通的视角研究构词理据,是非常有必要的。

有些词的构词理据需要结合经典文献记录的史实来探求。例如"做东"中的语素"东"是"东道主"的减省。《左传·僖公三十年》:"若舍郑以为东道主,行李之往来,共其乏困,君亦无所害。"郑国处于秦国东边,他接待秦国出使东方的使节,故称"东道主",后泛指接待宾客的主人。白居易《与刘苏州书》:"梦得由礼部郎中集贤学士迁苏州刺史,冰雪塞路,自秦徂吴。仆方守三川,得为东道主。"明小说中有"做东道"的三音结构,例如《型世言》第五回:"耿埴也时常做东道,尝教他留些酒肴请董文。"也有"做东"这样的双音结构。《型世言》第二十三回:"姚明道:'这等我明日与大哥发路。'朱恺道:'不消,明日是我做东作别。'"都指请客吃酒饭。

① 黎良军:《汉语词汇语义学论稿》,广西师范大学出版社,1995 年,第 146 页。

② 王宁:《现代汉语双音合成词的构词理据与古今汉语的沟通》,《庆祝中国社会科学院语言研究所建所 45 周年学术论文集》,商务印书馆,1997 年,第 130 页。

　　有些构词语素要追溯到早期文献才能正确理解。例如"中肯"这个词，现代汉语中多形容言论抓住要害。探讨这个复合词义的来源，需要理解语素"中"与"肯"的意义。表示"正对上"意义的语素"中"在现代汉语还是一个自由语素，"肯"的常用词义是"同意"，而它表示的"附着在骨间的肉"①这个意义只有在构词时才使用。《说文·肉部》："肎，骨间肉肎肎箸也。"段注："肎肎，附箸难解之貌。《庄子》说庖丁解牛曰：'技经肯綮之未尝'"，"得其窾郤曰中肎"，"隶作肯"。"肯""綮"是要害之处，"中肯"的今义由切中要害处引申而来。

　　有些词汇意义的理解需要探明语素义内部所包含的源义素。训诂学有一个优良传统，即重视词的本义和词源意义的探求。例如，"构怨"这个合成词常常是指人与人之间结成了怨恨，它与"结怨""交怨"是同义词。"构"为什么有结成的意义？"构"繁体字作"構"，与"溝""篝""遘"等词同源，词源义是相交。《说文·冓部》："冓，交积材也。"段注："高注《淮南》曰：'構，架也，木材相乘架也。'按：结冓当作此。"又《说文·糸部》："结，缔也。"《汉书·扬雄传上》："雄以为临川羡鱼，不如归而结网。""结"就是使得线条状物相交联。所以，"构怨"与"结怨"同义。

　　以上诸多汉语复合词构词事实说明仅仅从现代汉语这个共时层面去分析汉语复合词的构词规律是不够的，考察复合词衍生和演变途径以及语素与语素结合的原因，是非常有意义的工作。目前在双音词构词研究领域通常有构词法和造词法的区别，通常构词法研究是指探讨共时平面构词成分怎样结合成词的规则，着重探讨构词成分特点、组合方式及结构类型。造词法研究着重探讨合成词从无到有的衍生过程，包括各类型复合词的兴盛时代、数量变化、发展快慢等动态趋势以及构词系统历时演变，我们认为共时和历时并不是截然分开的，所以前者可以成为狭义构词法，它和造词法又可统称为广义的构词法。

　　纵观汉语合成词构词法研究历程，从20世纪直至今天，支配式双音词构词研究多是附在一些构词法论著中，涉及支配式双音词的论文很少，而至今还没有一部以支配式双音词构词为专门研究对象的著作。与并列式及偏正式相比，支配式是双音词复合词研究的薄弱环节。而且以往支配式双音词研究视角、研究方法都与学术研究各个时代的特点基本一致，缺乏对支配

---

①　《现代汉语词典》（第7版）解释"肯"的语素义作"附着在骨头上的肉"不够准确。《庄子·养生主》："依乎天理，批大郤，导大窾，因其固然。技经肯綮之未尝，而况大軱乎？"在文中，"郤"是骨肉间的间隙，"窾"是骨节间的孔穴。下文"肯""綮"正对应此，故《说文》言"骨间肉"甚确。

式双音词构词个性特点的探讨和阐明。总之,支配式双音词的构词研究是一个值得重视与关注的课题。

### 三、研究理念与思路

#### (一)研究理念

1. 当代理论训诂学的观点

本研究立足于当代理论训诂学的基本观点,并吸取现代语义学的合理成分,探讨汉语合成词构词的规律。中国训诂学有着两千多年的积淀,传统训诂学家从汉语基本事实出发,在对汉语词义追根溯源的实践中,形成了具有中国特色的学术理念,它是"植根于汉语的,以词汇意义为研究中心,以语义探求(考证)、贮存与解释为应用实践的传统学科"①。特别是从 20 世纪80 年代开始,以陆宗达、王宁先生为代表的训诂学家就着手传统训诂学的改造与现代化工作。他们充分继承了传统训诂学的精华,勇于吸收东、西方理论方法中适合汉语分析的合理成分,重视训诂原理的科学化和训诂学术语的系统性,发掘了传统训诂学中蕴含的丰富理论方法,将训诂学推进到当代理论训诂学的新阶段,这为训诂学走向词汇语义学做了充分的准备。

王宁先生将中国训诂学的语义观概括为三个方面:

> 语义主体论。传统训诂学从学术渊源上是以语义为中心的,它的语义观是语义主体论。语义是语言的内容,根据内容决定形式的普遍哲理,不但首先是语义决定语法,而且语义系统决定音系的规模。语法、语音在成熟后也对语义产生影响,但那是一种第二位的反作用。
>
> 词汇意义系统论。语义是以词音和句法为依托形式的,但它是自成系统的,它的系统首先在自身的聚合中实现,并不依靠句法。……同一种语言的意义之间互有联系,或处于级层关系,或处于亲(直接)、疏(间接)的关系,词汇意义的演变牵一发而动全局,首先是自身系统决定的。
>
> 音义关系的约定性和理据性的统一。训诂学的方法论是承认音义

---

① 王宁:《当代理论训诂学与汉语双音合成词构词研究》,载《当代语言学理论和汉语研究》,商务印书馆,2008 年,第 415 页。以下训诂学的语义观三个方面也引自此文。

关系总体的约定性,同时又重视词汇构成的理据。所以,训诂学特别强调词源意义和词汇意义在本质上的不同,同时也把词源意义对词汇意义特点和语义结合功能放入研究的视野。

当代理论训诂学认为,汉语词汇发展演变遵循三个基本规律。①

第一,累积律。词汇不是以新旧替代的方式增长,而是以新旧并存的方式逐步累积起来的。词汇意义的累积速度是不均匀的,但词汇意义一旦巩固到词形里,便难以绝对消亡,词汇意义消亡的数量永远低于增长的数量。

第二,区别律。一切新词的产生必须与已有的旧词相区别;因此,语言必须不断增加别词的手段,才能保证词汇的累积。在口语里,有限的语音形式要负载无限的语义,构词方式的演变是必然的。

第三,协调律。词汇是一个开放的系统,但是同一时期使用的词汇是处在一个自足系统之中的,词汇系统内部词与词之间必然时时协调其音与义。词汇是语言的材料,它与语音、语法是协调发展、相互制约的。

当代理论训诂学通过对汉语词汇发展史的总结,提出汉语词汇的积累大约经历了三个阶段:原生阶段、孳生阶段与合成阶段。② 这三个阶段不是以词汇数量为划分标准,而是说在不同的阶段,各以一种造词方式为主。而且,三个阶段之间都有过渡,并没有截然分清的界标。

以上这些理论和观点都是从继承传统入手,根据汉语实际情况逐步分析、概括、提炼出来的。中国训诂学是根植于民族学术土壤的学科,它的语义研究是中国人固有的遗产,应当是我们研究自身语言意义的着眼点。当然,训诂学并不是故步自封的,一切有利于分析汉语事实的研究理念都可以通过改造加以吸收。如结构主义语言学的成分、结构、层次等观念。还有认知语言学的相关成果,如原型范畴理论、隐喻和转喻以及经验观、突显观、关注观等理论方法,这些理论对我们解释构词现象都有参考价值。

本书探讨支配式双音词构词问题是在这些理论背景下的一次实践。传统训诂学在单音词词义研究方面积累了丰厚的经验,为汉语语义研究奠定

---

① 王宁:《汉语词汇语义学在训诂学基础上的重建与完善》,载《民俗典籍文字研究》(第二辑),商务印书馆,2005 年。2009 年王宁先生在"汉语词汇语义学"课程中又做了补充。

② 具体说明参见王宁:《汉语词源的探求与阐释》,《中国社会科学》1995 年第 2 期。又见于王宁:《训诂学原理》,中国国际广播出版社,1996 年,第 146 页。2009 年王宁先生在"汉语词汇语义学"课程中提出将"派生"改为"孳生"。

了基础,而目前汉语双音复合词构词研究的薄弱环节是语素。所以,单音节语素研究正是构词法与训诂学的契合点,这样既能传承和发扬训诂学的优势,也能完善和推进汉语构词研究。

### 2. 建构语素库的理论基础

语素库(Morpheme Database,简称 MD)是汇集和存储语素类别、特征、功能等信息的资源库,它可以借助计算机统计、检索、比较功能来探讨和总结构词法则。与传统语素研究相比,其优势在于通过封闭的一定规模的定量统计实现定性分析。

苑春法、黄昌宁以及邢红兵对构词语素的统计和分析,[①]为摸清现代汉语语素总貌及构词情况提供了重要的数值参考。它超越了传统单一、局部研究汉语语素的方式,着力从整体上加以考察,为语素系统的建立奠定基础。但是,这些研究对语素的分类还比较粗疏,统计的维度也局限在几个方面,重在描写,对构词现象解释较为薄弱。众所周知,在语言研究中单纯的数量统计并不能替代对语言单位性能的分析。现有语素库多是语素的汇集,没有形成多层次的体系。由于对语素的语义特征发掘不够,缺乏语义类聚关系的语素库内部结构是松散的,无法满足探求双音词构词现象背后潜藏的语义理据的需求。因此有必要通过增加语素的语义关联信息来完善现有的语素库,可以把语素按照语义的亲疏关系聚合成若干集合,在数据库中标注语素的义类属性描述,实现对语素的系联、分类,形成语素关系网,以供检索和比较。再通过考察库中语素搭配成词的倾向性义类分布以及构词功能,归纳复合词语素组合规则。

近两年来,计算语言学领域对语素库构建的认识又有了新的进展。刘扬等认为以往的汉语语素数据库:"不同的语素项之间是彼此孤立的,缺乏面向整个语言系统的意义关联,只以离散的语素项集合的面貌出现,没有形成体系结构,无法满足基于意义比较的计算需求。"[②]这些想法与我们不谋而合。他们提出基于语素义相似度计算形成"同义语素集",用来表征"语素概念",并借鉴生成词库理论形成"语素概念体系",在此基础上进行汉语语义构词分析。不过我们认为在归纳语素语义体系方面仍值得讨论。所以构

---

① 参见苑春法、黄昌宁:《基于语素数据库的汉语语素及构词研究》,《世界汉语教学》1998年第 2 期;邢红兵:《〈(汉语水平)词汇等级大纲〉双音合成词语素统计分析》,《世界汉语教学》2006 年第 3 期。

② 刘扬、林子、康司辰:《汉语的语素概念提取与语义构词分析》,《中文信息学报》2018 年第2 期。

建高质量语素库的关键在于对语素的意义关系进行细致的梳理,从而创建比较合理的语素体系,并对构词现象有较强的解释力。

(1)语素在语言系统中的地位

首先,系统论认为事物是由它的各个部分按一定方式构成的有机整体。语言是一个符号系统,语素、词、词组和句子、句群是它的各个层级的单位,每级语言单位通过组合构成上一级符号单位。处于每个层级的单位数量众多,它们通过自组织的原则形成集合,这些集合之间既相对独立,又相互作用。在这些层级单位中,词是大家熟知的语言单位。它以一个语音形式对应一个或多个义位,而义位反映的是人进行思维活动的基本单位。因此,词是一个可以不依赖句子而被人感知的独立单位。在汉语中,词可用单字来记载就是一个明证。人的言语交际基本单位是句子,从理解的角度来说,在句子这个语流中,词是可以独立切分出的片段,因此,词这个单位在语言系统中的独立地位为人重视。但是,如果说词的下一级单位——语素也是独立的层级单位,它的集合也是一个系统,却是让很多人怀疑的。

例如,在理解"参展"这个复合词时,是把它作为"参加展览"一个意义整体理解,"参""展"这两个音义体在言语活动中已经不能独立理解,"参""展"依附于"参展"这个词的环境,它们还是独立的语言单位吗?我们应当看到,"参"并不是仅仅依附于"参展"的,还可以进入"参评""参审""参选"等系列词中,从这些词的聚合关系中,可以提取出一个语言中最小的音义结合体——"参",而且它在语言系统中还能不断创造新词,如"参拍"(参加拍卖)等。由此可以看出语素这类语言单位的特点,它虽然在语句中不是独立分析的单位,有些音义体只能依附于词,但是,它能进入不同的音义结合体,以一个实体参与语言系统内的组织活动,这无疑说明它是一个可以独立的语言单位。

其次,系统论启发我们,语素作为一种信息载体,一种被社会创建又被社会共同使用的符号,个体语素既不是孤立的,也不是散乱的,而是互相关联的、内部呈有序性的符号系统。双音复合词构词语素的结合并不是杂乱无规律的,肖晓晖和符渝分别以汉语并列式双音词和偏正式双音词为研究对象,通过大量例证证明了这个命题。①

再次,在现代汉语的语素集合中,有些语素,像"挂""变""逼""门""事""夜"等,都可以独立构成单音词,从而参加造句。这就告诉我们,一个音义结合体在句子里是一个客观存在,在词里也应当是一个客观存在,并不因为

---

① 参见肖晓晖:《汉语双音并列合成词语素结合规律研究》,北京师范大学博士学位论文,2003年;符渝:《汉语偏正式双音合成词语素结合规律研究》,北京师范大学博士学位论文,2003年。

它参与了构词就失去了独立性,成为一个依附性的结构单位了。我们认为,语素在语言系统中是构词的单位,它是独立的音义结合体,语素集合是一个按照意义关系组成的符号系统。只有明确语素在语言系统中的独立地位,我们才有可能开始独立地从事构词研究,找到构词的独特规律,看到构词法与造句法的差别。

(2)汉语语素的主要来源及变化

汉语大量的单音节语素是从历史汉语的单音词累积和传承而来的,蕴含了丰富的语义内涵,形成了错综复杂的语义关系。当单音词充当语素参与构词时,它自身的语义特征必然会对构词能力产生影响。杨晓黎将"从上古汉语的词发展而来、在现代汉语中作为构词成分而存在的语素"称为"传承语素",并指出传承语素具有聚合性。由于"词汇本身是一个系统,是许许多多词汇成分的聚合体。构成词语的各个传承语素虽独具特性,但彼此在音、义、形关系上,在色彩和应发挥的作用方面,总是处于相互制约、矛盾统一的状况之中。既然每个语素只能在系统所制约的范围与条件下发挥作用,语素与语素之间就必然发生各方面的系联,从而也为语素场的建立提供了可能"。[①] 汉语语素的传承性是构建汉语语素义类系统的历史依据,基于这一点,我们将历史汉语单音词的语义系统与现代汉语单音语素的系统性紧密联系起来做通盘考虑,参照古代汉语单音词的语义关系来构建语素的义类系统。

但是,语素的意义并不是一成不变的,同一语素在不同的词中意义是有差别的。符淮青把归纳出来的意义叫语素共义,把它在构词中出现差异后的意义称为语素变义。[②] 他认为:"语素变义是个别的,一时的,语素共义是变义中共同的东西。"例如,"朝"(拜谒)的意义在词语"朝圣1"(宗教徒朝拜宗教圣地)、"朝圣2"(到孔子诞生地山东曲阜去拜谒孔府、孔庙、孔林)与复合词"朝顶"(佛教徒登山拜佛)、"朝山"(佛教徒到名山寺庙烧香参拜)并不完全相同,后两个词包含"攀登"这样的意义。出现这样的现象是因为在一个结构内,各个组成成分是相互影响的,当语素意义面对不同的成分,自然就会发生变异,因此每个词中的语素意义并不完全相同。语素共义之于语素变义的关系,犹如词的储存义与使用义的关系。

进一步说,随着构词量的增加,语素的意义会出现引申。举例来说,

---

① 杨晓黎:《传承语素:汉语语素分析的新视角》,《安徽大学学报(哲学社会科学版)》2012年第2期。

② 符淮青:《词义和构成词的语素义的关系》,《辞书研究》1981年第1期。

"标"的本义是树梢。《庄子·天地》:"上如标枝,民如野鹿。"陆德明《经典释文》:"言树杪之枝无心在上也。"由此引申指显露的标志。五代徐锴《说文解字系传》:"标之言表也。《春秋左传》谓路旁树为道表,谓远望其标以知其道也。"近代汉语中,"标"有一种特殊的用法,《初刻拍案惊奇》卷二七:"只见外面一个人,手里拿着草书四幅,插个标儿要卖。"这里的"标"是指出卖物品时所插的标志,一般说明价格、数量等。现代汉语中,随着商品经济的发展,"标"在构词时相当活跃,构成"招标""投标""应标""中标"等支配式双音词,这里的"标"特指买卖货物或承包项目时各竞争厂商所标出的价格。构词活动对语素义的影响由此可见一斑。张小平通过对当代汉语复合词发展变化的梳理,发现"仿拟法造词""简缩法造词""说明法造词""比拟法造词"对汉语语素义的增长都有一定影响。① 例如"院"可以指公共场所的名称,因为有"医院"一词,所以在"住院""出院"这些词中,"院"特指医院。当然,语素义增长与词义的增加相比要缓慢许多,这是因为词是一个相对凝固的整体单位,构成复合词要受到多方面的限制,而用词构成词组却自由得多。

(二)研究思路

传统训诂学虽然没有对复合词构词问题展开直接的研究,但是,理论训诂学为探讨双音复合词构词提供了指导,以训诂学为基础研究汉语复合词的论著为开展进一步研究提供了经验。因此,本书在借鉴已有成果的基础上,提出了支配式双音词研究的基本思路。

1.分析与考证支配式双音词语素义

对提取的支配式双音词的前位语素及后位语素的意义逐一分析,在分析时着重坚持以下几个原则。

(1)择取与双音词的词义对应最密切相关的构词语素义位

虽然相当多的复合词词义不是两个构词语素义的简单相加,但是,绝大多数复合词可以在词义与构词语素意义间建立联系。例如"出家""出列""出院",其中的"出"是离开的意思;而"出席""出场""出庭",其中的"出"是出现的意思。又如"招眼"与"招工"中的"招"语素义不一致,由复合词词义来看,前者是"吸引来",后者是"用广告的方式使人来"。

(2)探寻语素的最初本义与构词语素义的关联

训诂学在长期发展过程中积累了丰富翔实的训释材料,也创立了许多行之有效的探求词义的方法。依据"形义统一论","本义是与原始字形相贴

① 张小平:《当代汉语词汇发展变化研究》,齐鲁书社,2008年,第247—251页。

切的词的一个义项"。"词义引申规律"指出"词义从一点出发,沿着本义的特点所决定的方向,按照各民族的习惯,不断产生相关的新义或派生同源的新词,从而构成有系统的义列","它(本义)的特点能决定词义以后的运动方向"。① 因此,构词语素义解释是否合理,可以通过考察本义与语素义之间有没有引申关系来进行检验。例如,"持家"一词,"持"作单音词时本义是握住,《说文·手部》:"持,握也。"后引申有掌握、主张、治理、守住等诸多义项。宋戴复古《春日怀家》诗:"客游儿废学,身拙妇持家。"其中双音结构"持家"后来凝结为支配式双音词,通过词义和语素义关系分析,在"持"的诸多义项中择取"治理"作为语素义较为合理。

　　如果语素义与本义没有引申关系,要考察有没有假借关系,借助"因声求义"方法,破假借,求本字本义。例如"拾级",《现代汉语词典》注释"逐步登阶"。《说文·手部》:"拾,掇也。"本义是"捡取"。从训诂学"形义统一"的理论出发,"拾"怎会有逐级登上的意义?"拾级"语本出《礼记·曲礼上》:"主人先登,客从之,拾级聚足。"汉儒郑玄注:"拾当为涉,声之误也。级,等也。涉等聚足,谓前足蹑一等,后足从之并。"上古音拾,船纽缉部;涉,禅纽葉部。② 声音相近,"拾"是假借字,"涉"是本字。《说文·㳥部》:"涉,徒行历水也。"引申有经历义。"拾级"就是历阶而上。再如,"哈腰"当本作"躝腰",《集韵·麻韵》:"躝,身伛貌。"求本字对探究复合构词理据有一定作用,这些语例说明复合词的研究离不开训诂考据。

　　(3)将语素义纳入语义系统综合考察

　　从单个语素为对象的考释方法跃升至鸟瞰式的系统考释,先把一定范围内的研究对象作为整体考察,描写其构词系统,把每个语素放置在系统中考察,对其中具有某种共同特征的语素一组一组地研究,求其同或别其异。这种研究方法不仅可以进一步明确每个语素的意义,对先前的解释做一些调适,避免片面性和主观性,而且可以知道语素与其他语素之间的关系,彼此互证。

　　例如"置喙",《现代汉语词典》将语素"喙"分析为由"鸟兽的嘴""借指人的嘴"。但是,如果系联语义相近的双音词"插话1、插口1、插嘴"做比较,语素"口""嘴"与"话"同义,都是"言语"义。故而从构词系统综合考虑,将"喙"调入话语集抽象名素。

---

　　① 王宁:《训诂学原理》,中国国际广播出版社,1996年,第54—55页。
　　② 郭锡良:《汉字古音手册》(增订本),商务印书馆,2010年,第32页。

（4）用发展的眼光看待复合词内部结构的发展变化

有些词随着时间推移，其内部构成"部分失源"，导致结构产生重新分析现象。例如"亭午"一词源于《游天台山赋》"尔乃羲和亭午"，"亭午"本是动宾结构，即"停于午"，成词后表示"中午"义，后来人们对"亭"的词源不甚明白，例如《现代汉语词典》及《汉语大字典》都将"亭午"中的"亭"释作"适中、均匀"，"亭午"被理解为偏正式复合词。又如"救"，《说文·支部》："止也。"其本义为"阻止"义，《管子·立政》："山泽救于火，草木植成，国之富也。""救火"本义是"灭火"，但是后来"救"引申出"援助、救护"义，而且成为"救"的常用义，"救火"被一般人理解成灭火救护人的意思。对于这类重新分析的词，由于本书主要描写的是现代汉语共时平面的复合词语义结构，所以在归类时多按照现代的理解分析，而不拘泥于最初结构或语源义。我们不能以后代词内结构讲解词源结构，也不能用词源结构来否定后代词内结构的分析。不过在探求每个阶段复合词构词理据时，除了要将其放在共时的构词系统中检验，也还需要沿着词源发展的脉络向下梳理，才能证明其真实性与合理性。

还有些合成词的词义与语素义很难联系上，例如"扯皮"，表示无原则地争论，这种词的源头难有确诂的考，我们称为"构造失源"，暂时不纳入语义结构分析的范围。

## 2.通过语义类聚构建多层次的义类语素库

关于语素的类别问题，吕叔湘略有谈及："语素分类问题基本上就是词类问题。当然，黏着语素的分类比自由语素要困难些，但是原则上没有什么不同。"[1]尹斌庸明确提出"语素不一定是词，但是却明显地具备着词性"[2]。他认为要判定语素的"词性"，既可以依据古、今汉语中单音词的词性，也可以参考汉语的句法格式，从词的词性类比语素。尹斌庸比照词类的划分相应地区分了名词性语素、动词性语素等 11 类语素。刘云泉认为："语素的分类归根结蒂是意义的分类。"[3]张志公从意义的角度把语素分为名素、动素、形素、半虚素和虚素。[4]

我们认为语义是自成系统的，它的系统性首先在自身内部层次和类

---

[1] 吕叔湘：《关于"语言单位的同一性"等等》，《中国语文》1962 年第 11 期。

[2] 尹斌庸：《汉语语素的定量研究》，《中国语文》1984 年第 5 期。

[3] 刘云泉：《语素研究四十年》，载中国语文杂志社编：《语法研究和探索（七）》，商务印书馆，1995 年，第 22 页。

[4] 张志公：《谈汉语的语素——并略介绍哈尔滨语法教学讨论会》，《语言教学与研究》1981 年第 4 期。

聚关系中实现,并不依赖句法。语素本身就应该成为独立研究的对象,可以而且应该在脱离句法组合的情况下来实现对自身的研究,将语素分为事物性的"名素"、行为动作性的"动素"、性质状态的"形素"等类型,是语义的分类。不过在判定具体某个语素义类归属时应有一套可操作的相对客观的方法。

支配式双音词构词语素有一个鲜明的特点:前位语素多为动素,后位语素多为名素,二者结合后多表示活动,仍是动词性的。这说明前位动素是复合词矛盾结合体中的主要方面,它决定了复合词的主要性质。而且在构成的复合词语义中,动素语义成分一般不会潜隐,所以我们以前位动素为纲,首先将所有支配式双音词分入各部类。至于前位动素的语义分类体系,我们参考了吕云生2009年的专著《〈礼记〉动词的语义分类研究》对动词分类的成果,主要是考虑了两点:一是《礼记》中的动词绝大多数都是单音词,与我们所要分析的构词单音语素正相匹配,其中有些构词语素直接来自《礼记》动词;二是吕先生的著作认为语义具有独立的性质,并由此建立了一个既不依赖于语法,又有语法形式验证的动词语义分类体系。他采用词汇分解理论,提炼了汉语动词的基本语义要素,归纳了各类动词在各个层次上的语义结构。由于每类动词都有相应的语义结构标准,所以对动素归类有可操作性。

具体而言,吕著深入分析了两千多个动词词项的语义内涵,他认为"事件是对"反映在语言中的客观事物的各种运动、状态和作用的总称"。[①] 事件分为简单事件和复杂事件,复杂事件中包含着简单事件。简单事件按照它所包含的语义要素(状态、变化、动作、转移和作用)分为五种,复杂事件是经历、控制、使役这三个语义要素与简单事件分别组合的结果。参照他归纳出的动词语义结构来分析语素,例如转移类:事件[客体　从源点　移向目标]。"坠地"的"坠","落水"的"落",都表示从高处下落至低处,属于"转移类"动素。复杂事件中的控制状态类:事件{行为者　控制　[客体 处于处所]}。"奠基"的"奠","投票"的"投",均属于控他状态动素。当然,他主要归纳的是上古汉语动词的语义分类。汉语在两千多年的发展中,它的构成情况及语义体系都发生了相当大的变化,所以,本书在做支配式双音词语素分类时还会根据语素义实际情况做进一步补充与调整。本书第一至五章的结构安排基本按照状态、变化、转移、活动和作用等五类前位动素构词情况分别展开描写、分析和归纳。

---

① 吕云生:《〈礼记〉动词的语义分类研究》,中国广播电视出版社,2009年,第81页。

至于后位名素的语义分类,我们主要参考了孙炜《〈礼记〉名词的语义系统研究》中对古代汉语中名词的分类体系。孙炜概括了名词的语义要素,首先根据[事物性]将名词分为事物名词、事件名词两大类,根据[空间性]将事物名词分为抽象与具体次类,抽象次类下有可外化与不可外化两个小类,具体名词依据[生命度]分无生与有生两类。无生类依照"离散/连续"标准下分不可计数与可计数两个小类。有生类下分人、动物及植物小类,小类再分整体与部分。事件名词下分过程与程度次类,过程下有行为动作及变化小类。由此可见分类体系十分细密。① 在本书第六章给名素归类时我们吸收了该分类成果,此外,也会根据实际情况做些调整。考虑"具体"和"抽象"语义特征对前位动素的语义影响较大,我们先将名素分为具体名素和抽象名素两大类。例如,"交友"的"友"、"斗牛"的"牛"都是具体名素,"尽情"的"情"、"变节"的"节"均是抽象名素。又如我们将无生名素分为人造物和自然物,而不是从可数与不可数进行切分。

形素、代素、量素等其他类型的语素也根据参与构词实际情况进行分类。依据语义要素分析法判定语素的语义类属后,可将语义相同或相近的语素项类聚到同一语素组中,再把含有相同义类要素的语素组聚集成一个语素集,语素集之间又通过概括共同的语义要素聚合成更高层次的语素类。

以作用动素为例,"打鼓"的"打"、"击水"的"击"、"拍手"的"拍"语义相近,可以组成击打语素组,"喷漆"的"喷","射箭"的"射"语义相近,可以组成喷射语素组,击打组与喷射组归属瞬间作用集,它与按摸组、抓挠组构成的持续作用集都是具体作用类动素。"帮困"的"帮"、"扶贫"的"扶"组成帮助语素组,"救灾"的"救"、"济贫"的"济"组成救援语素组,帮助组与救援组合成佐助集,它与教导集、驱使集、培养集等都属于抽象作用类动素。具体作用类动素与抽象作用类动素都属于作用动素大类,其语义结构是:事件{作用者 控制[工具 影响 客体]}。

依据语义亲疏关系构成组、集、类多层结构的语素库,其优势在于摆脱孤立、单一地考察语素构词问题的模式,从而可以从义类的角度去归纳带有一般普遍性的构词规则,通过分析同一语素集成员构词语义条件的趋同性,以及非同一语素集成员构词语义条件的差异性,来解释语素选择结合及构词能力强弱的现象,减少所总结的构词规则的偶然性及片面性。

---

① 孙炜:《〈礼记〉名词的语义系统研究》,北京师范大学博士学位论文,2011年。

### 3.归纳支配式双音词语义结构模式

在探求语素义与词义的关系方面,当代理论训诂学在总结传统训诂学单音词释义经验的基础上,吸收"结构-功能"的系统方法论,提出双音合成词的"语义结构模式",将参构语素在构词词义中的功能分为意义中心语素、直接相关语素、间接相关语素,并从三种语素的不同组合和隐去成分的不同情况描写双音合成词的意义结构模式,这为合成词词义描写提供了可操作的方案,其价值在于将合成词内部的复杂语义关系表征化。

王宁先生提出"语义结构模式"指的是"语素义生成双音词意义的方式,也就是语素义与其组构的双音词意义的关系模式"①。双音复合词中,与复合词主体意义相同的语素,称为意义中心语素,用 HS 表示。与意义中心语素直接相关的语素,必然也与复合词的意义直接相关,称为直接相关语素,用 ZS 表示。与意义中心语素间接相关的语素,在没有补充的情况下,难以看出它与意义中心语素的真实关系,必须在它与意义中心语素之间补充另外的意义成分,才能得出复合词的全部意义,故而称为间接相关语素,用 JS 表示。复合词与词组的区别,在于复合词常会有隐去的成分,也就是需要补充的意义成分,这个成分用 Y 表示。可以从三种语素组合形式和隐去成分的不同情况,概括出双音复合词的意义结构模式。

(1)直接生成式:HS＋HS 或 HS＋ZS

语素义通过相应的结构方式直接生成词的使用义。例如:

戒(HS)备(HS)(备＝防备,一般不独用)

芳(HS)香(HS)(芳＝香,一般不独用)

容(HS)貌(HS)(容为借字)

低(ZS)能(HS)(能＝能力,一般不独用)

办(HS)公(ZS)(公＝公事,一般不独用)

成(ZS)人(HS)(成＝成年,一般不独用)

瓦(ZS)解(HS)(名状偏正式)

(2)半直接生成式:HS＋0 或 HS＋JS

在合成词的两个成分中,有一个语素包含了合成词意义的主体,但另一个语素却不能与意义主体语素发生直接的结构关系,称为半直接生成式。

① 王宁:《当代理论训诂学与双音合成词构词研究》,载《当代语言学理论和汉语研究》,商务印书馆,2008 年,第 416 页—418 页。

包含两种情况：

①HS＋0 语素义部分失落或模糊。例如：

窗(HS)户(0)(户＝门,词义中失落)
国(HS)家(0)(家＝家庭,词义中失落)

②意义主体语素出现,但另一个语素与意义主体语素没有直接关系,因而要从两个语素中得到双音词的意义,还需要补充其他隐去的意义成分。例如：

菜(JS)农(HS)
合成词的意义＝种植(Y)＋菜(JS)＋农(HS)
暖(JS)瓶(HS)
合成词的意义＝暖(JS)＋水(Y)＋瓶(HS)
情(HS)网(JS)
合成词的意义＝网(JS)≈交错封闭状(Y)＋情(HS)
挂(JS)面(HS)
合成词的意义＝挂(JS)＋晾(Y1)＋干(Y2)＋ 面(HS)
技(JS)校(HS)
合成词的意义＝学习(Y1)＋技术(JS)＋中等(Y2)＋学校(HS)

(3)非直接生成式

在合成词的两个成分中,两个语素都没有包含复合词意义的主体,也就是 HS 隐去。两个显性的语素与意义主体语素或为直接关系(ZS),或为间接关系(JS),因而,要从两个语素中得到双音词的意义,首先要补出隐去的意义主体语素(HS),才能决定是否还需要补出其他隐去的意义成分。这种合成词称为非直接生成式。例如：

活(ZS)口(JS)
合成词的意义＝用口(JS)＋提供情报(Y2)＋活着(ZS)＋人(HS－Y1)
煎(ZS)熬(ZS)
合成词的意义＝煎(ZS)熬(ZS)≈难奈(ZS－Y2)＋痛苦(HS－Y1)

耳(JS)目(JS)

合成词的意义＝耳听(JS)＋目观(JS)＋报信(ZS－Y2)＋人(HS－Y1)

皮(JS)毛(JS)

合成词的意义＝皮(JS)＋毛(JS)≈表面(ZS－Y2)＋事理(HS－Y1)

花(JS)脸(JS)

合成词的意义＝花的(JS)＋脸谱(JS)＋戏曲(ZY－Y2)＋角色(HS－Y1)

以上按照语素的意义在表达复合词词义上的作用对语素做了划分，我们认为，这就是语素的构词功能。在此基础上，我们结合支配式双音复合词构词的具体情况，分析支配式双音词的语义结构模式。

(1)支配式双音词直接生成式(下文简称直接式)

核素(HS)＋直素(ZS)

"待命"的意义＝等待(HS)＋命令(ZS)

语素"待"的功能是核素，"命"的功能是直素。类似的词有：读经、护林等，该类词词义生成就是一个整体化的过程。

(2)支配式双音词半直接生成式(下文简称半直接式)

①核素(HS)＋0

"知道"的意义＝知晓(HS)＋0

语素"道"在语义结构中失落，起"零"功能。

②核素(HS)＋间素(JS)

"到位1"的意义＝到达(HS)＋指定(Y)＋位置(JS)

"制假"的意义＝制造(HS)＋假冒(JS)＋产品(Y)

在"到位1"中，"到"是核素，"位"是间素。"制假"中，"制"是核素，"假"是间素。类似的词还有：盗墓、导航、待业、待岗等。又如：

"担纲"的意义＝担当(HS)＋纲(JS)≈主角(Y1)＋表演(Y2)

"寻根 2"的意义＝寻找(HS)＋根(JS)≈祖籍宗族(Y)

"代庖"的意义＝代替(HS)＋庖(JS)≈别人(Y1)＋做事(Y2)

"搬家"的意义＝迁移(HS)＋家(JS)≈固定的位置(Y)

"担纲""寻根 2"的"根"后位语素隐喻,"代庖""搬家"的后位语素泛指。

(3)支配式双音词非直接生成式(下文简称非直接式)

①直素(ZS)＋直素(ZS)

"代序"的意义＝代替(ZS1)＋序言(ZS2)＋文章(HS－Y)

支配式双音词"代序"由"代替序言"代指"代替序言的文章"。"代""序"都是直接语素。同例如:

"备考 2"的意义＝预备(ZS1)＋参考(ZS2)＋附注(HS－Y)

②直素(ZS)＋间素(JS)

"导游 2"的意义＝引导(ZS)＋游客(Y1)＋游览(JS)＋职员(HS－Y2)

"导"是直素,"游"是间素。类似的词有:导演 2、导购 2、导读、导播 2 等。

③间素(JS)＋间素(JS)

"到手"的意义＝到达(JS)＋手部(JS)≈获得(HS－Y)

"到""手"都是间接语素。此外还有以下情况:

"当家 2"的意义＝主持(JS)＋家庭(JS)＋事务(Y)≈主要的(HS－Y)

"搭线"的意义＝连接(JS)＋用线(JS)≈经介绍(Y1)＋接上(HS－Y2)＋关系(ZS－Y2)

"搭桥 3"的意义＝支架(JS)＋桥梁(JS)≈用血管(Y1)＋连接(HS－Y2)＋阻塞部位两端(ZS－Y3)

"当家 2"转喻为属性词,"搭线""搭桥 3"是隐喻生成。

关于语素与构词模式的关系将在本书第八章展开专题讨论。

4.比较语素的语义异同探讨影响支配式双音词构词的因素

根据语素义之间层级性、有序性的系统关系,在一个整体的意义系统中考量语素的位置,从而对支配式双音词构词语素的选择结合做出多层面的归纳。

考察同一语素集或类中的前位构词语素所接后位语素的语义类型分布,通过发掘类义素(同类词的共性义素),归纳其构词倾向性。考察同一语素组中的前位语素所接后位语素的语义类型分布,通过发掘表义素(同义语素组的共同性特征和区别性特征)的异同,分析其后接语素的差异。系联同源词(即构词单音语素),比较不同源义素(同源词的共同义素)的语素在搭配语素上的差异。

比较不同语素集或类中的前位构词语素所接后位语素的语义类型分布的差异,分析类义素如何影响语素搭配的规则。统计与比较某一语素构词量、某一组语素构词量、某一集或类构词量,分析影响语素构词能力的语义因素。例如,占居、存在、悬浮、周遍组属于位置状态集,有存、保持、遗留、无存、缺乏组属于位有状态集,两个动素集在后接空间名素能力方面存在着差异。语素集由众多的语素类聚起来,其共同的类义素不是具体的每个语素的个体义,而是从众多的具体语素义中逐层抽象概括出来的共性特征,这种归纳超越了原有的单个语素或一组语素考察,有利于构词普遍规则的总结。分析语素集搭配差异的原因,位置状态集的语义结构为:事件[客体　处于　处所]。位有状态集的语义结构为:事件[处所　存有　客体]。空间名素的典型功能是充当处所角色,很明显位置状态集的语素后接空间名素的能力要强于位有状态集的语素。其背后的深层原理是:同类语素以共有的特征保持对内的统一性和对外的排他性,能够影响语素的倾向性选择搭配。这种构词法探讨方式比句法形式分析法更具体、细化,比语义结构分析法更有解释力,可弥补单纯表面化统计分析方法的不足,从而推动复合词构词研究向理据解释纵深发展。

## 四、支配式双音词的界定

### (一)支配式双音词的定义

本书所研究的支配式双音复合词是指由一个表示行动意义的语素和一个表示该行动所涉及的对象语素联结在一起而构成的双音节复合词。本书所说的"支配"不是狭义的"作用—受事"的语义关系,它是指动作行为或状态作用、影响、涉及、牵连到这种事物、事件或情况,这是判定支配式双音词的重要标杆。

该界定标准有一定的哲学与认知基础。客观世界可以用一些实体和这些实体的属性以及实体之间的关系来描写。在我们生活的时空中,存在着各种各样的事物,它们以自身特征刺激我们的感官,由人脑的内注意形成独立的意象,为人所感知。当人的思维活动从一个意象移向其他意象的相关处,便能知晓事物之间的关系。物质世界可以为人所感知的有丰富复杂的事物实体、事物属性和事物关系;事物实体由物质成分组合成独特的结构;事物属性是由事物实体表现出来的功能和特性;事物之间的关系主要是事物之间的相互作用。这些认知对象除了以独立的面貌刺激人的感官外,还以相互关联的面貌刺激我们的感官,这种关系表现为结构与实体、属性与实体、实体与实体之间的关系,这三种关系是客观世界存在的普遍联系。实体之间的关系主要表现为一个物质对象对其他物质对象的作用,并可能产生一定的影响。发生这样作用的关系往往涉及三个要素:(1)有两个或两个以上的物质实体存在着;(2)物质实体必须存在于能够发生作用的空间范围以内;(3)事物以独特的属性参与物质作用关系。物质作用关系是一切事物存在和发生转化的条件。① 人类对这些关系的认识最终反映到语言中来,支配式双音复合词主要是对人的意识中有关实体与实体关系方面反映的某种记录。当然作为一个独立的表义整体,它记载的主要是人或物对作用及作用对象的关注。例如,"撤资"这个词,反映的是"把资金从原处转移到他处"的事实,至于具体是谁发起这个作用,并不关注。当然,这是支配关系的一个典型,在实际情况中,由于事物关系是瞬息万变的,事物反映到人脑中时会受到认知方面的影响,有些信息凸显,有些信息淡化为背景,构词时还要受到语言系统内各组成成分特点及关系的制约,所以,支配式双音词内部的语义关系是纷繁复杂的。但是,万变不离反映"行动—客体"关系这个中心,我们以此作为判定的基础。

(二)支配式双音词的鉴别

由于支配式双音词内部的语义关系比较复杂,下面分不同的情况讨论该类双音词的鉴别。

其一,前位是动素,后位是名素,前后语素有直接作用、影响、涉及、牵连

---

① 详细论述可以参看袁红章:《表象学》,科学技术文献出版社,1995年,第239—242页。

的语义关系。

例如，"行动—受事"关系：除尘、刺眼；"行动—对象"关系：悔过，从师；"行动—结果"关系：刺字、画押；"行动—处所"关系：航天、即位 1。

在语言中相同意义属性的语素参构的复合词，其内部可能有不同的语义关系，需要一一厘清。"动素＋名素"支配式双音词要与偏正式双音词区别开来，请看下例：

(1)办案、防弹、集资、创业
(2)吊灯、飞机、卧铺、诊室
(3)督军、司机、扶手、护膝
(4)罚款、复函、耗材、回电

以上都是"动素＋名素"形式的复合词，但例(1)中构词语素之间反映的是涉及关系，因而是支配式双音词。例(2)中语素之间有主从关系，前位动素是后位名素的属性，因而是偏正式双音词。与例(2)相较，例(3)也都是名词。"督军"，是用工作内容指代职务，"护膝"是用功能作用指代物体。事物属性与实体密切相关，有的事物属性直接存在于物体之上，有的事物属性通过事物之间的相互作用表现出来。像"护膝"这类词就是通过作用("护")于实体("膝")的功能来指称该事物，因此也是支配式双音复合词。例(4)是相同语音形式指称语义结构不同类型的复合词，因此，我们研究复合词的语义结构需要以词项为单位，即一种语音形式对应一个义位，用"罚款 1"表示支配结构的复合词，以区别偏正式复合词"罚款 3"(采用《现代汉语词典》义项排列序号)。

其二，前位是动素，后位是形素或动素，形素或动素是一个指称。前后语素有直接作用、影响、涉及、牵连的语义关系。

例如，"候诊"的意义是"等候诊断治疗"，"候"表示人处于某种状态，"诊"指医生诊断治疗的活动。朱景松认为："长期以来，汉语语法学界有主语、宾语位置上的动词、形容词变成了名词或名物化的说法。为什么会有这种分析？原来确有一部分谓词性词语表示指称，它给人一种'事物化'的感觉。不过，指称作为'事物'与名词性词语表示的事物，并不在同一层次；不能把指称性的谓词性主语、宾语的'事物化'与名词表示的事物简单等同。再说，谓词性词语在主语或宾语的位置上还有陈述性的一类，这样的主语、宾语当然谈不上名物化。所以说，朱(德熙)先生把谓词性主语、宾语划分为指称性的和陈述性的，不仅确切地说明了谓词性主语、宾语的内部差异，而且从根本上说清了动词、形容词名物化分析主张存在的原因,以及这种主张的不确切、不合理之处。"[①]

本书赞同他的观点。动词表达的是运动过程,形容词表达的是事物性状,它们与表达物体指称的名词相区别,但在特定的语言环境中,运动或性状作为一个对象看待,而自身的词性并没有发生改变。在语言系统中,"诊"是表示一种活动,归属行动意义类。但是,在此结构中,该活动过程被看成一个整体加以指称,这是语言中的"自指"现象。又如,"解饿"这个词,前位语素"解"是"消除"义,后位语素"饿"是"肚子空,想吃东西"的状态,"解饿"是说消除饥饿这种状态,"解饿"后位语素"饿"仍然是形素,只是在结构中发生一定程度的指称化。这类支配式双音词也反映了"行动—客体"的关系。

需要注意"动素+动素"的支配式双音词,以"行动—客体"的关系与形式上相同的并列结构相区别。例如"承销"与"承负",前者指对销售活动进行负责,是支配式;后者指担负、担当,归并列式。与"动素+形素"形似的复合词是补充式复合词,例如"纠正"与"纠偏"有区别。《说文·丩部》:"纠,绳三合也。"《玉篇·丩部》:"纠,绞也,缭也。""纠"本义是缠绕,绳子缠绕时不断改变原来的方向,所以引申有"改变"义。"纠正"是指改变原来的错误使得正确,"正"是补充说明"纠"的结果;"纠偏"表示纠正偏向,"偏"可以用"什么"提问,是支配式复合词。

其三,前位是动素,后位是形素或动素,形素或动素作为属性或功能提示客体信息。前位动素与实体有直接作用、影响、涉及、牵连的语义关系。

例如,"助残"是指"帮助残疾的人","残"是间素,"人"是隐去的语义成分,形素"残"提示了"残疾的人"这个语义信息。出现这样的现象,一方面与双音复合词受限于用两个单音语素组成的构造方式有关,另外也与形容词的特性有关。形容词往往反映的是事物的属性或状态,它依附于实体,上古汉语中许多颜色形容词从名词中分化而来就是一个明证。人认识一个实体,往往是通过对它的外在特征的感觉和内在属性的感知获得的,属性与实体的天然联系,决定了语言中形容词与名词的这种密切关系。"动素+形素"反映"行动—客体"关系时,往往是客体隐藏,形素起到提示客体的职能。同理,"动素"也可以起到"以点带面"的构词效果。例如,"打援"是指打击援助的军队。与"打"发生直接支配关系的是军队,但是在构词时,显现了军队"增援"的特点,而隐去了"军队"语义成分。

---

① 姜红:《陈述、指称与现代汉语语法现象研究》朱景松序,安徽大学出版社,2008年。

其四,前位是动素,后位是名素或动素,后位语素所表示的事或物不是动作行为的直接作用对象,而是有间接的牵涉关系。

例如,"开刀"这个词,"开"直接影响的对象是人的身体,而"刀"是进行这项活动的工具,与"开"是间接的语义关系。又如,"染色1",着色的对象是纤维等物品,"色"是"染"的材料。

引领组、陪侍组动素构词时后面的对象往往省略,显现的是对象的活动,例如,"引渡1""导航""陪聊""伴读"等,体现了支配式双音词内部语义结构的复杂性。此外注意"伴唱、伴舞2(从旁跳舞)、伴奏"是描述为了配合别人所进行的自身活动,属于偏正式。而"陪读、伴舞1(陪伴人跳舞)、伴游1"是别人进行活动过程中自己陪伴或参与,视为支配式。一些交付类动素构词,例如"呈阅"是呈上审阅;"付排"是把稿件交给排印部门排版,我们不视作支配式双音词。

总之,由于事物运动的方式千变万化,带来语素意义的丰富复杂,加之双音词构词是通过融合生成新义,最终导致复合词语义结构呈现纷繁复杂的各种情况。

## 五、研究语料提取及标注

### (一)语料来源及择定

词汇是一个动态的开放性的系统,为了便于定量与定性研究,必须先将语料封闭起来,我们选择具有一定代表性的辞书作为语料来源。《现代汉语词典》是一部主要记录现代汉语普通话词汇的中型词典,比较能够反映现实生活的词汇现状,而且词形、释义都比较标准,所以本研究从《现代汉语词典》(第7版)提取支配式双音词。在汉语研究中词组与复合词的区分是一个难题,对此我们采取了适度从宽的原则,即入选《现代汉语词典》的双音结构,虽然有个别两个语素的组合义与复合词意义相差无几,但是,考虑到它们在现代汉语中高频使用,我们仍然将其纳入考察的范围。

对于支配式双音词的分辨,我们采取了从严的原则。同时为了便于分析复合词的内部结构,对于带儿化音的词,标有"方"(方言)的词,"蹦极""迷你"等译词,前位语素是介素的词(例如"为何""以次""自古"等),我们暂不纳入考察范围。在判定支配式时采取了相对严格的标准,对一些语义结构分析模棱两可、存有争议的词多不考虑,例如"进贡""缓步"。其实从认知语言学中的原型范畴理论来看,这些词可视为语义结构类型的非典型个体,即使不纳入考察范围也并不影响整体的支配式双音词典型特征分析。

因为考虑到多义的双音词存在同一词形对应多种语义结构模式的情况,所以结合上文判定标准,我们从《现代汉语词典》(第 7 版)中提取了支配式双音词的 7246 个词项①作为考察的基本语料。

在这里需要说明的是本研究主要是对这 7000 多个词项的构词语素进行语义分类,并在此基础上归纳语素义类的选择搭配。因此文中出现的某类语素"不接"或"未接"某类语素,往往局限在考察的词汇范围内。不排除由于《现代汉语词典》失收某些支配式双音词,造成与本书所总结的构词规则不匹配的情况。但是,我们坚持认为支配式双音词构词规律的研究如果不从对一批词做定量与定性的穷尽分析入手,就无从比较语素在义类之间的差异,从而提出具有倾向性的构词规则。而且《现代汉语词典》收录的是现代汉语平面比较典型的常用支配式双音词,收词量具备一定规模,为探讨语素组合成词的规律提供了条件。目前采用归纳法描述部分构词现象只是研究支配式双音词的起步工作,目的是为将来预测构词发展趋势奠定坚实的基础。当然我们也会参考《汉语大词典》等工具书,结合历时构词情况,说明该语素参构支配式双音词的能力,例如"谙",在《现代汉语词典》中,只有"谙达""谙练""谙熟"这几个词。但是《汉语大词典》中有"谙分""谙事"等词,说明它还是具有一定的构造支配式双音词能力的。

在这些词中,按照前位语素的语义属性分出前位动素类,它是支配式双音词的大宗。还有前位形素类、前位名素类,它们数量少,所占比例很小,为了下文章节的安排,先将其这些列举在下面。

1. 前位形素类的支配式双音词构词分析

形素表明事物的性质状态,我们参考黄易青研究的上古汉语同源词意义系统研究成果②,按照前位形素的语义类型对支配式双音词词性进行分类。

(1)质量类

博构词非直接式:博识、博学。

"博"后接语素"识""学"为不外化抽象名素。

宽构词非直接式:宽衣。

"宽"后接语素"衣"为人造无生名素。

稀构词直接式:稀世。

---

① 词项是指载负一个义项的语音或书写形式。详见王宁:《训诂学原理》,中国国际广播出版社,1996 年,第 222 页。

② 黄易青:《上古汉语同源词意义系统研究》,商务印书馆,2007 年,第 555—557 页。

"稀"后接语素"世"为可外化抽象名素。

　　薄构词非直接式：薄情。

"薄"后接语素"情"为不外化抽象名素。

　　短构词非直接式：短寿。

"短"后接语素"寿"为时量名素。

　　静构词非直接式：静场、静园。

"静"后接语素"场""园"为场所空间名素。

　　瞎构词直接式：瞎火2。哑1构词直接式：哑火1；非直接式：哑火2。

"瞎""哑1"后接语素"火"均为人造无生名素。

　　冷构词非直接式：冷场2。哑2构词非直接式：哑场。

"冷""哑2"后接语素"场"均为方位空间名素。

　　暖构词非直接式：暖场1、暖场2、暖房1－1、暖房1－2、暖寿、暖心。

"暖"后接语素"场（事情发生的地点）"为方位空间名素，"场（比较大的地方）""房"为场所空间名素，"寿"为时量名素，"心"为不外化抽象名素。

　　热构词非直接式：热场、热身。

"热"后接语素"场"为场所空间名素，"身"为附属类指人名素。

　　温构词非直接式：温居。

"温"后接语素"居"为场所空间名素。

　　红构词非直接式：红脸1、红脸2、红眼1、红眼2。

"红"后接语素"脸""眼"为附属类指人名素。

　　黑构词半直接式：黑脸2。

"黑"是阴沉义，后接语素"脸"为状态类性状名素。

　　健构词直接式：健身。

"健"后接语素"身"为附属类指人名素。

　　强构词非直接式：强国2、强身。

"强"后接语素"国"为可外化抽象名素，"身"为附属类指人名素。

　　富构词非直接式：富国1、富民。

"富"后接语素"国"为可外化抽象名素，"民"为整体类指人名素。

　　肥1构词非直接式：肥田1。

"肥"后接语素"田"为场所空间名素。

　　肥2构词直接式：肥私。

"肥"后接语素"私"为整体类指人名素。

乏构词非直接式:乏力 1。

"乏"后接语素"力"为属性类性状名素。

瘦构词直接式:瘦身。

"瘦"后接语素"身"为附属类指人名素。

显构词非直接式:显目、显眼。醒构词非直接式:醒目。

"显""醒"后接语素"目"或"眼"为附属类指人名素。

满构词直接式:满腹、满怀 1-1、满腔。

"满"后接语素"腹""怀""腔"为不外化抽象名素。

空构词直接式:空腹、空栏、空心 1-1;非直接式:空手 1、空手 2。

"空"后接语素"腹""手"为附属类指人名素,"栏"为场所空间名素,"心"为方位空间名素。

干构词非直接式:干杯。

"干"后接语素"杯"为人造无生名素。

秃构词直接式:秃顶 1、秃头 1、秃头 4;非直接式:秃头 3。

"秃"后接语素"顶""头"为附属类指人名素。

(2)形态类

净构词直接式:净身 1;非直接式:净手 2。

"净"后接语素"身""手"为附属类指人名素。

缓构词非直接式:缓颊。

"缓"后接语素"颊"为状态类性状名素。

匀构词半直接式:匀脸。

"匀"的意思是均匀,后接语素"脸"为附属类指人名素。

乱构词直接式:乱伦;非直接式:乱真。

"乱"后接语素"伦"为不外化抽象名素,"真"为认知类形素。

(3)组构类

正构词非直接式:正骨。

"正"后接语素"骨"为附属类指人名素。

顺构词直接式:顺气 3。

"顺"后接语素"气"为属性类性状名素。

平构词直接式:平地 2;非直接式:平仓、平账。

"平"的意思为齐平,后接语素"地"为场所空间名素,"仓""账"为可外化抽象名素。

齐构词非直接式:齐心。

"齐"后接语素"心"为不外化抽象名素。

同构词直接式：同行 1、同名、同姓；半直接式：同岁。

"同"后接语素"行""名""姓"为可外化抽象名素，"岁"为属性类性状名素。

睦构词直接式：睦邻。

"睦"后接语素"邻"为整体类指人名素。

绝构词半直接式：绝代、绝伦、绝世。

"绝"后接语素"代""世"为时量名素，"伦"为属性类性状名素。

（4）时间类

晚构词直接式：晚点。

"晚"后接语素"点"为时量名素。

（5）认知类

骄构词非直接式：骄人。傲构词非直接式：傲人。喜构词非直接式：喜人。怡构词非直接式：怡人。

"骄""傲""喜""怡"后接语素"人"均为整体类指人名素。

安构词非直接式：安堵、安分、安心 2。

"安"后接语素"堵"为无生具体名素，"分"为性状名素，"心"为不外化抽象名素。

静构词直接式：静心。

"静"后接语素"心"为不外化抽象名素。

清构词非直接式：清心 2。

"清"的意思是清净，其后接语素"心"为不外化抽象名素。

苦构词非直接式：苦口 2、苦夏、苦心 2。

"苦"后接语素"口"为属性类性状名素，"夏"为时量名素，"心"为不外化抽象名素。

爽构词非直接式：爽口、爽目、爽心。

"爽"后接语素"口"为属性类性状名素，"目"为附属类指人名素，"心"为不外化抽象名素。

清构词非直接式：清口 1。

"清"后接语素"口"为属性类性状名素。

惬构词非直接式：惬怀、惬意。

"惬"后接语素"怀""意"为不外化抽象名素。

壮构词直接式：壮胆。

"壮"后接语素"胆"为属性类性状名素。

悦构词非直接式：悦耳、悦目。

"悦"后接语素"耳""目"为附属类指人名素。

美构词直接式：美发、美甲、美容、美体。

"美"后接语素"发""甲""体"为附属类指人名素，"容"为状态类性状名素。

冶构词非直接式：冶容。

"冶"的意思是装饰艳丽，后接语素"容"为状态类性状名素。

正构词直接式：正误2；半直接式：正音1、正字1。

"正"后接语素"误"为事项名素，"音"为自然无生名素，"字"为可外化抽象名素。

便构词非直接式：便民。

"便"后接语素"民"为整体类指人名素。

利构词直接式：利尿。

"利"后接语素"尿"为动素。

背构词直接式：背运2。

"背"后接语素"运"为不外化抽象名素。

薄构词非直接式：薄命。

"薄"后接语素"命"为不外化抽象名素。

以形素作前位成分的支配式双音词共 106 个词项，其中前位形素属于质量类有 52 个，占据近半壁江山。因为，质量类形素多反映由量的差异形成的各种性状，"博识""富国1""干杯"等词反映出造词者对事物量度的变化比较关注。认知类形素较多有 33 个，"骄人""爽心""悦耳"反映外部事物对人的心理世界影响也是造词者比较关注的一方面。其他组构类形素 14 个，形态类形素较少，只有 6 个。时间类形素最少，只构词 1 个。

从后位语素意义类型上来看支配式双音词构词，属于整体类指人名素构词有 8 个，参构语素有"人""民"等。附属类指人名素构词有 28 个，参构语素多为人体部位，如"身""眼""目""脸""头"等。无生具体名素构词有 7 个，构词语素主要是人造类。空间名素构词有 14 个，构词语素多为场所类。可外化抽象名素构词有 9 个，不外化抽象名素构词有 18 个，例如语素"心"构词较多。事项名素构词只有 1 个，参构语素为"误"。性状名素构词有 13 个，参构语素以表情或口味为主，例如"脸""口"。时间名素构词有 6 个，均是时量名素。动素构词 1 个，形素构词 1 个。可见后接语素主要是指人名素，尤其是附属类，其次是不外化抽象名素和空间名素。

归纳前后位语素语义关系，大致有五种：

其一是"状态—空间"结构。例如"空腹"表示空着肚子，"秃顶1"表示头顶的毛发光了。

其二是"特征—客事"结构。例如"乏力1"表示力量疲乏,"博学"表示学问广博。

其三是"特征—背景"结构。例如"稀世"表示(某物)世间稀少,"绝代"表示(某物)在当代独一无二。

其四是"变化成某种状态—客事"结构。例如"红脸1"表示脸变红,指表现出不好意思的表情。

其五是"致使变化成某种状态—役事"结构。例如"瘦身"表示使身体变瘦。"美容"表示使容貌美丽。刘光婷指出:"从表层结构看,'形''宾'两个构成要素表达了'使—宾—形'三个要素才得以传递的信息,前者的经济性不言自明。"①支配式双音词受限于两个单音节语素,尽量用简洁的形式表达复杂的词义内容。

2.前位名素类的支配式双音词构词分析

絮构词直接式:絮窝。

"絮窝"是鸟兽用枯草、羽毛等铺窝,后接语素"窝"属于无生名素。

席构词直接式:席地。

"席地"指将地当作席垫,直接在地上坐、卧。"席"后接语素"地"为场所空间名素。

掌构词直接式:掌嘴。

"掌"后接语素"嘴"为附属类指人名素。

文构词直接式:文身。

"文"后接语素"身"为附属类指人名素。

汗构词非直接式:汗青1、汗青2、汗颜。

"汗"后接语素"青"为形素,"颜"为附属类指人名素。

利构词直接式:利己、利人、利他。

"利"后接语素"己""他"为代素,"人"为整体类指人名素。

前位名素类的支配式双音词共计10个,其中有4个后接指人名素。分析前位语素的语义,"絮窝""掌嘴"是表示材料或工具的名素活用为动素,由于人或动物在行动过程中往往需要使用一定工具或材料,因此由工具或材料容易发生由事物到动作的转喻变化。"文身"表示在身上雕上花纹,"文"表示经过制作具有某种事物。"汗颜"表示脸上出汗,其实也是事物从无到

① 刘光婷:《现代汉语"形+宾"结构研究》,中国文史出版社,2016年,第71页。

有的变化。"汗青"的语素"汗"是活用为使动,表示使出水。这些词都是表示经过变化产生某种事物。姜红认为"汉语中谓词性成分主要用于陈述、体词性成分主要用于指称,但在一定条件下,谓词性成分也可以用于指称,体词性成分也可以用于陈述"①。不过总体来说,因为名素主要功能是指称事物,而不是表示事物关系或变化,因此该类支配式双音词能产量很低。正如冯奇所说:"因语言的经济原则或省力原则和历时过程的作用,人类根据交际需要会利用事物之间的相似与相关关系扩大词语的原始所指范围,因此边界会变得逐渐模糊,疆界失守,但核心部分却是清晰可辨的。语言的阶段性和过渡性是语言中两条并行不悖的原则。"②

(二)语料标注说明

1.对于《现代汉语词典》形同音同意义有别属于同一词目的标注处理

例如,"导演"这个双音结构载负一个义项——指导演出工作,就是一个词项,"导演"还载负另一个义项——指导演出工作的人,又是一个词项,为了将两个词项区分开来,分别记作"导演1""导演2"。

2.对于《现代汉语词典》形同音同意义有别而区分为不同词目的标注处理

例如《现汉》:【下水】¹❶进入水中。❷把某些纺织品、纤维等浸在水中使收缩。❸指做坏事。【下水】²向下游航行。在文中将这4个支配式双音词词项分别记作"下水1—1""下水1—2""下水1—3""下水2"。

3.对于《现代汉语词典》形同音不同意义有别而区分为不同词目的标注处理

例如《现汉》:【迫降】pò jiàng ①飞机因迷航、燃料用尽或发生故障等不能继续飞行而被迫降落。②强迫非法越境或严重违反飞行纪律的飞机在指定的机场降落。【迫降】pò xiáng 逼迫敌人投降。在行文中,将两个支配式双音词词项记作"迫降1—2""迫降2",而不在文中标注拼音。

4.对于《现代汉语词典》音同义同而形不同的异形词的处理原则

例如《现汉》:【背理】同"悖理"。【悖理】违背事理;不合理。在行文中从两个异形词中选取一个词"悖理"加以分析。

---

① 姜红:《陈述、指称与现代汉语语法现象研究》,安徽大学出版社,2008年,第45页。
② 冯奇:《核心句的词语搭配研究》,复旦大学出版社,2007年,第330页。

5.关于语素义项确立的原则

一是考虑两个意义如果分属不同义类则要分为两个不同的义项。二是适当考虑频次,如果用一个相同的意义构词两次及以上,则考虑确立一个独立义项。例如,"收秋""护秋"中的"秋"不再理解为"秋天",而理解为一个新的义项,指"秋天成熟的农作物"。又如"禁"本来表示"禁止",但构成的支配式双音词有"弛禁、犯禁、解禁、开禁、违禁",于是确立一个新的义项,即"法令或习俗所不允许的事项"。

# 第一章　前位状态动素支配式双音词构词分析

　　前位状态动素支配式双音词是指前一语素是状态动素的支配式双音词。所谓"状态"是指"事物在特定环境中静止不动的情况"①。Talmy将运动和静止位置的持续状态统称为运动时间。所以与表达稳定性状的形素相比,状态动素更强调某种静止状态在时轴上的持续性。状态动素又可分为简单状态与复杂状态。简单状态是简单事件之一,是指"不含外部原因或控制在内的,同时也不与有意识的主体(主要是人)发生影响或牵连关系的客观事物自身的状态"②;反之是复杂状态,而复杂状态又包括使役、行为、经历三种情况。下面根据前位语素的语义分类,分节论述它们构词的语义结构及所结合的后位语素情况。

## 第一节　简单状态动素构词

### 一、存在简单状态动素

　　存在简单状态动素根据动素语义结构中是否含有固定的焦点,分为特定状态动素与自然状态动素。

（一）特定状态动素

　　特定状态动素根据焦点设定于客体还是环境因素,可进一步分为存于状态动素和存有状态动素。

1. 存于状态动素

　　存于状态动素主要表示事物所处的外置或范围,语义的焦点在客体身上。

　　其语义结构为:事件[客体　处于　环境]。③

---

① 吕云生:《〈礼记〉动词的语义分类研究》,中国广播电视出版社,2009年,第39页。
② 吕云生:《〈礼记〉动词的语义分类研究》,中国广播电视出版社,2009年,第89页。
③ 吕云生:《〈礼记〉动词的语义分类研究》,中国广播电视出版社,2009年,第91页。

根据环境因素是位置(包括具体位置和抽象位置)还是范围,可分为位置状态动素和类属状态动素。

(1)位置状态动素

其语义结构为:事件[客体　处于　处所]。①

①占居组

　　当构词直接式:当空、当令、当前1、当先1、当头1—3;半直接式:当年1—2、当时1—2。占构词半直接式:占先、占优;非直接式:占线。居构词直接式:居中1。在构词直接式:在先1。②

"当"后接语素"空"为场所空间名素,"令""年""时"为时量名素,"前"为方位空间名素,"先""头"为性状名素。"占"后接语素"先"为性状名素,"优"为形素,"线"为可外化抽象名素。"居"后接语素"中"为方位空间名素。"在"后接语素"先"为性状名素。

从中可以看出,支配式双音词表示处于空间某一位置的构词较少。多数是表示处于抽象地位,例如"当令"意思是正在时令,"占""当""在"都可以接表示时间或位次的"先";或是表述处于某种状况,例如"占优"表示处于超越对方的地位。

②存在组

　　在构词直接式:在案、在册、在场、在岗、在家1、在世、在线;非直接式:在朝、在位1、在位2、在下、在野、在业、在职、在座。

　　搁构词半直接式:搁浅1;非直接式:搁浅2。寓构词非直接式:寓目。

"在"后接语素"案""册""线"是有关人造物品的可外化抽象名素,"场"为方位空间名素,"岗""世""朝""位1""位2""野""业""职"为反映人在集体或组织机构中地位的可外化抽象名素,"家""下""座"为场所空间名素。

"搁"后接语素"浅"为形素。"寓"后接语素"目"即视野,为方位空间名素。

存在组表达事物持续存在某处,强调事物的情况,主要构成"在×"双音词,后位语素集中于可外化抽象名素和空间名素;而占居组表达事物处于某个位置,强调事物与位置的关系,后接语素义类相对多样。

---

① 吕云生:《〈礼记〉动词的语义分类研究》,中国广播电视出版社,2009年,第92页。

② 语素组下的构词分析顺序一般是依照语素构词量从多到少排列,以体现不同语素之间的构词能力差异。

③悬浮组

悬构词直接式:悬空1;非直接式:悬空2。

"悬"是离开地面处于空中的存在方式,后位语素"空"为场所空间名素,可以视为从"悬"义中析出的义素表达单位。

④周遍组

遍构词直接式:遍地1、遍野;非直接式:遍地2。漫构词直接式:漫天1;非直接式:漫天2。弥构词非直接式:弥天。滔构词非直接式:滔天1、滔天2。匝构词直接式:匝地。满构词直接式:满面、满目。

周遍组动素强调遍布某一空间,例如"滔天"的"滔"理解为大水弥漫。该组构词后位语素语义属性比较一致,"地""天""野"均属场所空间名素。"满"后接语素"面"是附属类指人名素,"目"为目力所及的范围,归属方位空间名素。

总之,位置状态集除了语素"在",其他的动素构词量都不大,而周遍组参与构词的动素最多。

(2)类属状态动素

此类动素表示某事物直接是该事物所属范围中的一员。

其语义结构为:事件[客体　处于　范围]。①

①居为组

居构词半直接式:居多。为构词半直接式:为止。属构词直接式:属实。

"居"后接语素"多"为形素,"居多"意指数量上是属于多的范围。"为"后接语素"止"为变化动素。"属"后接语素"实"为形素。

②归在组

在构词直接式:在编、在内;半直接式:在望1;非直接式:在家2、在教1、在教2、在望2。落构词直接式:落套。

"在"后接语素"编"为性状名素,"内"为方位空间名素,"望"为控自状态动素,"在望1"意思指处在可见的范围内,进一步词化有"在望2"形容好事情即将到来。"家"指由亲属关系组成的家庭,"教"指宗教组织,均为整体类指人名素。"落"意思是归入,后接语素"套"是指陈旧的格调,属于性状名素。

---

① 吕云生:《〈礼记〉动词的语义分类研究》,中国广播电视出版社,2009年,第93页。

### 2. 存有状态动素

存有状态动素主要表现环境因素与事物间构成的存在或领有状态,焦点在环境因素上。

其语义结构为:事件[环境　存有　客体]。①

根据环境因素是位置还是范围,存有状态动素又可以分为位有状态动素和领有状态动素。

(1)位有状态动素

位有状态动素表示某处所存在某事物。

其语义结构为:事件[处所　存有　客体]或事件[处所　不存有　客体]。②

①有存组

有构词直接式:有碍、有差、有关 1、有染 1、有损、有效、有余 1;半直接式:有旧、有年;非直接式:有偿、有关 2、有利、有染 2、有时、有益。

"有"后接语素"碍""损"为抽象作用动素,"差""关""染""余"为简单状态动素,"效"为事项名素,"旧"为形素,"年"为量素,"偿"为外向转移动素,"利""益"为性状名素,"时"为时量名素。该组动素构词都是"有×"形式,后接语素类型多样,以动素居多。

②保持组

保构词直接式:保洁、保暖、保墒、保湿、保温、保鲜;非直接式:保真 2、保值。

持构词直接式:持衡、持平 2。守构词直接式:守恒。贪构词非直接式:贪青。

"保"后接语素"洁""暖""湿""鲜"为形素,"墒""温""真""值"为性状名素。

"持"后接语素"衡""平"为形素。"守"后接语素"恒"为形素。"贪"后接语素"青"为形素。

保持组的语素义强调状态持续的存有,后接语素以形素为主。

③遗留组

遗构词直接式:遗患 1、遗祸。贻构词直接式:贻害、贻误。

"遗"后接语素"患""祸"为事项名素。"贻"后接语素"害""误"为事项名素。

---

① 吕云生:《〈礼记〉动词的语义分类研究》,中国广播电视出版社,2009 年,第 92 页。
② 吕云生:《〈礼记〉动词的语义分类研究》,中国广播电视出版社,2009 年,第 95 页。

该组动素后接语素均为事项名素。

④无存组

无构词直接式：无补、无敌、无度、无妨1、无干、无关、无间1、无间2、无期1、无损1、无物、无误、无遗、无疑、无已、无异、无益、无余、无援、无阻；非直接式：无偿、无端、无故、无上。

"无"后接语素"补""度""益"为性状名素，"敌""妨""损""援""阻"为作用动素，"干""关""遗""疑""余"为状态动素，"间1"为不外化抽象名素，"间2"为时间名素，"上"为方位空间名素，"期"为时量名素，"物"为自然无生名素，"误""端""故"为事项名素，"已"为变化动素，"异"为形素，"偿"为转移动素。

动素"无"不仅构词量大，而且后接语素的义类多样，说明它有很强的构词能力。

⑤缺乏组

失构词非直接式：失敬、失礼2、失陪、失收2、失调2、失修、失迎。

欠构词非直接式：欠安、欠产、欠佳、欠资。短构词非直接式：短秤、短款2。亏构词非直接式：亏产、亏秤1。贫构词直接式：贫水、贫血、贫油。少构词非直接式：少礼2、少陪。寡构词非直接式：寡情、寡味。乏构词直接式：乏味。

"失"后接语素"敬"为形素，"礼"为事项名素，"陪"为状态动素，"收"为转移动素，"迎"为变化动素，"调""修"为作用动素。"欠"后接语素"安""佳"为形素，"产"为变化动素，"资"为可外化抽象名素。"短"后接语素"秤"为人造无生名素，"款"为可外化抽象名素。"亏"后接语素"产"为变化动素，"秤"为人造无生名素。"贫"后接语素"水""油"为自然无生名素，"血"为附属类指人名素。"少"后接语素"礼"为事项名素，"陪"为状态动素。"寡"后接语素"情"为不外化抽象名素，"味"为性状名素。"乏"后接语素"味"为性状名素。

缺乏组成员在语素结合方面呈现一定的分布规律。"失""少"多接动素，"欠"可接形素，"短""亏"多接名素，"贫"只接具体名素，"寡""乏"接抽象名素。

(2)领有状态动素

其语义结构为：事件[领有者领有范围　存有　客体]。①

---

① 吕云生：《〈礼记〉动词的语义分类研究》，中国广播电视出版社，2009年，第96页。

①具有组

有构词直接式:有致;非直接式:有理、有力、有名、有形、有序、有限 1、有限 2。

承构词直接式:承望、承想。带构词直接式:带电、带菌。管构词非直接式:管用。

"有"后接语素"致""力""名""形""序""限"为性状名素,"理"为不外化抽象名素。"承"后接语素"望""想"为不外化抽象名素。"带"后接语素"电"为自然无生名素,"菌"为微生物有生名素。"管"后接语素"用"为性状名素。

该组动素后接语素以抽象名素为主,尤其是多带性状名素。

②不具组

无构词直接式:无边、无常 1、无华、无际、无疆、无尽、无理、无量、无情 1、无穷、无缺、无声、无损 2、无味 1、无效、无艺 2、无垠;非直接式:无几、无名 1、无味 2、无瑕、无限、无形 1。没构词非直接式:没劲 2。

"无"后接语素"边""际""疆""尽""穷""缺""垠"为方位空间名素,"华""声"为自然无生名素,"理""情"为不外化抽象名素,"量""味 1""艺""味 2""瑕""限""形"为性状名素,"效"为事项名素,"损"为变化动素,"常"为形素,"几"为数素,"名"为可外化抽象名素。"无"可接语素语义类型较多。"没"后接语素"劲"是"趣味"义,为性状名素。

领有范围类的后接语素多是表示事物的某一属性,例如性状名素"限""形"等。而且其所构词中相当多的是非直接式双音词,且是说明领有者性状的形容词或属性词。

(二)自然状态动素

此类状态动素的语义结构不含固定的焦点。其形成的词的语义结构有两种可能:事件[客体　处于　环境]或事件[环境　存有　客体]。[①]

①暴露组

露构词非直接式:露天 1、露天 2。暴构词直接式:暴尸。

"露"后接语素"天"为场所空间名素,"露"的意思是在房屋或帐篷的外边。"暴"后接语素"尸"为附属类指人名素。

②充满组

满构词直接式:满额、满员。暴构词非直接式:暴库。充构词直接式:充血。胀构词非直接式:胀库。

---

① 吕云生:《〈礼记〉动词的语义分类研究》,中国广播电视出版社,2009 年,第 97 页。

"满"后接语素"额"为性状名素,"员"为整体类指人名素。"暴""胀"后接语素"库"为场所空间名素。"充"后接语素"血"为附属类指人名素。

③堵瘀组

卡构词直接式:卡壳1;非直接式:卡壳2、卡壳3。堵构词直接式:堵车。闭构词直接式:闭气1。瘀构词非直接式:瘀血1。

"卡"后接语素"壳"为人造无生名素。"堵"后接语素"车"为人造无生名素。"闭"后接语素"气"为附属类指人名素。"瘀"后接语素"血"为附属类指人名素。

该组后接语素以具体名素为主。

④垂挂组

垂构词非直接式:垂帘、垂髫。挂构词非直接式:挂果、挂花1、挂彩2、挂花2。

"垂"后接语素"帘"为人造无生名素,"髫"为附属类指人名素。"挂"后接语素"果""花1"为植物类有生名素,"彩""花2"为附属类指人名素。

该组后接语素均为具体名素。

⑤存压组

压构词非直接式:压车、压船、压港、压货1、压货2、压客、压库1。

存构词直接式:存世;非直接式:存栏、存食。淤构词非直接式:淤血1。

"压"构成的语义结构属于[客体 处于 环境]的双音词是"压港""压库1","港""库"均为场所空间名素。"压"构成的语义结构属于[环境 存有 客体]的双音词是"压车""压船""压货1""压货2""压客",其中"车""船""货"为人造无生名素,"客"为整体类指人名素。

"存"构成的双音词"存世""存栏"语义结构属于[客体 处于 环境],其中"存"后接语素"世"为可外化抽象名素。"栏"本是围栏,又引申为围养的圈,"存栏"与"出栏1"相对,因此,"栏"是场所空间名素。"存"构成的双音词"存食"的语义结构是[环境 存有 客体],"食"是人造无生名素。

"淤"与"压""存"不同,后接语素"血"为附属类指人名素,仅组成[环境 存有 客体]语义结构的双音词。

⑥空缺组

缺构词直接式:缺员、缺位1;非直接式:缺编、缺德、缺位3。

"缺"参构的双音词"缺员""缺德",属于[环境 不存有 客体]语义结构,后接语素"员"为整体类指人名素,"德"为不外化抽象名素。

"缺"参构的双音词"缺位1""缺位3""缺编",属于[客体 不存在 环境]

语义结构,后位语素"位1"为可外化抽象名素,"位3"为方位空间名素,"编"为性状名素。

## 二、关系简单状态动素

关系状态动素表示两个客体之间的关系处于某种特征状态。

其语义结构为:事件[(客体1与客体2) 处于 关系特征]。[①]

根据语义结构中所含特征是确切特征还是模糊特征,关系状态动素分为确切关系动素和模糊关系状态动素。

### (一)确切关系动素

确切关系动素表示的是两事物间非此即彼的关系特征,没有程度上的差别。

①对当组

对构词非直接式:对垒、对阵、对症。当构词直接式:当街1;非直接式:当头1—2。

"对"后接语素"垒"为人造无生名素,"阵"为性状名素,"症"为事项名素。"当"后接语素"街"为场所空间名素,"头"为附属类指人名素。

②错出组

错构词直接式:错峰、错季、错时;半直接式:错位1;非直接式:错车、错位2。

"错"后接语素"峰"为性状名素,"季""时"为时量名素,"位"为方位空间名素,"车"为人造无生名素。

③顺向组

顺构词半直接式:顺风1、顺流、顺水。迎构词非直接式:迎风2。

"顺"后接语素"风""流""水"为自然无生名素。"迎风2"意思是随风,"迎"后接语素"风"为自然无生名素。

④逆向组

逆构词半直接式:逆风1、逆流1、逆市、逆水、逆向;非直接式:逆光。

背构词直接式:背风、背光。反构词直接式:反向;非直接式:反之。

顶构词直接式:顶风1;非直接式:顶风3。戗构词半直接式:戗风。迎构词直接式:迎风1。

---

① 吕云生:《〈礼记〉动词的语义分类研究》,中国广播电视出版社,2009年,第97页。

"逆"后接语素"风""流""水""光"为自然无生名素,"市"为转移动素,"向"为方位空间名素。"背"后接语素"风""光"为自然无生名素。"反"后接语素"向"为方位空间名素,"之"为代素。"顶""戗""迎"后接语素"风"为自然无生名素。

在这些构词中后位语素"风""光""向"等含有方向义征,可以与多个动素结合。

⑤朝向组

劈构词非直接式:劈脸、劈面、劈头1、劈头2、劈胸。

顶构词直接式:顶头。拦构词直接式:拦腰。朝构词非直接式:朝阳1。向构词非直接式:向阳。临构词直接式:临风。司构词非直接式:司南。指构词非直接式:指南。

"劈"后接语素"脸""面""头""胸"均为附属类指人名素。"顶"后接语素"头"为附属类指人名素。"拦"后接语素"腰"为方位空间名素。"朝""向"后接语素"阳"为自然无生名素。"临"后接语素"风"为自然无生名素。"司""指"后接语素"南"为方位空间名素。

该组后接语素主要集中在附属类指人名素、自然无生名素和方位空间名素。

⑥连接组

连构词直接式:连天3;半直接式:连理1、连年、连篇1、连日、连声、连体、连天1、连夜2;非直接式:连理2、连篇2、连天2。

联构词直接式:联谊、联姻1;半直接式:联产1、联程2、联机、联网;非直接式:联句、联袂、联手、联姻2、联宗。

接构词半直接式:接界、接境、接壤;非直接式:接气、接踵。搭构词半直接式:搭界1。交构词半直接式:交界。沾构词直接式:沾亲。

"连"后接语素"天(天空)"为方位空间名素,"理"为性状名素,"年""篇1""日""声""天(日子)""夜"为量素,"体"为附属类指人名素,"篇2"为可外化抽象名素。

"联"后接语素"谊""姻"为性状名素,"产"为变化动素,"程""网"为可外化抽象名素,"机""袂"为人造无生名素,"句"为量素,"手"为附属类指人名素,"宗"为整体类指人名素。

"接"后接语素"界""境""壤"为方位空间名素,"气"为可外化抽象名素,"踵"为附属类指人名素。"搭""交"后接语素"界"为方位空间名素。"沾"后接语素"亲"为整体类指人名素。

由上分析,"连"多接与时间有关的量素,"接""搭""交"多接空间名素,

"联"可接一些抽象名素。

⑦带领组

　　领构词非直接式：领衔。

"领"后接语素"衔"为性状名素。"领衔"是指名字排在署名的第一位。

⑧承接组

　　次构词非直接式：次韵、次之。步构词非直接式：步韵。押构词
非直接式：押韵。承构词非直接式：承题。应构词非直接式：应声。
照构词直接式：照常1、照旧1。仍构词直接式：仍旧1。依构词直接
式：依旧1。

"次""步""押"后接语素"韵"为可外化抽象名素，"之"为代素。"承"后
接语素"题"为可外化抽象名素。"应"后接语素"声"为自然无生名素。"照"
后接语素"常""旧"为形素。"仍""依"后接语素"旧"为形素。

其中，该组动素与语素"韵""旧"多次结合构词。

⑨关涉组

　　涉构词直接式：涉案、涉密、涉讼；非直接式：涉外。切构词直接式：
切身1；非直接式：切身2。扣构词直接式：扣题。

"涉"后接语素"案"为事项名素，"密""外"为可外化抽象名素，"讼"为活
动动素。"切"后接语素"身"为人称代素。"扣"后接语素"题"为可外化抽象
名素。

⑩通导组

　　通构词直接式：通车2、通航、通商、通邮；非直接式：通感、通天1、
通天2。

　　导构词直接式：导电、导热。串构词半直接式：串线、串烟。彻构词
非直接式：彻底、彻夜。

"通"后接语素"车"为人造无生名素，"航"为活动动素，"商""邮"为事项
名素，"感"为转移动素，"天（天空）"为场所空间名素，"天（朝廷）"为可外化
抽象名素。

"导"后接语素"电"为自然无生名素，"热"为性状名素。"串"后接语素
"线"为可外化抽象名素，"烟"为自然无生名素。"彻"后接语素"底"为方位
空间名素，"夜"为时量名素。

⑪间隔组

　　隔构词直接式：隔行、隔日、隔世、隔心、隔夜；非直接式：隔壁。

　　间构词直接式：间日；非直接式：间壁1。绝构词非直接式：绝缘1。

"隔"后接语素"行""世"为可外化抽象名素，"日""夜"为时量名素，"心"

为不外化抽象名素,"壁"为人造无生名素。"间"后接语素"日"为时量名素,"壁"为人造无生名素。"绝"后接语素"缘"为性状名素。

⑫夹合组

夹构词直接式:夹道2;非直接式:夹生。参构词直接式:参半。

"夹"后接语素"道"为场所空间名素,"生"为形素。"参"后接语素"半"为数素。

⑬容纳组

吃构词非直接式:吃刀、吃水4。容构词非直接式:容错。

"吃"后接语素"刀"为人造无生名素,"水"为自然无生名素。"容"后接语素"错"为事项名素。

⑭藏含组

藏构词非直接式:藏锋1。含构词半直接式:含苞。

"藏"后接语素"锋"为方位空间名素。"含"后接语素"苞"为植物有生具体名素。

⑮环绕组

环构词直接式:环球1。盘构词直接式:盘山。围构词直接式:围城1。

"环"后接语素"球"为场所空间名素。"盘"后接语素"山"为场所空间名素。"围"后接语素"城"为场所空间名素。

⑯比并组

比构词直接式:比肩1、比翼;非直接式:比肩2、比肩3。并构词直接式:并肩1;非直接式:并肩2、并线。

"比""并"后接语素"肩"为附属类指人名素,"比"后接语素"翼"为动物有生名素。"并"后接语素"线"为场所空间名素。

⑰伴随组

随构词非直接式:随身。

"随"后接语素"身"为附属类指人名素。

⑱同样组

谐构词直接式:谐声1、谐音。重构词直接式:重码1。同构词半直接式:同上。

"谐"后接语素"声""音"为自然无生名素。"重"后接语素"码"为可外化抽象名素。"同"后接语素"上"为方位空间名素。

⑲相等组

平构词直接式:平权;半直接式:平产;非直接式:平槽。等构词半直接式:等价、等身。对构词直接式:对本。齐构词半直接式:齐名。值构词非直接式:值钱。抵构词直接式:抵数。

"平"后接语素"权"为性状名素,"产"为变化动素,"槽"为场所空间名素。"等"后接语素"价"为性状名素,"身"为附属类指人名素。"对"后接语素"本"为可外化抽象名素。"齐"后接语素"名"为性状名素。"值"后接语素"钱"为可外化抽象名素。"抵"后接语素"数"为性状名素。

该组有许多动素后面可接性状名素。

(二)模糊关系动素

①符合组

合构词非直接式:合度、合法、合格、合脚、合口2、合理、合拍1、合时、合式1、合体1、合心1、合意、合用2。

对构词非直接式:对口3、对路1、对路2、对路3、对头1、对头2、对头3、对眼1。适构词半直接式:适销;非直接式:适婚、适口、适龄、适时、适意、适用。

称构词非直接式:称身、称心、称愿、称职。应构词非直接式:应季、应时1、应运、应市。可构词非直接式:可体、可心、可意。得构词非直接式:得用、得体。切构词直接式:切题;非直接式:切实。宜构词非直接式:宜居、宜人。贴构词非直接式:贴题。

中1构词非直接式:中看、中听、中用。中2构词非直接式:中的、中肯、中意。投构词直接式:投机1、投缘。在构词非直接式:在理。着构词非直接式:着调。

"合"后接语素"度""格""口""时""式"为性状名素,"法""拍"为可外化抽象名素,"脚""体"为附属类指人名素,"理""心""意"为不外化抽象名素,"用"为作用动素。

"对"后接语素"口""路"为性状名素,"头"为方位空间名素,"眼"为附属类指人名素。"适"后接语素"销"为转移动素,"婚""时"为事项名素,"口""龄"为性状名素,"意"为不外化抽象名素,"用"为作用动素。"适"所接语素义类较多。

"称"后接语素"身"为附属类指人名素,"心""愿"为不外化抽象名素,"职"为事项名素。"应"后接语素"季""时"为时量名素,"运"为不外化抽象名素,"市"为转移动素。"可"后接语素"体"为附属类指人名素,"心""意"为不外化抽象名素。"得"后接语素"用"为作用动素,"体"为性状名素。"切"后接语素"题"为可外化抽象名素;"实"指实际情况,为性状名素。"宜"后接语素"居"为状态动素,"人"为整体类指人名素。"可"后接语素与"合"有一致的地方。"贴"后接语素"题"为可外化抽象名素。

"中(zhōng)"意思是恰好合上,后接语素"看""听"为状态动素,"用"为作用动素。"中(zhòng)"意思是正对上,后接语素"的"本义是箭靶心,为方位空间名素;"肯"本义是骨间的肉,为有生名素;后接的"意"为不外化抽象名素。"投"后接语素"机"是心思义,和"缘"同为不外化抽象名素。"在"后接语素"理"为不外化抽象名素。"着"后接语素"调"为可外化抽象名素。

符合组的构词量较大,所构的绝大多数词都是形容词,可以受"很"修饰。符合组参构的动素数量较多,有 15 个;后位语素"口""心""意""用"等参与构词较为活跃。

②如同组

如构词直接式:如常、如初、如故 1、如故 2、如一;半直接式:如次、如上、如下;非直接式:如此。象构词非直接式:象形。

"如"后接语素"常"为形素,"一"意为"同一",也是形素,"初""故(原来的)"都是性状名素,"故(朋友)"为整体类指人名素,"次""上""下"为方位空间名素,"此"为代素。"象"后接语素"形"为性状名素。

③不合组

失构词直接式:失当、失实、失意、失真 1、失准 1;非直接式:失宜、失真 2。

逆构词半直接式:逆天 1;非直接式:逆耳、逆天 2。

非构词非直接式:非法、非礼 1。悖构词非直接式:悖理。拂构词直接式:拂意。违构词非直接式:违和。

"失"后接语素"当""真""准""宜"为形素,"实"为性状名素,"意"为不外化抽象名素。"逆"后接语素"耳"为附属类指人名素,"天"为不外化抽象名素。

"非"后接语素"法"为可外化抽象名素,"礼"为事项名素。"悖"后接语素"理"为不外化抽象名素。"拂"后接语素"意"为不外化抽象名素。"违"后接语素"和"为形素。

④顺遂组

顺构词非直接式:顺耳、顺口 1、顺气 1、顺心、顺眼、顺意。

如构词直接式:如意 1、如愿;非直接式:如意 2。遂构词非直接式:遂心、遂意、遂愿。随构词非直接式:随心。

"顺"后接语素"耳""眼"为附属类指人名素,"口"为活动动素,"气"为性状名素,"心""意"为不外化抽象名素。"如"后接语素"意""愿"为不外化抽象名素。"遂"后接语素"心""意""愿"为不外化抽象名素。"随"后接语素

"心"为不外化抽象名素。

该组构词后接语素多为"心""意""愿"等心理类的不外化抽象名素。

⑤不顺组

拗构词非直接式：拗口。绕构词非直接式：绕嘴。

"拗""绕"后接语素"口"为活动动素。

⑥靠近组

临构词直接式：临别、临街、临危1、临战、临阵1、临终；非直接式：临界。垂构词直接式：垂老、垂暮、垂死、垂危1、垂危2。

濒构词直接式：濒绝、濒死、濒危。薄构词非直接式：薄海、薄暮。傍构词非直接式：傍晚、傍午。凌构词直接式：凌晨。侵构词直接式：侵晨。

贴构词非直接式：贴己1、贴身3、贴心。逼构词非直接式：逼真1、逼真2。促构词非直接式：促膝。凑构词非直接式：凑手。近构词非直接式：近情。附构词非直接式：附骥。摩构词非直接式：摩天。拢构词直接式：拢岸。压构词直接式：压境。

"临"后接语素"别""终"为变化动素，"街""阵"为场所空间名素，"危"为性状名素，"战"为活动动素，"界"为方位空间名素。"垂"后接语素"老"为形素，"暮"为时量名素，"死"为变化动素，"危"为性状名素。

"濒"后接语素"绝""死"为变化动素，"危"为性状名素，表达的多是消极色彩的状态。"薄"后接语素"海"为场所空间名素，"暮"为时量名素。"傍"后接语素"晚""午"为时量名素。"凌""侵"后接语素"晨"为时量名素。

"贴"后接语素"己"为人称代素，"身"为附属类指人名素，"心"为不外化抽象名素。"逼"后接语素"真"为形素。"促"后接语素"膝"为附属类指人名素。"凑"后接语素"手"为附属类指人名素。"近"后接语素"情"为不外化抽象名素。"附"后接语素"骥"为动物有生名素。"摩"后接语素"天"为场所空间名素。"拢"后接语素"岸"为场所空间名素。"压"后接语素"境"为方位空间名素。

这组构词后接语素以时间名素、"死"等变化动素、指人部位名素、空间名素居多。参构的动素数量也较多，有16个。

⑦远离组

脱构词直接式：脱靶；非直接式：脱班、脱期。

"脱"后接语素"靶"为人造无生名素，"班"为量素，"期"为时量名素。

⑧超胜组

超构词直接式：超群；半直接式：超凡、超俗、超人1。拔构词直接式：拔俗。出构词非直接式：出众。盖构词直接式：盖世。过构词半直接式：过人1。溢构词半直接式：溢价。

"超"后接语素"群""人"为指人名素,"凡""俗"为形素。"拔"后接语素"俗"为形素。"出"后接语素"众"为指人名素。"盖"后接语素"世"为可外化抽象名素。"过"后接语素"人"为整体类指人名素。"溢"后接语素"价"为可外化抽象名素。

⑨差逊组

逊构词非直接式:逊色2。

"逊"后接语素"色"为性状名素。

## 三、小结

根据本节前位简单状态动素构词分析,我们设计了表1-1,以后位语素义类为横向维度,前位语素组为纵向维度,并将同集的语素组归在一起,集与集之间分开排列。这张表可以显示前位语素组之间的相互关系,也可以显示它们所接后位语素意义类型分布。这就是构词有序状态的直观表现,可以看出语素义对复合构词的影响。

表 1-1　前位简单状态动素后接语素意义类型分布

| 组别 | 具体名素 | | | 抽象名素 | | | 非名语素 | | |
|---|---|---|---|---|---|---|---|---|---|
| | 有生 | 无生 | 空间 | 事物 | 事情 | 时间 | 动素 | 形素 | 其他 |
| 占居 | | | 12 | 1 | 2 | 1 | | 5 | |
| 存在 | | | 12 | 1 | | | | 1 | |
| 悬浮 | | | 2 | | | | | | |
| 周遍 | 1 | | 12 | | | | | | |
| 居为 | | | | | | | 2 | 15 | |
| 归在 | 1 | | 1 | | 2 | | 1 | | |
| 有存 | | | | | 12 | 1 | 135 | 4 | 2 |
| 保持 | | | | | 2 | | | 1234 | |
| 遗留 | | | | | 1 | | | | |
| 无存 | | 2 | 1 | 2 | 12 | 1 | 1235 | 3 | |
| 缺乏 | 1 | 12 | | 12 | 12 | | 1235 | 5 | |
| 具有 | 2 | 2 | | 2 | 2 | | | | |

续表

| 组别 | 具体名素 | | | 抽象名素 | | | 非名语素 | | |
|---|---|---|---|---|---|---|---|---|---|
| | 有生 | 无生 | 空间 | 事物 | 事情 | 时间 | 动素 | 形素 | 其他 |
| 不具 | | 2 | 1 | 12 | 12 | | 2 | 4 | 3 |
| 暴露 | 1 | | 2 | | | | | | |
| 充满 | 1 | | 2 | | 2 | | | | |
| 堵瘀 | 1 | 1 | | | | | | | |
| 垂挂 | 12 | 1 | | | | | | | |
| 存压 | 1 | 1 | 2 | 1 | | | | | |
| 空缺 | 1 | | 1 | 12 | 2 | | | | |
| 对当 | 1 | 1 | 2 | | 12 | | | | |
| 错出 | | 1 | 1 | | 2 | 1 | | | |
| 顺向 | | 2 | | | | | | | |
| 逆向 | | 2 | 1 | | | | 3 | | 1 |
| 朝向 | 1 | 2 | 1 | | | | | | |
| 连接 | 1 | 1 | 1 | 1 | 2 | | 2 | | 2 |
| 带领 | | | | | 2 | | | | |
| 承接 | | 2 | | 1 | | | | 34 | 1 |
| 关涉 | | | | 1 | 1 | | 4 | | 1 |
| 通导 | | 12 | 12 | 1 | 12 | 1 | 34 | | |
| 间隔 | | 1 | | 12 | 2 | 1 | | | |
| 夹合 | | | 2 | | | | | 1 | 3 |
| 容纳 | | 12 | | | 1 | | | | |
| 藏含 | 2 | | 1 | | | | | | |
| 环绕 | | | 2 | | | | | | |
| 比并 | 12 | | 2 | | | | | | 3 |
| 伴随 | 1 | | | | | | | | |

续表

| 组别 | 具体名素 | | | 抽象名素 | | | 非名语素 | | |
|---|---|---|---|---|---|---|---|---|---|
| | 有生 | 无生 | 空间 | 事物 | 事情 | 时间 | 动素 | 形素 | 其他 |
| 同样 | | 2 | 1 | 1 | | | | | |
| 相等 | 1 | | 2 | 1 | 2 | | 2 | | |
| 符合 | 12 | | 1 | 12 | 12 | 1 | 135 | | |
| 如同 | 1 | | 1 | | 2 | | | 3 | 1 |
| 不合 | 1 | | | 12 | 12 | | | 35 | |
| 顺遂 | 1 | | | 2 | 2 | | 4 | | |
| 不顺 | | | | | | | 4 | | |
| 靠近 | 12 | | 12 | 2 | 2 | 1 | 24 | 25 | 1 |
| 远离 | | 1 | | | | 1 | | | 2 |
| 超胜 | 1 | | | 1 | | | | 5 | |
| 差逊 | | | | | 2 | | | | |

注:表中数字标识说明:有生名素之下,1是指人名素,2是动植物名素。无生名素之下,1是人造无生名素,2是自然无生名素。空间名素之下,1是方位空间名素,2是场所空间名素。事物名素之下,1是可外化抽象名素,2是不外化抽象名素;事情名素之下,1是事项名素,2是性状名素。时间名素之下,1是时量名素,2是时序名素。动素之下,1是状态动素,2是变化动素,3是转移动素,4是活动动素,5是作用动素。形素之下,1是质量类形素,2是形态类形素,3是组构类形素,4是时间类形素,5是认知类形素。其他语素之下,1是代素,2是量素,3是数素。

本书后续同系列表格均采用此数字标识,不再重复说明。

占居、存在、悬浮、周遍组属于位置状态集,其语义结构为:事件[客体 处于 处所]。所以其后位都可接空间名素,如"居中1";也可接与社会地位、行业有关的可外化抽象名素,如"在职";还有一些人造的可外化抽象事物,如"在册";附属类指人名素也具有空间性,如"满面"。后接性状名素或形素,多是半直接式,如"占优"。后未接无生具体名素、事项名素和动素等与行为相关的语素。

居为、归在组属于类属状态集,其语义结构为:事件[客体 处于 范围]。所以其后接性状名素或形素的比较多。也接指人名素、空间名素、动素等。但未接无生具体名素、事物抽象名素及时间名素。

有存、保持、遗留、无存、缺乏组属于位有状态集,其语义结构为:事件[处所　存有　客体]或事件[处所　不存有　客体]。从构词实际情况来看,"客体"包含的范围较广,可以是具体事物,也可以是行为活动或性状。同语素类内部的构词差异比较大。有存、无存、缺乏组后接动素,表示行为的有无。保持组后多接形素,表示使某性状持续存在。无存组后可接空间名素,如"无上",是指在上面没有事物,"上"并不是"无"直接关涉的客体,所以分析支配式双音词语素组合关系应考虑到词义复合的因素。其中无存组的"无"后接语素类型最多,构词量也最大。

具有、不具组属于领有状态集,其语义结构为:事件[领有者领有范围存有　客体]。它可以表示某物、某事、某行为、某性状的存有或没有,所以后接语素类型涵盖了绝大多数类型的语素。值得注意的是具有组没有接空间名素,而不具组后接空间语素构词比较多,如"无边""无际""无疆"等。具有和不具组都未接时间名素。

暴露、充满、堵瘀、垂挂、存压、空缺组属于自然状态集,其语义结构为:事件[客体　处于　环境]或事件[环境　存有　客体]。所以,其后接语素都有指人有生名素,也可接空间名素、无生具体名素、事物抽象名素。但是其后没有接时间名素、动素和形素。

对当、错出、顺向、逆向、朝向、连接、带领、承接、关涉、通导、间隔、夹合、容纳、藏含、环绕、比并、伴随、同样、相等组属于确切关系集,符合、如同、不合、顺遂、不顺、靠近、远离、超胜、差逊组属于模糊关系集,它们的语义结构可以概括为:事件[(客体1与客体2)　处于　关系特征]。它们表示事物之间的关系,对于构成的语素来说基本没有太多的限制,所以从总体分布来看,几乎各种意义类型都覆盖到了。再比较两个动素集的构词倾向,确切关系集下的语素组接自然类无生具体名素多一些,模糊关系集下的语素组接不外化抽象名素多一些。前者如"顺水""逆光""联袂""应声""导电""谐音"等,后者如"合意""悖理""遂心""贴心"等。确切关系集下的语素组可接动素的多一些,模糊关系集下的语素组可接形素的多一些。前者如"联产1""涉讼""通航""平产"等,后者如"失当""违和""垂老""拔俗"等。

## 第二节　使役状态动素构词

使役状态动素表述的是复杂事件,它是在简单事件之外,存在着一个使役原因使客体进入某种状态的过程。使役状态动素大部分是由古汉语中表示特征状态的单音词增加使役要素转化而来的,这个过程可以称作

"使役化"。① 在判定使役动素时,我们参考了曾立英对汉语作格动词的判定方式,即该语素可以有"NP$_1$＋V＋NP$_2$"和"NP$_2$＋V"的两种结构,通常代表着不同的意义。"NP$_1$＋V＋NP$_2$"中的动词常含有"致使"义,"NP$_2$＋V"中的动词表示的是"状态"义。② 例如"满仓",也可以说"仓满",不过前者的语素"满"是"使……满"的使役状态,后者的语素"满"是指仓"充满"的状态。

使役状态动素可以分为关系使役状态动素与特征使役状态动素。

### 一、关系使役状态动素

其语义结构为:事件{使因　因果使役　〔(客体1与客体2)　处于　关系特征]}。③

①使相通组

通构词直接式:通便、通车1、通电1、通风2、通气1、通气2。

"通"后接语素"便"为附属类指人名素,"车"为人造无生名素,"电""风""气"为自然无生名素。

②使分隔组

间构词非直接式:间苗。

"间"后接语素"苗"为植物有生名素。

参与构造支配式双音词的关系状态动素比较少。

### 二、特征使役状态动素

其语义结构为:事件{使因　因果使役　〔客体　处于　特征]}。④

(一)心理使役状态动素

①使舒畅组

顺构词直接式:顺气2。

"顺"后接语素"气"为性状名素。

②使安定组

安构词直接式:安神。定构词直接式:定神2。

"安""定"后接语素"神"为性状名素。

---

① 吕云生:《〈礼记〉动词的语义分类研究》,中国广播电视出版社,2009年,第115页。
② 曾立英:《现代汉语作格现象研究》,中央民族大学出版社,2009年,第147页。
③ 吕云生:《〈礼记〉动词的语义分类研究》,中国广播电视出版社,2009年,第115页。
④ 吕云生:《〈礼记〉动词的语义分类研究》,中国广播电视出版社,2009年,第115页。

③使信服组

　　　　倾构词直接式:倾心 1;非直接式:倾城 2。服构词直接式:服气。

"倾"后接语素"心"为不外化抽象名素,"城"为场所空间名素。"服"后接语素"气"为状态动素。

④使明白组

　　　　警构词直接式:警世。喻构词直接式:喻世。

"警""喻"后接语素"世"为可外化抽象名素。

⑤使害怕组

　　　　怕构词非直接式:怕人 2。吓构词非直接式:吓人。

"怕""吓"后接语素均是"人",为整体类指人名素。所构非直接式双音词均为形容词。

⑥使沉迷组

　　　　醉构词直接式:醉人 2、醉心。迷构词非直接式:迷人。

"醉"后接语素"人"为整体类指人名素,"心"为不外化抽象名素。"迷"后接语素"人"为整体类指人名素。

⑦使烦恼组

　　　　烦构词非直接式:烦人、烦心 1。恼构词非直接式:恼人。

"烦"后接语素"人"为整体类指人名素,"心"为不外化抽象名素。"恼"后接语素"人"为整体类指人名素。

⑧使羞耻组

　　　　羞构词非直接式:羞人。

"羞"后接语素"人"为整体类指人名素。

从以上分析可以看出,心理使役状态动素的后接语素多为"人"或与人有关的心理名素,而且所构成的双音词多为形容词,表达外物影响人的内心后产生的某种心理状态。

(二)非心理使役状态动素

1.使某人处于某种状态动素

①使休息组

　　　　歇构词非直接式:歇肩、歇脚、歇气。息构词非直接式:息肩 1、息肩 2。

"歇"后接语素"肩""脚""气"为附属类指人名素,"息"后接语素"肩"为附属类指人名素。该组后接语素多与人的身体部位有关。

②使喝醉组

  醉构词直接式：醉人 1。

"醉"后接语素"人"为整体类指人名素。

③使存活组

  活构词直接式：活命 1、活命 2。

"活"后接语素"命"为性状名素。

④使失败组

  败构词直接式：败军 1。

"败"后接语素"军"为整体类指人名素。

⑤使劳累组

  劳构词直接式：劳神、劳心 1；非直接式：劳步、劳驾、劳心 3。

  烦构词直接式：烦神。走构词直接式：走心 2。

"劳"后接语素"神"为性状名素，"心"为不外化抽象名素，"步"为活动动素，"驾"为人造无生名素。"烦"后接语素"神"为性状名素。"走"后接语素"心"为不外化抽象名素。

该组动素后接语素多为与人的心理有关的名素。

**2. 使某事物处于某种具体或抽象状态动素**

①使固定组

  固构词直接式：固沙。

"固"后接语素"沙"为自然无生名素。

②使充满组

  满构词非直接式：满仓。

"满"后接语素"仓"为可外化抽象名素。

③使空缺组

  空构词非直接式：空仓。

"空"后接语素"仓"为可外化抽象名素。

④使统一组

  统构词半直接式：统稿。

"统"后接语素"稿"为可外化抽象名素。

⑤使闭合组

  闭构词直接式：闭气 2；非直接式：闭关 1、闭关 2。

"闭"后接语素"气"为附属类指人名素，"关"为场所空间名素。

⑥使开放组

　　　开构词非直接式：开架 1、开架 2。

"开"后接语素"架"为人造无生名素。

### 3.使事物处于某种位置状态动素

①使低垂组

　　　垂构词非直接式：垂青、垂手。低构词直接式：低头 1；非直接式：低头 2。

"垂"后接语素"青"为形素，"手"为附属类指人名素。"低"后接语素"头"为附属类指人名素。

②使盘曲组

　　　盘构词直接式：盘腿、盘膝。

"盘"后接语素"腿""膝"为附属类指人名素。

③使横向组

　　　横构词非直接式：横眉。

"横"后接语素"眉"为附属类指人名素。

"使低垂组""使盘曲组""使横向组"多与指人部位名素结合。

④使悬吊组

　　　悬构词非直接式：悬壶、悬腕。吊构词非直接式：吊线。

"悬"后接语素"壶"为人造无生名素，"腕"为附属类指人名素。"吊"后接语素"线"为人造无生名素。

⑤使留处组

　　　定构词非直接式：定鼎、定睛、定神 1、定影。落构词直接式：落户 1、落账；非直接式：落户 2。蹲构词非直接式：蹲苗。浸构词非直接式：浸种。留构词直接式：留言 1。凝构词直接式：凝眸。屯构词直接式：屯兵。滞构词直接式：滞洪。驻构词直接式：驻军 1。

"定"后接语素"鼎"为人造无生具体名素，"睛"为附属类指人名素，"神""影"为性状名素。"落"后接语素"户"为整体类指人名素，"账"为可外化抽象名素。"蹲"后接语素"苗"为植物有生名素。"浸"后接语素"种"为植物有生名素。"留"后接语素"言"为可外化抽象名素。"凝"后接语素"眸"为附属类指人名素。"屯"后接语素"兵"为整体类指人名素。"滞"后接语素"洪"为自然无生名素。"驻"后接语素"军"为整体类指人名素。

　　　该组动素后接语素多为具体名素。

### 三、小结

根据本节使役状态动素构词分析,我们设计了表 1-2,可以观察它们所接后位语素意义类型分布,以总结使役状态动素义对复合构词的影响。

表 1-2 前位使役状态动素后接语素意义类型分布

| 组别 | 具体名素 | | | 抽象名素 | | | 非名语素 | | |
|---|---|---|---|---|---|---|---|---|---|
| | 有生 | 无生 | 空间 | 事物 | 事情 | 时间 | 动素 | 形素 | 其他 |
| 使相通 | 1 | 12 | | | | | | | |
| 使分隔 | 2 | | | | | | | | |
| 使舒畅 | | | | | 2 | | | | |
| 使安定 | | | | | 2 | | | | |
| 使信服 | | | 2 | 2 | | | 1 | | |
| 使明白 | | | | 1 | | | | | |
| 使害怕 | 1 | | | | | | | | |
| 使沉迷 | 1 | | | 2 | | | | | |
| 使烦恼 | 1 | | | 2 | | | | | |
| 使羞耻 | 1 | | | | | | | | |
| 使休息 | 1 | | | | | | | | |
| 使喝醉 | 1 | | | | | | | | |
| 使存活 | | | | | 2 | | | | |
| 使失败 | 1 | | | | | | | | |
| 使劳累 | | 1 | | 2 | 2 | | 4 | | |
| 使固定 | | 2 | | | | | | | |
| 使充满 | | | | 1 | | | | | |
| 使空缺 | | | | 1 | | | | | |
| 使统一 | | | | 1 | | | | | |
| 使合闭 | 1 | | 2 | | | | | | |

| 组别 | 具体名素 | | | 抽象名素 | | | 非名语素 | | |
|---|---|---|---|---|---|---|---|---|---|
| | 有生 | 无生 | 空间 | 事物 | 事情 | 时间 | 动素 | 形素 | 其他 |
| 使开放 | | 1 | | | | | | | |
| 使低垂 | 1 | | | | | | | 1 | |
| 使盘曲 | 1 | | | | | | | | |
| 使横向 | 1 | | | | | | | | |
| 使悬吊 | 1 | 1 | | | | | | | |
| 使留处 | 12 | 12 | | 1 | 2 | | | | |

注:表中数字所代表的语素语义类型详见表 1-1 注。

使相通、使分隔组属于关系使役状态集,其语义结构为:事件{使因　因果使役　〔(客体 1 与客体 2)　处于　关系特征〕},所接语素多为有生和无生具体名素。

使舒畅、使安定、使信服、使明白、使害怕、使沉迷、使烦恼、使羞耻组属于心理使役状态集,其语义结构为:事件{使因　因果使役　〔心理　处于　特征〕}。所以,其后多接指人有生名素,如"人",以及心理类不外化抽象名素和状态类性状名素。

使休息、使喝醉、使存活、使失败、使劳累组属于使某人处于某种状态集,其语义结构为:事件{使因　因果使役　〔人　处于　特征〕},所以,其后接语素多为指人有生名素,如"人",心理类不外化抽象名素,如"心",与人有关的性状名素如"命""神"等。

使固定、使充满、使空缺、使统一、使闭合、使开放组属于使某事物处于某种具体或抽象状态集,其语义结构为:事件{使因　因果使役　〔事物　处于　特征〕}。所以,其后接语素多为无生具体名素如"沙""架",以及可外化抽象名素如"仓""稿"。

使低垂、使盘曲、使横向、使悬吊、使留处组属于使事物处于某种位置状态集,其语义结构为:事件{使因　因果使役　〔事物　处于　位置状态〕}。该集后接语素除了无生具体名素之外,还有一个特殊的现象,就是每组都可以接附属类指人名素,如"垂手""盘腿""横眉""悬腕""凝眸"等。

## 第三节　行为状态动素构词

有的动素是以有意识的生命体（主要是人）为主体，它包括人对客观事物的作用和控制，人自身的生理活动和心理状态，以及人受客观事物的影响情况。以有意识的生命体作为语义结构中简单事件之外的主体，可以称为述人动素。

根据是否对事件具有完全的控制，把述人动素分为行为动素和经历动素两种。前者是自主的，后者是非自主的。与有意识的个体发生关系的事件，有的是意识主体发挥了控制作用，自主引发了该事件；有的是意识主体没有起控制作用，只是与该事件有关涉，而事件是非自主发生的。行为动素的主要特征是必须有一个实施控制的主体。

行为状态动素表示行为者对客体实施控制，使之处于某种状态。根据状态的类型，行为状态动素可分为控系行为状态动素、控自行为状态动素以及控他行为状态动素。

### 一、控系行为状态动素

控系行为状态动素表示行为者使客体之间处于某种关系状态。根据关系状态中两客体的一方是否与行为者同指，又分为控制自身关系状态动素和控制外物关系状态动素。

（一）控制自身关系状态动素

其语义结构为：事件{行为者 i　控制　[（客体 1i 与客体 2）　处于　关系特征]}。①

①交往组

通构词直接式：通敌、通好、通婚。做构词直接式：做亲 1、做亲 2。
交构词直接式：交友。

"通"后接语素"敌"为整体类指人名素，"好"为形素，"婚"为性状名素。"做"后接语素"亲 1"为整体类指人名素，"亲 2"指婚姻关系，属于性状名素。"交"后接语素"友"为整体类指人名素。

②合作组

搭构词半直接式：搭戏。

---

① 吕云生：《〈礼记〉动词的语义分类研究》，中国广播电视出版社，2009 年，第 140 页。

"搭"后接语素"戏"为事项名素。

③赊欠组

欠构词直接式:欠款1、欠薪1、欠债1、欠账1。拉构词直接式:拉账。赊构词直接式:赊账。

"欠"后接语素"款""薪""债""账"为可外化抽象名素。"拉""赊"后接语素"账"为可外化抽象名素。

该组后接语素多是与钱财有关的可外化抽象名素,表示人与人之间的经济关系。

(二)控制外物关系状态动素

其语义结构为:事件{行为者　控制　[(客体1与客体2)　处于　关系特征]}。①

①比对组

对构词非直接式:对标、对光1、对光2、对奖、对焦。比构词直接式:比美;非直接式:比价1。点构词非直接式:点卯、点名1。核构词直接式:核资。媲构词直接式:媲美。

"对"后接语素"标"为性状名素,"光"为自然无生名素,"奖"为人造无生名素,"焦"为方位空间名素。"比"后接语素"价"为可外化抽象名素。"点"后接语素"卯"为时量名素,"名"为可外化抽象名素。"核"后接语素"资"为可外化抽象名素。"比""媲"后接语素"美"为形素。

②配合组

配构词非直接式:配菜、配餐1、配方2—1、配料1、配器、配色、配膳、配药、配音、配乐。托构词非直接式:托腔。压构词非直接式:压题1。

"配"后接语素"菜""餐""方""料""器""膳""药"为人造无生名素,"色"为性状名素,"音"为自然无生名素,"乐"为可外化抽象名素。"托"后接语素"腔"为可外化抽象名素。"压题1"的意思是把与书、文内容有关的照片、图画等跟书名、文章标题排在一起。"压"后接语素"题"为可外化抽象名素。

该组后接语素以无生具体名素和可外化抽象名素为主。

③排序组

编构词直接式:编次1、编队1、编号1、编码1、编年、编组;非直接式:编队2。排构词直接式:排名、排位、排序。序构词直接式:序齿。

"编"后接语素"次"为性状名素,"号""码"为可外化抽象名素,"队"

---

① 吕云生:《〈礼记〉动词的语义分类研究》,中国广播电视出版社,2009年,第140页。

"组"为整体类指人名素,"年"为时量名素。"排"后接语素"名"为量素,"位"为方位空间名素,"序"为性状名素。"序"很早就产生动词义,按次序区分、排列。例如《诗经·大雅·行苇》:"序宾以贤。""序"后接语素"齿"为性状名素。

该组动素后接多含有一定的顺序语义特征。

④抵偿组

> 抵构词直接式:抵命、抵债、抵账、抵罪。顶构词非直接式:顶命、顶账、顶罪2。偿构词直接式:偿命。冲构词直接式:冲账。赎构词直接式:赎罪。折构词半直接式:折账。

"抵"后接语素"命"为性状名素,"债""账"为可外化抽象名素,"罪"为事项名素。"顶"后接语素"命"为性状名素,"账"为可外化抽象名素,"罪"为事项名素。"偿"后接语素"命"为性状名素。"冲"后接语素"账"为可外化抽象名素。"赎"后接语素"罪"为事项名素。"折"后接语素"账"为可外化抽象名素。

该组动素构词后接语素以"罪""账""命"居多。

**二、控自行为状态动素**

控自行为状态动素根据所控状态的情况不同,分为控自特征状态动素、控自非特征状态动素。

(一)控自特征状态动素

控自特征状态动素表示行为者使自身处于某种特征状态,主要包括可以控制的心理状态、行为方式、体表特征等。

1.控自心理状态动素

控自心理状态动素表示行为者对某一外在事物或人的主观态度,其语义结构为:

$$\text{行为者}i \quad \text{控制} \begin{cases} [\text{客体}i \quad \text{处于} \quad \text{心理特征}] \\ [\text{客体}i \quad \text{朝向} \quad \text{对象}] \end{cases} [1]$$

根据其与外在表现的关系分为内心状态集和行为态度集。

(1)内心状态动素

①尊崇组

> 拜构词直接式:拜金。崇构词直接式:崇洋。敬构词直接式:敬业。

---

[1]　吕云生:《〈礼记〉动词的语义分类研究》,中国广播电视出版社,2009年,第141页。

尚构词直接式：尚武。仗构词非直接式：仗义2。追构词直接式：追星。

"拜"后接语素"金"为可外化抽象名素。"崇"后接语素"洋"指外国，为方位空间名素。"敬"后接语素"业"为可外化抽象名素。"尚"后接语素"武"为事项名素。"仗"后接语素"义"为不外化抽象名素，"仗义2"的意思是讲求情义。"追"后接语素"星"为整体类指人名素。

②爱好组

好构词非直接式：好客、好奇、好强、好色、好胜、好事。偏构词半直接式：偏科、偏食2、偏私。爱构词直接式：爱岗、爱国。

"好"后接语素"客"为整体类指人名素，"奇""强"为形素，"色"为性状名素，"胜"为状态动素，"事"为事项名素。"偏"后接语素"科"为性状名素，"食"为人造无生具体名素，"私"为形素。"爱"后接语素"岗""国"为可外化抽象名素。

该组动素后接语素义类多样，除了空间名素、时间名素等，一般名素、动素、形素都有结合成词例。

③厌恶组

厌构词直接式：厌学、厌战；非直接式：厌食、厌世。

"厌"后接语素"学"为转移动素，"战"为事项名素，"食"为活动动素，"世"为可外化抽象名素。

④憎恨组

仇构词直接式：仇外。排构词半直接式：排外。

"仇"后接语素"外"是外国，为可外化抽象名素。"排外"的"外"不仅指向外国，还有外地或本党派、本集团以外，故而将之视为形素。

⑤关注组

留构词直接式：留神、留心、留意。在构词非直接式：在心、在意。措构词直接式：措意。当构词直接式：当心1。潜构词直接式：潜心。着构词非直接式：着意1。

该组构词后接语素，除了"留"后接语素"神"为性状名素，其他多为不外化的抽象名素"心""意"等。

⑥顾惜组

顾构词直接式：顾家、顾脸。惜构词直接式：惜福、惜阴。疼构词直接式：疼人1。

"顾"后接语素"家"为整体类指人名素，"脸"为不外化抽象名素。"惜"后接语素"福"为不外化抽象名素，"阴"为时量名素。"疼"后接语素"人"为整体类指人名素。

⑦吝惜组

　　惜构词直接式:惜贷、惜购、惜售;半直接式:惜力。贪构词直接式:贪生。

"惜"后接语素"贷""购""售"都是转移动素,"力"为性状名素。"贪"后接语素"生"为性状名素。

⑧牵挂组

　　担构词直接式:担心、担忧。挂构词直接式:挂怀、挂心。关构词非直接式:关怀、关心。萦构词直接式:萦怀。

该组动素后接语素除了"忧"是状态动素,其他多为"心""怀"等不外化抽象名素。

⑨感激组

　　感构词半直接式:感恩。

"感"后接语素"恩"为不外化抽象名素。

⑩忍狠组

　　忍构词直接式:忍痛、忍心。横构词直接式:横心。狠构词非直接式:狠心1。

"忍"后接语素"痛"是悲伤义,故为状态动素,"心"为不外化抽象名素。"横""狠"后接语素"心"为不外化抽象名素。

⑪认为组

　　看构词半直接式:看好2。

"看"后接语素"好"为形素。"看好2"意思是认为(人或事物)将要出现好的势头。例如:"国内外舆论大都看好朱建华,认为奥运会跳高金牌非他莫属。"

⑫当作组

　　作构词直接式:作数、作准1;半直接式:作罢、作废、作准2。当构词直接式:当真1;非直接式:当真2。认构词直接式:认真1。算构词非直接式:算话。

"作"后接语素"数""准"为性状名素;"罢""废"为变化动素,"准"是准许义,为作用动素。"当""认"后接语素"真"为形素。"算"后接语素"话"为可外化抽象名素。

(2)行为态度动素

①宽恕组

　　容构词直接式:容情、容人。饶构词直接式:饶命。恕构词半直接式:恕罪。

"容"后接语素"情"为不外化抽象名素,"人"为整体类指人名素。"饶"后接语素"命"为性状名素。"恕"后接语素"罪"为事项名素。

②勉励组

努构词直接式:努力 1;非直接式:努力 2。勤构词直接式:勤王 2、勤政。着构词直接式:着力;非直接式:着意 2。励构词直接式:励志。勉构词直接式:勉力。致构词直接式:致力。

"努""勉"的语义含有"力量",所以后接性状名素"力"可视为内部语义成分的析出。"勤"后接语素"王"为整体类指人名素,"政"为事项名素。"着"后接语素"意"为不外化抽象名素。"励"后接语素"志"为不外化抽象名素。"着"与"致"后接语素"力"为性状名素。

③亲近组

亲构词直接式:亲民。

"亲"后接语素"民"为整体类指人名素。

④重视组

厚构词直接式:厚德 2。重构词直接式:重利 2。讲构词非直接式:讲理 2。说构词非直接式:说理 2。

"厚"后接语素"德"为不外化抽象名素。"厚"很早就有看重义。例如《礼记·曲礼上》:"故日月以告君,齐戒以告鬼神,为酒食以召乡党僚友,以厚其别也。"郑玄注:"厚,重慎也。""重"后接语素"利"为可外化抽象名素。"讲""说"后接语素"理"为不外化抽象名素。宋沈括《梦溪笔谈·官政一》:"近年乃讲月堤之利,涛害稍稀。""讲"从讲述引申为表达人的讲求或注重。

⑤拘泥组

拘构词直接式:拘礼。泥构词半直接式:泥古。

"拘"后接语素"礼"为事项名素。"泥"后接语素"古"为时序名素。

⑥坚守组

守构词半直接式:守旧、守拙;非直接式:守寡、守节 2。执构词非直接式:执意。

"守"后接语素"旧"为时间类形素,"拙"为认知类形素。"寡"为事项名素,"节"为不外化抽象名素。"执"后接语素"意"为不外化抽象名素。

⑦承认组

认构词直接式:认罚、认负、认命、认输、认同 1;半直接式:认账、认罪。服构词直接式:服法、服判、服老、服输、服膺、服罪。

"认"后接语素"罚"为作用动素,"负""输"为变化动素,"命"为不外化抽象名素,"同"为形素,"账"为可外化抽象名素,"罪"为事项名素。"服"后接语素"法"为可外化抽象名素,"判""输"为变化动素,"老"为形素,"膺"为不外化抽象名素,"罪"为事项名素。

该组构词后多接"命""罪"等语素。

2.控自行为方式动素

①休养组

> 歇构词半直接式:歇伏、歇凉、歇晌、歇夏。养构词直接式:养病、养老2、养伤。休构词直接式:休假。

"歇"后接语素"伏""晌""夏"均是时量名素,"凉"为形素。"养"后接语素"病"为状态动素,"老"为形素,"伤"为性状名素。"休"后接语素"假"为时量名素。

该组动素后接语素多为时间名素。

②避吃组

> 忌构词非直接式:忌口、忌嘴。辟构词非直接式:辟谷。

"忌"后接语素"口""嘴"为附属类指人名素。"辟"后接语素"谷"为植物有生名素。

3.控自外表特征动素

①装扮组

> 装构词非直接式:装假、装酷。扮构词直接式:扮酷。

"装"后接语素"假""酷"为形素。"扮"后接语素"酷"为形素。该组动素后接语素均为形素。

②严肃组

> 绷构词非直接式:绷脸。

"绷"后接语素"脸"为附属类指人名素。

③赤露组

> 赤构词直接式:赤背、赤膊1、赤脚1、赤身、赤足1。裸构词直接式:裸体1。

"赤"后接语素"背""膊""脚""身""足"为附属类指人名素。"裸"后接语素"体"为附属类指人名素。该组动素后接语素均为附属类指人名素。

④低垂组

> 埋构词非直接式:埋头。

"埋"后接语素"头"为附属类指人名素。

(二)控自非特征状态动素

控自非特征状态动素表示行为者使自身处于或进入某种非特征状态,

即使自身与环境形成某种静止关系。

**1.控自处于位置动素**

其语义结构为:事件{行为者i　控制　［客体i　处于　处所]}。①

(1)控自处所动素

①居处组

　　立构词非直接式:立脚、立足1、立足2。居构词直接式:居间;非直
接式:居中2。安构词直接式:安身。处构词直接式:处身。存构词直
接式:存身。寄构词直接式:寄身。栖构词直接式:栖身。容构词直接
式:容身。托构词直接式:托身。置构词直接式:置身。

"立"后接语素"脚""足"为附属类指人名素。"居"后接语素"间""中"为
方位空间名素。"居间""居中2"表示在双方中间(说合、调解)。"安""处"
"存""寄""栖""容""托""置"后接语素皆是人称代素"身"。

②住宿组

　　住构词直接式:住家1;非直接式:住院。居构词直接式:居家。宿
构词直接式:宿营。

该组动素后接语素"家""营"均为场所空间名素,"院"为可外化抽象
名素。

③处后组

　　压构词直接式:压阵1;非直接式:压场2、压队、压台1。殿构词非
直接式:殿后。

"压"后接语素"阵""队"为性状名素,"场"指表演或比赛的全场,为事项
名素,"台"视为用于整场演出的戏剧、歌舞等的量素。"殿"后接语素"后"为
方位空间名素。

④待留组

　　坐构词直接式:坐地1;非直接式:坐班、坐地2、坐科。留构词直接
式:留洋。泡构词直接式:泡吧。潜构词直接式:潜水。守构词直接式:
守职。

"坐"后接语素"地"为方位空间名素,"班"为事项名素,"科"为集体集的
指人名素。"留"后接语素"洋"为方位空间名素。"泡"后接语素"吧"为场所
空间名素。"潜"后接语素"水"为自然无生名素。"守"后接语素"职"为可外
化抽象名素。该组动素后接均是名素。

---

① 　吕云生:《〈礼记〉动词的语义分类研究》,中国广播电视出版社,2009 年,第144 页。

⑤躲藏组

　　敛构词直接式：敛迹 1；非直接式：敛迹 2、敛迹 3。遁构词非直接式：遁迹、遁世。匿构词直接式：匿迹、匿名。屏构词直接式：屏迹 1；非直接式：屏迹 2。卧构词非直接式：卧底 1、卧底 2。藏构词直接式：藏身、藏踪。潜构词直接式：潜踪。

"敛""遁""匿""屏"后接语素"迹"为事项名素。"遁"后接语素"世"为可外化抽象名素。"匿"后接语素"名"为可外化抽象名素。"卧"后接语素"底"为方位空间名素。"藏"后接语素"身"为代素。"藏""潜"后接语素"踪"为事项名素。

（2）控自姿态动素

①坐卧组

　　坐构词非直接式：坐草、坐蓐、坐堂 1、坐堂 2、坐堂 3、坐席 1、坐夜。卧构词直接式：卧病、卧床、卧轨。骑构词非直接式：骑墙。

"坐"后接语素"草"为植物有生名素，"蓐""席"为人造无生名素，"堂"为场所空间名素，"夜"为时量名素。"卧"后接语素"病"为动素，"床""轨"为人造无生名素。"骑"后接语素"墙"为人造无生名素。

该组动素后接语素以内含空间语义特征的名素居多。

②站立组

　　站构词直接式：站队；非直接式：站岗。立构词直接式：立地 1—1。

"站"后接语素"队"为性状名素，充当结果语义角色。"岗"为场所空间名素。"立"后接语素"地"为方位空间名素。

③悬吊组

　　悬构词非直接式：悬梁。

"悬"后接语素"梁"为人造无生名素。

④倚靠组

　　靠构词非直接式：靠背、靠手。扶构词非直接式：扶手。伏构词直接式：伏案。凭构词直接式：凭栏。

"靠"后接语素"背""手"均为附属类指人名素。"扶"后接语素"手"为附属类指人名素。"伏"后接语素"案"为人造无生名素。"凭"后接语素"栏"为人造无生名素。

该组动素后接语素一类是附属类指人名素，另一类是人造无生具体名素。

2.控自处于范围动素

其语义结构为:事件{行为者 i　控制　［客体 i　处于　范围］}。

①充当组

　　做构词直接式:做东、做客;半直接式:做媒、做证、做主;非直接式:做人 1、做人 2。

　　为构词直接式:为首;非直接式:为人 1、为人 2。作构词直接式:作保、作客、作陪。扮构词半直接式:扮戏 1;非直接式:扮戏 2。当构词半直接式:当差 1、当差 2。填构词非直接式:填房 1、填空 1。串构词非直接式:串戏。承构词非直接式:承乏。

"做"后接语素"东""客""媒"为整体类指人名素,"证"为变化动素,"主"为状态动素,"人"为不外化抽象名素。

"为"后接语素"首"为整体类指人名素;后接语素"人"为不外化抽象名素,"为人 1"的意思是做人处世。"作"后接语素"保"为整体类指人名素,"客""陪"为状态动素。"扮"后接语素"戏"为事项名素。"当"后接语素"差"为事项名素。"填"后接语素"房"为场所空间名素,"空"为方位空间名素。"串"后接语素"戏"为事项名素。"承"后接语素"乏"为可外化抽象名素。

该组动素后接语素语义类型较为多样,主要集中在指人名素、事项名素和状态动素。

3.控自朝向事物动素

这类动素的语义结构中包含针对状态。其语义结构为:

事件{行为者 i　控制［客体 i　朝向　对象］}

或为:事件{行为者 i　控制［客体 i　不朝向　对象］}①

(1)控自面向或背向对象动素

①面临组

　　面构词非直接式:面壁 1、面壁 2、面壁 3。向构词非直接式:向隅。

　　即构词直接式:即景、即事、即席 1、即兴。临构词非直接式:临池、临床。

　　冒构词直接式:冒死、冒险。昧构词直接式:昧死。

"面"后接语素"壁"为人造无生名素。"向"后接语素"隅"为方位空间名素。

---

① 吕云生:《〈礼记〉动词的语义分类研究》,中国广播电视出版社,2009 年,第 146 页。

"即"后接语素"景"为性状名素,"事"为事项名素,"席"为人造无生名素,"兴"为不外化抽象名素。"临"后接语素"池"为场所空间名素,"床"为人造无生名素。

"冒""昧"后接语素"死"为变化动素,"险"为事项名素。

②背向组

　　背构词直接式:背人1、背人2。

"背"后接语素"人"为整体类指人名素。

(2)控自与某人方向一致动素

①跟随组

　　跟构词直接式:跟班1;半直接式:跟梢、跟踪。从构词非直接式:从师。随构词直接式:随军。蹑构词直接式:蹑踪。踵构词非直接式:踵武。

"跟"后接语素"班"为整体类指人名素,"梢"为方位空间名素,"踪"为事项名素。"从"后接语素"师"为整体类指人名素。"随"后接语素"军"为整体类指人名素。"蹑"后接语素"踪"为事项名素。"踵"后接语素"武"为事项名素。

该组动素后接语素以指人名素和事项名素为主。

②陪送组

　　送构词非直接式:送殡、送亲、送丧、送行1、送行2、送站、送终。遣构词非直接式:遣返。走构词直接式:走镖。

"送"后接语素"殡""丧"为事项名素,"亲"为整体类指人名素,"行"为活动动素,"站"为场所空间名素,"终"为变化动素。其构词时语义成分多有隐含,例如"送站"意思是送人到车站(乘车),送别的对象"人"潜藏。"遣"后接语素"返"为转移动素,"遣返"意思是遣送某人返回原地,构词时也是潜隐了"某人"语义成分。"走"后接语素"镖"为人造无生名素。

③陪侍组

　　陪构词直接式:陪客1;半直接式:陪餐、陪吊、陪读、陪祭、陪酒、陪练1、陪聊、陪住;非直接式:陪床、陪嫁、陪客2、陪练2、陪审。

　　伴构词半直接式:伴读、伴宿2、伴舞1、伴游1;非直接式:伴游2。

守构词非直接式:守灵、守丧。配构词半直接式:配戏。

"陪"后接语素"客"为整体类指人名素,"餐""吊""读""祭""练""聊"为活动动素,"酒""床"为人造无生名素,"住"为状态动素,"嫁""审为转移动素"。

"伴"后接语素"读""舞""游"为活动动素,"宿"为状态动素。"守"后接语素"灵"为人造无生名素，"丧"为事项名素。"配"后接语素"戏"为事项名素。

该组构词多为半直接或非直接式，动素后的语义成分多有潜隐。

（3）控自与规则一致或相反动素

①顺从组

随构词直接式：随俗、随缘；半直接式：随便 1；非直接式：随便 2、随便 3、随便 4、随便 5、随机 1、随意。

任构词直接式：任便；非直接式：任情 1、任情 2、任性、任意 1、任意 2。听构词直接式：听差 1、听命；半直接式：听便；非直接式：听差 2、听话 2。

从构词直接式：从命、从俗 2；半直接式：从众。率构词非直接式：率性 2。用构词直接式：用命。顺构词直接式：顺变。

"随"后接语素"俗"为性状名素，"缘""意"为不外化抽象名素，"便"为认知类形素，"机"为事项名素。

"任"后接语素"便"为形素，"情""性""意"为不外化抽象名素。"听"后接语素"差"为事项名素，"命""话"为可外化抽象名素，"便"为形素。

"从"后接语素"命"为可外化抽象名素，"俗"为形素，"众"为整体类指人名素。"率"后接语素"性"为性状名素。"用"后接语素"命"为可外化抽象名素。"顺"后接语素"变"为变化动素。

由该组参构的一些词是副词，例如"任情 2""任意 1""随机 1"等。因为顺从组多表示人做事时的态度，具备副词化的语义基础。

②承应组

认构词直接式：认购、认缴、认捐、认助；半直接式：认股。应构词直接式：应召 2；非直接式：应征 1、应征 2。

许构词非直接式：许愿 1、许愿 2。搭构词半直接式：搭话 1、搭腔 1。接构词半直接式：接腔。答构词半直接式：答言。

"认"后接语素"购""缴""捐"为转移动素，"助"为作用动素，"股"为可外化抽象名素。"应"后接语素"召""征"为转移动素。

"许"后接语素"愿"为不外化抽象名素。"许愿 1"是指迷信的人对神佛有所祈求，承应下某种酬谢。"搭"后接语素"话""腔"为可外化抽象名素。"接"后接语素"腔"为可外化抽象名素。"答"后接语素"言"为可外化抽象名素。

"认""应"后接语素多为动素，"搭""接""答"后接语素多是话语集的名素。

③遵从组

守构词直接式:守法;半直接式:守时;非直接式:守孝、守制。从构词直接式:从缓、从简、从宽、从略、从权、从速、从严、从优。

循构词直接式:循例、循序。徇构词非直接式:徇情、徇私。奉构词直接式:奉令、奉命。秉构词直接式:秉正;非直接式:秉公。持构词直接式:持斋。继构词非直接式:继武。沿构词直接式:沿例。遵构词直接式:遵命。

"守"后接语素"法""制"为可外化抽象名素,"时"为时量名素,"孝"为事项名素。"从"后接语素"缓""简""宽""速""严""优"为形素,"略"为变化动素,"权"为事项名素。

"循"后接语素"例"为事项名素,"序"为性状名素。"徇"后接语素"情"为不外化抽象名素,"私"为形素。"奉"后接语素"令""命"为可外化抽象名素。"秉"后接语素"正""公"为形素。"持"后接语素"斋"为事项名素。"继"后接语素"武"为事项名素。"沿"后接语素"例"为事项名素。"遵"后接语素"命"为可外化抽象名素。

该组构词有两个特点:"从"后接语素多为形素,"命""例"与多个前位动素结合。

④仿效组

拟构词非直接式:拟古、拟人、拟物、拟音。仿构词半直接式:仿古;非直接式:仿宋、仿真1。效构词直接式:效尤;非直接式:效颦。法构词直接式:法古。临构词非直接式:临帖。

"拟"后接语素"古"为时序名素,"人"为整体类指人名素,"物""音"为自然无生名素。"仿"后接语素"古"为时序名素,"宋"为时量名素,"真"为形素。"效"后接语素"尤"为事项名素,"颦"为变化动素。"法"后接语素"古"为时序名素。"临"后接语素"帖"为可外化抽象名素。

该组语素构成的支配式双音词中"×古"结构出现次数比较多。

⑤违逆组

违构词直接式:违法、违规、违纪、违禁、违例1、违宪、违约、违章;半直接式:违心;非直接式:违例2。犯构词直接式:犯法、犯规、犯忌、犯戒、犯禁;非直接式:犯讳1、犯讳2。

失构词直接式:失范、失礼1、失约。矫构词直接式:矫命、矫情2。背构词直接式:背约。爽构词直接式:爽约。枉构词直接式:枉法。

"违"后接语素"法""规""纪""禁""宪""约""章"为可外化抽象名素;"例1"指先例,为事项名素;"例2"指规范,为性状名素;"心"为不外化抽象名素。"犯"后接语素"法""规""禁"为可外化抽象名素,"忌""戒""讳"为事项名素。

"失"后接语素"范""约"为可外化抽象名素,"礼"为事项名素。"矫"后接语素"命"为可外化抽象名素,"情"为不外化抽象名素。"背""爽"后接语素"约"为可外化抽象名素。"枉"后接语素"法"为可外化抽象名素。

该组前位动素"违""犯"的构词力较强,动素后接抽象名素,尤其是"法""规""禁""约"等可外化抽象名素多次参与构词。

⑥依凭组

托构词直接式:托病、托词1、托故、托疾;半直接式:托庇、托名;非直接式:托福1。借1构词非直接式:借端、借故。借2构词直接式:借势2。

搭构词非直接式:搭便。凭构词直接式:凭险。仰构词半直接式:仰给。依构词直接式:依亲。仗构词直接式:仗势。

"托"后接语素"病"为状态动素,"词""名"为可外化抽象名素,"故""福"为不外化抽象名素,"疾"为事项名素,"庇"为作用动素。"借(假托)"后接语素"端""故"为事项名素。"借(凭借)"后接语素"势"为性状名素。

"搭"后接语素"便"为事项名素。"凭"后接语素"险"为场所空间名素。"仰"后接语素"给"为转移动素。"依"后接语素"亲"为整体类指人名素。"仗"后接语素"势"为性状名素。

该组构词后位语素"故""势"出现多次。

4.控自注意力指向事物动素

①观看组

观构词直接式:观礼、观战1;半直接式:观光;非直接式:观风、观战2。巡构词非直接式:巡风、巡礼1、巡礼2。

把构词非直接式:把风。盯构词非直接式:盯梢。看构词非直接式:看相。览构词直接式:览胜。望构词非直接式:望风。瞩构词直接式:瞩目。

"观"后接语素"礼""战"为事项名素,"光"为性状名素,"风"是指消息,为可外化抽象名素。"巡"后接语素"风"为可外化抽象名素,"礼"为事项名素。

"把"后接语素"风"为可外化抽象名素。"盯"后接语素"梢"为方位空间名素。"看"后接语素"相"为性状名素。"览"后接语素"胜"是指优美的景色或境界,为性状名素。"望"后接语素"风"为可外化抽象名素。"瞩"后接语素"目"为附属类指人名素。

该组中后接语素"礼""风"多次参与构词。

②聆听组

听构词直接式:听话1;半直接式:听会、听讲、听课、听说1;非直接式:听房、听审2。

"听"后接语素"话"为可外化抽象名素,"会""课"为事项名素,"讲""审"为转移动素,"说"为变化动素,"房"为场所空间名素。

③监察组

监构词直接式:监工1、监考1、监制1、监制2;半直接式:监场、监票;非直接式:监工2、监考2、监事、监制3。

督构词直接式:督办1、督战;半直接式:督阵;非直接式:督办2、督军、督学。

挡构词非直接式:挡车。视构词非直接式:视事。押构词非直接式:押车。阅构词非直接式:阅兵。

"监"后接语素"工""事"为事项名素,"考"为活动动素,"制"为变化动素,"场"为方位空间名素,"票"为可外化抽象名素。

"督"后接语素"办"为作用名素,"战"为活动动素,"阵"为场所空间名素,"军"为整体类指人名素,"学"为可外化抽象名素。

"挡"后接语素"车"为人造无生名素。"挡车"是指纺织工业中看管一定量纺织机器,并负责看管机器上的产品的产量和质量的工作。"视"后接语素"事"为事项名素。"押"后接语素"车"为人造无生名素。"阅"后接语素"兵"为整体类指人名素。

该组构词后位语素集中在与事情有关的动素或名素,或是与军队活动有关的名素。

④检查组

查构成直接式:查账;半直接式:查房、查岗1、查岗2、查铺、查哨、查私、查夜。盘构词直接式:盘底、盘账;半直接式:盘存、盘货、盘库。

检构词直接式:检漏、检票;半直接式:检疫。验构词直接式:验尸、验资;半直接式:验关。考构词半直接式:考绩1、考勤。巡构词直接式:巡夜。

"查"后接语素"账"为可外化抽象名素,"房""岗"为场所空间名素,"铺"为人造无生名素,"哨"为可外化抽象名素,"私"为形素,"夜"为时量名素。"盘"后接语素"底"为事项名素,"账"为可外化抽象名素,"存"为状态动素,"货"为人造无生名素,"库"为场所空间名素。

"检"后接语素"漏"为方位空间名素，"票"为人造无生名素，"疫"为事项名素。"验"后接语素"尸"为附属类指人名素，"资"为人造无生名素，"关"为可外化抽象名素。"考"后接语素"勤"为事项名素。"巡"后接语素"夜"为时量名素。

该组构词后接语素以与经济有关或岗哨有关的名素居多。此外，地点多与关口有关，时间多与夜晚有关。

⑤等候组

候构词直接式：候光、候教、候任、候审、候诊；半直接式：候补、候场、候车。

待构词直接式：待产、待机1、待命；半直接式：待岗、待聘、待业、待字。守构词非直接式：守岁。伺构词直接式：伺机。听构词直接式：听审1。

"候"后接语素"光"为性状名素，"教""审""诊"为转移动素，"任"为状态动素，"补""场"为场所空间名素，"车"为人造无生名素。

"待"后接语素"产"为变化动素，"聘"为转移动素，"机"为事项名素，"命""岗""业"为可外化抽象名素，"字"为事项名素。"守"后接语素"岁"为时量名素。"伺"后接语素"机"为事项名素。"听"后接语素"审"为转移动素。

该组中"候""待"的构词能力较强，后接语素语义类别较为丰富，其中动素较多。

⑥防备组

备构词直接式：备荒、备勤、备汛、备灾。守构词直接式：守门1、守夜。

"备"后接语素"荒""勤""汛""灾"为事项名素。"守"后接语素"门"为场所空间名素，"夜"为时量名素。

**5. 控自精神上倾向事物动素**

①追求组

求构词直接式：求偶、求生、求实、求是、求学2、求战1、求证、求知、求职；半直接式：求全2、求医；非直接式：求解。

谋构词直接式：谋反、谋害、谋和1、谋杀、谋事2、谋陷、谋职；半直接式：谋私；非直接式：谋和2。

追构词直接式：追风、追赃、追责。要构词非直接式：要好2、要强。跟构词直接式：跟风。就构词非直接式：就义。趋构词直接式：趋时。逐构词直接式：逐利。

"求"后接语素"偶"为整体类指人名素,"生""证"为事项名素,"实"为性状名素,"是"为形素,"学""知"为不外化抽象名素,"战"为活动动素,"职"为可外化抽象名素,"全"为状态动素,"医"为作用动素,"解"为变化动素。

"谋"后接语素"反""害""和""杀"为变化动素,"陷"为作用动素,"事"为事项名素,"职"为可外化抽象名素,"私"为形素。

"追""跟"后接语素"风"指风气,为性状名素。"追"后接语素"赃"为可外化抽象名素,"责"为事项名素。"要"后接语素"好""强"为形素。"就"后接语素"义"为不外化抽象名素。"趋"后接语素"时"指时俗,为性状名素。"逐"后接语素"利"为性状名素。

"求"与"谋"的后接语素语义类型多样,构词量也较大。该组动素后接语素多是抽象名素和动素。

②要求组

   持构词直接式:持身。

"持"后接语素"身"为指人代素。"持身"的意思是要求自己。

### 三、控他行为状态动素

控他行为状态动素表示行为者对某一外在事物实施某种控制,使之处于某种状态。根据对客体的控制方向,分为外向控制状态动素和内向控制状态动素。

(一)外向控制状态动素

外向控制状态动素表示行为者使某事物处于自身之外的某一位置或范围。

1.外向控制位置动素

其语义结构为:事件{行为者 控制 [客体 处于 处所]}。[1]

(1)外向控制具体处所动素

①放置组

   摆构词直接式:摆局、摆擂;非直接式:摆桌。停构词直接式:停车2、停灵。安构词直接式:安营。布构词非直接式:布网1。莫构词直接式:莫基。搁构词非直接式:搁笔。下构词直接式:下网1。扎构词直接式:扎营。

"摆"后接语素"局"为事项名素,"擂""桌"为人造无生名素。"停"后接

---

① 吕云生:《〈礼记〉动词的语义分类研究》,中国广播电视出版社,2009年,第150页。

语素"车""灵"为人造无生名素。"安"后接语素"营"为场所空间名素。"布""下"后接语素"网"为人造无生名素。"奠"后接语素"基"为方位空间名素。"搁"后接语素"笔"为人造无生名素。"扎"后接语素"营"为场所空间名素。

该组后接语素以人造无生名素和场所空间名素为主，可以看出动素语义特征对后接语素的控制作用，以及后位名素的语义特征要与之相匹配。

②陈列组

　　排构词直接式：排队、排阵；非直接式：排版、排字。布构词直接式：布雷、布阵。列构词直接式：列队。陈构词直接式：陈兵。打构词非直接式：打谱1。

"排"后接语素"队""阵"为性状名素，"版""字"为可外化抽象名素。"布"后接语素"雷"为人造无生名素，"雷"是受事，"阵"为性状名素，充当结果语义角色。"列"后接语素"队"为性状名素。"陈"后接语素"兵"为整体类指人名素。"打"后接语素"谱"为可外化抽象名素，语素"打"在与某些语素搭配时语义比较模糊，"打谱"的意思是按照棋谱把棋子顺次摆出来，学习下棋的技术，这里将之理解为摆列。

③铺洒组

　　摊构词非直接式：摊场、摊牌1、摊牌2。泼构词非直接式：泼墨1、泼墨2。

"摊"后接语素"场"为场所空间名素，充当处所角色；"摊"的特点是面的铺开；"场"与之搭配的匹配度高；"牌"为人造无生名素。"泼"后接语素"墨"为自然无生名素。

④放入组

　　付构词非直接式：付丙。投构词非直接式：投票。

"付"后接语素"丙"为可外化抽象名素。五行思想中天干"丙"代表火。"付丙"的意思是把信件等放入火中烧掉。"投"后接语素"票"为可外化抽象名素。

⑤插种组

　　插构词半直接式：插架1、插秧；非直接式：插花1－1。植构词直接式：植根、植苗、植树。点构词直接式：点种1。下构词直接式：下种。

"插"后接语素"架"为人造无生名素，"秧""花"为植物有生名素。"植"后接语素"根""苗""树"为植物有生名素。"点""下"后接语素"种"为植物有生名素。

很明显，该组动素后接语素以植物有生名素为主。

⑥灌注组

　　灌构词非直接式:灌顶、灌水。注构词直接式:注水;非直接式:注塑。

"灌"后接语素"顶"为附属类指人名素,"水"为自然无生名素。"注"后接语素"水"为自然无生名素,"塑"为人造无生名素。

⑦埋葬组

　　葬构词直接式:葬身。

"葬"后接语素"身"为附属类指人名素。

⑧存储组

　　存构词直接式:存货1、存款1、存粮1;半直接式:存案、存档、存盘。

　　藏构词直接式:藏书1。储构词非直接式:储值。居构词非直接式:居奇。窝构词直接式:窝赃。蓄构词直接式:蓄洪。

"存"后接语素"货""粮""盘"为人造无生名素,"款""案""档"为可外化抽象名素。

"藏"后接语素"书"为可外化抽象名素。"储"后接语素"值"为可外化抽象名素。"居"后接语素"奇"为形素。"窝"后接语素"赃"为可外化抽象名素。"蓄"后接语素"洪"为自然无生名素。

该组动素后接语素以无生具体名素和可外化抽象名素为主。

⑨悬挂组

　　挂构词非直接式:挂彩1、挂锄、挂冠、挂机、挂甲、挂镰、挂拍1、挂拍2、挂牌1、挂牌2、挂牌3、挂牌4、挂帅、挂靴。挑构词直接式:挑灯2。枭构词非直接式:枭首。

"挂"后接语素"彩""锄""冠""机""甲""镰""拍""靴"为人造无生名素,"牌"为可外化抽象名素,"帅"为整体类指人名素。"挑"后接语素"灯"为人造无生名素,"挑灯2"的意思是把灯挂在高处。"枭"后接语素"首"为附属类指人名素。

该组动素后接语素以人造无生名素为主。

⑩附着组

　　挂构词非直接式:挂钩1、挂钩2。搭构词非直接式:搭腰。驾构词直接式:驾辕。套构词非直接式:套车。装构词非直接式:装甲1。

"挂"后接语素"钩"为人造无生名素。"搭"后接语素"腰"为动物类有生名素。"驾"后接语素"辕"为人造无生名素。"套"后接语素"车"为人造无生名素。"装"后接语素"甲"为人造无生名素。

⑪掺入组

投构词直接式:投毒、投料、投药 2。掺构词半直接式:掺假;非直接式:掺水。下构词直接式:下药 2;非直接式:下药 1。放构词非直接式:放水。

"投"后接语素"毒""料""药"为人造无生名素。"掺"后接语素"假"为形素,"水"为自然无生名素。"下"后接语素"药"为人造无生名素。"放"后接语素"水"为自然无生名素。

该组后接语素多为无生具体名素。

⑫添加组

加构词直接式:加封 1、加料 1、加冕、加油 1。植构词直接式:植发、植皮;半直接式:植牙。种构词直接式:种痘;半直接式:种牙。施构词半直接式:施肥。镶构词半直接式:镶牙。载构词非直接式:载波。

"加"后接语素"封"为状态动素,"料""冕"为人造无生名素,"油"为自然无生名素。"植"后接语素"发""皮""牙"为指人部分名素。"种"后接语素"痘"为微生物有生名素,"牙"为附属类指人名素。"施"后接语素"肥"为人造无生名素。"镶"后接语素"牙"为附属类指人名素。"载"后接语素"波"为自然无生名素。

名素"牙"与该组多个动素组合成词。

⑬填补组

补构词直接式:补漏 1、补血、补液 1、补妆;非直接式:补白 1、补漏 2、补苗、补缺 2。填构词直接式:填方 1;非直接式:填仓、填鸭 1。添构词非直接式:添箱 1、添箱 2。

"补"后接语素"漏""缺"为方位空间名素,"血"为附属类指人名素,"液"为自然无生名素,"妆"为性状名素,"白"为形素,"苗"为植物有生名素。"补"所接的语素义类较多。"填"后接语素"方"为自然无生名素,"仓"为场所空间名素,"鸭"为动物有生名素。"添"后接语素"箱"为人造无生名素。

(2)外向控制抽象处所动素

①寄托组

寄构词直接式:寄怀、寄情。

"寄"后接语素"怀""情"为不外化抽象名素。

②设置组

布构词直接式:布警、布局 2、布网 2;半直接式:布防、布控、布展;非直接式:布点、布景 2、布局 1。设构词直接式:设卡 1、设局;半直接式:设防、设伏;非直接式:设卡 2。

安构词直接式:安家1;非直接式:安家2。奠构词直接式:奠都。
措构词直接式:措辞。挂构词非直接式:挂挡。配构词非直接式:配军。

"布"后接语素"警"为整体类指人名素,"展""局1"为事项名素,"网"为可外化抽象名素,"防""控"为状态动素,"局2""景"为性状名素,"点"为方位空间名素。"设"后接语素"卡"为可外化抽象名素,"局"为事项名素,"防""伏"为状态动素。

"安"后接语素"家"为整体类指人名素。"奠"后接语素"都"为场所空间名素。"措"后接语素"辞"为可外化抽象名素。"挂"后接语素"挡"为性状名素。"配"后接语素"军"为整体类指人名素。

③记录组

记构词直接式:记事1;半直接式:记工、记事2;非直接式:记功、记过、记名。纪构词直接式:纪年1、纪实1、纪事1;非直接式:纪实2、纪事2、纪行、纪要。录构词直接式:录供。注构词非直接式:注册1、注册2。下构词半直接式:下账。挂构词非直接式:挂欠、挂失、挂账。

"记"后接语素"事""工""功""过"为事项名素,"名"为可外化抽象名素。"纪"后接语素"年"为时量名素,"实"为性状名素,"事"为事项名素,"行"为活动动素,"要"为可外化抽象名素。"录"后接语素"供"为可外化抽象名素。"注"后接语素"册"为可外化抽象名素。"下"后接语素"账"为可外化抽象名素。"挂"后接语素"欠"为状态动素,"失"为变化动素,"账"为可外化抽象名素。

该组后接语素主要集中在抽象名素和动素。其中"事""账"多次参与构词。

④插入组

插构词直接式:插话1、插口1、插嘴。置构词直接式:置喙。

"插"后接语素"话""口""嘴"为可外化抽象名素。"置"后接语素"喙"为可外化抽象名素。

⑤填充组

补构词直接式:补编2、补仓、补差1、补过、补假1、补票、补气、补缺1、补遗;半直接式:补课1;非直接式:补差2、补课2、补缺3、补时、补台。

充构词直接式:充电1、充值;非直接式:充电2、充公、充饥、充军、充数。填构词非直接式:填词1、填词2、填空2。点构词非直接式:点饥。灌构词半直接式:灌音。

"补"后接语素"编"为性状名素,"仓""缺"为可外化抽象名素,"差"为状态动素,"过""课"为事项名素,"假""时"为时量名素,"票""台"为人造无生名素，"气"为性状名素，"遗"为方位空间名素。

　　"充"后接语素"电"为自然无生名素，"值"为可外化抽象名素，"公"为形素，"饥"为状态动素，"军"为整体类指人名素，"数"为性状名素。"填"后接语素"词（言辞）""词（韵文）"为可外化抽象名素，"空"为方位空间名素，充当处所角色。"点"后接语素"饥"为状态动素。"灌"后接语素"音"为自然无生名素。

　　该组后接语素义类十分丰富，涵盖了名素、动素和形素。

　　⑥留存组

　　　　留构词非直接式：留门、留职。存构词非直接式：存疑。待构词直接式：待考。压构词非直接式：压案。

　　"留"后接语素"门"为人造无生名素，"职"为可外化抽象名素。"存"后接语素"疑"为不外化抽象名素。"待"后接语素"考"为活动动素。"压"后接语素"案"为事项名素。

　　⑦待备组

　　　　备构词直接式：备查、备考1、备选、备用；半直接式：备取；非直接式：备案、备份2、备考2、备注1、备注2。待构词半直接式：待机2。

　　"备"后接语素"查"为状态动素，"考"为活动动素，"选""取"为转移动素，"注"为变化动素，"用"为作用动素，"案"为可外化抽象名素，"份"为量素。"待"后接语素"机"为人造无生名素。

　　⑧施加组

　　　　置构词直接式：置辩、置评、置信、置疑。投构词直接式：投工、投注2、投资1。加构词直接式：加害、加密。冠构词直接式：冠名。施构词直接式：施压。砸构词直接式：砸钱。栽构词非直接式：栽赃。注构词直接式：注资。

　　"置"后接语素"辩"为活动动素，"评"为转移动素，"信""疑"为状态动素。"投"后接语素"工"为事项名素，"注""资"为可外化抽象名素。"加"后接语素"害"为事项名素，"密"为可外化抽象名素。"冠"后接语素"名"为可外化抽象名素。"施"后接语素"压"为作用动素。"砸"后接语素"钱"为可外化抽象名素。"栽"后接语素"赃"为可外化抽象名素。"注"后接语素"资"为可外化抽象名素。

　　该组后接语素以可外化名素、事项名素和动素为主。

　　2.外向控制范围动素

　　主要是一些称谓动素，表示行为者在观念上或名称上使某一事物处于某一类别。

其语义结构为:事件{行为者 控制 [客体 处于 范围]}。①

①称谓组

称构词非直接式:称霸、称臣、称大、称雄。

"称"后接语素"霸""臣""雄"为整体类指人名素,"大"为形素。

②归属组

归构词直接式:归功、归咎、归口1、归罪。列构词半直接式:列支。

"归"后接语素"功""咎""罪"为事项名素,"口"为可外化抽象名素。"列"后接语素"支"为转移动素。

(二)内向控制状态动素

内向控制状态动素表示行为者使客体处于自身的某一位置或自身可支配的范围。

1.内向控制位置动素

这类动素表示行为者使客体处于自己用于掌控客体的身体部分或工具部分之内。

其语义结构为:事件{行为者 控制 [客体 处于 行为者自身处所]}。②

①手持组

把构词半直接式:把酒、把盏;非直接式:把舵、把脉1、把脉2、把手1、把手2。

执构词非直接式:执棒、执笔、执鞭、执绋。抓构词非直接式:抓手1、抓手2、抓药1、抓药2。捧构词非直接式:捧杯、捧腹。携构词直接式:携手1;非直接式:携手2。

操构词非直接式:操刀。捉构词非直接式:捉刀。掌构词直接式:掌灯1。秉构词直接式:秉烛。拈构词非直接式:拈香。搦构词非直接式:搦管。搭构词非直接式:搭手。握构词非直接式:握手。抱构词非直接式:抱拳。

"把"后接语素"酒""盏""舵"为人造无生名素,"脉"为事项名素,"手"为附属类指人名素。

"执"后接语素"棒""笔""鞭""绋"为人造无生名素。"抓"后接语素"手"

---

① 吕云生:《〈礼记〉动词的语义分类研究》,中国广播电视出版社,2009年,第152页。
② 吕云生:《〈礼记〉动词的语义分类研究》,中国广播电视出版社,2009年,第152页。

为附属类指人名素,"药"为人造无生名素。"捧"后接语素"杯"为人造无生名素,"腹"为附属类指人名素。"携"后接语素"手"为附属类指人名素。

"操""捉"后接语素"刀"为人造无生名素。"掌"后接语素"灯"为人造无生名素。"秉"后接语素"烛"为人造无生名素。"拈"后接语素"香"为人造无生名素。"搦"后接语素"管"为人造无生名素。"搭""握"后接语素"手"为附属类指人名素。"抱"后接语素"拳"为附属类指人名素。

该组动素构词数量较多,但是后接语素义类相对集中,多为无生具体名素或附属类指人名素。

②衔含组

　　衔构词非直接式:衔枚。

"衔"后接语素"枚"为人造无生名素。

③身载组

　　怀构词直接式:怀胎、怀孕。背构词非直接式:背榜。负构词半直接式:负重1。

"怀"后接语素"胎"为整体类指人名素,"孕"为状态动素。"背"后接语素"榜"为可外化抽象名素。"负"后接语素"重"为形素。

该组动素构词量不大,但是后接语素的义类较为分散。

④穿戴组

　　披构词非直接式:披红、披肩1、披肩2。服构词非直接式:服丧。穿构词非直接式:穿孝。戴构词非直接式:戴孝。挂构词非直接式:挂孝。着构词直接式:着装1。

"披"后接语素"红"为人造无生名素,"肩"为附属类指人名素。"服"后接语素"丧"为事项名素。"穿""戴""挂"后接语素"孝"为人造无生名素。"着"后接语素"装"为人造无生名素。

⑤识记组

　　记构词半直接式:记仇、记恨。介构词直接式:介怀、介意。

"记"后接语素"仇"为不外化抽象名素,"恨"为状态动素。"介"后接语素"怀""意"为不外化抽象名素。

⑥摄制组

　　录构词直接式:录像1、录音1、录影1。摄构词直接式:摄像、摄影1、摄影2。拍构词直接式:拍戏。留构词直接式:留影1。照构词直接式:照相。

"录"后接语素"像""影"为性状名素,"音"为自然无生名素。"摄"后接语素"像""影1"为性状名素,"影2"为事项名素。"拍"后接语素"戏"为事项名素。"留"后接语素"影"为性状名素。"照"后接语素"相"为性状名素。

该组动素后接以事情抽象名素为主,其中"像""影"多次参与构词。

⑦扣留组

缉构词直接式:缉凶;半直接式:缉毒、缉私。捕构词直接式:捕食 1。切构词非直接式:切汇。

"缉"后接语素"凶"为整体类指人名素,"毒"为人造无生名素,"私"为形素。"捕"后接语素"食"为人造无生名素。"切"后接语素"汇"为可外化抽象名素。

该组动素构词量不大,而且后接语素义类较为分散。

2.内向控制范围动素

这类动素表示行为者使客体处于自己可以支配的范围之内。

其语义结构为:事件〖行为者 控制 〔客体 处于 行为者可支配范围〕〗。①

①保有组

包构词直接式:包场、包车 1、包房 1、包机 1;非直接式:包饭 1、包伙 1、包席 1、包月、包桌 1。

保构词直接式:保膘、保底 1、保密、保苗、保命;非直接式:保级。守构词直接式:守信、守节 1;半直接式:守成、守业。

享构词直接式:享福、享乐、享誉。兼构词直接式:兼差 1、兼课、兼职 1。持构词直接式:持仓、持股。冒构词非直接式:冒功、冒名。纳构词直接式:纳福、纳凉。擅构词直接式:擅权;非直接式:擅场。专构词直接式:专权;半直接式:专美。

持构词直接式:持论。扼构词直接式:扼要。居构词直接式:居功。卷构词直接式:卷款。拿构词非直接式:拿手 1。圈构词非直接式:圈钱。捂构词直接式:捂盘。

"包"后接语素"场""房"为场所空间名素,"车""机""饭""伙""席""桌"为人造无生名素,"月"为时量名素。

"保"后接语素"膘"为动物类有生名素,"底""密"为可外化抽象名素,"苗"为植物有生名素,"命""级"为性状名素。"守"后接语素"信""节"为不外化抽象名素,"成""业"为事项名素。

"享"后接语素"福"为不外化抽象名素,"乐"为形素,"誉"为性状名素。

---

① 吕云生:《〈礼记〉动词的语义分类研究》,中国广播电视出版社,2009 年,第 154 页。

"兼"后接语素"差""课""职"为事项名素。"持"后接语素"仓""股"为可外化抽象名素。"冒"后接语素"功"为事项名素,"名"为可外化抽象名素。"纳"后接语素"福"为不外化抽象名素,"凉"为形素。"擅"后接语素"权"为性状名素,"场"为方位空间名素。"专"后接语素"美"为形素,"权"为性状名素。

"持"后接语素"论"为可外化抽象名素。"扼"后接语素"要"为可外化抽象名素。"居"后接语素"功"为事项名素。"卷"后接语素"款"为可外化抽象名素。"拿"后接语素"手"为附属类指人名素。"圈"后接语素"钱"为可外化抽象名素。"捂"后接语素"盘"为人造无生名素。

该组后接语素语义类型多样,除了其他非名语素,其余类型均有搭配构词。

②怀有组

　　抱构词直接式:抱憾、抱恨、抱愧、抱歉、抱屈、抱冤、抱怨。含构词直接式:含悲、含恨、含怒、含情、含笑、含羞、含冤。

　　蓄构词直接式:蓄谋、蓄念、蓄意、蓄志。怀构词直接式:怀恨、怀疑 1、怀疑 2。衔构词直接式:衔恨、衔冤。存构词直接式:存心 1;非直接式:存心 2。

　　安构词直接式:安心 1。居构词直接式:居心。赍构词直接式:赍恨。留构词非直接式:留情。挟构词直接式:挟嫌。饮构词直接式:饮恨。

"抱"后接语素"憾""恨""愧""屈"为状态动素,"歉""怨"为不外化抽象名素,"冤"为事项名素。"含"后接语素"悲""恨""怒""羞"为状态动素,"情"为不外化抽象名素,"笑"为活动动素,"冤"为事项名素。

"蓄"后接语素"谋""念""意""志"为不外化抽象名素。"怀"后接语素"恨""疑 1"为状态动素,"疑 2"为不外化抽象名素。"衔"后接语素"恨"为状态动素,"冤"为事项名素。

"存""安""居"后接语素"心"为不外化抽象名素。"赍"后接语素"恨"为状态动素。"留"后接语素"情"为不外化抽象名素。"挟"后接语素"嫌"为不外化抽象名素。"饮"后接语素"恨"为状态动素。

该组后接语素多为与心理有关的动素和抽象名素。

③擅长组

　　善构词直接式:善战。

"善"后接语素"战"为事项名素。

④承负组

　　保构词直接式:保荐、保举;半直接式:保息;非直接式:保底 2、保固、保价、保媒、保险 1、保险 2、保险 3、保修 1、保真 1。承构词直接式：承办、承保、承储、承兑、承付、承购、承建、承销、承修、承印、承运、承做。

负构词直接式：负责 1、负债 1；半直接式：负重 2、负罪；非直接式：负责 2。顶构词直接式：顶班 2；非直接式：顶包、顶缸、顶职、顶罪 1。服构词直接式：服刑、服役 1、服役 4；非直接式：服役 2、服役 3。包构词直接式：包费 1、包赔；非直接式：包产、包工、包销 1。任构词直接式：任职；半直接式：任教、任课。

主构词直接式：主讲 1；非直接式：主罚、主讲 2。值构词直接式：值勤；半直接式：值日、值夜。供构词直接式：供事、供职。挂构词非直接式：挂职 1、挂职 2。背构词直接式：背债。举构词直接式：举债。担构词半直接式：担纲。扛构词非直接式：扛活。司构词直接式：司职。

"保"后接语素"荐""举"为作用动素，"息"为可外化抽象名素，"底"为方位空间名素，"固""真"为形素，"价"为性状名素，"媒""险 1"为事项名素，"险 2"为场所空间名素，"修"为作用动素。"承"后接语素"办""修"为作用动素，"保"为事项名素，"建""印""做"为变化动素，"储"为状态动素，"兑""付""购""销""运"为转移动素。"承"后接语素多为动素。

"负"后接语素"责""罪"为事项名素，"债"为可外化抽象名素，"重"为形素。"顶"后接语素"班""罪"为事项名素，"包""缸"为人造无生名素，"职"为可外化抽象名素。"服"后接语素"刑""役 1"为事项名素，"役 2"为作用动素。"包"后接语素"费"为可外化抽象名素，"赔""销"为转移动素，"产"为变化动素，"工"为事项名素。"任"后接语素"职"为事项名素，"教"为转移动素，"课"为不外化抽象名素。

"主"后接语素"讲"为转移动素，"罚"为作用动素。"值"后接语素"勤"为事项名素，"日""夜"为时量名素。"供"后接语素"事""职"为事项名素。"挂""司"后接语素"职"为事项名素。"背""举"后接语素"债"为可外化抽象名素。"担"后接语素"纲"为人造无生名素。"扛"后接语素"活"为事项名素。

该组构词量较大，后接语素以动素和与职务有关的名素居多。

⑤掌管组

掌构词直接式：掌厨、掌舵 1、掌权、掌印 1；非直接式：掌舵 2、掌舵 3、掌柜 1、掌门、掌印 2。

知构词非直接式：知客 1、知客 2、知事、知县。执构词直接式：执导、执教、执政。控构词直接式：控盘；半直接式：控购、控股。

秉构词直接式：秉政；半直接式：秉国。将构词非直接式：将军 1、将军2。当构词直接式：当权、当政。董构词非直接式：董事。拿构词直接式：拿权。弄构词直接式：弄权。摄构词直接式：摄政。

"掌"后接语素"厨""柜"为场所空间名素，"舵""印"为人造无生名素，"权"为性状名素，"门"为整体类指人名素。

"知"后接语素"客"整体类指人名素，"事"为事项名素，"县"为场所空间名素。"执"后接语素"导"为作用动素，"教"为转移动素，"政"为性状名素。"控"后接语素"盘"为性状名素，"购"为转移动素，"股"为可外化抽象名素。

"秉"后接语素"政"为性状名素，"国"为可外化抽象名素。"将"后接语素"军"为整体类指人名素。"当"后接语素"权""政"为性状名素。"董"后接语素"事"为事项名素。"拿""弄"后接语素"权"为性状名素。"摄"后接语素"政"为事项名素。

该组后接语素中可外化抽象名素"权"的构词较为活跃。

⑥主持组

　　主构词直接式：主办、主笔2、主考1、主理、主拍1－1、主拍2、主政、主治2；半直接式：主厨1、主婚、主祭；非直接式：主考2、主拍1－2。

　　司构词非直接式：司法、司机、司库、司令1、司令2、司炉、司药、司仪。持构词直接式：持正1；非直接式：持平1、持正2。当构词直接式：当家1；非直接式：当家2。仗构词直接式：仗义1。

"主"后接语素"办""理""治"为作用动素，"笔""考""祭"为活动动素，"拍（拍卖）"为转移动素，"拍（拍摄）"为状态动素，"厨"为场所空间名素，"政""婚"为事项名素。

"司"后接语素"法""令"为可外化抽象名素，"机""炉""药"为人造无生名素，"库"为场所空间名素，"仪"为事项名素。"持"后接语素"正""平"为形素。"当"后接语素"家"为事项名素。"仗"后接语素"义"为不外化抽象名素。

⑦维护组

　　维构词直接式：维和；半直接式：维权、维稳。护构词非直接式：护短。养构词直接式：养路。

"维"后接语素"和""稳"为形素，"权"为性状名素。"护"后接语素"短"为性状名素。"护短"的意思是为自己或与自己有关的人的缺点或过失辩护。"养"后接语素"路"为场所空间名素，"养路"的意思是养护道路。

⑧护卫组

　　保构词直接式：保安1、保镖1；半直接式：保安2；非直接式：保安3、保镖2、保皇、保驾、保健、保胎。

　　护构词直接式：护岸1、护法1、护法3、护林；半直接式：护航；非直接式：护法 2、护驾、护秋、护渔。

　　卫构词直接式：卫道、卫冕；非直接式：卫生 1、卫生 2。把构词直接式：把关 1；非直接式：把关 2。看构词直接式：看家 1、看青；非直接式：看家 2。守构词直接式：守土；非直接式：守门 2。戍构词直接式：戍边。

　　"保"后接语素"安""健"为形素，"镖""驾"为人造无生名素，"皇""胎"为整体类指人名素。

　　"护"后接语素"岸"为场所空间名素，"林""秋"为植物有生名素，"法 1"为不外化抽象名素，"法 2"为可外化抽象名素，"航""渔"为活动动素，"驾"为人造无生名素。

　　"卫"后接语素"道"为不外化抽象名素，"冕""生"为性状名素。"把"后接语素"关"为场所空间名素。"看"后接语素"家"为场所空间名素，"青"为植物有生名素。"守"后接语素"土"为方位空间名素，"门"为人造无生名素。"戍"后接语素"边"为方位空间名素。

　　⑨压定组

　　　　压构词直接式：压场 1、压台 2、压阵 2；非直接式：压惊。

　　"压"后接语素"场"为方位空间名素，"台""阵"为性状名素，"惊"为变化动素。

　　动素"压"强调对事态或情况的掌控，令人心理信服或稳定。

　　⑩利用组

　　　　搭构词直接式：搭车 1；非直接式：搭车 2。打构词半直接式：打车。乘构词非直接式：乘凉。投构词非直接式：投机 2。

　　"搭""打"后接语素"车"为人造无生名素。"乘"后接语素"凉"为形素。"投"后接语素"机"为事项名素。

## 四、小结

　　根据本节行为状态动素构词分析，我们设计了表 1-3，以通过直观表现它们所接后位语素意义类型分布，来总结行为状态动素义对复合构词的影响。

表 1-3　前位行为状态动素后接语素意义类型分布

| 组别 | 具体名素 | | | 抽象名素 | | | 非名语素 | | |
|---|---|---|---|---|---|---|---|---|---|
| | 有生 | 无生 | 空间 | 事物 | 事情 | 时间 | 动素 | 形素 | 其他 |
| 交往 | 1 | | | | 2 | | | 5 | |

| 组别 | 具体名素 | | | 抽象名素 | | | 非名语素 | | |
| --- | --- | --- | --- | --- | --- | --- | --- | --- | --- |
| | 有生 | 无生 | 空间 | 事物 | 事情 | 时间 | 动素 | 形素 | 其他 |
| 合作 | | | | | 1 | | | | |
| 赊欠 | | | | 1 | | | | | |
| 比对 | | 12 | 1 | 1 | 2 | 1 | | 5 | |
| 配合 | | 12 | | 1 | 2 | | | | |
| 排序 | 1 | | 1 | 1 | 2 | 1 | | | 2 |
| 抵偿 | | | | 1 | 12 | | | | |
| 尊崇 | 1 | | 1 | 12 | 1 | | | | |
| 爱好 | 1 | 1 | | 1 | 12 | | 1 | 13 | |
| 厌恶 | | | | 1 | 1 | | 34 | | |
| 憎恨 | | | | 1 | | | | 3 | |
| 关注 | | | | 2 | 2 | | | | |
| 顾惜 | 1 | | | 2 | | 1 | | | |
| 吝惜 | | | | | 2 | | 3 | | |
| 牵挂 | | | | 2 | | | 1 | | |
| 感激 | | | | 2 | | | | | |
| 忍狠 | | | | 2 | | | 1 | | |
| 认为 | | | | | | | | 5 | |
| 当作 | | | | 1 | 2 | | 25 | 5 | |
| 宽恕 | 1 | | | 2 | 12 | | | | |
| 勉励 | 1 | | | 2 | 12 | | | | |
| 亲近 | 1 | | | | | | | | |
| 重视 | | | | 12 | | | | | |
| 拘泥 | | | | | 1 | 2 | | | |
| 坚守 | | | | 2 | 1 | | | 45 | |

续表

| 组别 | 具体名素 | | | 抽象名素 | | | 非名语素 | | |
|---|---|---|---|---|---|---|---|---|---|
| | 有生 | 无生 | 空间 | 事物 | 事情 | 时间 | 动素 | 形素 | 其他 |
| 承认 | | | | 12 | 1 | | 25 | 34 | |
| 休养 | | | | | 2 | 1 | 1 | 14 | |
| 避吃 | 12 | | | | | | | | |
| 装扮 | | | | | | | | 5 | |
| 严肃 | 1 | | | | | | | | |
| 赤露 | 1 | | | | | | | | |
| 低垂 | 1 | | | | | | | | |
| 居处 | 1 | | 1 | | | | | | 1 |
| 住宿 | | | 2 | | | | | | |
| 处后 | | | 1 | | 12 | | | | 2 |
| 待留 | 1 | 2 | 12 | 1 | 1 | | | | |
| 躲藏 | | | 1 | 1 | 1 | | | | 1 |
| 坐卧 | 2 | 1 | 2 | | | 1 | 1 | | |
| 站立 | | | 12 | | 2 | | | | |
| 悬吊 | | 1 | | | | | | | |
| 倚靠 | 1 | 1 | | | | | | | |
| 充当 | 1 | | 12 | 12 | 1 | | 12 | | |
| 面临 | | 1 | 12 | 2 | 12 | | 2 | | |
| 背向 | 1 | | | | | | | | |
| 跟随 | 1 | | 1 | | 1 | | | | |
| 陪送 | 1 | 1 | 2 | | 1 | | 234 | | |
| 陪侍 | 1 | | | | 1 | | 134 | | |
| 顺从 | 1 | | | 12 | 12 | | 2 | 5 | |
| 承应 | | | | 12 | | | 35 | | |

续表

| 组别 | 具体名素 | | | 抽象名素 | | | 非名语素 | | |
|------|------|------|------|------|------|------|------|------|------|
| | 有生 | 无生 | 空间 | 事物 | 事情 | 时间 | 动素 | 形素 | 其他 |
| 遵从 | | | | 12 | 12 | 1 | 2 | 345 | |
| 仿效 | 1 | 2 | | 1 | 1 | 12 | 2 | 5 | |
| 违逆 | | | | 12 | 12 | | | | |
| 依凭 | 1 | | 2 | 12 | 12 | | 135 | | |
| 观看 | 1 | | 1 | 1 | 12 | | | | |
| 聆听 | | | 2 | 1 | 1 | | 23 | | |
| 监察 | 1 | 1 | 12 | 1 | 1 | | 245 | | |
| 检查 | 1 | 1 | 12 | 1 | 1 | 1 | 1 | 3 | |
| 等候 | | 1 | 2 | 1 | 12 | 1 | 123 | | |
| 防备 | | | 2 | | 1 | 1 | | | |
| 追求 | 1 | | | 12 | 12 | | 1245 | 135 | |
| 要求 | | | | | | | | | 1 |
| 放置 | | 1 | 12 | | 1 | | | | |
| 陈列 | 1 | 1 | | 1 | 2 | | | | |
| 铺洒 | | 12 | 2 | | | | | | |
| 放入 | | | | 1 | | | | | |
| 插种 | 2 | 1 | | | | | | | |
| 灌注 | 1 | 12 | | | | | | | |
| 埋葬 | 1 | | | | | | | | |
| 存储 | | 12 | | 1 | | | | 3 | |
| 悬挂 | 1 | 1 | | 1 | | | | | |
| 附着 | 2 | 1 | | | | | | | |
| 掺入 | | 12 | | | | | | 5 | |
| 添加 | 12 | 12 | | | | | 1 | | |

续表

| 组别 | 具体名素 | | | 抽象名素 | | | 非名语素 | | |
|---|---|---|---|---|---|---|---|---|---|
| | 有生 | 无生 | 空间 | 事物 | 事情 | 时间 | 动素 | 形素 | 其他 |
| 填补 | 12 | 12 | 12 | | 2 | | | 1 | |
| 寄托 | | | | 2 | | | | | |
| 设置 | 1 | | 12 | 1 | 12 | | 1 | | |
| 记录 | | | | 1 | 12 | 1 | 124 | | |
| 插入 | | | | 1 | | | | | |
| 填充 | 1 | 12 | 1 | 1 | 12 | 1 | 1 | 3 | |
| 留存 | | 1 | | 12 | 1 | | 4 | | |
| 待备 | | 1 | | 1 | | | 12345 | | 2 |
| 施加 | | | | 1 | 1 | | 1345 | | |
| 称谓 | 1 | | | | | | | 5 | |
| 归属 | | | | 1 | 1 | | 3 | | |
| 手持 | 1 | 1 | | | 1 | | | | |
| 衔含 | | 1 | | | | | | | |
| 身载 | 1 | | | 1 | | | 1 | 1 | |
| 穿戴 | 1 | 1 | | | 1 | | | | |
| 识记 | | | | 2 | | | 1 | | |
| 摄制 | | 2 | | | 12 | | | | |
| 扣留 | 1 | 1 | | 1 | | | | 3 | |
| 保有 | 12 | 1 | 12 | 12 | 12 | 1 | 1 | 15 | |
| 怀有 | | | | 2 | 1 | | 14 | | |
| 擅长 | | | | | 1 | | | | |
| 承负 | | 1 | 12 | 12 | 12 | 1 | 1235 | 15 | |
| 掌管 | 1 | 1 | 2 | 1 | 12 | | 35 | | |
| 主持 | | 1 | 2 | 12 | 1 | | 1345 | 5 | |

续表

| 组别 | 具体名素 | | | 抽象名素 | | | 非名语素 | | |
|---|---|---|---|---|---|---|---|---|---|
| | 有生 | 无生 | 空间 | 事物 | 事情 | 时间 | 动素 | 形素 | 其他 |
| 维护 | | | 2 | | 2 | | | 23 | |
| 护卫 | 12 | 1 | 12 | 12 | 2 | | 4 | 15 | |
| 压定 | | | 1 | | 2 | | 2 | | |
| 利用 | | 1 | | | 1 | | | 1 | |

注：表中数字所代表的语素语义类型详见表1-1注。

交往、合作、赊欠组属于控制自身关系状态集，其语义结构为：事件{行为者i　控制　[（客体1i与客体2）　处于　关系特征]}。后接语素可以表示客体2或者关系特征，所以该集后接语素有指人有生名素，如"交友""通敌"等，以及可外化抽象名素，如"欠款1""赊账"等。

比对、配合、排序、抵偿组属于控制外物关系集，其语义结构为：事件{行为者　控制　[（客体1与客体2）　处于　关系特征]}。后接有对象语义角色，如"比价1"，是将"价格1"（客体1）与"价格2"（客体2）辨别高下。充当该角色的有无生具体名素或可外化抽象名素。或后接结果语义角色，如"配餐1""编队1"，充当该角色有无生具体名素或有生名素。该动素集后接少有动素和形素的词例。

尊崇、爱好、厌恶、憎恨、关注、顾惜、吝惜、牵挂、感激、忍狠、认为、当作组属于内心状态集，表示行为者对某一外在事物或人的内在主观态度，后多接抽象名素。

宽恕、勉励、亲近、重视、拘泥、坚守、承认组属于行为态度集，其语义结构可表达为：事件{行为者i　控制　[客体i　处于　态度特征]}。后多接指人有生名素、不外化抽象名素以及事项名素，表示对人或事的态度。未见后接无生具体名素、空间名素的词例。

休养、避吃组属于控自行为方式集，其语义结构可表达为：事件{行为者i　控制　[客体i　处于　行为特征]}。后接语义角色类型较为丰富，有时间角色，如"休假"；有原因角色，如"养病"；有对象角色，如"辟谷"。

装扮、严肃、赤露、低垂组属于控自外表特征集，其语义结构可表达为：事件{行为者i　控制　[客体i　处于　外表特征]}。后接形素或附属类指人名素。

居处、住宿、处后、待留、躲藏组属于控自处所集，其语义结构为：事件

〈行为者i 控制 ［客体i 处于 处所］〉。所有动素都可后接空间名素，或者是与空间有关的语素，如"水"为无生具体名素，"职"为可外化抽象名素。还有就是附属类指人名素，如"立足1"，或接自称代素"栖身"，构词现象比较特殊。

坐卧、站立、悬吊、倚靠组属于控自姿态集，其语义结构为：事件〈行为者i 控制 ［客体i 以某一姿态处于 处所］〉。基本上该集动素都可以接空间名素，或与空间有关的无生具体名素、可外化抽象名素，如"站岗""悬梁"等。

充当组属于控自处于范围集，其语义结构为：事件〈行为者i 控制 ［客体i 处于 范围］〉。后多接指人名素，构词如"做客""作保""为首"等。

面临、背向组属于控自面向或背向对象集，跟随、陪送、陪侍组属于控自与某人方向一致集，顺从、承应、遵从、仿效、违逆、依凭组属于控自与规则一致或相反集，这三个语素集都属于控自朝向事物类动素，其语义结构为：事件〈行为者i 控制［客体i 朝向 对象］〉或事件〈行为者i 控制 ［客体i 不朝向 对象］〉。朝向的对象可以是某人、某物或某事、某处所，因此从理论上说后接语素的类型应当比较丰富。与前两个语素集相比较来说，控自与规则一致或相反集后接可外化和不外化抽象名素构词比较多，此外可接形素，如"从简""仿真"，也是一个特点。

观看、聆听、监察、检查、等候、防备组属于控自注意力指向事物集，其语义结构可表达为：事件〈行为者i 控制 ［客体i注意力 指向 对象］〉。该集语素均可接空间名素和事项名素，说明汉语构造该类词时倾向于在什么地点，或者关注什么事件。此外，大多数前位动素后接可外化抽象名素以及动素。

追求、要求组属于控自精神上倾向事物集，其语义结构可表达为：事件〈行为者i 控制 ［客体i精神 倾向 对象］〉。其中追求组后接语素的义类范围较广，但未有接无生具体名素、空间名素、时间名素的词例。

放置、陈列、铺洒、放入、插种、灌注、埋葬、存储、悬挂、附着、掺入、添加、填补组属于外向控制具体处所集，其语义结构为：事件〈行为者 控制 ［客体 处于 具体处所)］〉。该集后接语素多为具体名素，尤其是人造类和自然类无生具体名素，接少量的可外化抽象名素，所接动、形素多为半直接式或非直接式构词，另外值得注意的是，后接空间名素的词汇并不多，而且未有接时间名素的词例。

寄托、设置、记录、插入、填充、留存、待备、施加组属于外向控制抽象处所集，其语义结构为：事件〈行为者 控制 ［客体 处于 抽象处所］〉。与上一动素集相比,很明显的是后多接抽象名素。出现后接时间名素的词,如"纪年1""补时"。能后接动素的语素组比较多,而且相当多的构词是直接式,如"待考""备查""置疑"等。

称谓、归属组属于外向控制范围集,其语义结构为:事件{行为者　控制〔客体　处于　范围〕}。后多接有某种特征的指人名素,如"称霸""称雄"等;接形素,如"称大"等。

手持、衔含、身载、穿戴、识记、摄制、扣留组属于内向控制位置集,其语义结构为:事件{行为者　控制　〔客体　处于　行为者自身处所〕}。后所接多为无生具体名素,还有附属类指人名素、可外化抽象名素。但其中摄制组后多接事项名素和性状名素。

保有、怀有、擅长、承负、掌管、主持、维护、护卫、压定、利用组属于内向控制范围集,其语义结构为:事件{行为者　控制　〔客体　处于　行为者可支配范围〕}。其可以表示对人、物、事、行为活动的控制,所以其后接语素除了其他非名语素之外,基本都可接,构词量比较大。

## 第四节　经历状态动素构词

经历状态动素表示的是人们经历自身所处的或自身与外物所构成的某种非自主状态。根据构成该状态的客体是否与经历者同指,可以分为自身经历状态动素和非自身经历状态动素。

### 一、自身经历状态动素

根据状态的性质,自身经历状态动素又可以分为经历自身心理状态动素、经历自身生理状态和经历自身存在状态动素。

(一)经历自身心理状态动素

其语义结构为:

$$\text{经历者}i\quad\text{经历}\begin{cases}[\text{客体}i\quad\text{处于}\quad\text{心理特征}]\\[\text{客体}i\quad\text{朝向}\quad\text{对象}]\end{cases}[1]$$

从中可以看出,与经历者同指的客体处于双重状态,一是特征状态,一是针对状态。针对状态中的"对象"可以是某种事物,也可以是某种"内容"即某类事件。

---

[1]　吕云生:《〈礼记〉动词的语义分类研究》,中国广播电视出版社,2009年,第127页。

在实际语言中,某些动素要求对象一定要出现,如"畏、恋、思"等,称为"强指向性心理状态动素",这类动素主要表现人针对某些外在事物或事件所特有的某种心理状态;有些则没有这种强制性要求,对象可以出现,也可以不出现,这类动素更倾向偏重于心理特征本身,对外物的针对性不是那么强,称为"弱指向性心理状态动素"。

1. 强指向性心理状态动素

①畏惧组

怕构词非直接式:怕人1、怕事、怕生。畏构词直接式:畏难;非直接式:畏光。惧构词直接式:惧内。羞构词非直接式:羞明。

"怕"后接语素"人"为整体类指人名素,"事"为事项名素,"生"为形素。"畏"后接语素"难"为事项名素,"光"为自然无生名素。"惧"后接语素"内"为整体类指人名素。"羞"后接语素"明"为形素。"羞明"是"畏光"的旧称。

②思念组

恋构词直接式:恋家、恋旧、恋群;非直接式:恋栈。思构词直接式:思古、思旧、思乡。怀构词直接式:怀古、怀旧。悼构词半直接式:悼亡。念构词直接式:念旧。

"恋"后接语素"家""群"为整体类指人名素,"旧"为形素,"栈"为场所空间名素。"思"后接语素"古"为时序名素,"旧"为形素,"乡"为方位空间名素。"怀"后接语素"古"为时序名素,"旧"为形素。"悼"后接语素"亡"为形素。"念"后接语素"旧"为形素。

该组构词特点鲜明,其后所接语素多有逝去的语义特征,如"古""旧"多次参与构词。

③羡慕组

慕构词半直接式:慕名。

"慕"后接语素"名"为性状名素。

④贪嗜组

贪构词直接式:贪财、贪色;半直接式:贪杯;非直接式:贪吃、贪小。嗜构词半直接式:嗜血1;非直接式:嗜血2。恋构词半直接式:恋战。

"贪"后接语素"财"为可外化抽象名素,"色"为性状名素,"杯"为人造无生名素,"吃"为活动动素,"小"为形素。

"嗜"后接语素"血"为附属类指人名素。"恋"后接语素"战"为事项名素。

该组动素后接语素义类类型多样,有具体名素、抽象名素、动素和形素。

⑤思欲组

　　思构词直接式:思春、思凡。怀构词直接式:怀春。

"思"后接语素"春"为不外化抽象名素,"凡"为可外化抽象名素。"怀"后接语素"春"为不外化抽象名素。

⑥悔恨组

　　悔构词半直接式:悔过、悔罪。

"悔"后接语素"过""罪"为事项名素。

⑦迷惑组

　　迷构词直接式:迷路1、迷途1;半直接式:迷航;非直接式:迷路2。

"迷"后接语素"路""途"为场所空间名素,"航"为活动动素。

⑧骄傲组

　　傲构词直接式:傲世、傲物。轻构词直接式:轻敌;非直接式:轻生。

"傲"后接语素"世"为可外化抽象名素,"物"为整体类指人名素。"轻"后接语素"敌"为整体类指人名素,"生"为性状名素。

⑨懈怠组

　　怠构词直接式:怠工。渎构词直接式:渎职。懈构词直接式:懈气。

"怠"后接语素"工"为事项名素。"渎"后接语素"职"为事项名素。"懈"后接语素"气"为性状名素。

该组由于语素义的差异而后接语素不同。

**2. 弱指向性心理状态动素**

①感动组

　　动构词直接式:动情1、动心、动容。感构词半直接式:感世。

"动"后接语素"情""心"为不外化抽象名素,"容"为性状名素。"感"后接语素"世"为可外化抽象名素。

②愉悦组

　　甘构词直接式:甘心1、甘心2、甘休。开构词直接式:开怀、开心1;非直接式:开心2。乐构词直接式:乐意1、乐见;非直接式:乐意2。畅构词非直接式:畅怀。快构词直接式:快意。

该组动素后接语素"意""心""怀"为不外化抽象名素。"甘"后接语素"休"为变化名素,"甘休"的意思为愿意停罢。"乐"后接语素"见"为变化动素。

该组后接语素多是表示人的内心世界的抽象名素。

③哀伤组

伤构词直接式：伤怀；非直接式：伤神2、伤心。寒构词直接式：寒心。灰构词非直接式：灰心。丧构词直接式：丧气1。痛构词非直接式：痛心。

该组动素后接语素"心""怀"为不外化抽象名素，"神""气"为性状名素。由于它们是弱指向性，所以多不接对象，而是指向内心。

④烦躁组

闹构词非直接式：闹心1。

该组后接语素"心"为不外化抽象名素。

⑤忧虑组

焦构词非直接式：焦心。揪构词非直接式：揪心。悬构词直接式：悬心。忧构词直接式：忧心1。

"焦""揪""悬""忧"后接语素"心"为不外化抽象名素。

⑥放安组

放构词直接式：放怀2、放心。舒构词非直接式：舒心。

"放"后接语素"怀""心"为不外化抽象名素。"舒"后接语素"心"为不外化抽象名素。

⑦胆怯组

怵构词直接式：怵场、怵头。怯构词直接式：怯场、怯阵。

"怵"后接语素"场"为场所空间名素，"头"为附属类指人名素。"怯"后接语素"场"为场所空间名素，"阵"为性状名素。"怵"与"怯"的指向性要弱一些，所以其后所接语素与"惧怕"相比，有一定区别，后多接处所语义角色。

⑧逞纵组

恣构词非直接式：恣情1、恣情2、恣意。放构词直接式：放怀1、放情。逞构词直接式：逞性。肆构词非直接式：肆意。纵构词非直接式：纵情。

该组构词后接语素"情""怀""性""意"等不外化抽象名素。

⑨亏屈组

亏构词非直接式：亏心。屈构词非直接式：屈心。昧构词非直接式：昧心。

"亏""屈""昧"后接语素皆为不外化抽象名素"心"。

⑩憋堵组

憋构词直接式：憋气2。堵构词非直接式：堵心。窝构词直接式：窝气。

"憋""窝"后接语素"气"为不外化抽象名素。"堵"后接语素"心"为不外化抽象名素。

⑪怀疑组

疑构词直接式：疑心2。

"疑"后接语素"心"为不外化抽象名素。

⑫满足组

满构词半直接式：满意。

"满"后接语素"意"为不外化抽象名素。

综上分析，弱指向性心理状态集后接语素有鲜明的倾向性，即多是"心""怀"等表示人内心世界的不外化抽象名素。

(二)经历自身生理状态动素

其语义结构为：事件{经历者i 经历 [客体i 处于 生理特征]}。

这类动词表示的生理特征，大多有消极色彩，不为人们所认可和提倡，因而人们不能主动地进入或实现此种状态，故而具有非自主性质。

①张目组

瞠构词非直接式：瞠目。傻构词直接式：傻眼。

"瞠""傻"后接语素"目""眼"为附属类指人名素，"傻眼"指人因出现某种意外情况而目瞪口呆，不知所措的样子。

②晕醉组

晕构词非直接式：晕场、晕车、晕池、晕船、晕机、晕堂、晕血、晕针。

醉构词直接式：醉酒。

"晕"后接语素"场"为方位空间名素，"车""船""机""针"为人造无生名素，"池""堂"为场所空间名素，"血"为附属类指人名素。"醉"后接语素"酒"为人造无生名素。

该组动素所构造的词语有两个特点：一是后位空间名素充当处所语义角色，二是无生具体名素多充当原因语义角色。

③瞎盲组

盲构词非直接式：盲目。瞎构词直接式：瞎眼。

"盲"后接语素"目"为附属类指人名素。"瞎"后接语素"眼"为附属类指人名素。

④驼曲组

驼构词直接式：驼背1；非直接式：驼背2。

"驼"后接语素"背"为附属类指人名素。

⑤憋闷组

憋构词直接式:憋气 1。

"憋"后接语素"气"为附属类指人名素。

⑥病患组

龋构词非直接式:龋齿 1。闹构词非直接式:闹心 2。烧构词非直接式:烧心 1。

"龋"后接语素"齿"为附属类指人名素。"闹""烧"后接语素"心"为不外化抽象名素。

这些感受和特征虽然不能为经历者所控制,却影响到经历者,为其所感知。纵观自身经历状态动素,其构词能力较弱,后接语素多为与心理世界有关的不外化抽象名素或身体部分的指人名素。它的构词可能受到了双音节韵律的影响,故而将动素内原有的表示事物的义素析出,而自身的义值并没有明显增加。

(三)经历自身存在状态动素

其语义结构为:事件{经历者 i 经历 [领有者 i 处于 范围]}。

①处居组

居构词非直接式:居丧。

"居"后接语素"丧"为事项名素。

②坐留组

蹲构词非直接式:蹲班。留构词非直接式:留级。坐构词非直接式:坐牢。

"蹲"后接语素"班"为整体类指人名素。"留"后接语素"级"为性状名素。"坐"后接语素"牢"为场所空间名素。

③未及组

落构词非直接式:落榜、落标、落第、落聘、落选。下构词非直接式:下第。

"落"后接语素"榜""标"为可外化抽象名素,"第"为性状名素,"聘"为转移动素,"选"为人造无生名素。"下"后接语素"第"为性状名素。

**二、非自身经历状态动素**

它包含一个领有状态,这类动素本质上是表示人对某些事物的拥有关系。

其语义结构为:事件⟨经历者 i 经历 ［领有者 i 领有范围 存有 客体］⟩。①

根据这种领有是否具有心理性质,可以分为心理领有和非心理领有两种。前者表示外在事物作为被感知的客体,以信息的形式,存在于领有者的意识之中,或说被领有者领有。后者只是表示外在事物存在于领有者的所有权范围之内。

(一)心理领有状态动素

①明晓组

知构词直接式:知底、知情 1、知命 1;半直接式:知道、知情 2;非直接式:知己 1、知己 2、知名、知命 2、知趣、知心、知音、知足。

识构词直接式:识字;半直接式:识货;非直接式:识荆、识趣、识羞。会构词半直接式:会心、会意 2、会水。

认构词非直接式:认亲 1、认生。明构词直接式:明理 1。懂构词非直接式:懂行、懂事。通构词直接式:通经 1、通窍。博构词半直接式:博古 1。

"知"后接语素"底"为事项名素,"情(情形)"为性状名素,"命""道""情(感情)""心"为不外化抽象名素,"己"为代素,"名"为可外化抽象名素,"趣"为性状名素,"音"为自然类无生具体名素,"足"为形素。

"识"后接语素"字"为可外化抽象名素,"货"为人造无生具体名素,"荆"为方位空间名素,"趣"为性状名素,"羞"为形素。"会"后接语素"心""意"为不外化抽象名素,"水"为自然无生名素。

"认"后接语素"亲"为整体类指人名素,"认亲 1"的意思是旧时结婚后男女双方的家人初次互相拜访认识;"生"为形素。"明"后接语素"理"为不外化抽象名素。"懂"后接语素"行"为可外化抽象名素,"事"为事项名素。"通"后接语素"经"为可外化抽象名素,"窍"为不外化抽象名素。"博"后接语素"古"为时序名素。

该组构词后接语素义类多样,其中多为事物抽象名素和性状抽象名素。

(二)非心理领有状态动素

这类动素主要表示人对客观事物的领有关系。

①带有组

有构词直接式:有成、有底、有方、有感、有恒、有礼、有望、有心 1、

① 吕云生:《〈礼记〉动词的语义分类研究》,中国广播电视出版社,2009 年,第 131 页。

有意 1、有缘、有种;半直接式:有得、有意 2;非直接式:有喜、有心 2、有心 3、有为、有意 3。

负构词直接式:负案、负疚、负气。带构词直接式:带薪、带职。抱构词直接式:抱病。载构词直接式:载誉。

"有"后接语素"成""底""礼""喜"为事项名素,"方""恒""望""心""意""缘""种"为不外化抽象名素,"得"为变化动素,"感"为转移动素,"为"为活动动素。

"负"后接语素"案"为事项名素,"疚"为形素,"气"为状态动素。"带"后接语素"薪""职"为可外化抽象名素。"抱"后接语素"病"为事项名素。"载"后接语素"誉"为性状名素。

该组后接语素涉及抽象名素、动素和形素,其中不外化抽象名素和事项名素较多。

②无拥组

无构词直接式:无成、无法、无方、无力 1、无力 2、无望、无暇、无恙、无业 1、无业 2、无艺 1、无缘 1;半直接式:无心 1、无行、无意 1;非直接式:无耻、无辜 1、无辜 2、无良、无能、无心 2、无意 2、无知、无着。

没构词直接式:没底、没脸、没命 1、没缘、没辙;半直接式:没治 1;非直接式:没命 2、没命 3、没完 1、没完 2、没羞、没治 2、没治 3。乏构词直接式:乏力 2、乏术。

"无"后接语素"成""恙""辜""行"为事项名素,"力""艺""能"为性状名素,"法""方""心""意""望""缘""耻""知"为不外化抽象名素,"暇"为时量名素,"业(职业)"为可外化抽象名素,"业(产业)"为人造无生名素,"良"为形素,"着"为方位空间名素。

"没"后接语素"底"为事项名素,"脸""缘""辙"为不外化抽象名素,"命(生命)"为性状名素,"命(命运)"为不外化抽象名素,"完"为变化动素,"羞"为形素,"治"为作用动素。"乏"后接语素"力"为性状名素,"术"为不外化抽象名素。

该组后接语素义类多样,集中于不外化抽象名素、事项名素和性状名素。

### 三、小结

根据本节经历状态动素构词分析,我们设计了表 1-4,以看出它们所接后位语素意义类型分布,从而总结经历状态动素义对复合构词的影响。

表 1-4　前位经历状态动素后接语素意义类型分布

| 组别 | 具体名素 | | | 抽象名素 | | | 非名语素 | | |
|---|---|---|---|---|---|---|---|---|---|
| | 有生 | 无生 | 空间 | 事物 | 事情 | 时间 | 动素 | 形素 | 其他 |
| 畏惧 | 1 | 2 | | | 1 | | | 14 | |
| 思念 | 1 | | 12 | | | 2 | | 24 | |
| 羡慕 | | | | | 2 | | | | |
| 贪嗜 | 1 | 1 | | 1 | 12 | | 4 | 1 | |
| 思欲 | | | | 12 | | | | | |
| 悔恨 | | | | | 1 | | | | |
| 迷惑 | | | 2 | | | | 4 | | |
| 骄傲 | 1 | | | 1 | 2 | | | | |
| 懈怠 | | | | | 12 | | | | |
| 感动 | | | | 12 | 2 | | | | |
| 愉悦 | | | | 2 | | | 2 | | |
| 哀伤 | | | | 2 | 2 | | | | |
| 烦躁 | | | | 2 | | | | | |
| 忧虑 | | | | 2 | | | | | |
| 放安 | | | | 2 | | | | | |
| 胆怯 | 1 | | 2 | | 2 | | | | |
| 逞纵 | | | | 2 | | | | | |
| 亏屈 | | | | 2 | | | | | |
| 憋堵 | | | | 2 | | | | | |
| 怀疑 | | | | 2 | | | | | |
| 满足 | | | | 2 | | | | | |
| 张目 | 1 | | | | | | | | |

续表

| 组别 | 具体名素 | | | 抽象名素 | | | 非名语素 | | |
|---|---|---|---|---|---|---|---|---|---|
| | 有生 | 无生 | 空间 | 事物 | 事情 | 时间 | 动素 | 形素 | 其他 |
| 晕醉 | 1 | 1 | 12 | | | | | | |
| 瞎盲 | 1 | | | | | | | | |
| 驼曲 | 1 | | | | | | | | |
| 憋闷 | 1 | | | | | | | | |
| 病患 | 1 | | | 2 | | | | | |
| 处居 | | | | | 1 | | | | |
| 坐留 | 1 | | 2 | | 2 | | | | |
| 未及 | | 1 | | 1 | 2 | | 3 | | |
| 明晓 | 1 | 12 | 1 | 12 | 12 | 2 | | 45 | 1 |
| 带有 | | | | 12 | 12 | | 1234 | 5 | |
| 无拥 | | 1 | 1 | 12 | 12 | 1 | 25 | 5 | |

注:表中数字所代表的语素语义类型详见表 1-1 注。

畏惧、思念、羡慕、贪嗜、思欲、悔恨、迷惑、骄傲、懈怠组属于强指向性心理状态集,后接语素的类型比较丰富,除了代素、量素、数素,其他类型的语素均有构词。

感动、愉悦、哀伤、烦躁、忧虑、放安、胆怯、逞纵、亏屈、憋堵、怀疑、满足组属于弱指向性心理状态集。与上一动素集相比,由于该集主要是表示人的心理状态,因此很明显后接语素多为不外化抽象名素,如"动情 1""乐意 1""忧心 1""放怀 2"之类,或者是描写人的心理世界的性状名素,如"丧气 1""伤神 2"等。

张目、晕醉、瞎盲、驼曲、憋闷、病患组属于经历自身生理状态集,其语义结构为:事件{经历者 i 经历 [客体 i 处于 生理特征]}。其后接多为附属类指人名素。

处居、坐留、未及组属于经历自身存在状态集,其语义结构为:事件{经历者 i 经历 [领有者 i 处于 处所]}。其后面可接空间名素,如"坐牢";或者是集体指人名素,如"蹲班";或者是性状名素,如"留级"。

　　明晓组属于心理领有状态集,其语义结构为:事件{经历者 i　经历
[领有者 i 心理领有范围　存有　客体]}。其表达的是人认知外在的世界,
所以除了未有接动素的词例,其他可以后接的语素类型相当多。

　　带有、无拥组属于非心理领有状态集,其语义结构为:事件{经历者 i
　经历　[领有者 i 非心理领有范围　存有　客体]}。其表示人所经历的
对客观事物的领有关系。除未有后接有生名素、代素、量素、数素的构词,其
他各类语素都参与构词,尤其是后位抽象名素的词例较多。

# 第二章　前位变化动素支配式
## 双音词构词分析

变化是"事物所处状态的瞬间改变"①。支配式双音词前位变化动素根据事件的类型,分为简单变化动素、使役变化动素、行为变化动素以及经历变化动素,下面分类对它们的构词情况做分析。

## 第一节　简单变化动素构词

简单变化动素表示的是没有外在主观因素介入而自行发生的状体变化。其语义结构为:事件[状态1　变化　状态2]。② 根据语义结构中所含状态的性质,该类动素可分为存在简单变化动素、特征简单变化动素以及关系简单变化动素。

### 一、存在简单变化动素

存在简单变化动素根据事物存在环境的性质不同,分为存于变化动素、存有变化动素以及范围变化动素。

(一)存于变化动素

存于变化动素表示与空间位置或抽象位置(包括程度、时间等)相联系的客体变化。

①达到组

到构词直接式:到底1、到点、到顶、到期;非直接式:到底2、到底3、到底4。至构词直接式:至此1、至此2、至此3、至极、至今。达构词直接式:达标、达旦。及构词直接式:及格。

触构词直接式:触底、触礁1;半直接式:触目1;非直接式:触礁2、触目2。着构词直接式:着陆;非直接式:着实1、着实2。追构词非直接式:追尾。

---

①　吕云生:《〈礼记〉动词的语义分类研究》,中国广播电视出版社,2009年,第48页。
②　吕云生:《〈礼记〉动词的语义分类研究》,中国广播电视出版社,2009年,第101页。

上构词非直接式:上钩、上架 1、上架 2、上路 2、上身 1、上手 2-2、上网、上线 1-2、上线 1-3。临构词半直接式:临头、临门 1。就构词非直接式:就范。落构词非直接式:落空 2。迄构词直接式:迄今。

"到"后接语素"底""顶"为方位空间名素,"点""期"为时量名素。"至"后接语素"此"为代素,"极"为方位空间名素,"今"为时序名素。"达"后接语素"标"为性状名素,"旦"为时量名素。"及"后接语素"格"为性状名素。

"触"后接语素"底"为方位空间名素,"礁"为场所空间名素,"目"为附属类指人名素。"着"后接语素"陆"为场所空间名素,"实"为性状名素。"追"后接语素"尾"为方位空间名素。

"上"后接语素"钩""架"为人造无生名素,"路""网""线(通讯线路)"为可外化抽象名素,"身""手"为附属类指人名素,"线(条件的边际)"为性状名素。"临"后接语素"头"为附属类指人名素,"门"为场所空间名素。"就"后接语素"范"为性状名素。"落"后接语素"空"为性状名素。"迄"后接语素"今"为时序名素。

仔细分析,上面三个小组的动素语义还是有点差别的,第一小组"到""至"等强调事物到达某个位置,第二小组"触""着"等强调事物触及另一个事物,第三小组"上""就"等强调事物趋向运动至某处或某物。总之,该组构词后接空间名素、时间名素和性状名素较多,无生具体名素较少。

②经过组

入构词直接式:入伏、入口 1、入口 3、入梅、入时、入夜;非直接式:入耳、入骨、入画、入目、入神 1、入神 2、入手、入微、入眼。进构词直接式:进口 1-2、进口 1-3。破构词半直接式:破门 2、破网。切构词非直接式:切肤、切骨。彻构词非直接式:彻骨。

出构词直接式:出槽 2、出伏、出格 2、出轨 1、出轨 2、出界、出口 3、出梅;半直接式:出九、出位 2、出月;非直接式:出格 1、出世 3、出位 1、出线。

漏构词直接式:漏电、漏风 1、漏光;非直接式:漏风 2、漏网。跑构词直接式:跑电;非直接式:跑光。撒构词直接式:撒气 1。煞构词直接式:煞气 1。

透构词直接式:透风 1、透水 1;非直接式:透风 2、透水 2。通构词直接式:通关 1。

"入"后接语素"伏""梅""夜"为时量名素,"口(人的口)""耳""骨""目""手""眼"为附属类指人名素,"口(出入处)"为方位空间名素,"时"是时俗义,为性状名素,"画"为可外化抽象名素,"神(精神)"为性状名素,"神(巧妙)""微"为形素。"进"后接语素"口"为方位空间名素。"破"后接语素"门"
"网"为人造无生名素。"切"后接语素"肤""骨"为附属类指人名素。"彻"后
接语素"骨"为附属类指人名素。

"出"后接语素"槽""轨(轨道)"为场所空间名素,"伏""梅""九""月"为
时量名素,"格""线"为性状名素,"界""口"为方位空间名素,"轨(常规)"
"位""世"为可外化抽象名素。

"漏"后接语素"电""风""光"为自然无生名素,都是"漏"的事物。"网"
为人造无生名素,本身具有[＋有孔洞]特征的事物,与"漏"从孔洞穿过正好
匹配。"跑"后接语素"电""光"为自然无生名素。"撒""煞"后接语素"气"为
自然无生名素。"撒气1""煞气1"的意思是内充气体的器物因有小孔而慢
慢漏气。

"透"后接语素"风""水"为自然无生名素。"通"后接语素"关"为可外化
抽象名素。

经过组的特点是通过某个界点,根据通过方向又大致分为三个小组。
"进""入"语素表达从外到内,"出""漏"语素表达从内到外,"通""透"一般没
有具体的方向。

③超过组

超构词直接式:超编、超标、超产、超常、超车、超额、超期、超前1、
超限;半直接式:超耗、超龄、超前2、超时、超速、超员、超载、超重1、
超重2、超重3。

过构词直接式:过电、过节2、过期、过年2、过夜2;半直接式:过
半、过当、过度、过分、过季、过量、过时1、过望、过载1;非直接式:
过时2、过午。

爆构词非直接式:爆表、爆仓1、爆仓2。

"超"后接语素"编""标""额""限""龄""速""重"为性状名素,"产"为变
化动素,"常"为形素,"车"为人造无生名素,"期""时"为时量名素,"前1"
"前2"为时序名素,"耗"为变化动素,"员"为整体类指人名素,"载"为作用
动素。动素"超"后接语素义类多样,但是构词最多的还是性状名素。

"过"后接语素"电"为自然无生名素,"节""期""年""夜""季""午"为
时量名素,"半"为数素,"当"为形素,"度""分""量""时"为性状名素,"载"
为作用动素,"望"为不外化抽象名素。动素"过"后接时量名素和性状名
素较多。

"爆"后接语素"表"为人造无生名素,"仓(股仓)"为可外化抽象名素,
"仓(仓库)"为场所空间名素。

超过组与上面经过组相比,虽然往往也是通过某个界点,但是更强调所通过的界点是一个限度,所以由该组参构的支配式双音词有许多是半直接式,例如"超速"是超过规定的速度,"过时1"是超过了规定的时间。

④脱离组

脱构词直接式:脱钩1、脱轨、脱胶1、脱节、脱毛1、脱色2、脱手1、脱水2;非直接式:脱钩2、脱口、脱手2、脱羽。

离构词直接式:离题、离心2;非直接式:离岸、离辙。走构词直接式:走板1、走色、走题。掉构词直接式:掉色、掉线。落构词直接式:落色。跑构词直接式:跑题。蜕构词直接式:蜕皮。退构词直接式:退市。下构词非直接式:下市1。

"脱"后接语素"钩"为人造无生名素,"轨"为场所空间名素,"胶""水"为自然无生名素,"节""口""手"为附属类指人名素,"毛""羽"为动物有生名素,"色"为性状名素。

"离"后接语素"题"为可外化抽象名素,"心"为方位空间名素,"岸""辙"为场所空间名素。"走"后接语素"色"为性状名素,"板""题"为可外化抽象名素。"掉"后接语素"色"为性状名素,"线"为可外化抽象名素。"落"后接语素"色"为性状名素。"跑"后接语素"题"为可外化抽象名素。"蜕"后接语素"皮"为动植物名素。"退""下"后接语素"市"为场所空间名素。

从总体来看,该集动素构词后接成分的语义类型集中于名素,尤其是有生名素、空间名素、可外化抽象名素、性状名素,未有不外化抽象名素、事项名素、时间名素等参构的词例。

(二)存有变化动素

①出现组

出构词直接式:出世2、出头1;半直接式:出偏、出新;非直接式:出彩1、出彩2、出缺。见构词直接式:见报、见长1、见轻、见外;半直接式:见长2、见好、见老;非直接式:见底2、见顶。

发构词直接式:发绀、发霉、发蔫1、发酸1、发祥1;非直接式:发祥2。上构词直接式:上报1;非直接式:上脸1、上市1、上市2、上头1—2。

吐构词直接式:吐翠、吐絮1、吐絮2。显构词直接式:显灵、显圣、显效1。打构词非直接式:打滑1、打滑2。放构词直接式:放炮4、放晴。面构词直接式:面世;非直接式:面市。现构词半直接式:现形;非直接式:现眼。爆构词半直接式:爆冷。开构词非直接式:开缺。露构词直接式:露苗。

"出"后接语素"世""名""缺"为可外化抽象名素,"新"为形素,"头"为方位空间名素,"偏"为状态动素,"彩"为附属类指人名素。"见"后接语素"报"为可外化抽象名素,"轻""外""好""老"为形素,"长（长处）"为性状名素,"长（生长）"为变化动素,"底""顶"为方位空间名素。

"发"后接语素"绀""蔫""酸""祥"为形素,"霉"为状态动素。"上"后接语素"报"为可外化抽象名素,"市"为场所空间名素,"脸""头"为附属类指人名素。

"吐"后接语素"翠"为形素,"絮"为植物有生名素。"显"后接语素"灵"为不外化抽象名素,"圣"为整体类指人名素,"效"为事项名素。"打"后接语素"滑"为活动动素。"放"后接语素"炮"为变化动素,"放炮 4"指密闭的物体爆裂,"晴"为形素。"面"后接语素"世"为可外化抽象名素,"市"为场所空间名素。"现"后接语素"形"为性状名素,"眼"为附属类指人名素。"爆"后接语素"冷"为形素。"开"后接语素"缺"为可外化抽象名素,指职位一时出现空缺。"露"后接语素"苗"为植物有生名素。

该组动素后接可外化抽象名素和形素较多,表示某种事物或状态的存现,但是,未有后接无生具体名素和时间名素的词例。

②发生组

发构词直接式:发案、发火 1、发芽;半直接式:发墨、发水。出构词直接式:出事、出险 2;非直接式:出饭、出险 3。生构词直接式:生变、生效、生锈;非直接式:生光。

闹构词直接式:闹荒 2、闹灾;半直接式:闹贼。打构词直接式:打雷、打闪。来构词直接式:来潮 1;非直接式:来电 3。失构词直接式:失火、失事。见构词直接式:见效。起构词直接式:起火 2。上构词直接式:上冻。着构词非直接式:着火。

"发"后接语素"案"为事项名素,"火""墨""水"为自然无生名素,"芽"为动植物类有生名素。"出"后接语素"事""险"为事项名素,"饭"为人造无生名素。"生"后接语素"变"为变化动素,"效"为事项名素,"锈""光"为自然无生名素。

"闹"后接语素"荒"为状态动素,"灾"为事项名素,"贼"为整体类指人名素。"打"后接语素"雷""闪"为自然无生名素。"来"后接语素"潮""电"为自然无生名素。"失"后接语素"火"为自然类无生具体名素,"事"为事项名素。"见"后接语素"效"为事项名素。"起""着"后接语素"火"为自然无生名素。"上"后接语素"冻"为状态动素。

发生组强调动态事件的产生,后接多是自然无生具体名素和事项名素;

而上文出现组更强调某种静态的物体或现象的显现,所以两类动素后接语素有一定的互补性。

③引起组

惹构词直接式:惹祸、惹事。滋构词直接式:滋事。招构词直接式:招事、招灾。

该组后接语素"祸""事""灾"为事项名素。

④消亡组

失构词直接式:失传、失灵、失密、失色1、失收1、失调1、失效、失序、失踪。绝构词直接式:绝产1、绝迹、绝收、绝种;非直接式:绝路1。熄构词直接式:熄火1;非直接式:熄火3。灭构词直接式:灭种2。亡构词直接式:亡国1。

"失"后接语素"传"为转移动素,"灵""调"为形素,"密"为可外化抽象名素,"效""踪"为事项名素,"色""序"为性状名素,"收"为变化动素。"绝"后接语素"产"为变化动素,"收"为转移动素,"迹"为事项名素,"路"为场所空间名素,"种"为动植物有生名素。"熄"后接语素"火"为自然无生名素。"灭"后接语素"种"为动植物有生名素。"亡"后接语素"国"为可外化抽象名素。

⑤融化组

开构词直接式:开冻;半直接式:开河1。化构词直接式:化冻。解构词直接式:解冻1。

"开"后接语素"冻"为状态动素,"河"为场所空间名素。"化""解"后接语素"冻"为状态动素。

(三)范围变化动素

其语义结构为:事件[(客体　不处于　范围)　变化　(客体　处于范围)]。[①]

①成为组

成构词直接式:成风、成活、成趣、成书1、成文2、成像、成性、成荫、成章1、成章2;半直接式:成型、成形1。付构词非直接式:付型、付梓。作构词半直接式:作对2;非直接式:作古。为构词直接式:为伍。上构词直接式:上瘾。入构词直接式:入药。

"成"后接语素"风""趣""像""性""荫""章2""型""形"为性状名素,

---

① 吕云生:《〈礼记〉动词的语义分类研究》,中国广播电视出版社,2009年,第109页。

"活"为状态动素,"书""文""章1"为可外化抽象名素。"付"后接语素"型"为性状名素,"梓"为可外化抽象名素。"作"后接语素"对"为量素,"古"为时序名素。"为"后接语素"伍"为整体类指人名素。"上"后接语素"瘾"为不外化抽象名素。"入"后接语素"药"为人造无生名素。

该组后接语素以性状名素为主。

②收采组

采构词直接式:采光、采暖。收构词半直接式:收音2。受构词非直接式:受粉。

"采"后接语素"光"为自然无生名素,"暖"为形素。"收"后接语素"音"为自然无生名素。"受"后接语素"粉"为植物有生名素。

该组动素后接语素多与自然物有关。

**二、特征简单变化动素**

其语义结构为:事件[(客体　不处于　特征)　变化　(客体　处于　特征)]。[①]

**(一)一般特征变化动素**

①转变组

变构词直接式:变调1、变盘、变态1、变态2、变天1、变相、变形、变性1、变质;非直接式:变卦、变天2。

失构词直接式:失衡;非直接式:失常。翻构词直接式:翻盘1;非直接式:翻盘2。改构词半直接式:改道2、改色1。调构词非直接式:调幅。转构词直接式:转运1。

"变"后接语素"调""卦"为可外化抽象名素,"盘""态""相""形""性""质""天"为性状名素。"失"后接语素"衡""常"为形素。"翻"后接语素"盘"为性状名素。"改"后接语素"道"为场所空间名素,"色"为性状名素。"调"后接语素"幅"为性状名素。"转"后接语素"运"为不外化抽象名素,"转运1"是指运气转好。

该组动素后接语素以性状名素为主。

②转换组

换构词直接式:换季;非直接式:换代1、换代2、换届。易构词直接式:易位、易主;半直接式:易手。变构词直接式:变调2、变价1。移构

---

① 吕云生:《〈礼记〉动词的语义分类研究》,中国广播电视出版社,2009年,第104页。

词直接式：移调。转构词直接式：转调。

"换"后接语素"季""代"为时量名素，"届"为量素。"易"后接语素"位"为方位空间名素，"主"为整体类指人名素，"手"为附属类指人名素。"变"后接语素"调""价"为可外化抽象名素。"移""转"后接语素"调"为可外化抽象名素。

③恢复组

　　回构词直接式：回潮1、回春1、回春2、回暖、回青、回生2、回稳；非直接式：回潮2。复构词直接式：复航1、复通；半直接式：复旧2、复原2。返构词直接式：返潮、返青。还构词半直接式：还原1。

"回"后接语素"潮""暖""青""生""稳"为形素，"春1"为时量名素，"春2"为性状名素。"复"后接语素"航"为活动动素，"复航1"是（飞机、船只）恢复航行。"通"为状态动素，"旧"为形素，"原"为性状名素。"返"后接语素"潮""青"为形素。"还"后接语素"原"为性状名素。

该组动素后接语素多为形素。

(二)形态特征变化动素

①凝结组

　　结构词直接式：结晶1。

"结"后接语素"晶"为自然无生名素。

②翻转组

　　翻构词直接式：翻车1－1、翻船1；非直接式：翻车1－2、翻船2。倾构词非直接式：倾巢、倾盆。

"翻"后接语素"车""船"为人造无生名素。"倾"后接语素"巢""盆"为人造无生名素。

③曲折组

　　折构词直接式：折光1。

"折"后接语素"光"为自然无生名素。

④收缩组

　　缩构词直接式：缩水2；非直接式：缩水3。抽构词直接式：抽水2。

"缩水2"与"抽水2"同义，"缩""抽"后接语素"水"为自然无生名素，充当原因语义角色。

⑤封闭组

　　封构词直接式：封河。

"封"后接语素"河"为场所空间名素。

⑥断裂组

　　断构词直接式：断路 1；非直接式：断肠、断弦。决构词直接式：决口 1。溃构词直接式：溃口。裂构词直接式：裂罅 1。

"断"后接语素"路"为可外化抽象名素，"肠"为附属类指人名素，"弦"为人造无生名素。"断"的特点是长条形的事物中间分离，后接语素"路""肠""弦"都有［＋长条形］的特征。"决""溃"后接语素"口"为方位空间名素。"裂"后接语素"罅"为方位空间名素。

⑦爆炸组

　　爆构词直接式：爆胎。

"爆"后接语素"胎"为人造无生名素。

⑧穿破组

　　穿构词直接式：穿孔 2；非直接式：穿孔 1。溶构词非直接式：溶血。

"穿"后接语素"孔"为方位空间名素。"溶"后接语素"血"为附属类指人名素。

⑨分解组

　　分构词直接式：分蘖、分流 1；非直接式：分流 3。解构词直接式：解体 1；非直接式：解体 2。散构词非直接式：散架。

"分"后接语素"蘖"为植物有生名素，"流"为自然无生名素。"解"后接语素"体（形体）"为性状名素，"体（体制）"为可外化抽象名素。"散"后接语素"架"为人造无生名素。

⑩坍塌组

　　塌构词直接式：塌方、塌架 1；非直接式：塌架 2、塌台。垮构词非直接式：垮台。坍构词直接式：坍方。脱构词直接式：脱坡。

"塌"后接语素"方"为自然无生名素，"架""台"为人造无生名素。"垮"后接语素"台"为人造无生名素。"坍"后接语素"方"为自然无生名素。"脱"后接语素"坡"为场所空间名素。该组后接语素以具体名素为多。

⑪废坏组

　　破构词直接式：破相、破产 1；非直接式：破产 2、破产 3、破局 2。流构词非直接式：流标 1、流标 2、流会。败构词非直接式：败绩 1。崩构词非直接式：崩盘。

"破"后接语素"相""局"为性状名素，"产"为人造无生名素。"流"后接语素"标"为可外化抽象名素，"会"为事项名素。"败"后接语素"绩"为性状名素。"崩"后接语素"盘"为性状名素。

⑫涨退组

　　退构词直接式：退潮、退磁。涨构词直接式：涨潮。落构词直接式：落潮。褪构词直接式：褪色。捎构词直接式：捎色。跑构词非直接式：跑墒。

"退"后接语素"潮"为自然无生名素，"磁"为性状名素。"涨""落"后接语素"潮"为自然无生名素。"褪"后接语素"色(sè)"与"捎"后接语素"色(shǎi)"均为性状名素。"跑"后接语素"墒"为性状名素。

(三)运动特征变化动素

①完结组

　　定构词非直接式：定局1、定型。终构词直接式：终场、终盘1。尽构词半直接式：尽七。竣构词直接式：竣工。完构词直接式：完事。

"定"后接语素"局""型"为性状名素。"终"后接语素"场"为事项名素，"盘"为性状名素。"尽"后接语素"七"为时量名素。"竣"后接语素"工"为事项名素。"完"后接语素"事"为事项名素。

该组动素后接语素多与事件有关。

②奏告组

　　告构词直接式：告败、告成、告吹、告负、告捷1、告竭、告绝、告竣、告破、告罄、告缺、告胜、告终。奏构词直接式：奏捷、奏效。

"告"后接语素"败""成""吹""负""捷""竭""绝""竣""破""罄""胜"为变化动素，"缺"为状态动素，"终"为事项名素。"奏"后接语素"捷"为变化动素，"效"为事项名素。

很明显，该组后多接动素，或者与事情过程有关的事项名素。

③决定组

　　决构词非直接式：决胜。

"决"后接语素"胜"为变化动素。

④停滞组

　　停构词直接式：停航；半直接式：停车3；非直接式：停摆、停食。断构词直接式：断炊、断航、断流、断市。定构词非直接式：定格1。封构词非直接式：封顶1。死构词直接式：死机。窝构词非直接式：窝工。歇构词非直接式：歇枝。滞构词直接式：滞销。

"停"后接语素"航""摆"为活动动素，"车"为人造无生名素。"食"为人造无生名素。"停食"的意思是食物在胃里不消化。"断"后接语素"炊""航"为活动动素，"流"为自然无生名素，"市"为转移动素。"定"后接语素"格"为性状名素。"封"后接语素"顶"为方位空间名素。"死"后接语素"机"为人造无生名素。"窝"后接语素"工"为事项名素。"歇"后接语素"枝"为植物有生名素。"滞"后接语素"销"为转移动素。

⑤中断组

断构词半直接式:断档1、断档2、断层2、断粮、断垄。脱构词非直接式:脱档、脱货、脱销。

"断"后接语素"档"为性状名素,"层"为方位空间名素,"粮"为人造无生名素,"垄"为场所空间名素。"脱"后接语素"档"为性状名素,"货"为人造无生名素,"销"为转移动素。

⑥终止组

断构词非直接式:断七、断种。绝构词直接式:绝版、绝后2。

"断"后接语素"七"为时量名素,"种"为动植物有生名素。"绝"后接语素"版"为可外化抽象名素,"后"为时序名素。

⑦开立组

开构词直接式:开化2、开始1、开通1—2;非直接式:开篇1、开篇2、开始2、开始3。立构词直接式:立春2、立冬2、立秋2、立夏2;非直接式:立春1、立冬1、立秋1、立夏1。

发构词直接式:发端、发源1;非直接式:发源2。起构词直接式:起更、起航;非直接式:起源1。导构词直接式:导源1;非直接式:导源2。始构词直接式:始业1、始业2。肇构词直接式:肇端、肇始。

"开"后接语素"化"为变化动素,"开化2"的意思是冰、雪开始融化;后接语素"始"为事项名素,"通"为状态动素,"篇"为可外化抽象名素。"立"后接语素"春""冬""秋""夏"为时量名素。

"发""肇"后接语素"端"为事项名素。"发""导""起"后接语素"源"为场所空间名素。"起"后接语素"更"为量素,"航"为活动动素。"始"后接语素"业(职业)"为可外化抽象名素,"业(学业)"为事项名素。"肇"后接语素"始"为事项名素。

⑧加速组

催构词直接式:催产1、催产2、催发、催眠、催生;半直接式:催肥、催化、催泪1、催奶、催情、催熟1;非直接式:催泪2、催命、催熟2。

"催"后接语素"产(产育)""产(产生)""发""生""化"为变化动素,"眠"为状态动素,"肥""熟"为形素,"泪""奶"为附属类指人名素,"情"为不外化抽象名素,"命"为时量名素。

⑨投入组

投构词直接式：投产、投拍。

"投"后接语素"产"为变化动素，"拍"为状态动素。

(四)生命特征变化动素

①生长组

生构词非直接式：生根。扎构词直接式：扎根1；非直接式：扎根2。萌构词非直接式：萌芽。出构词直接式：出苗、出土2。抽构词直接式：抽青、抽穗、抽薹、抽芽。拔构词直接式：拔节。孕构词直接式：孕穗。结构词直接式：结果1、结实1。上构词直接式：上膘。下构词直接式：下蛋。

"生""扎"后接语素"根"为植物有生名素。"萌"后接语素"芽"为植物有生名素。"出"后接语素"苗"为植物有生名素，"土"为自然无生名素。"抽"后接语素"青"为形素，"穗""薹""芽"为植物有生名素。"拔"后接语素"节"为植物有生名素。"孕"后接语素"穗"为植物部分名素。"结"后接语素"果""实"为植物有生名素。"上"后接语素"膘"为动物有生名素。"下"后接语素"蛋"为动物有生名素。

后接语素多为植物有生名素，在植物生长的各个重要阶段都有支配式双音词来表达。

(五)功能特征变化动素

①感应组

感构词非直接式：感光。

"感"后接语素"光"为自然无生名素，"感光"的意思是照相胶片等受光的照射引起物理或化学变化。

(六)数量特征变化动素

①增加组

添构词直接式：添丁、添乱。增构词直接式：增值；半直接式：增产1。生构词直接式：生息1。

"添"后接语素"丁"为整体类指人名素，"乱"为形素。"增"后接语素"值"为性状名素，"产"为变化动素。"生"后接语素"息"为可外化抽象名素。

②叠累组

积构词直接式：积年、积水1、积怨1；非直接式：积水3。重构词非直接式：重九、重午、重阳。叠构词非直接式：叠翠；非直接式：叠韵。累构词直接式：累年、累世。兼构词非直接式：兼程。

"积"后接语素"年"为量素，"水(一种液体)"为自然无生名素，"水(体液)"为附属类指人名素,"怨"为不外化抽象名素。"重"后接语素"九"为数素,"午"通"五",也是数素,"阳"为不外化抽象名素。"叠"后接语素"翠"为形素,"韵"为可外化抽象名素。"累"后接语素"年"为量素,"世"为时量名素。"兼"后接语素"程"为事项名素。

③满成组

成构词直接式:成群、成套;非直接式:成堆、成年 2、成日、成天、成宿、成夜。

满构词直接式:满点;半直接式:满服、满七、满师、满孝;非直接式:满月 1。弥构词直接式:弥月 2;非直接式:弥月 1。足构词非直接式:足月。

"成"后接语素"群"为整体类指人名素,"套""宿""堆"为量素,"年""日""天""夜"为时量名素。"满"后接语素"点""七""月"为时量名素,"服"为人造无生名素,"师"为转移动素,"孝"为事项名素。"弥""足"后接语素"月"为时量名素。

满成组动素表示事物的数达到一定的量,后接语素多为时间名素。

④减少组

减构词直接式:减色、减员 1;半直接式:减持、减产。贬构词直接式:贬值 3;非直接式:贬值 1、贬值 2。耗构词直接式:耗材 1、耗能。掉构词非直接式:掉膘。亏构词非直接式:亏秤 2。折构词非直接式:折秤。

"减"后接语素"色"为性状名素,"员"为整体类指人名素,"持"为状态动素,"产"为变化动素。"贬"后接语素"值"为性状名素。"耗"后接语素"材"为人造无生名素,"能"为性状名素。"掉"后接语素"膘"为动物有生名素。"亏""折"后接语素"秤"为人造无生名素。

### 三、关系简单变化动素

其语义结构为:事件{[(客体 1 与客体 2) 处于 关系特征] 变化[(客体 1 与客体 2) 不处于 关系特征]}。

①会合组

合构词直接式:合流 1、合流 3;非直接式:合口 1、合流 2。会构词直接式:会车;非直接式:会意 1。逢构词半直接式:逢集。汇构词直接式:汇流。交构词半直接式:交九。

"合"后接语素"流(水流)"为自然无生名素,"流(等级)"为性状名素,"口"为方位空间名素。"会"后接语素"车"为人造无生名素,"意"为可外化抽象名素。"逢"后接语素"集"为事项名素。"汇"后接语素"流"为自然无生名素。"交"后接语素"九"为时量名素。

②发散组

放构词直接式：放电1、放电2；非直接式：放电3。发构词直接式：发光、发亮、发热1、发音1。炸构词直接式：炸群、炸窝1；半直接式：炸市；非直接式：炸窝2。

"放"后接语素"电"为自然无生名素。"发"后接语素"光""音"为自然无生名素，"亮"为形素，"热(一种能量)"为性状名素。"炸"后接语素"群"为动物有生名素，"窝"为人造无生名素，"市"为场所空间名素。

发散组是事物离开某处，呈现辐射式的发散。

### 四、小结

根据本节简单变化动素构词分析，我们设计了统计表 2-1，以看出它们所接后位语素意义类型分布，总结简单变化动素义对复合构词的影响。

表 2-1　前位简单变化动素后接语素意义类型分布

| 组别 | 具体名素 | | | 抽象名素 | | | 非名语素 | | |
|---|---|---|---|---|---|---|---|---|---|
| | 有生 | 无生 | 空间 | 事物 | 事情 | 时间 | 动素 | 形素 | 其他 |
| 达到 | 1 | 1 | 12 | 1 | 2 | 12 | | | 1 |
| 经过 | 1 | 12 | 12 | 1 | 2 | 1 | | 15 | |
| 超过 | 1 | 12 | 2 | 12 | 2 | 12 | 25 | 3 | 3 |
| 脱离 | 12 | 12 | 12 | 1 | 2 | | | | |
| 出现 | 12 | | 12 | 12 | 12 | | 124 | 12345 | |
| 发生 | 12 | 12 | | | 1 | | 12 | | |
| 引起 | | | | | 1 | | | | |
| 消亡 | 2 | 2 | 2 | 1 | 12 | | 23 | 23 | |
| 融化 | | | 2 | | | | 1 | | |
| 成为 | 1 | 1 | | 12 | 2 | 2 | 1 | | 2 |
| 收采 | 2 | 2 | | | | | | 1 | |
| 转变 | | | 2 | 12 | 2 | | | 3 | |
| 转换 | 1 | | 2 | 1 | | 1 | | | 2 |

续表

| 组别 | 具体名素 | | | 抽象名素 | | | 非名语素 | | |
|---|---|---|---|---|---|---|---|---|---|
| | 有生 | 无生 | 空间 | 事物 | 事情 | 时间 | 动素 | 形素 | 其他 |
| 恢复 | | | | | 2 | 1 | 14 | 124 | |
| 凝结 | | 2 | | | | | | | |
| 翻转 | | 1 | | | | | | | |
| 曲折 | | 2 | | | | | | | |
| 收缩 | | 2 | | | | | | | |
| 封闭 | | | 2 | | | | | | |
| 断裂 | 1 | 1 | 1 | 1 | | | | | |
| 爆炸 | | 1 | | | | | | | |
| 穿破 | 1 | | 1 | | | | | | |
| 分解 | 2 | 12 | | 1 | 2 | | | | |
| 坍塌 | | 12 | 2 | | | | | | |
| 废坏 | | 1 | | 1 | 12 | | | | |
| 涨退 | | 2 | | | 2 | | | | |
| 完结 | | | | | 12 | 1 | | | |
| 奏告 | | | | | 1 | | 12 | | |
| 决定 | | | | | | | 2 | | |
| 停滞 | 2 | 12 | 1 | | 12 | | 34 | | |
| 中断 | | 1 | 12 | | 2 | | 3 | | |
| 终止 | 2 | | | 1 | | 12 | | | |
| 开立 | | | 2 | 1 | 1 | 1 | 124 | | 2 |
| 加速 | 1 | | | 2 | | 1 | 12 | 1 | |
| 投入 | | | | | | | 12 | | |
| 生长 | 2 | 2 | | | | | | 1 | |
| 感应 | | 2 | | | | | | | |
| 增加 | 1 | | | 1 | 2 | | 2 | 3 | |

| 组别 | 具体名素 | | | 抽象名素 | | | 非名语素 | | |
|---|---|---|---|---|---|---|---|---|---|
| | 有生 | 无生 | 空间 | 事物 | 事情 | 时间 | 动素 | 形素 | 其他 |
| 叠累 | 1 | 2 | | 12 | 1 | 1 | | 1 | 23 |
| 满成 | 1 | 1 | | | 1 | | 3 | | 2 |
| 减少 | 12 | 1 | | | 2 | | 12 | | |
| 会合 | | 12 | 1 | 1 | 12 | 1 | | | |
| 发散 | 2 | 12 | 2 | | 2 | | | | 1 |

注:表中数字所代表的语素语义类型详见表1-1注。

　　达到、经过、超过、脱离组属于存于变化集,其语义结构可以概括为:事件[(客体　不处于　位置)　变化　(客体　处于　位置)]或事件[(客体　处于　位置)　变化　(客体　不处于　位置)]。这个位置从理论上说多指某个空间地点,但实际构词却有很多是人的部位、一件事物,或者某个时段、某种状态、某个数量,后接的语素覆盖所有类型。

　　出现、发生、引起、消亡、融化组属于存有变化集,其语义结构可以概括为:事件[(位置　不存有　客体)　变化　(位置　存有　客体)]或事件[(位置　存有　客体)　变化　(位置　不存有　客体)]。其后接语素多为有生、无生具体名素,事物、事情抽象名素,动素、形素,没有出现后接时间名素和其他非名语素的构词。其很少接空间名素,都是半直接式或非直接式构词,如"开河1""绝路1"等。

　　成为、收采组属于范围变化集,其语义结构为:事件[(客体　不处于　范围)　变化　(客体　处于　范围)],除了空间名素、时间名素、动素和其他非名语素,其他类型的语素均有构词。

　　转变、转换、恢复组属于一般特征变化集,其语义结构为:事件[(客体　不处于　一般特征)　变化　(客体　处于　一般特征)]。总体来看,后接语素类型非常丰富。因为是表达一般特征的变化,所以该集动素多与性状名素和形素结合成词。

　　凝结、翻转、曲折、收缩、封闭、断裂、爆炸、穿破、分解、坍塌、废坏、涨退组属于形态特征变化集,其语义结构为:事件[(客体　不处于　形态特征)　变化　(客体　处于　形态特征)]。与形态特征相关的语素是特征的载体事物,或者是指称该特征的名素,所以该集动素多与无生具体名素、性状名素结合成词。

完结、奏告、决定、停滞、中断、终止、开立、加速、投入组属于运动特征变化集,其语义结构为:事件[(客体　不处于　运动特征)　变化　(客体　处于　运动特征)]。其后多接与运动有关的事项名素、动素,以及能发生变化的具体名素、时间名素。

生长组属于生命特征变化集,其语义结构为:事件[(客体　不处于　生命特征)　变化　(客体　处于　生命特征)]。其后多接植物类有生名素,也可接自然无生具体名素作处所,如"出土2"。

感应组属于功能特征变化集,其语义结构为:事件[(客体　不处于　功能特征)　变化　(客体　处于　功能特征)]。其后接自然无生具体名素。

增加、叠累、满成、减少组属于数量特征变化集,其语义结构为:事件[(客体　不处于　数量特征)　变化　(客体　处于　数量特征)]。数量是比较广泛的语义范畴,几乎所有事物都有量的变化,所以除了空间名素、代素,其他类型语素均有构词。

会合、发散组属于关系简单变化集,其语义结构为:事件{[(客体1与客体2)　处于　关系特征]　变化　[(客体1与客体2)　不处于　关系特征]},主要后接无生名素。

## 第二节　使役变化动素构词

使役变化动素的语义结构为:事件{使因　因果使役　[(状态1)　变化　(状态2)]}。①

### 一、存在使役变化动动素

(一)使位置改变动素

该集动素表示使事物的位置发生瞬间变化。

①使离开组

出构词直接式:出兵、出槽1、出厂、出货1、出口1、出口4、出笼1、出炉1、出圃、出师2、出土1、出言、出语;非直接式:出车、出货2、出货3、出栏1、出笼2、出笼3、出炉2、出马、出奇、出手1、出台3。

脱构词半直接式:脱胶2、脱色1、脱涩、脱身、脱脂。下构词非直接

---

① 吕云生:《〈礼记〉动词的语义分类研究》,中国广播电视出版社,2009年,第119页。

式：下线 1—1、下线 1—2。动构词非直接式：动身、动土。堕构词直接式：堕胎。落构词非直接式：落发。泄构词直接式：泄洪。

"出"后接语素"兵""师"为整体类指人名素，"出"后接语素"槽""货""笼""炉""车""台"为人造无生名素，"厂""言""语"为可外化抽象名素，"口（人的嘴）""手"为附属类指人名素，"口（出入处）"为方位空间名素，"圃""栏"为场所空间名素，"土"为自然无生名素，"马"为动物有生名素。"奇"为组构类形素。

"脱"后接语素"胶"为自然无生名素，"色"为性状名素，"涩"为形素，"身"为代素，"脂"为附属类指人名素。"下"后接语素"线（生产线）""线（网络线路）"为可外化抽象名素。"动"后接语素"身"为代素，"土"为自然无生名素。"堕"后接语素"胎"为附属类指人名素。"落"后接语素"发"为附属类指人名素。"泄"后接语素"洪"为自然无生名素。

该组动素后位语素以名素居多，没有事项名素、动素。其中"出"的构词量比较大。

②使起来组

扬构词非直接式：扬场、扬帆。起构词非直接式：起锚。

"扬"后接语素"场"为场所空间名素，"帆"为人造无生名素。"起"后接语素"锚"为人造无生名素。

③使到达组

上构词直接式：上浆 1、上浆 2、上色 2、上装 1；半直接式：上门 2—1；非直接式：上门 2—2、上头 1—1、上刑。登构词直接式：登场 1。

"上"后接语素"浆"为自然无生名素，"色"为性状名素，"装""门"为人造无生名素，"头"为附属类指人名素，"刑"为事项名素。"登"后接语素"场"为场所空间名素。

该组动素后接语素充当处所角色或役事角色。

④使进入组

进构词直接式：进餐、进货 1、进食、进账 1；半直接式：进补；非直接式：进货 2、进账 2。入构词直接式：入档、入货、入账；非直接式：入镜、入土。上构词直接式：上膛、上心、上账。下构词非直接式：下水 1—2。

"进"后接语素"餐""货""食""补"为人造无生名素，"账（账簿）""账（账目）"为可外化抽象名素。"入"后接语素"档""账"为可外化抽象名素，"货""镜"为人造无生名素，"土"为自然无生名素。"上"后接语素"膛"为方位空间名素，"心"为不外化抽象名素，"账"为可外化抽象名素。"下"后接语素

"水"为自然无生名素。

该组动素后接多为无生具体名素和可外化抽象名素。

⑤使经过组

过构词非直接式：过磅、过秤、过目、过手、过堂、过眼。经构词非直接式：经手、经心、经意。穿构词非直接式：穿线。

"过"后接语素"磅""秤"为人造无生名素，"目""手""眼"为附属类指人名素，"堂"为场所空间名素。"经"后接语素"手"为附属类指人名素，"心""意"为不外化抽象名素。"穿"后接语素"线"为人造无生名素。

该组动素后接名素，除了"线"充当役事角色，其余多为处所语义角色。

（二）使存在改变动素

①使产生组

引构词直接式：引爆、引火；非直接式：引流。生构词直接式：生火、生事。出构词直接式：出品 2。发构词直接式：发电 1。开构词非直接式：开胃。下构词非直接式：下奶 2。

"引"后接语素"爆"为变化动素，"火"为自然无生名素，"流"为活动动素。"生"后接语素"火"为自然无生名素，"事"为事项名素。"出"后接语素"品"为人造无生名素。"发"后接语素"电"为自然无生名素。"开"后接语素"胃"为附属类指人名素。"下"后接语素"奶"为附属类指人名素。

②使消亡组

解构词直接式：解馋、解毒 1、解毒 2、解饿、解乏、解恨、解惑、解渴 1、解气、解套、解疑 1、解忧；非直接式：解渴 2。消构词直接式：消磁、消毒 1、消毒 2、消气、消声、消食、消暑 2、消炎、消音、消灾、消肿。

灭构词直接式：灭火、灭门、灭种 1、灭族；半直接式：灭迹、灭口；非直接式：灭活。清构词直接式：清火、清热；半直接式：清道 1、清心 3。去构词直接式：去火、去暑。熄构词直接式：熄灯、熄火 2。绝构词半直接式：绝育。却构词直接式：却病。脱构词直接式：脱敏。

"解"后接语素"馋""恨""疑""忧""套"为状态动素，"毒 1"为人造无生名素，"毒（上火）"为性状名素，"饿""乏""渴"为形素，"惑""气"为不外化抽象名素。"消"后接语素"磁""暑""炎"为性状名素，"毒（病毒）"为微生物有生名素，"毒（有害思想）"为不外化抽象名素，"气"为状态动素，"食"为人造无生名素，"声""音"为自然无生名素，"灾"为事项名素，"肿"为变化动素。

"灭"后接语素"火"为自然无生名素，"门""种""族""口"为整体类指人名素，"迹"为性状名素，"活"为形素。"清"后接语素"火""热"为性状名素，

"心"为附属类指人名素。"去"后接语素"火""暑"为性状名素。"熄"后接语素"灯"为人造无生名素,"火"为自然无生名素。"绝"后接语素"育"为变化动素。"却"后接语素"病"为事项名素。"脱"后接语素"敏"为性状名素。

该组参构动素多,构词量较大。其后接语素义类多样,除了空间名素、时间名素,其余具体和抽象名素以及动素和形素均有参构词例。

③使空尽组

清构词直接式:清污、清淤、清障、清账1;半直接式:清仓2、清场、清欠;非直接式:清道2。

"清"后接语素"污"为形素,"淤"为自然无生名素,"障"为人造无生名素,"账""仓"为可外化抽象名素,"场""道"为场所空间名素,"欠"为状态动素。

④使极尽组

尽构词直接式:尽忠1、尽量2、尽力、尽心、尽兴;非直接式:尽量1、尽情、尽忠2。极构词非直接式:极力、极目、极意、极口。竭构词非直接式:竭诚、竭力。

"尽"后接语素"忠"为形素,"量""力"为性状名素,"心""兴""情"为不外化抽象名素。"极"后接语素"力"为性状名素,"目"为附属类指人名素,"意"为不外化抽象名素,"口"为可外化抽象名素。"竭"后接语素"诚"为形素,"力"为性状名素。

该组前位语素都可接性状名素"力",而且后位语素多为与人的心理相关的名素或形素。

⑤使显露组

出构词直接式:出榜1、出榜2、出力、出气、出资;半直接式:出手2、出账1;非直接式:出牌、出票1、出票2、出手3、出手4、出手5、出头3、出息1。

走构词直接式:走风、走火1、走水1;非直接式:走火2、走火3、走火4、走嘴。露构词直接式:露白、露底、露风、露富、露脸1。漏构词直接式:漏风3、漏题1;非直接式:漏嘴。泄构词直接式:泄底、泄密、泄题。起构词直接式:起底、起赃。显构词半直接式:显能;非直接式:显影。发构词非直接式:发蓝。

"出"后接语素"榜""资""账"为可外化抽象名素,"力"为性状名素,"气"为不外化抽象名素,"手""头""息"为附属类指人名素,"牌""票"为人造无生名素。

"走"后接语素"风"为可外化抽象名素,"火1"指弹药,为人造无生名素,"水""火 2"为自然类无生具体名素,"嘴"为活动动素。"露"后接语素"白""富"为形素,"底"为事项名素,"风"为可外化抽象名素,"脸"为不外化抽象名素。"漏"后接语素"风""题"为可外化抽象名素,"嘴"为活动动素。"泄"后接语素"底"为事项名素,"密""题"为可外化抽象名素。"起"后接语素"底"为事项名素,"赃"为可外化抽象名素。"显"后接语素"能"为性状名素,"影"为性状名素。"发"后接语素"蓝"为形素。

⑥使隐没组

> 隐构词直接式:隐身;非直接式:隐形。灭构词非直接式:灭顶。溺构词非直接式:溺婴。

"隐"后接语素"身"为附属类指人名素,"形"为性状名素,"灭"后接语素"顶"为附属类指人名素。《易·大过》:"过涉灭(滅)顶,凶,无咎。"灭顶指没顶,水漫过头顶,后多喻指灾祸严重,致人死。"溺"后接语素"婴"为整体类指人名素。

### (三)使类属改变动素

该集动素表示使本来属于某类的事物变为他类事物。

①使参入组

> 参构词直接式:参拍 1、参评、参审 2、参选 1、参展。入构词直接式:入网。归构词直接式:归档。

"参"后接语素"拍""评""选"为转移动素,"审"为状态动素,"展"为事项名素。"入"后接语素"网"为可外化抽象名素。"归"后接语素"档"为人造无生名素。

②使屈就组

> 屈构词非直接式:屈才、屈驾、屈尊。枉构词非直接式:枉驾 1、枉驾 2。

"屈"后接语素"才"为整体类指人名素,"驾"为人造无生名素,"尊"为形素。"枉"后接语素"驾"为人造无生名素。

## 二、特征使役变化动素

### (一)使一般特征改变动素

①使变化组

> 变构词直接式:变调 3、变价 2、变频、变色 1、变色 2、变心、变型、变性 3;非直接式:变法、变节、变口、变脸 1、变脸 2。
>
> 化构词直接式:化名 1、化形、化装 2。翻构词半直接式:翻案 1、翻

供、翻脸;非直接式:翻案 2。反构词非直接式:反目。移构词直接式:移情 1。易构词非直接式:易帜。

"变"后接语素"调""价""法"为可外化抽象名素,"频""色(颜色)""色(脸色)""型""性""脸"为性状名素,"心""节"为不外化抽象名素,"口"为活动动素。

"化"后接语素"名"为可外化抽象名素,"形"为性状名素,"装"为人造无生名素。"翻"后接语素"案""供"为可外化抽象名素,"脸"为性状名素。"反"后接语素"目"为附属类指人名素。"移"后接语素"情"为不外化抽象名素。"易"后接语素"帜"为人造无生名素。

该组后接语素多为可外化抽象名素和性状名素。

②使转换组

　　变构词非直接式:变现。

"变"后接语素"现"为可外化抽象名素。

③使恢复组

　　缓构词非直接式:缓气。回构词非直接式:回天。

"缓"后接语素"气"为附属类指人名素。"回"后接语素"天"为可外化抽象名素。

(二)使性质特征改变动素

①使破败组

　　破构词直接式:破冰 1、破浪、破门 1;非直接式:破冰 2、破的、破句、破土 1、破土 2、破土 3。败构词直接式:败火、败家。毁构词直接式:毁容、毁约。溃构词直接式:溃围。

"破"后接语素"冰""浪""土"为自然无生名素,"门"为人造无生名素,"的"为方位空间名素,"句"为可外化抽象名素。"败"后接语素"火"为性状名素,"家"为人造无生名素。"毁"后接语素"容"为性状名素,"约"为可外化抽象名素。"溃"后接语素"围"为状态动素。

②使兴起组

　　发构词直接式:发财 1、发家;非直接式:发财 2。兴构词直接式:兴国、兴学。起构词直接式:起家 1。

"发"后接语素"财"为可外化抽象名素,"家"为人造无生名素。"兴"后接语素"国""学"为可外化抽象名素。"起"后接语素"家"为人造无生名素。

③使发酵组

　　发构词直接式:发面 1。

"发"后接语素"面"为人造无生名素。

### (三)使数量特征改变动素

该集动素表示使原有的数量发生增减变化。

①使增加组

加构词直接式:加倍1、加餐1、加点、加料2、加热、加试、加速1、加温1、加压;半直接式:加餐2、加码3;非直接式:加料3、加码2、加温2、加刑、加意。

增构词直接式:增仓、增产2、增高1、增光、增辉、增容、增色、增收、增速、增盈;半直接式:增持。生构词直接式:生财、生色。添构词直接式:添彩、添色。益构词直接式:益气、益智。长构词直接式:长脸。涨构词直接式:涨价。

"加"后接语素"倍""餐"为量素,"点"为时量名素,"料(饲料)""料(材料)""餐(餐食)""码(筹码)"为人造无生名素,"热""速""温"为性状名素,"试"为活动动素,"压"为作用动素,"码(符号)"为可外化抽象名素,"刑"为事项名素,"意"为不外化抽象动素。

"增"后接语素"仓"为可外化抽象名素,"产""收""盈"为变化动素,"容""持"为状态动素,"高""速"为性状名素,"光"为不外化抽象名素,"辉""色"为自然无生名素。"生"后接语素"财"为可外化抽象名素,"色"为性状名素。"添"后接语素"彩""色"为性状名素。"益"后接语素"气"为性状名素,"智"为不外化抽象名素。"长"后接语素"脸"为不外化抽象名素。"涨"后接语素"价"为可外化抽象名素。

该组前位动素"加""增"构词力较强,后未接指人名素、空间名素、形素。后接语素中"热""速""温""色"性状名素等比较多,它们表示某种性状,具有度的变化,而表达数量变化的"加""增"正好与之相匹配。

②使减少组

减构词直接式:减磅1、减编、减价、减亏、减速、减员2;半直接式:减肥、减负、减耗、减排、减碳、减压、减灾、减震;非直接式:减磅2、减仓、减河、减刑。

降构词直接式:降格、降价、降温1、降压2、降噪;半直接式:降耗、降压1。省构词直接式:省事1、省心;非直接式:省事2。缩构词直接式:缩编2、缩量。少构词非直接式:少礼1。

"减"后接语素"磅""编""速"为性状名素,"价""仓"为可外化抽象名素,"亏""耗""排"为变化动素,"碳"为自然无生名素,"压"为作用动素,"员"为附属类指人名素,"肥"为形素,"负""灾""刑"为事项名素,"震"为活动动素,"河"为场所空间名素。

"降"后接语素"格""温"为性状名素,"价"为可外化抽象名素,"压"为作用动素,"噪"为自然无生名素,"耗"为变化动素。"省"后接语素"事"为事项名素,"心"为不外化抽象名素。"缩"后接语素"编""量"为性状名素。"少"后接语素"礼"为事项名素。

该组后接语素义类广泛,除了时间名素和其他非名语素,其余均有构词。

(四)使运动特征改变动素

该集动素表示开始或中止运动。

①使开始组

　　启构词直接式:启航;非直接式:启明。起构词直接式:起爆。

"启"后接语素"航"为活动动素,"明"为形素。"起"后接语素"爆"为变化动素。

②使停止组

　　停构词直接式:停办、停播、停车 1、停工、停机 1、停刊、停职;半直接式:停火、停课、停学、停业 1、停战、停诊;非直接式:停机 2、停机 3、停牌、停手、停业 2。

　　住构词非直接式:住口、住手、住嘴 1、住嘴 2。截构词半直接式:截稿。止构词直接式:止步。驻构词直接式:驻足。

"停"后接语素"办"为作用动素,"播""战"为活动动素,"刊"为变化动素,"车""机""火"为人造无生名素,"工""职""课""业"为事项名素,"牌""学"为可外化抽象名素,"诊"为转移动素,"手"为附属类指人名素。

"住"后接语素"口""手""嘴"为附属类指人名素。"截"后接语素"稿"为可外化抽象名素。"止"后接语素"步"为活动动素。"驻"后接语素"足"为附属类指人名素。

该组构词后接语素以事项名素、动素和附属类指人名素居多。

③使结束组

　　毕构词直接式:毕命。结构词直接式:结账。

"毕"后接语素"命"为性状名素。"结"后接语素"账"为可外化抽象名素。

④使延续组

　　续构词半直接式:续假、续聘、续约 1。

"续"后接语素"假"为时量名素,"聘"为转移动素,"约"为可外化抽象名素。

⑤使完成组

圆构词直接式:圆梦 2。成构词直接式:成殓。济构词非直接式:济事。

"圆"后接语素"梦"为不外化抽象名素。"成"后接语素"殓"为变化动素。"济"后接语素"事"为事项名素。

(五)使形态特征改变动素

①使分断组

断构词非直接式:断句。解构词半直接式:解冻 2。

"断"后接语素"句"为可外化抽象名素。"解"后接语素"冻"为状态动素。

②使通畅组

开构词直接式:开口 1—2、开幕 1;半直接式:开标、开刀 1、开膛;非直接式:开刀 2、开刀 3、开镜、开卷 1、开口 1—1、开幕 2、开门 1、开门 2、开腔。

启构词半直接式:启封 1、启封 2;非直接式:启齿、启封 3、启幕、启衅。张构词直接式:张目 1;非直接式:张榜、张口、张嘴 1、张嘴 2。

"开"后接语素"口(出口)"为方位空间名素,"幕""刀""镜""门"为人造无生名素,"标""卷""腔"为可外化抽象名素,"膛""口(人的嘴)"为附属类指人名素。

"启"后接语素"封"为状态动素,"齿"为附属类指人名素,"幕"为人造无生名素,"衅"为不外化抽象名素。"张"后接语素"目""口""嘴"为附属类指人名素,"榜"为可外化抽象名素。

该组动素后接语素以附属类指人名素、人造无生名素、可外化抽象名素居多。

③使闭合组

闭构词直接式:闭幕 1、闭眼 1;非直接式:闭口、闭幕 2、闭眼 2、闭嘴。关构词非直接式:关门 1—1、关门 1—2、关门 1—3、关门 1—4。合构词直接式:合眼 1;非直接式:合眼 2、合眼 3。堵构词非直接式:堵嘴。

"闭"后接语素"幕"为人造无生名素,"眼""口""嘴"为附属类指人名素。"关"后接语素"门"为人造无生名素。"合"后接语素"眼"为附属类指人名素。"堵"后接语素"嘴"为附属类指人名素。

该组动素后接语素为附属类指人名素和人造无生名素。

④使翻倒组

　　倒构词直接式：倒阁。

"倒"后接语素"阁"为整体类指人名素。

(六)使姿态特征改变动素

①使反转组

　　翻构词直接式：翻身1；半直接式：翻场；非直接式：翻砂1、翻砂2、翻身2、翻身3、翻天1、翻天2。回构词直接式：回眸、回身、回手1、回首1、回头1；非直接式：回火2、回首2、回头2、回头3。

　　反构词直接式：反光1、反身、反手1、反手2；非直接式：反戈。转构词直接式：转身1；非直接式：转身2。倒构词非直接式：倒戈。旋构词非直接式：旋踵。

"翻"后接语素"身"为附属类指人名素，"场""天"为场所空间名素，"砂"为自然无生名素。"回"后接语素"眸""身""手""首""头"为附属类指人名素，"火"为自然无生名素。

"反"后接语素"光"为自然无生名素，"身""手"为附属类指人名素，"戈"为人造无生名素。"转"后接语素"身"为附属类指人名素。"倒"后接语素"戈"为人造无生名素。"旋"后接语素"踵"为附属类指人名素。

很明显，该组动素后接以附属类指人名素居多。

②使抬起组

　　昂构词直接式：昂首。翘构词直接式：翘首。耸构词直接式：耸肩、耸身。

"昂""翘"后接语素"首"为附属类指人名素。"耸"后接语素"肩""身"为附属类指人名素。

③使横倒组

　　倒构词非直接式：倒头。

"倒"后接语素"头"为附属类指人名素。

④使旁侧组

　　侧构词直接式：侧身1；非直接式：侧耳、侧目、侧足1。

"侧"后接语素"身""耳""目""足"为附属类指人名素。

⑤使弯曲组

　　屈构词非直接式：屈膝、屈节1、屈节2、屈指。

"屈"后接语素"膝""节""指"为附属类指人名素。

⑥使收缩组

缩构词直接式：缩水 1；非直接式：缩手。皱构词非直接式：皱眉。

"缩"后接语素"水"为自然无生名素，"手"为附属类指人名素。"皱"后接语素"眉"为附属类指人名素。

⑦使伸展组

伸构词非直接式：伸手 1、伸手 2、伸腿 1、伸腰。引构词直接式：引颈、引领 2。展构词直接式：展翅。

"伸"后接语素"手""腿""腰"为附属类指人名素。"引"后接语素"颈""领"为附属类指人名素。"展"后接语素"翅"为动物部分集有生名素。

⑧使松开组

松构词直接式：松口 1、松手、松嘴；非直接式：松口 2、松气。

"松"后接语素"口""手""嘴""气"为附属类指人名素。"松口 1"表示张嘴把咬住的东西放开，"松口 2"表示不坚持主张、意见等，两者有引申关系。

很明显，该集后接语素多属于指人名素身体部位集。

(七)使心理特征改变动素

①使激动组

激构词非直接式：激将。

"激"后接语素"将"为整体类指人名素。

②使惊动组

惊构词非直接式：惊人、惊天。

"惊"后接语素"人"为整体类指人名素，"天"为不外化抽象名素。

③使宽松组

宽构词直接式：宽心。松构词直接式：松心。

"宽""松"后接语素"心"为不外化抽象名素。

④使专注组

凝构词直接式：凝目、凝神。注构词直接式：注目、注意。钟构词直接式：钟情。属构词直接式：属意。专构词非直接式：专心。

"凝"后接语素"目"为附属类指人名素，"神"为性状名素。"注"后接语素"目"为附属类指人名素，"意"为不外化抽象名素。"钟"后接语素"情"为不外化抽象名素。"属"后接语素"意"为不外化抽象名素。"专"后接语素"心"为不外化抽象名素。

该组动素后接语素多为与人心理有关的不外化抽象名素。

### 三、关系使役变化动素

①使合成组

合构词直接式：合股、合力 1、合资；非直接式：合心 2。并构词直接式：并案、并力。归构词半直接式：归类。融构词直接式：融资 1。

"合"后接语素"股""资"为可外化抽象名素，"力"为性状名素，"心"为不外化抽象名素。"并"后接语素"案"为事项名素，"力"为性状名素。"归"后接语素"类"为性状名素。"融"后接语素"资"为可外化抽象名素。

该组动素后接语素均是抽象名素。

②使交合组

交构词非直接式：交兵、交锋 1、交锋 2、交火、交手。

"交"后接语素"兵""火"为人造无生名素，"锋"为方位空间名素，"手"为附属类指人名素。

该组动素后接语素均是具体名素。

③使配合组

配构词直接式：配套、配种。

"配"后接语素"套"为量素，"种"为动植物有生名素。

④使贴合组

合构词非直接式：合璧、合十。并构词非直接式：并骨。

"合"后接语素"璧"为人造无生名素，"十"为数素。"并"后接语素"骨"为附属类指人名素。

⑤使附着组

着构词非直接式：着笔、着墨、着色、着手、着眼、着重。

"着"后接语素"笔"为人造无生名素，"墨"为自然无生名素，"色"为性状名素，"手""眼"为附属类指人名素，"重"为形素。

⑥使集聚组

集构词直接式：集权、集资；非直接式：集句 1、集句 2、集释、集邮、集注 2。

积构词直接式：积肥；非直接式：积德、积善。聚构词半直接式：聚焦 1；非直接式：聚焦 2。凑构词直接式：凑钱。堆构词非直接式：堆笑。结构词直接式：结集 1。专构词直接式：专力。

"集"后接语素"权"为性状名素，"资""句""释""注"为可外化抽象名素，"邮"为人造无生名素。

"积"后接语素"肥"为自然无生名素,"德"为不外化抽象名素,"善"为事项名素。"聚"后接语素"焦"为方位空间名素。"凑"后接语素"钱"为可外化抽象名素。"堆"后接语素"笑"为活动动素。"结"后接语素"集"为可外化抽象名素。"专"后接语素"力"为性状名素。

⑦使分离组

分构词直接式:分兵、分洪、分家1、分界1、分栏、分类、分屏、分期1、分期2、分神1、分神2、分心1、分心2;半直接式:分忧;非直接式:分家2、分袂、分身、分手1、分手2、分头1。析构词直接式:析产;半直接式:析居。散构词非直接式:散光。

"分"后接语素"兵""家"为整体类指人名素,"洪"为自然无生名素,"屏""袂"为人造无生名素,"界""栏"为方位空间名素,"类""神""头"为性状名素,"期"为时量名素,"心"为不外化抽象名素,"忧"为事项名素,"身"为代素,"手"为附属类指人名素。

"析"后接语素"产"为人造无生名素,"居"为整体类指人名素。"散"后接语素"光"为自然无生名素。

⑧使连接组

接构词直接式:接头1;半直接式:接地1、接地2、接骨、接轨1、接榫1、接吻、接线1;非直接式:接轨2、接龙、接榫2、接头2、接头3、接线2。

并构词直接式:并网;非直接式:并轨。连构词非直接式:连类、连线。

"接"后接语素"头""榫"为方位空间名素,"地"为场所空间名素,"骨""吻"为附属类指人名素,"轨""线(丝线)"为人造无生名素,"龙"为性状名素,"线(通讯线路)"为可外化抽象名素。

"并"后接语素"网"为可外化抽象名素,"轨"为人造无生名素。"连"后接语素"类"为性状名素,"线"为可外化抽象名素。

⑨使隔绝组

闭构词非直接式:闭架。绝构词直接式:绝缘2。

"闭"后接语素"架"为人造无生名素。"绝"后接语素"缘"为性状名素。

## 四、小结

根据本节变化动素构词分析,我们设计了统计表2-2,以看出它们所接后位语素意义类型分布,总结使役变化动素义对复合构词的影响。

表 2-2 前位使役变化动素后接语素意义类型分布

| 组别 | 具体名素 | | | 抽象名素 | | | 非名语素 | | |
|---|---|---|---|---|---|---|---|---|---|
| | 有生 | 无生 | 空间 | 事物 | 事情 | 时间 | 动素 | 形素 | 其他 |
| 使离开 | 12 | 12 | 12 | 1 | 2 | | | 13 | 1 |
| 使起来 | | 1 | 2 | | | | | | |
| 使到达 | 1 | 12 | 1 | | 12 | | | | |
| 使进入 | | 12 | 1 | 12 | | | | | |
| 使经过 | 1 | 1 | 2 | 2 | | | | | |
| 使产生 | 1 | 12 | | | 1 | | 24 | | |
| 使消亡 | 12 | 12 | | | 12 | | 12 | 12 | |
| 使空尽 | | 12 | 2 | 1 | | | 1 | 2 | |
| 使极尽 | 1 | | | 12 | 2 | | | 5 | |
| 使显露 | 1 | 12 | | 12 | 12 | | 4 | 15 | |
| 使隐没 | 1 | | | | 2 | | | | |
| 使参入 | | 1 | | 1 | 1 | | 13 | | |
| 使屈就 | 1 | 1 | | | | | | 5 | |
| 使变化 | 1 | 1 | | 12 | 2 | | 4 | | |
| 使转换 | | | | 1 | | | | | |
| 使恢复 | 1 | | | 1 | | | | | |
| 使破败 | | 12 | 1 | 1 | 2 | | 1 | | |
| 使兴起 | | 1 | | 1 | | | | | |
| 使发酵 | | 1 | | | | | | | |
| 使增加 | | 12 | | 12 | 12 | 1 | 1245 | | 2 |
| 使减少 | 1 | 2 | 2 | 12 | 12 | | 245 | 1 | |
| 使开始 | | | | | | | 24 | 1 | |
| 使停止 | 1 | 1 | | 1 | 1 | | 2345 | | |
| 使结束 | | | | 1 | 2 | | | | |
| 使延续 | | | | 1 | | 1 | 3 | | |
| 使完成 | | | | 2 | 1 | | 2 | | |

续表

| 组别 | 具体名素 | | | 抽象名素 | | | 非名语素 | | |
|---|---|---|---|---|---|---|---|---|---|
| | 有生 | 无生 | 空间 | 事物 | 事情 | 时间 | 动素 | 形素 | 其他 |
| 使分断 | | | | 1 | | | 1 | | |
| 使通畅 | 1 | 1 | 1 | 12 | | | 1 | | |
| 使闭合 | 1 | 1 | | | | | | | |
| 使翻倒 | 1 | | | | | | | | |
| 使反转 | 1 | 12 | 1 | | 1 | | | | |
| 使抬起 | 1 | | | | | | | | |
| 使横倒 | 1 | | | | | | | | |
| 使旁侧 | 1 | | | | | | | | |
| 使弯曲 | 1 | | | | | | | | |
| 使收缩 | 1 | 2 | | | | | | | |
| 使伸展 | 12 | | | | | | | | |
| 使松开 | 1 | | | | | | | | |
| 使激动 | 1 | | | | | | | | |
| 使惊动 | 1 | | | 2 | | | | | |
| 使宽松 | | | | 2 | | | | | |
| 使专注 | 1 | | | 2 | 2 | | | | |
| 使合成 | | | | 12 | 12 | | | | |
| 使交合 | 1 | 1 | 1 | | | | | | |
| 使配合 | 2 | | | | | | | | 2 |
| 使贴合 | 1 | 1 | | | | | | | 3 |
| 使附着 | 1 | 12 | | | 2 | | | 5 | |
| 使集聚 | | 12 | 1 | 12 | 12 | | 4 | | |
| 使分离 | 1 | 12 | 1 | 2 | 12 | 1 | | | 1 |
| 使连接 | 1 | 1 | 12 | 1 | 2 | | | | |
| 使隔绝 | | 1 | | | 2 | | | | |

注:表中数字所代表的语素语义类型详见表 1-1 注。

　　使离开、使起来、使到达、使进入、使经过组属于使位置改变集,其后往往接两种语义角色:一种是处所,如"出厂""入账";一种是役事,如"出兵""上色2"。除了时间名素、量素、数素,其余类型语素均有构词,主要集中于具体名素。

　　使产生、使消亡、使空尽、使极尽、使显露、使隐没组属于使存在改变集,可以表示使某人、某物、某事、某态的存在或消亡,所以除了时间名素和其他非名语素,其余类型语素均有构词。

　　使参入组、使屈就组属于使类属改变集,"参"后接动素比较多,表示使某事物加入某种活动。"入""归"接名素。使屈就组后可接指人名素,如"屈才",或接与人有关的无生具体名素、形素,如"屈驾""屈尊"。

　　使变化、使转换、使恢复组属于使一般特征改变集,后接语素意义类型多样,而且各组动素都可以接可外化抽象名素。

　　使破败、使兴起、使发酵组属于使性质特征改变集,除了有生名素、时间名素、形素和其他非名语素,其余类型均有构词,而且它们均可接无生具体名素。

　　使增加、使减少组属于使数量特征改变集,构词量比较大,而且后接语素除了代素、数素没有出现词例,其余类型均有构词。

　　使开始、使停止、使结束、使延续、使完成组属于使运动特征改变集,可以表示使某物、某事、某状态开始或停止,后接语素主要是抽象名素和动素。

　　使分断、使通畅、使闭合、使翻倒组属于使形态特征改变集,后接语素主要是具体名素和可外化抽象名素。

　　使反转、使抬起、使横倒、使旁侧、使弯曲、使收缩、使伸展、使松开组属于使姿态特征改变集,后均可接附属类指人名素,表达人自身身体部位姿态的改变。当然,也可以接无生具体名素,表示使事物姿态改变。

　　使激动、使惊动、使宽松、使专注组属于使心理特征改变集,后多接指人名素,或者是与心理有关的不外化抽象名素。又后接性状名素,如"凝神","神"指人的精神状态。

　　使合成、使交合、使配合、使贴合、使附着、使集聚、使分离、使连接、使隔绝组属于关系使役变化集,各种类型的语素均有构词。

# 第三节　行为变化动素构词

　　行为变化动素表示行为者实施控制,使自身或外在事物的状态发生某种变化。

其语义结构为:事件{行为者　控制　〔(状态1)　变化　(状态2)〕}。①

根据控制对象是自身还是外在事物,分为控自行为变化动素及控他行为变化动素。

## 一、控自行为变化动素

### (一)控自存在变化动素

### 1.控自存于变化动素

这类动素表示行为者使自己的具体位置或抽象位置发生变化。最典型的是行为者通过控制自己身体的移动,瞬间到达、离开或经过某一位置。

(1)到达动素

①到及组

上构词直接式:上场、上任1、上台1;非直接式:上朝1、上朝2、上坟、上岗1、上岗2、上路1、上台2、上学1、上学2、上阵。

登构词直接式:登场2、登台1;非直接式:登程、登顶、登基、登极、登门、登台2。到构词直接式:到场、到任、到职;半直接式:到位1;非直接式:到家、到位2。就构词直接式:就职、就座;半直接式:就位;非直接式:就道、就业、就医。

即构词直接式:即位1、即席2;非直接式:即位2。临构词非直接式:临场1、临场2、临阵2。莅构词直接式:莅会、莅任。履构词直接式:履任;半直接式:履新。及构词非直接式:及门。践构词非直接式:践祚。踏构词半直接式:踏足。

"上"后接语素"场""朝""岗(岗哨)""路""阵"为场所空间名素,"任"为事项名素,"岗(职位)""学"为可外化抽象名素,"台""坟"为人造无生名素。

"登"后接语素"场""程""门"为场所空间名素,"台"为人造无生名素,"顶"为方位空间名素,"基""极"为可外化抽象名素。"到"后接语素"场""位"为方位空间名素,"任"为事项名素,"职"为可外化抽象名素,"家"为整体类指人名素。"就"后接语素"职""业"为可外化抽象名素,"座""位"为方位空间名素,"道"为场所空间名素,"医"为整体类指人名素。

"即"后接语素"位(位置)""席"为方位空间名素,"位(君位)"为可外化抽象名素。"临"后接语素"场"为方位空间名素,"阵"为场所空间名素。"莅"后接语素"会""任"为事项名素。"履"后接语素"任"为事项名素,"新"

---

① 吕云生:《〈礼记〉动词的语义分类研究》,中国广播电视出版社,2009年,第155页。

为形素。"及"后接语素"门"为整体类指人名素。"践"后接语素"祚"为可外化抽象名素。"踏"后接语素"足"为附属类指人名素。

该组动素构词量虽然比较大,但是后接语素义类相对集中,多为空间名素和可外化抽象名素。

②拜访组

朝构词非直接式:朝顶、朝山、朝圣 1;非直接式:朝圣 2。拜构词直接式:拜客。访构词直接式:访旧。

"朝"后接语素"顶"为方位空间名素,"山"为场所空间名素,"圣(圣神)"为不外化抽象名素,"圣(圣人)"为整体类指人名素。"圣"的地位高,"朝"用于下对上,两个语素结合的语义匹配度高。"拜"后接语素"客"为整体类指人名素。"访"后接语素"旧"为形素。

③探望组

探构词直接式:探家、探亲;半直接式:探班、探病、探监。省构词非直接式:省墓、省亲。宁构词非直接式:宁亲。

"探"后接语素"家""亲""班"为整体类指人名素,"病"为状态动素,"监"为场所空间名素。"省"后接语素"墓"为人造无生名素,"亲"为整体类指人名素。"宁"后接语素"亲"为整体类指人名素。

该组三个动素均可接亲属集指人名素"亲"。

④迎接组

接构词直接式:接驾、接亲;半直接式:接机 1、接站;非直接式:接风。迎构词直接式:迎亲;半直接式:迎新。

"接"后接语素"驾""机"为人造无生名素,"亲"为整体类指人名素,"站"为场所空间名素,"风"为自然无生名素。"迎"后接语素"亲"为整体类指人名素,"新"为形素。

(2)离开动素

①离去组

退构词直接式:退场、退席、退学、退职;半直接式:退勤;非直接式:退岗、退庭、退位。出构词直接式:出国、出阵;非直接式:出阁、出家、出列、出山、出戏。

脱构词直接式:脱岗 1、脱岗 2;非直接式:脱产、脱稿 1、脱稿 2、脱俗。下构词直接式:下场 1-1、下船 1、下岗 1、下网 2;半直接式:下工 2。离构词直接式:离任;非直接式:离世 1、离职 1、离职 2。走构词直接式:走人;非直接式:走路 2、走穴。去构词直接式:去任、去职。起构词直接式:起身 1。

"退"后接语素"场""庭"为场所空间名素,"席"为方位空间名素,"学"为转移动素,"职""勤"为事项名素,"岗""位"为可外化抽象名素。"出"后接语素"国"为可外化抽象名素,"阁""山"为场所空间名素,"家"为整体类指人名素,"阵""列"为性状名素,"戏"为事项名素。

"脱"后接语素"岗(岗哨)"为场所空间名素,"岗(职位)""稿"为可外化抽象名素,"产"为变化动素,"俗"为形素。"下"后接语素"场""岗"为场所空间名素,"船"为人造无生名素,"网"为可外化抽象名素,"工"为事项名素。"离"后接语素"任"为事项名素,"世""职"为可外化抽象名素。"走"后接语素"人"为整体类指人名素,"路"为场所空间名素,"穴"为可外化抽象名素。"去"后接语素"任"为事项名素,"职"为可外化抽象名素。"起"后接语素"身"为代素。

该集后接语素义类多样,主要集中于空间名素、可外化抽象名素和事项名素。

(3)经越动素

①出入组

入构词直接式:入场、入闸、入境、入列、入市、入席、入座;非直接式:入世、入托、入学 1、入学 2、入院。出构词直接式:出场、出海、出境 1、出境 2、出台 1、出庭;非直接式:出道、出警、出勤、出台 2、出席。

下构词直接式:下海 1、下水 1—1;非直接式:下水 1—3。投构词非直接式:投缳。陷构词半直接式:陷阵。

"入"后接语素"场""闸""市"为场所空间名素,"境""席""座"为方位空间名素,"列"为性状名素,"世""学""院"为可外化抽象名素,"托"为转移动素。"出"后接语素"场""海""境(疆界)""境(区域)""庭"为场所空间名素,"台"为人造无生名素,"道"为可外化抽象名素,"警""勤"为事项名素,"席"为方位空间名素。

"下"后接语素"海"为场所空间名素,"水"为自然无生名素。"投"后接语素"缳"为人造无生名素。"陷"后接语素"阵"为性状名素。

②越过组

越构词直接式:越级、越境、越野、越狱。越构词直接式:越轨、越界;半直接式:越礼、越权、越位 1。

过构词直接式:过场 1、过境、过路;非直接式:过关、过人 2。逾构词直接式:逾常、逾分、逾矩、逾期。跨构词非直接式:跨栏。蹿构词直接式:蹿等。 突构词直接式:突围。

"越"后接语素"级""权"为性状名素,"境""界"为方位空间名素,"野"

"狱"为场所空间名素,"轨""位"为可外化抽象名素,"礼"为事项名素。

"过"后接语素"场""路""关"为场所空间名素,"境"为方位空间名素,"人"为整体类指人名素。"逾"后接语素"常"为形素,"分"为性状名素,"矩"为可外化抽象名素,"期"为时量名素。"跨"后接语素"栏"为人造无生名素。"蹦"后接语素"等"为性状名素,"蹦等"的意思是超越等级。"突"后接语素"围"为状态动素。

该组动素后多接语素义类多样,除了其他非名语素,其余各类语素均有涉及。

### 2.控自存有变化动素

#### ①亮现组

出构词半直接式:出镜、出面、出头 2。亮构词非直接式:亮相 1、亮相 2、亮相 3。现构词直接式:现身。

"出"后接语素"镜"为人造无生名素,"面"为附属类指人名素,"头"为事项名素。"亮"后接语素"相"为性状名素。"现"后接语素"身"为代素。

#### ②逃避组

逃构词半直接式:逃荒、逃婚、逃课、逃命、逃难、逃票、逃生、逃税、逃学、逃夜、逃债;非直接式:逃席。

避构词直接式:避风 1、避难、避世、避嫌;非直接式:避风 2、避暑 1、避税。免构词非直接式:免俗、免疫。躲构词半直接式:躲债。漏构词非直接式:漏税。偷构词非直接式:偷税。亡构词半直接式:亡命 1。

"逃"后接语素"荒""婚""课""难"为事项名素,"命"为性状名素,"票""席"为人造无生名素,"生"为状态动素,"夜"为时量名素,"税""债""学"为可外化抽象名素。

"避"后接语素"风"为自然无生名素,"难"为事项名素,"世""税"为可外化抽象名素,"嫌"为不外化抽象名素,"暑"为性状名素。"免"后接语素"俗"为形素,"疫"为事项名素。"躲"后接语素"债"为可外化抽象名素。"漏""偷"后接语素"税"为可外化抽象名素。"亡"后接语素"命"为性状名素。

该组动素后接语素以抽象名素为主。

#### ③旷缺组

旷构词非直接式:旷工、旷课、旷职。缺构词非直接式:缺考、缺课、缺勤、缺席、缺阵。

"旷"后接语素"工""课""职"为事项名素。"缺"后接语素"考"为活动动素,"课""勤"为事项名素,"席"为方位空间名素,"阵"为性状名素。

该组动素后接语素多为事项名素。

### 3.控自类属变化动素

这类动素表示行为者使自己的身份发生某种变化，其语义结构为：

事件{行为者 i 控制 〔（客体 i 不处于 范围）变化（客体 i 处于 范围）〕}。①

或为：事件{行为者 i 控制 〔（客体 i 处于 范围）变化（客体 i 不处于 范围）〕}。

①参与组

参构词直接式：参股、参建、参军、参谋 3、参拍 2、参赛、参审 1、参选 2、参议 1、参战、参政；非直接式：参谋 1、参谋 2、参议 2。

插构词直接式：插班、插队 1、插脚 1、插身 1、插手 1；非直接式：插队 2、插脚 2、插空、插身 2、插手 2、插足 1、插足 2。

入构词直接式：入保、入股、入伙 2、入伍；非直接式：入阁、入籍。从构词直接式：从军、从戎、从征；半直接式：从政。投构词直接式：投考、投身；非直接式：投标。应构词直接式：应举、应考、应试 1。厕构词直接式：厕身、厕足。触构词非直接式：触电 2。搭构词直接式：搭伙 1。加构词直接式：加盟。蹑构词直接式：蹑足 2。委构词直接式：委身。与构词直接式：与会。

"参"后接语素"股"为可外化抽象名素，"建""谋""议"为活动动素，"军"为整体类指人名素，"拍"为状态动素，"审""选"为转移动素，"赛""战""政"为事项名素。

"插"后接语素"班"为整体类指人名素，"队"为性状名素，"脚""身""手""足"为附属类指人名素，"空"为方位空间名素。

"入"后接语素"保"为事项名素，"股"为可外化抽象名素，"伙""伍""阁"为整体类指人名素，"籍"为性状名素。"从"后接语素"军""戎"为整体类指人名素，"征"为作用名素，"政"为事项名素。"投"后接语素"考"为活动动素，"身"为代素，"标"为可外化抽象名素。"应"后接语素"举"为事项名素，"考""试"为活动动素。"厕"后接语素"身"为代素，"足"为附属类指人名素。"触"后接语素"电"为事项名素，"触电 2"的意思是参加拍摄电影、电视片等（多指第一次）。"搭"后接语素"伙"为整体类指人名素。"加"后接语素"盟"为可外化抽象名素。"蹑"后接语素"足"为附属类指人名素。"委"后接语素

---

① 吕云生：《〈礼记〉动词的语义分类研究》，中国广播电视出版社，2009 年，第 162 页。

"身"为代素。"与"后接语素"会"为事项名素。

该组动素"参"与"插"的构词力较强,后接语素类型多样,其中整体类指人比较多,因为参与一般是加入某种组织,可视为处所角色。后位附属类指人名素,多是充当受事角色。

②退辞组

退构词半直接式:退伙1、退伙2;非直接式:退保、退伍、退役1、退役2、退役3。辞构词直接式:辞工1、辞任、辞职;半直接式:辞聘1。抽构词直接式:抽身。

"退"后接语素"伙(伙食)"为人造无生名素,"伙(群体)""伍"为整体类指人名素,"保""役"为事项名素。"辞"后接语素"工""任"为事项名素,"职"为可外化抽象名素,"聘"为转移动素。"抽"后接语素"身"为代素。

③返还组

反构词半直接式:反正1-1;非直接式:反正1-2。还构词直接式:还俗、还阳。返构词直接式:返俗。

"反"后接语素"正"为形素。"还"后接语素"俗"为整体类指人名素,"阳"为不外化抽象名素。"返"后接语素"俗"为整体类指人名素。

④轮换组

接构词半直接式:接防、接力、接手。轮构词直接式:轮岗;非直接式:轮次1。换构词半直接式:换岗2。

"接"后接语素"防"为状态动素,"力"为性状名素,"手"为附属类指人名素。"轮"后接语素"岗"为可外化抽象名素,"次"为性状名素。"换"后接语素"岗"为可外化抽象名素。

⑤奉献组

效构词直接式:效劳、效力1、效命、效忠。卖构词非直接式:卖力、卖命1、卖命2。舍构词直接式:舍命、舍身。授构词直接式:授命1、授首。捐构词非直接式:捐躯。献构词非直接式:献身。

"效"后接语素"劳"为活动动素,"力""命"为性状名素,"忠"为形素。"卖"后接语素"力""命"为性状名素。"舍"后接语素"命""身"为性状名素,"身"是性命义。"授"后接语素"命"为性状名素,"首"为附属类指人名素。"捐"后接语素"躯"为附属类指人名素。"献"后接语素"身"为代素。"献身"的意思是"把自己的全部精力或生命献给祖国、人民或事业"。

该组动素后多接性状名素"力"和"命"。

（二）控自特征变化动素

这类动素主要表示行为者自身各种特征发生某种变化。

1. 控自一般特征变化动素

①改变组

　　改构词直接式：改容1、改容2、改色2；半直接式：改口1、改口2、改嘴。破构词直接式：破涕；半直接式：破颜。转构词直接式：转念。

"改"后接语素"容（相貌）""容（神情）""色"为性状名素，"口（言语）""嘴"为可外化抽象名素，"口（说话）"为活动动素。"破"后接语素"涕"为活动动素，"颜"为性状名素。"转"后接语素"念"为不外化抽象名素。

2. 控自姿态特征变化动素

①抬起组

　　拔构词非直接式：拔脚、拔腿1、拔腿2。抬构词直接式：抬头1；非直接式：抬手、抬头2。举构词非直接式：举目。振构词非直接式：振臂。

"拔"后接语素"脚""腿"为附属类指人名素。"抬"后接语素"头""手"为附属类指人名素。"举"后接语素"目"为附属类指人名素。"振"后接语素"臂"为附属类指人名素。

②回转组

　　转构词直接式：转脸1；非直接式：转眼。掉构词直接式：掉头1。

"转"后接语素"脸""眼"为附属类指人名素。"掉"后接语素"头"为附属类指人名素。

③摇摆组

　　摇构词非直接式：摇手1、摇手2、摇头。摆构词非直接式：摆手1、摆手2。挥构词非直接式：挥手。

"摇"后接语素"手""头"为附属类指人名素。"摆""挥"后接语素"手"为附属类指人名素。

④起立组

　　起构词直接式：起身3；非直接式：起床、起身2。

"起"后接语素"身"为附属类指人名素，"床"为人造无生名素。

⑤弯曲组

　　哈构词直接式：哈腰1；非直接式：哈腰2。

"哈"后接语素"腰"为附属类指人名素。

⑥仰起组

　　仰构词直接式:仰面、仰天。

"仰"后接语素"面"为附属类指人名素,"天"为场所空间名素。

⑦低俯组

　　俯构词直接式:俯首1;非直接式:俯首2。颔构词直接式:颔首。

"俯""颔"后接语素"首"为附属类指人名素。

⑧探伸组

　　探构词直接式:探头1。

"探"后接语素"头"为附属类指人名素。

⑨接触组

　　沾构词直接式:沾手1;非直接式:沾手2。

"沾"后接语素"手"为附属类指人名素。

很明显,该集语素后多接与身体部位相关的附属类指人名素构词。

3. 控自运动过程变化动素

①停歇组

　　敛构词非直接式:敛步、敛容、敛足。绝构词直接式:绝口1;非直接式:绝口2。罢构词直接式:罢手。歇构词非直接式:歇手。

"敛"后接语素"步"为活动动素,"容"为性状名素,"足"为附属类指人名素。"绝"后接语素"口"为附属类指人名素。"罢""歇"后接语素"手"为附属类指人名素。

该组动素通过后接附属类指人名素表达人的活动变化。

②赶紧组

　　赶构词非直接式:赶点1、赶工、赶路。

"赶"后接语素"点"为时量名素,"工""路"为事项名素。

4. 控自行为特征变化动素

①屏息组

　　屏构词直接式:屏气、屏息。

"屏"后接语素"气""息"为附属类指人名素。

②闭口组

　　封构词非直接式:封嘴1、封嘴2。缄构词直接式:缄口。

"封"后接语素"嘴"为附属类指人名素。"缄"后接语素"口"为附属类指人名素。

③应答组

对构词非直接式:对策1、对话1、对话2。答构词直接式:答话、答疑。和构词直接式:和诗1。应构词非直接式:应诉。

"对"后接语素"策""话"为可外化抽象名素。"答"后接语素"话"为可外化抽象名素,"疑"为不外化抽象名素。"和"后接语素"诗"为可外化抽象名素。"应"后接语素"诉"为转移动素。

该组动素后接语素以可外化抽象名素居多。

④奋发组

倾构词直接式:倾力、倾情。发构词直接式:发力。奋构词直接式:奋力。给构词直接式:给力2。拼构词非直接式:拼力。肆构词直接式:肆力。

"倾"后接语素"力"为性状名素,"情"为不外化抽象名素。"发""奋""给""拼""肆"后接语素"力"为性状名素。"给力2"的意思是"出力""尽力"。

该组动素后多接性状名素"力"。

⑤展示组

献构词直接式:献技、献艺;非直接式:献宝3、献丑、献媚。卖构词直接式:卖乖;半直接式:卖老、卖俏。作构词非直接式:作势、作态、作秀3。炫构词直接式:炫富、炫技。摆构词直接式:摆阔。

"献"后接语素"技""艺"为性状名素,"宝"为人造无生名素,"丑"为事项名素,"媚"为转移动素。"卖"后接语素"乖""老""俏"为形素。"作"后接语素"势""态"为性状名素,"秀"为活动动素。"炫"后接语素"富"为形素,"技"为性状名素。"摆"后接语素"阔"为形素。

该组后接语素多为形素或性状名素。

5.控自行为态度变化动素

①释放组

放构词直接式:放步、放胆、放手1;半直接式:放眼;非直接式:放声、放手2。纵构词直接式:纵步1、纵目;半直接式:纵酒。骋构词直接式:骋怀、骋目。开构词直接式:开恩、开罪。撒构词直接式:撒手、撒腿。驰构词直接式:驰目。

"放"后接语素"步"为事项名素,"胆"为性状名素,"手""眼"为附属类指人名素,"声"为自然无生名素。"纵"后接语素"步"为事项名素,"目"为附属类指人名素,"酒"为人造无生具体名素。"骋"后接语素"怀"为不外化抽象名素,"目"为附属类指人名素。"开"后接语素"恩"为不外化抽象名素,"罪"为事项名素。"撒"后接语素"手""腿"为附属类指人名素。"驰"后接语素"目"为附属类指人名素。

该组后接语素多为身体部分集附属类指人名素。

②叛变组

  负构词半直接式:负心、负约。反构词半直接式:反口。叛构词直接式:叛国。

"负"后接语素"心"为不外化抽象名素,"约"为可外化抽象名素。"反"后接语素"口"为可外化抽象名素。"叛"后接语素"国"为可外化抽象名素。

该组动素后多接可外化抽象名素。

③抵赖组

  悔构词直接式:悔约;半直接式:悔婚、悔棋。赖构词直接式:赖婚、赖账。倒构词非直接式:倒账1。

"悔"后接语素"约"为可外化抽象名素,"婚"为事项名素,"棋"为人造无生名素。"赖"后接语素"婚"为事项名素,"账"为可外化抽象名素。"倒"后接语素"账"为可外化抽象名素。

④吞没组

  食构词半直接式:食言。吞构词非直接式:吞声。

"食"后接语素"言"为可外化抽象名素。《尚书·汤誓》:"尔无不信,朕不食言。"孔传:"食尽其言,伪不实。"言已出而又吞没之,谓言而无信。"吞"后接语素"声"为自然无生名素。

**6.控自心理特征变化动素**

①收束组

  收构词直接式:收心。

"收"后接语素"心"为不外化抽象名素。

②决计组

  决构词直接式:决心2、决意。发构词直接式:发狠1。立构词直接式:立意1。

"决"后接语素"心""意"为不外化抽象名素。"发"后接语素"狠"为状态动素。"立"后接语素"意"为不外化抽象名素。

③消解组

  散构词直接式:散闷;半直接式:散心。解构词直接式:解愁。

"散"后接语素"闷"为形素,"心"为不外化抽象名素。"解"后接语素"愁"为状态动素。

### 7.控自心理表现变化动素

#### ①抒发组

抒构词直接式:抒怀、抒情。泄构词直接式:泄愤、泄恨。述构词直接式:述怀。咏构词直接式:咏怀。表构词直接式:表情1。达构词直接式:达意。吐构词直接式:吐气1。写构词非直接式:写意1。

"抒"后接语素"怀""情"为不外化抽象名素。"泄"后接语素"愤""恨"为状态动素。"述""咏"后接语素"怀"为不外化抽象名素。"表"后接语素"情"为不外化抽象名素。"达"后接语素"意"为不外化抽象名素。"吐"后接语素"气"为不外化抽象名素。"写"后接语素"意"为不外化抽象名素。

该组动素后接语素多为与心理有关的不外化抽象名素和状态动素。

#### ②表白组

表构词直接式:表态。明构词直接式:明志。倾构词直接式:倾心2。掏构词直接式:掏心。

"表"后接语素"态"为性状名素。"明"后接语素"志"为不外化抽象名素。"倾""掏"后接语素"心"为不外化抽象名素。

#### ③逞发组

撒构词直接式:撒刁、撒娇、撒赖、撒泼、撒气2、撒野。发构词直接式:发横、发威;半直接式:发飙。逞构词半直接式:逞能、逞强。示构词非直接式:示威2。放构词直接式:放刁。施构词直接式:施威。扬构词直接式:扬威。

"撒"后接语素"刁""娇""赖""泼""野"为形素,"气"为状态动素。"发"后接语素"横"为形素,"威"为性状名素,"飙"为自然无生名素。"逞"后接语素"能"为性状名素,"强"为形素。"示""施""扬"后接语素"威"为性状名素。"放"后接语素"刁"为形素。

该组构词后位语素多为形素,如"刁"等,语素"威"也多次参与构词。

#### ④传达组

示构词直接式:示好、示警、示弱、示意;半直接式:示爱;非直接式:示威1。致构词直接式:致哀、致敬、致谢;半直接式:致意。敬构词直接式:敬礼1;非直接式:敬礼2。输构词直接式:输诚1;非直接式:输诚2。鸣构词直接式:鸣谢。申构词直接式:申谢。志构词直接式:志哀。

"示"后接语素"好""弱"为形素，"警"为作用动素，"意"为不外化抽象名素，"爱"为状态动素，"威"为性状名素。"致"后接语素"哀""敬""谢"为状态动素，"意"为不外化抽象动素。"敬"后接语素"礼"为事项名素。"输"后接语素"诚"为形素。"鸣""申"后接语素"谢"为状态动素。"志"后接语素"哀"为状态动素。

该组动素后多接状态动素。

(三)控自关系变化动素

这类动素表示行为者使自身与他人之间的关系发生某种变化。其语义结构为：

事件{行为者 i　控制　〔(客体 1i 与客体 2)不处于接触特征〕　变化〔(客体 1i 与客体 2)处于接触特征〕}。

或为：事件{行为者 i　控制　〔(客体 1i 与客体 2)处于接触特征〕　变化　〔(客体 1i 与客体 2)不处于接触特征〕}。[1]

①会见组

会构词直接式：会客、会面。觌构词直接式：觌面。见构词直接式：见面。谋构词非直接式：谋面。碰构词直接式：碰面。晤构词直接式：晤面。

"会"后接语素"客"为整体类指人名素，"面"为附属类指人名素。"觌""见""谋""碰""晤"后接语素"面"为附属类指人名素。

②汇聚组

结构词直接式：结伙 1、结社。聚构词直接式：聚首、聚众。搭构词直接式：搭伙 2。会构词直接式：会师。集构词直接式：集群 1。

"结"后接语素"伙""社"为整体类指人名素。"聚"后接语素"首"为附属类指人名素，"众"为整体类指人名素。"搭"后接语素"伙"为整体类指人名素。"会"后接语素"师"为整体类指人名素。"集"后接语素"群"为整体类指人名素。"结伙 1""结社""聚众""集群 1"的后位语素充当结果语义角色。"聚首""会师"的后位语素主要充当施事语义角色。

该组动素后接语素多为集体集整体类指人名素。

③结交组

结构词直接式：结仇、结婚、结盟、结亲 1、结亲 2、结义、结缘、结怨。攀构词非直接式：攀高 2、攀高 3、攀亲 1。缔构词直接式：缔盟；半直接

---

①　吕云生：《〈礼记〉动词的语义分类研究》，中国广播电视出版社，2009 年，第 156 页。

式:缔交 2。拜构词直接式:拜师。构构词直接式:构怨。会构词直接式:会友 2。

"结"后接语素"仇"为不外化抽象名素,"婚""亲 1"为性状名素,"盟"为可外化抽象名素,"亲 2"为整体类指人名素,"义"为形素,"缘""怨"为不外化抽象名素。"攀"后接语素"高"为形素,"亲"为整体类指人名素。"缔"后接语素"盟"为可外化抽象名素,"交"为状态动素。"拜"后接语素"师"为整体类指人名素。"构"后接语素"怨"为不外化抽象名素。"会"后接语素"友"为整体类指人名素。

该组动素后所接语素多有人际关系的语义成分。

④归附组

　　　附构词半直接式:附逆。归构词非直接式:归心 2。

"附"后接语素"逆"为整体类指人名素。"归"后接语素"心"为不外化抽象名素。

⑤离散组

　　　离构词直接式:离队、离婚。拆构词直接式:拆伙。散构词直接式:散伙。

"离"后接语素"队"为整体类指人名素,"婚"为性状名素。"拆""散"后接语素"伙"为整体类指人名素。

该组后多接集体集整体类指人名素。

⑥断绝组

　　　断构词直接式:断交;非直接式:断后 2。绝构词直接式:绝交、绝情 1。

"断"后接语素"交"为状态动素,"后"为方位空间名素。"绝"后接语素"交"为性状名素,"情"为不外化抽象名素。

## 二、控他行为变化动素

### (一)控他存在变化动素

#### 1.控他位置变化动素

（1）招致位置动素

该集动素表示使事物达到行为者之外或行为者自身的某一位置。

①致达组

　　　上构词直接式:上纲、上线 1—1。打构词非直接式:打卡。致构词直接式:致富。

"上"后接语素"纲",是重要的法纪,为可外化抽象名素,"线"指思想路线,为不外化抽象名素。"打"后接语素"卡"为人造无生名素。"致"后接语素"富"为形素。

②招揽组

招构词直接式:招贤;半直接式:招兵、招工、招股、招魂1、招领、招盘、招商、招生、招降、招租;非直接式:招标、招魂2、招亲1、招亲2、招赘。拉构词直接式:拉客1;非直接式:拉丁1、拉丁2、拉夫、拉票。揽构词半直接式:揽储、揽存。吃构词直接式:吃货2。

"招"后接语素"贤""兵""工""商""生""亲"为整体类指人名素,"股""标"为可外化抽象名素,"魂"为不外化抽象名素,"领""盘""租"为转移动素,"降""赘"为变化动素。"拉"后接语素"客""丁""夫"为整体类指人名素,"票"为可外化抽象名素。"揽"后接语素"储""存"为状态动素。"吃"后接语素"货"为可外化抽象名素。

该组动素后接语素主要集中于指人名素、可外化抽象名素和动素。

(2)离开自身动素

①排泄组

喷构词非直接式:喷粪、喷口。吐构词直接式:吐血;非直接式:吐气2。发构词直接式:发汗。哈构词直接式:哈气1。撒构词直接式:撒尿。送构词非直接式:送气。叹构词非直接式:叹气。

"喷"后接语素"粪""口"为附属类指人名素。"吐"后接语素"血""气"为附属类指人名素。"发"后接语素"汗"为附属类指人名素。"哈""送""叹"后接语素"气"为附属类指人名素。"撒"后接语素"尿"为附属类指人名素。

很明显,该组动素的后接语素多为与人体或人的生命活动有关的附属类指人名素。

②抛投组

打构词半直接式:打靶、打炮1、打枪1;非直接式:打炮2。投构词直接式:投弹;半直接式:投篮;非直接式:投壶、投影1。放构词半直接式:放炮1;非直接式:放炮5。开构词直接式:开炮1;非直接式:开炮2。抛构词非直接式:抛锚1、抛锚2。播构词直接式:播种1。

"打"后接语素"靶""炮""枪"为人造无生名素。"投"后接语素"弹""篮""壶"为人造无生名素,"影"为性状名素。"放""开"后接语素"炮"为人造无生名素。"抛"后接语素"锚"为人造无生名素。"播"后接语素"种"是植物类有生名素。

该组动素后接语素多为人造无生具体名素。

③舍弃组

弃构词直接式：弃耕、弃奖、弃权、弃学、弃养1、弃养2、弃婴1；非直接式：弃养3。甩构词非直接式：甩客、甩手2、甩站。丢构词非直接式：丢手。撂构词非直接式：撂手。

"弃"后接语素"耕"为活动动素，"奖"为人造无生名素，"权"为性状名素，"学""养1（供给）""养2（饲养）"为转移动素，"婴"为整体类指人名素。"甩"后接语素"客"为整体类指人名素，"手"为附属类指人名素，"站"为场所空间名素。"丢""撂"后接语素"手"为附属类指人名素。

④放纵组

放构词直接式：放量、放权；半直接式：放飞1、放空、放生、放行；非直接式：放火1、放火2、放血1、放血3、放羊1、放羊2。纵构词直接式：纵火。

"放"后接语素"量""权"为性状名素，"飞""行"为活动动素，"空""生"为形素，"火"为自然无生名素，"血"为附属类指人名素，"羊"为动物有生名素。"纵"后接语素"火"为自然无生名素。

从构词语素来看，离开自身集多关注离开的客体，而很少接客体所去的处所角色。

（3）发出信息动素

①发布组

通构词直接式：通风3、通气3、通信1、通信2、通讯1；非直接式：通电2—1、通话1、通话2、通令1、通名1。

发构词直接式：发令、发丧1、发帖；非直接式：发话1、发话2。宣构词直接式：宣判、宣誓、宣战1；非直接式：宣战2。唱构词半直接式：唱多、唱空、唱衰1。传构词直接式：传道1、传檄；半直接式：传教。出构词直接式：出价；非直接式：出版。爆构词半直接式：爆粗、爆料。放构词直接式：放话。誓构词非直接式：誓师。致构词非直接式：致辞。

"通"后接语素"风""气""信""讯""电""话""令""名"均为可外化抽象名素。

"发"后接语素"令""帖""话"为可外化抽象名素，"丧"为事项名素。"宣"后接语素"判"为变化动素，"誓"为可外化抽象名素，"战"为活动动素。"唱"后接语素"多""空""衰"为形素。"传"后接语素"道"为不外化抽象名素，"檄"为可外化抽象名素，"教"为整体类指人名素。"出"后接语素"价"

"版"为可外化抽象名素。"爆"后接语素"粗"为形素,"料"为可外化抽象名素。"放"后接语素"话"为可外化抽象名素。"誓"后接语素"师"为整体类指人名素。"致"后接语素"辞"为可外化抽象名素。

该组动素后接语素以可外化抽象名素为主。

②陈述组

说构词直接式:说法1、说话1、说谎、说教1、说理1、说戏;非直接式:说话3、说话4、说话5、说教2、说书、说项。

叫构词直接式:叫价、叫苦、叫屈;非直接式:叫绝、叫门、叫停1、叫停2、叫早、叫阵。讲构词直接式:讲话1、讲课;半直接式:讲古、讲学;非直接式:讲话2、讲理1、讲情、讲史。称构词直接式:称便、称病、称贷、称绝、称快、称奇、称谢。道构词非直接式:道别1、道别2、道贺、道歉、道喜、道谢。

唱构词直接式:唱标、唱名1;半直接式:唱付、唱票、唱收。喊构词直接式:喊话、喊价、喊冤。诉构词半直接式:诉苦、诉冤;非直接式:诉愿。陈构词直接式:陈情、陈言1。喝构词直接式:喝彩;非直接式:喝道。夸构词直接式:夸口、夸嘴。述构词半直接式:述廉、述职。扯构词直接式:扯谎。伐构词半直接式:伐善。告构词半直接式:告劳。哭构词半直接式:哭穷。论构词直接式:论理1。鸣构词直接式:鸣冤。撒构词直接式:撒谎。申构词直接式:申冤2。

"说"后接语素"法""理"为不外化抽象名素,"话""谎""书"为可外化抽象名素,"教"为整体类指人名素,"戏"为事项名素,"项"是指姓氏专名,属于整体类指人名素。

"叫"后接语素"价"为可外化抽象名素,"苦""绝"为形素,"屈"为状态动素,"门"为人造无生名素,"停"为变化动素,"早"为时量名素,"阵"为性状名素。"讲"后接语素"话"为可外化抽象名素,"课"为事项名素,"古""史"为时序名素,"学""理"为不外化抽象名素,"情"为性状名素。"称"后接语素"便""绝""奇"为形素,"病""快""谢"为状态动素,"贷"为转移动素。"道"后接语素"别"为变化动素,"贺"为作用动素,"歉"为不外化抽象名素,"谢"为状态动素,"喜"为事项名素。

"唱"后接语素"标""名""票"为可外化抽象名素,"付"为转移动素,"收"为变化动素。"喊"后接语素"话""价"为可外化抽象名素,"冤"为事项名素。"诉"后接语素"苦"为形素,"冤"为事项名素,"愿"为不外化抽象名素。"陈"后接语素"言"为可外化抽象名素,"情"为不外化抽象名素。"喝"后接语素"彩"为可外化抽象名素,"道"为场所空间名素。"夸"后接语素"口""嘴"为可外化抽象名素。"述"后接语素"职"为事项名素,"廉"为形素。"扯""撒"后接语素"谎"为可外化抽象名素。"伐"后接语素"善"为状态动素。"告"后接语素"劳"为形素。"哭"后接语素"穷"为形素。"论"后接语素"理"为不外化抽象名素。"鸣""申"后接语素"冤"为事项名素。

该组语素构词量比较大,后接语素类型多样,除了其他非名语素,其余各类语素均有构词,尤其是动素、形素及抽象名素构词较多。

③提出组

发构词直接式:发难2、发声1、发问、发言1、发愿;非直接式:发声2、发誓。举构词直接式:举例、举要、举证;非直接式:举隅。建构词直接式:建言、建议1。说构词非直接式:说媒、说亲。提构词非直接式:提名、提亲。立构词直接式:立言2。

"发"后接语素"难"为作用动素,"声"为自然无生名素,"问"为转移动素,"言""誓"为可外化抽象名素,"愿"为不外化抽象名素。"举"后接语素"例""证"为事项名素,"要"为可外化抽象名素,"隅"为方位空间名素。"建"后接语素"言""议"为可外化抽象名素。"说"后接语素"媒"为事项名素,"亲"为性状名素。"提"后接语素"名"为可外化抽象名素,"亲"为性状名素。"立"后接语素"言"为可外化抽象名素。

该组动素后接以抽象名素为主。

④表达组

摆构词非直接式:摆功、摆好。卖构词半直接式:卖功、卖嘴。表构词半直接式:表功1。

"摆"后接语素"功"为事项名素,"好"为形素。"卖"后接语素"功"为事项名素,"嘴"为活动动素。"表"后接语素"功"为事项名素。

该组动素均可接事项名素"功"。

(4)控他出入动素

①灌排组

灌构词非直接式:灌肠1、灌浆1、灌篮。排构词直接式:排涝;半直接式:排污。

"灌"后接语素"肠"为附属类指人名素,"浆"为自然无生名素,"篮"为人造无生名素。"排"后接语素"涝"为自然无生名素,"污"为形素。

该组动素后接语素以具体名素居多。

②撤收组

撤构词直接式:撤标、撤兵、撤军、撤市、撤诉;非直接式:撤展1。收构词直接式:收兵1、收车;非直接式:收兵2。

"撤"后接语素"标"为可外化抽象名素，"兵""军"为整体类指人名素，"市""诉"为转移动素，"展"为事项名素。"收"后接语素"兵"为整体类指人名素，"车"为人造无生名素。

③发放组

发构词直接式：发车、发火2、发球。放构词直接式：放毒1、放风1。

斥构词直接式：斥资。

"发"后接语素"车""球"是人造无生名素，"火"指枪炮弹药，所以也是人造无生名素。"放"后接语素"毒"为人造无生名素，"风"为自然无生名素。"斥"后接语素"资"为可外化抽象名素。

④拾捡组

检构词非直接式：检场1、检场2。

"检"为"捡"的通假字，"场"为场所空间名素。

2.控他存有变化动素

（1）控他有无变化动素

①建立组

立构词直接式：立功、立国、立户1、立户2、立论、立誓、立嗣、立业1、立意2、立志；半直接式：立案2；非直接式：立案1、立案3、立项、立言1、立账。建构词直接式：建仓、建党、建档、建都、建国1、建国2、建模；半直接式：建交；非直接式：建元。

开构词直接式：开课2；半直接式：开国；非直接式：开户、开例。成构词非直接式：成家1、成名。起构词直接式：起家2、起誓。办构词直接式：办学。鼎构词半直接式：鼎新。树构词直接式：树敌。修构词直接式：修好2。

"立"后接语素"功"为事项名素，"国""户（户头）""论""誓""案（案卷）""言""账"为可外化抽象名素，"户（人家）""嗣"为整体类指人名素，"业""案（案件）"为事项名素，"意""志"为不外化抽象名素，"项"为量素。"建"后接语素"仓""档""国"为可外化抽象名素，"党"为整体类指人名素，"都"为场所空间名素，"模"为性状名素，"交"为状态动素，"元"为形素。

"开"后接语素"课"为不外化抽象名素，"国""户"为可外化抽象名素，"例"为事项名素。"成"后接语素"家"为指人名素，"名"为性状名素。"起"后接语素"家"为人造无生名素，"誓"为可外化抽象名素。"办"后接语素"学"为可外化抽象名素。"鼎"后接语素"新"为形素。"树"后接语素"敌"为整体类指人名素。"修"后接语素"好"为形素。

该组动素不仅构词量大,而且语素义类覆盖面广,除了时间名素、代素、数素,其余类型的语素都有构词。

②确立组

订构词直接式:订交;半直接式:订婚、订货1、订位。立构词直接式:立法、立宪、立约。缔构词直接式:缔交1、缔约。定构词直接式:定更。认构词直接式:认亲2。

"订"后接语素"交""婚"为性状名素,"货"为人造无生名素,"位"为方位空间名素。"立"后接语素"法""宪""约"为可外化抽象名素。"缔"后接语素"交"为状态动素,"约"为可外化抽象名素。"定"后接语素"更"为量素。"认"后接语素"亲"为整体类指人名素。

③点燃组

点构词直接式:点火1;非直接式:点火2。举构词直接式:举火1;非直接式:举火2。

"点""举"后接语素"火"为自然无生名素。

④创造组

造构直接式:造册、造福、造句、造林、造神、造市、造势、造型1、造谣;半直接式:造假、造型3;非直接式:造孽、造物、造影。创构词直接式:创利、创业、创作1;半直接式:创汇、创收、创税、创新1、创优、创意2。制构词直接式:制版、制冷、制片2-1、制热、制图;半直接式:制黄、制假;非直接式:制片2-2。作构词直接式:作价、作文1;半直接式:作假1、作伪、作乐2-1;非直接式:作假2、作俑。

"造"后接语素"册""句""谣"为可外化抽象名素,"福""神"为不外化抽象名素,"林"为植物有生名素,"市"为转移动素,"势""型""影"为性状名素,"假"为形素,"物"为自然无生名素,"孽"为事项名素。"创"后接语素"利""论""作""汇""税"为可外化抽象名素,"业"为事项名素,"新""优"为形素,"收"为变化动素,"意"为不外化抽象名素。"制"后接语素"版"为人造无生名素,"冷""热""黄""假"为形素,"片"为事项名素,"图"为可外化抽象名素。"作"后接语素"价""文""乐"为可外化抽象名素,"假""伪"为形素,"俑"为人造无生名素。

⑤执行组

行构词直接式:行刺、行贿、行劫、行乞、行窃、行事2、行凶;半直接式:行乐、行善;非直接式:行好、行事1。

打构词直接式:打岔、打赌、打夯、打诨、打趣、打折、打坐;非直接式:打卦。为构词直接式:为害、为患;半直接式:为难2;非直接式:

为难 1。耍构词非直接式：耍滑、耍奸、耍赖。发构词直接式：发贱、发傻 2。逞构词直接式：逞凶。举构词半直接式：举哀 1。运构词直接式：运算。展构词非直接式：展业。

"行"后接语素"刺"为变化动素，"贿""劫""乞""窃"为转移动素，"事""凶""善"为事项名素，"乐""好"为形素。

"打"后接语素"岔"为转移动素，"赌"为活动动素，"夯"为作用动素，"诨""趣"为事项名素，"折"为量素，"坐"为状态动素，"卦"为可外化抽象名素。"为"后接语素"害""患"为事项名素，"难"为作用动素。"耍"后接语素"滑""奸""赖"为形素。"发"后接语素"贱""傻"为形素。"逞"后接语素"凶"为事项名素。"举"后接语素"哀"为状态动素。"运"后接语素"算"为活动动素。"展"后接语素"业"为事项名素。

该组语素后多接事项名素、形素及动素。

⑥实行组

施构词直接式：施工、施教、施救、施礼、施治 1、施治 2；半直接式：施暴 1、施政；非直接式：施暴 2。行构词直接式：行道 2、行礼 1、行令、行刑；半直接式：行政 1；非直接式：行政 2。执构词直接式：执罚、执法、执纪、执勤。践构词直接式：践约；半直接式：践诺。履构词直接式：履约、履职。持构词直接式：持法。动构词直接式：动工 2。

"施"后接语素"工""礼""政"为事项名素，"教"为转移动素，"救""治（治理）""治（医治）"为作用动素，"暴"为形素。

"行"后接语素"道"为不外化抽象名素，"礼""刑""政（政权）"为性状名素，"政（管理工作）"为事项名素，"令"为可外化抽象名素。"执"后接语素"罚"为作用动素，"法""纪"为可外化抽象名素，"勤"为事项名素。"践"后接语素"约"为可外化抽象名素，"诺"为状态动素。"履"后接语素"约"为可外化抽象名素，"职"为事项名素。"持"后接语素"法"为可外化抽象名素。"动"后接语素"工"为事项名素。

⑦去除组

解构词直接式：解禁、解困、解难 1、解难 2、解约；半直接式：解嘲、解冻 3、解密 1、解密 2、解扰、解围 1、解压、解严；非直接式：解围 2。

除构词直接式：除弊、除尘、除垢；非直接式：除服、除名、除丧。开构词直接式：开禁；非直接式：开戒、开斋 1、开斋 2。扫构词直接式：扫雷、扫尾；半直接式：扫毒、扫黄、扫盲。打构词非直接式：打道、打食 2、打胎。排构词直接式：排雷、排险、排障。摘构词直接式：摘挡；非直接式：摘牌 1、摘牌 2。洗构词非直接式：洗尘、洗肾。卸构词直接式：卸妆、卸装。下构词非直接式：下架 1、下架 2。

辟构词直接式：辟邪。拨构词非直接式：拨冗。弛构词直接式：弛禁。冲构词非直接式：冲喜。锄构词直接式：锄奸。发构词非直接式：发轫。戒构词半直接式：戒毒。疗构词直接式：疗饥。弭构词直接式：弭患。祛构词直接式：祛疑。杀构词直接式：杀毒 2。纾构词直接式：纾困。择构词非直接式：择菜。

"解"后接语素"禁""约""密"为可外化抽象名素，"困""围"为状态动素，"难（难事）""难（灾难）"为事项名素，"嘲""冻""扰""压"为作用动素，"严"为形素。

"除"后接语素"弊"为性状名素，"尘""垢"为自然无生名素，"服"为人造无生名素，"名"为可外化抽象名素，"丧"为事项名素。"开"后接语素"禁""戒"为可外化抽象名素，"斋"为事项名素。"扫"后接语素"雷"为人造无生名素，"尾"为事项名素，"毒"为人造无生名素，"黄"为形素，"盲"为整体类指人名素。"打"后接语素"道"为场所空间名素，"食"为人造无生名素，"胎"为整体类指人名素。"排"后接语素"雷"为人造无生名素，"险"为事项名素，"障"为人造无生名素。"摘"后接语素"挡"为性状名素，"牌"为可外化抽象名素。"洗"后接语素"尘"为自然无生名素，"肾"为附属类指人名素。"卸"后接语素"妆"为性状名素，"装"为人造无生名素。"下"后接语素"架"为人造无生名素。

"辟"后接语素"邪"为事项名素。"拨"后接语素"冗"为事项名素。"弛"后接语素"禁"为可外化抽象名素。"冲"后接语素"喜"为事项名素。"锄"后接语素"奸"为整体类指人名素。"发"后接语素"轫"为人造无生名素。"戒"后接语素"毒"为人造无生名素。"疗"后接语素"饥"为状态动素。"弭"后接语素"患"为事项名素。"祛"后接语素"疑"为不外化抽象名素。"杀"后接语素"毒"为可外化抽象名素。"纾"后接语素"困"为性状名素。"择"后接语素"菜"为植物有生名素。

该组前位动素数量较多，后接语素的意义类型也较多，除了时间名素和其他非名语素，其余各种语素均有构词。

⑧雪洗组

雪构词直接式：雪耻、雪恨、雪冤。申构词直接式：申冤 1。

"雪"后接语素"耻""冤"为事项名素，"恨"为状态动素。"申"后接语素"冤"为事项名素。该组语素后接语素多为消极色彩的事件。

⑨撤销组

免构词直接式：免检、免考、免礼、免试 1、免试 2、免刑、免修、免验、免役、免征、免职、免罪；半直接式：免单、免费、免票1、免签、免税。

撤构词直接式：撤案、撤编、撤差、撤展2、撤职、撤资；半直接式：撤防。销构词直接式：销案、销差2、销号、销户、销密、销赃2、销账。罢构词直接式：罢官、罢讼、罢诉、罢职。退构词半直接式：退耕、退婚、退聘、退亲。卸构词直接式：卸任、卸职。革构词直接式：革职。解构词直接式：解职。削构词直接式：削职。

"免"后接语素"检"为状态动素，"考""试（考试）""试（尝试）""修""验""征""签"为转移动素，"礼""刑""役""罪"为事项名素，"职""单""费""税"为可外化抽象名素，"票"为人造无生具体名素，"征"为转移动素。

"撤"后接语素"案""差""展"为事项名素，"编"为性状名素，"职""资"为可外化抽象名素，"防"为状态动素。"销"后接语素"案""差"为事项名素，"号""户""密""赃""账"为可外化抽象名素。"罢"后接语素"官""职"为可外化抽象名素，"讼"为活动动素，"诉"为转移动素。"退"后接语素"耕"为活动动素，"婚""亲"为性状名素，"聘"为转移动素。"卸"后接语素"任""职"为事项名素。"革""解""削"后接语素"职"为可外化抽象名素。

该组后接语素以可外化抽象名素、事项名素和动素为主。

⑩推卸组

诿构词直接式：诿过、诿责；半直接式：诿罪。卸构词直接式：卸责。

"诿"后接语素"过""责""罪"为事项名素。"卸"后接语素"责"为事项名素。

（2）控他显隐变化动素

该集动素表示是否具有明了性质。

①判明组

判构词直接式：判案、判罚、判刑、判罪。断构词直接式：断案1、断狱。破构词直接式：破案。正构词直接式：正名。证构词非直接式：证婚。

"判"后接语素"案""刑""罪"为事项名素，"罚"为作用动素。"断"后接语素"案""狱"为事项名素。"破"后接语素"案"为事项名素。"正"后接语素"名"为可外化抽象名素。"证"后接语素"婚"为事项名素。

该组后接语素以事项名素为主。

②显露组

揭构词直接式：揭榜1、揭秘；半直接式：揭幕1、揭牌；非直接式：揭幕2。亮构词直接式：亮底1、亮底2、亮剑1；非直接式：亮剑2。开构词非直接式：开奖、开票1。打构词直接式：打包2。发构词非直接式：发榜。启构词非直接式：启事。

"揭"后接"榜""秘""牌"为可外化抽象名素；"幕"为人造无生具体名素。"亮"后接语素"底（内情）""底（结局）"为事项名素，"剑"为人造无生名素。"开"后接语素"奖"为人造无生名素，"票"为可化外抽象名素。"打"后接"包"为人造类无生名素，"打包2"的意思是打开包着的东西。"发"后接语素"榜"为可外化抽象名素。"启"后接语素"事"为事项名素。

③指明组

破构词非直接式：破题1、破题2。点构词非直接式：点题。发构词非直接式：发凡。开构词非直接式：开题。提构词非直接式：提词。指构词非直接式：指事。

"破"后接语素"题"为可外化抽象名素。"点"后接语素"题"为可外化抽象名素。"发"后接语素"凡"为可外化抽象名素。"开"后接语素"题"为事项名素。"提"后接语素"词"为可外化抽象名素。"指"后接语素"事"为自然无生名素。

④叙写组

写构词直接式：写景。叙构词直接式：叙事。言构词非直接式：言情。演构词直接式：演义1。

"写"后接语素"景"为性状名素。"叙"后接语素"事"为事项名素。"言"后接语素"情"为不外化抽象名素。"演"后接语素"义"为不外化抽象名素。

⑤批示组

示构词直接式：示范、示人；半直接式：示例1；非直接式：示众。批构词直接式：批准；半直接式：批租。

"示"后接语素"范"为可外化抽象名素，"人""众"为整体类指人名素，"例"为事项名素。"批"后接语素"准"为作用动素，"租"为转移动素。

⑥标注组

标构词半直接式：标价1、标图。注构词直接式：注音。

"标"后接语素"价""图"为可外化抽象名素。"注"后接语素"音"为自然无生名素。

⑦解释组

释构词直接式：释疑；半直接式：释法、释义1；非直接式：释义2。解构词直接式：解疑2；半直接式：解题2；非直接式：解题3。析构词直接式：析疑。

"释"后接语素"疑"为不外化抽象名素，"法""义"为可外化抽象名素。"解"后接语素"疑"为不外化抽象名素，"题"为可外化抽象名素。"析"后接语素"疑"为不外化抽象名素。

该组动素后接语素集中在可外化抽象名素和不外化抽象名素。

(3)控他类属变化动素

其语义结构为:事件{行为者　控制　〔(客体　不处于　范围)　变化(客体　处于　范围)〕}。

①辞退组

辞构词直接式:辞工2;半直接式:辞聘2。割构词直接式:割地;半直接式:割爱。

"辞"后接语素"工"为整体类指人名素,"聘"为转移动素。"割"后接语素"地"为方位空间名素,"爱"为状态动素。

(二)控他特征变化动素

该类动素表示行为者使某一外物的某一方面的特征发生变化。其语义结构为:

事件{行为者　控制〔(客体　不处于　特征)变化(客体　处于　特征)〕}。①

1.控他一般特征变化动素

①变革组

改构词直接式:改点、改行、改期、改型、改制、改装1、改装2;半直接式:改版1、改编2、改道1、改观、改刊、改线、改装3、改组;非直接式:改版2、改版3、改元、改辙。调构词直接式:调级、调价、调速、调资;非直接式:调峰。革构词非直接式:革命1、革命2、革命3。扭构词半直接式:扭亏。

"改"后接语素"点""期"为时量名素,"行""刊""制"为可外化抽象名素,"装(装束)"为人造无生名素,"型""编""观"为性状名素,"装(包装)"为作用动素,"装(安装)"为活动动素,"组"为变化动素,"道""线""辙"为场所空间名素,"版"为量素,"元"为形素。"调"后接语素"级""速""峰"为性状名素,"价""资"为可外化抽象名素。"革"后接语素"命"为不外化抽象名素。"扭"后接语素"亏"为变化动素。

该组后接语素类型多样,除了指人名素、代素、数素,其余各大类语素均有参构词例。

---

① 吕云生:《〈礼记〉动词的语义分类研究》,中国广播电视出版社,2009年,第162页。

②改正组

纠构词直接式：纠错、纠偏；半直接式：纠风。改构词直接式：改过。勘构词直接式：勘误。匡构词直接式：匡谬。矫构词非直接式：矫形。修构词直接式：修宪。

"纠"后接语素"错"为事项名素，"偏"为形素，"风"为性状名素。"改"后接语素"过"为事项名素。"勘"后接语素"误"为事项名素。"匡"后接语素"谬"为事项名素。"矫"后接语素"形"为性状名素。"修"后接语素"宪"为可外化抽象名素。

该组构词后接语素多为抽象名素，而且绝大多数都是消极色彩的事件。

③更换组

换构词直接式：换挡、换防、换岗1、换汇、换肩、换手1；半直接式：换钱1；非直接式：换茬、换马、换手2、换血。

转构词直接式：转道、转手、转向1－1、转制；半直接式：转型2；非直接式：转向1－2。更构词直接式：更名、更衣1；非直接式：更衣2。解构词直接式：解码1；非直接式：解码2。译构词直接式：译著1；非直接式：译音1。折构词直接式：折半、折价1。调构词非直接式：调茬。倒构词非直接式：倒茬。掉构词直接式：掉头2。过构词非直接式：过户。易构词直接式：易容。整构词半直接式：整流。

"换"后接语素"挡"为性状名素，"防"为状态动素，"岗"为场所空间名素，"汇""钱"为可外化抽象名素，"肩""手""血"为附属类指人名素，"茬"为量素，"马"为动物有生名素。

"转"后接语素"道"为场所空间名素，"手"为附属类指人名素，"向"为方位空间名素，"制"为可外化抽象名素，"型"为性状名素。"更"后接语素"名"为可外化抽象名素，"衣"为人造无生名素。"解"后接语素"码"为可外化抽象名素。"译"后接语素"著"为可外化抽象名素，"音"为自然无生名素。"折"后接语素"半"为数素，"价"为可外化抽象名素。"调""倒"后接语素"茬"为量素。"掉"后接语素"头"为方位空间名素。"过"后接语素"户"为整体类指人名素。"易"后接语素"容"为性状名素。"整"后接语素"流"为自然无生名素。

该组后接语素义类多样，除了时间名素、形素、形素，其余各大类均有参构词例。

④替代组

代构词直接式：代步、代偿1；半直接式：代办1、代笔、代管、代驾、代课、代劳1、代劳2、代理1、代理2、代庖、代售、代销、代行、代言、代

孕、代职；非直接式：代办2、代办3、代培、代序、代用。替构词非直接
式：替工1、替考。

"代"后接语素"步""笔""劳""言"为活动动素，"偿""售""销"为转移动
素，"办""管""理""行""培""用"为作用动素，"驾""孕"为状态动素，"课"
"职"为事项名素，"庖"为指人名素，"序"为可外化抽象名素。"替"后接语素
"工"为事项名素，"考"为活动动素。

该组后接语素主要是动素、可外化抽象名素和事项名素。

⑤复还组

复构词直接式：复交1；半直接式：复古、复婚、复旧1、复垦、复壮；
非直接式：复交2、复盘1、复员1、复员2。

"复"后接语素"交（交情）""婚"为性状名素，"古"为时序名素，"旧""壮"
为形素，"垦"为作用动素，"盘"为人造无生名素，"交（交好）"为状态动素，
"员"为整体类指人名素。

2.控他性质特征变化动素

①启发组

启构词直接式：启智；半直接式：启蒙1、启蒙2。发构词半直接式：
发蒙2。开构词非直接式：开蒙。

"启""发""开"后接语素"蒙"为形素，"智"为不外化抽象名素。

②平定组

戡构词非直接式：戡乱。弭构词直接式：弭乱。平构词非直接式：
平叛。

"戡""弭"后接语素"乱"为事项名素。"平"后接语素"叛"为变化动素。

③损毁组

破构词直接式：破格、破例；非直接式：破戒1、破戒2、破局1。拆构
词非直接式：拆台。

"破"后接语素"格""例""局"为性状名素，"戒（戒律）"为可外化抽象名
素，"戒（戒除）"为变化动素。"拆"后接语素"台"为人造无生名素。

④焚烧组

烧构词直接式：烧火；半直接式：烧荒；非直接式：烧钱、烧香1、
烧香2、烧纸1。焚构词非直接式：焚香1、焚香2。

"烧"后接语素"火"为自然无生名素，"荒"为场所空间名素，"钱"为可外
化抽象名素，"香""纸"为人造无生名素。"焚"后接语素"香"为人造无生
名素。

⑤屠杀组

　　杀构词直接式：杀毒 1、杀菌、杀生。屠构词半直接式：屠城。

"杀"后接语素"毒""菌"为微生物有生名素，"生"为性状名素。"屠"后接语素"城"为场所空间名素。

3.控他功能特征变化动素

①封锁组

　　封构词非直接式：封笔、封顶 2、封顶 3、封港、封火、封镜、封门 1。锁构词非直接式：锁国。

"封"后接语素"笔""镜""门"为人造无生名素，"顶"为方位空间名素，"港"为场所空间名素，"火"为自然无生名素。"锁"后接语素"国"为可外化抽象名素。

②开放组

　　开构词非直接式：开街、开山 2、开园 2。

"开"后接语素"街""山""园"为场所空间名素。

4.控他外表特征变化动素

①开辟组

　　开构词直接式：开河 2、开路 1、开墒；非直接式：开道 1、开犁 2、开路 2、开山 1、开山 3、开山 4。

"开"后接语素"河""路""墒""道""山"为场所空间名素，"犁"为人造无生名素。

②揭扒组

　　扒构词非直接式：扒皮。揭构词非直接式：揭榜 2。

"扒"后接语素"皮"为附属类指人名素。"揭"后接语素"榜"为可外化抽象名素。

③拆解组

　　拆构词半直接式：拆封。解构词非直接式：解囊。

"拆"后接语素"封"为状态动素。"解"后接语素"囊"为人造无生名素。

④捋起组

　　攘构词非直接式：攘臂。

"攘"后接语素"臂"为附属类指人名素。

⑤折叠组

　　折构词非直接式：折纸。

"折"后接语素"纸"为人造无生名素。

⑥摊铺组

　　铺构词直接式：铺轨、铺路1；半直接式：铺床；非直接式：铺路2。

"铺"后接语素"轨""床"为人造无生名素，"路"为场所空间名素。

⑦截断组

　　截构词直接式：截流。

"截"后接语素"流"为自然无生名素。

⑧爆破组

　　放构词非直接式：放炮2、放炮3。

"放"后接语素"炮（炮竹）"和"炮（爆炸物）"为人造无生名素。

### 5.控他数量特征变化动素

①扩展组

　　扩构词直接式：扩版、扩编、扩产、扩权；半直接式：扩军、扩容1、扩容2、扩销；非直接式：扩股。斥构词直接式：斥地。开构词直接式：开眼。拓构词半直接式：拓销。

"扩"后接语素"版"为量素，"编""权"为性状名素，"产"为变化动素，"军"为整体类指人名素，"容"为状态动素，"销"为转移动素，"股"为可外化抽象名素。"斥"后接语素"地"为方位空间名素。"开"后接语素"眼"为方位空间名素。"拓"后接语素"销"为转移动素。

②减损组

　　压构词直接式：压价；半直接式：压产、压库2；非直接式：压锭。节构词直接式：节能、节食、节支。杀构词直接式：杀价；非直接式：杀跌。砍构词直接式：砍价。削构词直接式：削价。折构词直接式：折价2。

"压"后接语素"价"为可外化抽象名素，"产"为变化动素，"库"为场所空间名素，"锭"为人造无生名素。"节"后接语素"能"为性状名素，"食"为活动动素，"支"为转移动素。"杀"后接语素"价"为可外化抽象名素，"跌"为转移动素。"砍""削""折"后接语素"价"为可外化抽象名素。

该组语素后多接可外化抽象名素"价"。

③提增组

　　提构词直接式：提价、提速。

"提"后接语素"价"为可外化抽象名素，"速"为性状名素。

④裁减组

　　裁构词直接式：裁编、裁兵、裁员；半直接式：裁军。

"裁"后接语素"编"为性状名素,"兵""员""军"为整体类指人名素。

6.控他运动特征变化动素

①发动组

　　动构词半直接式:动粗、动武、动刑;非直接式:动笔、动手1、动手2、动手3。开构词直接式:开车2、开机1;半直接式:开车1;非直接式:开机2。兴构词直接式:兴兵、兴师。称构词直接式:称兵。发构词直接式:发兵。举构词直接式:举兵。起构词直接式:起兵。

"动"后接语素"粗"为形素,"武""刑"为事项名素,"笔"为人造无生名素,"手"为附属类指人名素。"开"后接语素"车""机"为人造无生名素。"兴"后接语素"兵""师"为整体类指人名素。"称""发""举""起"后接语素"兵"为整体类指人名素。

该组后接语素多为指人名素和人造无生名素。

②发起组

　　起构词直接式:起哄1、起事、起诉、起衅;非直接式:起哄2、起火1、起义1、起义2。发构词直接式:发奋1、发愤、发难1。肇构词直接式:肇祸、肇事。作构词直接式:作乱、作难2。闯构词直接式:闯祸。举构词直接式:举事。搦构词直接式:搦战。造构词直接式:造反。

"起"后接语素"哄"为活动动素,"事"为事项名素,"诉"为转移动素,"衅""义"为不外化抽象名素,"火"为自然无生名素,"起火1"的意思是点火做饭。"发"后接语素"奋"为形素,"愤"为状态动素,"难"为事项名素。"肇"后接语素"祸""事"为事项名素。"作"后接语素"乱""难"为事项名素。"闯"后接语素"祸"为事项名素。"举"后接语素"事"为事项名素。"搦"后接语素"战"为事项名素。"造"后接语素"反"为变化动素。

该组动素后多接事项名素。

③开始组

　　开构词直接式:开编、开场、开工1、开工2、开航2、开拍1、开拍2、开赛、开市1、开市2、开行、开演、开业、开印、开映、开展2、开战1、开伏1、开征;半直接式:开班、开笔1、开笔2、开笔3、开播1、开播2-1、开播2-2、开秤、开锄、开槌、开饭1、开饭2、开伙1、开伙2、开讲、开课1、开言、开犁1、开台、开学、开园1、开诊;非直接式:开打1、开打2、开航1、开荤1、开荤2、开局1、开镰、开锣、开拍3、开哨、开战2。

　　起构词直接式:起步1、起程、起拍、起跑、起跳、起舞、起行、起运、起征1、起征2;半直接式:起旱;非直接式:起笔1、起笔3、起步2。上构词直接式：上工1、上课、上演、上映；非直接式：上工2。启构词直接式：启程、启行、启用、启运。动构词直接式：动工1、动销。发构词直接式：发运。兴构词直接式：兴工。

"开"后接语素"编""航""行""演""映""战""笔""播（传播）"为活动动素，"场""工（工作）""工（工程）""赛""业""展""课""局""仗"为事项名素，"拍（拍摄）"为状态动素，"拍（拍卖）""市""征（征收）""征（征集）""讲""学""诊"为转移动素，"印""播（播种）"为变化动素，"锄""犁""打"为作用动素，"班"为整体类指人名素，"台"为量素，"秤""槌""饭""伙""荤""镰""锣""拍""哨""荤"为人造无生名素，"言"为可外化抽象名素，"园"为场所空间名素。

"起"后接语素"步""跑""跳""舞""行""笔"为活动动素，"程"为事项名素，"拍""运""征"为转移动素，"旱"为场所空间名素。"上"后接语素"工""课"为事项名素，"演""映"为活动动素。"启"后接语素"程"为事项名素，"行"为活动动素，"用"为作用动素，"运"为转移动素。"动"后接语素"工"为事项名素，"销"为转移动素。"发"后接语素"运"为转移动素。"兴"后接语素"工"为事项名素。

该组构词动素"开"的构词量特别大，其后接语素义类涵盖有具体名素、可外化抽象名素、事项名素、动素和量素，并将"起""上""启""动""发""兴"后接语素的意义类型涵盖在内。从语义关系分析后接语素，多是工具、处所和动作，如"开秤""开园1""开诊"等，虽然多样，但是都是表达某一运动过程的发端。

④复归组

复构词非直接式：复工、复航2、复会、复刊、复课、复牌、复盘2、复市、复谈、复学、复业2。

"复"后接语素"工""会""课""业"为事项名素，"航""谈"为活动动素，"刊"为变化动素，"牌"为可外化抽象名素，"盘"为性状名素，"市""学"为转移动素。

⑤停止组

罢构词直接式：罢笔、罢战；非直接式：罢工、罢教、罢考、罢课、罢练、罢赛、罢市、罢演。休构词直接式：休耕、休牧、休市、休业1、休渔、休战；半直接式：休会、休庭；非直接式：休学。

刹构词直接式：刹车1、刹车2；非直接式：刹车3、刹车4。歇构词直接式：歇工2、歇业；非直接式：歇笔、歇工1。放构词直接式：放工、放学1；半直接式：放假。关构词直接式：关机1、关张；非直接式：关机2。

息构词直接式:息怒、息讼、息诉。

辍构词直接式:辍学;非直接式:辍笔。封构词直接式:封航1、封航2。解构词直接式:解雇、解聘。弭构词直接式:弭兵、弭谤。煞构词直接式:煞笔1;非直接式:煞笔2。闭构词直接式:闭市。废构词直接式:废学。绝构词直接式:绝食。留构词非直接式:留步。肄构词非直接式:肄业2。

"罢"后接语素"笔""考""练""演"为活动动素,"战""工""课""赛"为事项名素,"教""市"为转移动素。"休"后接语素"耕""牧""渔""战"为活动动素,"市""学"为转移动素,"业""会"为事项名素,"庭"为场所空间名素。

"刹"后接语素"车(车辆)""车(机器)"为人造无生名素。"歇"后接语素"工(工作)""工(工程)""业"为事项名素,"笔"为活动动素。"放"后接语素"工"为事项名素,"学"为转移动素,"假"为时量名素。"关"后接语素"机"为人造无生名素,"张"为变化动素。"息"后接语素"怒"为状态动素,"讼"为活动动素,"诉"为转移动素。

"辍"后接语素"学"为转移动素,"笔"为活动动素。"封"后接语素"航"为活动动素。"解"后接语素"雇""聘"为转移动素。"弭"后接语素"兵"为事项名素,"谤"为作用动素。"煞"后接语素"笔"为活动动素。"闭"后接语素"市"为转移动素。"废"后接语素"学"为转移动素。"绝"后接语素"食"为活动动素。"留"后接语素"步"为活动动素。"肄"后接语素"业"为事项名素。

该组动素较多,构词量大,但是后接语素的语义类型相对集中,尤其是事项名素和活动动素。

⑥了结组

收构词直接式:收操、收工、收盘1、收市、收尾1;非直接式:收场1、收镰、收盘2。下构词直接式:下操2、下工1、下课1、下市2、下学;非直接式:下课2。结构词直接式:结尾1、结业;非直接式:结案、结关、结项。了构词直接式:了局1、了事、了账;非直接式:了局2。闭构词直接式:闭会;半直接式:闭庭。煞构词直接式:煞尾1。销构词非直接式:销假。休构词直接式:休业2。卒构词直接式:卒业。

"收"后接语素"操"为活动动素,"工""尾""场"为事项名素,"盘(行情)"为性状名素,"市"为转移动素,"镰""盘(棋盘)"为人造无生名素。"下"后接语素"操"为活动动素,"工""课"为事项名素,"市""学"为转移动素。"结"后接语素"尾""业""案"为事项名素,"关"为可外化抽象名素,"项"为量素。

"了"后接语素"局"为性状名素,"事"为事项名素,"账"为可外化抽象名素。"闭"后接语素"会"为事项名素,"庭"为场所空间名素。"煞"后接语素"尾"为事项名素。"销"后接语素"假"为时量名素。"休"后接语素"业"为事项名素。"卒"后接语素"业"为事项名素。

该组动素"收"与"下"构词量较多,且后位语素多有一致。其后接语素语义类型丰富,主要是可外化抽象名素和事项名素。

⑦完成组

尽构词直接式:尽责、尽职;半直接式:尽孝。完构词直接式:完稿、完工、完婚。销构词直接式:销差1。成构词直接式:成婚。

"尽"后接语素"责""职"为事项名素,"孝"为形素。"完"后接语素"稿"为可外化抽象名素,"工""婚"为事项名素。"销"后接语素"差"为事项名素。"成"后接语素"婚"为事项名素。

⑧裁决组

定构词直接式:定案1、定编、定点1、定都、定额1、定岗、定稿1、定价1、定量2、定名、定期1、定亲、定向1、定员1;半直接式:定级、定量1、定情、定损、定位1、定位3、定性1、定性2、定址1、定罪。决构词直接式:决策1;半直接式:决标。

"定"后接语素"案""罪"为事项名素,"编""额""量""亲""性(性能)""性(性质)""级"为性状名素,"点""向""位""址"为方位空间名素,"都"为场所空间名素,"岗""稿""价""名"为可外化抽象名素,"期"为时量名素,"员"为整体类指人名素,"情"为不外化抽象名素,"损"为变化动素。"决"后接语素"策"为不外化抽象名素,"标"为可外化抽象名素。

该组中动素"定"的构词力较强,而且所接语素义类也较为广泛。

⑨延缓组

缓构词直接式:缓期;半直接式:缓限、缓刑、缓役、缓征。延构词直接式:延期1;半直接式:延聘2、延期2。展构词直接式:展期1;半直接式:展限。宽构词直接式:宽限。拖构词直接式:拖堂。

"缓"后接语素"期"为时量名素,"限"为性状名素,"刑""役"为事项名素,"征"为转移动素。"延"后接语素"期(一段时间)""期(规定的时间)"为时量名素,"聘"为转移动素。"展"后接语素"期"为时量名素,"限"为性状名素。"宽"后接语素"限"为性状名素。"拖"后接语素"堂"为量素。

该组动素后接语素主要集中于事项名素、性状名素和时量名素。

### (三)控他关系变化动素

该集动素表示行为者使外物之间的关系发生变化。

①接搭组

> 搭构词非直接式:搭线。

"搭"后接语素"线"为人造无生名素。"搭线"本来是指将线接搭上,隐喻介绍使人接上关系。

②接续组

> 续构词非直接式:续貂、续弦。

"续"后接语素"貂"为动物有生名素,"弦"为人造无生名素。

③拼合组

> 拼构词直接式:拼版、拼图1、拼音。勠构词直接式:勠力。

"拼"后接语素"版"为量素,"图"为可外化抽象名素,"音"为自然无生名素。"勠"后接语素"力"为性状名素。

④结集组

> 组构词直接式:组队、组稿、组阁1、组团;非直接式:组阁2。拾构词半直接式:拾零、拾趣。结构词直接式:结彩。

"组"后接语素"队""阁""团"为整体类指人名素,充当的是结果语义角色。"稿"为可外化抽象名素,充当的是受事语义角色。"拾"后接语素"零"为形素,"趣"为性状名素。"结"后接语素"彩"为人造无生名素。

⑤脱卸组

> 脱构词直接式:脱帽、脱毛2;非直接式:脱粒、脱胎1、脱胎2。免构词直接式:免冠2;非直接式:免冠1。拔构词直接式:拔营。解构词半直接式:解吸。下构词直接式:下装1。卸构词非直接式:卸载2。

"脱"后接语素"帽""粒""胎"为人造无生名素,"毛"为动物部分集有生名素。"免"后接语素"冠"为人造无生名素。"拔"后接语素"营"为场所空间名素。"解"后接语素"吸"为转移动素,"解吸"的意思是使所吸收或吸附的气体或溶质放出。"下"后接语素"装"为人造无生名素。"卸"后接语素"载"为状态动素,"卸载2"的意思是把计算机上安装的软件卸下来。

## 三、小结

根据本节行为变化动素构词分析,我们设计了统计表2-3,以看出它们所接后位语素意义类型分布,总结行为变化动素意义对复合构词的影响。

表 2-3　前位行为变化动素后接语素意义类型分布

| 组别 | 具体名素 | | | 抽象名素 | | | 非名语素 | | |
|---|---|---|---|---|---|---|---|---|---|
| | 有生 | 无生 | 空间 | 事物 | 事情 | 时间 | 动素 | 形素 | 其他 |
| 到及 | 1 | 1 | 12 | 1 | 1 | | | 4 | |
| 拜访 | 1 | | 12 | 2 | | | | 4 | |
| 探望 | 1 | 1 | 2 | | | | 1 | | |
| 迎接 | 1 | 12 | 2 | | | | | 4 | |
| 离去 | 1 | 1 | 12 | 1 | 12 | | 23 | 5 | 1 |
| 出入 | | 12 | 12 | 1 | 12 | | 3 | | |
| 越过 | 1 | 1 | 12 | 1 | 12 | 1 | 1 | 3 | |
| 亮现 | 1 | 1 | | | 12 | | | | 1 |
| 逃避 | | 12 | | 12 | 12 | 1 | 1 | 5 | |
| 旷缺 | | | 1 | | 12 | | 4 | | |
| 参与 | 1 | | 1 | 1 | 12 | | 1345 | | 1 |
| 退辞 | 1 | 2 | | 1 | 1 | | 3 | | 1 |
| 返还 | 1 | | | 2 | | | | 5 | |
| 轮换 | 1 | | | 1 | 2 | | 1 | | |
| 奉献 | 1 | | | | 2 | | 4 | 5 | 1 |
| 改变 | | | | 12 | 2 | | 4 | | |
| 抬起 | 1 | | | | | | | | |
| 回转 | 1 | | | | | | | | |
| 摇摆 | 1 | | | | | | | | |
| 起立 | 1 | 1 | | | | | | | |
| 弯曲 | 1 | | | | | | | | |
| 仰起 | 1 | | 2 | | | | | | |
| 低俯 | 1 | | | | | | | | |
| 探伸 | 1 | | | | | | | | |
| 接触 | 1 | | | | | | | | |
| 停歇 | 1 | | | | 2 | | 4 | | |
| 赶紧 | | | | | 1 | 1 | | | |

续表

| 组别 | 具体名素 | | | 抽象名素 | | | 非名语素 | | |
|---|---|---|---|---|---|---|---|---|---|
| | 有生 | 无生 | 空间 | 事物 | 事情 | 时间 | 动素 | 形素 | 其他 |
| 屏息 | 1 | | | | | | | | |
| 闭口 | 1 | | | | | | | | |
| 应答 | | | | 12 | | | 3 | | |
| 奋发 | | | | 2 | 2 | | | | |
| 展示 | | 1 | | | 12 | | 34 | 145 | |
| 释放 | 1 | 12 | | 2 | 12 | | | | |
| 叛变 | | | | 12 | | | | | |
| 抵赖 | | 1 | | 1 | 1 | | | | |
| 吞没 | | 2 | | 1 | | | | | |
| 收束 | | | | 2 | | | | | |
| 决计 | | | | 2 | | | 1 | | |
| 消解 | | | | 2 | | | 1 | 5 | |
| 抒发 | | | | 2 | | | 1 | | |
| 表白 | | | | 2 | 2 | | | | |
| 迸发 | | 2 | | | 2 | | 1 | 5 | |
| 传达 | | | | 2 | 1 | | 15 | 15 | |
| 会见 | 1 | | | | | | | | |
| 汇聚 | 1 | | | | | | | | |
| 结交 | 1 | | | 12 | 2 | | 1 | 35 | |
| 归附 | 1 | | | 2 | | | | | |
| 离散 | 1 | | | | 2 | | | | |
| 断绝 | | | 1 | 2 | 2 | | 1 | | |
| 致达 | | 1 | | 12 | | | | 1 | |
| 招揽 | 1 | | | 12 | | | 123 | | |
| 排泄 | 1 | | | | | | | | |
| 抛投 | 2 | 1 | | | 2 | | | | |
| 舍弃 | 1 | 1 | 2 | | 2 | | 34 | | |

| 组别 | 具体名素 | | | 抽象名素 | | | 非名语素 | | |
|---|---|---|---|---|---|---|---|---|---|
| | 有生 | 无生 | 空间 | 事物 | 事情 | 时间 | 动素 | 形素 | 其他 |
| 放纵 | 12 | 2 | | | 2 | | 4 | 12 | |
| 发布 | 1 | | | 12 | 1 | | 24 | 5 | |
| 陈述 | 1 | 1 | 2 | 12 | 12 | 12 | 1235 | 135 | |
| 提出 | | 2 | 1 | 12 | 12 | | 35 | | |
| 表达 | | | | | 1 | | 4 | 5 | |
| 灌排 | 1 | 12 | | | | | | 2 | |
| 撤收 | 1 | 1 | | 1 | 1 | | 3 | | |
| 发放 | | 12 | | 1 | | | | | |
| 拾捡 | | | 2 | | | | | | |
| 建立 | 1 | 1 | 2 | 12 | 12 | | 1 | 45 | 2 |
| 确立 | 1 | 1 | 1 | 1 | 2 | | | | 2 |
| 点燃 | | 2 | | | | | | | |
| 创造 | 2 | 12 | | 12 | 12 | | 23 | 145 | |
| 执行 | | | | 1 | 1 | | 12345 | 5 | 2 |
| 实行 | | | | 12 | 12 | | 1345 | 5 | |
| 去除 | 12 | 12 | 2 | 12 | 12 | | 15 | 5 | |
| 雪洗 | | | | | 1 | | 1 | | |
| 撤销 | | 1 | | 1 | 12 | | 134 | | |
| 推卸 | | | | | 1 | | | | |
| 判明 | | | | 1 | 1 | | 5 | | |
| 显露 | | 1 | | 1 | 1 | | | | |
| 指明 | | 2 | | 1 | 1 | | | | |
| 叙写 | | | | 2 | 12 | | | | |
| 批示 | 1 | | | 1 | 1 | | 35 | | |
| 标注 | | 2 | | 1 | | | | | |
| 解释 | | | | 12 | | | | | |
| 辞退 | 1 | | 1 | | | | 13 | | |

**续表**

| 组别 | 具体名素 | | | 抽象名素 | | | 非名语素 | | |
|---|---|---|---|---|---|---|---|---|---|
| | 有生 | 无生 | 空间 | 事物 | 事情 | 时间 | 动素 | 形素 | 其他 |
| 变革 | | 1 | 2 | 12 | 2 | 1 | 245 | 4 | 2 |
| 改正 | | | | 1 | 12 | | | 5 | |
| 更换 | 12 | 12 | 12 | 1 | 2 | | 1 | | 23 |
| 替代 | 1 | | | 1 | 1 | | 1345 | | |
| 复还 | 1 | 1 | | | 2 | 2 | 15 | 14 | |
| 启发 | | | | 2 | | | | 5 | |
| 平定 | | | | | 1 | | 2 | | |
| 损毁 | | 1 | | 1 | 2 | | 2 | | |
| 焚烧 | | 12 | 2 | 1 | | | | | |
| 屠杀 | 2 | | 2 | | 2 | | | | |
| 封锁 | | 12 | 12 | 1 | | | | | |
| 开放 | | | 2 | | | | | | |
| 开辟 | | 1 | 2 | | | | | | |
| 揭扒 | 1 | | | 1 | | | | | |
| 拆解 | | 1 | | | | | 1 | | |
| 拧起 | 1 | | | | | | | | |
| 折叠 | | 1 | | | | | | | |
| 摊铺 | | 1 | 2 | | | | | | |
| 截断 | | 2 | | | | | | | |
| 爆破 | | 1 | | | | | | | |
| 扩展 | 1 | | 1 | 1 | 2 | | 123 | | 2 |
| 减损 | | 1 | 2 | 1 | 2 | | 234 | | |
| 提增 | | | | 1 | 2 | | | | |
| 裁减 | 1 | | | | 2 | | | | |
| 发动 | 1 | 1 | | | 1 | | | 5 | |
| 发起 | | 2 | | 2 | 1 | | 1234 | 1 | |
| 开始 | 1 | 1 | 2 | 1 | 1 | | 12345 | | 2 |

| 组别 | 具体名素 | | | 抽象名素 | | | 非名语素 | | |
|---|---|---|---|---|---|---|---|---|---|
| | 有生 | 无生 | 空间 | 事物 | 事情 | 时间 | 动素 | 形素 | 其他 |
| 复归 | | | | 1 | 12 | | 234 | | |
| 停止 | | 1 | 2 | | 1 | 1 | 12345 | | |
| 了结 | | 1 | 2 | 1 | 12 | 1 | 34 | | 2 |
| 完成 | | | | 1 | 1 | | | 5 | |
| 裁决 | 1 | | 12 | 12 | 12 | | 2 | | |
| 延缓 | | | | | 12 | | 3 | | 2 |
| 接搭 | | 1 | | | | | | | |
| 接续 | 2 | 1 | | | | | | | |
| 拼合 | | 2 | | 1 | 2 | | | | 2 |
| 结集 | 1 | 1 | | 1 | | | | 2 | |
| 脱卸 | 2 | 1 | 2 | | | | 13 | | |

注：表中数字所代表的语素语义类型详见表 1-1 注。

到及、拜访、探望、迎接组属于到达集，后均可接整体类指人名素，此外还多接与具体位置或抽象职位有关的无生具体名素、空间名素和事物抽象名素。

离去组属于离开集，除了时间名素、量素和数素，其余类型的语素均有构词。

出入、越过组属于经越集，除了其他非名语素，其余类型的语素均有构词，而且均可接空间名素和事情名素。

亮现、逃避、旷缺组属于控自存有变化集，除了量素和数素，其余各类语素均有构词，且都可接事情名素。

参与、退辞、返还、轮换、奉献组属于控自类属变化集。其语义结构为：事件｛行为者i控制［（客体i　不处于　范围）变化（客体i　处于　范围）］｝。其后均可接指人名素，而时间名素都没有出现构造词例。

改变组属于控自一般特征变化集，其后接事物抽象名素、性状名素以及活动动素。

抬起、回转、摇摆、起立、弯曲、仰起、低俯、探伸、接触组属于控自姿态特征变化集，大部分语素后接语素仅限于附属类指人名素，只有起立组接无生具体名素，构词如"起床"，仰起组接场所空间名素，构词如"仰天"。

停歇、赶紧组属于控自运动过程变化集,停歇组后接语素以附属类指人名素为主。赶紧组后接语素主要是事项名素和时间名素,如"赶工""赶点 1"。

屏息、闭口、应答、奋发、展示组属于控自行为特征变化集,后接语素除了空间名素、时间名素和其他非名语素外均有构词词例。

释放、叛变、抵赖、吞没组属于控自行为态度变化集,后接语素主要是事物抽象名素。

收束、决计、消解组属于控自心理特征变化集,后接与人心理有关的不外化抽象名素、状态动素、形素。

抒发、表白、逗发、传达组属于控自心理表现变化集,后接语素主要是与人心理有关的不外化抽象名素、状态动素。

会见、汇聚、结交、归附、离散、断绝组属于控自关系变化集,其语义结构为:事件{行为者 i 控制 [(客体 1i 与客体 2)不处于接触特征] 变化 [(客体 1i 与客体 2)处于接触特征]}。其后多接指人名素、不外化抽象名素以及性状名素。

致达、招揽组属于招致位置集,致达组强调使人或物达到某一程度或状态,招揽组强调的是使人来。二组语素后后均可接事物抽象名素,值得注意的是空间名素、事情抽象名素、时间名素均未有参构词例。

排泄、抛投、舍弃、放纵组属于离开自身集,后接语素以有生名素、无生名素和性状名素居多,而事物抽象名素、时间名素均没有参与构词。

发布、陈述、提出、表达组属于发出信息集,后均可接事项名素和动素。其覆盖的语义类型范围十分广泛,除了其他非名语素,其余语素类型均有构词。

灌排、撤收、发放、拾捡组属于控他出入集,除了时间名素和其他非名语素,其余语素均有构词。

建立、确立、点燃、创造、执行、实行、去除、雪洗、撤销、推卸组属于控他有无变化集。该集内动素组多,构词量也非常大,除了时间名素,其余语素均有构词。其后接语素主要集中在事物名素、事情名素以及动素。

判明、显露、指明、叙写、批示、标注、解释组属于控他显隐变化集,后接语素以事物、事情抽象名素为主。

辞退组属于控他类属变化集,其语义结构为:事件{行为者 控制 [(客体 处于 范围) 变化 (客体 不处于 范围)]},后接为动素,构成半直接式的支配式双音词,如"辞聘 2"。

变革、改正、更换、替代、复还组属于控他一般特征变化集。该集不仅构词量较大,而且后接语素的语义类型丰富多样,除了代素,其余类型语素均有构词,其中抽象名素、动素参与构词较多。

启发、平定、损毁、焚烧、屠杀组属于控他性质特征变化集,由于各组表示事物不同性质特征的变化情况,所以后接语素的类型差别比较大。

封锁、开放组属于控他功能特征变化集,后接无生名素、空间名素和可外化抽象名素。

开辟、揭扒、拆解、挦起、折叠、摊铺、截断、爆破组属于控他外表特征变化集,其后接语素多为具体名素。

扩展、减损、提增、裁减组属于控他数量特征变化集,其后多接可外化抽象名素和性状名素。

发动、发起、开始、复归、停止、了结、完成、裁决、延缓组属于控他运动特征变化集,后均可接事项名素。除了发动组、完成组未有后接动素的参构词例,其他前位动素多接动素,表示运动过程的变化。

接搭、接续、拼合、结集、脱卸组属于控他关系变化集,后接语素除了时间名素、代素、数素,其余类型语素都有参构词例。

## 第四节　经历变化动素构词

经历变化动素表示的是人们经历某种变化的发生。

### 一、自身经历变化动素

(一)自身存在经历变化动素

其语义结构为:

事件{经历者i　经历[(客体i　不处于　环境)变化(客体i　处于　环境)]}。

或为:事件{经历者i　经历[(客体i　处于　环境)变化(客体i　不处于　环境)]}。[①]

1.自身位置经历变化动素

①承当组

中构词直接式:中标、中奖、中选。当构词非直接式:当选。膺构词直接式:膺选。

---

① 吕云生:《〈礼记〉动词的语义分类研究》,中国广播电视出版社,2009年,第135页。

"中"后接语素"标"为可外化抽象名素,"奖""选"为人造无生名素。"当""膺"后接语素"选"为人造无生名素。

②达及组

及构词非直接式:及第、及冠、及笄、及时 1、及时 2、及早;半直接式:及龄。临构词非直接式:临门 2、临盆、临蓐。落构词直接式:落难;非直接式:落草 1、落荒。登构词非直接式:登第、登科。

"及"后接语素"第""龄"为性状名素,"冠"为状态动素,"笄"为人造无生名素,"及"后接语素"时(时机)"为事项名素,"时(规定时刻)"为时量名素,"早"为形素。"临"后接语素"门""蓐"为人造无生名素,"盆"为附属类指人名素。"落"后接语素"难"为事项名素,"草""荒"为场所空间名素。"登"后接语素"第""科"为性状名素。

③归入组

入构词直接式:入流 1、入围、入选;半直接式:入流 2;非直接式:入狱。归构词非直接式:归天、归西、归阴、归真。下构词直接式:下野、下狱。

"入"后接语素"流""围"为性状名素,"选"为人造无生名素,"狱"为场所空间名素。"归"后接语素"天""西""阴"为不外化抽象名素,"真"为性状名素。"下"后接语素"野"为可外化抽象名素,"狱"为场所空间名素。

④陷入组

入构词直接式:入定、入寂、入寐、入梦、入迷、入眠、入魔、入睡、入戏、入蛰。溺构词直接式:溺水。陷构词直接式:陷身。

"入"后接语素"定""寐""迷""眠""睡""蛰"为状态动素,"寂"为形素,"梦""戏"为事项名素,"魔"为不外化抽象名素。"溺"后接语素"水"为自然无生名素。"陷"后接语素"身"为代素。

⑤回返组

返构词直接式:返贫。回构词直接式:回生 1。

"返"后接语素"贫"为质量类形素。"回"后接语素"生"为形态类形素。

⑥出脱组

出构词直接式:出险 1、出蛰;非直接式:出局 1、出局 2、出局 3、出科、出师 1、出徒、出狱、出院。脱构词直接式:脱困、脱贫、脱险;半直接式:脱盲、脱瘾。下构词直接式:下岗 2;非直接式:下台 2。

"出"后接语素"险""局"为事项名素,"蛰"为状态动素,"科""师""徒"为整体类指人名素,"狱"为场所空间名素,"院"为可外化抽象名素。"脱"后接语素"困"为性状名素,"贫"为形素,"险"为事项名素,"盲"为整体类指人名

素，"瘾"为不外化抽象名素。"下"后接语素"岗"为可外化抽象名素，"台"为
人造无生名素。

⑦摔堕组

摔构词直接式：摔跤 1；非直接式：摔跤 2。堕构词半直接式：堕马。

"摔"后接语素"跤"为事项名素。"堕"后接语素"马"为动物有生名素。

⑧去世组

辞构词非直接式：辞世。过构词非直接式：过世。离构词非直接
式：离世 2。弃构词非直接式：弃世。去构词非直接式：去世。逝构词
非直接式：逝世。下构词非直接式：下世。谢构词非直接式：谢世。

该组后接语素均为可外化抽象名素"世"。

## 2. 自身存有经历变化动素

①露出组

出构词直接式：出彩 3、出丑、出名 1、出糗、出世 1。露 1 构词直接
式：露丑、露拙。露 2 构词非直接式：露骨。丢构词非直接式：丢丑。上
构词非直接式：上镜 1。著构词非直接式：著名。

"出"后接语素"彩""名"为性状名素，"丑""糗"为事项名素，"世"为可
外化抽象名素。"露（lòu）"后接语素"丑"为事项名素，"拙"为形素。"露
（lù）"后接语素"骨"为附属类指人名素。"丢"后接语素"丑"为事项名素。
"上"后接语素"镜"为人造无生名素。"著"后接语素"名"为可外化抽象
名素。

②绝断组

绝构词直接式：绝后 1、绝户 1、绝命、绝嗣。断构词非直接式：断
代 1—1、断代 1—2、断后 1、断奶。

"绝"后接语素"后（后人）""户""嗣"为整体类指人名素，"命"为性状名
素。"断"后接语素"代"为时量名素，"后（后人）"为整体类指人名素，"奶"为
转移动素。

③死亡组

殉构词直接式：殉国、殉节 1、殉节 2、殉节 3、殉难、殉情、殉职。死
构词直接式：死节、死难。毙构词直接式：毙命。

"殉"后接语素"国"为可外化抽象名素，"节""情"为不外化抽象名素，
"难""职"为事项名素。"死"后接语素"节"为不外化抽象名素，"难"为事项
名素。"毙"后接语素"命"为性状名素。

该组后接语素均为抽象名素。

（二）自身领有经历变化动素

这类语素表示的是与人相关的客体存在状态的变化。

1.获得经历变化动素

其语义结构为:事件｛经历者i　经历　［（领有者i领有范围　不存有客体）变化（领有者i领有范围　存有　客体）］｝。①

该集动素表示经历者得到原本不属于自己的事物。

①得到组

得构词直接式:得逞、得分1、得济、得救、得力1、得胜、得时、得势、得闲、得益;半直接式:得便、得宠;非直接式:得法、得力2、得力3、得人、得手1、得手2、得罪。

取构词直接式:取保、取给、取闹1、取闹2、取暖、取胜、取笑;半直接式:取信、取悦。获构词直接式:获救、获释、获许、获选、获准、获罪。受构词直接式:受奖、受赏、受审、受益。借构词非直接式:借光1、借光2。叨构词非直接式:叨光、叨教。

抽构词直接式:抽闲。到构词非直接式:到手。贾构词直接式:贾祸。收构词直接式:收效。讨构词非直接式:讨巧。偷构词非直接式:偷闲1。赢构词直接式:赢利1。沾构词非直接式:沾光。

"得"后接语素"逞""胜"为变化动素,"分"为可外化抽象名素,"济""救"为作用动素,"力""势""益"为性状名素,"时""便""罪"为事项名素,"闲"为时量名素,"宠"为状态动素,"法"为不外化抽象名素,"人"为整体类指人名素,"手"为附属类指人名素。

"取"后接语素"保"为整体类指人名素,"给"为转移动素,"闹(搅扰)""笑"为作用动素,"闹(开玩笑)"为活动动素,"暖"为形素,"胜"为变化动素,"信"为不外化抽象名素,"悦"为状态动素。"获"后接语素"救""许""准"为作用动素,"释"为变化动素,"选"为人造无生名素,"罪"为事项名素。"受"后接语素"奖"为作用动素,"赏""审"为转移动素,"益"为性状名素。"借""叨"后接语素"光"为性状名素,"叨"后接语素"教"为转移动素。

"抽""偷"后接语素"闲"为时量名素。"到"后接语素"手"为附属类指人名素。"贾"后接语素"祸"为事项名素。"收"后接语素"效"为事项名素。"讨"后接语素"巧"为形素。"赢"后接语素"利"为可外化抽象名素。"沾"后

①　吕云生:《〈礼记〉动词的语义分类研究》,中国广播电视出版社,2009年,第136页。

接语素"光"为性状名素。

该组后接语素义类较多,除了空间名素和其他非名语素,一般的名素、动素、形素都可以结合成词。

②复得组

复构词半直接式:复辟、复聪、复岗、复明、复位2、复业1、复原1、复职。

"复"后接语素"辟"为整体类指人名素,"聪""明""原"为性状名素,"岗""位""业""职"为可外化抽象名素。

③见闻组

该组动素表示经历者获得有关外在事物,包括想象中的事物的信息。

见构词直接式:见机;非直接式:见底1、见鬼1。闻构词直接式:闻名1;非直接式:闻名2。

"见"后接语素"机"为事项名素,"底"为方位空间名素,"鬼"为不外化抽象名素。"闻"后接语素"名"为可外化抽象名素。

**2.失去经历变化动素**

其语义结构为:事件{经历者i　经历　〔(领有者i领有范围　存有　客体)变化(领有者i领有范围　不存有　客体)〕}

①失去组

失构词直接式:失聪、失地1、失地3、失婚、失节1、失据、失控、失利、失联、失眠、失明、失慎1、失势、失信、失血、失业;半直接式:失宠、失欢1、失恋、失守、失学、失重;非直接式:失节2、失禁、失慎2、失手2、失声2。

丧构词直接式:丧胆、丧命、丧偶、丧身、丧生。丢构词直接式:丢脸、丢人。泄构词直接式:泄气1;非直接式:泄气2。殒构词直接式:殒命、殒身。倒构词直接式:倒嗓。送构词直接式:送命。脱构词非直接式:脱水1。

"失"后接语素"聪""婚""利""明""势""重"为性状名素,"地(地区)"为方位空间名素,"地(田地)"为场所空间名素,"节""信""恋"为不外化抽象名素,"据""控""联""眠""宠""欢""守"为状态动素,"慎"为形素,"血""手"为附属类指人名素,"业"为可外化抽象名素,"学"为转移动素,"禁"为作用动素,"声"为自然无生名素。

"丧"后接语素"胆""命""身""生"为性状名素,"偶"为整体类指人名素。"丢"后接语素"脸""人"为不外化抽象名素,"泄"后接语素"气"为性状名素。"殒"后接语素"命""身"为性状名素。"倒"后接语素"嗓"为自然无生名素。"送"后接语素"命"为性状名素。"脱"后接语素"水"为自然无生名素。

该组后除了时间名素和其他非名语素，一般的名素、动素、形素都可以接。

②耗费组

　　费构词直接式：费工、费话、费力、费神、费时、费事、费心。操构词非直接式：操神、操心。耗构词直接式：耗神、耗资。破构词直接式：破财、破钞。折构词非直接式：折福、折寿。吃构词非直接式：吃力1。呕构词直接式：呕心。赔构词直接式：赔钱1。伤构词直接式：伤神1。蚀构词直接式：蚀本。淘构词直接式：淘神。

"费"后接语素"工""事"为事项名素，"话"为可外化抽象名素，"力""神"为性状名素，"时"为时量名素，"心"为不外化抽象名素。"操"后接语素"神"为性状名素，"心"为不外化抽象名素。"耗"后接语素"资"为可外化抽象名素，"神"为性状名素。"破"后接语素"钞"为人造无生名素，"财"为可外化抽象名素。"折"后接语素"福"为不外化抽象名素，"寿"为性状名素。"吃"后接语素"力"为性状名素。"呕"后接语素"心"为不外化抽象名素。"赔"后接语素"钱"为可外化抽象名素。"伤""淘"后接语素"神"为性状名素。"蚀"后接语素"本"为可外化抽象名素。

该组动素后多接事物和事情抽象名素。

③失控组

　　失构词直接式：失脚、失神1、失声1、失手1、失笑、失言、失语1、失足1；非直接式：失足2。爆构词直接式：爆笑。断构词非直接式：断魂。喷构词非直接式：喷饭。随构词非直接式：随口。忘构词非直接式：忘情2。信构词非直接式：信手。转构词非直接式：转向2。

"失"后接语素"脚""手""足"为附属类指人名素，"神"为性状名素，"声"为自然无生名素，"笑""言""语"为活动动素。"爆"后接语素"笑"为活动动素。"断"后接语素"魂"为不外化抽象名素。"喷"后接语素"饭"为人造无生名素。"随"后接语素"口"为活动动素。"忘"后接语素"情"为不外化抽象名素。"信"后接语素"手"为附属类指人名素。"转"后接语素"向"为方位空间名素。

该组动素后接语素类型多样，有具体名素、抽象名素和动素。

④忘记组

　　忘构词非直接式：忘本、忘怀、忘情1、忘我、忘形。失构词直接式：

失记。

"忘"后接语素"本""形"为性状名素,"怀""情"为不外化抽象名素,"我"为代素。"失"后接语素"记"为状态动素。

**(三)自身经历特征变化动素**

其语义结构为:事件{经历者 i　经历[(客体 i　不处于　特征)变化(客体 i　处于　特征)]}①

**1.生理经历变化动素**

①变换组

变构词半直接式:变态3;非直接式:变声、变性2。化构词直接式:化脓。换构词非直接式:换牙。

"变"后接语素"态""性"为性状名素,"声"为自然无生名素。"化"后接语素"脓"为附属类指人名素。"换"后接语素"牙"为附属类指人名素。

②长生组

发构词非直接式:发福、发胖、发身。生构词直接式:生齿;非直接式:生身。造构词直接式:造血1;非直接式:造血2。成构词直接式:成人1。

"发"后接语素"福""胖"为形素,"身"为附属类指人名素。"生"后接语素"齿"为附属类指人名素,"身"为代素。"造"后接语素"血"为附属类指人名素。"成"后接语素"人"为整体类指人名素。

该组动素多后接指人名素。

③生发组

发构词直接式:发病、发颤、发抖、发花、发昏、发困、发懒、发蔫2、发飘、发热2、发烧、发酸2、发酸3、发虚2、发炎;非直接式:发热3。

作构词直接式:作呕1、作呕2;半直接式:作痛。打构词直接式:打鼾、打战。犯构词直接式:犯病、犯困。害构词直接式:害病;半直接式:害眼。得构成直接式:得病。染构词直接式:染病。上构词非直接式:上火1。生构词直接式:生病。

"发"后接语素"病"为事项名素,"颤""抖"为活动动素,"花""昏""困""懒""蔫""飘""酸""虚"为形素,"热(高体温)""烧""炎"为性状名素。

"作"后接语素"呕"为变化动素,"痛"为形素。"打"后接语素"鼾""战"为活动动素。"犯"后接语素"病"为事项名素,"困"为形素。"害"后接语素"病"为事项名素,"眼"为附属类指人名素。"得""染""生"后接语素"病"为

---

① 吕云生:《〈礼记〉动词的语义分类研究》,中国广播电视出版社,2009年,第135页。

事项名素。"上"后接语素"火"为性状名素。

生发组动素表达人体某种状态或活动的产生,因此后多接事情名素、动素和形素。

④分泌组

嗳构词直接式:嗳气、嗳酸。放构词非直接式:放屁1;非直接式:放屁2。排构词直接式:排毒、排卵。咯构词直接式:咯血。咳构词直接式:咳血。呕构词直接式:呕血。漾构词非直接式:漾奶。下构词非直接式:下奶1。拉构词非直接式:拉稀。跑构词非直接式:跑肚。泻构词非直接式:泻肚。尿构词非直接式:尿床。

"嗳"后接语素"气""酸"为附属类指人名素。"放"后接语素"屁"为附属类指人名素。"排"后接语素"毒"为人造无生名素,"卵"为附属类指人名素。"咯""咳""呕"后接语素"血"为附属类指人名素。"漾""下"后接语素"奶"为附属类指人名素。"拉"后接语素"稀"为附属类指人名素。"跑""泻"后接语素"肚"为附属类指人名素。"尿"后接"床"为人造无生名素。

该组动素后多接与人的分泌物有关的指人附属名素。

⑤丧失组

失构词直接式:失声3、失音。脱构词直接式:脱相。

"失"后接语素"声""音"为自然无生名素。"脱"后接语素"相"为性状名素。

⑥脱落组

脱构词直接式:脱皮;非直接式:脱发、脱肛、脱臼、脱位。谢构词非直接式:谢顶。

"脱"后接语素"皮""发""肛"为附属类指人名素,"臼"为人造无生名素,"位"为方位空间名素。"谢"后接语素"顶"为附属类指人名素。

⑦消退组

退构词直接式:退热、退烧。落构词直接式:落汗。

"退"后接语素"热""烧"为性状名素。"落"后接语素"汗"为附属类指人名素。

⑧背咽组

背构词非直接式:背气。断构词非直接式:断气。咽构词非直接式:咽气。

"背""断""咽"后接语素"气"为附属类指人名素。

2.心理经历变化动素

①显出组

　　发构词直接式:发愁、发呆、发疯1、发狠2、发慌、发急、发窘、发狂、发愣、发毛1、发蒙1、发怒、发情、发傻1、发笑、发虚1、发怔;非直接式:发疯2。

　　犯构词直接式:犯愁、犯浑、犯疑;非直接式:犯难。起构词直接式:起火3、起敬、起意、起疑。着构词直接式:着迷、着魔;非直接式:着慌、着急。动构词直接式:动怒、动气;半直接式:动情2。害构词非直接式:害臊、害羞。做构词直接式:做梦1;非直接式:做梦2。出构词非直接式:出神。生构词直接式:生气1。作构词半直接式:作色。

　　"发"后接语素"愁""呆""疯""狂""愣""蒙""怒""傻""怔"为状态动素,"狠""慌""急""窘""毛""虚"为形素,"情"为不外化抽象名素,"笑"为活动动素。

　　"犯"后接语素"愁""疑"为状态动素,"浑"为形素,"难"为作用动素。"起"后接语素"火""意"为不外化抽象名素,"敬""疑"为状态动素。"着"后接语素"迷"为状态动素,"魔"为不外化抽象名素,"慌""急"为形素。"动"后接语素"怒""气"为状态动素,"情"为不外化抽象名素。"害"后接语素"臊""羞"为状态动素。"做"后接语素"梦"为事项名素。"出"后接语素"神"为性状名素。"生"后接语素"气"为状态动素。"作"后接语素"色"为性状名素。

　　该组动素构词量较大,尤其是"发"。其后接语素多为不外化抽象名素、状态动素和形素。

②失绝组

　　失构词直接式:失和、失欢2、失色2、失望1;非直接式:失措、失神2、失望2、失准2。绝构词非直接式:绝情2、绝望。释构词直接式:释怀。死构词直接式:死心。走构词直接式:走心1。

　　"失"后接语素"和"为形素,"欢"为状态动素,"色""神"为性状名素,"望"为不外化抽象名素,"措"为作用动素,"准"为性状名素。"绝"后接语素"情""望"为不外化抽象名素。"释"后接语素"怀"为不外化抽象名素。"死""走"后接语素"心"为不外化抽象名素。

　　该组动素后接语素多集中于抽象名素、动素和形素,其中不外化抽象名素参与构词较多。

③色悦组

解构词非直接式：解颐。开构词非直接式：开颜。

"解"后接语素"颐"为性状名素。"开"后接语素"颜"为性状名素。

### 3. 运动经历变化动素

①实现组

成构词直接式：成才、成家2、成寐、成眠、成器、成亲、成行；非直接式：成材、成仁。得构词直接式：得计、得志；非直接式：得意。铸构词半直接式：铸错。

"成"后接语素"才""家""器""亲"为整体类指人名素，"寐""眠"为状态动素，"行"为活动动素，"材"为人造无生名素，"仁"为不外化抽象名素。"得"后接语素"计""志""意"为不外化抽象名素。"铸"后接语素"错"为事项名素。

②完了组

成构词直接式：成功1、成交、成事；非直接式：成服1、成功2。毕构词非直接式：毕业。

"成"后接语素"功""事"为事项名素，"交"为转移动素，"服"为人造无生名素。"毕"后接语素"业"为事项名素。

③错过组

误构词直接式：误点、误工、误期、误事；半直接式：误场。漏构词直接式：漏题2；半直接式：漏乘、漏诊。愆构词直接式：愆期。失构词半直接式：失时。

"误"后接语素"点""期"为时量名素，"工""事""场"为事项名素。"漏"后接语素"题"为可外化抽象名素，"乘"为状态动素，"诊"为转移动素。"愆"后接语素"期"为时量名素。"失"后接语素"时"为事项名素。

④失误组

失构词直接式：失策、失计、失检、失算、失态、失职；半直接式：失察、失语2。

"失"后接语素"策""计"为不外化抽象名素，"检"为作用动素，"算""语"为活动动素，"态"为性状名素，"职"为事项名素，"察"为状态动素。

⑤失败组

败构词直接式：败诉、败选、败阵。倒构词直接式：倒台。输构词直接式：输理。

"败"后接语素"诉""选"为转移动素，"阵"为场所空间名素。"倒"后接语素"台"为人造无生名素。"输"后接语素"理"为不外化抽象名素。

## 二、关系经历变化动素

其语义结构为：事件｛经历者i　经历｛[（客体1i与客体2）　不处于　接触状态]变化[（客体1i与客体2）　处于　接触状态]｝｝。[①]

或者为：事件｛经历者i　经历｛[（客体1i与客体2）　处于　接触状态]变化[（客体1i与客体2）　不处于　接触状态]｝｝。

①逢遇组

"临"后接语素"机""危"为事项名素。临构词直接式：临机、临危2。遇构词直接式：遇难2、遇险。遭构词直接式：遭劫、遭难。撞构词非直接式：撞衫、撞锁1。见构词非直接式：见鬼2。

"遇"后接语素"难""险"为事项名素。"遭"后接语素"劫""难"为事项名素。"撞"后接语素"衫""锁"为人造无生名素。"见"后接语素"鬼"为不外化抽象名素。

该组动素后多接抽象名素。其中"遭""遇"后面所接的事项名素多为消极的事件。

②触碰组

触构词直接式：触电1、触雷。碰构词非直接式：碰壁。撞构词非直接式：撞墙。

"触"后接语素"电"为自然无生名素，"雷"为人造无生名素。"碰"后接语素"壁"为人造无生名素。"撞"后接语素"墙"为人造无生名素。

该组动素后多接无生具体名素。

③掉离组

落构词直接式：落后1、落伍1；半直接式：落后2；非直接式：落后3、落伍2。掉构词直接式：掉队1；非直接式：掉队2。失构词直接式：失群。

"落"后接语素"后"为方位空间名素，"伍"为整体类指人名素。"掉"后接语素"队"为性状名素。"失"后接语素"群"为整体类指人名素。

---

① 吕云生：《〈礼记〉动词的语义分类研究》，中国广播电视出版社，2009年，第134页。

### 三、小结

根据本节变化动素构词分析，我们设计了表24，以看出它们所接后位语素意义类型分布，总结经历变化动素义对复合构词的影响。

表2-4　前位经历变化动素后接语素意义类型分布

| 组别 | 具体名素 | | | 抽象名素 | | | 非名语素 | | |
|------|------|------|------|------|------|------|------|------|------|
| | 有生 | 无生 | 空间 | 事物 | 事情 | 时间 | 动素 | 形素 | 其他 |
| 承当 | | 1 | | 1 | | | | | |
| 达及 | 1 | 1 | 2 | | 12 | 1 | 1 | 4 | |
| 归入 | | 1 | 2 | 12 | 2 | | | | |
| 陷入 | | 2 | | 2 | 1 | | 1 | 1 | 1 |
| 回返 | | | | | | | | 12 | |
| 出脱 | 1 | 1 | 2 | 12 | 12 | | 1 | 1 | |
| 摔堕 | 2 | | | | 1 | | | | |
| 去世 | | | | 1 | | | | | |
| 露出 | 1 | 1 | | 1 | 12 | | | 5 | |
| 绝断 | 1 | | | | 2 | 1 | 3 | | |
| 死亡 | | | | 12 | 12 | | | | |
| 得到 | 1 | 1 | | 12 | 12 | 1 | 12345 | 15 | |
| 复得 | 1 | | | 1 | 2 | | | | |
| 见闻 | | | 1 | 12 | 1 | | | | |
| 失去 | 1 | 2 | 12 | 12 | 2 | | 135 | 5 | |
| 耗费 | | 1 | | 12 | 12 | 1 | | | |
| 失控 | 1 | 12 | 1 | 2 | 2 | | 4 | | |
| 忘记 | | | | 2 | 2 | | 1 | | 1 |
| 变换 | 1 | 2 | | | 2 | | | | |
| 长生 | 1 | | | | | | | 1 | 1 |
| 生发 | 1 | | | | 12 | | 24 | 15 | |

续表

| 组别 | 具体名素 | | | 抽象名素 | | | 非名语素 | | |
|---|---|---|---|---|---|---|---|---|---|
| | 有生 | 无生 | 空间 | 事物 | 事情 | 时间 | 动素 | 形素 | 其他 |
| 分泌 | 1 | 1 | | | | | | | |
| 丧失 | | 2 | | | 2 | | | | |
| 脱落 | 1 | 1 | 1 | | | | | | |
| 消退 | 1 | | | | 2 | | | | |
| 背咽 | 1 | | | | | | | | |
| 显出 | | | | 2 | 12 | | 145 | 5 | |
| 失绝 | | | | 2 | 2 | | 15 | 3 | |
| 色悦 | | | | | 2 | | | | |
| 实现 | 1 | 1 | | 2 | 1 | | 14 | | |
| 完了 | | 1 | | | | | 3 | | |
| 错过 | | | | 1 | 1 | 1 | 13 | | |
| 失误 | | | | 2 | 12 | | 145 | | |
| 失败 | | 1 | 2 | 2 | | | 3 | | |
| 逢遇 | | 1 | | 2 | 1 | | | | |
| 触碰 | | 12 | | | | | | | |
| 掉离 | 1 | | 1 | | 2 | | | | |

注：表中数字所代表的语素语义类型详见表1-1注。

　　承当、达及、归入、陷入、回返、出脱、摔堕、去世组属于自身位置经历变化集，除了量素和数素，其余各种类型的语素均有参构词例。

　　露出、绝断、死亡组属于自身存有经历变化集，后接语素以抽象名素为主。

　　得到、复得、见闻组属于获得经历变化集，除了其他非名语素，其余类型语素均有参构词例。失去、耗费、失控、忘记组属于失去经历变化集，除了量素、数素，其余类型语素均有构词。这两个动素集后接的语素意义类型比较丰富，构词量也比较大。

　　变换、长生、生发、分泌、丧失、脱落、消退、背咽组属于生理经历变化集，后多接与人的生理有关的附属类指人名素、无生具体名素、性状名素和形素。

显出、失绝、色悦组属于心理经历变化集,后接不外化抽象名素、事项名素、性状名素、动素和形素,表示人出现某种精神状态。

实现、完了、错过、失误、失败组属于运动经历变化集,均可接抽象名素和动素。

逢遇、触碰、掉离组属于关系经历变化集,可以接触物体、事件或状态,所以后接具体名素、不外化抽象名素、事项名素以及性状名素。

# 第三章　前位转移动素支配式
# 双音词构词分析

转移是"事物从原始位置向最终位置的移动"①。支配式双音词前位转移动素根据事件的类型，分为简单转移动素、使役转移动素、行为转移动素以及经历转移动素。

## 第一节　简单转移动素构词

简单转移动素表示的是"客体事物在没有外在控制的情况下有目标的转移"。其语义结构为：事件[客体　从　源点　移向　目标]。②。

①下降组

降构词直接式：降水 2、降温 2；非直接式：降温 3。落构词直接式：落地 1、落槽 1；非直接式：落实 1。滑构词半直接式：滑坡 1；非直接式：滑坡 2。探构词非直接式：探低、探底 2。跌构词非直接式：跌水 2。

"降"后接语素"水"为自然无生名素，"温"为性状名素。"落"后接语素"地""槽"为场所空间名素，"实"为性状名素。"滑"后接语素"坡"为场所空间名素。"探"后接"低"为形素，"底"为方位空间名素。"跌"后接语素"水"为自然无生名素。

②上升组

升构词直接式：升级 2、升温 1、升值 1、升值 3；非直接式：升位、升温 2，升值 2。

冲构词非直接式：冲高、冲天。凌构词直接式：凌空、凌云。上构词直接式：上天 1-1；非直接式：上天 1-2。腾构词直接式：腾空。

"升"后接语素"级""温""值"为性状名素，"位"为方位空间名素。

"冲"后接语素"高"为形素，"天"为场所空间名素。"凌"后接语素"空"为场所空间名素，"云"为自然无生名素。"上"后接语素"天"为场所空间名

①　吕云生：《〈礼记〉动词的语义分类研究》，中国广播电视出版社，2009 年，第 55 页。

②　吕云生：《〈礼记〉动词的语义分类研究》，中国广播电视出版社，2009 年，第 110 页。

素。"腾"后接语素"空"为场所空间名素。

该组动素与下降组所接后位语素相比较,都有无生名素、空间名素、性状名素以及形素。

③前进组

　　进构词非直接式:进位。

"进"后接语素"位"为方位空间名素。

④倒逆组

　　倒构词非直接式:倒风、倒烟。

"倒"后接语素"风""烟"为自然无生名素。

⑤回归组

　　回构词半直接式:回空;非直接式:回笼2。复构词直接式:复位1。归构词非直接式:归根。还构词直接式:还魂。

"回"后接语素"空"为形素,"笼"为人造无生名素。"复"后接语素"位"为方位空间名素。"归"后接语素"根"为植物有生名素。"还"后接语素"魂"为不外化抽象名素。

⑥趋向组

　　走构词直接式:走低、走高、走红1、走红2、走强1、走强2、走俏、走热、走软、走弱1、走弱2;半直接式:走运。

　　看构词直接式:看跌、看好1、看紧、看俏、看涨。扑构词直接式:扑鼻、扑面。企构词直接式:企稳。趋构词直接式:趋同。

"走"后接语素"低""高""红""强""俏""热""软""弱"为形素,"运"为不外化抽象名素。

"看"后接语素"跌""涨"为转移动素,"好""紧""俏"为形素。"扑"后接语素"鼻""面"为附属类指人名素。"企"后接语素"稳"为形素。"趋"后接语素"同"为形素。

该组动素多后接形素,尤其是"走X"结构有一定模式化倾向和类推性。

⑦传递组

　　传1构词直接式:传代1、传世。传2构词非直接式:传神、传真1。传3构词非直接式:传粉。传4构词直接式:传人3。授构词非直接式:授粉。

"传(流传)"后接语素"代""世"为时量名素。"传(传达)"后接语素"神""真"为性状名素。"传(传播)""授"后接语素"粉"为植物有生名素。"传(传染)"后接语素"人"为整体类指人名素。

⑧转跳组

　　转构词直接式:转轨1、转行2、转口、转年1;半直接式:转企;非直接式:转轨2、转型1。

　　跳构词非直接式:跳闸、跳行1、跳行2。串构词非直接式:串行。

滑构词非直接式:滑音。

"转"后接语素"轨"为场所空间名素,"行"为量素,"口"为方位空间名素,"年"为时量名素,"企"为可外化抽象名素,"型"为性状名素。

"跳"后接语素"闸"为人造无生名素,"跳""串"后接语素"行"为量素。"滑"后接语素"音"为自然无生名素。

该组后接语素多是无生命的具体名素、抽象名素、量素。

**小结**

根据本节简单转移动素构词分析,我们设计了表 3-1,以看出它们所接后位语素意义类型分布,总结简单转移动素义对复合构词的影响。

表 3-1　前位简单转移动素后接语素意义类型分布

| 组别 | 具体名素 | | | 抽象名素 | | | 非名语素 | | |
|---|---|---|---|---|---|---|---|---|---|
| | 有生 | 无生 | 空间 | 事物 | 事情 | 时间 | 动素 | 形素 | 其他 |
| 下降 | | 2 | 12 | | 2 | | | 3 | |
| 上升 | | 2 | 12 | | 2 | | | 3 | |
| 前进 | | | 1 | | | | | | |
| 倒逆 | | 2 | | | | | | | |
| 回归 | 2 | 1 | 1 | 2 | | | | 1 | |
| 趋向 | 1 | | | 2 | | | 3 | 12345 | |
| 传递 | 12 | | | | 2 | 1 | | | |
| 转跳 | | 12 | 12 | 1 | 2 | 1 | | | 2 |

注:表中数字所代表的语素语义类型详见表 1-1 注。

下降、上升、前进、倒逆、回归、趋向、传递、转跳组后接语素类型多样,除了代素、数素,其余各类语素均有与之结合成词的词例。但是从数量上看,具体名素居多,尤其是无生名素、空间名素,可见前位简单转移动素构词主要表达物体空间位置的转移。

## 第二节　使役转移动素构词

使役转移动素是指某种外在的力量使物体发生了转移。

其语义结构为：

事件｛［使因　因果使役　［客体　从　源点　移向　目标］｝。①

①使转移组

　　移构词直接式：移师、移位；半直接式：移防、移居、移民 1；非直接式：移情 2。

　　起构词直接式：起灵；半直接式：起岸、起场、起圈。卸构词半直接式：卸车、卸货、卸肩、卸载 1。转构词直接式：转帖、转载 2；半直接式：转账。过构词非直接式：过载 2、过账。

"移"后接语素"师""民"为整体类指人名素，"位""居"为方位空间名素，"防"为状态动素，"情"为不外化抽象名素。

"起"后接语素"灵"为人造无生名素，"岸""场""圈"为场所空间名素。"卸"后接语素"车""货""载"为人造无生名素，"肩"为附属类指人名素。"转"后接语素"帖""账"为可外化抽象名素，"载"为人造无生名素。"过"后接语素"载"为人造无生名素，"账"为可外化抽象名素。

该组动素后接语素以具体名素为主。

②使下降组

　　下构词直接式：下碇；非直接式：下笔、下饭 1、下饭 2、下酒 1、下酒 2、下神、下手 1、下榻、下箸。

　　落构词非直接式：落笔、落槌 1、落槌 2、落墨、落幕、落实 2。降构词直接式：降尘 2、降旗。

"下"后接语素"碇""笔""饭""酒""榻""箸"为人造无生名素，"神"为不外化抽象名素，"手"为附属类指人名素。"落"后接语素"笔""槌""幕"为人造无生名素，"墨"为自然无生名素，"实"为性状名素。"降"后接语素"尘"为自然无生名素，"旗"为人造无生名素。

该组动素后多接人造无生名素。

③使上升组

　　升构词直接式：升旗、升帐。启构词直接式：启碇。起构词直接式：起碇。扬构词非直接式：扬水。

---

① 吕云生：《〈礼记〉动词的语义分类研究》，中国广播电视出版社，2009 年，第 124 页。

"升"后接语素"旗""帐"为人造无生名素。"启""起"后接语素"碇"为人造无生名素。"扬"后接语素"水"为自然无生名素。

④使退回组

　　回构词直接式：回师；非直接式：回火1、回棋。退构词直接式：退兵1；半直接式：退兵2。倒构词直接式：倒车2。

"回"后接语素"师"为整体类指人名素，"火"为自然无生名素，"棋"为人造无生名素。"退"后接语素"兵"为整体类指人名素。"倒"后接语素"车"为人造无生名素。

⑤使前来组

　　来构词直接式：来电1、来稿1、来函1、来信1。

"来"后接语素"电""稿""函""信"为可外化抽象名素。

从以上分析可以看出，使役转移动素后接语素多为无生具体名素。

**小结**

根据本节使役转移动素构词分析，我们设计了表3-2，以看出它们所接后位语素意义类型分布，总结使役转移动素义对复合构词的影响。

表 3-2　前位使役转移动素后接语素意义类型分布

| 组别 | 具体名素 | | | 抽象名素 | | | 非名语素 | | |
|---|---|---|---|---|---|---|---|---|---|
| | 有生 | 无生 | 空间 | 事物 | 事情 | 时间 | 动素 | 形素 | 其他 |
| 使转移 | 1 | 1 | 12 | 12 | | | 1 | | |
| 使下降 | 1 | 12 | | 2 | 2 | | | | |
| 使上升 | | 12 | | | | | | | |
| 使退回 | 1 | 12 | | | | | | | |
| 使前来 | | | | 1 | | | | | |

注：表中数字所代表的语素语义类型详见表1-1注。

使转移、使下降、使上升、使退回、使前来组后未有时间名素、形素和其他非名语素的参构词例，除了少量的抽象名素，后多接具体名素，尤其是无生具体名素。

## 第三节　行为转移动素构词

行为转移动素表示的是行为者使自身或外在事物从某源点移向某目标。

## 一、控自行为转移动素

表示行为者使自身从某一源点移向某一目标，其语义结构为：
事件｛行为者i 控制 ［客体i 从 源点 移向 目标］｝。①

### （一）控自趋向转移动素

①奔赴组

投构词直接式：投敌、投军、投亲、投师；非直接式：投案、投保、投诚、投医。赴构词半直接式：赴敌、赴难1、赴任、赴宴、赴约；非直接式：赴难2。

下构词直接式：下场1—2、下地1、下海2、下乡。赶构词非直接式：赶场2、赶集、赶考。出构词半直接式：出外、出洋。奔构词非直接式：奔丧。冲构词直接式：冲顶2。如构词直接式：如厕。

"投"后接语素"敌""军""亲""师""医"为整体类指人名素，"案""保"为事项名素，"诚"为形素。"赴"后接语素"敌"为整体类指人名素，"难""任""宴"为事项名素，"约"为可外化抽象名素。

"下"后接语素"场""乡"为方位空间名素，"地""海"为场所空间名素。"赶"后接语素"场""集"为事项名素，"考"为活动动素。"出"后接语素"外""洋"为方位空间名素。"奔"后接语素"丧"为事项名素。"冲"后接语素"顶"为方位空间名素。"如"后接语素"厕"为场所空间名素。

该组动素后接语素多为指人名素、空间名素和事项名素。

②跳入组

跳构词非直接式：跳班、跳级1、跳级2、跳间、跳伞、跳水1、跳水2。蹈构词非直接式：蹈海。

"跳"后接语素"班"为整体类指人名素，"级（年级）""级（等级）"为性状名素，"间"为量素，"伞"为人造无生名素，"水"为自然无生名素。"蹈"后接语素"海"为场所空间名素。

③返回组

归构词半直接式：归队1、归口2、归位；非直接式：归队2、归田。返构词直接式：返场、返程2、返岗；半直接式：返防。回构词非直接式：回门。旋构词直接式：旋里。

"归"后接语素"队"为整体类指人名素，"口"为可外化抽象名素，"位"为

① 吕云生：《〈礼记〉动词的语义分类研究》，中国广播电视出版社，2009年，第170页。

方位空间名素,"田"为场所空间名素。

"返"后接语素"场""程"为场所空间名素,"岗"为可外化抽象名素,"防"为状态动素。"回"后接语素"门"为整体类指人名素。"旋"后接语素"里"为方位空间名素。

④登升组

　　登构词直接式:登陆 1、登山 1;半直接式:登高 1;非直接式:登高 2、登陆 2、登山 2。

　　上构词非直接式:上蔟、上马、上山 1。升构词直接式:升天 1;非直接式:升天 2。跻构词直接式:跻身。拾构词直接式:拾级。

"登"后接语素为"陆""山"为场所空间名素,"高"为形素。这些语素都具有"高"的语义特点。

"上"后接语素"蔟"为人造无生名素,"马"为动物有生名素,"山"为场所空间名素。"升"后接语素"天"为场所空间名素。"跻"后接语素"身"为指人代素。"拾"后接语素"级"为人造无生名素。

⑤降下组

　　下构词直接式:下地 2、下凡、下台 1;半直接式:下界 1;非直接式:下马。落构词直接式:落座。

"下"后接语素"地""界"为方位空间名素,"凡"为可外化抽象名素,"台"为人造无生名素,"马"为动物有生名素。"落"后接语素"座"为方位空间名素。

⑥靠近组

　　附构词直接式:附耳。

"附"后接语素"耳"为附属类指人名素。

⑦溯逆组

　　溯构词非直接式:溯源。

"溯"后接语素"源"为场所空间名素。

⑧追赶组

　　逐构词非直接式:逐鹿 1、逐鹿 2。追构词半直接式:追逃。

"逐"后接语素"鹿"为动物有生名素。"追"后接语素"逃"为变化动素。

(二)控自非趋向转移动素

①迁移组

　　转构词直接式:转车、转岗、转行 1、转会、转机 2、转科 1、转科 2、转院、转学、转业。跳构词非直接式:跳槽 1、跳槽 2、跳行 3。串构词直接式:串岗。倒构词直接式:倒车 1。

"转"后接语素"车""机"为人造无生名素,"岗""行""院""学""业"为可外化抽象名素,"会"为整体类指人名素,"科"为性状名素。"跳"后接语素"槽"为人造无生名素,"行"为可外化抽象名素。"串"后接语素"岗"为空间名素。"倒"后接语素"车"为人造无生名素。

该组动素后接语素相对集中于人造无生名素和可外化抽象名素。

## 二、控他行为转移动素

其语义结构为:事件｛行为者　控制　［客体　从　源点　移向　目标］｝。①

(一)控他有向转移动素

1.单向转移动素

(1)控他外向转移动素

①给予组

交构词直接式:交工、交账 1;非直接式:交棒、交保、交账 2。

给构词直接式:给力 1、给脸;非直接式:给力 3。贴构词非直接式:贴水 1、贴息 1、贴现。施构词直接式:施斋;非直接式:施诊。拨构词直接式:拨款 1。酬构词非直接式:酬宾。放构词半直接式:放赈。惠构词直接式:惠民。投构词直接式:投药 1。

"交"后接语素"工"为事项名素,"账"为可外化抽象名素,"棒"为人造无生名素,"保"为整体类指人名素。

"给"后接语素"力"为性状名素,"脸"为不外化抽象名素。"贴"后接语素"水""息""现"为可外化抽象名素。"施"后接语素"斋"为人造无生名素,"诊"为转移动素。"拨"后接语素"款"为可外化抽象名素。"酬"后接语素"宾"为整体类指人名素。"放"后接语素"赈"为作用动素。"惠"后接语素"民"为指人名素。"投"后接语素"药"为人造无生名素。

②授予组

授构词直接式:授奖、授权、授衔、授勋;非直接式:授信。赏构词非直接式:赏光、赏脸。颁构词直接式:颁奖。赐构词直接式:赐教。

"授"后接语素"奖""勋"为人造无生名素,"权""衔"为性状名素,"信"为不外化抽象名素。"赏"后接语素"光"为性状名素,"脸"为不可外化抽象名

---

① 吕云生:《〈礼记〉动词的语义分类研究》,中国广播电视出版社,2009 年,第 172 页。

素。"颁"后接语素"奖"为人造无生名素。"赐"后接语素"教"为转移动素。

③投送组

　　传构词直接式：传话、传家、传令、传情、传言2、传语；非直接式：
传代2、传真2、传真3。

　　发构词直接式：发包、发报、发标、发电2、发稿、发文1。下构词直
接式：下令、下书；半直接式：下单。驰构词直接式：驰电、驰书。投构词
非直接式：投档、投稿。致构词直接式：致电、致函。汇构词直接式：
汇款1。寄构词直接式：寄语1。

"传"后接语素"话""令""言""语"为可外化抽象名素，"家"为整体类指
人名素，"情"为不外化抽象名素，"代"为时量名素，"真"为形素。

"发"后接语素"包"为状态动素，"报""标""电""稿""文"为可外化抽象
名素。"下"后接语素"令""书""单"为可外化抽象名素。"驰"后接语素"电"
"书"为可外化抽象名素。"投"后接语素"档""稿"为可外化抽象名素。"致"
后接语素"电""函"为可外化抽象名素。"汇"后接语素"款"为可外化抽象名
素。"寄"后接语素"语"为可外化抽象名素。

该组后接语素多为与信息义有关的可外化抽象名素，如"语""稿""电"
多次参与构词。

④委托组

　　托构词直接式：托管1、托收、托养；半直接式：托运；非直接式：托
孤、托管2。委构词半直接式：委培。

"托"后接语素"管"为作用动素，"收""养""运"为转移动素，"孤"为整体
类指人名素。"委"后接语素"培"为作用动素。

⑤捐赠组

　　纳构词直接式：纳贿2；非直接式：纳彩、纳聘。捐构词直接式：捐
款1、捐资。下构词非直接式：下定1、下聘。赠构词直接式：赠票1；半
直接式：赠别。放构词非直接式：放定。过构词非直接式：过礼。送构
词直接式：送礼。

"纳"后接语素"贿"为转移动素，"彩"为人造无生名素，"聘"为事项名
素。"捐"后接语素"款""资"为可外化抽象名素。"下"后接语素"定"为人造
无生名素，"聘"为事项动素。"赠"后接语素"票"为人造无生名素，"别"为变
化动素。"放"后接语素"定"为人造无生名素。"过""送"后接语素"礼"为人
造无生名素。

该组动素和多个与婚聘礼物有关的人造无生名素结合成词。

⑥赋予组

命构词直接式:命名、命题1、命意1。

"命"后接语素"名""题"为可外化抽象名素,"意"为不外化抽象名素。

⑦支付组

付构词直接式:付现、付账。会构词直接式:会钞、会账。垫构词非直接式:垫资。开构词直接式:开账2。下构词半直接式:下定2。

"付"后接语素"现""账"为可外化抽象名素。"会"后接语素"钞"为人造无生名素,"账"为可外化抽象名素。"垫"后接语素"资"为可外化抽象名素。"开"后接语素"账"为可外化抽象名素。"下"后接语素"定"为可外化抽象名素。

该组动素后都接与经济有关的可外化抽象名素。

⑧退还组

退构词直接式:退押、退赃;半直接式:退货、退票、退税。还构词直接式:还债、还账。找构词直接式:找钱。返构词直接式:返利1。归构词直接式:归公。

"退"后接语素"押"为转移动素,"赃""税"为可外化抽象名素,"货""票"为人造无生名素。"还"后接语素"债""账"为可外化抽象名素。"找"后接语素"钱"为可外化抽象名素。"返"后接语素"利"为可外化抽象名素。"归"后接语素"公"为形素。

该组动素后接语素以可外化抽象名素居多。

⑨报效组

报构词半直接式:报德、报恩、报国。谢构词直接式:谢客2;半直接式:谢恩。

"报"后接语素"德""恩"为不外化抽象名素,"国"为可外化抽象名素。"谢"后接语素"客"为整体类指人名素,"恩"为不外化抽象名素。

⑩回复组

回构词直接式:回电1、回礼2、回信1;半直接式:回话1、回礼1、回帖1、回帖2。还构词直接式:还礼2;半直接式:还礼1、还情;非直接式:还席、还愿1、还愿2。复构词直接式:复电1、复函1、复命、复信1。谢构词半直接式:谢过、谢罪。答构词直接式:答礼。

"回"后接语素"电""信""话""贴(邀请客人的通知)""帖(网络上的短文)"为可外化抽象名素,"礼(礼物)"为人造无生名素,"礼(表示尊敬的言语或动作)"为事项名素。

"还"后接语素"礼(礼物)""席"为人造无生名素,"礼(表示尊敬的言语或动作)"为事项名素,"情""愿"为不外化抽象名素。"复"后接语素"电"
"函""命""信"为可外化抽象名素。"谢"后接语素"过""罪"为事项名素。
"答"后接语素"礼"为事项名素。

⑪报复组

还构词半直接式:还口、还手、还嘴。报构词半直接式:报仇、报怨。
回构词半直接式:回嘴、回手2。复构词半直接式:复仇。

"还"后接语素"口""嘴"为可外化抽象名素,"手"为附属类指人名素。
"报"后接语素"仇"为整体类指人名素,"怨"为不外化抽象名素。"回"后接
语素"嘴"为可外化抽象名素,"手"为附属类指人名素。"复"后接语素"仇"
为整体类指人名素。

该组动素后接语素集中于指人名素和事物抽象名素。

⑫出卖组

卖构词直接式:卖唱、卖解、卖艺、卖友;半直接式:卖官、卖国、
卖身1;非直接式:卖笑。

变构词直接式:变产。抛构词直接式:抛盘1。甩构词直接式:甩
货。销构词直接式:销赃1。

"卖"后接语素"唱""笑"为活动动素,"解""艺"为性状名素,"友"为整体
类指人名素,"官""国"为可外化抽象名素,"身"为代素。

"变"后接语素"产"为人造无生名素。"抛"后接语素"盘"为可外化抽象
名素。"甩"后接语素"货"为人造无生名素。"销"后接语素"赃"为可外化抽
象名素。

⑬倒卖组

贩构词直接式:贩毒;半直接式:贩黄、贩假、贩私。套构词非直接
式:套汇1、套汇2、套利、套现。炒构词直接式:炒房、炒股、炒汇。倒构
词非直接式:倒汇、倒票。盘构词非直接式:盘店。

"贩"后接语素"毒"为人造无生名素,"黄""假""私"为形素。"套"后接
语素"汇""利"为可外化抽象名素,"现"为可外化抽象名素。"炒"后接语素
"房"为人造无生名素,"股""汇"为可外化抽象名素。"倒"后接语素"汇"为
可外化抽象名素,"票"为人造无生名素。"盘"后接语素"店"为场所空间
名素。

该组动素后接语素以人造无生名素和可外化抽象名素为主。

⑭抵押组

押构词非直接式:押账。

"押"后接语素"账"为可外化抽象名素。

⑮借贷组

放构词直接式：放贷、放款1、放款2、放债、放账。借构词直接式：借款1、借债、借账。假构词直接式：假座；非直接式：假手。贷构词直接式：贷款1。

"放"后接语素"贷""款""债""账"为可外化抽象名素。"借"后接语素"款""债""账"为可外化抽象名素。"假"后接语素"座"为方位空间名素，"手"为附属类指人名素。"贷"后接语素"款"为可外化抽象名素。

该组动素与"款""债""账"等可外化抽象名素多次组合成词。

⑯赔偿组

赔构词非直接式：赔话、赔款1、赔款3、赔礼、赔钱2、赔罪。

"赔"后接语素"话""款""钱"为可外化抽象名素，"礼""罪"为事项名素。

⑰进献组

献构词直接式：献宝1、献策、献花、献计、献疑；非直接式：献宝2、献礼、献旗、献芹。进构词直接式：进谗、进言；非直接式：进香。上构词直接式：上书。

"献"后接语素"宝""礼""旗"为人造无生名素，"策""计""疑"为不外化抽象名素，"花""芹"为植物有生名素。"进"后接语素"谗""言"为可外化抽象名素，"香"为人造无生名素。"上"后接语素"书"为可外化抽象名素。

⑱供给组

哺构词直接式：哺乳。供构词直接式：供稿。给构词直接：给水。

"哺"后接语素"乳"为附属类指人名素。"供"后接语素"稿"为可外化抽象名素。"给"后接语素"水"为自然无生名素。

⑲缴纳组

纳构词直接式：纳贡、纳粮、纳税。完构词直接式：完粮、完税。缴构词直接式：缴械2。上构词直接式：上税。

"纳"后接语素"贡""粮"为人造无生名素，"税"为可外化抽象名素。"完"后接语素"粮"为人造无生名素，"税"为可外化抽象名素。"缴"后接语素"械"为人造无生名素。"上"后接语素"税"为可外化抽象名素。

该组动素后接语素集中于人造无生名素和可外化抽象名素。

⑳分派组

分构词直接式：分肥、分红2、分润、分赃1；半直接式：分红3、分账；非直接式：分红1、分赃2。

配构词半直接式：配股、配货。布构词直接式：布菜。拆构词非直接式：拆账。劈构词非直接式：劈账。派构词非直接式：派位。

"分"后接语素"肥"为性状名素，"分肥"的意思是分取利益，"红""润""赃""账"为可外化抽象名素。

"配"后接语素"股"为可外化抽象名素，"货"为人造无生名素。"布"后接语素"菜"为人造无生名素。"拆""劈"后接语素"账"为可外化抽象名素。"拆账"泛指按比例分配某种利益。"派"后接语素"位"为方位空间名素。

㉑告知组

报构词半直接式：报案、报到、报话1、报捷、报警、报矿、报料1、报幕、报丧、报失、报喜、报信；非直接式：报废、报关、报价1、报名、报时、报收、报数、报晓、报站、报账。

告构词直接式：告病1、告警、告密、告状2；半直接式：告捷2；非直接式：告便、告别1、告别2、告别3、告辞、告状1。

交构词直接式：交底；半直接式：交心；非直接式：交差。传构词半直接式：传见；非直接式：传讯。透构词直接式：透底。

"报"后接语素"案""警""丧""喜"为事项名素，"到""捷""失""收"为变化动素，"话""料""信""关""价""名""账"为可外化抽象名素，"矿"为自然无生名素，"幕"为人造无生名素，"废"为形素，"时""晓"为时量名素，"数"为性状名素，"站"为场所空间名素。

"告"后接语素"病"为状态动素，"警"为事项名素，"密""状（诉状）"为可外化抽象名素，"状（情况）"为性状名素，"捷""便""别""辞"为变化动素。

"交"后接语素"底""差"为事项名素，"心"为不外化抽象名素。"传"后接语素"见"为变化动素，"讯"为转移动素。"透"后接语素"底"为事项名素。

该组动素后接语素类型丰富，"报"和"告"的构词量比较大。

㉒传授组

传构词直接式：传道2、传经、传人1、传艺；非直接式：传灯、传戒。授构词非直接式：授课、授命2、授时、授意。垂构词直接式：垂范。教构词半直接式：教书。训构词直接式：训话。

"传"后接语素"道""经"为不外化抽象名素，"人"为整体类指人名素，"艺"为性状名素，"灯"为人造无生名素，"戒"为可外化抽象名素。"授"后接语素"课""意"为不外化抽象名素，"命"为可外化抽象名素，"时"为时量名素。"垂"后接语素"范"为可外化抽象名素。"教"后接语素"书"为可外化抽象名素。"训"后接语素"话"为可外化抽象名素。

该组动素后多接抽象名素，尤其是可外化抽象名素。

（2）控他内向转移动素

①提取组

　　　抽构词直接式：抽成1、抽风2、抽水1、抽税、抽样；非直接式：抽丁、抽纱1、抽纱2、抽象1、抽象2。取构词直接式：取材、取法、取景、取样、取证；半直接式：取道；非直接式：取经、取巧。

　　　采构词直接式：采矿、采血、采样、采油、采种。辑构词直接式：辑要；半直接式：辑佚1；非直接式：辑佚2。拾构词直接式：拾遗1；半直接式：拾荒；非直接式：拾遗2。提构词直接式：提货、提现、提要1。要构词直接式：要命1；非直接式：要命2、要命3。摘构词直接式：摘要1、摘由；非直接式：摘牌3。调构词非直接式：调档、调卷。撮构词直接式：撮要1。摄构词直接式：摄食。收构词直接式：收秋。折构词非直接式：折桂。

“抽”后接语素“成”为量素，“风”“水”为自然无生名素，“税”为可外化抽象名素，“样”“象”为性状名素，“丁”为整体类指人名素，“纱”为人造无生名素。“取”后接语素“材”为人造无生名素，“法”“景”“样”为性状名素，“证”为事项名素，“道”为场所空间名素，“经”为可外化抽象名素，“巧”为形素。

“采”后接语素“矿”“油”为自然无生名素，“血”为附属类指人名素，“样”为性状名素，“种”为植物有生名素。“辑”后接语素“要”为可外化抽象名素，“佚”为变化动素。“拾”后接语素“遗”为人造无生名素，“荒”为形素。“提”后接语素“货”为人造无生名素，“现”“要”为可外化抽象名素。“要”后接语素“命”为性状名素。“摘”后接语素“要”“牌”为可外化抽象名素，“由”为事项名素。“调”后接语素“档”“卷”为可外化抽象名素。“撮”后接语素“要”为可外化抽象名素。“摄”后接语素“食”为人造无生名素。“收”后接语素“秋”为植物有生名素。“折”后接语素“桂”为植物有生名素。

　　该组动素的构词量较大，后接语素的语义类型也十分多样，除了时间名素、代素和数素，其余种类的语素具有构词例。

②盗窃组

　　　盗构词半直接式：盗版1、盗墓。窃构词直接式：窃密；半直接式：窃国。扒构词非直接式：扒带1。剿构词半直接式：剿说。劫构词半直接式：劫狱。

“盗”后接语素“版”为可外化抽象名素，“墓”为人造无生名素。“窃”后接语素“密”“国”为可外化抽象名素。“扒”后接语素“带”为人造无生名素。“剿”后接语素“说”为可外化抽象名素。“劫”后接语素“狱”为场所空间名素。

该组动素后接语素最多的是可外化抽象名素。

③抢夺组

夺构词直接式:夺冠、夺魁、夺权;半直接式:夺标 2、夺金;非直接式:夺杯、夺标 1。篡构词直接式:篡权、篡位;半直接式:篡国。缴构词半直接式:缴械 1。掠构词半直接式:掠美。

"夺"后接语素"冠""魁""权"为性状名素,"标(标出的价格)"为可外化抽象名素,"金"为自然无生名素,"杯""标(标旗)"为人造无生名素。"篡"后接语素"权"为性状名素,"位""国"为可外化抽象名素。"缴"后接语素"械"为人造无生名素。"掠"后接语素"美"为形素。

④敛取组

敛构词直接式:敛财、敛钱。征构词直接式:征地;半直接式:征缴。牟构词直接式:牟利。渔构词直接式:渔利 1。贪构词直接式:贪赃。

"敛"后接语素"财""钱"为可外化抽象名素。"征"后接语素"地"为方位空间名素,"缴"为转移动素。"牟""渔"后接语素"利"为性状名素。"贪"后接语素"赃"为可外化抽象名素。

⑤购买组

雇构词直接式:雇工 1、雇凶。买构词直接式:买官、买醉。吃构词直接式:吃货 1。扫构词直接式:扫货。立构词直接式:立业 2。置构词直接式:置业。抄构词非直接式:抄底。打构词直接式:打油 1。受构词直接式:受盘。

"雇"后接语素"工""凶"为整体类指人名素。"买"后接语素"官"为可外化抽象名素,"醉"为状态动素。"吃""扫"后接语素"货"为人造无生名素。"立""置"后接语素"业"为人造无生名素。"抄"后接语素"底"为方位空间名素。"打"后接语素"油"为自然无生名素。"受"后接语素"盘"为转移动素。

⑥讨娶组

纳构词直接式:纳妾。娶构词直接式:娶亲。

"纳"后接语素"妾"为整体类指人名素。"娶"后接语素"亲"为整体类指人名素。

⑦借引组

引构词直接式:引例 1、引资;半直接式:引咎、引智、引种 1。借构词非直接式:借景、借位。援构词直接式:援例。

"引"后接语素"例""咎"为事项名素,"资"为可外化抽象名素,"智"为形素,"种"为植物无生名素。"借"后接语素"景"为性状名素,"位"为方位空间名素。"援"后接语素"例"为事项名素。

⑧选择组

选构词直接式:选题 1、选项 1、选秀、选样、选址 1;半直接式:选材 1、选材 2、选矿、选煤、选种;非直接式:选美。

择构词直接式:择偶、择期、择校、择业、择优;半直接式:择吉、择交。点构词非直接式:点将、点名 2。淘构词非直接式:淘金 1、淘金 2。挑构词非直接式:挑食、挑嘴。采构词直接式:采景。

"选"后接语素"题"为可外化抽象名素,"项"为量素,"秀""材(人才)"为整体类指人名素,"样""材(材料)"为人造无生名素,"址"为方位空间名素,"矿""煤"为自然无生名素,"种"为植物有生名素,"美"为形素。

"择"后接语素"偶"为整体类指人名素,"期"为时量名素,"校""业"为可外化抽象名素,"优""吉"为形素,"交"为状态动素。"点"后接语素"将"为整体类指人名素,"名"为可外化抽象名素。"淘"后接语素"金"为自然无生名素。"挑"后接语素"食"为人造无生名素,"嘴"为附属类指人名素。"采"后接语素"景"为性状名素。

该组动素后接语素覆盖的语义类型十分广泛,但是同时语素类型分布也比较分散。

⑨接受组

受构词直接式:受贿、受检、受礼、受命、受聘 2、受训、受阅;半直接式:受案、受权、受让、受托、受降、受业 1;非直接式:受戒 1、受聘 1、受洗、受业 2。

应构词直接式:应募、应聘 1、应聘 2、应讯、应邀、应招、应召 1;半直接式:应标、应战 2;非直接式:应拍。领构词半直接式:领教 1、领罪;非直接式:领教 2、领教 3、领情、领洗。接构词半直接式:接警、接戏;非直接式:接棒、接事。

纳构词直接式:纳贿 1;半直接式:纳降;非直接式:纳谏。收构词直接式:收银;半直接式:收报。承构词直接式:承命、承租。继构词直接式:继位;半直接式:继任。禀构词直接式:禀命。领构词直接式:领命。衔构词直接式:衔命。聆构词直接式:聆教。嗣构词直接式:嗣位。

"受"后接语素"贿""聘(聘用)""让""托"为转移动素,"检""阅"为状态动素,"礼"为人造无生名素,"聘(定亲)""案""洗""业"为事项名素,"命""戒"为可外化抽象名素,"训"为活动动素,"权"为性状名素,"降"为变化动素。

"应"后接语素"募""聘""讯""邀""拍"为转移动素,"招"为变化动素,"召"为作用动素,"标"为可外化抽象名素,"战"为事项名素。"领"后接语素

"教"为转移动素,"罪""洗"为事项名素,"情"为不外化抽象名素。"接"后接语素"警""戏""事"为事项名素,"棒"为人造无生名素。

"纳"后接语素"贿"为转移动素,"降"为变化动素,"谏"为作用动素。"收"后接语素"银""报"为可外化抽象名素。"承"后接语素"命"为可外化抽象名素,"租"为转移动素。"继"后接语素"位"为可外化抽象名素,"任"为事项名素。"禀""领""衔"后接语素"命"为可外化抽象名素。"聆"后接语素"教"为转移动素。"嗣"后接语素"位"为可外化抽象名素。

该组动素后既可接较多的抽象名素,也可以接动素各次类的语素。

⑩求取组

求构词直接式:求见、求教、求借、求救、求靠、求饶、求援、求助;半直接式:求爱、求和 1、求婚、求亲、求情、求人、求战 2、求诊、求治。

请构词直接式:请辞、请调、请教、请命 2、请示;半直接式:请功、请假、请赏、请降、请战、请罪;非直接式:请缨、请愿。告构词半直接式:告病 2、告贷、告急、告假、告借、告老、告饶、告退 1、告退 3、告罪;非直接式:告退 2。

征构词直接式:征答、征订、征稿、征婚、征文 1。乞构词半直接式:乞食、乞降、乞援;非直接式:乞怜、乞灵、乞巧。申构词直接式:申办、申购、申领。讨构词半直接式:讨饭、讨教、讨饶。邀构词直接式:邀宠、邀功、邀赏。募构词直接式:募股;半直接式:募捐。吸构词直接式:吸金;半直接式:吸储。悬构词非直接式:悬红、悬赏。争构词直接式:争光、争脸。祝构词非直接式:祝福 1、祝福 2。筹构词直接式:筹资。沽构词非直接式:沽名。化构词直接式:化斋。市构词直接式:市惠。要构词直接式:要饭。

"求"后接语素"见""和"为变化动素,"教""借""诊"为转移动素,"救""饶""援""助""治"为作用动素,"靠""爱"为状态动素,"婚"为事项名素,"亲"为性状名素,"情"为不外化抽象名素,"人"为整体类指人名素,"战"为活动动素。

"请"后接语素"辞""示""降"为变化动素,"调""教""赏"为转移动素,"命"为可外化抽象名素,"功"为事项名素,"假"为时量名素,"战"为活动动素,"罪"为作用动素,"缨"为人造无生名素,"愿"为不外化抽象名素。"告"后接语素"病"为状态动素,"急"为事项名素,"假"为时量名素,"贷""借"为转移动素,"老"为形素,"饶""罪"为作用动素,"退"为变化动素。

"征"后接语素"答"为转移动素,"订"为变化动素,"稿""文"为可外化抽象名素,"婚"为事项名素。"乞"后接语素"食"为人造无生名素,"降"为变化动素,"援"为作用动素,"怜"为状态动素,"灵"为不外化抽象名素,"巧"为形素。"申"后接语素"办"为作用动素,"购""领"为转移动素。"讨"后接语素"饭"为人造无生名素,"教"为转移动素,"饶"为作用动素。"邀"后接语素"宠"为状态动素,"功"为事项名素,"赏"为转移动素。"募"后接语素"股"为可外化抽象名素,"捐"为转移动素。"吸"后接语素"金"为可外化抽象名素,"储"为状态动素。"悬"后接语素"赏"为人造无生名素,"红"为可外化抽象名素。"争"后接语素"光""脸"为不外化抽象名素。"祝"后接语素"福"为不外化抽象名素。"筹"后接语素"资"为可外化抽象名素。"沽"后接语素"名"为性状名素。"化"后接语素"斋"为人造无生名素。"市"后接语素"惠"为性状名素。"要"后接语素"饭"为人造无生名素。

该组参构语素多,构词量较大,其中"求""请""告"的构词力比较强。后接语素的语义类型多样,以抽象名素和动素居多。从语义关系来看,除了"求人"等个别语素后接请求的对象角色,大部分词的后位语素都是表达求取的内容。

⑪邀请组

约构词半直接式:约稿、约集。聘构词半直接式:聘任。请构词半直接式:请客。

"约"后接语素"稿"为可外化抽象名素,"集"为变化动素。"聘"后接语素"任"为状态动素。"请"后接语素"客"为整体类指人名素。

⑫索求组

索构词直接式:索偿、索酬、索贿、索价、索赔。讨构词直接式:讨价、讨债、讨账 1。求构词直接式:求购、求和 2、求全 1。

"索"后接语素"偿""贿""赔"为转移动素,"酬""价"为可外化抽象名素。"讨"后接语素"价""债""账"为可外化抽象名素。"求"后接语素"购"为转移动素,"和"为变化动素,"全"为形素。

⑬寻找组

寻构词直接式:寻根 1、寻机、寻隙 1、寻隙 2、寻衅;半直接式:寻根 2;非直接式:寻死。营构词直接式:营救、营利、营生 1;半直接式:营私。

找构词直接式:找病 1;非直接式:找病 2、找死。采构词直接式:采风 1;非直接式:采风 2。抄构词直接式:抄家;非直接式:抄身。猎构词直接式:猎奇、猎艳。访构词半直接式:访古。检构词非直接式:检波。谋构词直接式:谋生。搜构词非直接式:搜身。索构词直接式:索解。挖构词直接式:挖潜。追构词直接式:追踪。

"寻"后接语素"根""机""隙（机会）"为事项名素，"隙（毛病）"为性状名素，"衅"为不外化抽象名素，"死"为变化动素。"营"后接语素"救"为作用动素，"利"为可外化抽象名素，"生"为事项名素，"私"为形素。

"找"后接语素"病"为事项名素，"死"为变化动素。"采"后接语素"风"为可外化抽象名素。"抄"后接语素"家"为人造无生名素，"身"为附属类指人名素。"猎"后接语素"奇""艳"为形素。"访"后接语素"古"为形素。"检"后接语素"波"为自然无生名素。"谋"后接语素"生"为事项名素。"搜"后接语素"身"为附属类指人名素。"索"后接语素"解"为事项名素。"挖"后接语素"潜"为性状名素。"追"后接语素"踪"为事项名素。

该组动素后接语素的义类多样，其中抽象名素构词比较多，而空间名素、时间名素和其他非名语素未有参构词例。

⑭探求组

探构词直接式：探矿、探路、探秘、探胜、探险；半直接式：探幽1、探幽2；非直接式：探伤。试构词直接式：试笔；非直接式：试点1、试岗、试工、试婚、试水2。

摸构词直接式：摸彩、摸底、摸奖。钩构词半直接式：钩沉、钩玄。格构词直接式：格物。蹚构词直接式：蹚路。掏构词直接式：掏底。追构词直接式：追根。

"探"后接语素"矿"为自然无生名素，"路"为场所空间名素，"秘"为可外化抽象名素，"胜""伤"为性状名素，"险""幽（隐蔽的）""幽（深远）"为形素。"试"后接语素"笔"为活动动素，"点"为方位空间名素，"岗"为可外化抽象名素，"工"为事项名素，"婚"为性状名素，"水"为自然无生名素。

"摸"后接语素"彩"为可外化抽象名素，"底"为事项名素，"奖"为人造无生名素。"钩"后接语素"沉""玄"为形素。"格"后接语素"物"为自然无生名素。"蹚"后接语素"路"为场所空间名素。"掏"后接语素"底"为事项名素。"追"后接语素"根"为事项名素。

⑮询问组

问构词直接式：问案、问话、问事1；非直接式：问安、问鼎1、问鼎2、问好、问津。请构词非直接式：请安1。质构词直接式：质证。

"问"后接语素"案""事"为事项名素，"话"为可外化抽象名素，"安""好"为形素，"鼎"为人造无生名素，"津"为场所空间名素。"请"后接语素"安"为形素。"质"后接语素"证"为事项名素。

⑯习得组

学构词直接式：学步；半直接式：学好、学坏、学舌1；非直接式：

学舌 2、学舌 3。习构词直接式：习艺、习作 1；半直接式：习字。读构词直接式：读经，非直接式：读书 2、读书 3。修构词直接式：修业；半直接式：修道。肄构词直接式：肄业 1。

"学"后接语素"步"为活动动素，"好""坏"为形素，"舌"为附属类指人名素。"习"后接语素"艺"为性状名素，"作"为活动动素，"字"为可外化抽象名素。"读"后接语素"经""书"为可外化抽象名素。"修"后接语素"业"为事项名素，"道"为不外化抽象名素。"肄"后接语素"业"为事项名素。

⑰测度组

验构词直接式：验车、验秤 1、验尿、验血；半直接式：验秤 2。试构词非直接式：试表、试车、试机。量构词半直接式：量力；非直接式：量刑。数构词非直接式：数伏、数九。探构词直接式：探案、探风。勘构词直接式：勘界。计构词半直接式：计数 2。号构词半直接式：号脉。诊构词半直接式：诊脉。

"验"后接语素"车""秤"为人造无生名素，"尿""血"为附属类指人名素。"试"后接语素"表""车""机"为人造无生名素。"量"后接语素"力"为性状名素，"刑"为事项名素。"数"后接语素"伏""九"为时量名素。"探"后接语素"案"为事项名素，"风"为可外化抽象名素。"勘"后接语素"界"为方位空间名素。"计"后接语素"数"为性状名素。"号""诊"后接语素"脉"为事项名素。

该组动素后接语素均为名素，没有动素、形素和其他非名语素。

⑱评判组

评构词直接式：评标、评功、评级、评价 1；半直接式：评奖；非直接式：评理。估构词半直接式：估产、估价 1、估价 2。论构词直接式：论罪。叙构词直接式：叙功。阅构词半直接式：阅卷。

"评"后接语素"标"为可外化抽象名素，"功"为事项名素，"级""价"为性状名素，"奖"为人造无生名素，"理"为不外化抽象名素。"估"后接语素"产"为变化动素，"价"为可外化抽象名素。"论"后接语素"罪"为事项名素。"叙"后接语素"功"为事项名素。"阅"后接语素"卷"为可外化抽象名素。

该组动素后接语素主要集中在事物和事情抽象名素。

(3)控他上下转移动素

①绌陟组

提构词直接式：提级、提职；非直接式：提干 1、提干 2。贬构词直接式：贬官 1、贬职。

"提"后接语素"级"为性状名素,"职"为可外化抽象名素,"干"为整体类指人名素。"贬"后接语素"官""职"为可外化抽象名素。

2.双向转移动素

①逊让组

让构词半直接式:让利、让零、让路、让位1、让贤;非直接式:让步。逊构词直接式:逊位。

"让"后接语素"利"为性状名素,"零""位(职位)"为可外化抽象名素,"路"为场所空间名素,"步"为事项名素,"贤"为整体类指人名素。"逊"后接语素"位(特指君主的地位)"为可外化抽象名素。

②争抢组

抢构词半直接式:抢滩2;非直接式:抢点2-1、抢点2-2、抢亲、抢滩3。争构词直接式:争霸、争冠、争雄;半直接式:争宠。

"抢"后接语素"滩"为场所空间名素,"点"为方位空间名素,"亲"为整体类指人名素。"争"后接语素"霸""雄"为整体类指人名素,"冠"为性状名素,"宠"为状态动素。

③兑换组

换构词非直接式:换钱2、换亲、换帖、换文1。兑构词半直接式:兑奖、兑现1;非直接式:兑现2。赎构词直接式:赎当;非直接式:赎身。

"换"后接语素"钱""帖""文"为可外化抽象名素,"亲"为附属类指人名素。"兑"后接语素"奖"为人造无生名素,"现"为可外化抽象名素。"赎"后接语素"当"为人造无生名素,"身"为代素。

(二)控他无向转移动素

①传扬组

驰构词直接式:驰名、驰誉。流构词直接式:流毒1、流芳。

"驰"后接语素"名""誉"为性状名素。"流"后接语素"毒"为不外化抽象名素,"芳"为形素。

②迁调组

输构词直接式:输电、输血1、输氧、输液;非直接式:输血2。倒构词非直接式:倒仓1-1、倒仓1-2、倒手1、倒手2、倒载。

搬构词直接式:搬家1;非直接式:搬兵、搬家2。迁构词直接式:迁都、迁居;非直接式:迁怒。调构词直接式:调防、调干1。拉构词直接式:拉脚、拉客2。班构词半直接式:班师。殖构词非直接式:殖民。走构词非直接式:走私。

"输"后接语素"电""氧""液"为自然无生名素，"血"为附属类指人名素。"倒"后接语素"仓"为场所空间名素，"手"为附属类指人名素，"载"为人造无生名素。

"搬"后接语素"家"为场所空间名素，"兵"为整体类指人名素。"迁"后接语素"都""居"为场所空间名素，"怒"为状态动素。"调"后接语素"防"为状态动素，"干"为整体类指人名素。"拉"后接语素"脚"为事项名素，"客"为整体类指人名素。"班"后接语素"师"为整体类指人名素。"殖"后接语素"民"为整体类指人名素。"走"后接语素"私"为形素。

③交流组

　　串构词直接式：串供、串气。

"串"后接语素"供""气"为可外化抽象名素。

控他行为转移动素，在构词时通常是在"动素＋与事＋受事"的事件结构中凸显"动素"和"受事"语义成分，而潜隐"与事"语义成分，这背后有词义"概括性"的制约。因为事件中的"与事"千变万化，不可能为每一个具体人物都去造一个词，这不符合语言经济性原则，构词追求用最少的符号去表示更丰富、更复杂的内容。

### 三、小结

根据本节转移动素构词分析，我们设计了统计表 3-3，以看出它们所接后位语素意义类型分布，来总结行为转移动素义对复合构词的影响。

表 3-3　前位行为转移动素后接语素意义类型分布

| 组别 | 具体名素 | | | 抽象名素 | | | 非名语素 | | |
|---|---|---|---|---|---|---|---|---|---|
| | 有生 | 无生 | 空间 | 事物 | 事情 | 时间 | 动素 | 形素 | 其他 |
| 奔赴 | 1 | | 12 | 1 | 1 | | 4 | 5 | |
| 跳入 | 1 | 12 | 2 | | 2 | | | | 2 |
| 返回 | 1 | | 12 | 1 | | | 1 | | |
| 登升 | 2 | 1 | 2 | | | | | 1 | 1 |
| 降下 | 2 | 1 | 1 | 1 | | | | | |
| 靠近 | 1 | | | | | | | | |
| 溯逆 | | | 2 | | | | | | |

| 组别 | 具体名素 | | | 抽象名素 | | | 非名语素 | | |
|---|---|---|---|---|---|---|---|---|---|
| | 有生 | 无生 | 空间 | 事物 | 事情 | 时间 | 动素 | 形素 | 其他 |
| 追赶 | 2 | | | | | | 2 | | |
| 迁移 | 1 | 1 | 1 | 1 | 2 | | | | |
| 给予 | 1 | 1 | | 12 | 12 | | 35 | | |
| 授予 | | 1 | | 2 | 2 | | 3 | | |
| 投送 | 1 | | | 12 | | 1 | 1 | 5 | |
| 委托 | 1 | | | | | | 35 | | |
| 捐赠 | | 1 | | 1 | 1 | | 23 | | |
| 赋予 | | | | 12 | | | | | |
| 支付 | | 1 | | 1 | | | | | |
| 退还 | | 1 | | 1 | | | 3 | 3 | |
| 报效 | 1 | | | 12 | | | | | |
| 回复 | | 1 | | 12 | 1 | | | | |
| 报复 | 1 | | | 12 | | | | | |
| 出卖 | 1 | 1 | | 1 | 2 | | 4 | | 1 |
| 倒卖 | | 1 | 2 | 1 | | | | 35 | |
| 抵押 | | | | 1 | | | | | |
| 借贷 | 1 | | 1 | 1 | | | | | |
| 赔偿 | | | | 1 | 1 | | | | |
| 进献 | 2 | 1 | | 12 | | | | | |
| 供给 | 1 | 2 | | 1 | | | | | |
| 缴纳 | | 1 | 1 | | | | | | |
| 分派 | | 1 | 1 | 1 | 2 | | | | |
| 告知 | | 12 | 2 | 12 | 12 | 1 | 123 | 2 | |
| 传授 | 1 | 1 | | 12 | 2 | 1 | | | 2 |
| 提取 | 12 | 12 | 2 | 1 | 12 | | 2 | 25 | 2 |

续表

| 组别 | 具体名素 | | | 抽象名素 | | | 非名语素 | | |
|---|---|---|---|---|---|---|---|---|---|
| | 有生 | 无生 | 空间 | 事物 | 事情 | 时间 | 动素 | 形素 | 其他 |
| 盗窃 | | 1 | 2 | 1 | | | | | |
| 抢夺 | | 12 | | 1 | 2 | | | 5 | |
| 敛取 | | | 1 | 1 | 2 | | 3 | | |
| 购买 | 1 | 12 | 1 | 1 | | | 13 | | |
| 讨娶 | 1 | | | | | | | | |
| 借引 | 2 | | 1 | 1 | 12 | | | 5 | |
| 选择 | 12 | 12 | 1 | 1 | 2 | 1 | 1 | 5 | 2 |
| 接受 | | 1 | | 12 | 12 | | 12345 | | |
| 求取 | 1 | 1 | | 12 | 12 | 1 | 12345 | 45 | |
| 邀请 | 1 | | | 1 | | | 12 | | |
| 索求 | | | | 1 | | | 23 | 2 | |
| 寻找 | 1 | 12 | | 12 | 12 | | 25 | 345 | |
| 探求 | | 12 | 12 | 1 | 12 | | 4 | 125 | |
| 询问 | | 1 | 2 | 1 | 1 | | | 5 | |
| 习得 | 1 | | | 12 | 12 | | 4 | 5 | |
| 测度 | 1 | 1 | 1 | 1 | 12 | 1 | | | |
| 评判 | | 1 | | 12 | 12 | | 2 | | |
| 细陟 | 1 | | | 1 | 2 | | | | |
| 逊让 | 1 | | 2 | 1 | 12 | | | | |
| 争抢 | 1 | | 12 | | 2 | | 1 | | |
| 兑换 | 1 | 1 | | 1 | | | | | 1 |
| 传扬 | | | | 2 | 2 | | | 5 | |
| 迁调 | 1 | 12 | 2 | | 1 | | 1 | 3 | |
| 交流 | | | | 1 | | | | | |

注:表中数字所代表的语素语义类型详见表1-1注。

奔赴、跳入、返回、登升、降下、靠近、溯逆、追赶组属于控自趋向转移集，其语义结构为：事件{行为者 i　控制[客体 i　从　源点　移向　目标]}。其后几乎都可以接空间名素。在构词数量上，后接语素多为具体名素，未有后接时间语素的词例。

迁移组属于控自非趋向转移集，后多接可外化抽象名素，表示人的社会职位或地位的变化。

给予、授予、投送、委托、捐赠、赋予、支付、退还、报效、回复、报复、出卖、倒卖、抵押、借贷、赔偿、进献、供给、缴纳、分派、告知、传授组属于控他外向转移集。

提取、盗窃、抢夺、敛取、购买、讨娶、借引、选择、接受、求取、邀请、索求、寻找、探求、询问、习得、测度、评判组属于控他内向转移集。

这两个语素集后接语素类型多样，均可接绝大多数类型的语素。而且两个集中的语素多数都可以接可外化抽象名素，少数语素后接时间名素。但是也呈现出一些差别，控他内向转移集后接空间名素、事情名素、动素、形素明显比控他外向转移集要多。

绌陟组属控他上下转移集，主要表达控制人的职位升降，主要接"职"等抽象名素。

逊让、争抢、兑换组属于双向转移集，后均可接指人名素，但是前两组均可接空间名素、性状名素，而兑换组未有与这两种语素结合的词例。

传扬、迁调、交流组属于控他无向转移集，除了时间名素和其他非名语素，其余类型的语素均有构词。

纵观所有控他行为转移动素，其中参构语素最多、构词量最大的无疑是控他外向转移集以及控他内向转移集。而且这两个集的构词量也超过了控自行为转移动素，这反映汉语词汇使用群体在构造支配式双音词时对事物归属有向移动的关注超过对自身位移运动的关注。

## 第四节　经历转移动素构词

经历转移动素表示经历者身体所发生的非自主移动。

其语义结构为：事件{行为者　经历　[客体 i　从　源点　移向　终点]}。

①坠落组

落构词非直接式：落地 2、落马 1、落马 2、落水、落网。垂构词直接式：垂泪；非直接式：垂涎。溜构词非直接式：溜桌。坠构词非直接式：坠地。

"落"后接语素"地"为场所空间名素,"马"为动物有生名素,"水"为自然无生名素,"网"为人造无生名素。"垂"后接语素"泪""涎"为附属类指人名素。"溜"后接语素"桌"为人造无生名素。"坠"后接语素"地"为场所空间名素。

②降贬组

降构词半直接式:降班、降级、降职。

"降"后接语素"班"为整体类指人名素,"级"为性状名素,"职"为可外化抽象名素。

③晋升组

升构词半直接式:升班、升格、升官、升级1、升学、升职。晋构词半直接式:晋级、晋职。

"升"后接语素"班"为整体类指人名素,"格""级"为性状名素,"官""学""职"为可外化抽象名素。"晋"后接语素"级"为性状名素,"职"为可外化抽象名素。

④调转组

调构词直接式:调职。转构词半直接式:转正。

"调"后接语素"职"为可外化抽象名素。"转"后接语素"正"为形素。

**小结**

根据本节转移动素构词分析,我们设计了表 3-4,以看出它们所接后位语素意义类型分布,总结经历转移动素义对复合构词的影响。

表 3-4　前位经历转移动素后接语素意义类型分布

| 组别 | 具体名素 | | | 抽象名素 | | | 非名语素 | | |
|---|---|---|---|---|---|---|---|---|---|
| | 有生 | 无生 | 空间 | 事物 | 事情 | 时间 | 动素 | 形素 | 其他 |
| 坠落 | 12 | 12 | 2 | | | | | | |
| 降贬 | 1 | | | 1 | 2 | | | | |
| 晋升 | 1 | | | 1 | 2 | | | | |
| 调转 | | | | 1 | | | | 3 | |

注:表中数字所代表的语素语义类型详见表 1-1 注。

坠落、降贬、晋升、调转组属于经历转移集,其后接语素较为明显的特点是没有时间名素和动素,主要是有生名素、事物抽象名素及性状名素。

总体来说,经历转移动素参与构造支配式双音词的比较少,构词量有限。

# 第四章 前位活动动素支配式
# 双音词构词分析

活动是事物的持续性运动,它具有两个特点,"一是有一个开端,二是能够持续"①。也就是语义内部时间结构具有过程性和非完结性。支配式双音词前位活动动素根据事件的类型,分为简单活动动素、使役活动动素、行为活动动素以及经历活动动素。

## 第一节 简单活动动素构词

简单活动动素表示的是没有外在控制或原因,也不和能够控制运动的主体发生关系的自然发生的运动。

其语义结构为:事件[客体 活动]②

根据活动的物体是否发生位置转移,简单活动动素可以分为移动简单活动动素和非移动简单活动动素。

### 一、移动简单活动动素

①流淌组

滴构词非直接式:滴水1、滴水2。走构词直接式:走水2。流构词非直接式:流血。

"滴""走"后接语素"水"为自然无生名素。"流"后接语素"血"为附属类指人名素。

"流""滴"表示液态物质的活动,所以可以接"血""水"等液态义的名素。但是为什么不用"血流""水滴""水走"这样的陈述式呢?陈述式双音词"地震""海啸""日出"等前面一般不再加主体,是表示自然现象的零价动词。而"流血"是表达在某人身上发生了流血,"滴水"表示某处发生了滴水,这些支配式动词往往前面可以加一个主体,"流血""滴水"作为一个述语阐释该主

---

① 吕云生:《〈礼记〉动词的语义分类研究》,中国广播电视出版社,2009年,第99页。
② 吕云生:《〈礼记〉动词的语义分类研究》,中国广播电视出版社,2009年,第99页。

体发生了什么,相关现象的详细论述参见第八章第二节"支配力与词内语义关系类型"部分。

②循行组

循构词直接式:循环。

"循"后接语素"环"为性状名素。

③流通组

通构词直接式:通风1。

"通"后接语素"风"为自然无生名素。

④散布组

飘构词非直接式:飘红、飘绿。串构词非直接式:串皮。扬构词非直接式:扬花。

"飘"后接语素"红""绿"为形素。"串"后接语素"皮"为附属类指人名素。"扬"后接语素"花"为植物有生名素。

⑤翻动组

翻构词非直接式:翻浆、翻胃。反构词非直接式:反胃。

"翻"后接语素"浆"为自然无生名素,"胃"为附属类指人名素。"反"后接语素"胃"为附属类指人名素。

⑥灌输组

灌构词非直接式:灌浆2、灌浆3。

"灌"后接语素"浆"为自然无生名素。

⑦延烧组

过构词非直接式:过火2。燎构词直接式:燎原。

"过"后接语素"火"为自然无生名素。"燎"后接语素"原"为场所空间名素。

⑧航行组

航构词直接式:航海、航空、航天、航宇。

"航"后接语素"海""空""天""宇"为场所空间名素。

## 二、非移动简单活动动素

①繁衍组

传构词直接式:传种。

"传"后接语素"种"为动植物有生名素。

②嚎叫组

嚎构词直接式:嚎春。

"噢"后接语素"春"为时量名素。

③塑造组

　　塑构词直接式:塑身。

"塑"后接语素"身"为附属类指人名素。

④沸腾组

　　开构词半直接式:开锅。

"开"后接语素"锅"为人造无生名素。

⑤沤变组

　　沤构词半直接式:沤肥。

"沤"后接语素"肥"为人造无生名素。

⑥闪耀组

　　闪构词直接式:闪光。

"闪"后接语素"光"为自然无生名素。

⑦耐历组

　　耐构词非直接式:耐久、耐看、耐用。历构词直接式:历时1。

"耐"后接语素"久"为形素,"看"为状态动素,"用"为作用动素。"历"后接语素"时"为时量名素。

## 三、小结

根据本节简单活动动素构词分析,我们设计了表 4-1,以看出它们所接后位语素意义类型分布,总结简单活动动素义对复合构词的影响。

表 4-1　前位简单活动动素后接语素意义类型分布

| 组别 | 具体名素 | | | 抽象名素 | | | 非名语素 | | |
| | 有生 | 无生 | 空间 | 事物 | 事情 | 时间 | 动素 | 形素 | 其他 |
| --- | --- | --- | --- | --- | --- | --- | --- | --- | --- |
| 流淌 | 1 | 2 | | | | | | | |
| 循行 | | | | | 2 | | | | |
| 流通 | | 2 | | | | | | | |
| 散布 | 12 | | | | | | | | 1 |
| 翻动 | 1 | 2 | | | | | | | |
| 灌输 | | 2 | | | | | | | |
| 延烧 | | 2 | 2 | | | | | | |

续表

| 组别 | 具体名素 | | | 抽象名素 | | | 非名语素 | | |
|---|---|---|---|---|---|---|---|---|---|
| | 有生 | 无生 | 空间 | 事物 | 事情 | 时间 | 动素 | 形素 | 其他 |
| 航行 | | | 2 | | | | | | |
| 繁衍 | 2 | | | | | | | | |
| 嚎叫 | | | | | | 1 | | | |
| 塑造 | 1 | | | | | | | | |
| 沸腾 | | 1 | | | | | | | |
| 沤变 | | 1 | | | | | | | |
| 闪耀 | | 2 | | | | | | | |
| 耐历 | | | | | | 1 | 15 | 4 | |

注:表中数字所代表的语素语义类型详见表1-1注。

流淌、循行、流通、散布、翻动、灌输、延烧、航行组属于移动简单活动集,后接语素多为具体名素,未接事物抽象名素、事项名素、动素、形素和其他非名语素。这些构词表达的是具体事物进行的活动。

繁衍、嚎叫、塑造、沸腾、沤变、闪耀、耐历组属于非移动简单活动集,后接语素主要是有生和无生具体名素。但耐历组后接语素比较特殊,其不接具体名素,而主要接时间名素、动素及形素。

## 第二节 使役活动动素构词

使役活动动素是指某种原因引起持续活动的发生。

其语义结构为:事件{使因 因果使役 [客体 活动]}。[①]

①使活动组

动构词直接式:动兵、动员2;非直接式:动员1、动嘴。活构词直接式:活血。

"动"后接语素"兵""员"为整体类指人名素,"嘴"为附属类指人名素。"活"后接语素"血"为附属类指人名素。

---

① 吕云生:《〈礼记〉动词的语义分类研究》,中国广播电视出版社,2009年,第118页。

②使争斗组

　　斗构词非直接式：斗鸡1、斗鸡2、斗牛。

"斗"后接语素"鸡""牛"为动物有生名素。

③使延度组

　　度构词直接式：度命。行构词非直接式：行腔。

"度"后接语素"命"为性状名素。"行"后接语素"腔"为可外化抽象名素。

④使感动组

　　感构词非直接式：感人。动构词非直接式：动人。

"感""动"后接语素"人"为整体类指人名素。

⑤使鸣响组

　　鸣构词直接式：鸣鞭1、鸣笛；非直接式：鸣金。响构词非直接式：响锣1。

"鸣"后接语素"鞭""笛""金"为人造无生名素。"响"后接语素"锣"为人造无生名素。

⑥使跑行组

　　跑构词非直接式：跑马1、跑马2。行构词直接式：行车、行船。走构词非直接式：走笔、走马。飙构词直接式：飙车。涉构词非直接式：涉笔。

"跑"后接语素"马"为动物有生名素。"行"后接语素"车""船"为人造无生名素。"走"后接语素"笔"为人造无生名素，"马"为动物有生名素。"飙"后接语素"车"为人造无生名素。"涉"后接语素"笔"为人造无生名素。

⑦使前进组

　　进构词直接式：进兵、进军；非直接式：进步1、进步2。

"进"后接语素"兵""军"为整体类指人名素，"步"为事项名素。

⑧使退却组

　　退构词非直接式：退步2、退步3。却构词非直接式：却步。

"退""却"后接语素"步"为事项名素。

⑨使返回组

　　回构词非直接式：回锅、回笼1、回炉1、回炉2。

"回"后接语素"锅""笼""炉"为人造无生名素。

⑩使上扬组

　　扬构词直接式：扬尘1、扬沙。

"扬"后接语素"尘""沙"为自然无生名素。

⑪使浮游组

　　滥构词非直接式：滥觞1、滥觞2。流构词非直接式：流觞。泛构词非直接式：泛舟。

"滥""流"后接语素"觞"为人造无生名素。"泛"后接语素"舟"为人造无生名素。

⑫使传播组

　　扬构词直接式：扬名、扬言。行构词非直接式：行文2。

"扬"后接语素"名"为性状名素，"言"为可外化抽象名素。"行"后接语素"文"为可外化抽象名素。

## 小结

根据本节活动动素构词分析，我们设计了表4-2，以看出它们所接后位语素意义类型分布，总结使役活动动素义对复合构词的影响。

表4-2　前位使役活动动素后接语素意义类型分析

| 组别 | 具体名素 | | | 抽象名素 | | | 非名语素 | | |
|---|---|---|---|---|---|---|---|---|---|
| | 有生 | 无生 | 空间 | 事物 | 事情 | 时间 | 动素 | 形素 | 其他 |
| 使活动 | 1 | | | | | | | | |
| 使争斗 | 2 | | | | | | | | |
| 使延度 | | | | 1 | 2 | | | | |
| 使感动 | 1 | | | | | | | | |
| 使鸣响 | | 1 | | | | | | | |
| 使跑行 | 2 | | | | | | | | |
| 使前进 | 1 | | | | 1 | | | | |
| 使退却 | | | | | 1 | | | | |
| 使返回 | | 1 | | | | | | | |
| 使上扬 | | 2 | | | | | | | |
| 使浮游 | | | | | | | | | |
| 使传播 | | | | 1 | 2 | | | | |

注：表中数字所代表的语素语义类型详见表1-1注。

使活动、使争斗、使延度、使感动、使鸣响、使跑行、使前进、使退却、使返回、使上扬、使浮游、使传播组属于使役活动集,后接语素主要是有生和无生具体名素、可外化和事情抽象名素,而没有出现后接空间名素、时间名素以及动素和形素的词例。

## 第三节　行为活动动素构词

行为活动动素主要表示行为者通过自身的控制发出某种动作。因此,在其语义结构中,作为行为者的人既是发出控制的主体,又是接受控制的产生某种动作的客体。

其语义结构为:事件〈行为者 i　控制　[客体 i　活动]〉。[①]

根据发出动作的是单方独立的行为者,还是双方合作的行为者,行为动素可以分为独立行为活动动素和合作行为活动动素。

### 一、独立行为活动动素

#### (一)自身活动动素

#### 1. 单纯型身体活动动素

(1)环境依赖型活动动素

①行走组

走构词直接式:走路 1;非直接式:走边、走绳、走索、走台 1、走台 2。跑构词直接式:跑步、跑外。行构词直接式:行军;非直接式:行脚。奔构词直接式:奔命 1。步构词非直接式:步武 2。喋构词非直接式:喋血。涉构词半直接式:涉足。

"走"后接语素"路"为场所空间名素,"边"为方位空间名素,"绳""索""台"为人造无生名素。"跑"后接语素"步"为事项名素,"外"为方位空间名素。"行"后接语素"军"为整体类指人名素,"脚"为附属类指人名素。"奔"后接语素"命"为可外化抽象名素。"步"后接语素"武"为事项名素。"喋"后接语素"血"为附属类指人名素。"涉"后接语素"足"为附属类指人名素。

②游泳组

游构词直接式:游水。

"游"后接语素"水"为自然无生名素。

---

① 吕云生:《〈礼记〉动词的语义分类研究》,中国广播电视出版社,2009 年,第 177 页。

③攀爬组

攀构词半直接式：攀高1；非直接式：攀岩。扒构词半直接式：扒车。爬构词非直接式：爬坡。

"攀"后接语素"高"为形素，"岩"为自然无生名素。"扒"后接语素"车"为人造无生名素。"爬"后接语素"坡"为场所空间名素。

④滑行组

滑构词直接式：滑冰1、滑草、滑雪1；非直接式：滑冰2、滑雪2。溜构词直接式：溜冰。冲构词非直接式：冲浪。

"滑"后接语素"冰""雪"为自然无生名素，"草"为植物有生名素。"溜"后接语素"冰"为自然无生名素。"冲"后接语素"浪"为自然无生名素。

⑤巡游组

游构词非直接式：游方1、游街、游乡1、游乡2、游园。遛构词非直接式：遛鸟、遛马。踏构词非直接式：踏春、踏青。逛构词非直接式：逛灯。蹓构词非直接式：蹓马。巡构词直接式：巡天。

"游"后接语素"方""乡"为方位空间名素，"街""园"为场所空间名素。"遛"后接语素"鸟""马"为动物有生名素。"踏"后接语素"春"为时量名素，"青"为植物有生名素。"逛"后接语素"灯"为人造无生名素。"蹓"后接语素"马"为动物有生名素。"巡"后接语素"天"为场所空间名素。

（2）非环境依赖型活动动素

这类动素表示的活动与环境，无论是处所还是目标，都没有必然的联系。它们主要是表示活动者的非移动活动。

①瞪眼组

瞪构词直接式：瞪眼1；非直接式：瞪眼2。

"瞪"后接语素"眼"为附属类指人名素。

②眨眼组

眨构词直接式：眨眼1；非直接式：眨眼2。

"眨"后接语素"眼"为附属类指人名素。

③眯眼组

眯构词直接式：眯缝。

"眯"后接语素"缝"为方位空间名素。

④闭眼组

瞑构词直接式：瞑目。

"瞑"后接语素"目"为附属类指人名素。

⑤噘嘴组

噘构词非直接式：噘嘴。

“噘”后接语素“嘴”为附属类指人名素。

⑥撇嘴组

撇构词非直接式：撇嘴。

“撇”后接语素“嘴”为附属类指人名素。

⑦咧嘴组

咧构词直接式：咧嘴。

“咧”后接语素“嘴”为附属类指人名素。

⑧咂舌组

咂构词非直接式：咂舌。

“咂”后接语素“舌”为附属类指人名素。

⑨咋舌组

咋构词非直接式：咋舌。

“咋”后接语素“舌”为附属类指人名素。

⑩舔舐组

舐构词非直接式：舐痔。

“舐”后接语素“痔”为性状名素。

⑪蹙额组

蹙构词直接式：蹙额。

“蹙”后接语素“额”为附属类指人名素。

⑫甩动组

甩构词直接式：甩手 1。

“甩”后接语素“手”为附属类指人名素。

⑬招手组

招构词非直接式：招手。

“招”后接语素“手”为附属类指人名素。

⑭劈手组

劈构词非直接式：劈手。

“劈”后接语素“手”为附属类指人名素。

⑮放手组

措构词直接式：措手。

“措”后接语素“手”为附属类指人名素。

⑯扼拱组

扼构词非直接式:扼腕。拱构词非直接式:拱手。

"扼"后接语素"腕"为附属类指人名素。"拱"后接语素"手"为附属类指人名素。

⑰交叉组

抄构词直接式:抄手1。

"抄"后接语素"手"为附属类指人名素。

⑱攥握组

握构词直接式:握拳。

"握"后接语素"拳"为附属类指人名素。

⑲弹动组

弹构词非直接式:弹指。

"弹"后接语素"指"为附属类指人名素。

⑳伸腿组

蹬构词直接式:蹬腿1。

"蹬"后接语素"腿"为附属类指人名素。

㉑扫腿组

扫构词直接式:扫腿。

"扫"后接语素"腿"为附属类指人名素。

㉒劈腿组

劈构词直接式:劈叉、劈腿1;非直接式:劈腿2。

"劈"后接语素"叉"为性状名素,"腿"为附属类指人名素。

㉓踩踏组

踩构词非直接式:踩水;非直接式:踩雷。跌构词直接式:跌足。跺构词非直接式:跺脚。踏构词直接式:踏步1。

"踩"后接语素"水"是自然无生名素,"雷"为人造无生名素。"跌"后接语素"足"为附属类指人名素。"跺"后接语素"脚"为附属类指人名素。"踏"后接语素"步"为事项名素。

㉔收蹑组

蹑构词直接式:蹑足1。

"蹑"后接语素"足"为附属类指人名素。

㉕迈步组

迈构词直接式:迈步。

"迈"后接语素"步"为事项名素。

㉖蹦跳组

蹦构词非直接式：蹦床 2。跳构词非直接式：跳板 4。

"蹦"后接语素"床"为人造无生名素。"跳"后接语素"板"为人造无生名素。

㉗跳舞组

跳构词直接式：跳舞 1；半直接式：跳舞 2；非直接式：跳月。

"跳"后接语素"舞"为事项名素，"月"为自然无生名素。

㉘顿叩组

顿构词非直接式：顿首 1、顿首 2。叩构词非直接式：叩首、叩头。磕构词非直接式：磕头。

"顿""磕""叩"后接语素"首""头"为附属类指人名素。

㉙鞠躬组

欠构词非直接式：欠身。折构词非直接式：折腰。

"欠"后接语素"身"为附属类指人名素。"折"后接语素"腰"为附属类指人名素。

㉚挺直组

挺构词直接式：挺身。

"挺"后接语素"身"为附属类指人名素。

㉛纵飞组

飞构词直接式：飞身。纵构词直接式：纵身。

"飞""纵"后接语素"身"为附属类指人名素。

很明显，该集构词后位语素以与身体部位相关的附属类指人名素居多。

2.复合型身体活动动素

严格来说，这类动素不完全是活动动素，它们是跨类的，具有双重的语义结构。

(1)思维活动动素

该集动素表示行为者运用思维器官对抽象的信息进行处理。

①计算组

计构词直接式：计酬、计价、计时。算构词直接式：算账 1；非直接式：算账 2。

"计"后接语素"酬""价"为可外化抽象名素，"时"为时量名素。"算"后接语素"账"为可外化抽象名素。

②谋划组

筹构词直接式：筹办、筹建、筹拍、筹组。规构词直接式：规避、规复。炼构词非直接式：炼句、炼字。措构词直接式：措办。划构词直接式：划策。谋构词直接式：谋事1。设构词直接式：设法。酌构词直接式：酌情。

"筹"后接语素"办"为作用动素，"建""组"为变化动素，"拍"为状态动素。"规"后接语素"避""复"为变化动素。"炼"后接语素"句""字"为可外化抽象名素。"措"后接语素"办"为作用动素。"划"后接语素"策"为不外化抽象名素。"谋"后接语素"事"为事项名素。"设"后接语素"法"为不外化抽象名素。"酌"后接语素"情"为性状名素。

该组动素后接语素集中于事物名素、性状名素和动素。

③想象组

想构词非直接式：想象1、想象2。

"想"后接语素"象"为性状名素。

④猜测组

猜构词半直接式：猜谜1；非直接式：猜谜2、猜拳。押构词直接式：押宝、押题。

"猜"后接语素"谜"为可外化抽象名素，"拳"为附属类指人名素。"押"后接语素"宝"为人造无生名素，"题"为可外化抽象名素。

⑤研究组

考构词直接式：考古1、考据；非直接式：考古2。参构词直接式：参禅。解构词直接式：解构。治构词直接式：治学。

"考"后接语素"古"为时序名素，"据"为事项名素。"参"后接语素"禅"为不外化抽象名素。"解"后接语素"构"为性状名素。"治"后接语素"学"为不外化抽象名素。

该组动素后接语素均为抽象名素。

⑥审悟组

审构词半直接式：审美、审题。辨构词非直接式：辨症。玩构词非直接式：玩味。悟构词直接式：悟道。

"审"后接语素"美"为形素，"题"为可外化抽象名素。"辨"后接语素"症"为事项名素。"玩"后接语素"味"为性状名素。"悟"后接语素"道"为不外化抽象名素。

(2)发声活动动素

该集动素表示行为者运用发音器官或其替代物发出某种有意义的声

音。这些声音内容可以视为行为者的创造物。

①言说组

谈构词直接式:谈话 1;半直接式:谈心;非直接式:谈话 2。话构词非直接式:话别、话旧。叙构词非直接式:叙别、叙旧。

"谈"后接语素"话"为可外化抽象名素,"心"为不外化抽象名素。"话""叙"后接语素"别"为变化动素,"旧"为形素。

②争吵组

拌构词直接式:拌嘴。吵构词直接式:吵嘴。

"拌""吵"后接语素"嘴"为可外化抽象名素。

③数读组

读构词直接式:读书 1;非直接式:读秒。数构词非直接式:数秒。吐构词非直接式:吐字。

"读"后接语素"书"为可外化抽象名素,"秒"为量素。"数"后接语素"秒"为量素。"吐"后接语素"字"为可外化抽象名素。

④演唱组

唱构词直接式:唱诗 2、唱戏;非直接式:唱诗 1。度构词直接式:度曲 2。甩构词直接式:甩腔。拖构词直接式:拖腔 1。

"唱"后接语素"诗"为可外化抽象名素,"戏"为事项名素。"度"后接语素"曲"为可外化抽象名素。"甩""拖"后接语素"腔"为可外化抽象名素。

⑤哭喊组

哭构词直接式:哭灵、哭丧。号构词直接式:号丧。

"哭"后接语素"灵"为人造无生名素,"丧"为事项名素。"号"后接语素"丧"为事项名素。

⑥呼叫组

呼构词半直接式:呼救。

"呼"后接语素"救"为作用动素。

(3)学习活动动素

该集动素表示行为者运用思维器官和潜在地起作用的发音器官处理某些抽象信息。这些信息内容是行为者所要吸收的知识对象。

①背诵组

念构词直接式:念经、念咒;半直接式:念佛;非直接式:念书。背构词半直接式:背书 1。唪构词直接式:唪经。

"念"后接语素"经""咒""佛""书"为可外化抽象名素。"背"后接语素"书"为可外化抽象名素。"唪"后接语素"经"为可外化抽象名素。

该组动素后接语素均为外化抽象名素。

②解答组

答构词半直接式：答卷1、答题。解构词直接式：解题1。

"答"后接语素"卷""题"为可外化抽象名素。"解"后接语素"题"为可外化抽象名素。

（4）饮食活动动素

该集动素表示行为者运用口部器官摄入某些具体的事物。

①吃食组

吃构词直接式：吃素1、吃斋1、吃斋2、吃斋3；非直接式：吃饭、吃青、吃水1、吃素2。用构词直接式：用餐、用饭、用膳。服构词直接式：服毒、服药。食构词半直接式：食补。吞构词直接式：吞金。

"吃"后接语素"素""斋""饭"为人造无生名素，"水"为自然无生名素，"青"为植物有生名素。"用"后接语素"餐""饭""膳"为人造无生名素。"服"后接语素"毒""药"为人造无生名素。"食"后接语素"补"为人造无生名素。"吞"后接语素"金"为自然无生名素。

该组动素后接多为人造类和自然类的无生具体名素。

②喝饮组

饮1构词直接式：饮茶1；非直接式：饮茶2。饮2构词非直接式：饮场。歃构词非直接式：歃血。酗构词直接式：酗酒。

"饮（yǐn）"后接语素"茶"为人造无生名素。"饮（yìn）"后接语素"场"为场所空间名素。"歃"后接语素"血"为附属类指人名素。"酗"后接语素"酒"为人造无生名素。

③吸入组

吸构词非直接式：吸毒。

"吸"后接语素"毒"为人造无生名素。

④品尝组

尝构词半直接式：尝鲜、尝新。

"尝"后接语素"鲜""新"为形素。

（5）创作活动动素

该集动素表示行为者用手制成某些具体物品，这些物品是行为者的创造物。

①书写组

签构词直接式：签名1、签约、签字1；非直接式：签单1、签单2、签到、签证。题构词直接式：题词1、题额、题款1、题名1、题签1、题字1。

画构词直接式:画到;非直接式:画供、画卯、画押、画知。

具构词直接式:具名、具文1。开构词直接式:开票2、开账1。勾构词非直接式:勾乙。划构词非直接式:划价。书构词非直接式:书丹。署构词直接式:署名。押构词半直接式:押尾。

"签"后接语素"名""约""字""单""证"为可外化抽象名素,"到"为变化动素。"题"后接语素"额""签"为人造无生名素,"词""款""名""字"为可外化抽象名素。"画"后接语素"到"为变化动素,"供""押"为可外化抽象名素,"卯"为时量名素,"知"为状态动素。

"具"后接语素"名""文"为可外化抽象名素。"开"后接语素"票"为人造无生名素,"账"为可外化抽象名素。"勾"后接语素"乙"为可外化抽象名素,充当结果角色,"勾"和"乙"都是曲线的特征,语义匹配度高。"划"后接语素"价"为可外化抽象名素。"书"后接语素"丹"为形素。"署"后接语素"名"为可外化抽象名素。"押"后接语素"尾"为事项名素。

该组后接语素多为与文化有关的可外化抽象名素。

②绘画组

画构词直接式:画符、画图1、画像1。描构词非直接式:描红1、描金、描图。打构词半直接式:打样1、打样2。绘构词直接式:绘图。

"画"后接语素"符""图"为可外化抽象名素,"像"为性状名素。"描"后接语素"红"为形素,"金"为自然无生名素,"图"为可外化抽象名素。"打"后接语素"样(形状)""样(范样)"为性状名素。"绘"后接语素"图"为可外化抽象名素。

③演奏组

奏构词直接式:奏乐;非直接式:奏凯。操构词半直接式:操琴。抚构词非直接式:抚琴。作构词直接式:作乐2—2。

"奏"后接语素"乐""凯"为可外化抽象名素。"操""抚"后接语素"琴"为人造无生名素。"作"后接语素"乐"为可外化抽象名素。

**(二)综合活动动素**

这类动素所表现的动作直观性和个体性较弱,而社会性较强。

**1.一般活动动素**

①从事组

作构词直接式:作案、作弊、作别、作答、作恶、作法1、作梗、作难1、作孽、作秀1、作业2、作揖、作战;半直接式:作对、作乐1、作美、作秀2;非直接式:作怪、作践1、作践2、作祟。做构词直接式:做工1、做功 2、做鬼、做事 1、做戏 1；非直接式：做事 2、做戏 2。

从构词直接式：从业；半直接式：从教、从警、从医、从艺、从影。务构词直接式：务虚；半直接式：务工、务农、务实 1、务正；非直接式：务实 2。

搞构词直接式：搞鬼、搞笑 1；非直接式：搞怪、搞笑 2。犯构词直接式：犯案、犯事、犯罪；半直接式：犯贱。打构词直接式：打工、打仗。行构词半直接式：行商 2、行医。混构词直接式：混事。为构词半直接式：为生。执构词直接式：执业。

"作"后接语素"案""弊""恶""孽""业""战""祟"为事项名素，"别"为变化动素，"答"为转移动素，"法""对""色""势"为性状名素，"梗""难""践"为作用动素，"秀""揖"为活动动素，"乐""美"为形素，"怪"为不外化抽象名素。"做"后接语素"工""事""戏"为事项名素，"功"为性状名素，"鬼"为不外化抽象名素。

"从"后接语素"业"为可外化抽象名素，"教"为转移动素，"警""医"为整体类指人名素，"艺"为性状名素，"影"为事项名素。"务"后接语素"虚"为不外化抽象名素，"工""农"为事项名素，"实"为性状名素，"正"为形素。

"搞"后接语素"鬼"为不外化抽象名素，"怪"为形素，"笑"为活动动素。"犯"后接语素"案""事""罪"为事项名素，"贱"为形素。"打"后接语素"工""仗"为事项名素。"行"后接语素"商"为事项名素，"医"为整体类指人名素。"混"后接语素"事"为事项名素。"为"后接语素"生"为事项名素。"执"后接语素"业"为事项名素。

该组动素绝大多数都可以接事项名素，其中"作""做""从""务"的构词能力比较强。

②准备组

备构词直接式：备耕、备考 3、备课、备料 1、备战；半直接式：备货。

"备"后接语素"耕""考"为活动动素，"课""战"为事项名素，"料""货"为人造无生名素。

③忍耐组

耐构词非直接式：耐烦、耐劳。

"耐"后接语素"烦"为状态动素，"劳"为形素。

2.日常活动动素

①猜赌组

赌构词直接式：赌钱；半直接式：赌球；非直接式：赌石。

"赌"后接语素"钱"为可外化抽象名素，"球"为人造类有生名素，"石"为自然无生名素。

②考试组

考构词非直接式：考博、考级、考学、考研。

"考"后接语素"博""研"为整体类指人名素，"级"为性状名素，"学"为转移动素。

③玩闹组

弄构词非直接式：弄瓦、弄璋。闹构词非直接式：闹房。玩构词非直接式：玩火。舞构词直接式：舞弊。

"弄"后接语素"瓦""璋"为人造无生名素。"闹"后接语素"房"为场所空间名素。"玩"后接语素"火"为自然无生名素。"舞"后接语素"弊"为事项名素，"舞弊"的意思是玩弄欺诈蒙骗的行为。

④修炼组

练构词直接式：练兵 1、练队、练功；半直接式：练笔 1、练笔 2、练武 1、练武 2；非直接式：练兵 2。打构词直接式：打拳。修构词非直接式：修仙。演构词直接式：演武。

"练"后接语素"兵""队"为整体类指人名素，"功"为性状名素，"笔"为活动动素，"武（击技）""武（军事）"为事项名素。"打"后接语素"拳"为事项名素。"修"后接语素"仙"为不外化抽象名素。"演"后接语素"武"为事项名素。

⑤祭拜组

拜构词直接式：拜佛；半直接式：拜节、拜年、拜寿；非直接式：拜堂。吊构词直接式：吊丧、吊孝。祭构词直接式：祭灵；非直接式：祭灶。奠构词直接式：奠酒。礼构词直接式：礼佛。

"拜"后接语素"佛"为不外化抽象名素，"节""年""寿"为时量名素，"堂"为场所空间名素。"吊"后接语素"丧""孝"为事项名素。"祭"后接语素"灵""灶"为不外化抽象名素。"奠"后接语素"酒"为人造无生名素。"礼"后接语素"佛"为不外化抽象名素。

⑥混杂组

混构词直接式：混迹。

"混"后接语素"迹"为事项名素。

⑦送别组

辞构词直接式：辞灵；非直接式：辞岁、辞灶。

"辞"后接语素"灵""灶"为不外化抽象名素,"岁"为时量名素。

### 3. 生产活动动素

①劳动组

　　劳构词直接式:劳心 2、劳力 3。

"劳"后接语素"心"为不外化抽象名素,"力"为性状名素。

②开垦组

　　开构词直接式:开荒。垦构词直接式:垦荒。拓构词直接式:拓荒。

"开""垦""拓"后接语素"荒"为场所空间名素。

③种植组

　　种构词非直接式:种地、种田。

"种"后接语素"地""田"为场所空间名素。

④放牧组

　　放构词半直接式:放青。

"放"后接语素"青"为植物有生名素。

⑤垂钓组

　　钓构词非直接式:钓鱼。

"钓"后接语素"鱼"为动物有生名素。

### 4. 制造活动动素

①制作组

　　铸构词直接式:铸币 1;半直接式:铸字。塑构词直接式:塑像 1。治构词直接式:治印。

"铸"后接语素"币"为人造无生名素,"字"为可外化抽象名素。"塑"后接语素"像"为性状名素。"治"后接语素"印"为人造无生名素。

②搭建组

　　搭构词直接式:搭桥 1;非直接式:搭桥 2、搭桥 3、搭台。

"搭"后接语素"桥""台"为人造无生名素。

③安装组

　　装构词直接式:装机。

"装"后接语素"机"为人造无生名素。

### 5. 文化活动动素

①创制组

　　编构词直接式:编程、编剧 1、编目 1、编舞 1;非直接式:编剧 2、编舞 2。修构词直接式:修函、修书 1、修书 2;半直接式:修史。构构词直接式:构思;非直接式:构图。度构词直接式:度曲1。谱构词直接式:谱曲。起构词直接式:起稿。行构词直接式:行文1。缀构词直接式:缀文。

"编"后接语素"程""目"为可外化抽象名素,"剧""舞"为事项名素。"修"后接语素"函""书(装订成册的著作)""书(书信)"为可外化抽象名素,"史"为时序名素。"构"后接语素"思"为不外化抽象名素。"图"为可外化抽象名素。"度""谱"后接语素"曲"为可外化抽象名素。"起"后接语素"稿"为可外化抽象名素。"行""缀"后接语素"文"为可外化抽象名素。

该组动素后接语素多为可外化抽象名素。

②排演组

　　演构词直接式:演戏1;非直接式:演戏2。排构词直接式:排戏。

"演""排"后接语素"戏"为事项名素。

③举行组

　　开构词直接式:开会、开庭;非直接式:开吊。做构词直接式:做寿。

"开"后接语素"会"为事项名素,"庭"为场所空间名素,"吊"为活动动素。"做"后接语素"寿"为时量名素。

④播布组

　　放构词非直接式:放毒2、放风3。播构词直接式:播音。布构词非直接式:布道。

"放"后接语素"毒"为不外化抽象名素,"风"为可外化抽象名素。"播"后接语素"音"为可外化抽象名素。"布"后接语素"道"为不外化抽象名素。

该组动素后接语素集中在事物抽象名素。

6.武力活动动素

①暴动组

　　闹构词非直接式:闹荒1、闹事。暴构词直接式:暴狱。

"闹"后接语素"荒""事"为事项名素。"暴"后接语素"狱"为场所空间名素。

②攻打组

　　打构词半直接式:打擂;非直接式:打鬼。攻构词半直接式:攻擂。

"打"后接语素"擂"为人造无生名素,"鬼"为不外化抽象名素。"攻"后接语素"擂"为人造无生名素。

## 二、合作行为活动动素

### (一)共同活动动素

#### ①商议组

　　议构词直接式:议和;半直接式:议价1、议事、议政。约构词直接式:约会1、约见、约期1、约谈。讲构词直接式:讲和。言构词直接式:言和。洽构词直接式:洽购。咨构词半直接式:咨政。

"议"后接语素"和"为变化动素,"价"为可外化抽象名素,"事""政"为事项名素。"约"后接语素"会""见"为变化动素,"期"为时量名素,"谈"为活动动素。"讲""言"后接语素"和"为变化动素。"洽"后接语素"购"为转移动素。"咨"后接语素"政"为事项名素。

### (二)交互活动动素

该集动素表示彼此对立的双方进行某种活动,在活动之中,双方存在物质上或精神上的某种联系。

#### ①争斗组

　　竞构词直接式:竞标、竞猜、竞渡1、竞渡2、竞岗、竞技、竞选;半直接式:竞答、竞聘、竞销;非直接式:竞走。

　　斗构词直接式:斗法、斗富、斗狠、斗牌、斗气、斗智。赛构词非直接式:赛车1、赛马1、赛跑、赛艇1。争构词直接式:争强、争胜、争先。飙构词直接式:飙歌;半直接式:飙戏。对构词非直接式:对局、对擂。比构词非直接式:比武。赌构词非直接式:赌气。角构词非直接式:角力。碰构词半直接式:碰硬。

"竞"后接语素"标""岗""价"为可外化抽象名素,"猜""走"为活动动素,"技"为性状名素,"渡""答""聘""销"为转移动素,"选"为人造无生名素。

"斗"后接语素"法"为性状名素,"富"为可外化抽象名素,"狠"为形素,"牌"为人造无生名素,"气"为状态动素,"智"为不外化抽象名素。"赛"后接语素"车""艇"为人造无生名素,"马"为动物有生名素,"跑"为活动动素。"争"后接语素"强"为形素,"胜"为变化动素,"先"为性状名素。"飙"后接语素"歌"为活动动素,"戏"为事项名素。"对"后接语素"局"为事项名素,"擂"为人造无生名素。"比"后接语素"武"为事项名素。"赌"后接语素"气"为状态动素。"角"后接语素"力"为性状名素。"碰"后接语素"硬"为形素。

该组动素后接语素类型多样,除了空间名素、时间名素和其他非名语素,其余各类语素都有参构词例。

②社交组

处构词直接式：处世。

“处”后接语素“世”为可外化抽象名素。

## 三、小结

根据本节活动动素构词分析，我们设计了表 4-3，以看出它们所接后位语素意义类型分布，总结行为活动动素义对复合构词的影响。

表 4-3 前位行为活动动素后接语素意义类型分布

| 组别 | 具体名素 | | | 抽象名素 | | | 非名语素 | | |
|---|---|---|---|---|---|---|---|---|---|
| | 有生 | 无生 | 空间 | 事物 | 事情 | 时间 | 动素 | 形素 | 其他 |
| 行走 | 1 | 1 | 12 | 1 | 1 | | | | |
| 游泳 | | 2 | | | | | | | |
| 攀爬 | | 12 | 2 | | | | | 1 | |
| 滑行 | 2 | 2 | | | | | | | |
| 巡游 | 2 | 1 | 12 | | | 1 | | | |
| 瞪眼 | 1 | | | | | | | | |
| 眨眼 | 1 | | | | | | | | |
| 眯眼 | | | 1 | | | | | | |
| 闭眼 | 1 | | | | | | | | |
| 噘嘴 | 1 | | | | | | | | |
| 撇嘴 | 1 | | | | | | | | |
| 咧嘴 | 1 | | | | | | | | |
| 咂舌 | 1 | | | | | | | | |
| 咋舌 | 1 | | | | | | | | |
| 舔舐 | | | | | 2 | | | | |
| 蹙额 | 1 | | | | | | | | |
| 甩动 | 1 | | | | | | | | |
| 招手 | 1 | | | | | | | | |

续表

| 组别 | 具体名素 | | | 抽象名素 | | | 非名语素 | | |
|------|------|------|------|------|------|------|------|------|------|
| | 有生 | 无生 | 空间 | 事物 | 事情 | 时间 | 动素 | 形素 | 其他 |
| 劈手 | 1 | | | | | | | | |
| 放手 | 1 | | | | | | | | |
| 扼拱 | 1 | | | | | | | | |
| 交叉 | 1 | | | | | | | | |
| 攥握 | 1 | | | | | | | | |
| 弹动 | 1 | | | | | | | | |
| 伸腿 | 1 | | | | | | | | |
| 扫腿 | 1 | | | | | | | | |
| 劈腿 | 1 | | | | 2 | | | | |
| 踩踏 | 1 | 12 | | | 1 | | | | |
| 收蹬 | 1 | | | | | | | | |
| 迈步 | | | | | 1 | | | | |
| 蹦跳 | | 1 | | | | | | | |
| 跳舞 | | 2 | | | 1 | | | | |
| 顿叩 | 1 | | | | | | | | |
| 鞠躬 | 1 | | | | | | | | |
| 挺直 | 1 | | | | | | | | |
| 纵飞 | 1 | | | | | | | | |
| 计算 | | | | 1 | | 1 | | | |
| 谋划 | | | | 12 | 12 | | 125 | | |
| 想象 | | | | | 2 | | | | |
| 猜测 | 1 | 1 | | 1 | | | | | |
| 研究 | | | | 2 | 12 | 2 | | | |
| 审悟 | | | | 12 | 12 | | | 5 | |

| 组别 | 具体名素 | | | 抽象名素 | | | 非名语素 | | |
|---|---|---|---|---|---|---|---|---|---|
| | 有生 | 无生 | 空间 | 事物 | 事情 | 时间 | 动素 | 形素 | 其他 |
| 言说 | | | | 12 | | | 2 | 4 | |
| 争吵 | | | | 1 | | | | | |
| 数读 | | | | 1 | | | | | 2 |
| 演唱 | | | | 1 | 1 | | | | |
| 哭喊 | | 1 | | | 1 | | | | |
| 呼叫 | | | | | | | 5 | | |
| 背诵 | | | | 1 | | | | | |
| 解答 | | | | 1 | | | | | |
| 吃食 | 2 | 12 | | | | | | | |
| 喝饮 | 1 | 1 | 2 | | | | | | |
| 吸入 | | 1 | | | | | | | |
| 品尝 | | | | | | | | 4 | |
| 书写 | | 1 | | 1 | 1 | 1 | 12 | 1 | |
| 绘画 | | 2 | | 1 | 2 | | | 1 | |
| 演奏 | | 1 | | 1 | | | | | |
| 从事 | 1 | | | 12 | 12 | | 2345 | 35 | |
| 准备 | | 1 | | | 1 | | 4 | | |
| 忍耐 | | | | | | | 1 | 5 | |
| 猜赌 | | 12 | | 1 | | | | | |
| 考试 | 1 | | | | 2 | | 3 | | |
| 玩闹 | | 12 | 2 | | 1 | | | | |
| 修炼 | 1 | | | 2 | 12 | | 4 | | |
| 祭拜 | | 1 | 2 | 2 | 1 | 1 | | | |
| 混杂 | | | | | 1 | | | | |

续表

| 组别 | 具体名素 | | | 抽象名素 | | | 非名语素 | | |
|---|---|---|---|---|---|---|---|---|---|
| | 有生 | 无生 | 空间 | 事物 | 事情 | 时间 | 动素 | 形素 | 其他 |
| 送别 | | | | 2 | | 1 | | | |
| 劳动 | | | | 2 | 2 | | | | |
| 开垦 | | | 2 | | | | | | |
| 种植 | | | 2 | | | | | | |
| 放牧 | 2 | | | | | | | | |
| 垂钓 | 2 | | | | | | | | |
| 制作 | | 1 | | 1 | 2 | | | | |
| 搭建 | | 1 | | | | | | | |
| 安装 | | 1 | | | | | | | |
| 创制 | | | | 12 | 1 | 2 | | | |
| 排演 | | | | | 1 | | | | |
| 举行 | | | 2 | | 1 | 1 | 4 | | |
| 播布 | | | | 12 | | | | | |
| 暴动 | | | 2 | | 1 | | | | |
| 攻打 | | 1 | | 2 | | | | | |
| 商议 | | | | 1 | 1 | 1 | 234 | | |
| 争斗 | 2 | 1 | | 12 | 12 | | 134 | 15 | |
| 社交 | | | | 1 | | | | | |

注：表中数字所代表的语素语义类型详见表 1-1 注。

行走、游泳、攀爬、滑行、巡游组属于环境依赖型活动集，后接语素以具体名素为主。

瞪眼、眨眼、眯眼、闭眼、噘嘴、撇嘴、咧嘴、咂舌、咋舌、舔舐、蹙额、甩动、招手、劈手、放手、扼拱、交叉、攥握、弹动、伸腿、扫腿、劈腿、踩踏、收蹑、迈步、蹦跳、跳舞、顿叩、鞠躬、挺直、纵飞组属于非环境依赖型活动集。它有一个很明显的特征就是绝大多数动素后接指人有生名素。此外，其后还接少量的无生具体名素和事情抽象名素。

计算、谋划、想象、猜测、研究、审悟组属于思维活动集,后多接抽象名素。

言说、争吵、数读、演唱、哭喊、呼叫组属于发声活动集,后多接事物抽象名素。此外,还有接人造无生名素、事项名素、动素、形素和量素的词例。

背诵、解答组属于学习活动集,后只接可外化抽象名素。

吃食、喝饮、吸入、品尝组属于饮食活动集,后接语素以具体名素为主。只有品尝组的"尝鲜""尝新"是后接形素的词例。

书写、绘画、演奏组属于创作活动集,后接语素类型较多,均可接无生具体名素和可外化抽象名素,此外还后接事情名素、时间名素、动素以及形素。

从事、准备、忍耐组属于一般活动集,后接语素类型比较多样,尤其是从事组,除了空间名素、时间名素和其他非名语素,其余类型的语素均有参构词例。

猜赌、考试、玩闹、修炼、祭拜、混杂、送别组属于日常活动集,语素组后接语素有些差异。混杂、送别只有接抽象名素的词例,而其余语素组既有抽象名素参构的词例,也有具体名素参构的词例。

劳动、开垦、种植、放牧、垂钓组属于生产活动集,后接动植物有生名素、空间名素、不外化抽象名素和性状名素。

制作、搭建、安装组属于制造活动集,后接人造无生具体名素、可外化抽象名素和性状名素。

创制、排演、举行、播布组属于文化活动集,后接主要集中于抽象名素,此外,还有处所具体名素和动素的参构词例。

暴动、攻打组属于武力活动集,后接人造无生名素、场所空间名素、不外化抽象名素和事项名素。

商议、争斗、社交组属于合作行为活动集,后接语素类型多样,除了空间名素和其他非名语素,其余类型都有参构词例。其后接语素以抽象名素和动素居多,而且都可接可外化抽象名素。

## 第四节　经历活动动素构词

经历活动动素表示发生在经历者身上的,与经历者自身生理有关的非自主动作。

其语义结构为:事件{经历者 i　经历　[客体 i　活动]}。①

①喘息组

喘构词直接式:喘气 1、喘息 1;非直接式:喘气 2、喘息 2。

"喘"后接语素"气""息"为附属类指人名素。

②洒流组

洒构词直接式:洒泪。弹构词直接式:弹泪。

"洒""弹"后接语素"泪"为附属类指人名素。

③含饮组

饮构词非直接式:饮泣。

"饮"后接语素"泣"为附属类指人名素。

④浸染组

浴构词非直接式:浴血。

"浴"后接语素"血"为附属类指人名素。

⑤阅历组

涉构词半直接式:涉世、涉险。过构词非直接式:过瘾。历构词半直接式:历险。阅构词半直接式:阅世。

"涉"后接语素"世"为可外化抽象名素,"险"为事项名素。"过"后接语素"瘾"为不外化抽象名素。"历"后接语素"险"为事项名素。"阅"后接语素"世"为可外化抽象名素。

⑥度过组

过构词直接式:过冬、过夜 1;非直接式:过节 1、过年 1。度构词直接式:度假、度日;半直接式:度汛。消构词直接式:消暑 1、消夏、消闲 1。熬构词非直接式:熬夜。越构词直接式:越冬。卒构词直接式:卒岁。

"过"后接语素"冬""夜""节""年"为时量名素。"度"后接语素"假""日"为时量名素,"汛"为事项名素。"消"后接语素"暑"为性状名素,"夏""闲"为时量名素。"熬"后接语素"夜"为时量名素。"越"后接语素"冬"为时量名素。"卒"后接语素"年"为时量名素。

该组动素后接语素以时量名素为主。

⑦倒退组

退构词非直接式:退步 1、退坡。

"退"后接语素"步"为事项名素,"坡"为场所空间名素。

---

① 吕云生:《〈礼记〉动词的语义分类研究》,中国广播电视出版社,2009 年,第 133 页。

⑧反应组

　　应构词直接式：应激。

"应"后接语素"激"为作用动素。

## 小结

　　根据本节活动动素构词分析，我们设计了表 4-4，以看出它们所接后位语素意义类型分布，总结经历活动动素义对复合构词的影响。

表 4-4　前位经历活动动素后接语素意义类型分布

| 组别 | 具体名素 | | | 抽象名素 | | | 非名语素 | | |
|---|---|---|---|---|---|---|---|---|---|
| | 有生 | 无生 | 空间 | 事物 | 事情 | 时间 | 动素 | 形素 | 其他 |
| 喘息 | 1 | | | | | | | | |
| 洒流 | 1 | | | | | | | | |
| 含饮 | 1 | | | | | | | | |
| 浸染 | 1 | | | | | | | | |
| 阅历 | | | | 12 | 1 | | | | |
| 度过 | | | | | 12 | 1 | | | |
| 倒退 | | | 2 | | 1 | | | | |
| 反应 | | | | | | | 5 | | |

　　注：表中数字所代表的语素语义类型详见表 1-1 注。

　　喘息、洒流、含饮、浸染、阅历、度过、倒退、反应组属于经历活动集，前四组后接语素集中于具体名素，后三组语素多接抽象名素。

　　统观由前位活动动素构成的支配式双音词，参构的活动动素语义类型比较丰富，但是除了"作""竞"等少量语素，大部分动素构词能力普遍不强。其中一个重要的原因可能是活动动素语义内部综合了多种语义成分，语义自足性强，及物性弱，所以连接其他语素构造双音词的能力偏弱。

　　正是由于活动动素语义内部成分的复杂性，造成比较多的义素外显型支配式双音词。宋亚云指出：复音化的趋势有力地推动汉语由综合型语言向分析型语言的方向发展。比较典型的证据就是"综合动词"由单而双的演变趋势，比如在上古，"发""牛""列""尘"的概念分别隐含在"沐""牧""整""振"的词义结构之中，在双音化趋势的影响下，"沐""牧""整""振"等词所隐含的对象由隐含而呈现,并与它们构成动宾式复合结构。[1]

我们认为随着汉语词汇双音化程度加深,双音节复合构词成为强势结构,受此影响,一部分活动动词,例如"蹾""蹬""吵"等单音词,将内部的义素用语素"足""腿""嘴"外显出来,形成新的双音词。这个变化虽然并没有明显增加新义,但是却满足了双音合成词组合需要,是构词方式转变过程中的部分词语适应词汇系统发展的表现,其背后是词汇发展演变的协调律在起作用。

---

[1] 宋亚云:《汉语作格动词的历史演变研究》,北京大学出版社,2014年,第137页。

# 第五章 前位作用动素支配式
# 双音词构词分析

作用是"一事物对另一事物施加影响的过程"①。支配式双音词前位作用动素根据事件的类型,分为简单作用动素、行为作用动素以及经历作用动素。此外,在本章将附带讨论使役要素动素构词。

## 第一节 简单作用动素构词

简单作用动素表示的是"没有外在控制的、也不和有意识的主体发生关系的、客观发生的一事物对另一事物的作用或影响"。

其语义结构为:事件[客体1 影响 客体2]。②

吕云生根据承受作用的客体是否发生了局部性变化,把行为作用动词分为行为单纯作用动词和行为非单纯作用动词两类。③ 我们参照他的观点,将分别讨论单纯作用动素及非单纯作用动素的构词情况。

### 一、具体简单作用动素

(一)单纯具体简单作用动素

①冲撞组

撞构词直接式:撞车1;非直接式:撞车2。

"撞"后接语素"车"为人造无生名素。

②施压组

压构词非直接式:压顶、压条。

"压"后接语素"顶"为附属类指人名素,"条"为植物有生名素。

③拉扯组

扯构词非直接式:扯腿。

---

① 吕云生:《〈礼记〉动词的语义分类研究》,中国广播电视出版社,2009年,第59页。
② 吕云生:《〈礼记〉动词的语义分类研究》,中国广播电视出版社,2009年,第111页。
③ 吕云生:《〈礼记〉动词的语义分类研究》,中国广播电视出版社,2009年,第111页。

"扯"后接语素"腿"为附属类指人名素。

④支撑组

撑构词非直接式:撑腰。

"撑"后接语素"腰"为附属类指人名素。

⑤承载组

承构词直接式:承重;非直接式:承尘1。载构词直接式:载客、载重。吃构词直接式:吃重3。

"承"后接语素"重"为性状名素,"尘"为自然无生名素。"载"后接语素"客"为整体类指人名素,"重"为性状名素。"吃"后接语素"重"为性状名素。三个语素都可接名素"重",承载本身就是对重力施行向上支撑力。

⑥兜垫组

垫构词半直接式:垫圈;非直接式:垫肩1、垫肩2、垫脚。托构词直接式:托底1;非直接式:托底2。兜构词直接式:兜风1。

"垫"后接语素"圈"为场所空间名素,"肩""脚"为附属类指人名素。"托"后接语素"底"为方位空间名素。"兜"后接语素"风"为自然无生名素。

⑦照晒组

晒构词直接式:晒垡1;非直接式:晒图1。曝构词直接式:曝光1;非直接式:曝光2。

"晒"后接语素"垡"为自然无生名素,"图"为可外化抽象名素。"曝"后接语素"光"为自然无生名素。

⑧烫手组

烫构词非直接式:烫手。

"烫"后接语素"手"为附属类指人名素。

(二)非单纯具体简单作用动素

①刺扎组

砭构词非直接式:砭骨。钻构词非直接式:钻心。棘构词非直接式:棘手。辣构词非直接式:辣手3。扎构词非直接式:扎手。

"砭"后接语素"骨"为附属类指人名素。"钻"后接语素"心"为附属类指人名素。"棘""辣""扎"后接语素"手"为附属类指人名素。

②吸取组

吃构词直接式:吃水2。

"吸"后接语素"水"为自然无生名素。

③遮挡组

　　　遮构词直接式:遮阳1、遮阴;半直接式:遮羞1;非直接式:遮阳2。
盖构词非直接式:盖火、盖头。

"遮"后接语素"阳"为自然无生名素,"阴"为方位空间名素,"羞"为形素。"盖"后接语素"火"为自然无生名素,"头"为附属类指人名素。

④隔绝组

　　　隔构词半直接式:隔热、隔音。窒构词非直接式:窒息。

"隔"后接语素"热"为性状名素,"音"为自然无生名素。"窒"后接语素"息"为附属类指人名素。

⑤聚拢组

　　　拢构词直接式:拢音。收构词直接式:收音1。

"拢""收"后接语素"音"为自然无生名素。

⑥摧残组

　　　铩构词非直接式:铩羽。

"铩"后接语素"羽"为动物有生名素。

⑦炫晃组

　　　炫构词直接式:炫目。晃构词直接式:晃眼。耀构词非直接式:耀眼。

"炫"后接语素"目"为附属类指人名素。"晃""耀"后接语素"眼"为附属类指人名素。

⑧孵抱组

　　　抱构词直接式:抱窝。

"抱"后接语素"窝"为量素。

⑨沾润组

　　　润构词非直接式:润笔。

"润"后接语素"笔"为人造无生名素。

⑩消化组

　　　克构词直接式:克食。

"克"后接语素"食"为人造无生名素。

## 二、抽象简单作用动素

(一)单纯抽象简单作用动素

①刺激组

　　　刺构词非直接式:刺鼻、刺耳1、刺耳2、刺骨、刺目、刺眼1、刺眼2。

触构词直接式：触机。攻构词非直接式：攻心 2。惊构词非直接式：惊蛰。刻构词非直接式：刻骨。铭构词非直接式：铭心。扎构词非直接式：扎眼。

"刺"后接语素"鼻""耳""骨""目""眼"为附属类指人名素。"触"后接语素"机"为不外化抽象名素。"攻""铭"后接语素"心"为不外化抽象名素。"惊"后接语素"蛰"为状态动素。"刻"后接语素"骨"为附属类指人名素。"扎"后接语素"眼"为附属类指人名素。

该组动素后接语素以附属类指人名素为主，也有不外化抽象名素和动素参与构词。

②吸引组

夺构词非直接式：夺目。抢构词非直接式：抢眼。惹构词非直接式：惹眼。招构词非直接式：招眼。魅构词非直接式：魅人。诱构词非直接式：诱人 2。吸构词非直接式：吸睛。

"夺"后接语素"目"为附属类指人名素。"抢""惹""招"后接语素"眼"为附属类指人名素。"魅""诱"后接语素"人"为整体类指人名素。"吸"后接语素"睛"为附属类指人名素。

③滋养组

养构词非直接式：养人。

"养"后接语素"人"为整体类指人名素。

④协助组

助构词直接式：助燃、助长、助推。

"助"后接语素"燃"为活动动素，"长"为变化动素，"推"为作用动素。

⑤排斥组

排构词非直接式：排他。

"排"后接语素"他"为代素。

（二）非单纯抽象简单作用动素

①妨碍组

碍构词半直接式：碍事 1；非直接式：碍口、碍事 2、碍眼 1、碍眼 2。阻构词直接式：阻燃。

"碍"后接语素"事"为事项名素，"口"为活动动素，"眼"为附属类指人名素。"阻"后接语素"燃"为活动动素。

②搅扰组

缠构词直接式：缠身；非直接式：缠人、缠手 1、缠手 2。吵构词非直接式：吵人。扰构词直接式：扰民。难构词非直接式：难人 1。

"缠"后接语素"身"为代素，"人"为整体类指人名素，"手"为附属类指人名素。"吵"后接语素"人"为整体类指人名素。"扰"后接语素"民"为整体类指人名素。"难"后接语素"人"为整体类指人名素。

③抵御组

　　护构词非直接式：护岸 2、护壁、护耳、护领、护腿、护腕、护膝、护腰。抗构词直接式：抗震 1。御构词直接式：御寒。

"护"后接语素"岸"为场所空间名素，"壁"为人造无生名素，"耳""领""腿""腕""膝""腰"为附属类指人名素。"抗"后接语素"震"为活动动素。"御"后接语素"寒"为性状名素。

④去除组

　　扫构词非直接式：扫兴。

"扫"后接语素"兴"为不外化抽象名素。

⑤伤败组

　　败构词半直接式：败胃；非直接式：败兴 1。辱构词非直接式：辱命。

"败"后接语素"胃"为附属类指人名素，"兴"为不外化抽象名素。"辱"后接语素"命"为可外化抽象名素。

⑥提兴组

　　提构词直接式：提神。煽构词直接式：煽情。养构词非直接式：养眼。

"提"后接语素"神"为性状名素。"煽"后接语素"情"为不外化抽象名素。"养"后接语素"眼"为附属类指人名素。

## 三、小结

根据本节简单作用动素构词分析，我们设计了表 5-1，以看出它们所接后位语素意义类型分布，总结简单作用动素义对复合构词的影响。

表 5-1　前位简单作用动素后接语素意义类型分布

| 组别 | 具体名素 | | | 抽象名素 | | | 非名语素 | | |
| --- | --- | --- | --- | --- | --- | --- | --- | --- | --- |
| | 有生 | 无生 | 空间 | 事物 | 事情 | 时间 | 动素 | 形素 | 其他 |
| 冲撞 | | 1 | | | | | | | |
| 施压 | 12 | | | | | | | | |
| 拉扯 | 1 | | | | | | | | |

续表

| 组别 | 具体名素 | | | 抽象名素 | | | 非名语素 | | |
|------|------|------|------|------|------|------|------|------|------|
| | 有生 | 无生 | 空间 | 事物 | 事情 | 时间 | 动素 | 形素 | 其他 |
| 支撑 | 1 | | | | | | | | |
| 承载 | 1 | 2 | | | 2 | | | | |
| 兜垫 | 1 | 2 | 12 | | | | | | |
| 照晒 | | 2 | | 1 | | | | | |
| 烫手 | 1 | | | | | | | | |
| 刺扎 | 1 | | | | | | | | |
| 吸取 | | 2 | | | | | | | |
| 遮挡 | 1 | 2 | 1 | | | | | 5 | |
| 隔绝 | 1 | 2 | | | 2 | | | | |
| 聚拢 | | 2 | | | | | | | |
| 摧残 | 2 | | | | | | | | |
| 炫晃 | 1 | | | | | | | | |
| 孵抱 | | | | | | | | | 2 |
| 沾润 | | 1 | | | | | | | |
| 消化 | | 1 | | | | | | | |
| 刺激 | 1 | | | 2 | | | 1 | | |
| 吸引 | 1 | | | | | | | | |
| 滋养 | 1 | | | | | | | | |
| 协助 | | | | | | | 245 | | |
| 排斥 | | | | | | | | | 1 |
| 妨碍 | 1 | | | | 1 | | 4 | | |
| 搅扰 | 1 | | | | | | | | 1 |
| 抵御 | 1 | 1 | 2 | | 2 | | 4 | | |
| 去除 | | | | 2 | | | | | |
| 伤败 | 1 | | | 12 | | | | | |
| 提兴 | 1 | | | 2 | 2 | | | | |

注：表中数字所代表的语素语义类型详见表1-1注。

冲撞、施压、拉扯、支撑、承载、兜垫、照晒、烫手组属于单纯具体简单作用集，后接多为具体名素。

刺扎、吸取、遮挡、隔绝、聚拢、摧残、炫晃、孵抱、沾润、消化组属于非单纯具体简单作用集。除了多接具体名素，有些语素还可接形素和量素。

刺激、吸引、滋养、协助、排斥组属于单纯抽象简单作用集，后接指人名素、不外化抽象名素、动素以及代素。前三组都可接指人名素，而协助组只接动素。

妨碍、搅扰、抵御、去除、伤败、提兴组属于非单纯抽象简单作用集。除了时间名素、形素、量素和数素，其余各类语素均有构词，尤其是大多数动素都可后接指人名素。

## 第二节　行为作用动素构词

行为作用动素表示行为者凭借某一工具或手段对某一外在事物或人实施某种影响。

其语义结构为：事件｛行为者　控制　［工具　影响　客体］｝。①

### 一、单纯行为作用动素

**（一）单纯具体行为作用动素**

该类动素表示具体的工具与工具的被作用者发生物理性接触。

**1. 瞬间作用动素**

**①击打组**

打构词直接式：打钎、打铁、打桩、打字、打嘴1；非直接式：打场、打更1、打鼓。击构词直接式：击水1；半直接式：击剑、击水2；非直接式：击节、击掌1、击掌2。

拍构词非直接式：拍案、拍板2、拍板3、拍手、拍砖。拊构词直接式：拊掌；非直接式：拊膺。鼓构词非直接式：鼓掌。抵构词非直接式：抵掌。叩构词非直接式：叩阍。碰构词非直接式：碰杯。

"打"后接语素"钎""桩""鼓"为人造无生名素，"铁"为自然无生名素，"字"为可外化抽象名素，"嘴"为附属类指人名素，"场"为场所空间名素，"更"为量素。"击"后接语素"水"为自然无生名素，"剑"为人造无生名素，"节"为可外化抽象名素，"掌"为附属类指人名素。

"拍"后接语素"案""板""砖"为人造无生名素，"手"为附属类指人名素。

---

① 吕云生：《〈礼记〉动词的语义分类研究》，中国广播电视出版社，2009年，第188页。

"拊"后接语素"掌""膺"为附属类指人名素。"鼓""抵"后接语素"掌"为附属类指人名素。"叩"后接语素"阍"为人造无生名素。"碰"后接语素"杯"为人造无生名素。

该组动素后接语素多为人造无生名素和附属类指人名素,尤其是"掌"多次参与构词。动素"打"后接语素义类较为广泛,涵盖了其他动素后接语素的类别。

②挥甩组

挥构词非直接式:挥戈、挥毫。奋构词非直接式:奋袂。拂构词非直接式:拂袖。

"挥"后接语素"戈""毫"为人造无生名素。"奋"后接语素"袂"为人造无生名素。"拂"后接语素"袖"为人造无生名素。

该组动素后接均为人造无生具体名素。

③触摸组

点构词非直接式:点穴1、点穴2、点赞。摸构词非直接式:摸高1;非直接式:摸高2。

"点"后接语素"穴"为附属类指人名素,"赞"为作用动素。"摸"后接语素"高"为性状名素。

④吹拂组

吹构词直接式:吹灯1;非直接式:吹灯3、吹风2。

"吹"后接语素"灯"为人造无生名素,"风"为自然无生名素。

⑤扇动组

打构词直接式:打扇。

"打"后接语素"扇"为人造无生名素。

⑥喷射组

射构词直接式:射箭1;半直接式:射门;非直接式:射箭2。喷构词直接式:喷漆1。

"射"后接语素"箭""门"为人造无生名素。"喷"后接语素"漆"为自然无生名素。

**2. 持续作用动素**

①按摸组

搓构词非直接式:搓麻。打构词直接式:打泡。扪构词非直接式:扪心。

"搓"后接语素"麻"为形素。"打"后接语素"泡"为性状名素,"打泡"意思是手脚等由于摩擦而起泡。"扪"后接语素"心"为附属类指人名素。

　　②抓挠组

　　　　挠构词非直接式:挠头。

　　"挠"后接语素"头"为附属类指人名素。

　　③刷拭组

　　　　抹构词非直接式:抹脸。刷构词非直接式:刷卡。

　　"抹"后接语素"脸"为附属类指人名素。"抹脸"的意思是突然改变脸色,多指由和气变得严厉。"刷"后接语素"卡"为人造无生名素。

　　3.加力作用动素

　　①抬举组

　　　　举构词非直接式:举槌、举重。抬构词半直接式:抬杠 2。提构词非直接式:提纲。挑构词直接式:挑脚。

　　"举"后接语素"槌"为人造无生名素,"重"为性状名素。"抬"后接语素"杠"为人造无生名素。"提"后接语素"纲"为人造无生名素。"挑"后接语素"脚"为事项名素。

　　②按压组

　　　　打构词直接式:打气 1、打针;非直接式:打气 2。擀构词半直接式:擀毡 1;非直接式:擀毡 2。轧 1 构词半直接式:轧场。轧 2 构词半直接式:轧钢。按构词非直接式:按脉。切构词非直接式:切脉。叉构词直接式:叉腰。

　　"打"后接语素"气"为自然无生名素,"针"为人造无生具体名素。"擀"后接语素"毡"为人造无生名素。"轧(yà)"后接语素"场"为场所空间名素。"轧(zhá)"后接语素"钢"为人造无生名素。"按"后接语素"脉"为事项名素。"切"后接语素"脉"为事项名素。"叉"后接语素"腰"为附属类指人名素。

　　③推动组

　　　　推构词非直接式:推头。

　　"推"后接语素"头"为附属类指人名素。"推头"意思是理发。在深层语义结构中,理发工具充任"推"的受事角色,"头"转喻指头发,在双音词表层结构中,理发工具被潜隐。

　　④拉拽组

　　　　拉构词非直接式:拉架、拉锯、拉皮 2、拉纤 1、拉纤 2、拉手、拉套 1、拉线、拉秧。牵构词非直接式:牵手 1、牵手 2、牵线 1、牵线 2。拔构词非直接式：拔锚、拔丝。掣构词非直接式：掣肘。援构词非直接式：援手1。

"拉"后接语素"架"为事项名素，"锯""纤""套""线"为人造无生名素，"皮""手"为附属类指人名素，"秧"为植物有生名素。"牵"后接语素"手"为附属类指人名素，"线"为人造无生名素。"拔"后接语素"锚""丝"为人造无生名素。"掣"后接语素"肘"为附属类指人名素。"援"后接语素"手"为附属类指人名素。

该组动素后接多为附属类指人名素，如身体部位集的"手"，或是人造无生名素，如长条状的无生名素"纤""线""丝"等。

⑤扳拨组

扳构词非直接式：扳道、扳手1、扳手2。拨构词非直接式：拨号。披构词非直接式：披卷。

"扳"后接语素"道"为场所空间名素，"手"为附属类指人名素。"拨"后接语素"号"为可外化抽象名素。"披"后接语素"卷"为可外化抽象名素。

⑥捏夹组

捏构词非直接式：捏脊。拶构词非直接式：拶指。

"捏"后接语素"脊"为附属类指人名素。"拶"后接语素"指"为附属类指人名素。

⑦咬切组

咬构词非直接式：咬群1、咬群2、咬牙1、咬牙2。切构词非直接式：切齿。

"咬"后接语素"群"为动物有生名素，"牙"为附属类指人名素。"切"后接语素"齿"为附属类指人名素。

⑧划动组

划构词非直接式：划艇1。

"划"后接语素"艇"为人造无生名素。

⑨挑起组

挑构词半直接式：挑灯1。

"挑"后接语素"灯"为人造无生名素。

（二）单纯抽象行为作用动素

该类动素表示行为者凭借某些抽象的手段对抽象的事物或人的心理实施某种影响。

1. 进击作用动素

①打击组

打构词半直接式：打非、打拐、打黑、打假、打扒、打私、打援。反构词直接式：反腐、反恐、反扒、反贪；半直接式：反潜。

"打"后接语素"非"为状态动素，"拐""援"为作用动素，"黑""假""私"为形素，"扒"为转移动素。"反"后接语素"腐"为变化动素，"恐"为事项名素，"扒""贪"为转移动素，"潜"为状态动素。

该组动素后接语素主要是动素，所构支配式双音词多为半直接式。

②攻击组

攻构词直接式：攻坚1、攻心1；非直接式：攻关、攻坚2。摸构词半直接式：摸哨、摸营。闯构词非直接式：闯关。袭构词直接式：袭警。折构词非直接式：折冲。

"攻"后接语素"坚"为人造无生名素，"心"为不外化抽象名素，"关"为场所空间名素。"摸"后接语素"哨"为可外化抽象名素，"营"为场所空间名素。"闯"后接语素"关"为场所空间名素。"袭"后接语素"警"为整体类指人名素。"折"后接语素"冲"为转移动素。

该组动素后多接场所空间名素或与场所有关的名素。

③欺压组

欺构词半直接式：欺生1；非直接式：欺生2。

"欺"后接语素"生"为形素。

④冒犯组

犯构词半直接式：犯上、犯颜。顶构词直接式：顶嘴。犟构词直接式：犟嘴。

"犯"后接语素"上"为方位空间名素，"颜"为不外化抽象名素。"顶""犟"后接语素"嘴"为可外化抽象名素。

⑤抵抗组

抗构词半直接式：抗暴、抗法、抗旱、抗洪、抗婚、抗捐、抗涝、抗命、抗上、抗税、抗灾、抗震2。御构词直接式：御敌、御侮。拒构词直接式：拒捕。

"抗"后接语素"暴""旱""涝"为形素，"法""捐""命""税"为可外化抽象名素，"洪"为自然无生名素，"婚"为性状名素，"上"为方位空间名素，"灾"为事项名素，"震"为活动动素。"御"后接语素"敌"为整体类指人名素，"侮"为作用动素。"拒"后接语素"捕"为状态动素。

⑥拼抵组

　　拼构词直接式：拼命1；非直接式：拼命2、拼死。抵构词非直接式：抵死。

"拼"后接语素"命"为性状名素，"死"为变化动素。"抵"后接语素"死"为变化动素。

2.对待作用动素

①接待组

　　接构词直接式：接柜、接客1；半直接式：接访；非直接式：接客2、接机2。看构词直接式：看茶、看座。

"接"后接语素"柜""机"为人造无生名素，"客"为整体类指人名素，"访"为转移动素。"看"后接语素"茶"为人造无生名素，"座"为方位空间名素。

②应对组

　　应构词直接式：应敌、应试2；半直接式：应变1、应急、应战1。支构词直接式：支差。塞构词直接式：塞责。

"应"后接语素"敌"为整体类指人名素，"试"为活动动素，"变"为变化动素，"急""战"为事项名素。"支"后接语素"差"为事项名素。"塞"后接语素"责"为事项名素，"塞责"的意思是对自己应负的责任敷衍了事。

该组后接多为与事件有关的事项名素或动素。

③虐待组

　　虐构词直接式：虐俘、虐囚。

"虐"后接语素"俘""囚"为整体类指人名素。

④反对组

　　反构词直接式：反霸1；非直接式：反霸2。

"反"后接语素"霸（霸权主义）"为不外化抽象名素，"霸（恶霸）"为整体类指人名素。

⑤拒绝组

　　拒构词半直接式：拒贿、拒聘、拒签1、拒载；非直接式：拒签2。谢构词直接式：谢病、谢客1。

"拒"后接语素"贿""聘"为转移动素，"签"为活动动素，"载"为作用动素。"谢"后接语素"病"为状态动素，"客"为整体类指人名素。

该组动素后接语素主要是动素，表示拒绝某种行为活动的态度。

⑥奉承组

　　媚构词直接式：媚俗、媚外；半直接式：媚世。

"媚"后接语素"俗"为形素,"外""世"为可外化抽象名素。

⑦支持组

支构词直接式:支边、支前;半直接式:支教。托构词直接式:托市。拥构词半直接式:拥军。

"支"后接语素"边""前"为方位空间名素,"教"为转移动素。"托"后接语素"市"为转移动素。"拥"后接语素"军"为整体类指人名素。

⑧准许组

准构词直接式:准入 2;非直接式:准入 1。许构词直接式:许婚。

"准"后接语素"入"为变化动素。"许"后接语素"婚"为性状名素。

3.誉毁作用动素

①赞扬组

表构词直接式:表功 2。叹构词半直接式:叹绝。

"表"后接语素"功"为事项名素。"叹"后接语素"绝"为形素。

②慰问组

道构词半直接式:道乏、道劳。劳构词直接式:劳军、劳师。

"道"后接语素"乏""劳"为形素。"劳"后接语素"军""师"为整体类指人名素。

③庆贺组

贺构词非直接式:贺年、贺岁、贺喜。庆构词半直接式:庆生;非直接式:庆功。祝构词直接式:祝捷;半直接式:祝寿。

"贺"后接语素"年""岁"为时量名素,"喜"为事项名素。"庆"后接语素"生"为变化动素,"功"为事项名素。"祝"后接语素"捷"为变化动素,"寿"为时量名素。

该组动素后接语素多为与积极色彩的事件相关的事项名素、时量名素和变化动素。

④辱骂组

骂构词非直接式:骂街、骂娘、骂阵 1。

"骂"后接语素"街""阵"为场所空间名素,"娘"为整体类指人名素。

⑤驳斥组

辟构词直接式:辟谣。

"辟"后接语素"谣"为可外化抽象名素。

⑥责备组

问构词直接式:问责、问罪。

"问"后接语素"责""罪"为事项名素。

⑦处罚组

　　罚构词非直接式：罚金1、罚款1、罚款2、罚没。处构词非直接式：处死、处刑。治构词半直接式：治假、治罪。办构词直接式：办罪。坐构词直接式：坐赃2。

"罚"后接语素"金""款"为可外化抽象名素，"没"为转移动素。"处"后接语素"死"为变化动素，"刑"为事项名素。"治"后接语素"假"为形素，"罪"为事项名素。"办"后接语素"罪"为事项名素。"坐"后接语素"赃"为可外化抽象名素。

4.驱使作用动素

①逼迫组

　　逼构词半直接式：逼宫、逼供、逼和、逼婚、逼命1、逼平、逼债；非直接式：逼命2。迫构词半直接式：迫降1－2、迫降2。劫构词直接式：劫机。

"逼"后接语素"宫"为场所空间名素，"供"为转移动素，"和"为变化动素，"婚"为事项名素，"命"为性状名素，"平"为形素，"债"为可外化抽象名素。"迫"后接语素"降（落下）"为转移动素，"降（投降）"为变化动素。"劫"后接语素"机"为人造无生名素。

②催促组

　　促构词半直接式：促进、促退、促销。催构词直接式：催办。

"促"后接语素"进""退""销"为转移动素。"催"后接语素"办"为作用动素。

③驱赶组

　　驱构词直接式：驱车、驱邪；半直接式：驱策。赶构词半直接式：赶车；非直接式：赶脚。

"驱"后接语素"车"为人造无生名素，"邪"为事项名素，"策"为人造无生名素。"赶"后接语素"车"为人造无生名素，"脚"为事项名素。

该组动素后接语素集中于人造无生名素和事项名素。

④鼓劝组

　　劝构词非直接式：劝驾、劝进、劝酒。策构词半直接式：策反。鼓构词直接式：鼓气1。

"劝"后接语素"驾""酒"为人造无生名素，"进"为转移动素。"策"后接语素"反"为变化动素。"鼓"后接语素"气"为性状名素。

5. 引导作用动素

①引领组

　　领构词直接式：领队 1；半直接式：领班 1、领港 1、领航 1、领江 1、领路、领位；非直接式：领班 2、领队 2、领港 2、领航 2、领江 2、领军。

　　引构词直接式：引水 1；半直接式：引渡 1、引港 1、引航、引见、引路、引水 2；非直接式：引港 2。导构词半直接式：导购 1、导航、导医 1、导游 1、导诊 1；非直接式：导购 2、导医 2、导游 2、导诊 2。

　　诱构词直接式：诱人 1；半直接式：诱变、诱供、诱降。带构词半直接式：带班、带路；非直接式：带头。倡构词直接式：倡办、倡首。牵构词非直接式：牵头。率构词非直接式：率先。

"领"后接语素"队""班""军"为整体类指人名素，"港""江""路"为场所空间名素，"航"为活动动素，"位"为方位空间名素。

"引"后接语素"水"为自然无生名素，"渡"为转移动素，"港""路"为场所空间名素，"航"为活动动素，"见"为变化动素。"导"后接语素"购""诊"为转移动素，"航""游"为活动动素，"医"为作用动素。

"诱"后接语素"人"为整体类指人名素，"变""降"为变化动素，"供"为转移动素。"带"后接语素"班""头"为事项名素，"路"为场所空间名素。"倡"后接语素"办"为变化动素，"首"为性状名素。"牵"后接语素"头"为事项名素。"率"后接语素"先"为性状名素。

该组动素构词较多，后接语素的义类丰富，有指人名素、无生名素、空间名素、事情名素和动素。其中动素比较多，在构造此类支配式双音词时，往往将语义结构中作用的对象潜隐，而对象的行为活动在表层结构加以显现。

②指导组

　　导构词按直接式：导播 1、导读、导演 1；非直接式：导播 2、导演 2。挥构词直接式：挥师。

"导"后接语素"播""演"为活动动素，"读"为转移动素。"挥"后接语素"师"为整体类指人名素。

③召集组

　　召构词半直接式：召回 1、召回 2、召见 1；非直接式：召见 2。征构词半直接式：征兵。

"召"后接语素"回"为转移动素，"见"为变化动素。"征"后接语素"兵"为整体类指人名素。

④劝说组

　　劝构词半直接式：劝和、劝架、劝退、劝降。

"劝"后接语素"和""退""降"为变化动素，"架"为事项名素。

6.培助作用动素

①供养组

　　育构词直接式：育雏、育林、育苗、育秧；半直接式：育种。养构词直接式：养老1、养家；半直接式：养兵。

"育"后接语素"雏"为动物有生名素，"林""苗""秧""种"为植物有生名素。"养"后接语素"老""家""兵"为整体类指人名素。

②修养组

　　修构词非直接式：修身。

"修"后接语素"身"为代素。

③培育组

　　养构词直接式：养性；半直接式：养廉、养气1。育构词直接式：育才。

"养"后接语素"性""气"为性状名素，"廉"为形素。"育"后接语素"才"为整体类指人名素。

④帮助组

　　助构词直接式：助读、助攻2、助老、助力1、助养、助战1；半直接式：助残、助产、助威、助兴、助选、助学、助战2、助阵；非直接式：助理1、助理2。帮构词直接式：帮工1；半直接式：帮办1、帮厨、帮困、帮腔1、帮凶1；非直接式：帮办2、帮工2、帮腔2、帮闲1、帮闲2、帮凶2。

　　协构词直接式：协办、协查、协管、协理1、协拍；非直接式：协理2。扶构词半直接式：扶残、扶贫、扶正1；非直接式：扶正2。济构词半直接式：济贫、济世。襄构词半直接式：襄礼1；非直接式：襄礼2。赞构词半直接式：赞礼1；非直接式：赞礼2。援构词直接式：援建、援外。资构词半直接式：资政1；非直接式：资政2。赈构词直接式：赈灾。佐构词直接式：佐理。

"助"后接语素"读""养""选""学"为转移动素，"攻""理"为作用动素，"战"为活动动素，"老"为整体类指人名素，"力""威""阵"为性状名素，"残"为状态动素，"产"为变化动素，"兴"为不外化抽象名素。"帮"后接语素"工""凶"为事项名素，"办"为作用动素，"厨"为场所空间名素，"困"为性状名素，"腔"为可外化抽象名素，"闲"为形素。

"协"后接语素"办""管""理"为作用动素,"查""拍"为状态动素。"扶"后接语素"残"为状态动素,"贫"为形素,"正(正直)""正(主要的)"为形素。"济"后接语素"贫"为形素,"世"为可外化抽象名素。"襄""赞"后接语素"礼"为事项名素。"援"后接语素"建"为变化动素,"外"为可外化抽象名素。"资"后接语素"政"为事项名素。"赈"后接语素"灾"为事项名素。"佐"后接语素"理"为作用动素。

该组动素构词量比较大,尤其是语素"助"和"帮"。其后接语素的义类较多,有指人名素,事物名素、事情名素、动素和形素。其中动素下的各次类均有参构词例。

## 二、非单纯行为作用动素

这类动素可表达使客体发生某种局部变化。同控他变化语素相比,控他变化动词强调发生变化的结果,而非单纯行为作用动素除了表达变化的结果,还强调作用或影响的过程。

### (一)非单纯具体行为作用动素

### 1.使存在变化作用动素

该集动素表示材料转移到事物身上,使事物的表面特征发生一些变化。

①涂染组

　染构词半直接式:染色 1、染色 2;非直接式:染指。错构词非直接式:错金、错银。镀构词半直接式:镀金 1;非直接式:镀金 2。镏构词直接式:镏金。贴构词非直接式:贴金。润构词非直接式:润色。设构词直接式:设色。打构词直接式:打油 3。焗构词非直接式:焗油。点构词非直接式:点晴。抹构词非直接式:抹黑。

"染""润""设"后接语素"色"为性状名素,"染"后接语素"指"为附属类指人名素。"错"后接语素"金""银"为自然无生名素。"镀""镏""贴"后接语素"金"为自然无生名素。"打""焗"后接语素"油"为自然无生名素。"点"后接语素"晴"为附属类指人名素。"抹"后接语素"黑"为形素。

后接成分无生具体名素多为材料角色,身体部位集指人名素多充当处所角色。

②裹绑组

　裹构词非直接式:裹脚 1、裹脚 2、裹腿。束构词非直接式:束身 2、束手、束装。包构词直接式:包金 1;非直接式:包头 1。绑构词非直接式:绑腿。缠构词非直接式:缠足。打构词直接式:打包 1。笼构词非直接式:笼嘴。煞构词半直接式:煞车1。

"裹"后接语素"脚""腿"为附属类指人名素。"束"后接语素"身""手"为附属类指人名素,"装"为人造无生名素。"包"后接语素"金"为自然无生名素,"头"为附属类指人名素。"绑"后接语素"腿"为附属类指人名素。"缠"后接语素"足"为附属类指人名素。"打"后接语素"包"为人造无生名素。"笼"后接语素"嘴"为附属类动物有生名素。"煞"后接语素"车"为人造无生名素。

该组动素后接语素集中于有生和无生具体名素。

③清洗组

洗构词直接式:洗车;非直接式:洗煤、洗三、洗手1、洗手2、洗手3。

"洗"后接语素"车"为人造无生名素,"煤"为自然无生名素,"三"为数素,"手"为附属类指人名素。

④清扫组

扫构词半直接式:扫地1;非直接式:扫地2、扫墓、扫榻。拂构词非直接式:拂尘。

"扫"后接语素"地"为方位空间名素,"墓""榻"为人造无生名素。"拂"后接语素"尘"为自然无生名素。

⑤揩擦组

刮构词非直接式:刮目。揩构词非直接式:揩油。

"刮"后接语素"目"为附属类指人名素。"揩"后接语素"油"为自然无生名素。

⑥遮盖组

掩构词非直接式:掩鼻。

"掩"后接语素"鼻"为附属类指人名素。

⑦过滤组

滤构词直接式:滤波、滤尘。筛构词非直接式:筛糠。

"滤"后接语素"波""尘"为自然无生名素。"筛"后接语素"糠"为植物有生名素。

2.使形态变化作用动素

该集动素表示工具在事物身上留下痕迹,使事物的表面特征发生一些变化。

①刻镂组

雕构词直接式:雕版;非直接式:雕花1、雕漆1、雕漆2。刺构词非直接式：刺青、刺字。刻构词半直接式：刻版。剔构词非直接式：
剔红。

"雕"后接语素"版"为人造无生名素，"花"为性状名素，"漆"为自然无生
名素。"刺"后接语素"青"为形素，"字"为可外化抽象名素。"刻"后接语素
"版"为人造无生名素。"剔"后接语素"红"为形素。

②挖掘组

挖构词直接式：挖方1。

"挖"后接语素"方"为自然无生名素。

③钻刺组

扎构词非直接式：扎针。钻构词直接式：钻井1。

"扎"后接语素"针"为人造无生名素。"钻"后接语素"井"为场所空间
名素。

④削刨组

刨构词非直接式：刨冰。刮构词半直接式：刮脸。削构词直接式：
削发。

"刨"后接语素"冰"为自然无生名素。"刮"后接语素"脸"为附属类指人
名素。"削"后接语素"发"为附属类指人名素。

⑤切割组

割构词非直接式：割肉、割腕、割席。截构词直接式：截肢；半直接
式：截屏。斩构词直接式：斩首1；非直接式：斩首2。切构词直接式：
切片1。伐构词直接式：伐木。剖构词直接式：剖腹。芟构词非直接式：
芟秋。

"割"后接语素"肉""腕"为附属类指人名素，"席"为人造无生名素。
"截"后接语素"肢"为附属类指人名素，具有长条形特征，与"截"的横向切割
语义匹配度高；"屏"为人造无生名素。"斩"后接语素"首（头部）"为附属类
指人名素，"首（头领）"为整体类指人名素。"切"后接语素"片"为人造无生
名素。"伐"后接语素"木"为植物有生名素。"剖"后接语素"腹"为附属类指
人名素。"芟"后接语素"秋"为植物有生名素。

该组动素虽然后接语素较多，但是集中于有生和无生具体名素。

⑥修剪组

剪构词半直接式：剪报1；非直接式：剪报2、剪彩、剪票、剪影1、
剪影2、剪影3、剪纸1、剪纸2。理构词直接式：理发。剃构词非直接
式：剃头。修构词非直接式：修脚。

"剪"后接语素"报"为可外化抽象名素，"彩""票""纸"为人造无生名素，

"影"为性状名素。"理"后接语素"发"为附属类指人名素。"剃"后接语素"头"为附属类指人名素。"修"后接语素"脚"为附属类指人名素。

⑦劈开组

劈构词直接式:劈山。

"劈"后接语素"山"为场所空间名素。

⑧梳理组

梳构词直接式:梳头。

"梳"后接语素"头"为附属类指人名素。

⑨砸破组

砸构词非直接式:砸锅。

"砸"后接语素"锅"为人造无生名素。

⑩耕犁组

耕构词直接式:耕地1。

"耕"后接语素"地"为场所空间名素。

⑪缝合组

绱构词直接式:绱鞋。

"绱"后接语素"鞋"为人造无生名素。

### 3.使性质变化作用动素

该集动素表示工具作用于事物,使事物的味道、生熟、干湿等性质发生一些变化。

①调制组

调构词半直接式:调剂2、调酒、调味;非直接式:调羹、调剂1。

"调"后接语素"剂""酒""羹"为人造无生名素,"味"为性状名素。

②烹制组

烹构词直接式:烹茶。

"烹"后接语素"茶"为人造无生具体名素。

③烤烫组

烫构词非直接式:烫发、烫花、烫金、烫蜡、烫头。烤构词直接式:烤火;非直接式:烤电、烤蓝。

"烫"后接语素"发""头"为附属类指人名素,"花"是像花一样的东西,所以是人造无生名素,"金"为形素,"蜡"为自然无生名素。"烤"后接语素"火""电"为自然无生名素,"蓝"为形素。

④冶炼组

炼构词非直接式:炼丹、炼焦、炼油 1、炼油 2、炼油 3。冶构词直接式:冶金。

"炼"后接语素"丹"为人造无生名素,"焦""油"为自然无生名素。"冶"后接语素"金"为自然无生名素。

综上分析,非单纯具体作用类动素多后接附属类指人名素和无生具体名素。

(二)非单纯抽象行为作用动素

这类动素表示行为者以抽象的手段对抽象的事物或人的精神实施某种影响,使该事物或人的某些抽象特征发生一定程度的变化。

1.一般处置动素

①使用组

用构词直接式:用兵、用工、用力、用印、用语 1;半直接式:用人 1、用武、用刑;非直接式:用典、用功 1、用功 2、用人 2、用事 3、用心 1。

运构词直接式:运筹、运思;非直接式:运笔。使构词半直接式:使坏、使假。打构词非直接式:打表。黩构词半直接式:黩武。命构词非直接式:命笔。遣构词直接式:遣词。为构词直接式:为力。

"用"后接语素"兵""工""人"为整体类指人名素,"力""功"为性状名素,"印"为人造无生名素,"语"为可外化抽象名素,"武""刑""典""事"为事项名素,"心"为不外化抽象名素。

"运"后接语素"筹""思"为不外化抽象名素,"笔"为人造无生名素。"使"后接语素"坏""假"为形素。"打"后接语素"表"为人造无生名素。"黩"后接语素"武"为事项名素。"命"后接语素"笔"为人造无生名素。"遣"后接语素"词"为可外化抽象名素。"为"后接语素"力"为性状名素,就是出力的意思。

该组参与构词的动素较多,后接语素有指人名素、人造无生名素、事物名素、事情名素以及形素。

②管理组

管构词直接式:管事 1;非直接式:管家 1、管家 2、管事 3。持构词直接式:持家。理构词直接式:理财。操构词直接式:操盘。

"管"后接语素"事""家"为事项名素。"持"后接语素"家"为事项名素。"理"后接语素"财"为可外化抽象名素。"操"后接语素"盘"为性状名素。

③治理组

治构词直接式：治本、治标、治乱、治穷、治水、治污。看构词直接式：看病1；非直接式：看病2。

"治"后接语素"本""标"为性状名素，"乱""穷""污"为形素，"水"是河川义，故视为场所空间名素。"看"后接语素"病"为事项名素。

④整理组

整构词直接式：整地、整队、整枝、整装1；半直接式：整风。敛构词非直接式：敛衽1、敛衽2。洗构词直接式：洗牌1；非直接式：洗牌2。收构词非直接式：收尸。

"整"后接语素"地"为场所空间名素，"队"为性状名素，"枝"为有生名素，"装"为人造无生名素，"风"为性状名素。"敛"后接语素"衽"为人造无生名素。"洗"后接语素"牌"为人造无生名素。"收"后接语素"尸"为附属类指人名素。

⑤办理组

办构词直接式：办案、办差、办公、办事。治构词直接式：治丧；半直接式：治装。发构词直接式：发丧2。用构词直接式：用事2。

"办"后接语素"案""差""公""事"为事项名素。"治"后接语素"丧"为事项名素，"装"为人造无生名素。"发"后接语素"丧"为事项名素。"用"后接语素"事"为事项名素。

该组动素后接语素主要是事项名素，如"事""丧"等。

⑥处理组

处构词直接式：处警、处事。理构词直接式：理事1；非直接式：理事2。善构词非直接式：善后、善终2。用构词直接式：用事1。

"处"后接语素"警""事"为事项名素。"理"后接语素"事"为事项名素。"善"后接语素"后"为时序名素，"终"为事项名素。"用"后接语素"事"为事项名素。

⑦调理组

养构词非直接式：养地、养气2、养神、养生、养颜。理构词直接式：理气。摄构词直接式：摄生。

"养"后接语素"地"为场所空间名素，"气""神""生""颜"为性状名素。"理"后接语素"气"为性状名素。"摄"后接语素"生"为性状名素。

该组动素后接语素多为性状名素，如"气""生"等。

⑧经营组

　　　　经构词直接式:经商。营构词直接式:营业。

"经"后接语素"商"为事项名素。"营"后接语素"业"为事项名素。

**2.特殊处置动素**

①损害组

　　　　宰构词直接式:宰客、宰人。坑构词直接式:坑农。侵构词半直接

　　式:侵权。损构词半直接式:损人 2。误构词直接式:误国。杀构词半

　　直接式:杀熟。伤构词直接式:伤生。

"宰"后接语素"客""人"为整体类指人名素。"坑"后接语素"农"为整体

类指人名素。"侵"后接语素"权"为性状名素。"损"后接语素"人"为整体类

指人名素。"误"后接语素"国"为可外化抽象名素。"杀"后接语素"熟"为形

素。"伤"后接语素"生"为性状名素。

该组构词后接语素多为整体类指人名素,或为性状名素,以及修饰人的

形素。

②搅闹组

　　　　闹构词直接式:闹鬼 1;非直接式:闹鬼 2。捣构词直接式:捣鬼。

　　搅构词直接式:搅局。挑构词非直接式:挑衅。

"闹""捣"后接语素"鬼"为不外化抽象名素。"搅"后接语素"局"为事项

名素。"挑"后接语素"衅"为不外化抽象名素。

③干预组

　　　　听构词直接式:听讼;半直接式:听事 1、听政;非直接式:听事 2、

　　听证 1、听证 2、听证 3。干构词直接式:干政。问构词直接式:问事 2。

"听"后接语素"讼"为活动动素,"事""政"为事项名素,"证"为变化动

素。"干"后接语素"政"为事项名素。"问"后接语素"事"为事项名素。

该组动素后接语素是事项名素和动素。

④限制组

　　　　限构词直接式:限额 1、限购、限价 1、限量 1、限期 1、限时、限养;半

　　直接式:限产、限行。节构词直接式:节哀、节育、节欲。克构词非直接

　　式:克期、克日。禁构词直接式:禁欲。平构词半直接式:平价 1。

"限"后接语素"额""量"为性状名素,"购""养"为转移动素,"价"为可外

化抽象名素,"期""时"为时量名素,"产"为变化动素,"行"为活动动素。

"节"后接语素"哀"为状态动素,"育"为变化动素,"欲"为不外化抽象名素。

"克"后接语素"期"为时量名素,"日"为量素。"禁"后接语素"欲"为不外化抽

象名素。"平"后接语素"价"为可外化抽象名素,"平价1"的意思是平抑上涨的价格。

该组动素后接语素类型多样,有事物名素、性状名素、时量名素、动素、量素。

⑤约束组

克构词半直接式:克己1;非直接式:克己2、克己3。律构词直接式:律己。束构词直接式:束身1。

"克""律"后接语素"己"为代素。"束"后接语素"身"为代素。

⑥防阻组

防构词直接式:防潮1、防潮2、防冻2、防腐、防寒、防疫、防震2;半直接式:防暴、防尘、防弹、防盗、防冻1、防毒、防洪、防空、防老、防凌、防身、防暑、防特、防伪、防汛、防震1。

避构词直接式:避邪、避孕;半直接式:避暑2。拦构词直接式:拦路;半直接式:拦网。挡构词非直接式:挡驾。剪构词非直接式:剪径。

"防"后接语素"潮(潮湿)""暴""老""伪"为形素,"潮(潮汐)""尘""洪""凌"为自然无生名素,"冻(凝结)""腐"为变化动素,"寒""暑"为性状名素,"疫""汛"为事项名素,"震(地震)""震(震动)"为状态动素,"弹""毒"为人造无生名素,"盗"为转移动素,"冻(冻害)"作用动素,"空"为场所空间名素,"身""特"为整体类指人名素。

"避"后接语素"邪"为事项名素,"孕"为状态动素,"暑"为性状名素。"拦"后接语素"路"为场所空间名素,"网"为人造无生名素。"挡"后接语素"驾"为人造无生名素。"剪"后接语素"径"为场所空间名素。

该组动素中"防"的构词能力比较强,不仅所构词项超过了20个,而且后接语素义类除了事物名素、时量名素、量素和数素外,其余类型语素均有参构词例,涵盖了其他动素后接语素的类型。

⑦克胜组

克构词直接式:克难。

"克"后接语素"难"为事项名素。

⑧援救组

救构词直接式:救国;非直接式:救场、救荒、救火、救急、救驾、救命、救生、救市、救亡、救险、救灾1、救灾2。匡构词半直接式:匡时。急构词直接式:急难1。勤构词直接式:勤王1。

"救"后接语素"国"为可外化抽象名素,"场""荒""急""险""灾"为事项名素，"火"为自然无生名素，"驾"为人造无生名素，"命""生"为性状名素，"市"为转移动素，"亡"为变化动素。"匿"后接语素"时"为时量名素。"急"后接语素"难"为事项名素。"勤"后接语素"王"为整体类指人名素。

⑨欺骗组

　　骗构词半直接式：骗汇、骗税。耍构词直接式：耍人。

"骗"后接语素"汇""税"为可外化抽象名素。"耍"后接语素"人"为整体类指人名素。

⑩掩饰组

　　藏构词直接式：藏锋2、藏富、藏奸1、藏拙。遮构词直接式：遮丑、遮羞2。埋构词半直接式：埋名。

"藏"后接语素"锋"为方位空间名素，"富""奸""拙"为形素。"遮"后接语素"丑""羞"为事项名素。"埋"后接语素"名"为可外化抽象名素。

⑪弥补组

　　圆构词非直接式：圆场、圆谎。弥构词直接式：弥缝。

"圆"后接语素"场"为方位空间名素，"谎"为可外化抽象名素。"弥"后接语素"缝"为性状名素。

⑫整容组

　　整构词直接式：整容、整形。

"整"后接语素"容""形"为性状名素。

⑬修饰组

　　修构词直接式：修辞1。

"修"后接语素"辞"为可外化抽象名素。

⑭清理组

　　肃构词直接式：肃贪。清构词半直接式：清仓1。

"肃"后接语素"贪"为转移动素。"清"后接语素"仓"为场所空间名素。

⑮清除组

　　洗构词半直接式：洗底；非直接式：洗脑、洗钱。

"洗"后接语素"底"为事项名素，"脑"为不外化抽象名素，"钱"为可外化抽象名素。

## 三、小结

根据本节行为作用动素构词分析，我们设计了表5-2，以看出它们所接后位语素意义类型分布，总结行为作用动素义对复合构词的影响。

表 5-2　前位行为作用动素后接语素意义类型分布

| 组别 | 具体名素 | | | 抽象名素 | | | 非名语素 | | |
|---|---|---|---|---|---|---|---|---|---|
| | 有生 | 无生 | 空间 | 事物 | 事情 | 时间 | 动素 | 形素 | 其他 |
| 击打 | 1 | 12 | 2 | 1 | | | | | 2 |
| 挥甩 | | 1 | | | | | | | |
| 触摸 | 1 | | | | 2 | | 5 | | |
| 吹拂 | | 12 | | | | | | | |
| 扇动 | | 1 | | | | | | | |
| 喷射 | | 12 | | | | | | | |
| 按摸 | 1 | | | | 2 | | | 2 | |
| 抓挠 | 1 | | | | | | | | |
| 刷拭 | 1 | 1 | | | | | | | |
| 抬举 | | 1 | | | 12 | | | | |
| 按压 | 1 | 12 | 2 | 1 | | | | | |
| 推动 | 1 | | | | | | | | |
| 拉拽 | 12 | 1 | | | 1 | | | | |
| 扳拨 | 1 | | 2 | 1 | | | | | |
| 捏夹 | 1 | | | | | | | | |
| 咬切 | 12 | | | | | | | | |
| 划动 | | 1 | | | | | | | |
| 挑起 | | 1 | | | | | | | |
| 打击 | | | | | 1 | | 1235 | 35 | |
| 攻击 | 1 | 1 | 2 | 12 | | | 3 | | |
| 欺压 | | | | | | | | 4 | |
| 冒犯 | | | 1 | 12 | | | | | |
| 抵抗 | 1 | 2 | 1 | 1 | 12 | | 145 | 15 | |
| 拼抵 | | | | | 2 | | 2 | | |
| 接待 | 1 | 1 | 1 | | | | 3 | | |
| 应对 | 1 | | | | 1 | | 24 | | |
| 虐待 | 1 | | | | | | | | |
| 反对 | 1 | | | 2 | | | | | |

续表

| 组别 | 具体名素 | | | 抽象名素 | | | 非名语素 | | |
|---|---|---|---|---|---|---|---|---|---|
| | 有生 | 无生 | 空间 | 事物 | 事情 | 时间 | 动素 | 形素 | 其他 |
| 拒绝 | 1 | | | | | | 1345 | | |
| 奉承 | | | | 1 | | | | 5 | |
| 支持 | 1 | | 1 | | | | 3 | | |
| 准许 | | | | | 1 | | 2 | | |
| 赞扬 | | | | | 1 | | | 3 | |
| 慰问 | 1 | | | | | | | 15 | |
| 庆贺 | | | | | 1 | 1 | 2 | | |
| 辱骂 | 1 | | 2 | | | | | | |
| 驳斥 | | | | 1 | | | | | |
| 责备 | | | | | 1 | | | | |
| 处罚 | | | | 1 | 1 | | 23 | 5 | |
| 逼迫 | | 1 | 2 | 1 | 12 | | 23 | 3 | |
| 催促 | | | | | | | 35 | | |
| 驱赶 | | 1 | | | 1 | | | | |
| 鼓劝 | | 1 | | | 2 | | 23 | | |
| 引领 | 1 | 2 | 12 | | 12 | | 2345 | | |
| 指导 | 1 | | | | | | 34 | | |
| 召集 | 1 | | | | | | 23 | | |
| 劝说 | | | | | 1 | | 2 | | |
| 供养 | 12 | | | | | | | | |
| 修养 | | | | | | | | | 1 |
| 培育 | 1 | | | | 2 | | | 5 | |
| 帮助 | 1 | | 2 | 12 | 12 | | 12345 | 1345 | |
| 涂染 | 1 | 2 | | | 2 | | | | 1 |
| 裹绑 | 12 | 12 | | | | | | | |
| 清洗 | 1 | 12 | | | | | | | 3 |
| 清扫 | | 12 | 2 | | | | | | |
| 揩擦 | 1 | 2 | | | | | | | |

续表

| 组别 | 具体名素 | | | 抽象名素 | | | 非名语素 | | |
|---|---|---|---|---|---|---|---|---|---|
| | 有生 | 无生 | 空间 | 事物 | 事情 | 时间 | 动素 | 形素 | 其他 |
| 遮盖 | 1 | | | | | | | | |
| 过滤 | 2 | 2 | | | | | | | |
| 刻镂 | | 12 | | 1 | 2 | | | | 1 |
| 挖掘 | | 2 | | | | | | | |
| 钻刺 | | 1 | 2 | | | | | | |
| 削刨 | 1 | 2 | | | | | | | |
| 切割 | 12 | 1 | | | | | | | |
| 修剪 | 1 | 1 | | 1 | 2 | | | | |
| 劈开 | | | 2 | | | | | | |
| 梳理 | 1 | | | | | | | | |
| 砸破 | | 1 | | | | | | | |
| 耕犁 | | | 2 | | | | | | |
| 缝合 | | 1 | | | | | | | |
| 调制 | | 1 | | | 2 | | | | |
| 烹制 | | 1 | | | | | | | |
| 烤烫 | 1 | 12 | | | | | | | 1 |
| 冶炼 | | 12 | | | | | | | |
| 使用 | 1 | 1 | | 12 | 12 | | | | 5 |
| 管理 | | | | 1 | 12 | | | | |
| 治理 | | | 2 | | 12 | | | | 123 |
| 整理 | 12 | 1 | 2 | | 2 | | | | |
| 办理 | | 1 | | | 1 | | | | |
| 处理 | | | | | 1 | 2 | | | |
| 调理 | | | 2 | | 2 | | | | |
| 经营 | | | | | 1 | | | | |
| 损害 | 1 | | | 1 | 2 | | | | 4 |
| 搅闹 | | | | 2 | 1 | | | | |
| 干预 | | | | | 1 | | 24 | | |

续表

| 组别 | 具体名素 | | | 抽象名素 | | | 非名语素 | | |
|---|---|---|---|---|---|---|---|---|---|
| | 有生 | 无生 | 空间 | 事物 | 事情 | 时间 | 动素 | 形素 | 其他 |
| 限制 | | | | 12 | 2 | 1 | 1234 | | 2 |
| 约束 | | | | | | | | | 1 |
| 防阻 | 1 | 12 | 2 | | 12 | | 1235 | 145 | 1 |
| 克胜 | | | | | 1 | | | | |
| 援救 | 1 | 12 | | 1 | 12 | 1 | 23 | | |
| 欺骗 | 1 | | | 1 | | | | | |
| 掩饰 | | 1 | | 1 | 1 | | | 15 | |
| 弥补 | | 1 | | 1 | 2 | | | | |
| 整容 | | | | | 2 | | | | |
| 修饰 | | | | | | | | | |
| 清理 | | | 2 | | | | 3 | | |
| 清除 | | | | 12 | 1 | | | | |

注：表中数字所代表的语素语义类型详见表1-1注。

击打、挥甩、触摸、吹拂、扇动、喷射组属于瞬间作用集，其后均可接具体名素，主要集中于无生具体名素。

按摸、抓挠、刷拭组属于持续作用集，其后均可接有生名素，主要是附属类指人名素。

抬举、按压、推动、拉拽、扳拨、捏夹、咬切、划动、挑起组属于加力作用集，后接语素多为具体名素，尤其是附属类指人名素或人造无生名素，也有一些抽象名素构词词例。

打击、攻击、欺压、冒犯、抵抗、拼抵组属于进击作用集，其后可以接具体名素和抽象名素，此外还有许多接动素和形素的构词。

接待、应对、虐待、反对、拒绝、奉承、支持、准许组属于对待作用集，除了时间名素和其他非名语素，后接语素类型多样，多数可以接指人名素和动素。

赞扬、慰问、庆贺、辱骂、驳斥、责备、处罚组属于誉毁作用集，未有后接无生名素和其他非名语素的词例，接指人名素的很少。其后接语素以抽象名素居多，尤其是事项名素。

逼迫、催促、驱赶、鼓劝组属于驱使作用集，指人名素、时间名素和其他非名素语素没有出现参构词例,其余类型均有构词。

引领、指导、召集、劝说组属于引导作用集,后接语素类型多样,主要集中于具体名素、事情名素和动素,而且所有动素组都可后接动素构词。

供养、修养、培育、帮助组属于培助作用集,除了无生具体名素、时间名素、量素和数素,其余类型均有构词,尤其是帮助组,不仅构词量大,而且后接语素类型比较丰富。

涂染、裹绑、清洗、清扫、揩擦、遮盖、过滤组属于使存在变化作用集,后接语素类别比较集中,主要是指人和无生具体名素。

刻镂、挖掘、钻刺、削刨、切割、修剪、劈开、梳理、砸破、耕犁、缝合组属于使形态变化作用集,后接语素以具体名素为主,此外还可以接一些可外化抽象名素和性状名素,

调制、烹制、烤烫、冶炼组属于使性质变化作用集,后接语素以具体无生名素为主,其后都可以接人造无生名素。

使用、管理、治理、整理、办理、处理、调理、经营组为一般处置集,后接语素比较广泛,除了动素和其他非名语素,其余类型语素均有构词。集内各组前位动素均有后接事情名素的词例。

损害、搅闹、干预、限制、约束、防阻、克胜、援救、欺骗、掩饰、弥补、整容、修饰、清理、清除组属于特殊处置集,可以和各类语素结合成词,既可以接具体名素,又可以接抽象名素,以及动素、形素、代素、量素。而且集内绝大多数前位动素可以与事物或事情抽象名素结合成词。

总之,具体和抽象语义范畴对行为作用动素后接语素的类型控制面比较大。

## 第三节　经历作用动素构词

经历作用动素表示的是经历者被动地受到外部事物的作用,因此这类动素均含"蒙受"或"遭受"义。

其语义结构为:事件{经历者 i　经历　［客体 1　影响　客体 2i］}。

或为:事件{经历者 i　经历　［行为者(控制)(工具　影响　客体 2i)］}。①

①遭受组

受构词直接式:受病、受挫、受罚、受害、受惊、受苦、受累 1、受累 2、受难、受骗、受气、受穷、受屈、受辱、受伤、受损、受刑、受灾、受制 1、

---

① 吕云生:《〈礼记〉动词的语义分类研究》,中国广播电视出版社,2009 年,第 138 页。

受制 2、受阻、受罪；半直接式：受潮、受敌、受过、受窘、受热 1；非直接式：受寒、受凉、受热 2。

　　吃构词直接式：吃惊、吃苦、吃亏 1、吃亏 2、吃罪；非直接式：吃醋、吃紧 1、吃紧 2、吃重 1、吃重 2。中构词直接式：中毒、中计、中邪；非直接式：中魔、中枪、中暑 1、中暑 2。

　　蒙构词直接式：蒙垢、蒙难、蒙冤；非直接式：蒙尘。遇构词直接式：遇刺、遇害、遇救、遇难 1。挨构词直接式：挨批、挨宰、挨整。被构词直接式：被难 1、被难 2。负构词直接式：负屈、负伤。遭构词直接式：遭殃、遭罪。罹构词直接式：罹难。饮构词直接式：饮弹。着构词非直接式：着凉。

　　"受"后接语素"病""难""刑""灾""罪""过"为事项名素，"挫""罚""害""骗""辱""伤""损""制""阻"为作用动素，"惊"为变化动素，"苦""累（疲劳）""穷""潮""热""凉"为形素，"累（牵连）""气""屈""窘"为状态动素，"敌"为整体类指人名素，"寒"为性状名素。

　　"吃"后接语素"惊""亏"为变化动素，"苦""紧""重"为形素，"罪"为事项名素，"醋"为不外化抽象名素。"中"后接语素"毒""枪"为人造无生名素，"计""魔"为不外化抽象名素，"邪"为事项名素，"暑"为性状名素。

　　"蒙"后接语素"垢""难""冤"为事项名素，都是消极色彩的事件；"尘"为自然无生名素。"遇"后接语素"刺""害"为变化动素，"救"为作用动素，"难"为事项名素。除了"救"，"遇"后接的多为消极色彩的事件。"挨"后接语素"批""宰""整"为作用动素。"被"后接语素"难"为事项名素。"负"后接语素"屈"为状态动素，"伤"为作用动素。"遭"后接语素"殃""罪"为事项名素，为消极色彩的事件。"罹"后接语素"难"为事项名素。"饮"后接语素"弹"为人造无生名素。"着"后接语素"凉"为形素。

　　该组动素构词量比较大，尤其是语素"受"。该组动素后接语素除了空间名素、时间名素和其他非名素语素，其余各类语素均有构词例，而且绝大多数动素都有与事项名素或动素结合而成的支配式双音词。

　　②被动组

　　伏构词非直接式：伏法、伏诛。吹构词直接式：吹风 1。伤构词直接式：伤热。

　　"伏"后接语素"法"为可外化抽象名素，"诛"为变化动素。"吹"后接语素"风"为自然无生名素。"伤"后接语素"热"为性状名素。

　　③享受组

　　饮构词直接式：饮誉。吃构词非直接式：吃香。

"饮"后接语素"誉"为性状名素。"吃"后接语素"香"为形素。

④蒙受组

承构词直接式：承情。沐构词直接式：沐恩。

"承"后接语素"情"为不外化抽象名素。"沐"后接语素"恩"为不外化抽象名素。

### 小结

根据本节经历作用动素构词分析，我们设计了表 5-3，以看出它们所接后位语素意义类型分布，总结经历作用动素义对复合构词的影响。

表 5-3　前位经历作用动素后接语素意义类型分布

| 组别 | 具体名素 | | | 抽象名素 | | | 非名语素 | | |
|---|---|---|---|---|---|---|---|---|---|
| | 有生 | 无生 | 空间 | 事物 | 事情 | 时间 | 动素 | 形素 | 其他 |
| 遭受 | 1 | 12 | | 2 | 12 | | 125 | 145 | |
| 被动 | | 2 | | 1 | 2 | | 2 | | |
| 享受 | | | | | 2 | | | 2 | |
| 蒙受 | | | | 2 | | | | | |

注：表中数字所代表的语素语义类型详见表 1-1 注。

遭受、被动、享受、蒙受组属于经历作用集。经历作用动素可以接某人或某物的某事件或行动、状态的影响，除了空间、时间名素及其他非名语素，其余类型语素均有构词。

## 第四节　使役要素动素构词

使役要素动素的共同点是具有使役性质，它们具有实际引发或企图引发某一事件的功能，而该事件要由另外一个动素去独立表达，使役要素动素本身是不包含这一事件内容的。

其语义结构为：使役者　使役。①

### 一、要求使役要素动素

要求使役要素动素表示的是作为主体的人要求他人实施或不实施某种

---

① 吕云生：《〈礼记〉动词的语义分类研究》，中国广播电视出版社，2009 年，第 86 页。

行为的愿望。

其语义结构为：要求者　使役。[①]

（一）肯定性要求动素

①命令组

派构词直接式：派员；半直接式：派饭 1。命构词半直接式：命驾。

"派"后接语素"员"为整体类指人名素，"饭"为人造无生名素。"命"后接语素"驾"为状态动素。

（二）否定性要求动素

①禁止组

禁构词直接式：禁赌、禁放 1、禁放 2、禁猎、禁牧、禁渔；半直接式：禁毒、禁赛、禁运。

"禁"后接语素"赌""放（放映）""猎""牧""渔"为活动动素，"放（点燃）"为变化动素，"毒"为人造无生名素，"赛"为事项名素，"运"为转移动素。

**二、因果使役要素动素**

因果使役要素动素表示的是某一事物，包括自然力或人力，所具有的能够作为动因导致某种结果事件的能力。

其语义结构为：使因　使役。[②]

①致使组

讨构词非直接式：讨嫌、讨厌 1、讨厌 2、讨厌 3。致构词直接式：致残、致死；半直接式：致命。使构词直接式：使然。惹构词直接式：惹气。淘构词非直接式：淘气 1。

"讨"后接语素"嫌""厌"为状态动素。"致"后接语素"残"为状态动素，"死"为变化动素，"命"为性状名素。"使"后接语素"然"为代素。"惹""淘"后接语素"气"为状态动素。

**三、小结**

根据本节动素构词分析，我们设计了表 5-4，以看出它们所接后位语素意义类型分布，总结使役要素动素义对复合构词的影响。

---

① 吕云生：《〈礼记〉动词的语义分类研究》，中国广播电视出版社，2009 年，第 87 页。

② 吕云生：《〈礼记〉动词的语义分类研究》，中国广播电视出版社，2009 年，第 88 页。

表 5-4　前位使役要素动素后接语素意义类型分布

| 组别 | 具体名素 | | | 抽象名素 | | | 非名语素 | | |
|---|---|---|---|---|---|---|---|---|---|
| | 有生 | 无生 | 空间 | 事物 | 事情 | 时间 | 动素 | 形素 | 其他 |
| 命令 | 1 | 1 | | | | | 1 | | |
| 禁止 | | 1 | | | 1 | | 234 | | |
| 致使 | | | | | 2 | | 12 | | 1 |

注:表中数字所代表的语素语义类型详见表 1-1 注。

　　命令组属于肯定性要求集,禁止组属于否定性要求集,致使组属于因果使役要素集。三组均属于使役要素动素,后接指人有生名素、人造无生具体名素、事情抽象名素、动素及代素,其中尤以动素居多。

# 第六章　后位语素的语义类别及构词力分析

支配式双音词后位语素的首先可分为名素和非名素。名素分为具体名素和抽象名素。非名素中有动素、形素、代素、量素及数素。下面分三节论述它们内部的语义分类及构词能力。

## 第一节　具体名素的义类及构词力

具体名素是指在三维空间中通过人的感知获得的事物。下面分有生名素、无生名素及空间名素分别加以讨论。

### 一、有生名素的义类及构词力

有生名素是对具有生命体征物体的指称。从运动和静止角度来区别，应当分为人、动物和微生物一类，植物一类。但是由于支配式双音词后位语素主要是与人相关的名素，动物相当少，所以我们将之分为指人名素和动植物两个有生名素次类，下面再分小类。

(一)指人名素及构词力

指人名素按照指整个人还是人体组成部分，分为整体类和附属类。

1.整体类

(1)总称集

人(能制造工具并使用工具进行劳动的高等动物)26【傲人、缠人、吵人、动人、烦人、感人、骄人、惊人、魅人、迷人、难人1、恼人、拟人、怕人1、怕人2、喜人、吓人、羞人、养人、怡人、宜人、诱人1、诱人2、走人、醉人1、醉人2】，①人(别人)15【背人1、背人2、超人1、传人1、传人3、过人1、过人2、利人、求人、容人、示人、要人、损人2、疼人1、宰人】，物(其他人)1【傲物】，人(人手)3【得人、用人1、用人2】，员(成员)12【裁员、超员、定员1、动员1、动员2、

---

① 动素的释义大体依照《现代汉语词典》(第7版)，同时参考《实用解字组词词典》《组词字典》，对部分条目做了改动，一般只对多义或非常用义进行标注。每个构词语素后的数字是构成的支配式双音词词项数量。

复员1、复员2、减员1、减员2、满员、派员、缺员】、民(某种人)2【殖民、移民1】，丁(人口)1【添丁】，口(人口)1【灭口】。

第一个名素"人"参与构造的支配式双音词量很大，而且多是形容词性非直接式复合词。

(2)普通集

①职业集

农1【坑农】，工4【辞工2、雇工1、用工、招工】，商1【招商】，兵2【招兵、征兵】，警3【布警、从警、袭警】，医4【从医、就医、投医、行医】，庖(厨师)1【代庖】，夫(服劳役的人)1【拉夫】，特(特务)1【防特】，贼1【闹贼】。

②身份集

皇1【保皇】，辟(君主)1【复辟】，王2【勤王1、勤王2】，首(头领)2【为首、斩首2】，霸(恶霸)1【反霸2】，霸(古代诸侯联盟的首领)2【称霸、争霸】，雄(强有力的人或国家)1【称雄、争雄】，主(权力或财物的所有者)1【易主】，嗣(继承者)1【立嗣】，帅1【挂帅】，将2【激将、点将】，臣1【称臣】，干(干部)3【调干1、提干1、提干2】，东(东道主)1【做东】，客(做客的人)12【拜客、好客、会客、接客1、陪客1、陪客2、请客、谢客1、谢客2、知客1、知客2、做客】，宾1【酬宾】，客(顾客)7【接客2、拉客1、拉客2、甩客、压客、宰客、载客】，师4【拜师、出师1、从师、投师】，徒1【出徒】，生1【招生】，博(博士生)1【考博】，研(研究生)1【考研】，媒1【做媒】，保(保人)3【交保、取保、作保】，俗(不出家的人)2【返俗、还俗】，邻1【睦邻】。

该集参与构词最多的名素是"客"。

③才能集

圣(品格高尚、智慧高超的人)2【朝圣2、显圣】，贤(有德行、有才能的人)2【让贤、招贤】，器(人才)1【成器】，才3【成才、屈才、育才】，材(人才)1【选材1】，秀(优异的人才)1【选秀】，家(掌握专门学识的人)2【成家2、到家】，星(明星)1【追星】，盲(缺乏某方面能力的人)2【扫盲、脱盲】。

④友敌集

友3【会友2、交友、卖友】，故(朋友)1【如故2】，奸1【锄奸】，逆(背叛者)1【附逆】，敌8【赴敌、轻敌、受敌、树敌、通敌、投敌、应敌、御敌】，仇(仇敌)2【报仇、复仇】，凶(行凶作恶的人)2【雇凶、缉凶】，俘1【虏俘】，囚1【虏囚】，私(个人)1【肥私】。

⑤亲属集

亲(有血统或婚姻关系的人)12【成亲、结亲2、攀亲1、宁亲、认亲1、认亲2、探亲、投亲、省亲、依亲、沾亲、做亲1】，家(家庭)12【安家1、安家2、成家1、出家、传家、分家1、分家2、顾家、恋家、探家、养家、在家2】,户（人家）5【过户、绝户1、立户1、落户1、落户2】,居（家庭）1【析居】,宗1【联宗】,门（家庭）2【灭门、回门】,族1【灭族】,种（种族）1【灭种1】,娘1【骂娘】,偶（配偶）3【求偶、丧偶、择偶】,亲（新妇）6【换亲、接亲、抢亲、娶亲、送亲、迎亲】,内（妻子）1【惧内】,妾1【纳妾】,亲（女婿）2【招亲1、招亲2】,嗣（后人）1【绝嗣】,后（后人）2【断后1、绝后1】。

其中"亲""家"等既可以指单人也可以指家人集体,所以本书将之归入亲属集而不是集体集。它们也是本集名素中构词量最大的。

⑥年龄集

胎4【保胎、打胎、堕胎、怀胎】,婴2【弃婴1、溺婴】,孤（孤儿）1【托孤】,丁（成年人）3【抽丁、拉丁1、拉丁2】,人（成年人）1【成人1】,老2【养老1、助老】。

（3）集体集

军（军队）19【败军1、裁军、参军、撤军、充军、从军、督军、将军1、将军2、进军、扩军、劳军、领军、配军、随军、投军、行军、拥军、驻军1】,兵（军队）23【搬兵、裁兵、撤兵、陈兵、称兵、出兵、动兵、发兵、分兵、进兵、举兵、练兵1、练兵2、起兵、收兵1、收兵2、退兵1、退兵2、屯兵、兴兵、养兵、用兵、阅兵】,师（军队）9【出师2、兴师、移师、班师、挥师、回师、会师、劳师、誓师】,伍（队伍）4【落伍1、落伍2、入伍、退伍】,戎（军队）1【从戎】。

以上是与军队义有关的名素,其中"军""兵"构词量大。

队（集体）10【编队1、编队2、插队1、归队1、归队2、离队、练队、领队1、领队2、组队】,组1【编组】,班9【插班、蹲班、跟班1、降班、开班、领班1、领班2、升班、跳班】,伙7【拆伙、搭伙1、搭伙2、结伙1、入伙2、散伙、退伙2】,伍（同伙的人）1【为伍】,群（众多的人）1【超群】,群（聚在一起的）4【成群、集群1、恋群、失群】,民（民众）5【便民、富民、惠民、亲民、扰民】,众（许多人）4【从众、出众、聚众、示众】,党（中国共产党）1【建党】,社（某些集体组织）1【结社】,门（门派）2【掌门、及门】,会（团体）1【转会】,团（集体）1【组团】,班（戏班）1【探班】,科（科班）2【坐科、出科】,教（宗教组织）5【传教、说教1、说教2、在教1、在教2】,阁（内阁）4【倒阁、入阁、组阁1、组阁2】。

以上是与群体义有关的名素,其中"队""班"的构词能力稍强。

（4）专指集

项1【说项】。

"说项"是个典故词,"项"是"唐人项斯"的姓氏。考察其来源,唐代项斯被杨敬之看重,杨敬之赠诗有"平生不解藏人善,到处逢人说项斯"的句子,后来借指为人说好话,替人讲情。例如,清代李伯元《官场现形记》第十九回:"还有些接连来了好几天,过道台不见他,弄的没法,只好托了别位道台写信代为说项。""说项"是一个通过典故化形成的支配式双音词。一般来说,支配式双音词的构词语素很少有专指名素参构。冯奇认为:"词语搭配受约于语法意义、词汇意义和修辞意义,但语法意义服从词汇意义,而词汇意义又服从修辞意义。"语言作为人类思维的工具和社会交际的工具,多数情况下,心理逻辑的理据和社会规约的理据是重合的,"但当心理逻辑与社会规约发生冲突时,词语搭配最终遵循社会规约的最高原则"①。由此看出典故造词与一般双音词造词相比有其特殊性。

2.附属类

(1)身体部位集

①全身集

身(身体)35【侧身 1、插身 1、抄身、称身、赤身、等身、发身、翻身 1、翻身 2、翻身 3、反身、防身、飞身、回身、健身、净身 1、起身 2、起身 3、欠身、强身、热身、上身 1、瘦身、耸身、搜身、塑身、束身 2、随身、挺身、文身、隐身、葬身、转身 1、转身 2、纵身】,体 5【合体 1、可体、连体、裸体 1、美体】,躯 1【捐躯】,尸(尸体)3【暴尸、收尸、验尸】。

该集中名素"身"构词量达到 35 个,属于构词能力极强的语素②。"身"强调对整体的指称,"体"强调具体的形体。

②头部集

头 28【包头 1、出头 3、怵头、当头 1—2、倒头、低头 1、低头 2、掉头 1、顶头、盖头、回头 1、回头 2、回头 3、磕头、叩头、临头、埋头、挠头、劈头 1、劈头 2、上头 1—2、抬头 1、抬头 2、探头 1、秃头 1、秃头 3、秃头 4、摇头】,首 14【昂首、顿首 1、顿首 2、俯首 1、俯首 2、额首、回首 1、回首 2、聚首、叩首、翘首、授首、枭首、斩首 1】,面 11【出面、觌面、会面、见面、满面、谋面、碰面、劈面、扑面、晤面、仰面】,脸 9【绷脸、刮脸、红脸 1、红脸 2、抹脸、劈脸、上脸 1、匀脸、转脸 1】,颜(脸)1【汗颜】,顶(人体最高的部分)5【秃顶 1、灌顶、灭顶、谢顶、压顶】,额 1【蹙额】,眉 2【横眉、皱眉】,眼 34【碍眼 1、碍眼 2、闭眼 1、闭眼 2、刺眼 1、刺眼 2、瞪眼 1、瞪眼 2、对眼 1、放眼、过眼、害眼、合眼 1、合眼 2、合眼 3、红眼 1、红眼 2、晃眼、抢眼、惹眼、入眼、傻眼、顺眼、瞎眼、显眼、现眼、

① 参见冯奇:《核心句的词语搭配研究》内容提要,复旦大学出版社,2007 年,第 2 页。

② 根据支配式双音词词项量的情况,本研究将后位语素构词能力大致分成 5 个等级:30 个及以上为极强,20~29 个为强,10~19 个为较强,3~9 个为较弱,1~2 个为弱。

养眼、耀眼、扎眼、眨眼 1、眨眼 2、招眼、转眼、着眼】,目 26【侧目、瞠目、骋目、驰目、触目 1、触目 2、刺目、夺目、反目、刮目、过目、极目、举目、盲目、瞑目、凝目、入目、爽目、显目、醒目、炫目、悦目、张目 1、瞩目、注目、纵目】,睛 3【点睛、定睛、吸睛】,眸 2【回眸、凝眸】,嘴 17【闭嘴、打嘴 1、动嘴、堵嘴、封嘴 1、封嘴 2、忌嘴、噘嘴、咧嘴、撇嘴、松嘴、挑嘴、张嘴 1、张嘴 2、掌嘴、住嘴 1、住嘴 2】,口 14【闭口、出口 1、忌口、缄口、绝口 1、绝口 2、开口 1-1、喷口、入口 1、松口 1、松口 2、脱口、张口、住口】,腔(口腔)1【开腔】,舌 5【学舌 1、学舌 2、学舌 3、咂舌、咋舌】,牙 6【换牙、镶牙、咬牙 1、咬牙 2、植牙、种牙】,齿 4【启齿、切齿、龋齿 1、生齿】,吻 1【接吻】,耳 9【侧耳、刺耳 1、刺耳 2、附耳、护耳、逆耳、入耳、顺耳、悦耳】,鼻 3【刺鼻、扑鼻、掩鼻】,头(头发)5【上头 1-1、梳头、烫头、剃头、推头】,发 7【理发、落发、美发、烫发、脱发、削发、植发】,鬓 1【垂鬓】。

以上名素中"头""眼""目""嘴"构词量大。其中"头"与"首"、"眼"与"目"、"嘴"与"口"为同义组,前一语素口语色彩强,后一语素书面色彩强,总体来看,前一语素要比后一语素构词能力强。

头部五官多与人的感知神经或言语活动相关,例如"刺鼻"指刺激鼻子的嗅觉。人的身体部位的行为多带有主观意志或社会意义,例如"摇头"表示否定,"切齿"表示痛恨,因此由该集语素参构的支配式双音词有许多是非直接生成式。

③手臂集

手 102【把手 1、把手 2、罢手、摆手 1、摆手 2、扳手 1、扳手 2、插手 1、插手 2、缠手 1、缠手 2、抄手 1、出手 1、出手 2、出手 3、出手 4、出手 5、垂手、凑手、措手、搭手、倒手 1、倒手 2、到手、得手 1、得手 2、丢手、动手 1、动手 2、动手 3、反手 1、反手 2、放手 1、放手 2、分手 1、分手 2、扶手、拱手、过手、还手、换手 1、换手 2、挥手、回手 1、回手 2、棘手、假手、交手、接手、净手 2、经手、靠手、空手 1、空手 2、拉手、辣手 3、联手、撂手、拿手 1、拍手、劈手、牵手 1、牵手 2、入手、撒手、上手 2-2、伸手 1、伸手 2、失手 1、失手 2、束手、甩手 1、甩手 2、松手、缩手、抬手、烫手、停手、脱手 1、脱手 2、握手、洗手 1、洗手 2、洗手 3、下手 1、歇手、携手 1、携手 2、信手、摇手 1、摇手 2、易手、援手 1、扎手、沾手 1、沾手 2、招手、住手、抓手 1、抓手 2、转手、着手】,拳 3【抱拳、猜拳、握拳】,掌 5【拊掌、鼓掌、击掌 1、击掌 2、抵掌】,指 4【屈指、染指、弹指、拶指】,甲 1【美甲】,腕 4【扼腕、割腕、护腕、悬腕】,肘 1【掣肘】,膊 1【赤膊 1】,臂 2【攘臂、振臂】。

"手"是所有名素中构词量最大的语素。其背后反映的是双音词构词量与人的生活密切相关的规则。因为手是人活动最重要、最基本的工具，人使用手十分频繁，而且人手的用途广泛，通过"手"部动作，可以很好地反映人与事物的关系。作为人的肢体语言，"手"的动作还可以表示人的社会礼节，传递主观意图，所以由"手"构成了大量的非直接生成式支配式双音词。

④腿足集

足17【厕足、侧足1、插足1、插足2、缠足、赤足1、跌足、立足1、立足2、敛足、蹑足1、蹑足2、涉足、失足1、失足2、踏足、驻足】，脚14【拔脚、插脚1、插脚2、赤脚1、垫脚、跺脚、裹脚1、裹脚2、合脚、立脚、失脚、歇脚、行脚、修脚】，踵2【接踵、旋踵】，腿13【拔腿1、拔腿2、绑腿、扯腿、蹬腿1、裹腿、护腿、盘腿、劈腿1、劈腿2、撒腿、扫腿、伸腿1】，膝4【促膝、护膝、盘膝、屈膝】。

该集中"足""脚""腿"是构词能力较强的语素。

⑤躯干集

肩15【比肩1、比肩2、比肩3、并肩1、并肩2、垫肩1、垫肩2、换肩、披肩1、披肩2、耸肩、息肩1、息肩2、歇肩、卸肩】，胸1【劈胸】，膺（胸部）1【拊膺】，背4【赤背、靠背、驼背1、驼背2】，腰7【叉腰、撑腰、哈腰1、哈腰2、护腰、伸腰、折腰】，脊1【捏脊】，膛1【开膛】，心（心脏）3【钻心、扪心、清心3】，肚2【跑肚、泻肚】，腹3【空腹、捧腹、剖腹】，胃4【败胃、反胃、翻胃、开胃】，肠2【断肠、灌肠1】，肛1【脱肛】，肾1【洗肾】，盆（盆骨）1【临盆】。

⑥肢节集

颈1【引颈】，领2【引领2、护领】，节3【屈节1、屈节2、脱节】，肢1【截肢】，穴2【点穴1、点穴2】。

（2）组成集

血(xuè)21【补血、充血、喋血、活血、流血、呕血、贫血、溶血、衄血、失血、嗜血1、嗜血2、输血1、输血2、验血、淤血1、瘀血1、浴血、晕血、造血1、造血2】，血(xiě)7【咯血、咳血、吐血、采血、放血1、放血3、换血】，彩（指负伤流的血）3【挂彩2、出彩1、出彩2】，花（指负伤流的血）1【挂花2】，肤1【切肤】，皮5【扒皮、串皮、拉皮2、脱皮、植皮】，骨10【砭骨、并骨、彻骨、刺骨、接骨、刻骨、露骨、切骨、入骨、正骨】，脂1【脱脂】，肉1【割肉】，卵1【排卵】。

（3）分泌集

泪5【垂泪、催泪1、催泪2、洒泪、弹泪】，泣（眼泪）1【饮泣】，涎1【垂涎】，酸1【嗳酸】，乳1【哺乳】，奶4【催奶、下奶1、下奶2、漾奶】，汗2【发汗、落汗】，水（体液）1【积水3】，脓1【化脓】，气（呼出的气）17【嗳气、背气、闭气1、闭气2、憋气、屏气、喘气1、喘气2、断气、哈气1、缓气、松气、送气、叹气、

吐气 2、歇气、咽气】,息 5【出息 1、喘息 1、喘息 2、屏息、窒息】,屁 2【放屁 1、
放屁 2】,尿 2【撒尿、验尿】,便 1【通便】,粪 1【喷粪】,稀(稀的粪便)1【拉稀】。

　　该集名素虽然与无生具体名素相关,但是由它们参构的支配式双音词
多表示人的生理活动,而且有些名素与前位涉人动素有关,如"哺""喘""咽"
"叹",故将此类动素归入指人附属类名素。

　　综上,由附属类指人名素构成的支配式双音词项数近 570 个,是该类双
音词值得注意的一种构词现象。可能一方面人类更关注自身的活动,这与
动植物的构词量比较起来看得最为明显;另一方面人的身体动作往往带有
一定的社会意义,借助这些人体具体名素可以表达较为抽象的复杂的社会
活动。

　　(二)动植物名素及构词力

　　人是高等动物,但毕竟是从动物中进化而来,在一些名素上人和动物是
共用的。在分类时,我们将那些词义中兼指人和动物的支配式双音词的参
构名素归入指人名素,例如"失群";将那些词义中只单指人或动物的支配式
双音词的参构名素分别归入指人名素或动植物名素,例如"闭口""笼嘴"。

　　1.总称类

　　种(物种)4【断种、绝种、灭种 2、育种】。

　　2.动物类

　　(1)动物整体集

　　马 13【出马、堕马、换马、遛马、落马 1、落马 2、跑马 1、跑马 2、赛马 1、上
马、趟马、下马、走马】,骥 1【附骥】,鹿 2【逐鹿 1、逐鹿 2】,鸡 2【斗鸡 1、
斗鸡 2】,牛 1【斗牛】,羊 2【放羊 1、放羊 2】,鸭 1【填鸭 1】,鸟 1【遛鸟】,雏 1
【育雏】,貂 1【续貂】,鱼 1【钓鱼】。

　　(2)动物群体集

　　群(聚在一起的动物)3【咬群 1、咬群 2、炸群】。

　　(3)动物部分集

　　翼 1【比翼】,羽(翅膀)1【铩羽】,翅 1【展翅】,羽(羽毛)1【脱羽】,毛 2
【脱毛 1、脱毛 2】,嘴 1【笼嘴】,腰 1【搭腰】,膘 3【保膘、掉膘、上膘】,肯(骨间
肉)1【中肯】,皮 1【蜕皮】,蛋 1【下蛋】。

　　综上,动物单音语素参与构词的非常少,构词量超过 10 个的仅有"马"。
参与构词的动物多为牲畜类,而且所构造的词义多为比喻义,反映出与动物
有关的活动不是支配式双音词构词的主要关注对象。

3.微生物类

菌 2【带菌、杀菌】,痘 1【种痘】,毒(致病的微生物)2【消毒 1、杀毒 1】。

4.植物类

(1)植物整体集

谷 1【辟谷】,花 1【插花 1—1】,木 1【伐木】,林 3【护林、育林、造林】,树 1【植树】,桂 1【折桂】,草 2【滑草、坐草】,青 4【吃青、放青、看青、踏青】,芹 1【献芹】,菜(蔬菜)1【择菜】。

(2)植物长成集

种(生物传代繁殖的物质)9【播种 1、采种、传种、点种 1、浸种、配种、下种、选种、引种 1】,苗 8【植苗、保苗、补苗、出苗、蹲苗、间苗、露苗、育苗】,秧(植物的幼苗)1【育秧】,秧(特指水稻的幼苗)1【插秧】,秋(成熟的农作物)3【收秋、护秋、芟秋】。

根 5【归根、生根、扎根 1、扎根 2、植根】,芽 3【抽芽、发芽、萌芽】,苞 1【含苞】,条(细长的树枝)1【压条】,秧(某些植物的茎)1【拉秧】,节 1【拔节】,薹(植物在中央部分长出的细长的茎)1【抽薹】,蘖 1【分蘖】,枝 2【歇枝、整枝】,花 3【挂花 1、献花、扬花】,粉 3【传粉、受粉、授粉】,絮 2【吐絮 1、吐絮 2】,穗 2【孕穗、抽穗】,果 2【挂果、结果 1】,实(果实)1【结实 1】,糠 1【筛糠】。

综上,植物类名素构词量一般很低,没有超过 10 个的。这可能是因为植物生长与现代社会一般人活动的关系较远,故而农作物专业词汇很难进入一般常用词汇。其所构的支配式双音词,前位动素多为简单状态动素,或是简单变化动素,表示植物生长的不同阶段。

**二、无生名素的义类及构词力**

无生名素指没有生命特征的物品。依据构词量及语素结合的情况,我们将之分为人造无生名素与自然无生名素。

(一)人造无生名素及构词力

人造物是人利用自然资源而创造的工具性对象,每一种人工物都以自身的功能价值而存在。

1.总括类

(1)统称集

品(物品)1【出品 2】,器 1【配器】。

（2）特征物集

宝（珍贵的物品）3【献宝1、献宝2、献宝3】，金（古时金属制的打击乐器）1【鸣金】，片（平而薄的东西）1【切片1】，丝（丝状的东西）1【拔丝】，线（细长像线的东西）1【接线1】，粒（小圆珠形或小碎块形的东西）1【脱粒】，花（形状像花朵的东西）1【烫花】，伞（形状像伞的东西）1【跳伞】，臼（形状像臼，中间凹下的）1【脱臼】，网（形状像网的东西）2【拦网、破网】，屏（形状像屏风的东西）2【分屏、截屏】，门（形状或作用像门的东西）4【临门2、破门2、射门、守门2】，盘（形状或功用像盘子的东西）3【存盘、复盘1、收盘2】，奖（奖励品）9【颁奖、对奖、兑奖、开奖、摸奖、评奖、弃奖、授奖、中奖】，赏（赏赐的东西）1【悬赏】，当（押在当铺里的实物）1【赎当】，包（包好的东西）3【打包1、打包2、顶包】，载（运输工具装的东西）4【倒载、过载2、卸载1、转载2】，遗（遗失的东西）2【拾遗1、拾遗2】，装（演员化装时穿戴涂抹的东西）5【改装1、化装2、上装1、下装1、卸装】，装（行装）3【束装、整装1、治装】，选（被选中的人或物）7【当选、获选、竞选、落选、入选、膺选、中选】，障（阻隔物）2【排障、清障】，补（补养的食品）2【进补、食补】。

该集名素来源较为复杂，有的是名素的相似性状或功能义的引申，有的是动素意义的转喻。这反映了语言的灵活性及经济性，用有限的符号表达更多的义项。但是，总体来说，该集语素参与构词的能力比较弱，这又反映了语言符号系统表达功能的稳固性和有序性。冯奇认为："词语的意义或义项都有各自的优势使用范围。词义或义项范围的大小决定了词语的搭配能力。词义与词义之间以及义项与义项之间存在相对清晰的疆界。这是语言作为人类认识世界和群体交际之重要工具的性质决定的，没有清晰可辨的边界人类就无法通过语言认知世界，也无法准确表义，达到社会群体交际的目的。"①

2.物品类

（1）个体生活类

①饮食集

粮2【存粮1、断粮】，食（吃的东西）10【存食、打食2、进食、克食、偏食2、乞食、摄食、挑食、停食、消食】，餐（饭食）4【加餐2、进餐、配餐1、用餐】，饭（每天定时吃的食物）9【包饭1、吃饭、开饭1、开饭2、派饭1、喷饭、讨饭、要饭、用饭】，饭（主食）2【下饭1、下饭2】，饭（大米饭）1【出饭】，面1【发面1】，

---

① 　冯奇：《核心句的词语搭配研究》，复旦大学出版社，2007年，第330页。

膳 2【配膳、用膳】,茶(茶饮)4【看茶、烹茶、饮茶 1、饮茶 2】,酒 9【奠酒、陪酒、劝酒、调酒、下酒 1、下酒 2、酗酒、纵酒、醉酒】,羹 1【调羹】,菜 2【布菜、配菜】,素 2【吃素 1、吃素 2】,斋 5【吃斋 1、吃斋 2、吃斋 3、化斋、施斋】,荤 2【开荤 1、开荤 2】,桌(酒席)2【摆桌、包桌 1】,席 5【包席 1、还席、即席 1、逃席、坐席 1】,伙 4【包伙 1、开伙 1、开伙 2、退伙 1】,毒(毒品)6【贩毒、缉毒、戒毒、禁毒、扫毒、吸毒】,毒(能破坏体内组织和生理机能的物质)7【防毒、放毒 1、服毒、解毒 1、排毒、投毒、中毒】,丹 1【炼丹】,药 10【服药、配药、入药、司药、投药 1、投药 2、下药 1、下药 2、抓药 1、抓药 2】,剂(配制的药物)2【调剂 1、调剂 2】,方(药方)1【配方 2−1】,料(饲料)1【加料 2】,食(动物吃的东西)1【捕食 1】。

②衣饰集

衣 3【更衣 1、更衣 2、宽衣】,衫 1【撞衫】,装 1【着装 1】,服(丧服)3【成服 1、除服、满服】,孝(丧服)3【穿孝、戴孝、挂孝】,冕 1【加冕】,冠 3【挂冠、免冠 1、免冠 2】,帽 1【脱帽】,笄(古代束发用的簪子)1【及笄】,衽(衣襟)2【敛衽 1、敛衽 2】,囊(口袋)1【解囊】,袂(袖子)3【分袂、奋袂、联袂】,袖 1【拂袖】,甲 2【装甲 1、挂甲】,靴 1【挂靴】,鞋 1【绱鞋】。

③建筑集

房(房子)1【炒房】,擂(擂台)4【摆擂、打擂、对擂、攻擂】,台(公共场所室内外高出地面便于讲话或表演的设备)17【补台、拆台、出台 1、出台 2、出台 3、搭台、倒台、登台 1、登台 2、垮台、上台 1、上台 2、塌台、下台 1、下台 2、走台 1、走台 2】,架 3【散架、塌架 1、塌架 2】,桥 3【搭桥 1、搭桥 2、搭桥 3】,轨(路轨)4【接轨 1、接轨 2、铺轨、卧轨】,坟 1【上坟】,墓 3【盗墓、扫墓、省墓】,堵(墙)1【安堵】,垒 1【对垒】,坚(坚固的阵地)2【攻坚 1、攻坚 2】,门 12【封门 1、关门 1−1、关门 1−2、关门 1−3、关门 1−4、叫门、开门 1、开门 2、留门、破门 1、上门 2−1、上门 2−2】,阍(宫门)1【叩阍】,梁 1【悬梁】,墙 2【撞墙、骑墙】,壁 7【隔壁、护壁、间壁 1、面壁 1、面壁 2、面壁 3、碰壁】,栏(栏杆)1【凭栏】,碇(系船的石墩)3【起碇、启碇、下碇】,级(台阶)1【拾级】,砖 1【拍砖】,桩(一端或全部埋在土中的柱形物)1【打桩】,帐(帐篷)1【升帐】,窝 3【絮窝、炸窝 1、炸窝 2】,巢 1【倾巢】。

该集名素中"台""门"的构词能力较强,所构词都有发展出隐喻义的词例,如"出台 3"表示"(政策、措施)的公布或予以实施"。"关门 1−3"表示"比喻把话说死,没有商量余地"。所以具体名素构词力增强,除了所指的物体具有常用性之外,还要看能否在构词后引申出新的更抽象的义项。

④用品集

灯8【传灯、吹灯1、吹灯3、逛灯、挑灯1、挑灯2、熄灯、掌灯1】,烛(蜡烛)1【秉烛】,闸(电闸)1【跳闸】,钩5【挂钩1、挂钩2、上钩、脱钩1、脱钩2】,锁1【撞锁】,璋1【弄璋】,璧1【合璧】,瓦(用黏土烧成的纺锤)1【弄瓦】。

缸1【顶缸】,鼎3【定鼎、问鼎1、问鼎2】,壶2【投壶、悬壶】,盆1【倾盆】,觞3【流觞、滥觞1、滥觞2】,酒1【把酒】,盏1【把盏】,杯3【干杯、碰杯、贪杯】,箸(筷子)1【下箸】,锅3【回锅、开锅、砸锅】。

案2【伏案、拍案】,桌1【溜桌】,床6【临床、尿床、陪床、铺床、起床、卧床】,榻(狭长而较矮的床)2【扫榻、下榻】,铺(用板子搭的床)1【查铺】,档(带格子的架子或橱)1【归档】,架(架子)8【闭架、插架1、开架1、开架2、上架1、上架2、下架1、下架2】,箱2【添箱1、添箱2】,柜(柜台)1【接柜】。

纱2【抽纱1、抽纱2】,线(用丝、棉、麻等制成的细长的而可以任意曲折的东西)6【穿线、吊线、拉线、牵线1、牵线2、搭线】,幕(挂着的大块的布、绸、丝绒等)7【报幕、闭幕1、闭幕2、开幕1、开幕2、落幕、启幕】,帘1【垂帘】,幕(覆盖上面的大块的布、绸、毡等)2【揭幕1、揭幕2】,彩(彩色的丝绸)3【挂彩1、剪彩、结彩】,红(红绸)1【披红】,缨(绳索)1【请缨】,缳(绳索的套子)1【投缳】,毡(用羊毛等辗轧成的粗毡子似的东西)2【擀毡1、擀毡2】,席(席子)1【割席】,蓐2【临蓐、坐蓐】,扇(扇子)1【打扇】,纸4【剪纸1、剪纸2、烧纸1、折纸】,板3【拍板2、拍板3、跳板4】。

该集名素参构支配式双音词的能力普遍不强。

⑤运具集

车41【飙车、扒车、包车1、超车、出车、错车、搭车1、搭车2、打车、倒车1、倒车2、堵车、发车、翻车1-1、翻车1-2、赶车、候车、会车、开车1、驱车、赛车1、刹车1、刹车3、刹车4、煞车1、收车、套车、停车1、停车2、通车1、通车2、洗车、卸车、行车、压车、押车、验车、晕车、转车、撞车1、撞车2】,驾(特指帝王的车)4【保驾、护驾、接驾、救驾】,驾(车辆)6【挡驾、劳驾、屈驾、劝驾、枉驾1、枉驾2】,轫(支住车轮不使旋转的木头)1【发轫】,胎1【爆胎】,辕(车前部用于驾牲畜的两根直木)1【驾辕】,套(拴牲口的两根皮绳或麻绳)1【拉套1】,策(鞭子)1【驱策】,笛(汽笛)1【鸣笛】,船6【翻船1、翻船2、下船1、行船、压船、晕船】,舟1【泛舟】,艇2【划艇1、赛艇1】,锚4【拔锚、抛锚1、抛锚2、起锚】,舵4【把舵、掌舵1、掌舵2、掌舵3】,纤2【拉纤1、拉纤2】,帆1【扬帆】,机(飞机)6【包机1、接机1、接机2、劫机、晕机、转机2】。

该集名素中"车"是一个构词能力极强的语素。从语言外部原因来看,它是人们生活中最常用的交通工具。"车"是一个活动体,控制它的发动、加速、停止等变化都会引起人的关注,人有用词符表述和交流这些活动信息的需要。从语言内部原因来看,语素"车"义域广,涵盖了各种用途、各种类型的有轮的交通工具,而且"车"作为一个具体名素,参与构造的支配式双音词有些通过隐喻映射至较为抽象的义域,如"翻车1－1"表示"车辆翻覆","翻车1－2"表示"比喻事情中途受挫或失败"。由此可见,语素构词量是外因和内因共同作用的结果。

(2)社会活动类

①材料集

材4【成材、耗材1、取材、选材2】,料(材料)5【备料1、加料1、加料3、配料1、投料】,肥(肥料)3【积肥、沤肥、施肥】,钢1【轧钢】,塑(塑料)1【注塑】。

②产贸集

犁1【开犁2】,镰3【挂镰、开镰、收镰】,锄1【挂锄】,钎(一种在岩石上凿孔的工具)1【打钎】,炮(爆炸物)1【放炮3】,槽(盛牲畜饲料的长条形器具)3【出槽1、跳槽1、跳槽2】,网(用绳等结成的捕鱼捉鸟的器具)4【布网1、漏网、落网、下网1】,纲2【担纲、提纲】,锯1【拉锯】,刀(切、割、削、砍、铡用的工具)6【操刀、吃刀、开刀1、开刀2、开刀3、捉刀】,针3【打针、晕针、扎针】,蔟(聚集成的团或堆)1【上蔟】,锭(纱锭)1【压锭】。

机(机器)14【待机2、挂机、关机1、关机2、开机1、开机2、联机、试机、司机、死机、停机1、停机2、停机3、装机】,车(机器)5【挡车、开车2、刹车2、试车、停车3】,胎(坯)2【脱胎1、脱胎2】,笼5【出笼1、出笼2、出笼3、回笼1、回笼2】,炉5【出炉1、出炉2、回炉1、回炉2、司炉】。

槌4【举槌、开槌、落槌1、落槌2】,表3【爆表、打表、试表】,秤8【短秤、过秤、开秤、亏秤1、亏秤2、折秤、验秤1、验秤2】,磅1【过磅】,码1【加码2】。

该集中表示"机器"义的语素"机"构词能力较强,但同义的语素"车"构词能力较弱。一般来说一个单音词如果包含多个义位,其中常用的义位是典型成员,其他义位受其制约。"车"指称交通工具是它的常用强势义位,抑制了它指称机器方面的构词能力。可见语义系统内部的相互作用,对构造支配式双音词也有一定影响。

③货物集

货21【备货、吃货1、出货1、出货2、出货3、存货1、订货1、进货1、进货2、盘货、配货、入货、扫货、识货、甩货、提货、退货、脱货、卸货、压货1、压货2】,礼(礼物)6【过礼、还礼2、回礼2、受礼、送礼、献礼】,彩(聘礼)1【纳彩】,定(订婚的财物)2【放定、下定1】,贡1【纳贡】,粮(作为农业税的粮食)2【纳粮、完粮】,

镖3【保镖1、保镖2、走镖】,盘(楼盘)1【捂盘】,家(家产)5【败家、抄家、发家、起家1、起家2】,产(产业)5【变产、破产1、破产2、破产3、析产】,业(产业)3【立业2、无业2、置业】,资(资产)2【核资、验资】。

该集前位动素以控他所属范围变化为主,反映货物的交换。后位语素"货"是指供出售的物品,它涉及归属的转换,加之自身的义域广,这两方面因素导致它具有很强的构词能力。

④文体集

拍(拍子)3【挂拍1、挂拍2、开拍3】,剑3【击剑、亮剑1、亮剑2】,棒3【交棒、接棒、执棒】,床1【蹦床2】,锣2【开锣、响锣1】,哨1【开哨】,栏(体育器械)1【跨栏】,绳1【走绳】,索1【走索】,球2【赌球、发球】,篮(篮圈)2【灌篮、投篮】。

琴(弦乐器)2【操琴、抚琴】,弦(乐器上发声的丝线)2【断弦、续弦】,鼓1【打鼓】,鞭2【鸣鞭1、执鞭】,镜(摄像机的镜头)5【出镜、封镜、开镜、入镜、上镜1】,版(木版)3【雕版、刻版、制版】,笔12【动笔、封笔、搁笔、落笔、命笔、润笔、涉笔、下笔、运笔、执笔、着笔、走笔】,毫1【挥毫】,管1【搦管】。

该集中名素"笔"构词能力稍强,参构的支配式双音词多与人的书写和创作活动有关。

⑤军械集

枪2【打枪1、中枪】,炮6【打炮1、打炮2、放炮1、放炮5、开炮1、开炮2】,火(枪炮的弹药)8【发火2、交火、停火、瞎火2、哑火1、哑火2、走火1、走火2】,雷5【布雷、踩雷、触雷、排雷、扫雷】,弹3【防弹、投弹、饮弹】,壳(弹壳)3【卡壳1、卡壳2、卡壳3】,靶2【打靶、脱靶】,戈3【倒戈、反戈、挥戈】,箭2【射箭1、射箭2】,旗3【降旗、升旗、献旗】,帜(旗帜)1【易帜】,标(标旗,后泛指奖品)1【夺标1】,枚(像筷子的东西)1【衔枚】,兵(兵器)1【交兵】,械(武器)2【缴械1、缴械2】。

⑥奠祭集

灵(灵柩)4【哭灵、起灵、守灵、停灵】,香6【焚香1、焚香2、进香、拈香、烧香1、烧香2】,炮(炮竹)1【放炮2】,杠(出殡时抬送灵柩的工具)1【抬杠2】,绋(特指牵引灵柩的大绳)1【执绋】,俑(殉葬的偶像)1【作俑】。

⑦标识集

票(作为凭证的纸片)11【补票、出票1、出票2、倒票、检票、剪票、开票2、免票1、逃票、退票、赠票1】,邮(邮票)1【集邮】,币1【铸币1】,钞(钞票)2【会钞、破钞】,杯(奖杯)2【捧杯、夺杯】,勋(勋章)1【授勋】,牌6【出牌、斗牌、摊牌1、摊牌2、洗牌1、洗牌2】,棋(棋子)2【回棋、悔棋】,印4【用印、掌印1、掌印 2、治印】，宝（赌具）1【押宝】，卡（磁卡）2【刷卡、打卡】，带（录音带、录像带）1【扒带 1】，签（小条）1【题签 1】，额（匾额）1【题额】。

该集中名素"票"的构词能力较强。

（二）自然无生名素及构词力

1. 总括集

物（东西）4【格物、拟物、无物、造物】，事（事物）1【指事】。

"物"是对自然与社会各类东西的总括，但是它的构词量并不大。由此看来，并不是词义的概括性①越高它的构词量就越大。这是因为构词除了受到经济原则的制约，还需要受到精确原则的影响。由于"物"处于义类的顶层，义域范围广，但义值少，包含的区别性特征少，如果由它大量构造支配式双音词并不能满足区别各类不同事件的需要。这说明词汇创造和发展要受制于区别律。

2. 天体集

阳（太阳；阳光）4【朝阳 1、向阳、遮阳 1、遮阳 2】，月（月亮；月光）1【跳月】。

3. 固体集

石 1【赌石】，岩 1【攀岩】，矿（矿物）4【报矿、采矿、探矿、选矿】，砂 2【翻砂 1、翻砂 2】，煤 2【洗煤、选煤】，碳 1【减碳】，焦（焦炭）1【炼焦】，金（金属）1【冶金】，金（黄金）11【包金 1、错金、镀金 1、镀金 2、夺金、镏金、描金、淘金 1、淘金 2、贴金、吞金】，银 1【错银】，铁 1【打铁】，锈 1【生锈】，土 7【出土 1、出土 2、动土、破土 1、破土 2、破土 3、入土】，方（土方）4【塌方、坍方、填方 1、挖方 1】，堡（翻动过的土块）1【晒堡 1】，沙 2【固沙、扬沙】，尘 9【承尘 1、除尘、防尘、拂尘、降尘 2、滤尘、蒙尘、洗尘、扬尘 1】，垢（脏东西）1【除垢】，晶 1【结晶 1】，雪 2【滑雪 1、滑雪 2】，冰 6【刨冰、滑冰 1、滑冰 2、溜冰、破冰 1、破冰 2】，凌（冰）1【防凌】，蜡 1【烫蜡】，胶 2【脱胶 1、脱胶 2】。

该集构词力稍强的是"金"和"尘"，"金"多作材料角色，"尘"多作受事角色。

---

① 词义的概括性指的是词义的内容通常不是对客观世界的某一个人、个别事物、个别现象及其关系的具体反映或具体认识，而是对同类客观事物、现象、关系中的共同属性特征的反映或认识，在词义的形成过程中，人们必须撇开、舍弃事物所具有的具体的、个别的特征，而综合同类事物的共同特征，从而获得反映某一类事物、现象、关系的意义。

### 4. 液体集

水 45【踩水、掺水、吃水1、吃水2、吃水4、抽水1、抽水2、滴水1、滴水2、跌水2、发水、放水、灌水、会水、击水1、击水2、积水1、给水、降水2、落水、逆水、溺水、贫水、潜水、试水2、顺水、缩水1、缩水2、缩水3、跳水1、跳水2、透水1、透水2、脱水1、脱水2、下水1－1、下水1－2、下水1－3、扬水、引水1、引水2、游水、注水、走水1、走水2】,流(有一定方向运动的水)9【断流、分流1、分流3、合流1、合流2、汇流、截流、逆流1、顺流】,浪(江湖海洋上起伏不平的水面)2【破浪、冲浪】,潮(潮汐)5【防潮2、来潮1、落潮、退潮、涨潮】,洪(大水)6【防洪、分洪、抗洪、泄洪、蓄洪、滞洪】,涝(因雨水过多而积在田地里的水)1【排涝】,油 10【采油、打油1、打油3、加油1、焗油、揩油、炼油1、炼油2、炼油3、贫油】,浆 6【翻浆、灌浆1、灌浆2、灌浆3、上浆1、上浆2】,淤 1【清淤】,漆 3【雕漆1、雕漆2、喷漆1】,墨(黑墨)5【发墨、落墨、泼墨1、泼墨2、着墨】,液 2【补液1、输液】。

该语素集中"水"的构词能力极强。从语言之外的因素考虑,水是不断流动变化的液态,而且具有广泛的用途。

### 5. 气体集

气(气体)6【打气1、打气2、撒气1、煞气1、通气1、通气2】,氧 1【输氧】,烟 2【串烟、倒烟】,云 1【凌云】,风(跟地面大致平行的空气流动的现象)24【背风、避风1、避风2、抽风2、吹风1、吹风2、倒风、顶风1、顶风3、兜风1、放风1、接风、临风、漏风1、漏风2、逆风1、戗风、顺风1、通风1、通风2、透风1、透风2、迎风1、迎风2】,飚(暴风)1【发飚】。

该集中"风"的构词能力强,由于"风"的流动强调一定的方向性,所以前接关系动素比较多。

### 6. 声光火电集

光 17【曝光1、曝光2、背光、采光、对光1、对光2、发光、反光1、感光、漏光、逆光、跑光、散光、闪光、生光、畏光、折光1】,华(光彩)1【无华】,辉(光彩)1【增辉】,色(光彩)1【增色】,火 29【点火1、点火2、发火1、放火1、放火2、封火、盖火、过火2、回火1、回火2、救火、举火1、举火2、烤火、灭火、起火1、起火2、烧火、生火、失火、玩火、熄火1、熄火2、熄火3、引火、着火、纵火、走火3、走火4】,电 16【充电1、充电2、触电、带电、导电、发电1、放电1、放电2、放电3、过电、烤电、来电3、漏电、跑电、输电、通电1】,流(电流)1【整流】,闪 1【打闪】,雷 1【打雷】,音 18【发音1、隔音、灌音、滑音、拢音、录音1、拟音、配音、拼音、失音、收音1、收音2、消音、谐音、译音1、正音1、知音、注音】,

声 12【变声、发声 1、发声 2、放声、失声 1、失声 2、失声 3、吞声、无声、消声、谐声 1、应声】,嗓 1【倒嗓】,波（振动在介质中的传播）3【检波、滤波、载波】,噪（噪音）1【降噪】。

该集名素中构词比较强的是"光""火""电""音"。这一是因为这些语素所指的物质现象具有活动性、常用性；二是因为它们处于语素义类系统中的核心地位。

### 三、空间名素的义类及构词力

空间是事物运动的基本环境，空间名素反映的是维度环境。依据反映的是抽象的位置关系还是具体的活动背景，分为方位类和场所类。

（一）方位空间名素及构词力

1.位置集

点（地点）5【布点、定点 1、抢点 2－1、抢点 2－2、试点 1】,址（地址）2【选址 1、定址 1】,焦（焦点）3【对焦、聚焦 1、聚焦 2】,位 18【错位 1、错位 2、到位 1、到位 2、订位、定位 1、定位 3、复位 1、归位、即位 1、就位、领位、排位、派位、缺位 3、脱位、移位、易位】,席（席位）5【出席、即席 2、缺席、入席、退席】,座（座位）6【假座、就座、看座、落座、入座、在座】,位（一个数中每个数码所占的位置）3【升位、借位、进位】,场（事情发生的地点）13【到场、监场、冷场 2、临场 1、临场 2、暖场 1、擅场、下场 1－2、压场 1、哑场、晕场、圆场、在场】,地（地方）3【立地 1－1、坐地 1、坐地 2】,阴（不见阳光的地方）1【遮阴】。

该集中"位""场"的构词能力较强。前位动素主要是存在状态或位置变化动素，所构支配式双音词表述人与位置的存在或变化关系。

2.方向集

向 6【定向 1、反向、逆向、转向 1－1、转向 1－2、转向 2】,南 2【司南、指南】,内 1【在内】,外 1【跑外】,前（前线）1【支前】,前（人或物体正面所朝的方向）1【当前 1】,后 5【殿后、断后 2、落后 1、落后 2、落后 3】,梢（后面）2【盯梢、跟梢】,上（位置在高处或次序在前的）5【犯上、抗上、同上、如上、无上】,下（位置在低处或次序在后的）2【如下、在下】,次（后面的）1【如次】。

中 2【居中 1、居中 2】,心（中心）2【空心 1－1、离心 2】,间（中间）1【居间】,界 8【出界、搭界 1、分界 1、交界、接界、勘界、临界、越界】,边（边缘）1【走边】,边（边疆）2【支边、戍边】,境（疆界）6【出境 1、过境、接境、入境、压境、越境】,边（界限）1【无边】,际（边界的地方）1【无际】,垠（边际）1【无垠】,疆（边界）1【无疆】。

### 3.部位集

头(物体的顶端或末梢)8【出头1、掉头2、对头1、对头2、对头3、接头1、接头2、接头3】,榫(木制器物构件上利用凹凸方式相接处凸出的部分)2【接榫1、接榫2】,顶(物体上最高的部分)7【朝顶、冲顶2、登顶、封顶1、封顶2、封顶3、见顶】,的(箭靶的中心)2【中的、破的】,腰(中间部分)1【拦腰】,尾(某些物体的尾部)1【追尾】,底(物体的最下部)13【保底2、抄底、彻底、触底、到底1、到底2、到底3、到底4、见底1、见底2、探底2、托底1、托底2】,底(对方内部)2【卧底1、卧底2】,基(建筑物的基础)1【奠基】,穷(尽头)1【无穷】,尽(极端)1【无尽】,极(顶点)1【至极】,顶(尽头)1【到顶】,锋(刀、剑等锐利或尖端的部分)4【藏锋1、藏锋2、交锋1、交锋2】,隅(角落)2【向隅、举隅】,口(出入通过的地方)6【出口3、出口4、进口1—2、进口1—3、入口3、转口】,口(豁口)4【合口1、决口1、开口1—2、溃口】,漏(漏洞)3【补漏1、补漏2、检漏】,遗(遗漏)1【补遗】,缺(缺漏)2【补缺2、无缺】,孔2【穿孔1、穿孔2】,空3【插空、填空1、填空2】,膛(器物的中空部分)1【上膛】,栏(报刊书籍在每版或每页上用线条或空白隔开的部分)1【分栏】,层(重叠事物的一个部分)1【断层2】,罅(缝隙)1【裂罅1】,缝1【眯缝】。

在事物部位方面,顶端、底端、出入口作为明显的空间标记和边界,是人认知的焦点,造成"头""顶""底""口"构词的强势。

### 4.范围集

界(一定的范围)1【下界1】,方(地方)1【游方1】,外(不是自己所在地)1【出外】,境(区域)1【出境2】,壤(地区)1【接壤】,荆(楚地)1【识荆】,乡(家乡)1【思乡】,里(家乡)1【旋里】,乡(农村)3【下乡、游乡1、游乡2】,县1【知县】,土(疆域)1【守土】,洋(外国的)3【崇洋、出洋、留洋】,地(地区)4【斥地、割地、失地1、征地】,目(视野)2【满目、寓目】,眼(视野)1【开眼】。

### (二)场所空间名素及构词力

### 1.自然场所集

天(太空)1【巡天、航天】,宇1【航宇】,空(天空)7【当空、防空、航空、凌空、腾空、悬空1、悬空2】,天(天空)18【冲天、翻天1、翻天2、连天3、露天1、露天2、漫天1、漫天2、弥天、摩天、上天1—1、上天1—2、升天1、升天2、滔天1、滔天2、通天1、仰天】。

"天"的构词量较大,与"天"由自然的天空引申出自然界的神主等抽象思想有关。由"天"参构的支配式双音词中有8个是多义词。

球（地球）1【环球1】，地（大地）13【遍地1、遍地2、接地1、接地2、落地1、落地2、平地2、扫地1、扫地2、下地2、席地、匝地、坠地】，陆3【着陆、登陆1、登陆2】，原（宽广平坦的地方）1【燎原】，险3【凭险、保险2、保险3】，山11【朝山、出山、登山1、登山2、开山1、开山2、开山3、开山4、盘山、劈山、上山1】，坡5【滑坡1、滑坡2、退坡、脱坡、爬坡】，野2【越野、遍野】，草（山野）1【落草1】，荒5【开荒、垦荒、烧荒、拓荒、落荒】。

"地""山"构词较多。值得注意的是与"山"同类的"岳""陵""丘""阿""峦""岭""岗"都未构词，原因是它们是属名，"山"的义域包含了它们，是类名，用类名名素构词比属名名素构词概括性更强，符合语言的经济性原则。因此，支配式双音词存在一条构词规则：该名素如果是类名名素，其构词能力一般要强于属名名素。

河（天然的或人工的大水道）4【封河、减河、开河1、开河2】，江2【领江1、领江2】，水（河川）1【治水】，池2【临池、晕池】，海6【薄海、出海、蹈海、航海、下海1、下海2】，岸4【护岸1、护岸2、拢岸、起岸】，津（渡口）1【问津】，道（水流经过的地方）1【改道2】，滩2【抢滩2、抢滩3】，礁2【触礁1、触礁2】，港6【封港、领港1、领港2、压港、引港1、引港2】，槽3【出槽2、落槽1、平槽】，源6【导源1、导源2、发源1、发源2、起源1、溯源】。

2. 生产场所集

地（田地）6【耕地1、失地3、下地1、养地、整地、种地】，田3【肥田1、归田、种田】，垄1【断垄】，墒（沟）1【开墒】，园（种蔬菜、花果、树木的地方）1【开园1】，圃1【出圃】，场（平坦的空地）7【打场、登场1、翻场、起场、摊场、轧场、扬场】，栏3【出栏1、存栏、空栏】，栈（养牲畜的竹、木栅栏）1【恋栈】，圈（养猪羊等牲畜的简易建筑，有棚和栏）2【垫圈、起圈】，井1【钻井1】。

"田""地"强调人的劳作过程，所以前位会出现作用动素；而"园""圃""栏""圈"等林业、畜牧业更关注的是开始与收获；"场"多是半直接生成式构词，指称农作物的语义成分在表层结构中并不显现。

3. 社会场所集

关（关口）7【把关1、把关2、闭关1、闭关2、闯关、攻关、过关】，岗8【查岗1、查岗2、串岗、换岗1、上岗1、脱岗1、下岗1、站岗】，岸（口岸）1【离岸】，都（都城）4【奠都、定都、建都、迁都】，城（城市）3【倾城2、屠城、围城1】，朝（朝堂）2【上朝1、上朝2】，宫1【逼宫】。

"关"强调守卫的语义特征，所以有"把关"，也有"闯关"。"岗"有时限性，所以构词"上岗1""下岗1"；又有一定职责，所以构词"站岗"和"查岗1"。

"都"参与构词强调它的确定与变迁。可见,每个名素是根据它自身的特性去选择相关的动素结合成词。

阵(阵地)6【败阵、督阵、临阵1、临阵2、骂阵1、上阵】,营5【安营、拔营、摸营、宿营、扎营】,堂(公堂)2【过堂、坐堂1】,庭5【闭庭、出庭、开庭、退庭、休庭】,狱(监狱)6【暴狱、出狱、劫狱、入狱、下狱、越狱】,监(牢狱)1【探监】,牢1【坐牢】。

"狱"的出入是控制的,是人们关注的焦点,所以构词"出狱""入狱""越狱"等;"庭"强调审理过程,所以有"开庭""休庭""闭庭"等支配式双音词。

市(集中买卖货物的固定场所)7【面市、入市、上市1、上市2、退市、下市1、炸市】,店1【盘店】,库(仓库)6【暴库、盘库、司库、压库1、压库2、胀库】,柜(柜房)1【掌柜1】,仓(仓库)5【爆仓2、倒仓1－1、倒仓1－2、清仓1、填仓】。

园(公园)3【静园、开园2、游园】,吧(供人从事某些休闲活动的场所)1【泡吧】,场(比较大的地方)8【包场、怵场、静场、热场、暖场2、怯场、清场、入场】,闱(科举时代称考场)1【入闱】,场(供表演的地方)11【出场、登场2、返场、过场1、候场、检场1、检场2、上场、退场、下场1－1、饮场】。

空间名素"场"构词比较多,反映出人们对表演台上人的活动变化关注比较多。

### 4. 生活场所集

堂(正房)1【拜堂】,堂(泛指室内活动场所)3【晕堂、坐堂2、坐堂3】,房(房间)7【包房1、查房、闹房、暖房1－1、暖房1－2、听房、填房1】,厕(厕所)1【如厕】,厨(厨房)3【帮厨、掌厨、主厨1】,家(家庭的住所)7【搬家1、搬家2、居家、看家1、看家2、在家1、住家1】,居(住的地方)3【移居、迁居、温居】,阁1【出阁】,门(出入口)3【登门、临门1、守门1】。

居住或活动的场所名素构词,其前位语素多是人为的状态动素、转移动素和活动动素。

道(道路)8【扳道、打道、喝道、夹道2、就道、开道1、清道1、清道2】,街(街市或街道)5【当街1、开街、临街、骂街、游街】,旱(陆路)1【起旱】,路19【带路、过路、绝路1、开路1、开路2、拦路、领路、迷路1、迷路2、铺路1、铺路2、让路、上路1、探路、蹚路、养路、引路、走路1、走路2】,途1【迷途1】,径1【剪径】,程(路途)2【登程、返程2】,道(路线)3【改道1、取道、转道】,辙(行车规定的路线方向)2【改辙、离辙】,轨(轨道)5【并轨、出轨1、脱轨、转轨1、转轨2】,线(交通线路)2【并线、改线】,站4【报站、接站、甩站、送站】。

"改道1""取道""转道"中的"道",不限于指陆路,有表示"路线"的抽象化倾向。"道"文言色彩较为浓厚,"路"的白话色彩强,"路"构词量较"道"强很多。该集名素所构造的支配式双音词有些是半直接式,例如"让路""引路""接站""送站""剪径"等,行为所接对象语义成分往往在表层结构中潜隐,显现的都是处所环境。

## 第二节　抽象名素的义类及构词力

抽象名素是指语素义所指涉及非三维性的、非具体可感的内容。支配式双音词后位抽象名素又可分为抽象事物名素、抽象事情名素、时间名素三类。下面分别讨论它们的构词情况。

### 一、抽象事物名素的义类及构词力

事物名素按照是否依附于具体实体分为可外化抽象名素和不外化抽象名素。前者多是与人的社会活动有关的事物,如经济、法令、语言等,后者多是与人的心理世界有关的思想观念、情感态度、宗教信仰等。

（一）可外化抽象名素及构词力

1. 信息集

码(包含信息的符号)4【编码1、重码1、解码1、解码2】,码(表示数目的符号)1【加码3】,号(表示次序的数目字)3【编号1、拨号、销号】,程(程序)2【编程、联程2】,毒(计算机病毒)1【杀毒2】,目(目录)1【编目1】,卦(一套占卜符号)2【变卦、打卦】,符(道士所画的一种图形或线条)1【画符】,押(作为凭信的符号)1【画押】,乙(形状像"乙"的记号)1【勾乙】,分(分数)1【得分1】,丙(天干的一种)1【付丙】。

电(电报)7【驰电、发电2、复电1、回电1、来电1、通电2－1、致电】,报(电报)2【发报、收报】,书(书信)4【驰书、上书、下书、修书2】,函(信件)4【复函1、来函1、修函、致函】,信3【复信1、回信1、来信1】,风(消息)10【把风、放风3、观风、漏风3、露风、探风、通风3、望风、巡风、走风】,信(消息)3【报信、通信1、通信2】,气(消息)2【串气、通气3】,讯(消息)1【通讯1】,音(消息)1【播音】,密(机密)10【保密、告密、加密、解密1、解密2、窃密、涉密、失密、销密、泄密】,秘(秘密)2【揭秘、探秘】。

该集中只有"风"和"密"的构词能力稍强。

2.网络集

网(系统)3【并网、联网、入网】,网(计算机网络)3【布网2、上网、下网2】,线(通讯线路)8【串线、掉线、接线2、连线、上线1-3、下线1-2、在线、占线】,路(线路)1【断路1】。

3.语符集

调(声调)1【变调1】,韵(诗韵)4【步韵、次韵、叠韵、押韵】,调(腔调)1【变调3】,意(构造意图)1【会意1】,义(语义)3【释义1、释义2】,文(文字)2【成文2、行文1】,字10【刺字、打字、炼字、排字、识字、题字1、吐字、习字、正字1、铸字】,词(词语)1【遣词】,词(语辞)4【提词、题词1、填词2、托词1】,句6【断句、集句1、集句2、炼句、破句、造句】。

4.名称集

名(名字)26【报名、唱名1、除名、点名1、点名2、定名、更名、冠名、化名1、记名、具名、埋名、命名、匿名、签名1、署名、提名、题名1、通名1、同名、闻名1、闻名2、无名1、正名、知名、著名】,姓(姓名)1【同姓】,字(名字)1【签字1】,款(姓名等)1【题款1】,名(名号)2【冒名、托名】。

该集中“名”的构词量较大,“名”是人交流信息的标识,是构词关注的焦点。

5.话语集

话29【报话1、插话1、传话、搭话1、答话1、对话1、对话2、发话1、发话2、放话、费话、喊话、回话1、讲话1、讲话2、赔话、说话1、说话3、说话4、说话5、算话、谈话1、谈话2、听话1、听话2、通话1、通话2、问话、训话】,言13【陈言1、出言、传言2、答言、发言1、建言、进言、开言、立言1、立言2、留言1、食言、扬言】,语4【出语、传语、寄语1、用语1】,辞(文辞)3【措辞、修辞1、致辞】,口(言语)6【插口1、反口、改口1、还口、极口、夸口】,嘴(言语)9【拌嘴、插嘴、吵嘴、顶嘴、改嘴、还嘴、回嘴、犟嘴、夸嘴】,喙(言语)1【置喙】,谗(说人的坏话)1【进谗】,腔(话)2【搭腔1、接腔】,供(口供)4【串供、翻供、画供、录供】,彩(欢呼声)1【喝彩】,谣(谣言)2【造谣、辟谣】,谎4【扯谎、撒谎、说谎、圆谎】,誓4【发誓、立誓、起誓、宣誓】,谜2【猜谜1、猜谜2】,咒1【念咒】,论(见解)2【持论、立论】,议(意见)1【建议1】,说(言论)1【剿说】,命(命令)18【奔命1、禀命、承命、从命、待命、奉命、复命、矫命、抗命、领命、请命2、受命、授命2、听命、衔命、辱命、用命、遵命】,令(命令)7【传令、发令、奉令、司令1、司令2、通令1、下令】,令(酒令)1【行令】。

该集中构词能力最强的语素是"话",其次是"命"。有两个值得注意的现象:一是"言"所构双音词的文言色彩较为浓厚,其构词量不及"话";二是"命"所构的词多从受命者角度,而"令"所构的词多从施命者角度。

6.文章集

(1)文章体式名素

文(文章)3【征文1、缀文、作文1】,篇(首尾完整的文章)3【开篇1、开篇2、连篇2】,要(重要的内容)7【撮要1、扼要、辑要、纪要、举要、提要1、摘要1】,凡(要略)1【发凡】,注(注释)1【集注2】,释(解释)1【集释】,气(文章的思路)1【接气】,料(写作材料)2【报料1、爆料】,章(歌曲诗文的段落)1【成章1】,题(文题)13【承题、点题、解题2、解题3、扣题、离题、跑题、破题1、破题2、切题、贴题、压题1、走题】,序1【代序】,檄(檄文)1【传檄】,策(古代考试的一种文体,多就政治和经济问题发问,应试者对答)1【对策1】。

以上语素中,"题"的构词能力稍强,应当与"题"作为中心要点处于文章开端有关。

(2)偏重内容的文本名素

著(著作)1【译著】,作(作品)1【创作1】,稿(稿件)14【定稿1、发稿、供稿、截稿、来稿1、起稿、统稿、投稿、脱稿1、脱稿2、完稿、约稿、征稿、组稿】,版(版本)3【出版、盗版1、绝版】,档(档案)5【存档、调档、建档、入档、投档】,状(诉状)1【告状1】,榜(张贴的名单)5【背榜、出榜1、发榜、揭榜1、落榜】,证(证件)1【签证】,案(案卷)6【备案、存案、翻案1、翻案2、立案1、在案】,卷(文件)1【调卷】,帖(在网络论坛上发表议论、参与讨论的话语或短文)3【发帖、回帖2、转帖】,票(选票)5【唱票、监票、开票1、拉票、投票】,经(古代图书四部中的经类)2【通经1、读经】,文(文件)4【发文1、换文1、具文1、行文2】,经(经典)3【啤经、念经、取经】,佛(佛经)1【念佛】,题(试题)9【答题、解题1、漏题1、漏题2、命题1、审题、泄题、选题1、押题】,版(版面)1【排版】。

以上语素中"稿"的构词能力稍强,可能是与"稿"涉及写作过程及投审交流等活动有关的缘故。

(3)偏重载体的文本名素

榜(文告)3【出榜2、揭榜2、张榜】,帖(写着生辰八字等的纸片)1【换帖】,帖(邀请通知)1【回帖1】,报(报纸)4【剪报1、剪报2、见报、上报1】,刊(刊物)1【改刊】,账(账簿)5【进账1、落账、入账、上账、转账】,单(分项记载事物的纸片)1【免单】,卷(书本)2【披卷、开卷1】,帖1【临帖】,单(单子)3【签单1、签单2、下单】,册(册子)4【在册、造册、注册1、注册2】,集(集子)1

【结集1】,书(装订成册的著作)10【背书1、藏书1、成书1、读书1、读书2、读书3、教书、念书、说书、修书1】,卷(试卷)2【答卷1、阅卷】,梓1【付梓】,牌(牌子)10【复牌、挂牌1、挂牌2、挂牌3、挂牌4、揭牌、停牌、摘牌1、摘牌2、摘牌3】。

该集语素中"书"的构词能力稍强,与它的义域广,而且是义类的典型成员有关。

### 7. 艺术集

调(曲调)4【变调2、移调、着调、转调】,腔(乐曲的调子)6【帮腔1、帮腔2、甩腔、托腔、拖腔1、行腔】,曲(曲调)3【度曲1、度曲2、谱曲】,凯(胜利的乐歌)1【奏凯】,乐(音乐)4【配乐、奏乐、作乐2-1、作乐2-2】,风(民歌)2【采风1、采风2】,节(节奏)1【击节】,拍(乐拍)1【合拍1】,板(节拍)1【走板1】,词(韵文)1【填词1】,诗3【唱诗1、唱诗2、和诗1】,谱(棋谱)1【打谱1】,图8【标图、构图、画图1、绘图、描图、拼图1、晒图1、制图】,画1【入画】。

### 8. 经济集

金(钱)3【拜金、罚金1、吸金】,费(费用)2【包费1、免费】,款(钱款)15【拨款1、存款1、贷款1、短款2、罚款1、罚款2、放款1、放款2、汇款1、借款1、捐款1、卷款、赔款1、赔款3、欠款1】,银(钱)1【收银】,值(钱款)2【充值、储值】,钱(款子)6【凑钱、换钱2、赔钱1、赔钱2、烧钱、洗钱】,钱(钱财)4【赌钱、敛钱、圈钱、砸钱】,捐(税收)1【抗捐】,税13【避税、抽税、创税、抗税、漏税、免税、纳税、骗税、上税、逃税、偷税、退税、完税】,价(价格)30【报价1、比价1、变价1、变价2、标价1、出价、定价1、估价1、喊价、划价、计价、减价、降价、叫价、砍价、平价1、杀价、索价、讨价、提价、调价、限价1、削价、压价、议价1、溢价、涨价、折价1、折价2、作价】,账(账目)20【报账、查账、冲账、出账1、过账、交账1、交账2、结账、进账2、开账1、开账2、立账、了账、盘账、平账、清账1、算账1、算账2、下账、销账】,钱(货币)3【换钱1、找钱、值钱】,零(零头)1【让零】,现(现金)7【变现、兑现1、兑现2、付现、套现、提现、贴现】,汇(外汇)8【炒汇、创汇、倒汇、换汇、骗汇、切汇、套汇1、套汇2】,财(财物)7【发财1、发财2、理财、敛财、破财、生财、贪财】,富(财产)1【斗富】,本(本钱)2【对本、蚀本】,底(本钱)1【保底1】,定(定金)1【下定2】,资(资本)15【撤资、斥资、筹资、出资、垫资、耗资、合资、集资、捐资、欠资、融资1、调资、投资1、引资、注资】,注(赌注)1【投注2】,利(利润)6【创利、返利1、套利、营利、赢利1、重利2】,红(红利)4【分红1、分红2、分红3、悬红】,润1【分润】,账(利润)3【拆账、分账、劈账】,息(利息)3【保息、生息1、贴息1】,水(附加的费用)1【贴水1】,酬(酬金)2【计酬、索酬】,薪(薪水)2【带薪、欠薪 1】,彩(赌博胜者的东西)1【摸彩】,赃(赃款或赃物)11【分赃 1、分赃 2、起赃、贪赃、退赃、窝赃、销赃 1、销赃 2、栽赃、追赃、坐赃 2】,贷(借款)1【放贷】,债 12【背债、逼债、抵债、躲债、放债、负债 1、还债、借债、举债、欠债 1、逃债、讨债】,账(债)17【倒账 1、抵账、顶账、放账、付账、挂账、会账、还账、借账、拉账、赖账、欠账 1、认账、赊账、讨账 1、押账、折账】,仓(仓位)10【爆仓 1、补仓、持仓、减仓、建仓、空仓、满仓、平仓、清仓 2、增仓】,盘(证券或期货等)1【抛盘 1】,股(股票)2【炒股、认股】,货(股票)1【吃货 2】,股(股份)9【参股、持股、合股、控股、扩股、募股、配股、入股、招股】,标 15【唱标、撤标、夺标 2、发标、竞标、决标、开标、流标 1、流标 2、落标、评标、投标、应标、招标、中标】。

该集中共有 42 个语素,构词项 238 个,而文章集同样是 42 个语素,构词项只有 144 个。经济集是可外化抽象名素的同类型语素集中构词最多的。"重要的、高频的事物得到命名和表达的机会多,次要的、低频的得到命名和表达的机会就小"是"语言与社会共变"原则。① 在现代生活中,经济活动具有社会普遍性、全民参与性、变化频繁性,因而是支配式双音词构词的活跃地带。其中"价"表示的是经济活动中变化最快的标识,也是买卖者关注的焦点,因此它的构词能力极强。其他的"款""税""账""资""标"等名素构词也很活跃,而前接语素以人的行为动素为主。

### 9. 政法集

约(约定的事或条文)15【背约、缔约、负约、赴约、悔约、毁约、践约、解约、立约、履约、签约、失约、爽约、违约、续约 1】,法(规则)16【变法、持法、犯法、非法、伏法、服法、合法、护法 3、抗法、立法、释法、守法、司法、枉法、违法、执法】,宪(宪法)3【立宪、违宪、修宪】,轨(常规)2【出轨 2、越轨】,矩(法度)1【逾矩】,路(规则)1【上路 2】,纲(重要的法纪)1【上纲】,禁(法令或习俗所不允许的事项)5【弛禁、犯禁、解禁、开禁、违禁】,戒(佛教戒律)4【传戒、开戒、破戒 1、受戒 1】,规(规则)2【犯规、违规】,纪 2【违纪、执纪】,章(章程)1【违章】,制(制度)3【改制、守制、转制】,体(体制)1【解体 2】,范(模范)3【垂范、失范、示范】。

该集中"约""法"名素的构词能力较强。

### 10. 职位集

岗(职位)15【爱岗、待岗、定岗、返岗、复岗、换岗 2、竞岗、轮岗、上岗 2、

---

① 方清明:《现代汉语名名复合词的认知语义研究》,科学出版社,2015 年,第 71 页。

试岗、退岗、脱岗 2、下岗 2、在岗、转岗】，职（职位）26【罢职、贬职、撤职、辞职、带职、到职、调职、顶职、复职、革职、降职、解职、晋职、就职、离职 1、离职 2、留职、免职、谋职、求职、去职、升职、守职、提职、削职、在职】，位（职位）6【出位 1、出位 2、缺位 1、让位 1、越位 1、在位 2】，缺（空出的职位）4【补缺 1、补缺 3、出缺、开缺】，乏（空出待补的职位）1【承乏】，哨（为警戒、侦察等任务而设的岗位）2【摸哨、查哨】。

道（行业）1【出道】，行（行业）6【懂行、改行、隔行、跳行 3、同行 1、转行 1】，业（职业）11【从业、待业、复业 1、敬业、就业、失业、始业 2、无业 1、在业、择业、转业】，穴（本职工作）1【走穴】，户（户头）3【开户、立户 2、销户】，口（性质相同的单位组织成的管理系统）2【归口 1、归口 2】。

位（特指君主的地位）8【篡位、复位 2、即位 2、继位、嗣位、退位、逊位、在位 1】，基（帝位）1【登基】，极（帝位）1【登极】，祚（帝王的位置）1【践祚】，官（官职）5【罢官、贬官 1、买官、卖官、升官】，朝（中央统治机构）1【在朝】，野（不当政的地位）2【在野、下野】。

该集中"职""岗""业"的构词能力较强。这一方面反映了现代社会人的职业化，另一方面也可以洞见职位在人心中的重要性和关注度。

11.机构集

国（国家）20【爱国、报国、秉国、出国、篡国、富国 1、建国 1、建国 2、救国、开国、立国、卖国、叛国、强国 2、窃国、锁国、亡国 1、误国、兴国、殉国】，外（外国）4【仇外、媚外、涉外、援外】，盟（依一定条约结成的联合体）3【缔盟、加盟、结盟】，关（货物出口和进口查验收税的机构）4【报关、结关、通关 1、验关】，卡（检查机构）2【设卡 1、设卡 2】，世（社会）31【傲世、避世、出世 1、出世 2、出世 3、处世、辞世、存世、遁世、盖世、感世、隔世、过世、济世、警世、离世 1、离世 2、媚世、面世、弃世、去世、入世、涉世、逝世、稀世、下世、谢世、厌世、喻世、阅世、在世】，凡（宗教和神话中称人世间）2【思凡、下凡】，学（学校）11【办学、督学、入学 1、入学 2、上学 1、上学 2、升学、逃学、停学、兴学、转学】，校（学校）1【择校】，院（医院）4【出院、入院、住院、转院】，天（朝廷）2【回天、通天 2】，厂 1【出厂】，企 1【转企】，线（生产线）1【下线 1-1】。

该集中"世"的构词能力极强，该语素所指包含了人间万态的丰富内涵，具有一定的覆盖面。此外，名素"国"的构词能力也较强。

（二）不外化抽象名素及构词力

1. 心理类

（1）心怀集

心（思想感情）96【安心1、安心2、变心、操心、称心、存心1、存心2、担心、当心1、动心、堵心、烦心1、放心、费心、分心1、分心2、负心、甘心1、甘心2、隔心、攻心1、攻心2、挂心、关心、归心2、寒心、合心1、合心2、狠心1、横心、灰心、会心、交心、焦心、经心、静心、揪心、居心、决心2、尽心、开心1、开心2、可心、苦心2、宽心、亏心、劳心1、劳心2、劳心3、留心、昧心、铭心、闹心1、闹心2、暖心、呕心、齐心、潜心、倾心1、倾心2、清心2、屈心、忍心、散心、伤心、上心、烧心1、省心、收心、舒心、爽心、顺心、死心、松心、随心、遂心、谈心、掏心、贴心、痛心、违心、悬心、疑心2、用心1、忧心1、有心1、有心2、有心3、在心、知心、专心、醉心、无心1、无心2、走心1、走心2】，怀（心怀）18【畅怀、骋怀、放怀1、放怀2、挂怀、关怀、寄怀、介怀、开怀、满怀1—1、惬怀、伤怀、释怀、抒怀、述怀、忘怀、萦怀、咏怀】，意（心意）15【措意、极意、加意、介意、经意、快意、乐意1、乐意2、留意、惬意、在意、属意、注意、着意1、着意2】，膺（胸怀）1【服膺】，腹（内心）1【满腹】，腔（心中）1【满腔】。

"心"的构词能力极强，在后位语素构词量排名中列第二位，这是支配式双音词一个值得关注的特点。

（2）比较稳定的情感集

情（感情）28【表情1、薄情、承情、传情、动情1、放情、寡情、含情、还情、寄情、尽情、绝情1、绝情2、领情、倾情、任情1、任情2、煽情、抒情、忘情1、忘情2、无情1、言情、徇情、移情1、移情2、知情2、钟情】，意（心愿）31【得意、拂意、合意、会意2、决意、可意、立意1、满意、起意、任意1、任意2、如意1、如意2、失意、示意、适意、授意、顺意、肆意、随意、遂意、无意1、无意2、蓄意、有意1、有意2、有意3、致意、执意、中意、恣意】，愿（愿望）8【称愿、发愿、请愿、如愿、诉愿、遂愿、许愿1、许愿2】，望（愿望）7【承望、过望、绝望、失望1、失望2、无望、有望】，梦（愿望）1【圆梦2】，志（志向）5【得志、立志、励志、明志、蓄志】，愿（愿心）2【还愿1、还愿2】，种（胆量）1【有种】，恒（恒心）1【有恒】，福（幸福）8【纳福、托福1、惜福、享福、造福、折福、祝福1、祝福2】，醋（嫉妒）1【吃醋】。

该集中名素"意"与"情"构词能力强，它们是表达人两种心态的代表性语素。

（3）容易变化的情绪集

情（爱情）3【定情、动情2、殉情】,情（情欲）5【催情、发情、恣情1、恣情2、纵情】,瘾（依赖性）2【脱瘾、上瘾】,瘾（浓厚的兴趣）1【过瘾】,魔（疯）2【入魔、着魔】,春（情欲）2【怀春、思春】,兴（兴致）5【败兴1、即兴、尽兴、扫兴、助兴】,欲（欲望）2【节欲、禁欲】,恋（恋爱）1【失恋】,气（怨恨的情绪）5【憋气2、出气、解气、吐气1、窝气】,火（愤怒的情绪）1【起火3】,怨（怨恨）5【报怨、抱怨、构怨、积怨1、结怨】,仇（仇恨）2【结仇、记仇】,嫌（嫌怨）1【挟嫌】,歉（歉意）2【抱歉、道歉】,耻（羞愧）1【无耻】。

（4）德誉集

节（节操）9【变节、失节1、失节2、守节1、守节2、死节、殉节1、殉节2、殉节3】,人（指人的品质、性格或名誉）5【丢人、为人1、为人2、做人1、做人2】,脸（脸面）8【丢脸、给脸、顾脸、露脸1、没脸、赏脸、长脸、争脸】,颜（面子）1【犯颜】,情（情面）4【讲情、留情、求情、容情】,光（荣誉）2【增光、争光】,德（品德）3【厚德2、积德、缺德】,仁（仁义）1【成仁】,义（情义）1【仗义2】,信（信用）4【取信、失信、守信、授信】,德（恩惠）1【报德】,恩（恩情）5【报恩、感恩、开恩、沐恩、谢恩】。

（5）心思集

机（心思）2【触机、投机1】,思（思路）2【构思、运思】,意（心思）5【创意2、达意、立意、命意1、写意1】,念（念头）2【转念、蓄念】,想（想法）1【承想】,疑（不能确定的）8【存疑、答疑、怀疑2、解疑2、祛疑、释疑、析疑、献疑】,惑（疑惑）1【解惑】,衅（嫌隙）4【启衅、起衅、挑衅、寻衅】,间（嫌隙）1【无间1】,嫌（嫌疑）1【避嫌】,脑（观念）1【洗脑】,智（智慧）3【斗智、启智、益智】,鬼（不可告人的打算）4【捣鬼、搞鬼、闹鬼2、做鬼】,计4【得计、失计、献计、中计】,策（计策）4【划策、决策1、失策、献策】,谋（计策）1【蓄谋】,筹（计策）1【运筹】,辙（办法）1【没辙】,窍（窍门）1【通窍】,术（方法）1【乏术】,方（方法）2【无方、有方】,法（方法）3【得法、设法、无法】。

在心理类不外化抽象名素中,语素构词能力的不平衡性较为明显,"心""意""情"三个语素的构词量超过总构词量的四成。

2.认知类

（1）宗教集

佛2【拜佛、礼佛】,阳（我国古代哲学认为存在于宇宙间的一切事物中的两大对立面之一,跟"阴"相对）1【重阳】,天（迷信的人指自然界的主宰者）3【惊天、逆天1、逆天2】,天（迷信的人指神佛仙人所住的地方）1【归天】,西

(西天)1【归西】,阴(阴间)1【归阴】,阳(活人的)1【还阳】,缘(缘分)6【结缘、没缘、随缘、投缘、无缘1、有缘】,运(运气)4【背运2、应运、转运1、走运】,命(命运)8【薄命、革命1、革命2、革命3、没命3、认命、知命1、知命2】,神(神话中的人物,有超人的能力)2【下神、造神】,仙(神仙)1【修仙】,圣(宗教徒对所崇拜的事物的尊称)1【朝圣1】,灶(灶神)2【辞灶、祭灶】,灵(神仙或关于神仙的)2【乞灵、显灵】,鬼(迷信的人所说的人死后的灵魂)4【打鬼、见鬼1、见鬼2、闹鬼1】,灵(灵魂)2【辞灵、祭灵】,魂(灵魂)4【断魂、还魂、招魂1、招魂2】,魔(魔鬼)1【中魔】,怪(妖怪)1【作怪】。

（2）道理集

理(事理)13【悖理、合理、讲理1、讲理2、论理1、明理1、评理、输理、说理1、说理2、无理、有理、在理】,道(道理)2【知道、悟道】,义(义理)1【演义1】,情(情理)3【陈情、矫情2、近情】,法(佛理)3【护法1、护法2、说法1】,禅(禅理)1【参禅】,伦(伦理)1【乱伦】,经(经验)1【传经】,霸(霸权主义)1【反霸1】,义(正义)4【就义、起义1、起义2、仗义1】,毒(有害的思想意识)3【放毒2、流毒1、消毒2】,虚(指政治思想、方针、政策等方面的道理)1【务虚】,道(思想体系)6【布道、传道1、传道2、卫道、行道2、修道】,线(政治思想上的路线)1【上线1-1】,学(学问)4【博学、讲学、求学2、治学】,课(教学的科目)3【开课2、任课、授课】,知(知识)3【博识、求知、无知】。

认知类名素中,除了"理"的构词能力稍强,其余语素构词能力普遍较弱,与心理类名素的构词力相比,整体上有一定差距。

**二、抽象事情名素的义类及构词力**

抽象事情名素包含事项名素和性状名素,前者是对运动行为的指称,后者是对性质和状态的指称。

（一）事项名素及构词力

1.事务集

事(事情)45【碍事1、碍事2、办事、成事、处事、董事、懂事、费事、管事1、管事3、好事、即事、记事1、记事2、纪事1、纪事2、济事、监事、举事、理事1、理事2、了事、谋事1、闹事、怕事、启事、省事1、省事2、视事、听事1、听事2、完事、问事1、问事2、误事、行事1、行事2、叙事、议事、用事1、用事2、用事3、知事、做事1、做事2】,冗(繁忙的事)1【拨冗】,讳(忌讳的事情)2【犯讳1、犯讳2】,戒(指禁止做的事情)1【犯戒】,忌(忌讳的话或行动)1【犯忌】,难(不易解决的事情)3【解难1、克难、畏难】,责(分内应做的事)8【负责1、负责2、尽责、塞责、问责、卸责、诿责、追责】,负(担当的责任)1【减负】,忧(使人忧愁的事)1【分忧】,局(经过安排的事情)3【摆局、搅局、设局】,例(可以仿效或依据的事情)5【开例、违例 1、循例、沿例、援例】,典(典故)1【用典】、行(行为)1【无行】。

该集中语素"事"构词能力极强。事项名素"事"是总称名,无生名素"物"也是总称名,但二者的构词量大相径庭。我们认为这可能与它们在各自语素系统中的地位存在差异有关。事项名素层级较少,"事"虽是总名,但仍属于基本范畴,很常用。无生名素层级较多,"物"处于最高层级,属于基本范畴之上的上层范畴。

2.工作集

工(工作)27【罢工、帮工 1、帮工 2、包工、辞工 1、打工、怠工、放工、费工、复工、赶工、监工 1、监工 2、开工 1、旷工、上工 1、上工 2、试工、收工、替工 1、停工、窝工、误工、下工 1、下工 2、歇工 1、做工 1】,职(职务)18【称职、代职、渎职、供职、挂职 1、挂职 2、兼职 1、尽职、旷职、履职、任职、失职、述职、司职、停职、退职、卸职、殉职】,任(职务)10【辞任、到任、赴任、继任、离任、莅任、履任、去任、上任 1、卸任】,差(公务)11【办差、撤差、当差 1、当差 2、兼差 1、交差、听差 1、听差 2、销差 1、销差 2、支差】,公(公事)1【办公】,家(家务)5【持家、当家 1、当家 2、管家 1、管家 2】,工(一天的工作)2【记工、投工】,班(一天之内规定的工作或执勤时间)3【带班、顶班 2、坐班】,勤(在规定的时间内准时到班的工作或劳动)7【备勤、出勤、考勤、缺勤、退勤、执勤、值勤】,事(职务)4【供事、混事、接事、谋事 2】,业(所从事的工作)10【复业 2、开业、停业 1、停业 2、歇业、休业 1、营业、展业、执业、作业 2】,工(工程或工业)10【动工 1、动工 2、交工、竣工、开工 2、施工、完工、务工、歇工 2、兴工】,农(农业)1【务农】,商(商业)3【经商、通商、行商 2】,集(集市)2【逢集、赶集】,保(保险)4【承保、入保、投保、退保】,邮(邮政业务)1【通邮】,政(管理工作)13【参政、从政、干政、勤政、摄政、施政、听政、行政 2、议政、主政、咨政、资政 1、资政 2】,役(需要出劳力的事情)4【服役 3、服役 4、免役、退役 3】,活(工作)1【扛活】,脚(搬运事)3【赶脚、拉脚、挑脚】,生(生计)4【谋生、求生、为生、营生 1】。

该语素集中"工(工作)"的构词能力强,"职""任""差""政"的构词能力较强。

3.文体集

业(学业)10【毕业、结业、始业 1、受业 1、受业 2、休业 2、修业、肄业 1、肄业 2、卒业】,课(有计划的分阶段教学)17【罢课、备课、补课 1、补课 2、代课、复课、兼课、讲课、开课 1、旷课、缺课、上课、逃课、听课、停课、下课 1、下课 2】,题(课题)1【开题】,举(科举考试)1【应举】,戏(戏剧)17【扮戏 1、扮戏 2、飙戏、唱戏、出戏、串戏、搭戏、接戏、拍戏、排戏、配戏、入戏、说戏、演戏 1、演戏 2、做戏 1、做戏 2】,剧(戏剧)2【编剧 1、编剧 2】,电(电影)1【触电 2】,影(电影)2【从影、摄影 2】,片(影视片)2【制片 2−1、制片 2−2】,舞(舞蹈)4【编舞 1、编舞 2、跳舞 1、跳舞 2】,武(关于技击的)3【比武、练武 1、演武】,拳(拳术)1【打拳】,架(殴打或争吵)2【拉架、劝架】,赛(比赛)4【罢赛、参赛、禁赛、开赛】,局(棋类等比赛)6【布局 1、出局 1、出局 2、出局 3、对局、开局 1】,场(指表演或比赛的全场)7【赶场 2、救场、开场、收场 1、误场、压场 2、终场】,展(展览)5【布展、参展、撤展 1、撤展 2、开展 2】,诨(玩笑)1【打诨】,趣(玩笑)1【打趣】,步(两脚迈开)12【放步、进步 1、进步 2、迈步、跑步、却步、让步、踏步 1、退步 1、退步 2、退步 3、纵步 1】,迹(行迹)9【屏迹 1、屏迹 2、遁迹、混迹、绝迹、敛迹 1、敛迹 2、敛迹 3、匿迹】,武(脚步)3【步武 2、继武、踵武】,踪(踪迹)6【藏踪、跟踪、蹑踪、潜踪、失踪、追踪】,跤(跟头)2【摔跤 1、摔跤 2】,路(路程)1【赶路】,程(路程)3【兼程、启程、起程】,梦 3【入梦、做梦 1、做梦 2】。

该语素集中"业""课""戏""步"的构词能力较强。

### 4.礼俗集

礼(表示尊敬的言语或动作)15【答礼、还礼 1、回礼 1、敬礼 1、敬礼 2、拘礼、赔礼、免礼、少礼 1、少礼 2、失礼 1、失礼 2、施礼、行礼 1、有礼】,孝(旧时尊长死后在一定时期内遵守的礼俗)3【吊孝、满孝、守孝】,礼(社会生活中由于风俗习惯而形成的为大家共同遵守的仪式)9【非礼 1、观礼、襄礼 1、襄礼 2、巡礼 1、巡礼 2、越礼、赞礼 1、赞礼 2】,会(有一定目的的集会)8【闭会、复会、开会、莅会、流会、听会、休会、与会】,宴(宴会)1【赴宴】,仪(仪式)1【司仪】,斋(斋戒)3【持斋、开斋 1、开斋 2】,殡(殡葬)1【送殡】,丧(跟死了人有关的事情)13【报丧、奔丧、除丧、吊丧、发丧 1、发丧 2、服丧、号丧、居丧、哭丧、守丧、送丧、治丧】,寡(死了丈夫)1【守寡】,喜(可庆贺的事)5【报喜、冲喜、道喜、贺喜、有喜】,婚(结婚)9【逼婚、成婚、求婚、适婚、逃婚、完婚、征婚、证婚、主婚】,字(出嫁)1【待字】,聘(定亲)3【下聘、受聘 2、纳聘】,媒(婚姻)2【说媒、保媒】,洗(洗礼)2【领洗、受洗】。

该集语素中"礼""丧"的构词能力较强,反映出我国的礼规传统以及对于丧葬的重视。

5. 刑事集

案(案件)22【办案、报案、并案、撤案、定案 1、断案 1、发案、犯案、负案、结案、立案 2、立案 3、判案、破案、涉案、受案、探案、投案、问案、销案、压案、作案】,罪(作恶或犯法的行为)12【办罪、顶罪 2、定罪、犯罪、服罪、负罪、悔罪、论罪、免罪、判罪、认罪、治罪】,凶(伤害人的行为)4【帮凶 1、帮凶 2、逞凶、行凶】,恶(很坏的行为)1【作恶】,孽(罪恶)2【造孽、作孽】,警(危险紧急的情况或事情)5【报警、出警、处警、告警、接警】,急(紧急严重的事情)3【告急、救急、应急】,狱(案件)1【断狱】,冤(冤枉,冤屈)10【抱冤、含冤、喊冤、蒙冤、鸣冤、申冤 1、申冤 2、诉冤、衔冤、雪冤】,刑(特指对犯人的体罚)4【动刑、上刑、受刑、用刑】,弊(欺骗行为)2【舞弊、作弊】,刑(刑罚)9【处刑、服刑、缓刑、加刑、减刑、量刑、免刑、判刑、行刑】,辜(罪)2【无辜 1、无辜 2】。

该集语素中"案"的构词能力强,其次"罪""冤"构词能力较强。

6. 战争集

战(战争、战斗)12【罢战、备战、参战、观战 1、观战 2、恋战、搦战、善战、厌战、应战 1、应战 2、作战】,仗(战争或战斗)2【打仗、开仗 1】,兵(战争)1【弭兵】,武(军事)5【动武、黩武、练武 2、尚武、用武】,乱(骚乱)3【戡乱、弭乱、作乱】,恐(恐怖活动)1【反恐】,役(兵役)4【服役 1、缓役、退役 1、退役 2】,事(斗争)1【起事】。

该集中语素"战"构词能力稍强。

7. 功过集

业(事业)3【创业、立业 1、守业】,功(成效和表现成效的事情)4【表功 2、成功 1、成功 2、庆功】,绩(成果)1【考绩 1】,成(成果)3【守成、无成、有成】,功(功劳)12【摆功、表功 1、归功、记功、居功、立功、卖功、冒功、评功、请功、叙功、邀功】,善(善行)2【积善、行善】,误(差错)4【勘误、无误、贻误、正误 2】,谬(错误)1【匡谬】,过(过失)7【补过、改过、悔过、记过、受过、诿过、谢过】,咎(过失)2【引咎、归咎】,错(过错)3【纠错、容错、铸错】,罪(过失)14【吃罪、得罪、抵罪、顶罪 1、归罪、获罪、开罪、领罪、赔罪、赎罪、恕罪、诿罪、问罪、谢罪】,尤(过失)1【效尤】。

该集中语素"功""罪"的构词能力较强。

8. 事理集

端(事情的开头)2【发端、肇端】,头(事物的起点)3【出头 2、带头、牵头】，始（最初）4【开始1、开始2、开始3、肇始】，终（最后）2【告终、善终2】，效（效果）8【见效、生效、失效、收效、无效、显效1、有效、奏效】，底（事情结局）1【亮底2】，尾（事情的末端）5【结尾1、扫尾、煞尾1、收尾1、押尾】，端（原因）2【借端、无端】，故（缘故）3【借故、托故、无故】，由（缘由）1【摘由】，根（事物的本源）3【寻根1、寻根2、追根】，底（事情的根源或内情）11【摸底、交底、亮底1、露底、盘底、起底、掏底、透底、洗底、泄底、知底】，着（可以依靠或指望的来源）1【无着】，底（把握）2【没底、有底】，机（机会）7【待机1、见机、临机、伺机、随机1、投机2、寻机】，时（时机）4【得时、及时1、失时、适时】，隙（机会）1【寻隙2】，便（方便的时候或顺便的机会）2【搭便、得便】，权（权变）1【从权】，解（解释）1【索解】，证（证据）4【举证、求证、取证、质证】，据（可以用作证明的事物）1【考据】，例（用来帮助说明或证明某种情况或说法的事物）3【举例、示例1、引例1】。

9. 卫生集

病（疾病）13【抱病、得病、发病、犯病、害病、看病1、看病2、却病、染病、生病、受病、找病1、找病2】，脉（脉搏）6【按脉、把脉1、把脉2、号脉、切脉、诊脉】，症（疾病）2【辨症、对症】，疾1【托疾】，恙（疾病）1【无恙】，疫（传染病）3【防疫、免疫、检疫】。

该集中语素"病"的构词量较大。

10. 灾难集

灾（灾害）9【备灾、减灾、救灾1、救灾2、抗灾、闹灾、受灾、消灾、赈灾】，难（灾难）19【被难1、被难2、避难、发难1、赴难1、赴难2、急难1、解难2、罹难、落难、蒙难、受难、死难、逃难、殉难、遇难1、遇难2、遭难、作难2】，事（事故）8【出事、犯事、惹事、生事、失事、招事、肇事、滋事】，劫（灾难）1【遭劫】，殃（祸害）1【遭殃】，患（祸患）3【弭患、为患、遗患1】，祸（灾祸）5【闯祸、贾祸、惹祸、遗祸、肇祸】，害（灾害）3【加害、为害、贻害】，灾（个人遭遇的不幸）1【招灾】，罪（苦难）2【受罪、遭罪】，险（遭到不幸或发生灾难的可能）11【保险1、出险1、出险2、出险3、救险、历险、冒险、排险、涉险、脱险、遇险】，危（危险）1【临危2】，荒（荒歉）4【备荒、救荒、闹荒1、逃荒】，汛（河流定期的涨水）3【备汛、度汛、防汛】，邪（迷信的人指鬼神给予的灾祸）4【辟邪、避邪、驱邪、中邪】，祟（原指鬼怪或鬼怪害人，借指不正当的行为）1【作祟】，糗（不光彩的事情）1【出糗】，羞（不光彩的事）1【遮羞2】，丑（不好的、不光彩的事）5【出丑、丢丑、露丑、献丑、遮丑】，耻（耻辱）1【雪耻】，垢（耻辱）1【蒙垢】。

该集中"难""险"的构词能力较强。灾难、危险往往给人较为深刻的心理印记,需要借助词符化表达和传递相关信息。

(二)性状名素及构词力

性状名素是指称依附于客观事物的属性和运动状况的语素,分为属性类和状态类。

1.属性名素

许艳平认为:"属性是客观事物和现象中可被认知、但不可独立存在的某些方面。"[1]张道新说:"属性与实体在逻辑上存在依附关系,这种关系表现在词义上就是属性义范畴依附实体义范畴而存在。"[2]由此可知属性名素主要是对依附于实体名素的性质特征概念的指称。

(1)人性类

①生命集

命(生命)32【保命、逼命1、逼命2、毕命、毙命、偿命、抵命、顶命、度命、活命1、活命2、救命、绝命、卖命1、卖命2、没命1、没命2、拼命1、拼命2、饶命、丧命、舍命、授命1、送命、逃命、亡命1、效命、要命1、要命2、要命3、殒命、致命】,生(生命)10【养生、救生、轻生、丧生、杀生、伤生、摄生、贪生、卫生1、卫生2】,身(生命)3【丧身、舍身、殒身】,寿(年岁)1【折寿】,龄(岁数)3【超龄、及龄、适龄】,岁(岁数)1【同岁】,齿(年龄)1【序齿】,性(性别)1【变性3】,性(性格)5【成性、逞性、任性、率性2、养性】,气(作风习气)1【养气1】。

该集中"命"的构词能力极强,"生"的构词能力也较强。生命是人作为生物的第一基本特征,受到人们的关注。同时由"命"参构的一些支配式双音词有程度化的倾向,如"拼命1""要命1"等。

②能力集

力(力气,能力)37【并力、出力、得力1、得力2、得力3、发力、乏力2、费力、奋力、给力1、给力2、给力3、合力1、极力、接力、竭力、尽力、角力、量力、勠力、卖力、勉力、努力1、努力2、拼力、倾力、肆力、为力、无力2、惜力、效力1、用力、有力、致力、助力1、专力、着力】,能(能力)3【逞能、无能、显能】,功(精力)2【用功1、用功2】,潜(潜力)1【挖潜】,神(精神;精力)17【操神、出神、定神1、烦神、费神、分神1、分神2、耗神、劳神、留神、凝神、入神1、伤神1、失神1、淘神、提神、养神】,力(体力)4【劳力3、吃力1、乏力1、无力1】,胆(勇气)3【放胆、丧胆、壮胆】,气(中医指人体内能使各器官正常发挥功能的原动

---

①　许艳平:《现代汉语属性名词语义特征研究》摘要,武汉大学出版社,2013年,第1页。

②　张道新、董宏:《现代汉语词义范畴论》,中国社会科学出版社,2014年,第25页。

力)5【补气、理气、顺气 3、养气 2、益气】,聪(听觉)2【复聪、失聪】,明(视觉)2【复明、失明】,技(技能)3【竞技、献技、炫技】,功(技术)1【练功】,解(技艺)1【卖解】,艺(技艺)5【传艺、从艺、卖艺、习艺、献艺】,法(法术)2【斗法、作法 1】。

该集中语素"力"构词能力极强,"神"的构词能力较强。

③趣意集

致(情趣)1【有致】,趣(趣味)4【成趣、拾趣、识趣、知趣】,劲(趣味)1【没劲 2】,味(意味)4【乏味、寡味、玩味、无味 2】。

④名誉集

名(名声、名誉)8【成名、驰名、出名 1、沽名、慕名、齐名、扬名、有名】,誉(名誉)4【驰誉、享誉、饮誉、载誉】,光(光荣)2【候光、赏光】,长(长处)1【见长 1】,短(缺点)1【护短】,缝(缺陷)1【弥缝】,隙(毛病)1【寻隙 1】。

⑤利害集

利(利益)6【牟利、让利、失利、有利、渔利 1、逐利】,益(好处)4【得益、受益、有益、无益】,光(好处)4【借光 1、借光 2、叨光、沾光】,惠(好处)1【市惠】,肥(利益)1【分肥】,权(权益)2【侵权、维权】,弊(害处)1【除弊】,权(权力)16【篡权、当权、夺权、放权、集权、扩权、拿权、弄权、平权、弃权、擅权、受权、授权、越权、掌权、专权】,势(势力)4【得势、借势 2、失势、仗势】,政(政权)4【秉政、当政、行政 1、执政】。

该集中语素"权"构词能力较强,权力是政治势力争夺占有的对象。

⑥人际集

婚(婚姻关系)12【订婚、复婚、悔婚、结婚、抗婚、赖婚、离婚、失婚、试婚、通婚、退婚、许婚】,亲(婚姻关系)7【定亲、结亲 1、求亲、说亲、提亲、退亲、做亲 2】,姻(由婚姻组成的、比较间接的亲戚关系)2【联姻 1、联姻 2】,交(交情)3【订交、复交 1、绝交】,谊(友谊)1【联谊】,籍(隶属关系)1【入籍】,编(编制)11【补编 2、裁编、超编、撤编、定编、改编 2、减编、扩编、缺编、缩编 2、在编】,分(职责、权力等的限度)3【安分、过分、逾分】,对(敌对的一方)1【作对 1】。

该集中语素"婚""编"的构词能力稍强。

(2)物性类

①性质集

性(性能)3【变性 1、变性 2、定性 1】,性(性质)1【定性 2】,质(性质)1【变质】,真(本性)1【归真】,本(根本)1【治本】,标(事物的枝节或表面)1【治标】,色(物品的质量)2【减色、逊色 2】。

②形体集

体（形体）1【解体 1】，型（物体形象）1【造型 1】，形（形体）7【成形 1、忘形、无形 1、现形、隐形、有形、整形】，型（模型）3【成型、付型、造型 3】，构（结构）1【解构】。

③数量集

数（数目）5【报数、充数、抵数、计数 2、作数】，额（规定的数目）4【超额、定额 1、满额、限额 1】，重（重量）8【超重 1、超重 2、超重 3、承重、吃重 3、举重、失重、载重】，磅（重量）2【减磅 1、减磅 2】，量（数量）4【定量 1、定量 2、缩量、限量 1】，值（价值）8【保值、贬值 1、贬值 2、贬值 3、升值 1、升值 2、升值 3、增值】，价（价值）4【保价、等价、估价 2、评价 1】，度（程度）1【合度】，高（高度）3【摸高 1、摸高 2、增高 1】，幅（宽度）1【调幅】，速（速度）6【超速、加速 1、减速、提速、调速、增速】，频（频率）1【变频】，限（指定的量度）7【超限、缓限、宽限、无限、有限 1、有限 2、展限】，量（限度）5【放量、过量、尽量 1、尽量 2、无量】，度（限度）2【过度、无度】，艺（限度）2【无艺 1、无艺 2】。

④温度集

温（温度）8【保温、加温 1、加温 2、降温 1、降温 2、降温 3、升温 1、升温 2】，暑（热）8【避暑 1、避暑 2、防暑、去暑、消暑 1、消暑 2、中暑 1、中暑 2】，寒（寒冷）3【防寒、受寒、御寒】。

⑤颜色集

彩（颜色）1【添彩】，色（颜色）14【变色 1、改色 1、配色、染色 1、染色 2、润色、设色、生色、失色 1、添色、褪色、脱色 1、脱色 2、着色】，色（颜色）5【掉色、落色、上色 2、捎色、走色】。

⑥味道集

味（味道）2【调味、无味 1】，口（口味）6【对口 3、合口 2、苦口 2、清口 1、适口、爽口】。

⑦能量集

能（能量）2【节能、耗能】，热（物体内部分子不规则运动放出的一种能量）5【导热、发热 1、隔热、加热、伤热】，功 1【做功 2】，磁（磁性）2【退磁、消磁】。

⑧类型集

型（类型）5【变型、定型、改型、转型 1、转型 2】，伦（同类）1【绝伦】，类 3【分类、归类、连类】，科（科目）3【偏科、转科 1、转科 2】，头（方面）1【分头 1】，围（范围）1【入围】，范（范围）1【就范】，用（用处）1【管用】，补（用处）1【无补】。

⑨标准集

式(格式)1【合式1】,格(规格)7【出格1、出格2、合格、及格、降格、破格、升格】,准(依据)1【作准1】,标(标准)3【超标、达标、对标】,线(条件的边际)2【出线、上线1-2】,法(模范)1【取法】,样(作为标准或代表、供人看或模仿的事物)5【采样、抽样、打样2、取样、选样】,例(规则)2【破例、违例2】,准(标准)1【失准2】,套(俗套)1【落套】,模(法式)1【建模】。

⑩等次集

挡(排挡)3【挂挡、换挡、摘挡】,档(商品、产品的等级)3【断档1、断档2、脱档】,流(等级)3【合流3、入流1、入流2】,等(等级)1【蹿等】,衔(行政、军事、教学或科研等系统中人员的等级或称号)2【领衔、授衔】,级(年级)3【留级、升级1、跳级1】,级(等级)11【保级、定级、降级、晋级、考级、评级、升级2、提级、跳级2、调级、越级】,冠(冠军)2【夺冠、争冠】,魁(居第一的)1【夺魁】,冕(冠军称号)1【卫冕】,次(次序)2【编次1、轮次1】,第(等第)4【登第、及第、落第、下第】,科(等第)1【登科】,序(次序)4【排序、失序、循序、有序】,章(条理)1【成章2】,路(条理)3【对路1、对路2、对路3】。

综上,物性类名素构词普遍较弱,只有个别的语素如"色""级"构词能力稍强。

2.状态名素

状态类名素主要是指称人物、现象在某一阶段呈现的样态和情况,可分为人态和物态两个次类。

(1)人态类

①貌态集

妆(女子身上的装饰)2【补妆、卸妆】,势(姿态)1【作势】,相(坐、立的姿态)3【亮相1、亮相2、亮相3】,相(相貌)4【看相、破相、脱相、照相】,色(脸色)4【变色2、改色2、失色2、作色】,色(美貌)2【贪色、好色】,容(脸上的神情和气色)3【动容、改容2、敛容】,态(态度)3【表态、失态、作态】,容(相貌)6【改容1、毁容、美容、冶容、易容、整容】,颜(脸色)3【开颜、破颜、养颜】,脸(脸上的表情)4【变脸1、变脸2、翻脸、黑脸2】,颊1【缓颊】,颐1【解颐】,气(精神状态)7【鼓气1、丧气1、顺气1、顺气2、泄气1、泄气2、懈气】,神(神气)5【安神、传神、定神2、伤神2、失神2】,威(表现出来的能压服人的力量或使人敬畏的态度)6【发威、施威、示威1、示威2、扬威、助威】,风(行为态度)1【整风】。

②症状集

毒(上火的症状)1【解毒 2】,烧(高烧)2【发烧、退烧】,敏(过敏)1【脱敏】,热(内热)1【清热】,痔 1【舐痔】,火(火气)4【清火、去火、上火 1、败火】,热(生病引起的高体温)3【发热 2、发热 3、退热】,炎(炎症)2【发炎、消炎】,伤(人体或其他物体受到的伤害)2【养伤、探伤】,泡(水泡)1【打泡】。

③人况集

困(困难)3【帮困、纾困、脱困】,危(危亡)4【濒危、垂危 1、垂危 2、临危 1】。

④风俗集

风(风气;风俗)3【成风、跟风、纠风】,时(时俗)4【过时 2、合时、趋时、入时】,俗(风俗)1【随俗】,风(风尚)1【追风】。

(2)物态类

①自态集

景(景致;风景)6【布景 2、采景、即景、借景、取景、写景】,光(景物)1【观光】,天(天气)2【变天 1、变天 2】,春(生机)1【回春 2】,荫(没有阳光)1【成荫】,胜(优美的景物)2【览胜、探胜】,墒(土壤适合种子发芽和作物生长的湿度)2【保墒、跑墒】。

②影像集

影(成的像)5【定影、留影 1、录影 1、摄影 1、显影】,像(从物体发出的光线经镜片反射或折射后所形成的与原物相似的图景)3【成像、录像 1、摄像】,像(比照人物制成的形象)2【画像 1、塑像 1】,影(事物轮廓)5【剪影 1、剪影 2、剪影 3、投影 1、造影】,相(物体的外观)1【变相】,真(人的肖像;事物的形象)2【保真 2、传真 1】,象(形状、样子)4【抽象 1、抽象 2、想象 1、想象 2】。

③样式集

彩(花样)1【出彩 3】,态(样态)3【变态 1、变态 2、变态 3】,形(形状)4【变形、化形、矫形、象形】,样(形状)1【打样 1】,环(圆圈形)1【循环】,叉(分支形)1【劈叉】,格(格子)1【定格 1】,龙(像龙的长形)1【接龙】,迹(痕迹)1【灭迹】,瑕(斑点)1【无瑕】,理(纹理)2【连理 1、连理 2】,花(花纹)1【雕花 1】,绩(军阵)1【败绩 1】,阵 11【布阵、出阵、对阵、叫阵、排阵、怯阵、缺阵、陷阵、压阵 1、压阵 2、助阵】,队(行列)8【插队 1、掉队 1、掉队 2、列队、排队、压队、站队、整队】,列 2【出列、入列】,缘(通联)2【绝缘 1、绝缘 2】。

④情势集

局(情况)6【布局 2、定局 1、了局 1、了局 2、破局 1、破局 2】,状(情况)1【告状 2】,观(景象)1【改观】,情(情形)2【知情 1、酌情】,台(局势)1【压台 2】,体(情势)1【得体】,势(状况)1【造势】,盘(商品行情)9【崩盘、变盘、操盘、翻盘 1、翻盘 2、复盘 2、控盘、收盘 1、终盘 1】，峰（最繁忙的情形）2【错峰、调峰】，实（实际情况）11【纪实 1、纪实 2、落实 1、落实 2、切实、求实、失实、务实 1、务实 2、着实 1、着实 2】，空（里面没有东西或没有内容）1【落空 2】。

⑤先后集

先（时间或次序在前的）5【当先 1、率先、在先 1、占先、争先】，故（原来的）1【如故 1】，初（原来的情况）1【如初】，本（原来）1【忘本】，首（首先）1【倡首】，原（最初的）3【复原 1、复原 2、还原 1】，头（第一）1【当头 1—3】。

综上，参与构词的状态类抽象名素数量比较多，总构词量较多。但总体看来，单个语素构词能力偏弱，只有"阵""实"等语素构词量达到或超过了10个。

### 三、时间名素的义类及构词力

在人的认知中，时间是一维的，所以时间名素一般有两个语义特征，一个是数量，一个是次序。我们将时间名素分为时量类和时序类。

（一）时量名素及构词力

1.恒常性时量

（1）单位时量

①日类

A.整日集

日（地球自转一周的时间）4【成日、度日、隔日、间日】，天（一昼夜二十四小时的时间）1【成天】，日（特指某一天）1【值日】，节（节日）3【拜节、过节 1、过节 2】，寿 4【拜寿、暖寿、祝寿、做寿】，七 3【断七、尽七、满七】。

语素的结合受到语素时代性差异的影响。比较"日"与"天"，"隔日"可以说成"隔天"，但"间日"不可替换为"间天"。"日"在先秦已经表示一昼夜的时间，"天"产生此义时代很晚。《儒林外史》第十七回："匡超人背着行李，走了几天旱路。""间"与"隔"都有表示间隔的意思，但是前者产生时代早，后者晚。这说明旧语素"日"由于传承性，可以和旧语素"间"结合，也可以和新语素"隔"结合。但是，新语素"天"只能与新语素"隔"结合，而不再与旧语素"间"结合。

从所接前位语素来看，指"一天"意义的"日""天"多与关系动素、变化动素结合表示时间的变化，而指某天的"日""节""寿"多与活动动素结合表示人的活动。

B.早晚集

早(早晨)1【叫早】,晨 2【凌晨、侵晨】,晓 1【报晓】,旦 1【达旦】,午 2【傍午、过午】,晌 1【歇晌】,晚 1【傍晚】,暮 2【薄暮、垂暮】,夜 13【熬夜、查夜、彻夜、成夜、隔夜、过夜 1、过夜 2、入夜、守夜、逃夜、巡夜、值夜、坐夜】,卯 2【点卯、画卯】,时(时点)2【报时、授时】。

该集中名素"夜"的构词力稍强。从部分集所接的前位语素来看,一些是与变化动素结合,表示时间变化;一些是与状态动素或活动动素结合,表示在某时段人所进行的活动。

②月类

月 6【包月、出月、满月 1、弥月 1、弥月 2、足月】。

除了"包月"的前位语素是控他变化动素,其他前位是表示满一个单位的简单变化动素。

③季类

A.整季集

季(一年分四季)2【过季、换季】。

"季"的变更是认知焦点,所以前接变化动素。这说明人们所关注的事物本身运动特征会影响该语素构词的主要方向,从这个角度可以解释部分语素结合成词的原因,阐释某些支配式双音词的构词理据。

B.时令集

春 5【嚎春、回春 1、立春 1、立春 2、踏春】,夏 5【苦夏、立夏 1、立夏 2、消夏、歇夏】,秋 2【立秋 1、立秋 2】,冬 4【过冬、立冬 1、立冬 2、越冬】,季(一年里的某个有特点的时期)2【错季、应季】,时(季节)1【应时 1】,令(时节)1【当令】,伏 4【出伏、入伏、数伏、歇伏】,梅 2【出梅、入梅】,九 3【出九、交九、数九】。

"春""夏""秋""冬"都可接变化动素"立"。另外也能从支配式双音词中看出四季中人或动物有时节性的活动。"时"的古义就是指季节。"伏""九"都可接变化动素"出",反映出人对这些四季中比较特殊时段的关注。

④年类

年(公历 1 年是地球绕太阳一周的时间)4【纪年 1、编年、成年 2、转年 1】,岁 4【守岁、卒岁、辞岁、贺岁】。

从以上支配式双音词来看,"年"与"岁"稍有区别,"年"强调时段性,而"岁"更多是与新年有关。

⑤代类

宋 1【仿宋】,世(时代)2【传世、绝世】,世(有血统关系的人相传而成的辈分)1【累世】,代(朝代)1【换代1】,代(辈分)5【传代1、传代2、断代1-1、断代1-2、换代2】,代(时代)1【绝代】。

（2）概约时量

期(一段时间)3【分期1、分期2、延期2】,暇(空闲)1【无暇】,假(按照规定或批准暂时不工作、不学习的时间)8【补假1、度假、放假、告假、请假、销假、休假、续假】,闲(闲空)4【抽闲、得闲、偷闲1、消闲1】,间(间隔)1【无间2】,命(寿命)1【催命】,寿(寿命)1【短寿】,年(年节)4【拜年、过年1、过年2、贺年】,时(某个时候)4【错时、当时1-2、匡时、有时】,时(时间)5【补时、费时、计时、历时1、限时】,点(时间)1【加点】,阴(时间)1【惜阴】,年(一生中按年龄划分的阶段)1【当年1-2】。

其中同义的"暇""假""闲"的构词量差异值得注意。"暇"是非人定的客观时间,而"假"构词能力强一些,属于人为安排的时间。"闲"正好处于二者之间。

2.规定性时日

期(预定的时日)17【超期、到期、定期1、改期、过期、缓期、克期、愆期、脱期、无期1、误期、限期1、延期1、逾期、约期1、择期、展期1】,时(规定时)4【超时、过时1、及时2、守时】,点(规定的钟点)6【到点、改点、赶点1、满点、晚点、误点】。

"期""时""点"都可以表示人在活动过程中预定某个日子或时刻,所以前位语素可以出现"定""改"等控他变化动素,以及"误""愆"等非自主性的经历动素,还有"守"等控自状态动素,"赶"等控自行为变化动素。其他前位动素多为"超""过""到"等存在简单变化动素。

（二）时序名素及构词力

前(眼下)1【超前1】,今2【迄今、至今】,前(前代)1【超前2】,古(古代)12【博古1、法古、仿古、复古、怀古、讲古、考古1、考古2、拟古、泥古、思古、作古】,史(历史)2【讲史、修史】,后(以后的时间)2【绝后2、善后】。

综上,时间名素中构词能力较强的是"夜""期""古"。由此可以看出支配式双音词后位语素中那些比较有特点的、与人活动密切相关的时间名素构词会多一些。语素"古"的构词能力较强,体现出中华悠久的历史以及重视传统的观念对构词产生了影响。这是支配式双音词构词现象中有民族性特征的典型,也反映了历史文化是构词理据的一个重要方面。统观后位时间名素的支配式双音词,一部分是表示时间的变换,一部分是反映某个时段人的活动,而后者构词量更多。

## 第三节　非名语素的义类及构词力

支配式双音词典型的结构形式是"动素＋名素"，但是由于词汇所反映的活动事件情况的多样性，加之某些前位动素语义的特殊性，以及复合构词从深层语义结构向表层语法结构转化的复杂性，故而也出现一些由非名语素充当后位成分的支配式双音词。

### 一、后位动素的义类及构词力

后位动素的义类包括状态、变化、转移、活动、作用五类。从总体来看，充当支配式双音词后位成分的动素较多，构词量较大。

#### (一)状态类动素及构词力

##### 1. 简单状态动素集

蛰(蛰伏)3【出蛰、惊蛰、入蛰】，缺(短缺)1【告缺】，荒(严重的短缺)1【闹荒 2】，非(不合法)1【打非】，残(残缺)3【扶残、致残、助残】，通(没有堵塞)2【复通、开通 1－2】，围(四周拦挡使里外不通)4【解围 1、解围 2、溃围、突围】，封(封闭)5【拆封、加封 1、启封 1、启封 2、启封 3】，存(存留)1【盘存】，全(保全)1【求全 2】，干(牵连)1【无干】，关(牵连)3【无关、有关 1、有关 2】，联(联系)1【失联】，累(牵连)1【受累 1】，染(关联)2【有染 1、有染 2】，遗(留下)1【无遗】，余(剩下)2【有余 1、无余】，容(容纳)3【扩容 1、扩容 2、增容】，差(不相合)3【补差 1、补差 2、有差】，偏(偏差)1【出偏】，霉(东西因霉菌的作用而变质)1【发霉】，冻(凝结)6【防冻 2、化冻、解冻 1、解冻 2、开冻、上冻】，腐(腐烂)1【防腐】。

##### 2. 使役状态动素集

气(使人生气)1【受气】，窘(使为难)1【受窘】。

##### 3. 行为状态动素集

###### (1)控自状态动素集

恨(怨恨)5【怀恨、记恨、解恨、泄恨、雪恨】，谢(感谢)5【称谢、道谢、鸣谢、申谢、致谢】，宠(宠爱)4【得宠、失宠、邀宠、争宠】，狠(下定决心)1【发狠 1】，爱(喜欢)1【割爱】，哀(悼念)3【举哀 1、志哀、致哀】，怜(怜悯)1【乞怜】，敬(尊敬)2【起敬、致敬】，定(心态平静)1【入定】，诺(允诺)1【践诺】，欢(喜欢)1【失欢 1】，嫌(厌恶)1【讨嫌】，厌(憎恶)3【讨厌 1、讨厌 2、讨厌 3】，信(相信)1

【置信】。

坐 1【打坐】,潜(隐在水下)1【反潜】,乘(借助交通工具或牲畜出行)1【漏乘】,住(住宿)1【陪住】,宿(过夜)1【伴宿 2】,客(寄居)1【作客】,居 1【宜居】,伏(隐藏)1【设伏】。

查(翻检着看)1【备查】,望 2【在望 1、在望 2】,看(观察并加以判断)2【耐看、中看】,察(调查)1【失察】,听(用耳朵接受声音)1【中听】,查(调查)1【协查】,审(审查)1【参审 2】,检(检查)2【受检、免检】,阅(检阅)1【受阅】,防(防守)8【布防、撤防、调防、返防、换防、接防、设防、移防】,守(防守)1【失守】。

(2)控他状态动素集

载(安装)1【卸载 2】,储(储藏)3【承储、揽储、吸储】,存(蓄积)1【揽存】,记(把印象保持在脑子里)1【失记】,控(控制)2【布控、失控】,主(主持)1【做主】,持(持有)2【减持、增持】,驾(驾驶)2【代驾、命驾】,包(把整个任务承担下来,负责完成)1【发包】,善(擅长)1【伐善】,冠(戴帽子)1【及冠】,拍(拍摄)6【参拍 2、筹拍、开拍 1、投拍、协拍、主拍 2】,任(任用)1【候任】,任(担任)1【聘任】,补(填补缺额)1【候补】,套(无法获利卖出)1【解套】,捕(逮捕)1【拒捕】。

(3)关系状态动素集

交(交往)6【缔交 1、缔交 2、断交、复交 2、建交、择交】,欠(借别人的财物等没有还)2【挂欠、清欠】,胜(比另一个优越)1【好胜】,靠(依靠)1【求靠】,据(依靠)1【失据】,陪(陪伴)3【少陪、失陪、作陪】。

4.经历状态动素集

憾(失望)1【抱憾】,恨(遗憾)5【抱恨、含恨、赍恨、衔恨、饮恨】,愧 1【抱愧】,屈(委屈)4【抱屈、负屈、叫屈、受屈】,气(发怒)10【动气、斗气、赌气、服气、负气、惹气、撒气 2、生气 1、淘气 1、消气】,怒(愤怒)5【发怒、含怒、动怒、迁怒、息怒】,愤(因为不满意而感情激动)2【发愤、泄愤】,忧(忧愁)2【担忧、解忧】,愁(忧虑)3【发愁、犯愁、解愁】,悲(悲伤)1【含悲】,哀(悲痛)1【节哀】,痛(悲伤)1【忍痛】,快(愉快)1【称快】,悦(高兴)1【取悦】,欢(快乐)1【失欢 2】,烦(厌烦)1【耐烦】,爱(有很深的感情)2【求爱、示爱】,馋(想吃某种事物)1【解馋】,臊(羞)1【害臊】,羞(怕别人笑话的心理和表情)2【害羞、含羞】,愣(失神)1【发愣】,怔(愣)1【发怔】,呆(发愣)1【发呆】,傻(愣)1【发傻 1】,疯(精神失常)2【发疯 1、发疯 2】,狂(精神失常)1【发狂】,知(知道)1【画知】,疑(不能确定是否真实)6【犯疑、怀疑 1、解疑 1、起疑、无疑、置疑】,迷(因对某人或一个事物产生特殊爱好而沉醉)2【入迷、着迷】,寐(睡觉)2【成寐、入寐】,眠(睡眠)4【成眠、催眠、入眠、失眠】,睡(睡觉)1【入睡】,饥

（饿）3【充饥、点饥、疗饥】，蒙（神智不清）1【发蒙 1】，醉（饮酒过量致使神志不清）1【买醉】，病（生理上或心理上发生的不正常的状态）8【称病、告病 1、告病 2、探病、托病、卧病、谢病、养病】，困（陷在痛苦中）1【解困】，生（生存）1【逃生】，活（有生命）1【成活】。

综上，状态类动素居于支配式双音词后位，其中以控自状态动素和经历状态动素居多。经历状态动素集中多是与人心理有关的语素，其中"气"的构词能力稍强。其所构成的支配式双音词多是表达人的心理状态或变化，其中多个后位语素前接动素"含"或"发"。

（二）变化类动素及构词力

1.简单变化动素集

变（变化）4【生变、顺变、应变 1、诱变】，化（变化）1【催化】，化（融化）1【开化 2】，亏（亏折）4【吃亏 1、吃亏 2、减亏、扭亏】，绝（穷尽）2【濒绝、告绝】，竭（穷尽）1【告竭】，罄（穷尽）1【告罄】，亡（灭亡）1【救亡】，耗（消耗）3【超耗、减耗、降耗】，损（损坏）2【定损、无损 2】，产（产生）1【催产 2】，产（出产）4【估产、减产、绝产 1、增产 1】，发（发生）1【催发】，长（生长）1【见长 2】，爆（爆炸）2【起爆、引爆】，炮（爆裂）1【放炮 4】，休（停止）1【甘休】，止（截止）1【为止】，已（休止）1【无已】，罢（停止）1【作罢】，收（停止）1【报收】，完（完结）2【没完 1、没完 2】，成（完成）1【告成】，竣（完成）1【告竣】，破（真相露出）1【告破】，佚（散失）2【辑佚 1、辑佚 2】，盈（盈余）1【增盈】，长（增加）1【助长】，入（进来）2【准入 1、准入 2】，废（不再使用）1【作废】。

2.使役变化动素集

复（使恢复）1【规复】，停（使停止）2【叫停 1、叫停 2】，张（使开业）1【关张】。

3.行为变化动素集

（1）控自变化动素集

到（到达）3【报到、画到、签到】，迎（迎接）1【失迎】，退（离开）4【告退 1、告退 2、告退 3、劝退】，辞（辞职）1【请辞】，逃（逃跑）1【追逃】，避（避开）1【规避】，反（背叛）3【策反、谋反、造反】，叛（叛乱）1【平叛】，降（投降）8【纳降、追降 2、乞降、请降、劝降、受降、诱降、招降】，颦（皱眉）1【效颦】。

（2）控他变化动素集

播（播种）1【开播 1】，招（招揽）1【应招】，说（用话来表达意思）1【听说 1】，示（把事物摆出来或指出来使人知道）1【请示】，证（证明）4【听证 1、听证 2、听证 3、做证】,刊(排印出版)2【复刊、停刊】,印(使文字或图画等留在纸上或器物上)2【承印、开印】,殓(把死者装进棺材)1【成殓】,产(创造物质财富或精神财富)12【包产、超产、扩产、亏产、联产 1、平产、欠产、投产、脱产、限产、压产、增产 2】,制(制造)3【监制 1、监制 2、监制 3】,做(制造)1【承做】,订(预先约定)1【征订】,建(设立)2【筹建、援建】,办(创设)1【倡办】,组(组织)2【筹组、改组】,略(简化)1【从略】,戒(戒除)1【破戒 2】,杀(杀害)1【谋杀】,诛(杀)1【伏诛】,刺(暗杀)2【行刺、遇刺】,害(杀害)2【谋害、遇害】,判(判决)2【服判、宣判】,排(排放)1【减排】,释(释放)1【获释】,放(点燃)1【禁放 2】,注(注解)2【备注 1、备注 2】,解(解释)1【求解】。

（3）关系变化动素集

见(见面)6【传见、求见、引见、约见、召见 1、召见 2】,会(见面)1【约会 1】,集(集合)1【约集】,别 10【道别 1、道别 2、告别 1、告别 2、告别 3、话别、临别、叙别、赠别、作别】,辞(别离)1【告辞】,和(结束战争)7【逼和、讲和、谋和 1、求和 1、劝和、议和、言和】,赘(入赘)1【招赘】。

4.经历变化动素集

捷(战胜)5【报捷、告捷 1、告捷 2、祝捷、奏捷】,胜(胜利)5【得胜、告胜、决胜、取胜、争胜】,输(失败)2【服输、认输】,负(失败)2【告负、认负】,败(失败)1【告败】,和(不分胜负)2【谋和 2、求和 2】,腐(腐败)1【反腐】,逞(实现意愿)1【得逞】,吹(未成)1【告吹】,得(获得)1【有得】,收(获得)3【唱收、创收、增收】,失(丢掉)2【报失、挂失】,见(看见)1【乐见】,惊(由于突然来的刺激而精神紧张)3【吃惊、受惊、压惊】,肿(皮肤、黏膜或肌肉等组织由于局部循环发生障碍、发炎、化脓、内出血等原因而突起)1【消肿】,呕(呕吐)2【作呕 1、作呕 2】,便(排泄屎尿)1【告便】,尿(排尿)1【利尿】,孕(怀胎)3【避孕、代孕、怀孕】,育(生育)2【绝育、节育】,生(生育)1【催生】,产(产育)3【催产 1、待产、助产】,生(出生)1【庆生】,死(失去生命)10【濒死、处死、垂死、抵死、冒死、昧死、拼死、寻死、致死、找死】,终(人死)2【临终、送终】。

综上,变化动素构成支配式双音词,以简单变化动素、控他变化动素和经历变化动素居多。单个语素的构词能力,除了"产""死""别"构词能力稍强,其余普遍偏弱。

(三)转移类动素及构词力

1.简单转移动素集

吸(吸收)1【解吸】,跌(物价下降)2【看跌、杀跌】,涨(物价上升)1

【看涨】。

2.行为转移动素集

(1)控自转移动素集

访(访问)1【接访】,嫁(出嫁)1【陪嫁】,降(落下)1【迫降1－2】,进(前移)2【促进、劝进】,退(后移)1【促退】,返(回)1【遣返】,回(从别处回到原来的地方)2【召回1、召回2】,渡(由这一岸到那一岸)3【竞渡1、竞渡2、引渡1】,冲(很快地朝一个方向直闯,突破障碍)1【折冲】。

(2)控他转移动素集

①内向转移动素集

选(挑选)2【备选、参选1】,选(选举3)【败选、参选2、助选】,取(录取)1【备取】,试(尝试)1【免试2】,验(检验)1【免验】,学(学习)13【辍学、放学1、废学、复学、开学、考学、弃学、失学、退学、下学、休学、厌学、助学】,师(仿效)1【满师】,读(阅读)2【导读、助读】,修(修习)1【免修】,聘(聘用)13【辞聘1、辞聘2、待聘、解聘、竞聘、拒聘、落聘、受聘1、退聘、续聘、延聘2、应聘1、应聘2】,征(征收)4【缓征、开征、免征、起征1】,没(没收)1【罚没】,扒(扒窃)2【打扒、反扒】,盗(盗窃)1【防盗】,窃(偷)1【行窃】,劫(抢劫)1【行劫】,贪(贪污)2【反贪、肃贪】,乞(讨)1【行乞】,募(募集)1【应募】,领(领取)2【申领、招领】,媚(有意讨人喜欢)1【献媚】,邀(邀请)1【应邀】,征(征求)3【起征2、应征1、应征2】,收(收获)2【绝收、失收1】,收(接收)1【托收】,收(收录)1【失收2】,感(感觉)2【通感、有感】,诊(诊察)8【导诊1、导诊2、候诊、开诊、漏诊、求诊、施诊、停诊】,购(买)10【承购、导购1、导购2、控购、洽购、求购、认购、申购、惜购、限购】,租(租用)1【招租】,借(暂时使用别人的物品或金钱)1【告借】。

②外向转移动素集

教(教导)16【罢教、赐教、从教、候教、聆教、领教1、领教2、领教3、请教、求教、任教、施教、叨教、讨教、支教、执教】,讲(讲授)4【开讲、听讲、主讲1、主讲2】,诉(控告)6【罢诉、败诉、撤诉、起诉、息诉、应诉】,供(受审者陈述案情)2【逼供、诱供】,评(评判)2【参评、置评】,审(审讯)6【参审1、候审、陪审、受审、听审1、听审2】,讯(审问)2【传讯、应讯】,问(有不知道或不明白的事情或道理请人解答)1【发问】,答(回答)3【竞答、征答、作答】,赔(赔偿)2【包赔、索赔】,偿(偿还)4【代偿1、索偿、无偿、有偿】,支(支出)2【节支、列支】,贿(贿赂)6【拒贿、纳贿1、纳贿2、受贿、索贿、行贿】,捐(捐献)2【募捐、认捐】,给(供给)2【取给、仰给】,养(供给)4【弃养1、弃养3、托养、助养】,养(饲养)2【弃养2、限养】,奶(用自己的乳汁喂孩子)1【断奶】,赏(赏赐)3【请赏、受赏、邀赏】,缴(交纳)2【认缴、征缴】,贷(借款)3【称贷、告贷、惜贷】,托(托付)2【入托、受托】,售(卖)2【代售、惜售】,销(销售)11【包销1、承销、促销、代销、动销、竞销、扩销、适销、脱销、拓销、滞销】,拍(拍卖)6【参拍1、开拍2、起拍、应拍、主拍1-1、主拍1-2】,付(给钱)2【唱付、承付】,租(出租)2【承租、批租】,借(借出)1【求借】,盘(转让)2【受盘、招盘】,让(索取一定的代价,把财物的所有权转移给别人)1【受让】,押(抵押)1【退押】,雇(出钱让人给自己做事)1【解雇】。

③无向转移动素集

运(运输)6【承运、发运、禁运、启运、起运、托运】,调(调动)1【请调】,传(由一方交给另一方)1【失传】,岔(转移话题)1【打岔】。

④双向转移动素集

市(买卖货物)15【罢市、闭市、撤市、断市、复市、救市、开市1、开市2、逆市、收市、托市、下市2、休市、应市、造市】,交(交易)1【成交】,兑(凭票据支付或领取现款)1【承兑】。

综上,该类支配式双音词后位语素以控他转移动素为主,其中控他内向转移动素集的"学"和"聘"、外向转移动素集的"教"和"销"、双向转移动素集的"市",构词能力较强。使役转移动素没有参与构词。

(四)活动类动素及构词力

1.简单活动动素集

摆(摇摆)1【停摆】,滑(滑动)2【打滑1、打滑2】,流(流动)1【引流】,燃(燃烧)2【助燃、阻燃】,震(震动)3【防震1、减震、抗震1】,震(地震)2【防震2、抗震2】。

2.行为活动动素集

劳(劳动)3【代劳1、代劳2、效劳】,装(安装)1【改装3】,耕(用犁把田里的土翻松)4【备耕、弃耕、退耕、休耕】,渔(捕鱼)3【护渔、禁渔、休渔】,赌(赌博)1【禁赌】,猎(捕捉禽兽)1【禁猎】,牧(放牧)2【禁牧、休牧】,走1【竞走】,行(旅行)6【成行、纪行、启行、起行、送行1、送行2】,步(用脚走)8【代步、劳步、敛步、留步、起步1、起步2、学步、止步】,跑(两只脚或四条腿迅速前进)2【起跑、赛跑】,跳(腿上用力使身体突然离开所在的地方)1【起跳】,航(航行)17【导航、断航、封航1、封航2、复航1、复航2、护航、开航1、开航2、领航1、领航2、迷航、启航、起航、停航、通航、引航】,飞(利用动力机械在空中行动)1【放飞1】,行(走)3【放行、开行、限行】,读(上学)2【伴读、陪读】,考(考试)12

【罢考、备考 3、赶考、监考 1、监考 2、免考、缺考、替考、投考、应考、主考 1、主考 2】，试（考试）4【加试、免试 1、应试 1、应试 2】，练（练习）3【罢练、陪练 1、陪练 2】，操（操练）2【收操、下操 2】，训（训练）1【受训】，作（写作）1【习作 1】，笔（用笔写出）15【罢笔、辍笔、代笔、开笔 1、开笔 2、开笔 3、练笔 1、练笔 2、起笔 1、起笔 3、煞笔 1、煞笔 2、试笔、歇笔、主笔 2】，签 3【拒签 1、拒签 2、免签】，编（编辑）1【开编】，考（参考）3【备考 1、备考 2、待考】，算（计算）1【运算】，谋（谋划）3【参谋 1、参谋 2、参谋 3】，算（谋划）1【失算】，猜（猜测）1【竞猜】，议（商议）2【参议 1、参议 2】，聊（闲谈）1【陪聊】，哄（吵闹）2【起哄 1、起哄 2】，口（说话）6【碍口、拗口、变口、改口 2、顺口 1、随口】，嘴（说话）4【漏嘴、卖嘴、绕嘴、走嘴】，言（说）2【代言、失言】，语（说）2【失语 1、失语 2】，谈（说话或讨论）2【复谈、约谈】，餐（吃）1【陪餐】，吃（把食物等放到嘴里经过咀嚼咽下去）1【贪吃】，食（吃）3【节食、绝食、厌食】，炊（烧火做饭）1【断炊】，演（表演）5【罢演、导演 1、导演 2、开演、上演】，秀（表演）3【作秀 1、作秀 2、作秀 3】，播（传播）5【导播 1、导播 2、开播 2－1、开播 2－2、停播】，放（放映）1【禁放 1】，映（放映）2【开映、上映】，闹（开玩笑）1【取闹 2】，游（闲逛）4【伴游 1、伴游 2、导游 1、导游 2】，舞（做出舞蹈的动作）2【伴舞 1、起舞】，歌（唱）1【飙歌】，唱（口中发出乐音）1【卖唱】，吊（祭奠死者或对遭到丧事的人家、团体给予慰问）2【开吊、陪吊】，祭（祭奠）2【陪祭、主祭】，揖（拱手行礼）1【作揖】，为（作为）1【有为】，讼（打官司）4【罢讼、涉讼、听讼、息讼】，辩（辩解）1【置辩】，赌（争输赢）1【打赌】，战（进行战争或战斗）12【督战、开战 1、开战 2、临战、请战、求战 1、求战 2、停战、休战、宣战 1、宣战 2、助战 1】，战（竞赛）1【助战 2】，建（建造）2【参建、承建】。

### 3. 经历活动动素集

鼾（睡着时粗重的呼吸）1【打鼾】，涕（哭泣）1【破涕】，笑 8【爆笑、堆笑、发笑、搞笑 1、搞笑 2、含笑、卖笑、失笑】，颤（抖动）1【发颤】，抖（颤抖）1【发抖】，战（发抖）1【打战】。

综上，后位语素以行为活动动素居多，其中"航""考""笔""战"的构词能力较强。未有使役活动动素参与构词。

### (五)作用类动素及构词力

### 1. 具体作用动素集

夯（夯砸）1【打夯】，垦（开垦）1【复垦】，锄（除草）1【开锄】，犁（用犁耕地）1【开犁 1】，载（装载）3【超载、过载 1、拒载】，装（包装）1【改装 2】，压（对物体施压力）6【加压、减压、降压 1、降压 2、解压、施压】，践（踩）2【作践 1、作践 2】。

2.抽象作用动素集

援(援助)4【打援、乞援、求援、无援】,助(帮助)2【求助、认助】,济(救助)1【得济】,救(援助使脱离灾难或危险)7【得救、呼救、获救、求救、施救、营救、遇救】,赈(赈济)1【放赈】,培(培养)2【代培、委培】,举(举荐)1【保举】,荐(举荐)1【保荐】,奖(奖励)1【受奖】,管(管理)4【代管、托管 1、托管 2、协管】,办(办理)15【帮办 1、帮办 2、承办、筹办、催办、措办、代办 1、代办 2、代办 3、督办 1、督办 2、申办、停办、协办、主办】,理(办理)8【代理 1、代理 2、协理 1、协理 2、主理、助理 1、助理 2、佐理】,措(处置)1【失措】,行(办)1【代行】,用(使用)8【备用、代用、得用、合用 2、耐用、启用、适用、中用】,治(治理)4【施治 1、没治 1、没治 2、没治 3】,修(修理)3【保修 1、承修、失修】,医(治疗)3【导医 1、导医 2、求医】,治(医治)3【求治、施治 2、主治 2】,饶(饶恕)3【告饶、求饶、讨饶】,许(允许)1【获许】,准(准许)3【获准、批准、作准 2】,召(召唤)2【应召 1、应召 2】,导(导演)1【执导】,调(使配合)1【失调 2】,扰(扰乱)1【解扰】,闹(搅扰)1【取闹 1】,嘲(嘲笑)1【解嘲】,笑(讥笑)1【取笑】,谏(规劝)1【纳谏】,谤(公开指责别人的过失)1【诽谤】,警(告诫)1【示警】,挫(挫败)1【受挫】,赞(赞扬)1【点赞】,贺(庆贺)1【道贺】,难(责难)1【发难 2】,辱(侮辱)1【受辱】,宰(比喻向买东西或接受服务的人索取高价)1【挨宰】,骗(用谎言或诡计使人上当)1【受骗】,拐(拐骗)1【打拐】,批(批评)1【挨批】,整(使吃苦头)1【挨整】,罪(处分)2【请罪、告罪】,罚(处罚)5【判罚、认罚、受罚、执罚、主罚】,伤(伤害)2【负伤、受伤】,害(使受损害)1【受害】,冻(冻害)1【防冻 1】,陷(陷害)1【谋陷】,损(损害)3【受损、无损 1、有损】,难(使感到困难)4【犯难、为难 1、为难 2、作难 1】,阻(阻挡)2【受阻、无阻】,庇(庇护)1【托庇】,敌(抗衡)1【无敌】,妨(妨碍)1【无妨 1】,碍(妨碍)1【有碍】,梗(阻塞)1【作梗】,激(刺激)1【应激】,侮(欺负)1【御侮】,征(征讨)1【从征】,攻(攻打)1【助攻 2】,打(攻打)2【开打 1、开打 2】,冻(阻止人员、资金等流动或变动)1【解冻 3】,检(约束)1【失检】,制(约束)2【受制 1、受制 2】,禁(控制)1【失禁】,役(役使)1【服役 2】,推(使事情开展)1【助推】。

综上,该类支配式双音词后位动素多是抽象作用动素,其中"办"的构词能力较强,其他动素构词能力相对均衡。

## 二、后位形素的义类及构词力

形素表明事物的性质,我们参考黄易青所归纳的上古汉语意义系统结构的层次及其包含隶属关系①,根据形素所依附事物的类别,将支配式双音词后位形素分为质量类、形态类、组构类、时间类、认知类等五类。

(一)质量类形素及构词力

1.长度集

①高低组

高(从下向上距离大)3【登高 1、登高 2、攀高 1】。

②深浅组

浅(从上到下或从外到里的距离小)2【搁浅 1、搁浅 2】。

2.量度集

①多少组

多(数量大)1【居多】,小(利益少)1【贪小】。

②肥瘠组

福(胖)1【发福】,胖(脂肪多)1【发胖】,肥(含脂肪多)2【催肥、减肥】。

③富贫组

富(财产多)4【藏富、露富、炫富、致富】,阔(有钱)1【摆阔】,穷(贫困)3【哭穷、受穷、治穷】,贫(贫困)4【返贫、扶贫、济贫、脱贫】。

3.光度集

①明暗组

明(明亮)2【启明、羞明】,亮(光线强)1【发亮】。

②显隐组

花(模糊)1【发花】,幽(隐蔽的)1【探幽 1】。

4.色度集

绿(像草和树叶茂盛时的颜色)1【飘绿】,青(绿色)7【抽青、刺青、返青、汗青 1、汗青 2、回青、贪青】,翠(青绿色)2【叠翠、吐翠】,蓝(像晴天天空的颜色)2【发蓝、烤蓝】,白(白色)1【露白】,金(像金子的颜色)1【烫金】,红(像鲜血的颜色)3【描红 1、飘红、剔红】,丹(红色)1【书丹】,绀(稍微带红的黑色)1【发绀】,青(黑色)1【垂青】,黑(像煤或墨的颜色)1【抹黑】。

---

① 黄易青:《上古汉语同源词意义系统研究》,商务印书馆,2007 年,第 555—557 页。

5. **响度集**

寂（寂静）1【入寂】。

6. **力度集**

①轻重组

重（重量大）3【吃重1、吃重2、负重1】。

②强弱组

强（力量大）6【逞强、好强、要强、争强、走强1、走强2】，硬（刚强）1【碰硬】，壮（强壮）1【复壮】，弱（柔弱）1【示弱】，虚（虚弱）1【发虚2】。

③固软组

固（坚固）1【保固】，飘（形容腿部发软，走路不稳）1【发飘】。

7. **温度集**

热（温度高）3【受热1、受热2、制热】，暖（暖和）4【保暖、采暖、回暖、取暖】，冷（温度低的）1【制冷】，凉（温度低）5【乘凉、纳凉、受凉、歇凉、着凉】。

8. **湿度集**

①干湿组

湿（湿润）1【保湿】，潮（潮湿）5【返潮、防潮1、回潮1、回潮2、受潮】，涝（庄稼因雨水过多而被淹）1【抗涝】，旱（长时间没有降水或降水太少）1【抗旱】。

②口渴组

渴（口干想喝水）2【解渴1、解渴2】。

9. **程度集**

①轻重组

轻（病势小）1【见轻】。

②空满组

空（里面没有什么）2【放空、回空】，白（没有加上什么东西的）1【补白1】。

③饥饱组

饿（肚子空）1【解饿】。

④生熟组

生（没有煮熟的）1【夹生】，熟（成熟）2【催熟1、催熟2】。

10. **口味集**

涩（苦涩）1【脱涩】，酸（醋的味道）1【发酸1】。

11. 能度集

①怠奋组

乏(疲倦)2【道乏、解乏】,困(疲乏)2【发困、犯困】,懒(疲倦)1【发懒】,蔫2【发蔫1、发蔫2】,累(疲劳)1【受累2】,奋(振作)1【发奋1】。

②健病组

健(健康)1【保健】,酸(酸痛)2【发酸2、发酸3】,痛(疾病、创伤等引起的难受的感觉)1【作痛】。

(二)形态类形素及构词力

1. 形状集

①整残组

零(零碎的)1【拾零】,全(完备的)1【求全1】。

②洁脏组

洁(干净)1【保洁】,污(脏)3【排污、清污、治污】。

③阴晴组

晴(天空无云)1【放晴】。

④平崎组

险(地势险恶复杂,不易通过)1【探险】,幽(深远)1【探幽2】,麻(不光滑)1【搓麻】。

⑤清楚组

真(清楚确实)1【逼真2】。

2. 动态集

①生死组

生(活的)2【放生、回生1】,亡(死去的)1【悼亡】。

②治乱组

和(和平)1【维和】,稳(稳固)3【企稳、回稳、维稳】,乱(没有秩序)2【添乱、治乱】。

③灵废组

灵(起作用的)1【失灵】,活(灵活)1【灭活】,废(没有用的)1【报废】,荒(遗弃的)1【拾荒】。

④俏软组

俏(指货物的销路好)2【看俏、走俏】,香(受欢迎的)1【吃香】,红(受欢迎)2【走红1、走红2】,热(吸引人的)1【走热】,软(态势差)1【走软】,弱(态势差)2【走弱 1、走弱 2】。

(三)组构类形素及构词力

①奇常组

怪(奇怪)1【搞怪】,奇(特殊的)5【称奇、出奇、好奇、居奇、猎奇】,绝(独一无二的)3【称绝、叫绝、叹绝】,神(巧妙)1【入神 2】,常(平常)5【超常、失常、如常、逾常、照常 1】。

②和谐组

和(和谐)2【失和、违和】,调(调和)1【失调 1】。

③主次组

正(主要的)1【扶正 2】。

④亲疏组

外(关系疏远的)2【见外、排外】,义(因抚养或拜认而成为亲属的)1【结义】。

⑤公私组

公(属于国家或集体的)2【充公、归公】,私(个人的)4【谋私、偏私、徇私、营私】。

⑥同异组

同(相同)2【趋同、认同 1】,一(同一)1【如一】,异(不相同)1【无异】。

⑦值错组

宜(合适)1【失宜】,当(合适)2【过当、失当】,准(准确)1【失准 1】,正(合乎法度的)1【转正】,黑(非法的)1【打黑】,私(秘密而不合法的)5【查私、打私、贩私、缉私、走私】。

⑧等差组

衡(平)2【持衡、失衡】,平(不相上下)2【逼平、持平 2】。

⑨顺逆组

冷(出乎意料的)1【爆冷】。

⑩上下组

高(一定标准之上)2【冲高、走高】,低(在一般标准或平均程度之下)2【探低、走低】。

(四)时间类形素及构词力

①始终组

元(开始的)2【改元、建元】。

②古今组

古(经历多年的)1【访古】,旧(过去的)12【访旧、复旧 2、话旧、怀旧、恋旧、念旧、仍旧 1、思旧、叙旧、依旧 1、有旧、照旧 1】。

③早晚组

早(时间在先的)1【及早】。

④久暂组

久(时间长)1【耐久】,恒(永久)1【守恒】,常(不变的)1【无常 1】。

⑤徐疾组

缓(迟慢)1【从缓】,速(快)1【从速】。

⑥暇遽组

闲(有空)2【帮闲 1、帮闲 2】,紧(紧急)3【吃紧 1、吃紧 2、看紧】。

⑦老幼组

老(年岁大)6【垂老、防老、服老、告老、见老、养老 2】,老(富有经验)1【卖老】。

⑧新旧组

鲜(新鲜)1【保鲜、尝鲜】,新(刚出现的)6【尝新、出新、创新 1、鼎新、履新、迎新】,旧(陈旧的)2【复旧 1、守旧】。

⑨熟生组

熟(因常见或常用而知道得清楚)1【杀熟】,生(生疏)5【回生 2、怕生、欺生 1、欺生 2、认生】。

(五)认知类形素及构词力

1.心情集

乐(快乐)3【享乐、行乐、作乐 1】,足(满意的)1【知足】。

闷(心情不舒畅)1【散闷】,慌(慌张)2【发慌、着慌】,毛(惊慌)1【发毛 1】,急(着急)2【发急、着急】,羞(羞耻)3【没羞、识羞、遮羞 1】,疚(惭愧)1【负疚】,窘(为难)1【发窘】,虚(没勇气)1【发虚 1】。

2.心性集

①善恶组

好(善良)1【行好】,孝(孝顺)1【尽孝】,忠(忠诚)3【尽忠 1、尽忠 2、效忠】,诚(心意真实)4【竭诚、输诚 1、输诚 2、投诚】,敬(恭敬)1【失敬】,廉(廉洁)2【述廉、养廉】,正(正直)4【秉正、持正 1、持正 2、扶正 1】,好(友爱)3【示好、通好、修好 2】。

奸(奸诈)2【藏奸 1、耍奸】,滑(奸诈)1【耍滑】,刁(狡猾)2【放刁、撒刁】,

粗(粗野)2【爆粗、动粗】,狠(凶厉)2【斗狠、发狠2】,横(粗暴)1【发横】,暴(凶狠)4【防暴、抗暴、施暴1、施暴2】,赖(无赖)2【撒赖、耍赖】,泼(蛮横不讲理)1【撒泼】,野(蛮横不讲理)1【撒野】。

②宽严组

严(严格)1【从严】,宽(宽大)1【从宽】。

③粗细组

慎(谨慎)2【失慎1、失慎2】,严(严密)1【解严】,微(细致)1【入微】。

3.心智集

拙(笨)3【藏拙、露拙、守拙】,傻(头脑糊涂,不明事理)1【发傻2】,蒙(蒙昧)4【发蒙2、开蒙、启蒙1、启蒙2】,浑(糊涂)1【犯浑】,昏(神志不清)1【发昏】,乖(伶俐)1【卖乖】,巧(用心精妙的)3【乞巧、取巧、讨巧】,智(聪明)1【引智】。

4.观念集

①真假组

真(真实的)11【保真1、逼真1、传真2、传真3、当真1、当真2、仿真、乱真、认真1、失真1、失真2】,实(真实的)1【属实】,伪(虚假的)2【防伪、作伪】,假(虚伪的)10【掺假、打假、贩假、使假、造假、制假、治假、装假、作假1、作假2】。

②好坏组

好(优善)7【摆好、见好、看好1、看好2、问好、学好、要好2】,优(优良的)4【从优、创优、择优、占优】,良(好)1【无良】,祥(吉祥)2【发祥1、发祥2】,佳(美好)1【欠佳】,坏(恶)2【使坏、学坏】。

③美丑组

美(美好)5【比美、掠美、媲美、专美、作美】,美(美丽)2【审美、选美】,娇(可爱)1【撒娇】,芳(美好的)1【流芳】,酷2【扮酷、装酷】,俏(俊俏)1【卖俏】,黄(色情的)3【贩黄、扫黄、制黄】,艳(指关于情爱方面的)1【猎艳】。

④褒贬组

多(肯定性的)1【唱多】,空(否定性的)1【唱空】,衰(消极的)1【唱衰1】。

⑤苦乐组

苦(辛苦)4【吃苦、叫苦、受苦、诉苦】,劳(劳苦)3【道劳、告劳、耐劳】。

⑥贵贱组

尊(地位或辈分高)1【屈尊】,高(等级在上的)2【攀高2、攀高3】,大(第一的)1【称大】,贱(卑贱)2【发贱、犯贱】,凡(平凡)1【超凡】。

⑦安危组

安(安定)3【问安、欠安、请安 1】,安(安全)3【保安 1、保安 2、保安 3】。

⑧吉凶组

吉(吉利)1【择吉】。

⑨正邪组

是(正确)1【求是】,公(公正)1【秉公】,平(公平)1【持平 1】,正(正当)3【反正 1-1、反正 1-2、务正】,偏(不正确)1【纠偏】。

⑩难易组

沉(深奥)1【钩沉】,玄(深奥)1【钩玄】,简(简单)1【从简】,便(便利)8【称便、任便、随便 1、随便 2、随便 3、随便 4、随便 5、听便】。

⑪重轻组

重(重要的)2【负重 2、着重】。

⑫雅俗组

俗(大众的)6【拔俗、超俗、从俗 2、媚俗、免俗、脱俗】。

综上,后位时间类形素最少,但平均构词能力最强;认知类形素数量、构词总量最多;形态类形素平均构词能力最弱。总体来看,与名素、动素相比,形素是较弱势的后位语素。

### 三、后位其他语素的义类及构词力

(一)代素及构词力

身(自己)32【安身、藏身、厕身、插身 2、缠身、持身、抽身、处身、存身、动身、分身、跻身、寄身、卖身 1、栖身、起身 1、切身 1、切身 2、容身、生身、赎身、束身 1、贴身 3、投身、托身、脱身、委身、现身、陷身、献身、修身、置身】,己(自己)8【克己 1、克己 2、克己 3、利己、律己、贴己 1、知己 1、知己 2】,我(第一人称)1【忘我】,此(此时或此地)2【至此 1、至此 2】,之(指代人或事物)2【次之、反之】,他(其他的)2【利他、排他】,此(这样)2【如此、至此 3】,然(如此)1【使然】。

该类语素中,表示自指的"身"是构词能力极强的语素,此外除了"己",其他代素构词能力很弱。

(二)量素及构词力

间(一间屋子)1【跳间】,对(双)1【作对 2】,堆(用于成堆的物或成群的人)1【成堆】,份(用于报刊、文件等)1【备份 2】,版(报纸的一面叫一版)5【改版 1、改版 2、改版 3、扩版、拼版】,句(用于话语或诗文)1【联句】,行(行列)4【串行、跳行1、跳行2、转行2】,篇(用于文章、纸张、书页等)1【连篇1】,项(用于分项目的事物)3【结项、立项、选项1】,套(用于成组的事物)2【成套、配套】,成(十分之一叫一成)1【抽成1】,折(减到原标价的十分之几叫作几折或几扣)1【打折】,倍(跟原数相等的数)1【加倍1】,窝(用于一胎所生的或一次孵出的动物)1【抱窝】,茬(指在同一块地上,作物种植或生长的次数,一次叫一茬)3【调茬、倒茬、换茬】,届(略同于"次",用于定期的会议或毕业的班级等)1【换届】,餐(一顿饭叫一餐)1【加餐1】,声(表示声音发出的次数)1【连声】,班(用于定时开行的交通运输工具)1【脱班】,名(名次)1【排名】,堂(用于分节的课程)1【拖堂】,台(用于整场演出的戏剧、歌舞等)2【开台、压台1】,秒2【读秒、数秒】,更(旧时一夜分成五更)3【打更1、定更、起更】,宿(整夜)1【成宿】,夜1【连夜2】,天(用于计算天数)2【连天1、连天2】,日2【克日、连日】,年(用于计算年数)4【积年、累年、连年、有年】。

### (三)数素及构词力

三1【洗三】,午(通五)1【重午】,九1【重九】,十1【合十】,半3【参半、过半、折半】,几1【无几】。

量素与数素所构支配式双音词数量有限,普遍构词能力弱。"三""九"这些数字构词时都含有时间概念,而"八"等数字则没有参与构词。

## 四、小结

以上我们对支配式双音词的后位语素进行了穷尽性的语义分类,并统计了语素构词量,分析了各类语素构词能力的强弱,对一些语素高频构词的原因进行了初步探索。

从后位语素义类来看,名素的构词量大,动素、形素的构词量次之,代素、量素、数素的构词量最小。由名素作为后位语素的支配式双音词中,在参构的语素数量和构词量方面,事物和事情抽象名素最多,其次是有生和无生具体名素,空间和时间名素较少。有生名素中指人名素构词量大。由动素作为后位语素的支配式双音词中,在参构语素数量方面,最多的是状态类动素;在构词量方面,除了作用类动素较少,其他四类相差不大,最多的是活动类动素;在平均单个语素构词效率方面,最高的也是活动动素,每个语素能构造约3个词项。由形素作后位语素的支配式双音词中,认知类形素较多。由代素、量素、数素作后位语素的支配式双音词,代素多一些。

就单个语素语素来说,构词量在30个以上的12个后位语素按数量依次排列是手、心、水、事、车、力、身(身体)、眼、命、身(自己)、意、价,除了代素

"身"，其他均为名素，而且有 6 个是抽象名素。除了"车""水"是无生名素，其他的均与人或社会有直接的密切关系，这反映出支配式双音词主要是表达人的社会性活动事件。

据方清明考察，名名复合词的能产性较强的构词语素是：人、工、灯、电、馆、鱼、菜、师、车、机、器、具、衣、室、房、山、水、城、地、球、石、木、树、草、茶、厂、村、庄、镇、乡、所、县、市、省、国。[①] 将它们与参构支配式双音词的较强构词力名素进行横向比较，其中只有"人、电、车、机、山、水、地"等这几个语素是相同的。这一方面说明语素参构不同结构类型双音复合词的能力有差异；另一方面，构词系统中有一批通用的、构词能力强的基本语素，它们能满足各类双音词的构造需要。这样使构词系统的语素功能既有分工，又有协作，反映了语言系统的经济性和自组织原则。

由于语素数量巨大，我们对每个语素的认识程度还是比较肤浅的。为了便于定性和定量的操作，本书的语义分类采取了经典范畴理论，尽量将每个语素划分到确定的义类，但是由于语言是经验性的，语义类别是原型范畴，有些成员是范畴边缘成员，未必符合现有类别所有特征，例如事项名素与动素之间，人体分泌物集与具体无生名素之间都有一些相似性。此外，有些语素的语义是一个复合结构，如建筑类名素既是无生名素，也具有一定的空间性；可外化抽象名素如机构类，医院义的"院"是治疗机构，也是一个处所。这些问题有待于将来深入展开某类型支配式双音词语素义的专题研究。还有在类别描述过程中，由于受到书面形式的限制，为了避免章节之间内容的不均衡，不得已将概括性的总类与次类并列起来，如指人名素、无生名素、事项名素的下位分类，这使得原来语义的层级性变得不明显，值得读者注意。

以往探寻语素构词量的原因主要从语言内部分析，但是经过对支配式双音词构词语素的考察，我们认为语言外部因素是决定语素构词量的前提条件。因为在语言的诸要素中，词汇与社会的关系最为密切。现代生活急剧变化，新事物、新情况不断涌现，引起人们的关注并产生表达交流的需要，这是构造支配式双音词的内在驱动力。它促使语素组合构造新词，带来词汇量的增长。具有社会常用性、广泛性、变化性的事物往往是人们关注的对象，反映这些事物的语素很可能成为构词材料。

---

① 方清明：《现代汉语名名复合词的认知语义研究》，科学出版社，2015 年，第 46 页。

# 第七章　支配式双音词语素结合的
## 语义制约因素

　　冯奇曾将语言单位搭配分为自由搭配、受限搭配和固定搭配三种组合方式。[①] 支配式双音词的语素结合多是不能自由类推的受限搭配[②]。双音复合词两个语素之间的共现组合关系受到多种因素的影响。由于构词过程是两个语素意义融合为新词义的过程,因此,语义是制约双音复合词语素结合的首要因素。

　　我们探讨支配式双音词语素结合的规律,追根到底是要落脚到每个语素的意义和它们结合成具体的某一个词上。这项基础工作固然重要,但是语义系统是一个从具体义到概括义的层级。冯奇认为:"就理论建构而言,概括与具体之间应该有一个最佳平衡点,过于具体使理论模式臃肿不堪,而过分概括也可能使之流于空泛。从语言事实出发,适当概括,能使理论模式在具有张力的同时更具有针对性和解释力。"[③]所以,我们观察与描写支配式双音词构词的目的绝不是止步于对一个个语素孤立的意义考证与结合原因的分析,而是希望能总结出具有一定概括性的构词法则,能解释一组、一集、一类语素与另外的一组、一集、一类语素的结合规律。语素组是同义语素的聚合,同组中的语素往往有相同的语义特征因而有相同或相近的搭配功能,但又因为彼此有区别特征,包括词源义素的差别,有可能决定语素不同的搭配组合。集和类是有相同类义素的语素集合,由于组、集、类是依据语义自下而上逐步归纳而形成的层级结构,抽象的层级越高,自然概括的面也越广,所以,从前位语素和后位语素集或类组合中总结出来的语素结合的规则具有一定通用性。

　　义位的组成成分是义素,义素可以更清楚地显示一个语言单位意义与其他语言单位意义之间相同或相异之处。义素分析是得到语言单位区别性

---

　　① 　冯奇:《核心句的词语搭配研究》,复旦大学出版社,2007 年,第 76 页。

　　② 　支配式双音词中"酗酒""跳舞""跺脚"可视为固定搭配,也就是含有以往称为"同源宾语"的词。此外,构词力极强的"开""手"等语素也可视为相对自由搭配。

　　③ 　冯奇:《核心句的词语搭配研究》,复旦大学出版社,2007 年,第 234 页。

特征的有效方法,但是义素分解的有限性一直是个难题。王宁先生对传统训诂学义界训释方式做出分析,认为"义界是用定义和描写的方式来表述词义的内容,以便展示词义的特点,从而把词与邻近的词或义项区别开来","它的训释方式可以归纳为:义值差＋主训词"。①故而她将词义的结构表述为:

　　　　类义素＋核义素＝词源意义

　　　　类义素＋表义素＝表层意义

同时也得出比较公式:词项之间表义素相同者为同义词;词项之间核义素相同者为同源词;词项之间类义素相同者为同类词,而核义素相同者,必非同类词。②

　　借鉴此结论,采用系统对立的理念,我们分析类义素相同的语素形成同类类聚,表义素相同或相近的语素形成同义类聚,源义素相同的语素形成同源类聚。本书试图通过用少量的关键义素类型来形式化地描写和对比相关语素的意义结构,从多层面揭示语义对支配式双音词语素结合的制约作用和机制,既关注语素选择结合的异中之同,也考察它们的同中之异,从语素意义中含有的类义素、表义素、源义素的差异探讨语素结合背后的语义制约因素,揭示语素系统内在关系和复合构词的限制性和有序性。

## 第一节　类义素对语素结合的影响

　　冯奇指出:科学研究需要分类,没有分类就没有科学。③ 分类和归类既是人类为认识世界所做出的努力,也是人类认识世界的结果。每一级上位概念涵盖了下位概念的所有共有属性但不涵盖它们的不同属性,不同的属性划定了类别之间的界限。最著名的科学分类是瑞典植物学家林奈(Carl von Linné)的生物分类。生物学中的分类是根据生物之间的彼此关系而建立一个系统,类似或近缘的物种可归并为一属,类似或近缘的属可归并为一科,类似或近缘的科可归并为一目,类似或近缘的目可归并为一纲,类似或近缘的纲可归并为一门,类似或近缘的门最终归并为一界,形成界、门、纲、目、科、属、种等单元组成的完整的分类系统。其中种为分类系统中最自然和最基本的分类阶元,两个或若干个物种所共属的分类阶元越低,说明它们

① 王宁:《训诂学原理》,中国国际广播出版社,1996年,第97页。
② 王宁:《训诂学原理》,中国国际广播出版社,1996年,第210—211页。
③ 冯奇:《核心句的词语搭配研究》,复旦大学出版社,2007年。

彼此之间的差异就越小,亲缘关系也就越近。每一个物种的成员不仅彼此在形态构造和生理上十分相似,而且都有一定的生活习性和分布范围,在自然界中组成具有实际的或潜在的繁殖能力的种群,把它们所具有的特征传于后代。不同物种的种群之间在生殖上是隔离的,单位越大,动物之间的共同特征就越少,亲缘关系也就越远;单位越小,它们之间的共性特征就越多,亲缘关系也就越近。

借用生物学的分类有助于说明语言分类的搭配关系。语义系统完全可以看成一个自组织、有层次的结构。各义位分属于不同的义类,根据义类的远近关系,义位存在亲疏关系。现代汉语众多的语素以义类类聚起来,类义素不是具体的每个语素的个体义,而是从众多的具体语素义中逐层抽象概括出来的共性特征。同类语素以共有的属性保持对内的统一性和对外的排他性,从而能够影响语素的倾向性选择搭配。其心理基础是人类出于降低大脑对信息处理的难度,简化认知记忆过程并有效操纵语言,因而会将语言单位的组合规则控制在一定的范围之内。下面依据前面一到六章所分析的支配式双音词前后位语素的结合情况,概括总结由类义素所决定的构词规则。

## 一、类义素对前位动素构词的制约

在一至五章,我们分别讨论了状态、变化、转移、活动、作用动素后接语素所属义类,并且在每一节后都详细列出每个语素组后接语素的语义类型分布表,在其后总结和分析了每种动素集所接语素的倾向性类型。在这里,我们尝试从整体上对动素义类如何影响构词做出归纳总结,揭示规则要点。

### (一)对他物指向性强弱差异会影响动素的构词能力

所谓对他物指向性比传统语义研究所说的及物性范围更广泛,它不仅指一个行为由一个参与者传递、施加到另一个参与者上,还包括行为者自身对外物的内在注意力。一般来说,对他物指向性强的动素构词能力往往强于对他物指向性弱的动素。例如,行为作用动素和控他变化动素明显比行为活动动素构词量大。又例如,同是自身心理状态动素,畏惧、思念、羡慕、贪嗜、思欲、悔恨、迷惑、骄傲、懈怠组属于强指向性心理状态集,感动、愉悦、哀伤、烦躁、忧虑、放安、胆怯、逞纵、亏屈、憋堵、怀疑、满足组属于弱指向性心理状态集。前一集强调人对外物的主观心态,而后一集主要是描写人自身的心理状态。二者不仅在所接语素的数量上有差异,而且前者所接语素的类型比较丰富,后者所接语素则集中于不外化抽象名素和心理类的性状名素。

(二)动素接语素意义类型数量与构词能力有密切关系

有些动素除了接名素，还可以接非名动素，如动素、形素，这类前位语素往往构词量较大。例如得到组、失去组属于经历变化动素，既可以表示得到或失去人或物，也可以表示得到或失去某种状态、变化、性质，所以构词量较大。但如“垦荒”的“垦”、“种地”的“种”、“钓鱼”的“钓”等活动动素，只能接名素，构词量较小。前者所受到的语义搭配限制较小，构词能力强，而后者所受到的语义搭配限制较大，构词能力弱。总之，语素的语义范围对它的搭配能力有重要影响，语义覆盖面宽，能兼容的属性就越多，搭配能力也就越强。

(三)部分动素在能否接具体名素和抽象名素上有差异

一些动素表达具体的动作，后多接具体名素，而一些动素表达活动较为抽象，后多接抽象名素。例如放置组、寄托组表示使事物处于某所，均属于外向控制位置动素，但是所接语素存在具体名素和抽象名素的差别。尤其是作用动素，无论是简单作用动素还是行为作用动素都存在具体与抽象的次类，例如，冲撞组、施压组、拉扯组、刺扎组、吸取组只接具体名素，而刺激组、妨碍组、抵御组、伤败组、提兴组既可以接具体名素，也可以接抽象名素。

(四)表示人体动作的动素后接语素类型及构词量均有限

动素语义结构内部的客体如果是限定的，在构造支配式双音词时，往往受到韵律作用，会将语义内部的客体外化出来作后接语素，与原来的单音词相比，并未增加更多的意义。这个构词现象在表达人体动作的动素上有特别明显的体现，“瞪眼组”等非环境依赖型活动集，“起立组”等控自姿态特征变化集，后接多为人体部位的名素，表示人控制身体某个部分的动作。“眨眼”“噘嘴”“拱手”“跺脚”等语素结合可以视为固定搭配。

(五)部分动素具有后接动素和形素的能力

动素意义是一种关系语义，本身带有丰富的语义结构信息，不仅能建构组合而成的支配式双音词所表达的事件框架，而且能决定后位语素的义类性质。例如，经历作用动素的语义结构是：事件{经历者i　经历　[客体1　影响　客体2i]}。因此遭受组许多语素可接动素构词，如“遇刺”“受骗”“挨批”等。又如位有状态集的保持组后接形素，表示保持某种状态，构词如“保洁、保暖、保湿、保温、保鲜、持衡、持平2、守恒”等。

综上分析，能够用于相同结构的动素多半拥有某些或某个关键的共同语义特征；而不能进入相同结构的动素也往往缺乏相同的关键语义特征，这说明类义素对语素搭配的决定作用。这应当是汉语支配式双音词构词法的重要内容之一。

## 二、类义素对后位语素构词的制约

动素和后接语素的搭配是一个语义双选的机制，动素的性质决定所构词的语义框架，但是，后接语素自身的语义属性决定它是否能进入该框架，从成词角度来看，前、后位动素是相互制约的关系。根据第六章每节后位语素前接动素的语义类型分布，我们从整体上归纳类义素对各类后位语素构词的制约规则。

### （一）后接具体名素规则

#### 1. 后接有生名素分析

从所描写的情况来看，状态、变化、转移、活动、作用五类动素均与有生名素中的人、动植物及相关部位构成支配式双音词。其中接人的动素数量明显比动植物多，说明支配式双音词主要是概括反映人的社会活动，其中有一些动素集有鲜明的后接整体类指人名素的倾向。

一类是涉及心理活动的语素，如心理使役状态集的使害怕组、使沉迷组、使烦恼组、使羞耻组等，使心理特征改变集的使激动组、使惊动组多接指人名素，因为心理功能是人的重要属性。

一类是涉及社会交往的语素，如控制自身关系状态集，其中交往组后接指人名素。控自朝向事物类动素的背向组、跟随组、陪送组、陪侍组、顺从组、仿效组、依凭组这些语素组都可接指人名素。使类属改变集，它的使屈就组后可接指人名素。控自关系变化集的会见组，到达集的拜访组、探望组、迎接组后接指人名素。控他外向转移集的回复组后接指人名素。抽象作用动素的对待作用集、引导作用集、培助作用集是表达人际活动，多数动素后接指人名素。

有些动素有鲜明的后接附属类指人名素的倾向。

一类是与身体姿态有关的语素，如使姿态特征改变集，其所有的组都接附属类指人名素，其中使抬起组、使横倒组、使旁侧组、使弯曲组只接身体部位名素。如控自姿态特征变化集，它的抬起组、回转组、摇摆组、起立组、弯曲组、仰起组、低俯组、探伸组、接触组后接语素也多为身体部位名素。又如非环境依赖型单纯活动集，其中瞪眼组、眨眼组、眯眼组、闭眼组、噘嘴组、撇嘴组、咧嘴组、咂舌组、咋舌组、蹙额组、甩动组、招手组、劈手组、放手组、扼拱组、交叉组、攥握组、弹动组、伸腿组、扫腿组、劈腿组、踩踏组、收蹬组、顿叩组、鞠躬组、挺直组、纵飞组后接身体部位名素。此外，还有控自运动过程变化集的停歇组，控自行为特征变化集的屏息组、闭口组也多后接身体部位名素。

一类是与人的生理活动有关的语素，如经历自身生理状态集，其中张目组、晕醉组、瞎盲组、驼曲组、憋闷组、病患组后接身体部位名素。又如生理经历变化集中的变换组、分泌组后接身体部位名素与分泌物名素，构词如"换牙""咯血"等。

在作用动素中，具体与抽象类后接指人语素的区别较大，具体作用动素多接附属类指人名素，构词如"拍手""击掌1""点穴1""挠头"等；而抽象作用动素多接整体类指人名素，构词如"袭警""虐囚""反霸2""拥军"等。

有些动素倾向于后接动植物名素或附属类指人名素。生命特征变化集的生长组后接动植物名素构造了大量的支配式双音词，如"生根""抽穗""结果1"等。一些涉及农业、畜牧业生产的动素往往后接动植物名素，如插种组、放牧组、供养组等。

由于附属类指人名素及动植物的生命度相对低于人，可支配性更强，外向控制具体处所集动素既接无生名素，也接附属类指人名素和动植物名素，如填补组动素构词"补血""补苗""填鸭1"等。

有些动素未有后接有生名素的词例。

一类是与事件运动过程相关的动素。如使运动特征改变集的使结束组、使延续组不接有生名素。运动经历变化集的实现组、完了组、错过组、失误组、失败组未接有生名素。思维活动集的计算组、谋划组、想象组、研究组、审悟组后多接抽象名素。发声活动集的言说组、争吵组、数读组、演唱组后多接抽象名素。学习活动集的背诵组、解答组只接可外化抽象名素，均不接有生名素。还有制造活动集中的制作组、搭建组、安装组后接人造无生具体名素、可外化抽象名素和性状名素。文化活动集创制组、排演组、举行组、播布组属后接空间名素、事物名素、事项名素、时间名素及动素，均未出现接有生名素的构词。

还有一类是从语义结构看某些动素具备后接指人名素的能力，但并未出现参构词例。如驱使作用集的逼迫组、催促组、驱赶组在我们所考察的范围内未有后接有生名素的词例。这说明支配式双音词构词要遵循一定的法则，前位动素选择哪类后位语素结合成词有倾向性。

## 2.后接无生名素分析

无生具体名素具有存在状态、形态特征、性质特征、数量特征、表现特征、运动特征、功能特征等诸多属性,这决定了无生名素在支配式双音词的语义结构中充当各种语义角色,也就是说它可以和前位动素形成多样的语义关系。

充当动素的受事角色。首先是能对客体施加影响的具体作用动素,如单纯具体简单作用动素和非单纯具体简单作用动素,单纯具体行为作用动素的瞬间作用集和加力作用集,均后接无生具体名素。还有使得客体产生变化的动素,如控他运动特征变化集,其中发动组、开始组、停止组、了结组后接无生名素。使得客体发生转移的动素,如控他外向转移集、使役转移集后接无生名素。在活动中使得客体发生变化的动素,如饮食活动集,其中吃食组、喝饮组、吸入组后接无生名素。还有外向控制具体处所集后接无生名素。

充当动素的处所角色。无生名素具有一定的空间性,特别是建筑、家具等。与事物所处、位置、环境有关的动素可接无生名素充当处所角色,如外向控制具体处所集、外向控制抽象处所集、内向控制位置集、控自处所集、环境依赖型单纯活动集。一些人体动作的动素如果接无生名素,多是凸显无生名素的空间性质,如控自姿态特征变化集,其中起立组后接无生名素,构词如"起床"。控自姿态集,其中坐卧组、悬吊组、倚靠组后接无生名素作处所角色。

充当动素的对象角色。如控自注意力指向事物集,其中监察组、检查组、等候组后接无生具体名素,构词如"押车""检票""候车"等。

充当动素的工具角色。如瞬间作用集的击打组后接无生名素,构词如"拍砖"。日常活动集的祭拜组,构词如"奠酒"。总体来说该型复合词数量不是很多。

充当动素的材料角色。使存在变化作用集的涂染组后接自然物类名素,该组动素表示材料转移到事物身上,使事物的表面特征发生一些变化,构词如"染色1""焗油""镀金1"等。

充当动素的结果角色。创作活动集的书写组、绘画组后接无生名素,构词如"签字1""画符"。制造活动集的制作组、搭建组、安装组后接无生名素,构词如"治印""搭桥1""装机"。

就从动素性质来看,简单动素主要是指没有外在控制的,也不和有意识的主体发生关系的客观发生的事物动作,它与无生名素相互结合有着天然的必然联系。如移动简单活动集,其中流淌组、翻动组、灌输组后接无生名素,构词如"滴水1""翻浆""灌浆2"。非移动简单活动集,其中沤变组、闪耀组后接无生名素,构词如"沤肥""闪光"等。

而有些动素则不接或接无生名素的能力比较弱。与人的心理活动有关的动素,除了强指向性心理状态动素,其他的如心理使役状态集、使心理特征改变集均未接无生具体名素。人的社会关系的动素,如控制自身关系状态集未接无生名素,有些动素则接无生名素能力比较弱,如抽象简单作用动素、非单纯抽象行为作用动素,它们与具体作用动素不同,只接少量的无生名素。

我们认为无生具体名素的各种形态、功能特征决定了它是否要与前位动素去结合成支配式双音词。例如"车"具有可驱动性,所以构词"驱车";"锚"具有沉落特征,所以构词"起锚";"帆"具有可展开性,所以构词"扬帆"。因此名素在与动素搭配结合过程中并非完全处于被动,二者的选择是相互影响的。如此看来,很多支配式双音词两个语素结合实际上是有理据的、可解释的。从中也可以看出人们通过观察事物,感知它们的属性特征,并将这种认知凝聚于语素的合成词中,所以看似纷繁复杂的构词现象其实是有条理的、有规律的。

3. 后接空间名素分析

涉及处所、存在、位置、范围、环境等语义要素的动素多可接空间名素充当处所角色。如位置状态集、类属状态集、控自处所集、控自姿态集、外向控制具体处所集、外向控制抽象处所集、存于变化集、使位置改变集、内向控制范围集、环境依赖型活动集等都有构词。转移动素中控自趋向转移集,其语义结构为:事件{行为者i 控制 [客体i 从 源点 移向 目标]}。其与空间名素有着天然的联系,其中奔赴组、跳入组、返回组、登升组、降下组、逆溯组后接空间名素,构词如"冲顶2""蹈海""返场""升天1""落座""溯源"等。

空间名素除了作为处所角色还可以作为对象角色,试比较弱指向性心理状态集与强指向性心理状态集后接空间名素的语义角色的区别。其中胆怯组构词如"怯场","场"是发生"胆怯"的处所;思念组构词如"思乡","乡"是"思念"的对象。而一些与生产活动有关的作用动素后所接的空间名素往往是受事角色,如"耕地1""劈山"。

方位空间名素较为抽象,而场所空间名素较为具体,前者所构支配式双音词直接式居多,后者以半直接式或非直接式居多,如"喝道""接站""闭庭"

"打场"等,空间名素提供动素活动的背景信息,而隐去了动作的受事或对象。场所有存无的变化,或地点的选择,如"建都",而方位少有这样的构词。由空间名素参构的支配式双音词,主要是表示人在一定场所的活动,还有可表达自然处所的变化,如"减河""开河"等。

从整体来看五类动素后接空间名素的能力,状态、变化、转移类动素稍强,而活动、作用类动素较弱。与其他后位名素接前位动素的情况相比较,涉及事物性质、数量、功能等特征的动素,涉及人的生理、心理的动素,涉及运动过程的动素接空间名素构词比较少。可见指人有生名素、无生具体名素、空间名素、事项名素前接动素类型有一定差异。

### (二)后接抽象名素规则

#### 1.后接事物名素分析

事物抽象名素主要是指称人的内心世界及社会事物,凡是语义内涵存在与人心理及社会要素相关的动素,其后接事物抽象名素能力较强。

其中与人交际有关的动素多接可外化抽象名素,如发出信息集,它的发布组、陈述组、提出组后接以抽象名素为主。控他外向转移集,除了授予组、委托组,其余给予组、投送组、捐赠组、赋予组、支付组、退还组、报效组、回复组、报复组、出卖组、倒卖组、抵押组、借贷组、赔偿组、进献组、供给组、缴纳组、分派组、告知组、传授组接可外化抽象名素,尤其是多接经济集的名素。控他内向转移集,除了讨娶组,其余提取组、盗窃组、抢夺组、敛取组、购买组、借引组、选择组、接受组、求取组、邀请组、索求组、寻找组、探求组、询问组、习得组、测度组、评判组均可后接可外化抽象名素。还有学习活动集的背诵组、解答组,创作活动集的书写组、绘画组、演奏组,制造活动集的制作组,文化活动集的创制组均可后接可外化抽象名素。

与心理活动有关的动素多接不外化抽象名素。如内心状态集的尊崇组、爱好组、关注组、顾惜组、牵挂组、感激组、忍狠组等都可接不外化抽象名素。心理使役状态集的使信服、使沉迷组、使烦恼组后接不外化抽象名素。又如行为态度集,其中宽恕组、勉励组、重视组后接不外化抽象名素。弱指向性心理状态集的感动组、愉悦组、哀伤组、烦躁组、忧虑组、放安组、逞纵组、亏屈组、憋堵组后接不外化抽象名素。还有使心理特征改变集的使宽松组、使专注组,控自心理特征变化集的收束组、决计组、消解组,控自心理表现变化集的抒发组、表白组均可后接不外化抽象名素。心理类抽象名素与身体部位指人名素相近,人的感官与人的心理有关联,例如释放组"骋"构词"骋怀",又构词"骋目"。

此外,由于人是借助空间结构来认知抽象世界的,因此人的社会结构和内心世界都具有仿空间性,这使得一部分事物抽象名素在支配式双音词后位充当处所角色,如位置状态集的占居组、存在组后接可外化抽象名素,构词如"占线""在册"。使事物处于某种位置状态集的使留处组、控自处所集的躲藏组可接外化抽象名素,构词如"落账""遁世"。到达集的到及组后接可外化抽象名素,构词如"上岗 1""到职"等。

事物抽象名素集之间前接语素的差异也是比较大的,如经济集名素多与数量有关,因此控他数量特征变化集,其中扩展组、减损组、提增组后接经济集的可外化抽象名素,构词如"扩股""杀价""提价",而政法集名素则没有。

具体名素和事物抽象名素在与动素搭配方面有一定倾向性差异,表示具体活动动素多与具体名素相接。如具体作用动素主要接具体名素,接事物抽象名素能力弱,而抽象作用动素反之。移动简单活动集表示具体事物进行的活动,它的流淌组、流通组、散布组、翻动组、灌输组、延烧组、航行组后接具体名素。还有饮食活动集的吃食组、喝饮组、吸入组后接具体名素,而接事物抽象名素比较少。

虽然心理抽象名素与指人具体名素有一定关联性,但是涉及人生理、外表特征的动素则多不接抽象名素。如使姿态特征改变集的使反转组、使抬起组、使横倒组、使旁侧组、使弯曲组、使收缩组、使伸展组、使松开组一般不接抽象名素。生理经历变化集的长生组、分泌组、脱落组、背咽组也不接抽象名素。

2.后接事情名素分析

事情名素包括事项名素及性状名素,事项名素是对某件事的指称,性状名素是对事物的某种性质和状态的指称。由于性质是几乎所有事物都具有的,语义内涵涉及事物的动素均有后接各类性质特征名素的可能。如形态特征变化集的分解组、废坏组、涨退组后接性状名素,构词如"解体 1""破相""褪色"。事项名素往往是一个完整活动的指称,性状名素是在一定阶段呈现的属性和状态,两类名素在某些方面具有相同特征,我们可以说状态的变化,也可以说事件的变化,所以二者都可以与变化动素结合。如运动特征变化集的完结组后接事项名素和性状名素,构词如"终场""定局 1"。事情名素所具有的这些特殊的属性,决定了它与其他类型名素比较,更具有普遍的适配性,其前接的动素意义类型分布广泛,具有较强的构词能力。

在支配式双音词中许多动素同时可以接事项名素和性状名素,如一般处置集的治理组构词"治标""看病1"。但是细细比较,性状名素和事项名素还是有区别的。以创作活动集为例,其中书写组后接事项名素,构词"押尾",绘画组后接性状名素,构词如"画像1",可以看出二者存在过程与静态的差异。事情的开端、发展、结束的过程是事项名素的关注点,强调运动过程变化的动素,往往多带事项名素。如一般活动集的准备组后接事项名素,构词如"备战"。强调静态的动素多带性状名素,如制造活动集的制作组后接性状名素,构词如"塑像1","像"是"塑"的结果角色。

涉及非运动过程特征的动素多接性状名素,如心理经历变化集的色悦组后接性状名素,构词如"开颜"。数量特征变化集的增加组、减少组后接性状名素,构词如"增值""减色"。与空间联系更紧密的动素多接性状名素,如简单转移集,其中下降组、上升组、转跳组后接性状名素,构词如"降温2""升值1""转型1"。与具体事物联系更紧密的动素多接性状名素,如非单纯具体行为作用动素的涂染组、刻镂组、修剪组、调制组后接性状名素,构词如"染色1""雕花""剪影1""调味"等。

而经历自身生理状态集的张目组、晕醉组、瞎盲组、驼曲组、憋闷组、病患组,控自姿态特征变化集的抬起组、回转组、摇摆组、起立组、弯曲组、仰起组、低俯组、探伸组、接触组不接事项名素。控他外表特征变化集的揭扒组、拆解组、挦起组、折叠组、摊铺组、截断组、爆破组,饮食活动集的吃食组、喝饮组、吸入组、品尝组,多接具体名素,不接事情名素。

### 3. 后接时间名素分析

由时间名素参构的支配式双音词数量并不大,从五类动素后接时间名素的情况来看,很明显,状态与变化类动素的能力稍强,转移、活动、作用类动素较弱。该类支配式双音词主要是说明时间的运动变化及人的活动与时间的关系。

空间的延续形成了不断变化的时间,因此由表示运动变化的动素后接时间名素构成支配式双音词来表达时间的演变。如一般特征变化集的转换组、恢复组后接时量名素,构词如"换季""回春1"。存于变化集,其中达到组、经过组、超过组后接时量名素或时序名素,构词如"到点""出伏""过期"。数量特征变化集的叠累组后接时量名素,构词如"累世",表示时间量的累积。此外,有构词表达时段之间的关系,如确切关系集,其中间隔组后接时量名素,构词如"隔夜""间日"。

人的活动依照时间来安排,支配式双音词中有许多反映人与时间的密切关系。环境依赖型活动集的巡游组构词"踏春",控自行为方式集的休养组后接构词"歇夏"，它们构词的原因是人的活动具有一定的季节性特征。日常活动集的祭拜组后接时量名素，构词如"拜年""拜寿"，所反映的是人在特殊节日的活动。

人将时间切分为不同的时段，用时点计算时间的量，在规定的时点或时段内完成某活动，这些是人认知的焦点，它们成为推动支配式双音词构词的一种动力。如控制外物关系集的比对组构词"点卯"，关系简单变化集的会合组构词"交九"，内向控制范围集的承负组构词"值日"，关系使役变化集的使分离组构词"分期 1"，控他运动特征变化集的裁决组构词"定期 1"，存于变化集的超过组构词"超期"。

人不能改变时间的走向及快慢，但可以改变人自身活动的时间用量，如使运动特征改变集的使延续组构词"续假"，使数量特征改变集的使增加组构词"加点"。控他一般特征变化集的变革组构词"改点"，表达改变人活动进程的时点。至于由时序名素参构的"讲古""修史"等词，是指人对于过去时间内人的活动的讲解和梳理。

总之，时间无事不在，贯穿于人的所有活动，但只有那些特征凸显的、成为关注焦点的时量变化才会引起人们表达构造成词的意愿，以满足人际交往的需要，支配式双音词的成词是有选择性的。

(三)后接非名语素规则

1.后接动素分析

由动素充当后位语素的支配式双音词，它们所接前位动素在义类上有一定倾向性，其中变化、状态动素较多，转移、活动、作用动素较少。

前位变化动素参与构词多的一个重要原因，就是其中有一部分涉及运动过程变化的语素后接动素的能力较强，例如存有变化集的出现组、发生组、消亡组、融化组，一般特征变化集的恢复组，运动特征变化集的奏告组、决定组、停滞组、中断组、开立组、加速组、投入组，使运动特征改变集的使延续组、使完成组，控他运动特征变化集的发起组、开始组、复归组、停止组、了结组、裁决组、延缓组后接动素，运动经历变化集的实现组、完了组、错过组、失误组、失败组均可接动素。由于时间性是动素的重要特征，因此与运动过程有关的前位动素接后位动素的能力强。此外，与信息外化有关的动素后接动素的能力较强，如控自行为特征变化集的应答组和展示组，控自心理表现变化集的逗发组和传达组，发出信息集的发布组、陈述组、提出组、表达组，控他显隐变化集的批示组都后接动素。

涉及特征变化的动素后接动素的能力不强，如使姿态特征改变集、控自姿态特征变化集、使心理特征改变集不接动素。形态特征变化集的凝结组、翻转组、曲折组、收缩组、封闭组、断裂组、爆炸组、穿破组、分解组、坍塌组、废坏组、涨退组未接动素。特征变化的动素如果接动素构词往往有一定语义条件，如使数量特征改变集，其中使增加组、使减少组后接动素，构词如“加试”“增容”“减压”，“试”“容”“压”都有名素化的倾向。控他外表特征变化集的拆解组构词如“拆封”，控他数量特征变化集的扩展组构词如“扩销”，控他关系变化集的脱卸组，构词如“解吸”均是半直接式。

状态动素后接动素的能力较强，其中一些支配式双音词表示人的内心关注外在活动，如控自与规则一致或相反集的顺从组、承应组、仿效组、依凭组，控自注意力指向事物集的聆听组、监察组、检查组、等候组后接动素，控自精神上倾向事物集的追求组，强指向性心理状态动素的满足组、迷惑组都有很好的接动素能力。控自与某人方向一致集，其中陪送组、陪侍组后接动素，构词如“遣返”“陪读”。但是，涉及处所位置的状态动素后接动素能力弱，例如内向控制位置集的手持组、衔含组、穿戴组、摄制组、扣留组未接动素。动素的时间性与名素尤其是具体名素的空间性存在对立，接名素能力强的前位动素接后位动素的能力就弱。这是作用动素和转移动素后接动素构词较少的重要原因。

具体简单作用动素后接动素能力普遍弱，如瞬间作用集的击打组、挥甩组、吹拂组、扇动组、喷射组，持续作用集的按摸组、抓挠组、刷拭组，加力作用集的抬举组、按压组、推动组、拉拽组、扳拨组、捏夹组、咬切组、划动组、挑起组不后接动素。一般处置集多后接事情抽象名素，未有后接动素的支配式双音词例。作用动素中能够后接动素的主要是一些抽象作用动素。如单纯抽象简单作用集的刺激组、协助组，非单纯抽象简单作用集的妨碍组、抵御组，进击作用集的打击组、攻击组、抵抗组、拼抵组，对待作用集的接待组、应对组、拒绝组、支持组、准许组，誉毁作用集的庆贺组、处罚组，驱使作用集的逼迫组、催促组、鼓劝组，引导作用集的引领组、指导组、召集组、劝说组，培助作用集的帮助组，特殊处置集的干预组、限制组、防阻组、援救组、清理组后接动素构造的词较多。

活动动素本身接宾能力不太强，后接动素的能力也不强，如使役活动动素、经历活动动素均未接动素，环境依赖型单纯活动集的行走组、游泳组、攀爬组、滑行组、巡游组后接语素以具体名素为主，不接动素。非环境依赖型单纯活动集的瞪眼组、噘嘴组、咂舌组、蹙额组、招手组、攥握组、弹动组、伸腿组、踩踏组、迈步组、蹦跳组、顿叩组、鞠躬组等，有一个很明显的特征就是绝大多数后接指人有生名素，此外接少量的无生具体名素和事情抽象名素，均不接动素。

转移动素接无生名素、空间名素的能力较强,但是接动素的能力弱。控他外向转移集,其中给予组、授予组、投送组、委托组、捐赠组、退还组、出卖组、告知组后接动素。控他内向转移集,其中提取组、敛取组、购买组、选择组、接受组、求取组、邀请组、索求组、寻找组、探求组、习得组、评判组后接动素。因为交换的事物可以是具体物品,也可以是某行为,如"赐教",指给予教育,但是有些是半直接式,如"辑佚1"指辑录散佚的作品。

### 2.后接形素分析

后位形素所接前位动素,变化、状态动素居多,活动、转移、作用动素较少。所构成的支配式双音词中有的前后位语素有直接的语义关系,有的前后位语素并没有直接的语义关系,如饮食活动集的品尝组构词"尝鲜"。

变化动素涉及特征有无的语素后接形素的能力较强。如存有变化集的出现组、消亡组构词如"出新""失灵",使存在改变集的使消亡组、使空尽组、使显露组构词如"解乏""清污""露富",控自行为特征变化集的展示组构词如"摆阔",控自心理表现变化集的逞发组构词如"逞强",控他有无变化集的建立组、创造组、执行组、实行组、去除组构词如"鼎新""创优""耍滑""修好2""解严",自身位置经历变化集的达及组、陷入组、出脱组构词如"及早""入寂""脱贫"。

状态动素涉及位置范围的语素后接形素的能力稍强,如位置状态集的占居组、存在组构词如"占优""搁浅1",类属状态集的居为组构词"居多",模糊关系集的如同组构词"如常"。外向控制具体处所集的存储组、掺入组、填补组构词如"居奇""掺假""补白1",内向控制位置集的身载组、扣留组构词如"负重1""缉私",内向控制范围集的保有组、维护组、护卫组构词如"专美""维稳""保健"。此外反映人对外在事物特征关注的动素接形素,如强指向性心理状态动素的畏惧组、思念组,构词如"羞明""恋旧"等。心理领有状态集的明晓组,构词如"认生"。行为态度集的承认组,构词如"认同1"。

由转移、作用动素后接形素构成的支配式双音词中有相当多的属于半直接式。如控他内向转移集,其中借引组、选择组、寻找组后接形素,构词如"引智""选美""营私"。又如单纯抽象行为作用集,其中打击组、欺压组、冒犯组、抵抗组,构词"打假""欺生1""犯上""抗暴"。非单纯具体行为作用动素的损害组、防阻组后接形素,构词如"杀熟""防伪"。

涉及人的具体动作的动素多不接形素,如控自姿态集、控自面向或背向对象集、使姿态特征改变集、控自姿态特征变化集、非环境依赖型活动集未有接形素词例。还有涉人的生理活动的动素,如经历生理特征变化集的分泌组、丧失组、背咽组未见接形素词例。涉及具体作用的动素不接形素,如瞬间作用集、持续作用集、加力作用集。涉及具体形态变化的变化动素,如形态特征变化集的凝结组、翻转组、曲折组、收缩组、封闭组、断裂组、爆炸组、穿破组、分解组、坍塌组、废坏组、涨退组,还有控他外表特征变化集的揭扒组、拆解组、捋起组、折叠组、摊铺组、截断组、爆破组均未接形素。

3. 后接代、量、数素分析

代素中"身"的构词最活跃,与人自身有关的动素一般可以接代素。如控自存有变化集的亮现组构词"现身",离开集的离去组构词"起身1",控自类属变化集的参与组构词"厕身",控自趋向转移集的登升组构词"跻身"。与人活动有关的动素接代素,如失去经历变化集的忘记组构词如"忘我",培助作用集的修养组构词如"修身",特殊处置集的限制组、约束组、防阻组构词如"束身1""克己1""防身"。

接量素的一般是控他变化动素或作用动素。涉及特征的动素更容易构词,如控他一般特征变化集的变革组、更换组构词如"改版1""倒茬",控他数量特征变化集的扩展组构词如"扩版",控他运动特征变化集,其中开始组、延缓组后接量素,构词如"开台""拖堂"。

接数素的一般是与数量特征有关的动素,如数量特征变化集,其中叠累组后接数素,构词如"重九"。

德国学者加布里埃尔·斯通(Gabriele Stein)编写了一部 *English Word-Formation Over Two Centuries*(《英语构词法研究二百年》),在前言中说:"又有什么能比构词法更适宜观察语言的语义特点、选择性限制等等呢?"[1]以上我们对各类后位语素前接动素的倾向性义类搭配做了归纳总结,证明类义素对支配式双音词前后位语素结合有制约作用,语素受限于义类差异进行选择性搭配。所有这些发现都依赖于以语义系统的观念统领研究的各个环节,通过构建多层次的语素体系,将语素纳入一个广大的语义系统中进行整体的、联系的、全面的考察,从概括的类义素去分析语素组合的规律,探寻偶然构词现象之中所蕴含的必然规则。

---

[1] 英文为:And where could be oprreation of semantic features, selection restrictions, etc. be better observed and described in word-formation? 转引自潘文国、叶步青、韩洋:《汉语的构词法研究》,华东师范大学出版社,2004 年,第 2 页。

### 三、超强构词力语素义类分布倾向

支配式双音词参构语素的构词量呈现出不平衡性,有些语素构词相当活跃,具有超强的构词能力。据分析与统计,前位语素所构词项量在 20 个以上的共有 13 个,后位语素所构词项量在 30 个以上的共有 12 个。下面通过分析超强构词力语素的义类分布特点及原因,来探讨类义素对支配式双音词构词的影响。

#### (一)前位超强构词力语素的义类分析

13 个前位超强构词力语素的意义及构成支配式双音词项情况如下:

无(不存在)24 个、无(不具有)23 个、无(不拥有)24 个、出(使离开)24 个、开(开始)52 个、定(决定)24 个、失(失去)27 个、分(使离开)20 个、代(替代)23 个、报(告知)22 个、作(从事)21 个,防(防阻)23 个、受(遭受)30 个。

以上语素共计构成词项 337 个,平均构词量约 26 个,具有超强的构词能力。而且其所构词的后接语素涵盖了绝大多数义类。其语义属性是开放式的、非封闭性的,这种组合方式我们可称为相对自由搭配,以区别上文分析的半自由搭配或固定搭配。表 7-1 分析了这些语素的义类分布。

表 7-1 前位超强构词力动素的义类分析

| 类型 | 语义结构 | 前位动素 | 构词量 |
|---|---|---|---|
| 状态 | 客体处于环境/环境存有客体 | 无(不存在)、无(不具有)、无(不拥有) | 71 |
| 变化 | 状态 A 变化 非状态 A | 出(使离开)、开(开始)、定(决定)、失(失去)、分(使离开)、代(替代) | 170 |
| 转移 | 客体 从 源点 移向 目标 | 报(告知) | 22 |
| 活动 | 客体 活动 | 作(从事) | 21 |
| 作用 | 客体 1 影响 客体 2 | 防(防阻)、受(遭受) | 53 |

分析表 7-1 中前位动素特点,很明显,变化动素比较多,约占总构词量的五成。管中窥豹,可见一斑。超强构词力语素的义类特点,其实也是支配式双音词的各类前位语素构词总貌的一种镜像。从第一章至第五章的分析

来看,在参构的语素数量和构词总量中,变化动素最多,其次是状态和作用动素,最少的是转移和活动动素。这应当是汉语支配式双音词构词法的一条重要规则。

具体分析造成这种格局的原因,大致有以下几个方面:

首先是认知方面,变化动素居多与人们构词时关注焦点在事件界点变化有关。王军认为:"语言是音义结合的符号,在一个言语社团的音系制约之下的可以有效交际的音是有限的,这样就形成了有限符号与无限连续的客观对象之间的矛盾,人们只能对客体对象进行人为切分。一般情况下,切分反映的是最典型的环节、成员、瞬间和状态,否则就无法交际。"[①]我们举例如下:

$$- - - - - +——+ - - - - - +——+ - - - - -$$

A　开工 B1 停工　C　　复工 B2 完工　D

以上展示一件工作从未开展到完成后的情况,共有 5 个时段,但是构造的 4 个支配式双音词"开工""停工""复工""完工"都在情况变化的两个时段的界点上,而不是在某一时段过程中,可见人们主要是通过明确起点和终点的"有界化"来把握整个事件的演化进程,因此,变化的界点无疑是人们关注的焦点。"注意是认知客观世界的重要一环,实验心理学的研究结果表明,人们对信息序列的记忆,效果最好的是序列的开头和结尾,例如一个电话号码最容易记住的是开头和最后一两个数字,这是因为序列的开头和结尾最能引起人们的注意。"[②]人们在交际表达中需要表达事物的变化,语言作为表达人类认知结果的工具,自然就会产生较多的变化单音词,并且构造出大量前位变化动素构成的支配式双音词。

其次,从语言内部分析,变化动素可表达完整事件过程的效能符合语素构词经济原则。王洪君指出"动作+实体→活动"是述宾结构中最大的小类,[③]也就是说支配式双音词的主要功能是表达活动事件。但从语义结构分析来看,不同义类的前位动素表达事件内容多寡是有差异的。试着比较"无业""从业""失业"。

无业:{经历[领有者 i 领有范围　不存有　工作]}

从业:{控制[客体 i 从事　工作]}

① 王军:《形容词的语义特征及语义分类》,《词汇学理论与应用(四)》,商务印书馆,2008年,第144页。

② 张云秋:《现代汉语受事宾语句研究》,学林出版社,2004年,第73页。

③ 王洪君:《从与自由短语的类比看"打拳""养伤"的内部结构》,《语文研究》1998年第4期。

失业：{经历[（领有者领有范围　存有　工作）　变化　（领有者领
有范围　不存有　工作）]}

"无业"的前位动素是状态动素，表达的是一直没有工作，它是静止
性、无界的事件。"从业"的前位动素是活动动素，表达的是一直从事某项
工作，它是延续性、无界的事件。但是，"失业"的前位动素是变化动素，
表达的是从做某项工作的活动变化为没有工作的状态，它是非延续性
的、有界的事件。一个双音词包含了从"从业"到"无业"的变化，内涵涉
及两种事件。可见由变化动素构成的支配式双音词表达事件时是比较
经济的。

再次，超强构词力语素往往具有很强的组合能力。它们的义域比较广。
以"出"为例，可接无生具体名素，构词"出货1、出车"，也可接有生具体名
素，构词"出马、出师2"，还可以接抽象名素，构词"出言、出语"。义域广的
语素意义比较空泛，所以，它对后位语素的语义接纳度自然就广，其造成构
词能力比义值具体、义域有限的语素要强。

它们可搭配的语素类型多。例如"无 X"可以接名素（无敌、无期1），也
可以接动素（无关、无损1）、形素（无异），因为"不存在"可以是名物，也可以
是某种行为或性状。又如"受 X"可以接名素（受灾、受病），也可以接动素
（受制1、受骗）、形素（受热1、受凉）。

它们复合构词的语义结构模式多样。例如："开 X"构词有属于直接式
的（开演、开工1），也有属于半直接式的（开班、开饭2），还有属于非直接式
的（开锣、开哨）。"出 X"中结构语义关系属于"使出—役事"的有"出师2"
"出手1"，属于"使出—处所"的有"出台3""出口1"。

语素的搭配方式与词语语义的覆盖范围是成正比的，也可以说语素的
语义范围决定了它的搭配能力。语素的语义覆盖面越宽，能兼容的属性越
多，搭配能力也就强。

(二)后位超强构词力语素的义类分析

12 个后位超强构词力语素的意义及构成支配式双音词项情况如下：

身(身体)35 个、眼(眼睛)34 个、手(手部)102 个、车(车辆)41 个、
水 45 个、价(价格)30 个、心(心理)96 个、意(心愿)31 个、事(事情)45 个、命
(生命)32 个、力(能力)37 个、身(自己)32 个。

以上语素共计构成词项 560 个，平均构词约 47 个，构词能力极强。这
些语素的义类分布情况见表 7-2。

表 7-2　后位超强构词力语素的义类分析

| 大类 | 次类 | 前位动素 | 构词量 | 语素数 |
|------|------|---------|-------|-------|
| 具体名素 | 指人名素 | 身（身体）、眼（眼睛）、手（手部） | 171 | 5 |
|  | 人造无生名素 | 车（车辆） | 41 |  |
|  | 自然无生名素 | 水 | 45 |  |
| 抽象名素 | 可外化抽象名素 | 价（价格） | 30 | 6 |
|  | 不外化抽象名素 | 心（心理）、意（心愿） | 127 |  |
|  | 事项名素 | 事（事情） | 45 |  |
|  | 性状名素 | 命（生命）、力（能力） | 69 |  |
| 非名语素 | 代素 | 身（自己） | 32 | 1 |

从表 7-2 可以看出，超强构词力语素集中在名素，没有动素和形素。名素中具体名素和抽象名素的数量和构词量约各占一半，其中指人名素和不外化抽象名素的构词量较大，但没有超强构词力的动植物名素、空间名素和时间名素。这些语素的特点大致有下几个方面。

首先，语素的所指是人存在及活动的最基本构成要素。"身"是人之所以存在的外形。"眼"是人感知外部世界信息的最重要器官，也是人表达内心世界的窗口。"手"是人的最主要、最直接的工具。人与外物的区别在于内"心"世界。"意"识性是人的主要特征，人的活动多围绕着人的主观意图展开。生命是生物的最基本属性，所谓人"命"关天。"力"指人的生命体所具有的能动性。"事"是人在世界中活动的基本方式。"水"是人赖以生存的基本物质。贾燕子指出："基本范畴词一般都是常用词，最早被儿童习得和理解，构词能力也最强。"[1]通过对后位语素的分析，我们发现人自身的活动事件，以及人与人的关系和进行的活动事件，成为构词重点关注的领域。因此，一个语素的高频使用直接和人的表达需求与认知规律密切相关。此外，单音节基本词汇具有稳固性、能产性、全民常用性，当它们充当语素参与构词时就便于人们理解，流传也就更广。

其次，语素的所指事物具有常用性。例如，"车"是人最主要的交通工具。"X 车"支配式双音词主要表达的是人对车的控制和乘用。其所构支配式双音词如下：

---

① 贾燕子：《上位化：概念域的历时演变与强势上位词的产生》，社会科学文献出版社，2018年，第 29 页。

飙车、扒车、包车 1、超车、出车、错车、搭车 1、搭车 2、打车、倒车 1、倒车 2、堵车、发车、翻车 1—1、翻车 1—2、赶车、候车、会车、开车 1、驱车、赛车 1、刹车 1、刹车 3、刹车 4、煞车 1、收车、套车、停车 1、停车 2、通车 1、通车 2、洗车、卸车、行车、压车、押车、验车、晕车、转车、撞车 1、撞车 2

试比较"车"与"船",二者均是人的交通工具,但是船明显没有车用得多,所以"船"构成的支配式双音词只有 6 个:翻船 1、翻船 2、下船 1、行船、压船、晕船。赵倩认为:"在实义词中,指称的对象和人关系越近,越为人所关注的事物,越容易被人提到,表征它们的语言符号使用频率越高。"[①]一个支配式双音词参构语素之所以具有强构词力,从深层来看,是因为受制于人们表意的需要和词所表征的对象与人的密切度。因此,所指事物是否常用也是影响构词力的一个因素。

再次,语素所指的事物具有可变性。经济活动在现代社会中占有重要地位,价格是经济变化最显著的表征。支配式双音词"X 价"主要反映人围绕价格浮动调整展开的各类经济活动,构词如下:

报价 1、比价、变价 1、变价 2、标价 1、出价、定价 1、估价 1、喊价、划价、计价、减价、降价、叫价、砍价、平价 1、杀价、索价、讨价、提价、调价、限价 1、削价、压价、议价 1、溢价、涨价、折价 1、折价 2、作价

道蒂(Dowty)认为典型受事的特征之一为[＋变化性]。[②] 陈平指出变化性是原型受事特征之一。[③] 所以,具有可变性特点的语素往往可以充当受事角色。另外,构词力超强名素的[＋变化性]特点正好与支配式双音词的前位语素主要是变化动素特点相匹配。

超强构词力语素是复合词构词语素的典型代表,反映了支配式双音词的构词倾向和规律。由以上分析我们概括出支配式双音词的典型语素搭配方式是:活动事件{动素(变化)＋名素(可变性的人常用事物)}。

最后,我们讨论一下语素构词力与语素黏着性的关系问题。考察超强构词力动素中自由度较高的是"出、定、分、代、受",自由度较低的是"无、失、报",属于黏着语素的是"开、防、作"。超强构词名素中自由语素较高的是"手、车、水、事",自由度较低的是"身(身体)、眼、价、心、命",属于黏着语素的是"意、力、身(自己)"。动素构词量排第一的"开"是黏着语素。这些语言事实引起我们对传统观点认为黏着语素构词力弱、自由语素构词力强的

---

① 赵倩:《汉语人体名词词义演变规律及认知动因》,中国社会科学出版社,2013 年,第 97 页。

② Dowty, David, "Thematic Proto-Roles and Argument Selection," *Language* 67(1991).

③ 陈平:《试论汉语中三种句子成分与语义成分配位原则》,《中国语文》1994 年第 3 期。

反思。

我们认为构词力与语素自由与不自由关系并不具有必然联系。贾燕子认为具有泛义性语义特征的单音词,语素化之后往往具有较强的构词能力。[①] 广义度宽的语素构词时所受的语义限制会比较少,所以由之构成的双音词也会比较多。也就是说语素的广义度才是影响它构词能力的决定因素。王宁指出"汉语在历时演变的过程中,一部分单音词古义的单独造句功能会消失,但语言的基础材料不会轻易消亡,而是发生功能的变异,用构词功能来对已消亡的造句功能进行补偿"[②]。这句话启发我们重新审视构词法与句法的关系:它们应当是两个不同层面,各有其成员,自由语素可以在两个层面活动,黏着语素是构词法层面的专职成员。例如"观"的构词量要比"看"多。语素"丢""失"相比,"失"的构词量大,有泛义性特征的黏着语素往往是语素组或集的核心成员。肖晓晖归纳并列双音词的语素结合规律时说:"类聚内部各成员的地位是不同的,分布也不均衡。中心成员无论在词义场内部还是在词义场外部,其并列构词的范围和能力都要大于边缘成分。"[③]其实,这条规律对于支配式双音词的语素构词能力也同样具有解释力。

## 第二节 表义素对语素结合的影响

索绪尔认为:"语言是一个系统,它的任何部分都可以而且应该从它们共时的连带关系方面去加以考虑。""下棋的状态与语言的状态相当。棋子的各自价值是由它们在棋盘上的位置决定的,同样,在语言里,每项要素都由于它同其它各项要素对立才能有它的价值。"[④]同义类聚的语素其实并没有完全等义,往往是同中有异,在同义语素参构支配式双音词时,表义素会影响它们同其他义素的组合,其内涵的共同性和区别性语义特征使得同义语素与其他语素结合时会呈现有同亦有异的特点。下面通过典型例证对此构词规律加以阐明。

---

① 贾燕子:《上位化:概念域的历时演变与强势上位词的产生》,2018 年,社会科学文献出版社,第 338 页。

② 王宁:《论本源双音合成词凝结的历史原因》,《古典文献与文化论丛》(第 2 辑),杭州大学出版社,1999 年。

③ 肖晓晖:《汉语并列双音词构词规律研究——以〈墨子〉语料为中心》,中国传媒大学出版社,2010 年,第 216 页。

④ 索绪尔:《普通语言学教程》,高名凯译,商务印书馆,1980 年,第 127—128 页。

## 一、语义特征影响语素结合例证

### (一)离、脱

《广雅·释诂二》:"离,去也。"《尚书·胤征》:"沈乱于酒,畔官离次。"孔颖达疏:"离其所居位次。"这里的"离"是离去意义,"次"是离开的起点。《广雅·释诂三》:"脱,离也。"《抱朴子·外篇·用刑》:"犹长剑不可倒捉,巨鱼不可脱渊也。""渊"是脱离的起点。"离""脱"在一物离开另一个物这个意义上比较接近,表现在构词上,"脱岗1"就是"离岗"。

《广雅·释诂一》:"离,分也。"《列子·仲尼》:"白马非马,形名离也。"张湛注:"离,犹分也。"这里的"离"是分开。《礼记·学记》:"一年视离经辨志。"郑注:"离经,断句绝也。"孔疏:"离经,谓离析经理,使章句断绝也。""离"是分析,宾语"经"是被分解的事物。因此,"离"语义关注的是事物由整体到分开的变化。其构词"离岸""离队""离婚"都是事物脱离原来的位置或状态。《国语·齐语》:"脱衣就功。""脱"是解除,宾语"衣"是分离出去的事物,这是"脱"的关注点。"离""脱"在这一意义上区别很清楚。"脱羽""脱粒""脱脂""脱发",后位名素"羽、粒、脂、发"都是从整体分离的事物,这些支配式双音词中的语素"脱"都不能替换成"离"。

### (二)退、却

"退""却"都表示事物自身往后退,构成支配式双音"退步1""却步","步"是衡量退后的距离,可视作伴随宾语;[1]也可以表示由后退引申出的消除义,构词如"退磁""却病",都是以事物自身为参照。

王诚分析上古汉语运动动词,认为:"'退'和'进'属于一类,可能以他物为参照,而'却'和'前'属于一类,只能以自身为参照。"[2]例如,《论语·乡党》:"子退朝,曰:'伤人乎?'不问马。""朝"是"退"的起点。《马王堆汉墓帛书·称》:"内乱不至,外客乃却。""却"是以"客"自身原来的位置为参照向后退。表现在支配式双音词上,"退席""退位""退伍","席""位""伍"都是说明离开的起点或范围,而"却"不会有这样结构关系的构词。

### (三)易、化

"易""化"在改变义上比较相近,构词如"易容""化名1""化装2"是容

---

[1] 伴随宾语表示随着动作而出现的某种抽象事物,参见杨晓宇:《主观视角下的动宾问题研究——以"足"部动词为例》,北京师范大学博士学位论文,2011年,第52页。

[2] 王诚:《上古汉语运动动词的语义内涵研究——以运动动词为中心》,北京师范大学博士学位论文,2011年,第73页。

貌、名称、装束的发生改变或变换。但是,其实它们语义仍是有差别的。

《汉书·赵尧传》:"(高祖)孰视尧曰:'无以易尧。'遂拜尧为御史大夫。"颜师古注:"言尧可为之,余人不能胜也。易,代也。""易"表示一个客体被另一个客体取代,所以"易"也有交换义,《史记·廉颇蔺相如列传》:"秦昭王闻之,使人遗赵王书,愿以十五城请易璧。"而动词"化"表示客体自身性质、状态的变化。《荀子·正名篇》:"状变而实无别而为异者,谓之化。"《礼记·学记》:"君子如欲化民成俗,其必由学乎!"王诚将上古动词"易"与"更""改""代""革"归属一类,"化"与"变"归属一类,说明两类动词语义的角色内涵存有差别。①

这两个动素的语义差别影响它们所构成的支配式双音词。"易主"表示政权、财产的所有者由一人变为另一人,"易帜"是用一种旗帜替换另一种旗帜,"易手"是控制权从一只手转换到另一只手,而不是"主""帜""手"的自身性质发生变化。"化形"指神话中妖魔鬼怪形状发生变化。两组词的语素不能相互替换。

(四)继、续

"继""续"都可以表示事情的延承而不中断,所以构成并列双音词"继续"。但是两个语素表达的延承方式有所不同。《礼记·中庸》:"夫孝者,善继人之志,善述人之事者也。"孔颖达疏:"人谓先人,若文王有志伐纣,武王能继而承之。""继"是由于有后者承接前者,从而连绵不绝。《说文·糸部》:"续,连也。"《庄子·骈拇》:"凫胫虽短,续之则忧;鹤胫虽长,断之则悲。""续"是在原有事物上再接上一段,从而有所延长。

"继"的关注点是承接者,"续"的关注点在原事物。"延"和"续"义近,可以结合成词,而不与"继"结合。正因为存在语义差别,所以"继位"不能换成"续","续貂"不能换成"继"。"继武"是后人踩着前人的足迹向前,而"续假""续聘""续约1"都是将原来的事件延长下去。古代以琴瑟喻夫妇,所以丧妻称"断弦",再娶称"续弦",该词用"续"而不用"继",强调是将原来断了的弦再接上。再比较"继任"是后任接替前任职务,而"续任"则是继续担任原来的职务,表义差异很清楚。

(五)告、诉

"告""诉"都表示把事情说给对方听的意义,然从所构支配式双音词来

---

① 王诚:《上古汉语动词的语义内涵研究——以运动动词为中心》,北京师范大学博士学位论文,2011年,第94—96页。

看,还是有所差别的。

《广雅·释诂一》:"告,语也。"《左传·隐公元年》:"颍考叔曰:'敢问何谓也?'公语之故,且告之悔。"前一句用"语",是郑庄公答颍考叔的发问,后一句用"告",是把情况主动说给对方听。《列子·汤问》:"操蛇之神闻之,惧其不已也,告之于帝。"是把愚公移山这种情况如实转达给天帝。"告"多用于己方通过客观的叙述使对方知晓。"告密"是将秘密转告给他人,"告捷2"是下级将胜利禀告给上级,"告劳"表示向别人表示自己的劳苦。又引申有宣告众人义,构词如"告破""告终""告竣"等。

《左传·僖公五年》:"初,晋侯使士蒍为二公子筑蒲与屈,不慎,置薪焉。夷吾诉之。公使让之。""诉"说者往往是受到冤屈的人,《诗·邶风·柏舟》:"薄言往愬,逢彼之怒。""愬"是"诉"的异体字。该篇诗序说:"柏舟,言仁而不遇也。"所以,"诉"往往用于有强烈的个人恩怨在内的控告,将自己遭受的不公正待遇告诉他人,构成"诉苦""诉冤"等支配式双音词。"诉愿"是指当事人遭受国家机关不当的处分时,依法向原处分机关的上级机关提出申诉,请求撤销或变更原处分。

(六)组、合

动素"组"与"合"都表示将某些事物聚合在一起,构成支配式双音词"组稿""合资"时,语义比较接近。但是二者构词也有差异,"组"可以后接语素充当结果角色,构词"组团""组阁1""组队"等。但"合"后接语素只充当役事,构词"合股""合力1""合心2"等。这种差异与它们的意义特征有关。

在古代汉语中"组"可以表示编织义。《诗·邶风·简兮》:"有力如虎,执辔如组。"毛传:"组,织组也。"又《鄘风·干旄》:"素丝组之,良马五之。"毛传:"总以素丝而成组也。""组"的金文字形作 ,后一字形从糸从手,且声,"组"指编织的动作。它也可指编织而成的宽而薄的丝带。《说文·糸部》:"组,绶属。"朱骏声《说文通训定声》:"织丝有文,以为绶缨之用者也。""组"的词义比较关注编织而成的结果是什么事物,而"合"没有这个特点。《说文·亼部》:"合,合口也。"引申有聚合义。《论语·宪问》:"桓公九合诸侯,不以兵车,管仲之力也。"《国语·楚语下》:"于是乎合其州乡朋友婚姻,比尔兄弟亲戚。"韦昭注:"合,会也。"这两句"合"所接的均是役事。

(七)失、丧

"失"与"丧"在失去意义上相近,不过它们在语义轻重和感情色彩方面的不同,导致构词有所差异。

《说文·手部》:"失,纵也。"段注:"失,一曰舍也。在手而逸去为失。"

"失"本指由于自己的疏忽或过错而失去对所属东西的控制。它有两个特点，一是过失。如《周礼·夏官·司爟》："凡国失火，野焚莱，则有刑罚焉。""失火"是指用火不当导致火灾。故而，"失"可以与"过""误"结合成并列双音词"过失""失误"。二是失去控制。如《战国策·赵策》："秦虽善攻，不能取六城；赵虽不能守，而不至失六城。"其构成的支配式双音词有"失地1""失据""失声1"。"失"的本义泛化后多指事物、性质、状态在所属范围内从有到无的变化，构词如"失聪""失血""失重""失业""失宠""失势"等。

《说文·哭部》："丧，亡也。"段注："《亡部》曰：'亡，逃也。'亡非死之谓……公子重耳自称身丧，鲁昭公自称丧人，此丧字之本义也。"《诗·唐风·葛生序》："（晋献公）好攻战，则国人多丧矣。"郑笺："丧，弃亡也。"由此看出"丧"的本义是逃亡，"逃亡"多是由于外部力量而导致的逃命行为。所以，"丧"引申出失去义，多隐含因被迫而产生消极的结果，所构的支配式双音词有"丧胆""丧命""丧生"等。而且其语义往往涉及丧失生命的严重事件。试比较"丧偶"一定是配偶死去，"失婚"可以指失偶后未再婚，也可以指一般的离婚。

（八）争、竞

"争""竞"在争夺义上相近，但是，它们强调的语义特点并不一样，它们与后接名素的语义关系也并不一样。

《说文·受部》："争，引也。"段注："凡言争者，皆谓引之使归于己。"古代汉语中，"争"的宾语是争夺的对象。《左传·隐公十一年》："甲辰，授兵于大宫。公孙阏与颍考叔争车，颍考叔挟辀以走。"《史记·淮阴侯列传》："（沛公）必欲争天下，非信无所与计事者。""争"是使争夺物所有权归属自己。"争宠"是争取宠幸，"争光"是争得脸面，"争冠"是争取冠军。"宠""光""冠"是"争"的对象。"争强""争胜""争先"，后接语素"强""胜""先"是争夺所要的结果。

《说文·竞部》："竞，强语也。一曰逐也。"《楚辞·离骚》："众皆竞进以贪婪兮。"王逸注："竞，并也。"洪兴祖补注："并逐曰竞。""竞"指双方争逐。《商君书·错法》："功赏明，则民竞于功。"民众为了功劳而彼此争先。"功"不是竞争的对象，而是目的。由"竞"构成的支配式双音词"竞标""竞岗"中，"标""岗"是"竞"的目的。"竞猜""竞答""竞走"等，表达在某项活动中比赛输赢，不能被"争"替代。

（九）免、除

"免"与"除"在去掉意义上比较接近。"免"构词"免罪"，"除"也可说"除罪"。《史记·平准书》："入物者补官，出货者除罪。"两者都表示除去罪名。但是详细比较它们的意义特点，在构词上有差异。

"除"本是宫殿的台阶。《史记·魏公子列传》："赵王扫除自迎，执主人之礼。"由于作为宫殿前的通道，在走路前经常要打扫干净，"除"引申有打扫义，《左传·昭公三年》："自子之归也，小人粪除先人之敝庐。"又引申为一般的清除义。《左传·隐公元年》："蔓草犹不可除，况君之宠弟乎？""除"意指使存在某处的事物发生从有到无的变化，构成支配式双音词"除弊""除尘""除名"等。

《左传·成公十六年》："免胄而趋风。""免胄"就是脱去头盔。"免"表示将某物从一处移开，引申有离开义。《论语·阳货》："子生三年，然后免于父母之怀。"又有赦免义，《周礼·秋官·乡士》："狱讼成……若欲免之，则王会其期。"郑注："免，犹赦也。""赦"与"舍"同源，"赦免""免罪"表示将某种罪责从某人身上移除，这一点与"除"比较相近。"免"由离开引申出逃避、逃脱。《礼记·曲礼上》："临难毋苟免。"故而"免"与"避"结合成并列双音词"避免"。又产生预设应做某事而不去做的省去义，用此语义构成的支配式双音词较多，如"免检""免考""免礼""免修""免役""免签"等，这是"除"所不具备的。

（十）保、卫、护

"保""卫""护"在守护义上相近，因此构成并列式双音词"保卫""保护""护卫"，支配式双音词"保驾"可以说成"护驾"。"卫道"是卫护某种统治地位的思想体系，"护法"是护卫佛法或国法，词义很相近。不过它们在语义上依然有差别。

唐兰《殷虚文字记》："负子于背谓之保，引申之则负之者为保；更引申之，则有保养之义。"《尚书·召诰》："夫知保抱携持厥妇子"，"今相有殷，天迪格保"。"保"的本义是负幼儿于背，引申有保护义，其特点是使得事物的状态、性质保有而不失去，故而又引申出保持义，由此义构成支配式双音词"保湿""保暖""保鲜"等。

"卫（衛）"，商承祚《十二家吉金图录》："罗叔蕴师谓众足绕口，有守卫意。"《吕氏春秋·恃君》："爪牙不足以自守卫，肌肤不足以扞寒暑。"高诱注："卫，扞也。""扞，御也。""卫"的词义特点是抵御外来的侵害，使受保护的事物不受伤害。《广雅·释诂二》："護（护），助也。"《史记·萧相国世家》："高祖为布衣时,(萧)何数以吏事护高祖。""护"的特点是救助某个人或事物,以免发生意外。

由三个语素构成的支配式双音词,"保"参构的"保安1""保镖1""保皇""保健""保胎",都有维护某物或状态使不失去的特点。"卫"参构的"卫道""卫冕""卫生1",多有通过与外部其他事物斗争使得存有某物的特点。"护"参构的"护林""护航""护秋""护渔",多有保护事或物免受破坏的特点。语素义各有特点,词之间多不能互换。

(十一)燃、烧、焚

关于"燃""烧""焚"的语义差别,王凤阳[1]、王宁[2]二位先生作过分析。"燃"表述燃烧物本身燃烧,"焚"是指燃烧物的被燃,两者语义存在区别,而"烧"可以两者兼顾。肖晓晖[3]分析了"燃""烧""焚"结合成并列双音词有选择性,"燃""焚"只能分别与"烧"组合成词,而"焚""燃"不能结合成词。

在构成支配式双音词时,"焚"构成"焚香1""焚香2","烧"构成"烧荒""烧香1""烧香2""烧纸1"等复合词,及物性较强,而"燃"及物性弱,没有充当前位语素所构成的支配式双音词,只有充当后位语素的词例,"助燃""阻燃",表示帮助或阻止可燃物燃烧。

(十二)轨、辙

"轨"与"辙"在表示车走过的痕迹方面有相同用例。如《后汉书·窦武传》:"今不虑前事之失,复循覆车之轨。"《后汉书·范升传》:"今动与时戾,事与道反,驰骛覆车之辙,探汤败事之后,后出益可怪,晚发愈可惧耳!"支配式双音词"脱轨""出轨1""离辙"都可以表示离开运行的轨迹。但是,它们的本义不同,造成它们引申义不同,构词上也有所差异。

《说文·车部》:"轨,车彻(辙)也。"段注:"《支部》曰,彻(辙)者,通也。车彻者,谓舆之下两轮之间空中可通,故曰车彻,是谓之车轨。"《周礼·考工记·匠人》:"国中九经九纬,经涂九轨。"郑玄注:"轨谓辙广……凡八尺是为辙广。"《吕氏春秋·勿躬》:"平原广城,车不结轨,士不旋踵。"高诱注:"车两轮间曰轨。"《礼记·中庸》:"今天下车同轨,书同文,行同伦。"转指车走过的痕迹。《孟子·尽心下》:"城门之轨,两马之力与?"赵岐注:"譬若城门之轨,

① 王凤阳:《古辞辨》,吉林文史出版社,1993年,第516页。
② 王宁:《汉语词汇语义学在训诂学基础上的重建与完善》,载北京师范大学民俗典籍文学研究中心编《民俗典籍文字研究》(第二辑),商务印书馆,2005年,第7页。
③ 肖晓晖:《汉语并列双音词构词规律研究——以墨子语料为中心》,中国传媒大学出版社,2009年,第141—143页。

啮其限切深者,用之多耳,岂两马之力使之然乎?"这指众多车在路面上行走所遗留下的有固定宽度的车迹。因为火车轨道之间的距离是固定的,所以"轨"后来又用来指称火车的轨道,"铺轨"是按照车轨度量铺设轨道,"接轨"是轨道相接,"转轨 1"是转入另一轨道。由于车轨的度量是恒定的,因此"轨"又引申指事物运行的规定路线。《淮南子·本经训》:"五星循轨而不失其行。"高诱注:"轨,道也。"映射至抽象域指规章制度。超出制度所允许的范围就是"越轨"。同样,"出轨 2"也指言语行为出乎常规。"轨"的规定性特征是"辙"所不具备的。

《说文新附·车部》:"辙,车迹也。"《六书故·工事三》:"辙,两轮所碾迹也。"《左传·庄公十年》:"吾视其辙乱,望其旗靡,故逐之。""辙"本义就是车行过留下的痕迹,它的特点在前行的方向,所以"辙"引申指道路。宋胡铨《好事近》:"欲驾巾车归去,有豺狼当辙。"又映射至抽象域指路线。王楙《野客丛书·张杜皆有后》:"且如杜周,亦以酷恶著名,而得全首领以殁,亦可谓幸免矣,使其子孙改弦易辙,务从宽厚,亦足以盖其父之愆。"这里"改弦易辙",改换弦线,变更行车线路,比喻改变方向、做法或态度。"辙"后引申为方法的抽象意义。"没辙"指没有方法,"改辙"是改变方法,而"轨"没有参与构造这些合成词。

(十三)秘、密

"秘""密"在不得知的意义上相近,但是造成这种不得知的原因两个语素是不同的。

"秘"的不得人知是因为事物神妙,让人难以理解。《文选·王延寿〈鲁灵光殿赋〉》:"乃立灵光之秘殿。"吕延济注:"秘,深也。"李善注引毛苌《诗传》曰:"秘,神也。"古注中多用"秘"来训释"奥"。汉扬雄《太玄·文》:"酋考其亲,冥反其奥。"范望注:"奥,秘也。物反于其秘奥之中,在黄泉也。""奥"的本义是祭祀设神主或尊长居坐之处。《仪礼·少牢馈食礼》:"司宫筵于奥,祝设几于筵上,右之。"郑玄注:"室中西南隅谓之奥。"《说文·宀部》:"奥,宛也。"段注:"宛者,委曲也。室之西南隅,宛然深藏,室之尊处也。""奥"的特点是深幽。《文选·蔡邕〈郭有道碑〉》:"浩浩焉,汪汪焉,奥乎不可测已。"李善注:"深不可测。"文献中有"奥"与"秘"连用例,如宋秦观《曾子固哀词》:"发天人之奥秘兮,约六艺而成章。"《文选·潘岳〈闲居赋〉》:"窥天文之秘奥。"吕延济注:"秘奥,精其微也。"这说明"秘"强调看不见的隐秘性。支配式双音词"揭秘""探秘",就是人们对奥秘的探索与揭示。

"密"强调的是隐藏事物不让外人所知。《礼记·乐记》:"使之阳而不散,阴而不密。"郑玄注:"密之言闭也。"今有并列双音复合词"密闭"。"密室"是四面严密关闭的房间。《易·系辞上》:"几事不密则害成。""密"往往是人为设置阻隔使事物与外界隔绝。"保密""加密"指采取措施使外人不知道。"告密""解密1""泄密""失密"则是机密让人知道。试比较"探秘""窃密",前者是不知道有什么事物而去寻找,后者知道有未公开的信息而去想方设法获得。

### (十四)声、音

"声""音"都是声波通过听觉所产生的印象。在构词方面,例如"失音"与"失声3"、"消音"与"消声"、"谐音"与"谐声1"形式相同,但许多搭配存在差异。

"声"泛指传到人耳中的声响。《白虎通·礼乐》:"声,鸣也。"《孟子·梁惠王上》:"闻其声,不忍食其肉。"这里指动物发出的哀鸣声。《荀子·劝学》:"顺风而呼,声非加疾也,而闻者彰。"这里指人的呼喊声。"放声",就是放开喉咙发出声响。"声"一般用于不经过加工直接发出的声响。在构造支配式双音词时比较关注的是声音的有无变化,构词如"无声""发声1""失声1"等。

《说文·音部》:"生于心,有节于外,谓之音。"音的特点在"节"上。《礼记·乐记》:"声成文谓之音。"经过加工的乐器声是"音",例如《吕氏春秋·本味》所记伯牙弹琴,钟子期善听的故事,用"知音"指了解他人心志的人,而不用"声"。语言的形式——声音,往往称为语音。语言是人交际的工具,人人必须遵循一定的规则发声,他人才能听懂。语音是有规律的声音,所以构成"拼音""拟音""正音1""发音1""注音""译音1"等支配式双音词。在声音的处理上"音"用得更多一些,如"配音、收音1、隔音、灌音、录音1"等等。

### 二、语义演变影响语素结合例证

汉语单音词的语义在使用过程中会发生变化。词义的运动会使得本义不同的词,在引申义上出现交合,这对双音合成构词也会产生一定影响。粗略概括,有下面一些情况。

### (一)语义引申影响语素的结合

以"解""释"构词为例,"解"和"释"的本义并不一样,但是,在现代汉语中有"解""释"分别与"疑"结合的词,都表示解释疑惑。

《说文·角部》:"解,判也。"商承祚《殷墟文字类编》:"此象两手解牛角。《庄子·养生主》："庖丁为文惠君解牛。""解"的本义是用刀分割某物。《新唐书·张玄素传》："窦建德陷景城，执将杀之，邑人千余号泣请代，曰：'此清吏，杀之是无天也。大王即定天下，无使善人解体。'"由分开义引申指脱开。《吴子·料敌》："道远日暮，士众劳惧，倦而未食，解甲而息。"有并列复合词"解放"。事物经过解开就松散了，所以孳生出同源词"懈"，《释名·释疾病》："懈，解也，骨节解缓也。""解"和"散"组成复合词"解散"。

《说文·手部》："捨，释也。"段注："经传多假舍为之。"《左传·哀公八年》："乃请释子服何于吴。"杜预注："释，舍也。"《尔雅·释诂》："赦，舍也。"《周礼·秋官·司刺》："掌三刺三宥三赦之法。"郑玄注："赦，舍也。"从上古音来看，释、赦属书纽铎部，舍属书纽鱼部。"释""舍""赦"同源，都有弃去的词源意义。魏曹丕《典论·自叙》："上雅好诗书文籍，虽在军旅，手不释卷。"指手中不放下书卷。

"解"是对物体的分解，其造成的结果是原物消亡。由此"解"引申出消除、解除意义，构成大量支配式双音词：身体方面，有"解毒1""解饿""解渴1""解乏"等；心情方面，有"解恨""解闷""解气"等；人事方面，有"解禁""解围1""解约""解聘"等等。去除人心里的疑惑就会变得明白，构成复合词"解疑1"，对事理的分析使人明了，就构成"解说""解释"。此外用文字来解释字句，既可用"注解"，也可以说"注释"。

"释"是将事物弃去，其结果也是造成原物消除，所以"释"引申有消除的意义。《老子》："俨兮其若客，涣兮若冰之将释。"《后汉书·郎颛传》："又顷前数日，寒过其节，冰既解释，还复凝合。"双音词"冰释"是比喻误会、疑问等像冰融化一样从有到无。将人的心理疑惑去除称为"释疑"，将爱憎、悲喜等感情在心中消除称为"释怀"。在消除意义上，"解"与"释"趋于同义，文献中多有连用。汉陆贾《新语·慎微》："诛锄奸臣贼子之党，解释疑滞纰缪之结。"《红楼梦》第七十五回："贾赦听说，自知出言冒撞，贾母疑心，忙起身笑与贾母把盏，以别言解释。"这是通过说明理由来去除人的疑心。宋朱弁《曲洧旧闻》卷十："石林既为《春秋》书，其别有四：其解释旨义曰传。"这是分析阐明文章的含义使人理解，后来又构成复合词"释义"。综合以上分析，可以列出表 7-3。

表 7-3　"解""释"本义及用引申义构词情况

| 语素 | 同源 | 本义 | 支配式复合词 | 并列式复合词 |
| --- | --- | --- | --- | --- |
| 解 | 懈 | 分解 | 消除义：解疑 1 | 说明义：注解 |
| 释 | 舍、赦 | 放下 | 消除义：释疑 | 说明义：注释 |

从表 7-3 可以看出，"解""释"的表义素本不相同，但是在历史发展过程中逐步引申出新义项，表义素交接致使构词上出现语素组合搭配相一致的情况。

（二）语义泛化影响语素的结合

"移""迁"都有事物移动的意义，但是它们本义不同。

"移"本作"迻"。《说文·辵部》："迻，迁徙也。"《左传·宣公十二年》："晋师右移，上军未动。"杜预注："言余军皆移去，唯上军在。""移""去"连言，"移"的本义指离开某处到另一处。

《说文·辵部》："迁，登也。"《诗·小雅·伐木》："出自幽谷，迁于乔木。"郑笺："谓向时之鸟，出从深谷，今移处高木。"《广韵·仙韵》："迁，去下之高也。"正说明了"迁"的本义是向上运动。

"迁"的义域扩大，突破了专指从下往上的运动，泛指从某地移动到他处。《诗·卫风·氓》："以尔车来，以我贿迁。"毛传："迁，徙也。"《尚书·盘庚上》："盘庚五迁，将治亳殷。"孔传："汤至盘庚五迁都。"这时"迁"与"移""徙"意义比较相近。支配式复合词"移居"是将居住点搬到另一处，也可称为"迁居"。居民由一地或一国迁到另一地落户，称为"移民 1"。"移"也可以指抽象事物的转移。《战国策·赵策一》："秦与韩为上交，秦祸安移于梁矣。""移"引申指事物从一种状态转变为另一种状态。《尚书·毕命》："既历三纪，世变风移，四方无虞。"孔传："言殷民迁周已经三纪，世代民易，顽者渐化，四方无可度之事。"同样"迁"也有这样的引申。《左传·襄公二十八年》："为之制度，使无迁也。"杜预注："迁，移也。"把对某人的态度或情绪转移到另一个人身上，或把自己的主观情感移到客观对象上，构成"移情 2"一词。而"迁怒"的意义是把对甲的怒气发到乙的身上。在这一点上，"迁"与"移"的意义比较接近。二者详细情况的梳理请看表 7-4。

表 7-4　"移""迁"本义及用引申义构词情况

| 语素 | 本义 | 并列式复合词 | 支配式复合词 | |
|---|---|---|---|---|
| 移 | 离某处往他处 | 迁移 | 迁徙义：移居、移民 1 | 转移义：移情 2 |
| 迁 | 从低处到高处 | | 迁徙义：迁居、迁都 | 转移义：迁怒 |

语素义项都有各自的优势使用范围，范围的大小决定了词语的搭配能力。语素义项之间存在相对清晰的疆界，这是语言作为人类认识世界和群体交际工具的性质决定的。没有清晰可辨的边界，人类就无法通过语言认知世界，也无法准确表义，达到社会群体交际的目的。但因语言的经济原则或省力原则和历时过程的作用，人们根据交际需要会利用事物之间的相似

与相关关系扩大语素的原始所指范围,因此边界会变得逐渐模糊,以致语义出现泛化和部分重叠,语素在系统中的地位随之发生调整,形成较为复杂的构词现象。

## 第三节　源义素对语素结合的影响

### 一、词源意义影响语素结合例证

汉语词源学认为,对事物特征的理解和取意,在认识上形成意象,成为命名时的依据。意象作为义素而蕴含、积淀在词的意义中,就是词源意义。词源意义是同源词在孳生过程中由词根带给同族词或由源词直接带给孳生词的构词理据。王宁先生指出:"汉语单音词的构词理据不但会在暗中影响它引申出新义,还会影响它与其他词的结合功能。"[①]支配式双音词前位语素和后位语素的结合也是受到词源意义影响的。

(一)抗、拒

"抗""拒"都表示对外物的抵制,语义相近,例如构成支配式双音词"抗婚"是抗拒包办的婚姻。"拒捕"是抗拒逮捕。然而它们的词源意义会影响语素的结合差异。

《广雅·释诂一》:"抗,举也。"《诗·小雅·宾之初筵》:"大侯既抗,弓矢斯张。"毛传:"抗,举也。"《仪礼·既夕礼》:"甸人抗重,出自道。"郑玄注:"抗,举也。"甸人抬起悬挂物件的横木,从门中央出去。"抗"的上举意义来自其词源"亢"。《说文·亢部》:"亢,人颈也。"段注:"亢之引申为高也,举也,当也。"《银雀山汉墓竹简·雄牝城》:"城在渒泽之中,无亢山名谷。"章太炎《新方言·释言》:"戴物于上亦曰亢。……淮西谓戴物头上举之曰亢。"《楚辞·卜居》:"宁与骐骥亢轭乎!"王逸注:"亢,一作抗。"洪兴祖补注引五臣注云:"骐骥抗轭,谓与贤才齐列也。抗,举也。"以"亢"为声符的字多有高的意义。《诗·大雅·绵》:"乃立皋门,皋门有伉。"毛传:"伉,高貌。"唐陆德明《释文》:"《韩诗》作'闶'。"《说文新附·门部》:"闶,闶阆,高门也。"《说文·田部》:"阬,境也。一曰陌也。赵魏谓陌为阬。"章太炎《新方言·释地》:"今人谓田上陌曰阬,以埂为之。"

所以,从"抗"的本义来看,它的特点是对自上而下的重力作反向用力。

---

① 黄易青:《上古汉语同源词意义系统研究》王宁前序,商务印书馆,2007年,第7页。

现代汉语有并列式双音词"反抗",突出"抗"有"反向"的作用。并列式双音词"抗击",突出"抗"有施加作用力的特点。此外,"抗"承受重力,所以,"抗"反对的对象多是来自上位。《荀子·臣道》:"有能抗君之命,窃君之重,反君之事,以安国之危,除君之辱,功伐足以成国之大利,谓之拂。"支配式双音词"抗命""抗法""抗税"中"命""法""税"都是自上而下来的,"抗"表示反对。《三国志·蜀志·诸葛亮传》:"然豫州新败之后,安能抗此难乎?""抗"引申指抵御对人影响较大的灾害,构成支配式双音词"抗灾""抗涝""抗旱""抗洪",其中"灾""涝""旱""洪"都是非自主的大灾,这里的"抗"是主动地减轻灾害的影响,均不能用"拒"代替。

《说文·止部》:"距,止也。"段注:"许无拒字,距即拒也。此与彼相抵为拒,相抵则止矣。"此解甚确。"拒"的词义特点是抵御使人或事物停止,《孟子·告子下》:"訑訑之声音颜色,距人于千里之外。士止于千里之外,则谗谄面谀之人至。""距"同"拒"。这里意指让人止于很远的地方而不得靠近。《史记·白起王翦列传》:"荆闻王翦益军而来,乃悉国中兵以拒秦。""拒"指对秦军抵御使它停止行动。现代汉语有并列式复合词"拒绝"。《说文·丝部》:"绝,断丝也。""绝"引申有中止义,曹操《董卓歌》:"郑康成行酒,伏地气绝。""拒"和"绝"结合成复合词是指反对,其目的是让事态中止。《论语·子张》:"可者与之,其不可者拒之。"《荀子·成相》:"拒谏饰非,愚而上同,国必祸。"两例均是拒绝义。双音词"拒贿""拒聘""拒签1""拒载","拒"都是表示阻止事态发生,均不用"抗"。

(二)言、语

"言""语"都有说的意思,但古注中很注意它们的区别。《诗·大雅·公刘》:"于时言言,于时语语。"毛传:"直言曰言,论难曰语。"所谓"直言"就是主动和人说话,"论难"就是相互对话。《周礼·春官·大司乐》:"以乐语教国子兴、道、讽、诵、言、语。"郑注:"发端曰言,答述曰语。"可见,"言"强调自言,"语"重在与人言。

从词源上看,"言"与"延""衍""沿""演"同源。词源义是直、顺。① "语"与"晤""牾""午"等词同源,词源义是相交、相对。这两个词的不同词源导致它们带不同语义成分的宾语,这点看"言""语"作"说"意义的句例就清楚了。②

---

① 王宁:《训诂学原理》,中国国际广播出版社,1996年,第237页。
② 《论语·述而》:"子不语怪、力、乱、神。"这里的"语"是与多人谈论的意思,《广韵》作鱼巨切。"语"作"告诉"意义时,《广韵》作牛倨切,可见是两个不同的词。

(1)盍各言尔志。(《论语·公冶长》)

(2)岂敢言病。(《左传·成公二年》)

(3)子语鲁大师乐。(《论语·八佾》)

(4)夫人具以语平原君。(《史记·魏公子列传》)

对照现代汉语,用"言"构成的支配式双音词有"言情""言和",具体说来,"情""和"是言说的内容。同时,我们很少看到由言说意义的"语"构成的支配式双音词,这与"语"带表人的宾语有关。如果宾语是具体的人名,和前面的动词就很难凝结成词,因为构成一个词往往需要有一定的语义概括性,除非是特殊的语义需要,一般如果是行动和具体人的关系则用短语表达。

"语"很少构成支配式双音词,这一现象与"云""曰""谓"无支配式双音词参构词例可以相照应。"云"与"曰"比较相近,意思相当于现代汉语的"说道"。《论语·学而》:"子曰:'学而时习之,不亦说乎?'"《论语·子罕》:"子云:'吾不试,故艺。'""云"和"曰"在句中往往是引出直接引语,这使得它很难和后面语义成分凝结成词。"谓"的作用与"语"相近,表示对某人说,在句中往往是"谓……曰"的形式。《论语·公冶长》:"子谓子贡曰:'女与回也孰愈?'""谓"后是接说话的对象。"谓"的这个特点使得它很难形成支配式复合词。就此看出,复合词的语素结合是受语义规律控制的,语义特征影响它的构词能力。

(三)超、越

两个词都指跨过某个事物、范围或界限,但所构支配式双音词的侧重点有所不同。

《说文·走部》:"超,跳也。"《孟子·梁惠王上》:"挟太山以超北海。"朱熹集注:"超,跃而过也。"《国语·周语中》:"超乘者三百乘。"韦昭注:"超乘,跳跃上车。"《释名·释姿容》:"超,卓也。举脚有所卓越也。""超"的本义是跳起一定的高度或长度。它与"卓""跳""趠"同源。超,透纽宵部;卓,端纽药部;跳、趠,定纽宵部。《说文·足部》:"跳,一曰跃也。"《走部》:"趠,雀行也。""超"的词源义是高,现汉有并列双音词"高超",引申有超出、胜过意义。《玉篇·走部》:"超,出前也。"《后汉书·冯衍传》:"显忠贞之节,立超世之功。""超"的语义往往是强调比参照物高出的情况。例如,"超产"百分之二十,就是高于原定生产目标的数量。列车"超员"一百人,超过规定的人数之外。"超龄""超额""超重"等等都是如此,后接语素充当的都是比较的参照物。

《说文·走部》:"越,度也。"《战国策·西周策》:"秦必不敢越河而攻南阳。"指渡过黄河。《吕氏春秋·长攻》:"若燕、秦、齐、晋,山处陆居,岂能踰五湖九江,越十七阸,以有吴哉?"高诱注:"越,历也。"成语"翻山越岭",就是沿着山岭运动从一边到另一边。"越"与"跨"同源。越,匣纽月部;跨,溪纽鱼部。《说文·足部》:"跨,渡也。"段注:"谓大其两股间,以有所越也。"《荀子·儒效》:"故外阖不闭,跨天下而无薪(通"圻",疆界)。"杨倞注:"跨,越也。""跨""越"的词源义是通过某个界限或障碍。"越狱"是(犯人)翻越监狱关卡逃走。"越境"指通过国境,"越权"是(行为)超过权限。"越"过的可以是界点,也可以是某段时间或空间。《尚书·召诰》:"惟二月既望,越六日,乙未,王朝步自周,则至于丰。""越六日"是指过了六日。"越冬"多指动植物度过冬天这段时间。"越野"就是通过野地、山地。"超"与"越"在构词上是有差异的。

(四)通、达

《说文·辵部》:"通,达也。"《列子·汤问》:"吾与汝毕力平险,指通豫南,达于汉阴,可乎?""通"与"达"都可表示道路畅行无阻。

但是,"通"的源义素是"穿空",它与"洞""筒""捅"等词同源,所以它指从甲地到乙地无阻碍通行。"通"强调彼此无阻碍的特点,引申有相互往来的意义。《周礼·考工记·序》:"通四方之珍异以资之,谓之商旅。"用"通"构成的支配式双音词"通航""通婚""通信1""通讯1""通商",关注的是两处流通的过程,都不能置换成"达"。

"达"表示是可以到乙地这个终点,它与"彻(徹)"同源。达,定纽月部;彻,透纽月部。《国语·周语中》:"若本固而功成,施偏而民阜,乃可以长保民矣,其何事不彻?"韦昭注:"彻,达也。"所以,"达"后接宾语往往是目的地。《荀子·修身》:"横行天下,虽达四方,人莫不弃。"支配式双音词"达旦""达标",关注的是最后的终点。

(五)增、加

"增""加"都是事物量的增多,例如都可接性状名素,构成支配式双音词"增速""增容""加速1""加温1"表示在原有量的基础上继续加大,不过有些构词是有些差别的。

《说文·土部》:"增,益也。"《广雅·释诂四》:"增,累也。"又:"增,重也。"王念孙疏证:"增、曾、层(層)并通。""增"是"曾"的后起分化字。"增"的源义素是层层叠加。《说苑·反质》:"宫室台阁,连属增累。""增"强调的是在原有的基础上增大、增多,所以它构成支配式双音词"增值""增产1""增仓"等,关注点在原有事物数量变化上。

《说文·力部》："加，语相增加也。"段玉裁改为"语相譄加也"，并注云："'譄'下曰'加也'，'诬'下曰'加也'，此云'语相譄加也'。知'譄''诬''加'三字同义。诬人曰'譄'，亦曰'加'，故'加'从力。"《说文·言部》："诬，加也。"段注："'加'与'诬'，皆兼毁誉，言之，毁誉不以实皆曰'诬'也。"《韩非子·显学》："故明据先王，必定尧舜者，非愚则诬也。""诬""加"就是在原有事实基础上添加谎言。由"加"孳生的"驾""枷""架"等词，都有在一物上添置另一物的源义素，所以"加"关注的是外加的事物。用"加"构成的支配式双音词"加料1""加冕""加油1"，其后位语素都是添加的物体，"增"没有这种用法。

（六）违、背

"违"与"背"都指不顺从，构成支配式双音词"违约""背约"。但是它们有很多搭配是不能置换的。

《说文·韦部》："韦（韋），相背也。"《汉语大字典》按语认为，"韦""衛""圍"实本一字。"韦"本是绕某物做圆周运动，圆的特点是沿着切点做切线，其方向都会不一致。"违"是由"韦"分化出来的字。《说文·辵部》："违，离也。"《左传·成公十六年》："有淖于前，乃皆左右相违于淖。"意思是分成左右两队避开泥塘走，而不是向相反的方向走。所以"'违'不一定是背道而驰，凡向不同方向进发，两者越离越远都可以叫做'违'"①。而"背"不同，《说文·肉部》："背，脊也。"本义指人的后背，引申指物体的后面、反面。"背"与"北"同源，"北"本指山坡背着阳光的地方，其词源义是反方向。

表现在合成构词上，"违法""违规""违纪""违章"等不能替换为"背"，因为人为制定的"规定""禁令""纪律""规章"强调的是人的做法是与要求相合还是不相合，不强调对立面。"背"与"约"可以结合，是因为"约"是两人或多人的约定。对人的态度发生改变，现代汉语中称为"反目""翻脸"，古代汉语中称"背"或"叛"。《穀梁传·僖公十九年》："上无正长之治，大臣背叛，民为寇盗。""背""叛"连文，即背离君上。所以"背约"强调的是对先前承认的约定予以推翻否认。

（七）边、境

"边"与"境"在表示领土边界的意义上相近。但是细细辨析，"边""境"还是有区别的，这影响它们各自的构词。"边"用边境义构成的支配式双音词有"戍边""支边"，但汉语中没有"戍境""支境"的说法。

《说文·辵部》："边（邊），行垂崖也。"《广雅·释丘》："滨，厓也。"《说

---

①　王凤阳：《古辞辨》，吉林文史出版社，1993年，第599页。

文·频部》:"濒,水厓也。"边,帮纽元部;滨、濒,帮纽真部。"边""滨""濒"同源。"边"是临近边界的地方。《左传·成公十三年》:"(秦)又欲阙翦我公室,倾覆我社稷,帅我螫贼,以来荡摇我边疆。""边"是表示领土的边沿地带。《韩非子·亡征》:"出军命将太重,边地任守太尊。"这里的"边地"与国土的"内地"相对。

"境"是由"竟"分化而来,表示国土到此终了的意思。《左传·庄公二十七年》:"卿非君命不越竟(境)。""越境"就是越过国与国之间分界线,进入边地。"支边"是到边疆地区支援建设。"边"与"境"的词源义影响了它们与其他语素的结合。

## 二、同源词义通关系影响语素结合例证

词源意义关系有义同、义通两种。所谓义同,就是一度系联所得的一组同源词都有一个相同的源义素。例如,"瑕""霞""鰕""騢"是一组同源词,都有红色的意义特征。所谓义通,就是经二度或二度以上系联得到的若干组同源词之间源义素与源义素有关联。例如,王念孙《广雅疏证》卷一"远也"条:"凡远与大同义,远谓之荒,犹大谓之荒也;远谓之遐,犹大谓之假也;远谓之迂,犹大谓之訏也。""遐""迂"都有远义系联为一组;"假""訏"同有大义系联为一组,这是同源词的一度系联。这两组同源词词源义"远"与"大"意义相关可以二度系联。对造成这种语义现象的原因,黄易青解释说:"同一种反映客观规律和现象的认识规律,在不同的词族中都可能起支配作用,从而使不同的词族可以发生相同相类的运动。"[①]上古汉语同源词大量孳生,奠定了汉语语义衍生的基础,同时这些同源词之间的义通关系积淀于词汇系统的深层。语素与语素复合构词就是新的词义衍生的过程,在这个造词过程中,同源词的义通关系就会暗中起到作用。为了说明这个问题,本书以表示心理范畴意义的支配式双音词为例,来说明这种义通关系对于复合构词的影响。

### (一)心情范畴:愉悦类

支配式双音词"开心1"表示心情快乐舒畅的意义。但问题是为什么"快乐"由语素"开"来承担呢,语素结合的理据究竟是什么?

《说文·门部》:"开,张也。从门,从开。開,古文。"杨树达《积微居小学述林》:"古文从一从収,一者,象门关之形……从収者,从两手取去门关,故

---

① 黄易青:《上古汉语同源词意义系统研究》,商务印书馆,2007年,第551页。本书关于义通关系的定义和引例参考了该书第17页。

为开也。小篆变古文之形,许君遂误以为从开尔。"《老子》第二十七章:"善闭,无关楗而不可开。""开"的本义是将门由关闭变化为敞开,其结果是门内和门外隔离的空间联通。现在语素"开""心"结合表示内心通畅,从同源词义通规律来看,是由于形态范畴的"通畅"与心情范畴"喜悦"义相通联,这在单音词的词义引申以及同源系联中可以得到答案。

单音词"快""逞"同有通畅、疾速和喜悦义。《方言》三:"逞,快也。自关而西曰快。"《说文·辵部》:"逞,通也。楚谓疾行为逞。"《广雅·释诂二》:"逞,快也。"疏证:"今俗语犹谓疾为快矣。"《说文·心部》:"快,喜也。"《左传·桓公六年》:"今民馁而君逞欲。"杜预注:"逞,快也。"《战国策·秦策五》:"文信侯去而不快。"高诱注:"快,乐。"逞是挺直,表示通畅无阻,所以速度就快。内心直畅就感到畅快、高兴。

同源词忻(晓纽文部)、恺(溪纽微部)、闿(溪纽微部),古音相近。《说文·门部》:"闿,开也。"《说文·心部》:"恺,乐也。""忻,闿也。《司马法》曰:'善者,忻民之善,闭民之恶。'"段注:"忻,谓心之开发。""忻"之本义是启发,引申有喜悦义。《玉篇·心部》:"忻,喜也。"三国嵇康《声无哀乐论》:"或忻然而欢,或惨尔而泣。"

从词义引申和同源词系联可以看出"通畅"与"喜悦"义相关。

(二)心情范畴:郁闷类

支配式双音词"憋气2",《现代汉语词典》释义:"有委屈或烦恼而不能发泄。""憋气"指内心有阻塞,与"开心1"相反,不通畅。下面从词义引申和同源词系联论证是形态范畴的"不通畅"与心情范畴"郁闷"义相通联。

"郁(鬱)"有繁盛、闭塞和忧愁义。《说文·林部》:"郁,木丛生者。"《管子·君臣下》:"郁令而不出者,幽其君者也。"尹知章注:"郁,塞也。"《楚辞·刘向〈九叹·忧苦〉》:"志纡郁其难释。"王逸注:"郁,愁也。"

"满""懑""闷""悗"同源。《说文·水部》:"满,盈溢也。"《广雅·释诂四》:"满,充也。"《庄子·天运》:"在谷满谷,在阬满阬。"没有流出故能盛盈。《素问·热论》:"(伤寒)四日太阴受之,太阴脉布胃中络于嗌,故腹满而嗌干。""满"指闷塞不畅的病症。《汉书·佞幸传》:"显(石显)与妻子徙归故郡,忧满不食,道病死。"颜师古注:"满,读曰懑。"《说文·心部》:"懑,烦也。"段注:"烦者,热头痛也。引申之,凡心闷皆为烦。"《礼记·问丧》:"孝子亲死,悲哀志懑,故匍匐而哭之。"严忌《哀时命》:"幽独转而不寐兮,惟烦懑而盈胸。"王逸注:"懑,愤也。"《说文·心部》:"闷,懑也。"《素问·风论》:"风者,善行而数变,腠理开则洒然寒,闭则热而闷。"指闭塞不通。《楚辞·九章・惜诵》："申侘傺之烦惑兮,中闷瞀之忳忳。"王逸注："闷,烦也。瞀,乱也。忳忳,忧貌也,言己忧心烦闷,忳忳然无所舒也。"《广雅・释诂二》："悯,懑也。"《孟子・公孙丑上》："遗佚而不怨,阨穷而不悯。"赵岐注："悯,懑也。"满,明纽元部;懑,明纽元部;闷,明纽文部;悯,明纽文部。满、懑、闷、悯古音相近。

又如"忳""肫""坉"得名于"屯"。《说文・屮部》："屯,难也。象屮木之初生,屯然而难。从屮贯一,一,地也。尾曲。《易》曰:'屯,刚柔始交而难生'。""屯"字取象草破土而出。《广雅・释诂一》："屯,满也。"《易・序卦》："有天地然后万物生焉,盈天地之间者唯万物,故受之以屯。屯者,盈也。"《玉篇・肉部》："肫,鸟藏也。"《六书故・人五》："鸟胃为肫。"《玉篇・土部》："坉,坉水不通,不可别流。"《广韵・魂韵》："坉,以草裹土筑城及填水也。"《集韵・混韵》："坉,塞也。"《玉篇・心部》："忳,闷也,忧也。"《楚辞・离骚》："忳郁邑余侘傺兮,吾独穷困乎此时也。"王逸注："忳,忧貌。"洪兴祖补注："忳,闷也。"

### (三)心情范畴:忿怒类

支配式双音词"出气""泄愤"意义相近,都是将心中所郁积的怨气发泄出来。《说文・心部》："忿,悁也。"段注："忿与愤义不同,愤以气盈为义,忿以狷急为义。"张舜徽《约注》："蕴之于内为愤,发之于外为忿。"《广雅・释诂二》："'忿,怒也。'今则多以愤为忿。""忿"源于"分",指使内心的怨气发散。

《说文・心部》："愤,懑也。"《论语・述而》："不愤不启,不悱不发。"朱熹注："愤者,心求通而未得之意。"《国语・周语上》："阳瘅愤盈,土气震发。"韦昭注："愤,积也。""愤"与"坟(墳)"同源,《方言》卷一:"坟(墳),地大也,青幽之间,凡土高且大者谓之坟。"词源义是积累变大,"愤"是怨恨的积蓄,"泄愤"则将积累的情绪外发。

支配式双音词"发火"也是指将内心的愤怒发出的形象说法。"发火"取火之盛大形象。《说文・心部》："怖,恨怒也。"张舜徽《约注》："怖之言炦也,谓怒气大作如火气之上腾也。今语称发怒曰发火;称人之常发怒者曰火气重,亦即此意。"《说文・火部》："炦,火气也。"怖,滂纽月部;炦,并纽月部。

《广雅・释诂二》："怒,健也。"王念孙疏证："凡人怒则其气愤盈,故喜怒之怒亦有健义。"《淮南子・本经训》："人之性,有侵犯则怒,怒则血充,血充则气激,气激则发怒,发怒则有所释憾矣。"怒、努古音相同,努是勉力,怒则是心气满盛。怒亦有奋起义。《庄子・逍遥游》:"(鹏)怒而飞,其翼若垂天之云。"

可见,质量范畴的"盛大"与心情范畴的"忿怒"义通。

(四)心情范畴:忧愁类

"揪心"常用来形容心中郁结,不得舒展。"揪"在现代汉语中是紧紧抓住的意思,其古字是"揫"。《说文·手部》:"揫,束也。""揫"有聚敛义。《后汉书·马融传》:"揫敛九薮之动物。"李贤注:"揫,聚也。"又引申有"抓扭"义,《儒林外史》第五十四回:"两个人说戗了,揪着领子,一顿乱打。"

形态范畴的"聚敛"与心情范畴"忧愁"义相通联。《说文·心部》:"愁,忧也。"《礼记·乡饮酒义》曰:"秋之为言揫也。"郑注:"愁读为揫。揫,敛也。"《说文·辵部》:"遒,迫也。"《诗·商颂·长发》:"敷政优优,百禄是遒。"毛传:"遒,聚也。"马瑞辰《通释》:"揫,聚也。《传》以遒为揫之假借,故训为聚。"《玉篇·心部》:"愮,悒也。"《说文·心部》:"悒,不安也。"徐锴系传:"忧悒也。"故而,揫之于愁,犹遒之于愮。

又《说文·心部》:"慽,忧也。"张舜徽《约注》:"慽之言蹙也,为心地蹙迫不开展也。凡多忧者类然。"表示空间小的"蹙"与心情忧愁的"慽"同源。段注:"戚,训促迫,故又引申训忧。""戚"有促迫义,也有忧愁义。这都能说明表示聚敛的语素"揪"与"心"为何可以结合成词表示人忧愁的情绪。

(五)心情范畴:惭愧类

支配式双音词"抱歉",《现代汉语词典》释义:"心中不安,觉得对不住别人。""歉"有不足义,亦有惭愧义。《广雅·释诂三》:"歉,少也。"宋王安石《酬吴季野见寄》:"俯仰谬恩方自歉,惭君将比洛阳人。"

《说文·女部》:"媿,惭也。从女,鬼声。愧,或从耻(耻)省。"张舜徽《约注》:"惭之言夃也,谓行有残缺,不慊于己也。许以媿训惭,媿之言亏也,亦损败之名,故二篆互训。""亏"本是"缺损"义,《史记·范雎蔡泽列传》:"日中则移,月满则亏。"引申义有辜负义,《后汉书·王允传》:"责轻罚重,有亏众望。"现代汉语"亏"有亏负义。李准《孟广泰老头》:"你想想,咱们拿社里的东西良心亏不亏?""亏"即"愧"义。

是故量变范畴的"亏欠"与心智范畴的"惭愧"义通。

(六)心情范畴:恐惧类

支配式双音词"担心"的意义与成语"提心吊胆"比较接近,是指对可能出现的严重后果心存畏惧。为什么"担""提""吊"这类高举的语素与心理类不外化抽象名素结合后可以表示恐惧的心情呢?这是因为在古汉语意义系统中,质量范畴的"高"与心智范畴的"惊惧"语义相通。

从词义引申角度来看,"危"既有高义,又有忧惧义。《庄子·盗跖》:"使子路去其危冠,解其长剑。"陆德明《释文》:"危冠,李云:'危,高也。'"《说文·危部》:"在高而惧也。"人在高处往往产生惊恐的心理情绪。《荀子·解薮》:"处一危之,其荣满侧。"杨倞注:"危,谓不自安,戒惧之谓也。"

同源词的孳生也可以证明汉语中这种义通关系的存在。《说文·心部》:"悼,惧也。陈楚谓惧曰悼。"上古音"悼",定纽药部;"卓",端纽药部。"悼"的词源是"卓"。《说文·匕部》:"卓,高也。"《国语·晋语二》:"隐悼播越。"韦昭注:"悼,惧也。"

### (七)心智范畴:聪慧类

支配式双音词"通窍"有通达事理义。从词源义通规律来看,形态范畴的"通畅"与心智范畴的"聪慧"意义相通。

杨树达《积微居小学述林·释谞》:"《说文·十二篇上·耳部》云:'聪(聪),察也,从耳,恖声。'按聪从恖声而训为察者,恖之为言囱也。《说文十篇下·囱部》云:'囱,在墙曰牖,在屋曰囱,象形。'又《七篇下·穴部》云:'窗,通孔也,从穴,恖声。'按窗即囱之或作。囱为通孔,故物之中空可通者皆受声于囱。《七篇下·巾部》云:'幒,裈(褌)也,从巾,恖声。'按幒为今之短裤,字从恖者,恖假为囱,言其中空可容足,如囱直观中空可容光也。《一篇下·艸部》云:'蒽,菜也,从艸,恖声。'按蒽之为物中空也。物通者必明,故聪从恖声而训为察也。"①

就此看出"聪"的词源义是通明。《荀子·劝学》:"目不能两视而明,耳不能两听而聪。"董仲舒《春秋繁露·五行五事》:"听曰聪。聪者能闻事而审其意也。"又泛指明察睿智。《荀子·王霸》:"聪明君子者,善服人者也。"《史记·五帝本纪》:"长而敦敏,成而聪明。""聪明"连文。

又"憭"近似于"通窍"。《说文·心部》:"憭,慧也。"从"尞"之字多有"孔窍"义。如《说文·穴部》:"窼,穿也。"《仓颉篇》:"窼,小窗也。"《说文·鸟部》:"鹩,刀鹩。剖苇,食其中虫。"

### (八)心态范畴:谨慎类

支配式双音词"当心1"就是心里对人或事物做好应对的准备,与"谨慎"义相近。从同源词义通规律来看,量变范畴的"充实"与心态范畴的"谨慎"意义相通。

《说文·田部》:"当(當),田相值也。"段注:"值者,持也,田与田相持

---

也。"这是解释"当"的构意。《左传·文公四年》:"则天子当阳,诸侯用命也。"俞樾《平议》:"当,犹对也,南方为阳,天子南面而立,故当阳也。""当"的本义是对着。王引之《经义述闻·尔雅上》:"当字又有盛壮之义,《晏子春秋·外篇》曰:'兼寿不能殚其教,当年不能究其礼。'《吕氏春秋·爱类篇》曰:'士有当年而不耕者','女有当年而不绩者'。丁、当一声之转,当年者,丁年也,丁年者,壮年也。《淮南·齐俗篇》曰:'丈夫丁壮而不耕','妇人当年而不织'。《管子·揆度篇》曰:'老者谯之,当壮者遭之边戍。'当壮即丁壮也,《轻重丁篇》'男女当壮',《轻重戊篇》作'丁壮'。""丁"的本义是箭的头儿,箭头刺进目的物便实实地定住,因而有丁实义。①

"慎"的词源义是"充实"。《说文·心部》:"慎,谨也。从心,真声。"段注"真"字下:"凡稹、镇、瞋、謓、膜、填、寘、阗、嗔、滇、鬒、瑱、颠、慎字,皆以真为声,多取充实之意。"汉语中"真"和"实"结合成并列双音词"真实"。"当心1"与"认真1"意义相近,就是谨慎对待,不大意。

单音词的意义中蕴含着深层的认知因素,包括人们对事物的感知经验、对指称对象突显特征的关注等等,这些认知经验和认知模式积淀在词义中,形成词义的主要特征。从以上心理范畴内的支配式双音词来看,许多语素结合成词形成了新义,这些意义与语素义的关系,可以用单音词词义引申和同源词义通规律进行证明。这在一定程度上表明我们的先民对宇宙万物的认识已经为后人奠定了基本的意义范畴,而后人则是在已有意义范畴基础上去发现并表现新的认识成果。词汇的发展遵循累积律,从历史发展进程来看,同源词大量孳生时代在前,合成时代在后,是单音词的词义关系影响了合成构词。由此看出,古今汉语词汇有着密切的传承关系。古代汉语单音词词汇系统是合成构词的基础,单音词在词汇系统中的位置决定了它合成构词时的结合能力,所以合成构词语素的结合不是任意的、杂乱无章的,而是可以解释、有理据的。这充分说明复合词的研究要沟通古今汉语,中国训诂学探究词义内涵的学术经验和积累的单音词系统研究资料值得重视和利用。

---

① 陆宗达、王宁:《训诂与训诂学》,山西教育出版社,2005 年,第 198 页。

# 第八章 语素与支配式双音词构词模式的关联

对语素进行微观分析是必要的,但必须有整体的、系统的观念。所谓系统是由相互联系、相互作用的要素组成的、具有一定结构和功能的有机整体。语言是由相互联系、相互制约的各种要素构成的复杂系统。考察语言现象时要以系统的整体性作为基本的出发点,具体分析系统成员的组成情况和它们之间的相互关系。

我们探究构词规律不能是支离破碎地只对单独某个词或某些现象进行分析,而应当把词汇作为一个系统进行全面深入的研究。本章首先提出汉语合成构词具有系统性,再依照系统论"结构-功能"基本分析方法,分别考察语素与汉语复合词三类语义结构模式:直接生成式、半直接生成式、非直接生成式的关系,以专题形式探讨语素合成整词的各种路径和特点,证明语素义类分析在构词法研究中的必要性和重要价值。

## 第一节 汉语复合词的构词系统

本书构建汉语复合词的构词系统,主要是借鉴了在系统论指导下的汉字构形学的相关理论。王宁先生发掘许慎《说文解字》对汉字结构分析及编排所蕴含的系统理念,解释"六书"所以能统帅汉字构形分析千年以上,主要是它的"结构-功能"分析法适合汉字形体结构的特点。在此基础上,吸取奥地利生物学家贝塔朗菲(Ludwig von Bertalanffy)提出的一般系统论的基本思想,又采纳将系统论思想应用于语言研究的索绪尔(Ferdinand de Saussure)结构主义语言学方法,总结出结构主义语言学理论的要点——元素、结构模式和层次关系,从而创立了汉字构形学。

王宁先生认为:"汉字作为一种信息载体,一种被社会创建又被社会共同使用的符号,在构形上必然是以系统的形式存在的。在共时历史层面上的汉字总体,应当有自己的构形元素,这些元素应当有自己的组合层次与组合模式,因而,汉字的个体字符既不是孤立的,也不是散乱的,而是互相关联的、内部呈有序性的符号系统。个体字符的考据只有在整个系统中找到它应有的位置，才能被认为是可信的和合理的。"①

汉字构形学首先确立汉字的构形单位，所能拆分的最小单元为形素。汉字由有限的形素组成数以万计的单字，有平面结构和层次结构两种组合类型。构件在构字时都体现一定的构意，构件所承担的构意类别成为这个构件的结构功能，分为表形功能、表义功能、示音功能、标示功能。构件以不同的功能组合为全字从而体现构意的诸多样式，这些组合模式被称为构形模式。从汉字的实际状况出发，研究者总结出会形合成字、义音合成字等11种构形模式。

同理，我们认为汉语构词系统也是一个从无到有，逐步完善至成熟的过程。王宁先生提出："汉语词汇的积累大约经历了三个阶段：即原生阶段、派生阶段（孳生阶段）与合成阶段。"②这三个阶段以一种造词方式为主要构词手段。

汉语词汇最早的生成方式是原生造词，先民根据在生活和生产实践中的感受与经验积累模拟物态进行造词，例如"蛙""鸭""猫"等这些造出的音义符号。林杏光指出"事物整体的构成方式是千差万别的，但归纳起来不外两种。一种是非系统联系的整体性，像一盘散沙、一堆橘子，整体是其各个部分的简单相加，各个部分之间没有内在的逻辑联系，各个部分对整体功能的影响很小。另一种是系统联系的整体性，像动物的肢体、社会系统，整体与其组成的部分之间、整体与其外部环境之间具有内在的联系，这种内在的联系对整体功能有直接的影响。"③原生造词是汉语词汇的原始积累阶段，这些语言符号之间没有紧密的联系，它们彼此是孤立的，词汇还没有形成系统。

发展到孳生阶段，汉语词汇符号之间有了源词与孳生词的母子关系，例如，从"少"分化出"眇""秒""杪""纱"等同源词。《说文·小部》："少，不多也。"段注："不多则小，故古少、小互训通用。"《说文·目部》："眇，一目小也。"《说文·禾部》："秒，禾芒也。"《说文·木部》："杪，木标末也。"《广雅·释诂四》："纱，微也。""眇"（小的眼睛）、"秒"（禾的尖小末端）、"杪"（树木顶端的细小部分）、"纱"（细小的丝织品）都含有共同词义特点是"微小"。从同源词的意义结构来看，源义素是它们彼此联结的纽带，类义素是它们彼此区

---

① 王宁：《汉字构形学讲座》，上海教育出版社，2002年，第18页。

② 王宁：《训诂学原理》，中国国际广播出版社，1996年，146页。关于"派生造词"的名称，王宁先生2010年为了将它与英语的派生造词区分开来，在"词汇语义学"课程上更改为"孳生造词"。

③ 林杏光：《词汇语义和计算语言学》，语文出版社，1999年，第97页。

别的要素,在语音上它们相同或相近标识了同源词之间的意义联系。借助这样的音义关系,词与词之间不再是分散的,而是关系趋于有序性,词汇有了整体性,汉语构词系统初步建立。表 8-1 是一组表示"圆曲"意义特征的同源词。

表 8-1　表示"圆环"意义特征的同源词

| 词 | 词训 | 声纽 | 韵部 |
|---|---|---|---|
| 宛 | 《说文·宀部》:"宛,屈草自覆也。" | 影 | 元 |
| 苑 | 《说文·艸部》:"苑,所以养禽兽也。" | 影 | 元 |
| 盌 | 《说文·皿部》:"盌,小盂也。" | 影 | 元 |
| 腕 | 《释名·释形体》:"腕,宛也,言可宛屈也。" | 影 | 元 |
| 琬 | 《说文·玉部》:"琬,圭有琬者。" | 影 | 元 |
| 跁 | 《玉篇·足部》:"跁,曲脚也。" | 影 | 元 |
| 圜 | 《说文·囗部》:"圜,天体也。" | 匣 | 元 |
| 環 | 《说文·玉部》:"環,璧也。" | 匣 | 元 |
| 還 | 《说文·辵部》:"還,复也。" | 匣 | 元 |
| 缳 | 《说文·糸部》:"缳,落(络)也。" | 匣 | 元 |
| 櫶 | 《说文·木部》:"櫶,圜案也。" | 匣 | 元 |
| 卷 | 《说文·卩部》:"卷,厀(膝)曲也。" | 见 | 元 |
| 捲 | 《说文·手部》:"捲,收也。" | 见 | 元 |
| 埢 | 《玉篇·土部》:"埢,曲也。" | 溪 | 元 |
| 桊 | 《说文·木部》:"桊,牛鼻中环也。" | 见 | 元 |
| 拳 | 《玉篇·手部》:"拳,屈手也。" | 群 | 元 |
| 眷 | 《说文·目部》:"眷,顾也。" | 见 | 元 |
| 觠 | 《说文·角部》:"觠,曲角也。" | 群 | 元 |
| 齤 | 《说文·齿部》:"齤,曲齿。" | 群 | 元 |
| 豢 | 《说文·豕部》:"豢,以谷圈养豕也。" | 匣 | 元 |
| 捲 | 《说文·手部》:"捲,捲收也。" | 见 | 元 |
| 踡 | 《玉篇·足部》:"踡,踡跼,不伸也。" | 群 | 元 |

语音关系加强了词与词之间的联系,使得同词族的词汇具有了整体性。但是,词汇的发展要遵循区别律的规则,即词与词之间在语音形式上要彼此区别,在交际中才能准确传达和理解词义内容。从上面一组词可以看见,词

与词之间的区别手段有两个特点：一是主要依靠音节内部声、韵的组合变化来区分不同的词。这些有"圆曲"意义特征词的韵部都集中于元部，影纽是零声母，主要靠舌根音（见、群、匣纽）区分。二是在书面语中，充分利用了汉字作为延伸的区别词汇的手段。上面这组词，彼此在语音上相近，但是在书写上分属于"夗""宛""睘""类""卷"等谐声系统，这促进了汉字形声化的发展。

孳生造词对语音系统过度依赖，词与词之间的联系和区别都依靠单音节内部的调节变化，这促成了汉语语音系统早早完成了层级发展，不过，语音的发展要受到人的生理限制，当音节内部已经发展成熟，超过人的记忆能力，而新的孳生词与源词需要区别开来的时候，孳生造词就遇到了发展的瓶颈，增加音节成为必然之路。正如《荀子·正名》所云："单足以喻则单，单不足以喻则兼。"①由于在孳生阶段已经积累了大量单音节词，增加音节的方式就是词与词之间的组合。

从魏晋开始汉语词汇双音化的趋势日渐明显，直至现代汉语复音词在数量上占了多数。这个巨大的变化从语音形式上看是词从单音节到多音节，但是从构词方式上来看，从孳生到合成的转变，意味着两个或两个以上的音义符号按照一定的模式合成了有层级的语言单位，语言系统构造新词的能力有了根本性的变化。

合成构词主要是靠语素与语素合在一起表示一个词。在合成阶段，新的词义的生成是依靠参构的语素意义融合而成，以支配式双音词为例：

"撤编"的意义＝撤（除去）＋编（编制）

"撤职"的意义＝撤（除去）＋职（职务）

"撤资"的意义＝撤（除去）＋资（资金）

这些词的意义都是由语素"撤"的意义与其他语素义组合而成，词与词之间的意义关系以"撤"这个音义体表现起来，词汇的系统性进一步增强。

"耗资"的意义＝耗（花费）＋资（资金）

"捐资"的意义＝捐（捐献）＋资（资金）

"筹资"的意义＝筹（筹集）＋资（资金）

这些词的意义都是由语素"资"的意义与其他语素义组合而成，词与词之间的意义关系以语素"资"体现出来，同时又以前位语素"耗""捐""筹"相区别。

合成构词方式形成了前位相同者以后位区别，后位相同者以前位区别

---

① 王先谦：《荀子集解》，中华书局，1988 年，第 418 页。

的格局。本书在第一章至第五章部分每节小结设置前位动素后接语素意义类型分布表来展示词汇的关系网络。这些表格以前位语素义类为一个维度，以后位语素义类为第二维度，将同类语素归纳在一起，形成有层次的排列，这就是构词系统内部语素按义类结合的总体表现。

"结构-功能"研究方法是系统论基本分析方法。在合成构词时，同一语素可以进入不同结构，充当不同功能，从而生成各种类型的新词。例如，语素"友"能进入不同的组合进行构词，也就是说"友"的这个构词元素在不同的结构中发挥不同的功能，在"故友"中"友"是核素，在"访友"中是直素。功能化使每个语素在构词的价值系统中获得了定位，也相应地获得了功能的意义，使用上非常经济。因此，合成构词具有强大的构造能力，复合词逐渐发展成为汉语词汇的主体。

根据双音词的两个构词语素功能和组合类型我们可以总结支配式双音词的语义结构模式：直接生成式、半直接生成式、非直接生成式。例如："领队1（率领队伍）"中"领"是核素，"队"是直素。但在"领队2（率领队伍的人）"中，"领"是间素，"队"是间素。"核素＋直素"所构成的是直接生成式的双音词，"间素＋间素"所构成的是非直接生成式的双音词。详细的分类已经在本书绪论部分做了说明并举出了例证。

在合成阶段，由于复音词之间的区别手段是借助单音节与单音节的组合变换，因此词汇的发展不再受制于语音系统。发展到三音节时，双音词和单音词再度结合组成新词。例如，《金瓶梅词话》第三十四回："四个人到监中都相互抱怨，个个都怀鬼胎。"其中三音词"怀鬼胎"可以视作语言符号的两次编码，语素"鬼"和"胎"合成是一个层次，"怀"与"鬼胎"组合是第二个层次。唐代康骈《剧谈录·潘将军失珠》："每感重恩，恨无所答，若力有可施，必能赴汤蹈火。""赴汤蹈火"中，两个支配式合成词"赴汤""蹈火"是一个层次，其再组合而成的并列结构为第二层次。合成造词与孳生造词相比，语言系统不需要增加新的词形，符号与符号通过逐层组合累加起来记录一个新的词语。构词的元素可以反复参与构词，语言系统中的资源得到充分使用，解决了表义的无限性和语音规模的有限性之间的矛盾，汉语词汇自身的增殖能力和调控能力进一步增强。

运用系统论的观点来看汉语词汇发展的各阶段，从平面的有序化到层级的组合，新词与旧词之间的关系从隐性走向显性，汉语词汇的整体性和系统性逐步增强。有稳定数量的基础要素，有限的组合模式，有一定层级，这往往是成熟系统的标志，汉语复合构词系统具备了这些特征。汉语的语音和汉字系统早已在古代汉语阶段发展成熟，这与单音词以孳生造词为主要的构词方式有着密切关系。而汉语在经过复音化之后,词汇的发展不再受限于汉语的语音和汉字系统,而是依靠自身已积累的要素,按照一定的语义生成模式,组织成有层级的单位,这说明它自身的组构能力有了质的提高。这种转变同时也造成了单音词职能的分化与重组。一方面是某些词退出造句层面,转变为不自由语素,成为合成构词的专职成员;另一方面某些词扩大自身的广义度,成为具有超强构词能力的构词元素。所以,双音化不单纯是词形加长,其背后是汉语构词系统发生了质变。

## 第二节　语素与直接生成式的关系

### 一、成词条件与词和词组的分限

复合词与词组的分界一直是汉语研究中的一个难题。其实,这也是一个涉及复合词本质特性是什么的根本问题。因为只有对研究对象的属性有了更准确的判断,才能将它与周围的现象区分得更清楚。

汉语复合词与词组长期纠葛不清,与该语言现象本身的复杂性有密切关系。从语音形式来看,复合词与词组可以有相同的音节数。从组成成分来看,汉语复合词由语素构成,但有些语素既可以参与构词也可以参构词组。从语义结构来说,有一部分复合词的语义结构经过分析,可以发现与词组的语义结构是相似的。复合词的语素排列与句子的词序基本是相同的,极容易引导我们将构词与组句等同起来。

从形式结构上难以区分两种范畴,所以一般是从语义上加以区别。吕叔湘指出:语法学界"向来有一种意见,认为如果一个组合的意义等于它的成分的意义的总和,那么这个组合是一个短语;如果不是这样,这个组合就是一个词"①。为了呈现整词与其成分语素的语义相关程度,有的学者曾提出语义透明度的概念,指的是复合词的语义可从其组成的各个语素意义推知的程度。② 李晋霞和李宇明分析汉语复合词的语义透明度大致可分为四个等级:完全透明型、比较透明型、晦涩型、完全晦涩型,从语义透明到语义晦涩是个连续统。一般来说,完全透明型的复合词词汇化程度较低,完全晦

---

① 吕叔湘:《汉语语法分析问题》,商务印书馆,1979 年,第 19 页。
② 王春茂、彭聃龄:《合成词加工中的词频、语素频率及语义透明度》,《心理学报》1999 年第 3 期。

涩型的复合词词汇化等级较高,凝固度也高。①

就支配式双音词来说,有相当一批词语的意义不等于两个语素意义的简单相加。例如,"撑腰"指给予有力的支持,"解囊"是指拿出财物来帮助他人,"割爱"是放弃心爱的东西,"防弹"是防止子弹穿入。这些非直接式和半直接式往往是维护复合词结构不同于词组观点的典型例证。但是仍有相当多的是两个语素之和等于整词语义的双音词,即直接生成式是复合词还是词组,这个问题一直是有争议的。

不过,本书尝试从构词语素语义特点视角来重新审视这一问题。因为在全面考察了支配式双音词之后,我们发现并不是任何汉语单音节的语素都可以组合成词,语素参构支配式双音词必须满足一定的语义条件。董秀芳曾提出,"弱动作性的动词和非具体名词是动词和名词中不典型的成员,它们构成的动宾结构也就不典型,其间的句法关系容易被淡化,因而容易发生词汇化"②。董秀芳主要是从词汇化的角度考察构词问题,认为是弱动作性动素与弱空间性名素容易成词。

董秀芳的观点基本是正确的,可是,我们发现有一些支配式双音词的前位动素是具体动素、后位名素是具体名素,例如"脱帽""拂袖""扎针""撞墙"等。所以,在形成原因上除了非典型动宾结构之外,我们从词汇与句子表义功能的差别上补充论证词和词组的分限。

以"吃饭"这个双音结构为例。它可以表示把米饭放到嘴里咀嚼咽下去这个动作,我们记作"吃饭1";也可以表示进过餐这个事情,我们记作"吃饭2";还可以表示生存这个活动,我们记作"吃饭3"。在判定这三个双音结构是词还是词组时,"吃饭1"往往被判为词组,"吃饭3"被视为词,而"吃饭2"则处于词和词组的两可阶段。

吃饭1＞吃饭2＞吃饭3<br>词组　　　　　　词

其实,三个双音结构虽然同是由语素"吃"和"饭"构成,但是"吃饭1"表示具体某个动作,而"吃饭2"表示由诸多具体动作组成的延续性的活动,"吃饭3"只是表示与饮食相关联的不具有具体情状、超时空的类活动。因此句子"他正在吃饭"中的"吃饭"只能是词组"吃饭1",而不可能是词"吃饭3"。由此看出,词和词组在表义上是有差异的,语义越具体、越指向明确越像词组,反之,语义越抽象、越指向泛化越像词。

---

① 李晋霞、李宇明:《论词义的透明度》,《语言研究》2008年第3期。
② 董秀芳:《词汇化:汉语双音词的衍生和发展》,商务印书馆,2011年,第170页。

语言是一个层级系统，每个层面承担着不同的职能，从而达到比较高的运行效率。词与句子在语言系统中处于不同层级，它们承担着不同的表义功能。句子传达具体事件信息，词记录事件概括信息或某类现象。例如："他接过那本书，把它放进书包里。"这表述的是具体的某个时空发生的事件。而词汇系统中的"树"这个词，包括了公园里的、田野里的、路旁的等等各个具体处所的木本植物。支配式双音词的词义来源于人们对反复出现的经验场景的抽象概括，表示一种非现实的情况，即不是表示在某个确定的时间、地点发生了某个确定的事件，而只是抽象地表示一种经常性的现象，如习惯、规律等。王宁指出广义性是词的语言意义的一个特性："任何言语的词，指向都是单一的，而语言的词是把全社会所有具有现实性的言语意义综合在一起而具有了广义性。所以，词的广义性更准确地说，应当是社会的词在它所适应的全部语境中指向的广泛性。"①总之，词和句子或短语的表义功能存在差别，这决定了构词与造句的生成规律是不同的，而这种差别又往往成为语素结合成词的门槛。

下面我们将《孟子》中的有支配语义关系的双音结构提取出来，对比那些后世成词和不成词的支配关系双音结构的构成成分语义特点，并结合现代汉语支配式双音词语料加以对照，在此基础上归纳支配式双音词成词的语义条件。

1.考察《孟子》中有支配关系的双音结构的前位成分语义特征

(1)赤子匍匐将<u>入井</u>，非赤子之罪也。(《孟子·滕文公上》)

(2)子之<u>持戟</u>之士，一日而三失伍，则去之否乎？(《孟子·公孙丑下》)

(3)段干木<u>踰垣</u>而辟之。(《孟子·滕文公下》)

这里的"入"就是从某空间位置进入另外一个空间位置的变化。"持"是手掌握拿，"踰"是翻越某个障碍物。"入井""持戟""踰垣"有一个共同的特点，那就是说明某个具体时空中的运动变化，到了后代，它们都没有成为支配式双音词。

(4)公行子有子之丧。右师往吊。<u>入门</u>，有进而与右师言者，有就右师之位而与右师言者。(《孟子·离娄下》)

这里"入门"表示人从门内到门外的空间变化，后来该双音结构发生词汇化。

---

① 王宁:《论词的语言意义的特性》,《训诂学与词汇语义学论集》,语文出版社,2011年,第2页。

(5)重念,始得<u>入门</u>。而大法未明,应机接物触事未能无碍。(宋《五灯会元》卷二十)

(6)凡学古者,其<u>入门</u>须用古人之法度,而其究竟,须运自己之丰神,不独书也。(明《五杂俎》卷七)

例(5)(6)的"入门"指掌握了深入学习技艺的正确方法,成为一个支配式双音词。与例(4)中"入门"相比,意义上从具体时空的物理变化转变为弱时空性的学习活动。

从古代汉语支配关系双音结构的历史演变来看,有表达三维空间运动意义的单音词参构的双音结构一般在后代不成词。而当它要成词时,需要有一个弱化可感三维空间的转变,构词后指称较为抽象的活动。

我们再从《现代汉语词典》中选出表示具体动作意义的单音节动词120个:按、扒、拔、掰、扳、抱、拨、剥、踩、擦、插、拆、铲、扯、撑、吹、捶、戳、刺、搓、撮、搭、戴、担、掸、倒、捣、剁、跺、摁、盖、割、拱、刮、刌、划、挤、夹、捡、剪、搅、截、揪、举、锯、撅、嚼、揩、砍、扛、刻、啃、抠、叩、捆、捞、撩、拎、搂、捋、抿、摸、磨、抹、挠、拈、捻、碾、捏、拧、扭、挪、拍、抛、刨、捧、劈、撇、泼、扑、掐、牵、跷、敲、切、扔、揉、撒、搔、扫、筛、拾、梳、刷、涮、撕、搜、摊、掏、踢、剔、剃、捅、投、涂、推、挖、挽、握、捂、吸、咬、舀、砸、凿、扎、轧、摘、折、抓。

但是,它们构成的支配式双音词词项只有102个。一方面,有超过半数的具体动作意义的词并不参与构词;另一方面,这些复合词中,前位语素的动作意义在组合成的复合词义中并没有直接体现出来。例如,"抓药1""抓药2",它们不是具体的用手抓起一把药,而是通过这个动作指称购买药物。"刺字"是一种刑罚名称,"割席"是一个表示绝交的典故。具体动作的单音词在构成复合词的时候往往需要词义的引申,生成的支配式双音词多是非直接式。

再来看《孟子》中用表示抽象活动意义的单音词参构的支配关系双音结构。

(7)非富天下也,为匹夫匹妇<u>复仇</u>也。(《孟子·滕文公下》)

(8)十一征而<u>无敌</u>于天下。(《孟子·滕文公下》)

(9)为政不难,不<u>得罪</u>于巨室。(《孟子·离娄下》)

(10)三年,太甲<u>悔过</u>,自怨自艾。(《孟子·万章上》)

(11)天子适诸侯曰巡狩,诸侯朝于天子曰<u>述职</u>。(《孟子·告子下》)

以上例句中的支配关系双音结构到现代汉语都凝结成复合词。"复仇"中的"复"、"无敌"中的"无"、"得罪"中的"得"、"悔过"中的"悔"、"述职"中的

"述"空间性比较弱。

在现代汉语中,我们看到大量的支配式双音词的前位构词成分都是动作性比较弱的语素。例如,表示"限制"义的"限",构成"限额1""限价1""限量1""限期1"等词;表示"冒犯"义的"犯",构成"犯法""犯规""犯戒""犯禁"等词。"限""犯"这样的语素表示行为者以抽象的手段对事物实施某种影响,动作性较弱。

古今汉语材料证明,支配关系双音结构的成词是有语义条件的。前位语素是非具体动作语素的双音结构更容易成词。如果从句子和词汇语言的两个不同层面考虑,动作性强的动词记录的是具体的物理运动,它反映的是三维空间中发生的运动。相对来说,它的广义度小,指向具体,其语义性质与表达具体事件功能的句子特征相接近,不符合词义广义性的要求,所以它很难与其他成分构成复合词。只有当这个双音结构发生整体的引申,也就是弱化具体的时空性,指向超时空的综合性活动时,才能成词。

2.考察《孟子》中有支配关系的双音结构的后位成分语义特征

(1)昔者文王之治岐也,耕者九一,仕者世禄。(《孟子·梁惠王下》)

(2)齐宣王问曰:"汤放桀,武王伐纣,有诸?"(《孟子·梁惠王下》)

(3)齐人伐燕,取之。诸侯将谋救燕。(《孟子·梁惠王下》)

"治""放""救"都是动作性比较弱的动词,但是这些语例中的支配关系双音结构到后代都没有转化成词。后位成分"岐""桀""燕"都是专有名词,它们是对特定的某人某地的指称,与之结合成的双音结构很难成词。

(4)故为渊驱鱼者,獭也;为丛驱爵(雀)者,鹯也;为汤武驱民者,桀与纣也。(《孟子·离娄上》)

(5)敬叔父则敬,敬弟则敬,果在外,非由内也。(《孟子·告子上》)

"鱼""雀""民""弟"的这些单音词是具体名词,上文组成的支配结构都没有成词。

(6)鸡豚狗彘之畜,无失其时,七十者可以食肉矣。(《孟子·梁惠王上》)

(7)许子必织布然后衣乎?(《孟子·滕文公上》)

(8)紾兄之臂而夺之食,则得食。不紾,则不得食。(《孟子·告子下》)

(9)葵丘之会诸侯,束牲、载书而不歃血。(《孟子·告子下》)

(10)丹之治水也愈于禹。(《孟子·告子下》)

“肉”“布”“食”“血”“水”都是具体名词，它们组成的双音结构有的不成词，如“食肉”“得食”，有的成词，如“歃血”“治水”。像“织布”这样的双音结构则介于词与词组之间。

(11)不仁而可与言，则何亡国败家之有？(《孟子·离娄上》)

(12)无足以解忧者，惟顺于父母可以解忧。(《孟子·万章上》)

(13)为此诗者，其知道乎！(《孟子·告子上》)

“国”“家”“忧”“道”是抽象名词，由这些单音词组成的双音结构有很强的成词倾向。

进一步考察现代汉语中的支配式双音词后位成分，几乎没有指人专有名素和指物专有名素来参构，这是因为语义指向单一，缺少概括性。同样，指示代素、人称代素的所指物是交际情景中或者话语中特定的个体，所以代素的构词能力很弱。与之相对，普通名素由于其所指物是同类实体的指称，所以构词能力要强。

就支配式双音词参构语素来看，在普通名素中，具体名素的总量要少于抽象名素。无生具体名素参构的支配式双音词多为非直接式，例如“拍案”“弄瓦”“启幕”等。有生具体名素中，属动物义类的名素只构成如“逐鹿”“放羊”“斗鸡”等少数词。指人名素构词稍多，其中附属类“头、耳、眼、口、身”等表示人体身体部位参构的支配式双音词相对较多。这一方面与支配式双音词所承担的主要表达功能是人或人与人的社会活动，另一方面这些词在构词时多发生转喻，例如“挠头、惹眼、汗颜、噘嘴”等。相比之下，抽象名素参与构词的限制要少，往往呈现出较强的构词能力。

**表 8-2　由语素“心”“意”“气”“情”构成的支配式双音词例词**

| | | | | | | |
|---|---|---|---|---|---|---|
| X 心 | 伤心 | 痛心 | 舒心 | 开心 | 担心 | 放心 |
| X 意 | 得意 | 失意 | 满意 | 乐意 | 决意 | 适意 |
| X 气 | 生气 | 怄气 | 赌气 | 动气 | 出气 | 解气 |
| X 情 | 动情 | 放情 | 倾情 | 任情 | 含情 | 留情 |

“心”“意”“气”“情”本是与人的心理有关的抽象名素，由这些语素参构的支配式双音词很多(参见表 8-2)，有一定能产性。前文分析 12 个超强构词力的后位语素，其中有 6 个是抽象名素。这充分说明，抽象名素更容易构成支配式双音词。由于支配式双音词后位名素往往能够限定整个词所表达的活动范围，所以总体上支配式双音词多表达人的抽象活动或事物的性状变化。这种构词倾向正说明语言系统中构词与造句的价值取向有所不同。

此外,就支配式双音词来看,处于上位义的名素,即某类事物的通名,往往更容易成词。例如:

(14)吾闻秦楚<u>构兵</u>,我将见楚王说而罢之。(《孟子·告子下》)

《说文·廾部》:"兵,械也。""兵"是对武器的通称。"斧、矛、钺、戟"处于下位义。"构兵"成为一个支配式双音词,然而没有"构斧""构矛""构戟"这样的组合。很显然,处于上位义的名素的指称范围更广,符合词义的概括性和抽象性的要求。

再如,"马"是一类牲畜的总名,用"马"作语素构成了众多的支配式双音词:"出马""上马""下马""落马""堕马""拍马"等等。"骐""骥""骏""驽"等不同类型马的名称,是"马"的下位语素。但是,它们很少与动素结合成支配式双音词。"马"的下位语素良马的"骥"通过隐喻方式构词"附骥",它开启构词路径需要满足一定条件。

认知语言学的"可及理论"提出"可及度"(degree of accessibility),指的是一个指称形式激活人们记忆中的某个指称体的程度。[①] 一般来说,复杂形式的可及度高于简单形式,复杂形式比简单形式的个体化程度高。上下位关系是语义系统性的一种体现。上位义的外延包括下位义,下位义蕴含上位义,并比上位义增加区别性特征。因此处于下位义的语素语义结构比上位义的语素复杂,个体化程度高,与构词的概括性语义要求正相抵牾。上位语素与下位语素相比,语义更概括。例如"山"的外延包括"岭、丘、峰、岗"的广义度,由通称"山"所构成的支配式双音词"开山""出山""登山",它们的广义度也比较宽。由于客观事物的数量以及客观事物内部各方面的差异难以计数,如果每种事物行为或每种有差异的同类事物和行为,都用一个语音形式完全不同的词去指代,那么语言中的词语数目将多到人脑容量无法处理的地步。选用上位义的通名语素构词是以较少的语音形式指代更多的客观事物,这无疑也是语言符号系统满足经济原则的一种自组织行为。

黄月圆认为:"复合词与短语的不同之处在于复合词主要用于命名,而短语用于描述。"[②]命名一个事物与描述一个事物并不属于同一个层次。命名是用最简约的形式表达丰富语义的最有效的手段之一;而描述则就事论事。语言是一个层级符号系统,词和句的表达功能有所分工,各司其职。复合词不是单音词的任意组合,能否成词和怎样成词都受到语义条件的制约,

---

① 姜红:《陈述、指称与现代汉语语法现象研究》,安徽大学出版社,2008 年,第 169 页。

② 黄月圆:《复合词研究》,《国外语言学》1995 年第 2 期。

复合构词在构词材料上是有所选择的。从合成构词的参构成分来看,不同语义属性的单音语素成词的方式不一样。就支配式双音词来说,弱动作性动素和弱空间性名素的双音结构多构成直接式双音词;强动作性动素和强空间性名素显示的具体信息多,其构成的双音结构多是词组,当它们词化时,往往需要削弱其强动作性和可感度,组成非直接式复合词。从构词和构句在构造材料上的差别,可以看清构词与造句是两种不同的语言现象,不能将两者简单等同起来。

### 二、支配力与词内语义关系类型

目前,对支配式双音词内部语义关系类型考察已经比较多,但是很少有研究从整体上探寻这些语义类型的联系和差别。前文我们给支配式双音词下定义时,正是因为考虑到前、后位语素义类繁多,形成语素之间纷繁复杂的各种关系,所以将之阐述为"前、后位语素的语义关系是行为状态作用、影响或涉及该事物、事件或情况"。不过,在实际判定支配式双音词时仍然会遇到到底什么是"支配"这个问题的困扰。而且具体到某个词的语义结构,它到底归属于"作用、影响和涉及"的哪一种?所以有必要为支配式双音词的前后位语素的语义关系设计一个总体方案,对看似没有什么联系的众多构词现象做出统一而合理的解释。这样后位语素的语义角色分类就不仅仅是为了分类而分类,而是可以让分类更好地解释构词现象,包括一些以往研究中遇到的难以解释的问题。

在这里我们尝试引入"支配力"来探讨这种由前位语素发出延及后位语素的这种联系。支配力是人所感知到的外部世界相互作用、相互联系的间接反映。除了物理世界客观发生的力之外,还包括一些言语力、心理影响,甚至是主观注意力的前后延及关联。语言中的支配力可以是主动地、有意识地发出的,也可以是无意识发出的、客观上作用于客体的。由于前位语素和后位语素意义类型多样,所以二者的关系也千变万化,前后位语素的支配力度存在强弱的差异。

判断支配力强弱涉及多个因素。其一,前位语素对后位语素的影响。如果将支配式双音词看作一个由两个构词语素组成的矛盾体,依据事物性质是由矛盾的主要方面决定的辩证唯物主义哲学原理,支配式双音词的前位行为动作性语素是该矛盾体的主要方面,因此支配力强弱主要是由前位语素来控制,而不同义类的前位语素对后位语素的影响是有强弱差异的。其二,该支配式双音词的构词模式。如果前、后位语素之间没有直接语义关系,则不存在直接的支配关系,可能只是一种间接关系。例如"打假"指打击制造、出售假冒伪劣商品等违法行为,"打"与"假"之间支配关系不明显,这也是支配式双音词内部结构与动宾句法结构的差别。其三,动词与后位语素的论元角色关系。"动素—受事"与"动素—材料"结构内部的支配力肯定不一样。

考虑到问题的复杂性,在这部分,我们先讨论直接生成式,即前、后位语素有直接语义关系的支配式双音词。下面以第一至第五章前位动素的分类为基础,参考前人成果对前、后位语素的支配力类型做出分析。

A 类,前位语素为非单纯作用动素的支配式双音词。其内部语义除了有作用或影响他物的过程,还会促使他物发生变化,产生一定结果。例如"伐木","伐"即施力于木而且发生折断的变化。该类语素支配力最强,后接语素典型角色是受事。此外,这类词中有的是"动素—结果"结构框架,例如"雕版""刺字"等。

B 类,前位语素为控他行为变化动素、控他行为转移动素的支配式双音词。其内部语义是控制某物发生变化或转移。例如"除尘"是使得尘土从有变无,"拨款"是使得钱款从某人所属转移到另一人所属。其结构框架也多是"动素—受事",受事因受到前位动素影响产生改变。该类双音词的支配力强。

C 类,前位语素为使役变化、使役转移、使役活动、使役状态动素的支配式双音词。其内部语义是致使某物发生变化、转移、活动或保持某种状态。例如"出兵"是使军队派出,"升旗"是使旗帜从低处往高处攀升,"活血"是使得血液流动,"通气 2"表示使燃气能通畅无阻。

使役(cause),又称致使,是指"某种力量促使或诱发某类事件的发生"。周红认为:"致使包括四个基本语义要素:致使者、致使力、被使者和致使结果。致使的核心是致使力的传递,致使力是致使者作用于被使者导致致使结果产生的一种作用力。"[1]典型的致使情景可以被描述为:使役对被役发出致使力,使被役发生某种变化,造成某种结果。所以,一个完整的致使事件的语义结构可以表达为:事件{致使者 致使力 〔被使者 致使结果〕}。

汉语致使事件的表达有:标记式"S-使-O-V"和无标记式"S-V-O"。"V$_{致使}$+N$_{役事}$"型双音词表达的是不完整致使事件。它的致使者处于空位,它的表达方式属于无标记式,在语义上相当于"使+N$_{役事}$+V′$_{位移}$",致使力是内隐的,名素 N 充当役事,动素 V 照传统语法解释是使动用法。现代汉语构词法中的动素或形素的使动用法,是古汉语使动用法在现代汉语中的

---

① 周红:《现代汉语致使范畴研究》,复旦大学出版社,2005 年,第 77 页。

遗留。其中,有些是常用的基本方法,而有些则是临时活用。

曾立英分析了作格现象与不及物动词的区别。① 举例如:

(1)a. 那件事感动了我。

　　b. 我感动了。

(2)a. ＊那件事高兴了我。

　　b. 我高兴了。

为什么"高兴"不能像"感动"进行这种及物和不及物的交替?因为"高兴"是非致使的状态的变化,所以是典型的非作格谓词。而"感动"属于作格动词,有"V+NP2"及"NP2+V"的转换。

部分使役动素无疑是来自汉语中的作格动词。宋亚云分析:"作格动词带宾语时,具有致使义,语义结构是:(动作)+[结果],'动作'义是隐含的,'结果'义是外显的。部分中性动词带宾语时也具有致使义,语义结构是:[动作]+(结果),'动作'义是外显的,'结果'义是隐含的。二者同中有异。同的是,二者都具有综合性;不同的是,作格动词的动作义隐含,部分中性动词的结果义隐含。"②他所说的作格动词相当于我们所说的使役动素,中性动词相当于我们的非单纯作用动素。例如"出马"中"出"是"使马出列",同时"出"又是致使力作用下产生的结果。这个语素涵盖了致使力作用于被役、被役发生变化产生结果这样两个环节,但致使力从使役传递到被役这一个环节并没有在词表层结构上体现出来,只有被役发生变化的结果在词结构层面得以实现,这使得致使结果在致使情景中得到凸显。即:这一类致使结构在表达致使的功能上,较之作用动素参构的支配式双音词更侧重凸显致使结果。宋亚云认为作格动词其及物性处于及物动词和不及物动词之间。我们认为支配式双音词中使役动素的支配力强度处于非单纯作用动素、控他行为动素之后,单纯作用动素之前。

D类,前位语素为单纯作用动素,包括单纯简单作用动素、单纯行为作用动素以及要求使役要素动素的支配式双音词。其内部语义是施力者对受力者施加具体的作用力或抽象的精神刺激。例如"打桩"指击打木桩,"虐囚"是虐待囚犯,"派员"是派遣官员或工作人员。这都是用某种强力影响某物,但是它与 A 类的区别是并未交代受事遭受影响后的变化。例如"派员",作为有主观意志的"员"有可能依照命令赴命,也有可能抵制不去。B 类和 C 类都涉及变化后的结果,例如"裁员"是减少人员,"裁"对"员"的控

---

① 曾立英:《现代汉语作格现象研究》,中央民族大学出版社,2009 年,第 94 页。

② 宋亚云:《汉语作格动词的历史演变研究》,北京大学出版社,2014 年,第 132 页。

制力明显强于"派员"的"派",所以我们认为 D 类支配式双音词虽然多为"动素—受事"或"动素—役事"的结构框架,但其支配力要相对弱一些,可视为中等。

　　E 类,前位语素为控他状态、使役状态动素的支配式双音词。其内部强调的是对事物的控制或保持在某种状态而不发生变化。例如,"掌权"是掌握权力,"固沙"是使流沙固定。动素的一个重要的原型特征是有变动,E 类动素虽然对他物有一定控制力,或致使处于某种情态,但是与 D 类动素相比没有施力过程,所以支配力也弱一些,也应视为中等。

　　F 类,前位语素为控自状态动素、控自变化动素、行为活动动素的支配式双音词。其内部语义主要是意志控制自身的行为,但对他物没有控制力,也就是通常所说的自动。

　　例如控自心理状态集,"敬业"表示自己内心专注于学业或工作,"业"是注意力的关注对象。"感恩"只是一种态度,并不直接影响对象,也就是重在描写一种感激状态。控自注意力指向事物集的观看组构词"观战 1",其中"观"并没有影响性。

　　控自外表特征状态动素的严肃组构词"绷脸",赤露组构词"赤背",后位语素"脸""背"等多是人的身体部位。控自姿态特征变化集的"昂首、抬头、摇手",后位语素都是人的身体部位。控自非特征状态动素的居处组"安身""容身",这些是将自身作为控制对象。此外,"养病""养伤"的"养"是休养,属于控自特征状态动素,后位语素"病""伤"是原因角色。

　　再如控自行为变化动素参构的"就职"表示自己到职位上,"职"是目的地。环境依赖型活动动素集的"走路 1"表示人在地上行走,"游水"表示人在水中的运动,"路"与"水"是活动的环境或处所。F 类控自行为的支配力明显弱于 E 类的控他行为。

　　G 类,前位语素为经历状态动素、经历变化动素、经历转移动素、经历活动动素、经历作用动素的支配式双音词。经历是人的一种非自主行为,其内部语义为表达人的一种非可控的遭遇,例如"焦心""败选""降级""洒泪""遭罪",动素不仅不能控制外物,反而是受外物控制所发生的行为。由于前位动素对后位语素缺少控制力,所以有些词出现了位置颠倒而语义相近的情况。例如,"X 心"结构的词出现了同义的"心 X"结构,"焦心"也可以说"心焦"。

　　H 类,前位语素为简单状态动素、简单变化动素、简单转移动素、简单活动动素的支配式双音词,例如"漫天 1"和"淤血 1","到点"和"变态 1","降温 2"和"滑坡 1","燎原"和"通风 1"。综合考察这些支配式双音词的语义结构,主要是两种类型:"动素—环境"和"动素—客事"。

"环境"角色以往多分析为处所,我们认为简单动素运动除了有空间的处所,还有抽象的时间或程度,所以用具有更广泛意义的"环境"名称。

自然状态集参构的支配式双音词,如堵瘀组的"堵车""瘀血1",垂挂组的"垂帘",缺乏组的"贫血""乏味"等,是"状态—客事"结构,但以往这种结构常常被视作"车堵""血瘀""帘垂""味乏"理解。存于变化集的脱离组构词"落色""掉线""蜕皮"是"变化—客事"结构,但也往往被理解为"色落""线掉""皮蜕"的意思。本书所说的"客事"角色以往多分析为"施事"角色,但我们认为这些后位语素的语义角色实际上与"施事"是有区别的。

袁毓林界定"施事"角色为自主性动作、行为的发出者。① 意志性、施动性是大多数学者公认的施事特征。李杰认为像"房间太小了,床上再坐几个人吧!"这种主事宾语句中不及物动词"坐"后的有生名词"人"基本上不具有意志性和施动性,甚至可以说获得了一定的受支配性。② 另外,像"椅子上坐着一个人"中的有生名词具有静态性,像"病了一个孩子"中的有生名词即使从客观事理来说也不能控制动词表示的状态变化,而且还具有变化性,而受动者、静态性、变化性,这些都是原型受事的特征。总之,不及物动词后的名词,不仅隐没了意志性和施动性这样的原型施事所具有的特征,有的还获得了微弱的诸如受动性、静态性、变化性等原型受事的特征。

同理,H类支配式双音词,"堵车"的"堵"不是由"车"发出,"变态1"也不是由"态"发出。由于它们缺失了施事最重要的特性——自主性(或称意志性),它至少已经不是一个典型的施事了。由于实际上充当后位语素的多是无意识的自然物,与有意识的、能发出主观能动性的人有所不同,所以我们不采用传统的施事说法,而用"客事"来表示处于"主体—动素—客体"结构最后位置的事或物。

接下来的问题是:H类是前位动素对后位动素影响最小的一类,那么汉语中为什么会产生这种"动素—客事"结构框架的支配式双音词呢?

我们认为这类词的功能重点不是说"客体"发生了什么变化,而主要是交代"主体"存有"客体"或出现与"客体"有关的某事,为了理解这个问题,需要我们将支配式双音词放入"主体—动素—客体"结构中进行整体考察。以生命特征变化集生长组为例,支配式双音词"生根、萌芽、结果1",隐去的主体,某种植物,是"动素—客事"最直接的、关系最密切的关涉者,而支配结构

---

① 袁毓林:《论元角色的层级关系和语义特征》,《世界汉语教学》2002年第3期。
② 李杰:《现代汉语不及物动词带主事宾语句研究》,学林出版社,2007年,第56页。

是述题,阐明主体发生了什么事。

假如将 H 类支配式双音词的结构倒置,就形成"主事—动素"结构,例如"色落""线掉""皮蜕",整个结构作为陈述结构,"落""掉""蜕"分别说明主事"色""线""皮"身上发生的变化,在语义上是相对自足的。但如果是用"动素—客事"结构"落色""掉线""蜕皮"表达时,往往需要补充"衣服""网络""昆虫"等主体,否则就无法表达一个完整的意思。因此,"动素—客事"在语义上要求有一个直接关涉者,即主体。这说明"动素—客事"结构具有阐述"主体存有客体或出现与客体有关的某事"的独特构式义。这就能解释简单状态动素、简单变化动素、简单转移动素、简单活动动素作为前位语素时都是支配力极弱的自动,却不选用陈述式构成双音词而是选用支配式构词的原因。

"动素—客事"结构涉及的主体和客事一般具有广义的领属关系。其主体可以是具体的处所,例如"堵车""掉色",也可以是抽象的领有者范围,例如"无理""缺德"。除了表达主体与客事的存有关系,还可以表示主体处所或范围发生隐现变化,例如"发霉""出事"等。由于无生具体或抽象事物往往具有附属性,所以多由它们来充当客事。

F 类、G 类与 H 类支配式双音词前位动素一样都是自动,所以也可以适用"动素—客事"构式,例如"走人"表示的是主体发生离开的事情,"脱发"表达主体经历了失去头发的变化。

综合以上,从 A 类到 H 类形成了支配式双音词语义结构前后语素支配力强弱的连续统。其中,变化性、影响力、控制性是决定支配力强弱的几个要素。最典型的"非单纯行为作用动素＋受事"或"控他行为变化动素＋受事"的支配力自然是最强的。无控制力的非自主以及自然状态动素组构的双音词支配力属于弱型。结合前文对各类支配关系的分析,我们可以建立前后位语素支配力等级序列:

$$A > B > C > D > E > F > G > H \quad (">" 表示强于)$$

序列左端支配力最强,向右依次递减,右端支配力最弱,居于中间者为过渡地带。支配力与构词能力成正相关关系。一般来说,支配力强的结构,构词也比较强;反之,则比较弱。而且,支配力对后接语素的语义角色类型也有直接影响,其典型角色呈现出受事逐步递减、客事逐步增多的趋势。

## 第三节　语素与半直接生成式的关系

关于复合词语义的特点,吕叔湘曾说:"语言表达意义,一部分是显示,一部分是暗示，有点儿像打仗，占据一点，控制一片。""像'谢幕'那样的字眼，就放弃了很多东西，只抓住两点，'谢'和'幕'。说是'放弃'，并不是不要，而是不明白说出来，只隐含在里边。"①吕先生用形象的语言和典型的例证说明了汉语合成词词义与语素义的关系。词的语素和语素组合是表层，词的语义结构是深层，在深层向表层外化的过程中往往会潜隐一部分语义成分，而显现另一部分语义成分，并在词的层面用语素固化下来形成一个新的双音节整体结构。王宁先生认为："在双音合成词里，语义要素与参构语素并不完全一致，这就是合成词与词组的区别，也是合成词不能用语法结构分析的原因。在语义结构中，有两个因素对词义的解释和词的理解的难易有直接影响，那就是：A. 隐去的意义要素的重要性（HS＞ZS＞JS）与多少；B. 是否出现修辞因素（比喻、借代等）。"②

朱彦在分析复合词复杂语义结构时曾吸取认知语言学中的凸显观，对我们有一定启发意义。前景（foreground）和背景（background），也叫图形（figure）和背景，本是一对心理学术语，指用来构成一个图案的两个重要元素。所谓的"图形"是人注意的目标，比如在照相馆中布景前的人物，而"背景"则是用以突出图形的衬托部分，犹如照相馆中人物后面的布景。这种认知过程可称为注意的前景化与背景化，用于复合构词分析时可以和语义成分的隐现问题结合起来。在复合词的结构中，前景是在表达上负载关键语义信息因而突出的语素，背景则是相对于突出成分以外的潜隐的语义成分。前景化与背景化是相辅相成的，某一成分被置于前景位置就意味着其他成分被背景化。

半直接式双音词的深层语义结构主要是由"核素（HS）＋间素（JS）＋补充意义（Y）"构成，受限于两个音节限制，在词的表层只能出现核素和间素。那么，在汉语双音词词化过程中究竟哪些语义成分作为补充意义而潜隐，哪些语义成分充当核素和间素得以显现呢？刁晏斌曾提出"效率诉求"概念③，它是指运用尽可能经济的形式，表达尽可能丰富的内容和多样的色彩，从而达到语言功能和效用的最大化。这一原则也同样适用于构词现象。人们造词时总是力求显现最具代表性的语义成分，以达到准确、明晰地表达整个词义的效果。下面我们改变以往一事一例的就便解释的研究方式，按

① 吕叔湘：《语文常谈》，三联书店，2008 年，第 73—74 页。

② 王宁：《当代理论训诂学与汉语双音合成词构词研究》，《当代语言学理论和汉语研究》，商务印书馆，2008 年，第 418 页。

③ 刁晏斌：《当代汉语的效率诉求及其表现》，《燕赵学术》2008 年秋之卷。

照半直接式支配式双音词语义结构类型,分析词化过程中语义成分显隐的情况,探寻其中的优化机制。

从认知上分析,人们在观察"运动—实体"时,运动更能引起人的注意力。支配式双音词主要是表达活动,它的运动要素主要是由前位动素承担,所以在支配式双音词构造过程中,前位动素一般充当核素。也有少数例外,例如"博古"的"博"义是丰富,"博古"的意思是"广泛地知道古代的事情",隐去了"知道"语义成分;"圆梦"的"圆"的义是圆满,整词的意思是"圆满实现愿望或理想",隐去了"实现"这个变化语义成分。出现这样的情况多是因为仅用动素如"知古""成梦",不足以表达"丰富""圆满"所包含的大量、程度高这些造词人想要突出的信息,使用"博""圆"做前位语素使得这一个关键信息得以经济地表达。当然从总体上来看,半直接式的支配式双音词前位运动语义成分的潜隐是不多的。

大多数半直接式的支配式双音词都是前位动素所涉及的后面内容的潜隐或显现,其中"限定—对象"结构的词约占总数的六成,非"限定—对象"结构只占四成。前者隐现情况一般可以分为两类:一种是限定语义成分潜隐,对象语义成分显现;一种是对象语义成分潜隐,限定语义成分显现。下面分类对语义成分隐现问题进行分析。

**一、潜隐限定语义成分**

潜隐对象前限定成分,是指半直接式的支配式双音词的语义结构模式中,除了凸显了充当核素的动素,在后位则凸显了动素的对象,而潜隐了对象前的限定性语义成分。例如"退兵2"与"退兵1"意思有别,"退兵2"是使得敌人的军队退后。在构词过程中,限定成分军队的属主"敌人"被潜隐,只是显现了役事"兵",在词的表层与"退兵1"相同。

属于该隐现类型的支配式双音词约有200个。按潜隐成分的差异分出名物性、动作性、形容性、指代性的语义成分。其中最多的是名物性的,占总量的近一半,其次是动作性,最少的是形容性的和指代性的。

(一)潜隐名物性和指代性的限定语义成分

在所潜隐的名物性和指代性语义成分中最鲜明的特点是与人际有关的约占一半。例如,"感恩",表示感激别人的恩情。"领罪",表示承认自己的罪过。"自己""别人"这种代称性的语义成分潜隐情况较多,特别是"X+罪""X+言语或情感"结构,可以说是该类型的一个特点。究其原因,代称成分语义上比较空虚,并不是双音词义的关键信息,所以往往隐去。还有从限定成分与对象成分的紧密程度来看，"别人""自己"这类代称并非受限对象的本质属性，与事物的关系相对疏远，也可能是它们被潜隐的一个原因。

此外，潜隐的名物性语义成分还有"敌人"（摸哨）、"社会"（维稳）、"前人"（托庇）、"君主"（犯颜）等。很显然，人们的关注点在于所属物，而不是属主的情况。关注点选择是我们经验能力的一部分，多选择与我们相关的部分，而忽视与我们经验无关的部分。

潜隐事物类语义成分的支配式双音词比较少，其中比较有特点的是潜隐"商品"，构词"定级、估价1、议价1、标价1"等；潜隐"事物"，构词"审美、计数2、定位1、定性1"等。这两种语义成分都属于上位范畴，由于它们提供的信息比较少，并不具有很强的区别性，故而在构词时都是凸显它们的属性"级""价""数""位""性"等。结果类语义成分也往往是人的关注点，例如"造型3"是制造砂型，"铸字"是铸造铅字，其表示事物材料的"砂""铅"往往被潜隐。

潜隐时间类语义成分的支配式双音词有近20个，所潜隐的成分在语义上多与过往有关，诸如"本来"（违心）、"原来"（改观、复职、归位）、"过去"（洗底）、"前面"（继任）。显然这些词多表达对过往情况的一种改变，与要改变的事物相比，时间往往成为背景而潜隐。相较而言，潜隐地域类语义成分的支配式双音词很少，例如"观光"。潜隐数量类语义成分的主要是约数，例如"几"（连日）、"一定量"（控股）等。

（二）潜隐动作性的限定语义成分

潜隐动作性限定成分的情况较为复杂，可以细分为两类。

第一类是单一型的限定成分。其中"规定"语义成分潜隐的构词量较大，有"逆向、过量、超重3、超速、超时、过时1、守时、超龄、及龄"等双音词，前位语素多是"超""过"等变化动素，后位语素绝大多数是性状名素或时间名素，反映人对各种量的把控，"规定"作为一种默认前提而隐去。还有的被潜隐语义成分是说明具体内容，例如"有意2"的"意"具体是一种"爱慕"的感情；有的是说明事物运动特征，潜隐"行驶"成分的"扒车"；有的是指明用途的，例如潜隐"救援"成分的"搬兵"；还有的是某一方面的属主，例如潜隐"工作"成分的"整风"。

此外，有些词虽然两个语素表达的意思并不完整，但是前位动素对于潜隐的限定语义成分具有信息提示的作用。例如"复辟、复聪、复明、复位2"潜隐"失去"限定成分，但前位动素"复"已经提示了还复原来的状态。

再如"补课1"，前位动素"补"提示弥补该上而未上的课。"班师"的"班"提示已经出征的回归。这些语素绝大多数都是返还类的动素，例如表示"退还已征收入库的税款"的"退税"的"退"就必然包含在此行为前已经发生某事件的信息。完形是人类在与外界接触经验中形成的感知能力，双音词借助前位语素可以做出完形的补充，这是构词"效率诉求"原则的体现。

第二类可以归为复杂结构，指限定成分由一些动谓性的结构组成。其主要有以下几种情况：有主谓结构的，例如"赶车"潜隐"牲畜拉"成分，"回帖2"潜隐"他人发表"成分；有动补结构的，例如"脱胶2"潜隐"附在植物纤维上"成分；有动宾结构的，例如"脱瘾"潜隐"吸毒"成分，"无意1"潜隐"做某事"成分；还有状中结构的，例如"退票"潜隐"已购买"成分，"改色1"潜隐"原有"成分。

### (三)潜隐形容性的限定语义成分

形容性语义成分潜隐的特点它们有许多与适当义有关，例如"恰当"（过度、定位3）、"合适"（选材1、选种）。还有一些主观消极的成分潜隐，如"不合理"（减负）、"不规范"（正音1、正字1）、"不公正"（感世）、"不正确"（纠风）。

当对象是有具体所指的成分时，必须显现对象成分，潜隐形容性限定成分。例如"种牙、植牙、镶牙"，均隐含"假"形素成分，但是不能说成"种假、植假、镶假"。这是因为形素有一定的超物性，如果这时只显现形容性的限定语义成分，就会指向不明，不能准确表达意义，如"育种"换用"育新"，可以表示培育新树苗、新鸡苗、新产品、新人才、新技术等多重意义。但是，如果对象是一个具有泛指意义的成分，则可以用显现形容性限定成分来构词。例如"制假"可以成词，其潜隐的名物性成分是"产品"，具有泛指特征，即使隐去也不影响表义。又如支配式双音词"超人1"与"超凡"均表示超出平常人，其中语义成分"人"是泛指的，这时构词后位语素可以显现名素"人"，也可以显现形素"凡"。

### 二、潜隐对象语义成分

潜隐限定成分之后的对象成分，是指在半直接式的支配式双音词的语义结构模式中，除了显现了充当核素的动素，在后位则潜隐了动素的对象语义成分，而显现了对象前的限定性语义成分。例如，"帮困"是帮助困难的人或家庭，在构词过程中，对象语义成分"人或家庭"被潜隐，只是显现了限定成分"困难"。

属于该隐现类型的支配式双音词有 350 多个,明显比第一种多。而且有一个鲜明特征,即潜隐成分绝大多数都是名物性语义成分,其中占较大比例的是抽象名物性成分。究其原因,一是支配式双音词词义绝大多数是指代抽象活动,参构的抽象名物性成分比较多。二是抽象名物性成分相对于具体名物性成分语义比较宽泛,指向不明确,正如前文所述,这时可以通过显现对象前的限定语义成分来表达。

(一)潜隐具体名物性的对象成分

有生具体名物性的对象成分潜隐,比较多的是"人",诸如"报仇、助残、济贫、欺生 1"等。这是因为"人"是泛指的概念,如果将它显现,而将限定成分潜隐,则会出现表义过于宽泛的问题。例如"助人"只是帮助一切需要帮助的人,但"助残"则通过凸显"残"明确了帮助人群中身体残疾的一类人,指向明确,而且能清晰地与表示帮助老年人的"助老"区别开来。可见支配式双音词构词时语义成分的隐现会受到词汇系统区别律的制约。

此外,潜隐的对象如果语义不是高度概括的上位义,而是较为具体的下位义,则其构词量较小。例如"人"下位的"敌人",只构词"打援";下位的"犯人",只构词"追逃"。究其原因可能一方面是广义度小的成分构词力弱,另一个方面是构词时如果只显现限定语义成分,大量具体下位义的对象成分被潜隐,也会造成指向不够明确的问题。

这种观点再以具体名物成分中的无生名物成分来验证。其中语义成分潜隐比较多的是"食物或药物"(尝新、尝鲜、进补、食补)、"物品"(布展、掺假、查私、贩黄、贩私、仿古、盘存、盘库、清仓 1、清仓 2、拾荒、验关、制假、制黄、作假 1)、"事物"(创优、贩假、造假)、"东西"(负重 1、使假、割爱),食物、事物、物品、商品、东西这些潜隐的成分都有语义空泛、义域广的共同特点。对比一下"存放的物品"(压库 2)、"随葬的物品"(盗墓)、"谷物"(轧场)、"障碍物"(清道 1)、"脏东西"(扫地 1),这些都是有特征的物品,义值多,义域小,构词能力弱。所以,可以概括出一条规则:后位潜隐的语义成分如果是义域广、语义抽象的上位义成分则构词量较多,是强势模式;反之,则是弱势模式。

同理,空间类对象成分潜隐"方向"的词比较多,构词如:迷航、逆流 1、顺流。其次是"地方",构词如:返防、搁浅 1、歇凉。

(二)潜隐抽象名物性的对象成分

通过潜隐抽象名物对象成分构造的支配式双音词较多,主要是抽象名物成分的广义度较大。

可外化抽象成分潜隐比较多的是"内容"类和"约定"类。例如"所叙述或列举的内容"(如次、如上、如下、同上)、"消息"(报捷、报喜、告捷2)、"约定"(订婚、悔婚、退婚、退亲)。"如同类＋X""报告类＋X""X＋婚姻类"有一定类推性。

该类型支配式双音词潜隐与显现的部分语义关系大抵有三种。

其一是"特征—事物"关系。例如:款(募捐)、资金(吸储)、书(修史)、制度(复古、泥古)、信号(解扰)、作品(辑佚1)、牌(夺金)。比较"夺金"与"夺牌"的区别,前者通过显现"特征"语义成分,明确了事物是夺取金牌,而不是一般的银牌或铜牌,后者的范围则比较大。所以这类支配式双音词的构造往往是通过凸显特征,缩小范围,明确对象,而后者的事物往往有一定的义域,如果显现,则出现指向过宽的情况。

其二是"整体—方面"关系,往往凸显的是"整体",潜隐的是"方面"。例如,格式(统稿)、权(盗版1)、内容和形式(改版1)、名(定罪、诬罪)、律(作乐2-1)、要求(审题)、条文(释法)、渠道(竞销)等。

其三是"物体空间—事物"关系,往往凸显的是"物体空间",潜隐的是"事物"。例如:名字(唱票)、问题(答卷1)、图像(截屏)。

不外化抽象成分潜隐所构成的词,几乎都是潜隐对象,显现特点。这是因为不抽象名素都是无形的,而且义域广,意思空泛,需要通过凸显特点来明确所指。一些与人的思想观念有关的成分多被潜隐,例如,意见或做法(从众)、观念(复旧1)、想法(交心、谈心)、意图(逆天1)、主意(使坏)。

事项类对象成分潜隐较多的是"工作""活动""事情"。例如:工作(从教、从警、从医、任教、务实1)、活动(从政、举哀1、行商2、务农)、事情(爆冷、讲古、历险、涉险、涉世、听政、行乐、行善、议政、阅世)。

潜隐性状类成分所构成的词较多,初步统计有80多个,占总量的近四分之一。其中能力集、利害集、数量集、情势集均有体现。对象成分潜隐较多的是"情况"。例如,住宿的情况(查房)、住宿睡眠的情况(查铺)、执勤的情况(查岗1、查哨)、工作的情况(查岗2)和总括性的情况(查夜、见好、应变1、诊脉)。还有利益(卖国、谋私、损人2、营私)、力量(布防、撤防、动武、黩武、设防、用武)、数量(记工、减产、扩销、压产)等。其高产的原因很明显:性状类成分往往具有超物性,区别性低,符合潜隐义域广的对象语义成分,并凸显特征限定语义成分的支配式双音词强势构词模式。

时间类对象成分潜隐"时段"的词较多,构词如:满服、满师、满孝、延聘2、度汛。潜隐"时点"的构词有:期(缓限、展限)、时点(缓征)、日子(庆生、择吉)。

### (三)潜隐动作性和形容性的对象成分

动作性和形容性对象潜隐的构词比较少。例如"断粮",潜隐的是"供应";"隔热",潜隐的是"传导";"识货",潜隐的是"好坏"。这些潜隐的成分多是具体描写或说明属主的情况。试比较"断粮"与"断供",显现属主比显现情况语义成分更明确。而且其前位动素,例如"隔"隐含阻绝事物通过,具备一定提示潜隐的属主情况(传导)的完形能力。

总之,无论是潜隐对象前的限定要素,还是潜隐限定后的对象要素,其遵循的基本规则是词的区别律。限定或对象成分中如果有一个指向过宽的情况,为避免双音词意义指向不明,就会被潜隐,而通过显现较为具体的成分来形成与其他双音词的区别性特征。语义成分显现的原型特征是对内能尽可能涵盖或提示整体信息,对外与其他词形成对照能较为明确地表达该词的特征,我们将之概括为信息度和区别度两个方面。语义成分信息度和区别度越高越容易显现,反之则越容易被潜隐。

### 三、潜隐其他语义成分

除了占大多数含有"限定—对象"语义结构的支配式双音词,其他语义结构类型的支配式双音词粗略统计有 360 多个。其潜隐的成分复杂,种类繁多,下面对一些比较有特点的类型进行分析。

一类是动宾结构的宾语部分中套用动宾结构型。[1] 例如"待岗",谓动成分"得到"潜隐,宾语成分"岗"显现;"惜力",谓动成分"使用"潜隐,宾语成分"力"显现;或者"候补",谓动成分"补"显现,宾语成分"缺额"潜隐。由于名素具有限定活动领域的作用,而动素有一定广义度,如果显现动作成分,构词"待得""惜用"则指向不明,因此通常凸显名素的多一些。前位动素为等候类的比较多。"候车""漏乘","乘""车"之间的语义搭配是固定的,因此如果组成"候乘""漏车"也是可以接受的。"纵酒"与"纵饮"都可以接受,即"饮""酒"之间的组合比较固定。像这种动宾搭配有比较固定的联系,在构词时由于受限于双音词的音节限制只能显现一个成分时,可以选取"动"或

---

[1] 这里套用句法成分术语系来分析复合词语义结构成分的关系,一是用句法成分说明各种结构关系具有较强的概括面,二是便于读者运用熟悉的知识框架理解各种类型,所以没有另造新的术语系。

"宾"中任何一个成分去参与构词，虽然在词的表层只留有一个成分，但是可凭借此成分去激活相联系的另一个部分，达到了"对内能尽可能涵盖或提示整体信息"的显现特征要求，故而会出现"纵酒""纵饮"均可以被接受的情况。

一类是动宾结构的宾语部分中套用主谓或主谓宾结构型，例如"待聘"，主语成分"他人"潜隐，动谓成分"聘"显现。又如"乞食"，"别人给予"主谓结构潜隐，宾语成分"食物"显现。该类型的支配式双音词前位动素集中在陪侍组、引领组、帮助组、替代组、求取组、接受组、逼迫组这些涉及人际关系的语素，参构词例如"陪练1""引渡1""助产""代理1""请功""纳降""逼供"等，其中导 X（导航、导游1）、引 X（引航、引路）、领 X（领航1、领路）、带 X（带班、带路）、帮 X（帮办1、帮凶1）、助 X（助选、助学），代 X（代管、代售）形成比较强势的可类推词模。

这些结构中套用的主语成分往往省略，关注点往往是谓语做了什么。这是因为动谓成分描述具体活动，一方面是认知的关注点，另一方面词与词之间可以保留一定的区别性，如果仅显现主语成分并不能明确意义。例如，"待聘"如果换成"待人"，因为人的活动是多元的，很难从"待人"直接推得"等待他人聘用"的意义。当然也要考虑到主谓之间语义关联的紧密程度以及前位动素的完形功能。例如支配式双音词"停车3"与"停转"、"求人"与"求助"区别不是很大。

一类是动宾结构的宾语部分是双宾结构型。其中外向控制具体或抽象处所集的后位宾语多是处所，双音词前位语素是放置组、插种组、灌注组、存储组、设置组、记录组动素的比较多。例如"插秧"，前位宾语"秧"显现，后位宾语"田地"潜隐。又如"存盘"，前位宾语"信息"潜隐。那么构词时到底应该是前位宾语成分还是后位宾语成分显现呢？据我们观察，如果受事比较确定，而处所不定，一般采用前者。例如"染色1"，意思是用染料使纤维等材料着色，显现染料"色"。如果处所比较确定，而受事内容不太确定或多样，则可采用后者。例如"垫圈"，意思是给牲畜的圈铺垫干土、碎草，铺垫的材料种类多样，不太好概括为一个语素，不能满足双音词的两个语素的限制，所以显现处所。如果双宾结构的后位宾语是时间，例如"值勤"与"值夜""值日"，其语义成分隐现基本也遵循这种规则。

有的处所因为是目的地所以显现，例如"投篮"与"投球"、"射门"与"射球"相比较，支配式双音词"投篮""射门"更强调投射有目标。这种能代表整个词义的关键信息、最为凸显的语义成分可以称为词义的"强势特征"。

控他外向转移集动素的间接宾语多是他人，除了少量像"惠民""酬宾"

这种显现间接宾语,绝大多数都是潜隐间接宾语,而显现直接宾语事物,例如"还债""传话""下定 2"等。这是因为给予对象的人千变万化,不可能根据变化的对象来造不同的词,这不符合词义概括性的基本要求。

一类是动状宾型的结构。例如:"配货",潜隐依据语义成分"按顾客需要"。"分红 3",潜隐依据语义成分"按股份"。"见老""见长 2",潜隐比较对象"比以前"。"报话 1",潜隐工具语义成分"用无线电"。依据、比较对象、工具往往是非必有语义角色,除了特殊强调,一般可以潜隐。

一类是嵌套型的结构。这种构词是显现的后位语素处于被潜隐的前后语义成分中间,多见于打击犯罪活动。例如"缉毒"(缉捕贩卖毒品的人)、"缉私"(缉捕偷运非法物品的人)、"打假"(打击制造假冒商品的行为)等。显现的被嵌套中间语义成分往往具有区别度高的特点。试比较"支教"(支援边远地区的教育事业)与"支边"(支援边疆),"免税"(免除缴纳税款)与"免缴","缓刑"(延缓执行刑法的时间)与"缓期",前者往往明确了某一具体事件,后者指向不如前者明确,尚不能满足人们精准表义的需求。

一类是后位语素转喻型。例如"主厨 1"由"厨房"关联到烹饪,"逼宫"由"宫殿"关联到君主,因为处所与人或人的活动是同所共现的关系。又如"临头(用头指代自身)""触目 1(用目借代视线)""易手"(借代占有者),这些是以人的身体借代人或人的感受。转喻的基本规律是由比较具体的感知义域映射至相关联的抽象域。例如"贪杯"与"贪酒"相比,"杯"作为计算酒量的具体用品被加以凸显。

还有一类是两个相同的语义成分归并为一个语素显现型。有前位状态动素的支配式双音词,连接组的"连声",表示声 1 和声 2 相接;"接壤",表示壤 1 和壤 2 相接。有前位变化动素的支配式双音词,更换组的"换岗 2",表示从岗 1 换到岗 2;"转型 2",表示从型 1 转到型 2。有前位转移动素的支配式双音词,降贬组的"降班",表示从班 1 降至班 2;晋升组的"升职",表示从职 1 升至职 2。由于转移动素的语义结构是"事件[客体　从　源点　移向　目标]",当源点和目标是在同一范畴时,构词时往往以表达范畴意义的语素显现达到"效率诉求",所以由前位转移动素参构的支配式双音词具有较强的类推性。

## 第四节　语素与非直接生成式的关系

彭小川认为:"复合不仅是语法问题,也是心理加工问题,更是认知机制问题。复合这一手段是人类认知过程中最为常见、最为方便的思维工具之一。"①也就是说复合构词生成新义的过程涉及人的心理加工,因此从认知的视角来考察构词现象也是必须的。

莱考夫(Lakoff)于 1987 年提出理想化认知模型 ICM(论证对一个词的理解依赖于与之相关的整个概念系统)的隐喻映射和转喻映射建构原则,②前者是说明一个域的命题结构或意象图式和另一个域的关联,后者是说明一个域的部分和其所属的整体或整体中的另一个部分之间的"代替"关系。隐喻和转喻思维是使语义能向其他义域变换转移的促动和实现因素,作为一种意义的加工机制对词义演变产生了影响。

张云秋指出所谓的概念整合(conceptual blending)指的是对两个来自不同认知域的概念有选择地提取其部分意义并通过转喻或隐喻等整合起来,进而形成一个复合概念。经过概念整合形成的支配式双音词,它的参构语素义在整词的意义中不能得到直接体现,因此只能充当间素功能,由于非直接生成式双音词的概念整合过程非常复杂多变,目前还无法对语义结构模式的所有情况做出全面分析,下面就其中规则性比较强的一些构词现象分隐喻型和转喻型展开专题探讨。

## 一、隐喻型支配式双音词

莱考夫(Lakoff)和约翰(John)认为隐喻的本质是体认和理解其他事物,隐喻不仅是语言学现象,而且是一种非言辞表达的思维方式。③ 隐喻就是从一个认知域(来源域)投射到另一个认知域(目标域)。支配式双音词的词项意义之间也存在隐喻关系。例如:"开炮 1"指具体动作的发射炮弹,"开炮 2"是指言语活动的提出严厉的批评。"开炮 2"借助由军事活动域映射至人际言语域的隐喻方式构成新的词项。

在判定隐喻型支配式双音词时,我们需要注意泛指与隐喻的差别。例如:

> 出局 1:指棒球、垒球比赛击球员或跑垒员在进攻中因犯规等被判退离球场,失去继续进攻机会。

---

①　参见方清明:《现代汉语名名复合词的认知语义研究》,科学出版社,2015 年,彭小川序言。

②　Lakoff,Geoge. *Women,Fire,and Dangerous Things*. Chicago:University of Chicago Press,1987.

③　Lakoff,Geoge and Mark,Johnson. *Metaphors We Live By*. Chicago:University of Chicago Press,1980.

出局 2：泛指在体育比赛中因失利而不能继续参加下一阶段的比赛。

出局 3：比喻人或事物因不能适应形势或不能达到某种要求而无法在其领域继续存在下去。

"出局 2"是通过泛指生成的词项，因为它是活动处所从"棒球、垒球比赛"扩大至整个"体育比赛"，泛指在同一概念域中内涵减少，外延扩大。"出局 3"是通过隐喻生成的词项，它从具体比赛领域映射至人事抽象域，隐喻所涉及两个语义域的跨越，而且它们之间一般没有包含关系。在确定了隐喻型的支配式双音词之后，我们重点分析源域和目标域之间的联结通道，希望从中归纳出一些倾向性规则。

（一）人体经验的隐喻

《易经·系辞》曰："近取诸身，远取诸物。"古希腊哲学家普罗泰戈拉有格言"人是外物的尺度"。身体经验是人类认知的基本出发点，它是我们形成抽象范畴的主要源域。由具体的身体动作、行为活动、经历活动映射至抽象的人的状态、关系以及社会事务活动的路径生成支配式双音词项有一定能产性。

1. 身体动作域的映射方向

映射至人际事务域：步武 2、插脚 2、插身 2、插手 2、插足 2、撑腰、堵嘴、放手 2、继武、劈腿 2、起步 2、牵手 2、舐痔、伸手 2、抬手、洗手 1、洗手 2、携手 2、沾手 2。

映射至生存状况域：翻身 2、翻身 3、回头 3、伸腰、松气。

2. 行为活动域的映射方向

与身体动作域主要是控制人的身体部分不同，行为活动包括人使用外物的具体行为和延续性活动。汉语支配式双音词构词时用具体行为活动隐喻三个认知域。

映射至人际关系域：穿线、搭桥 2、打气 2、关门 1－1、关门 1－3、挂钩 2、开门 1、拉锯、拉线、联姻 2、骑墙、牵线 2。

映射至人事活动域：补课 2、操刀、点火 2、镀金 2、放毒 2、放火 2、剪影 3、解渴 2、聚焦 2、揩油、抹黑、淘金 2、献宝 2、玩火。

映射至人事情态域：打鼓、登顶、扫地 2、筛糠。

3. 经历活动域的映射方向

与控自的行为活动不同，经历活动是人的非自主行为，汉语支配式双音词构词时可以用具体的经历活动隐喻抽象的心理状态或人事遭遇。

映射至性状域：垂涎、断代1－2、迷路2、束手、烫手、压顶、做梦2。

映射至人事域：猜谜2、灭顶、碰壁、失足2、撞墙。

(二)具体社会活动的隐喻

人的社会有比较具体的在三维空间展开的物理活动,如交通、军事、表演、医疗、体育等方面,也有比较抽象的言语、事务、计划、人际、心理等领域。支配式双音词多根据具体物理活动的特点隐喻抽象状态活动,类型多样,构词丰富。

1.出行交通域的映射方向

映射至人事情态域：触礁2、翻车1－2、翻船2、搁浅2、落马2、爬坡、抛锚2、铺路2、刹车3、上马、下马。

映射至人事活动域：避风2、并轨、搭车2、顶风3、改辙、接轨2、离辙、溯源、掌舵2、转轨2、撞车2。

可见出行交通域向人事域映射,汉语构词者主要有两个关注点:一是以行路的进程隐喻事情的进展,二是以行路的方向隐喻措施行为的方式及其改变。

2.军事域的映射方向

映射至人事言语域：放炮5、开炮2、卡壳3、哑火2、走火2。

其特点是由枪炮发射联想至人发出言语,从而建立联系。

映射至人事竞争域：登陆2、掉队2、交锋2、开战2、落伍2、抢滩3、宣战2、压阵2。

映射至人事进程域：把关2、闯关、攻关、攻坚2、过关、卡壳2、设卡2。

"关、坚、卡"是行进过程中的障碍,由具体空间阻碍物联系到抽象事件过程中的困难。

映射至人事职场域：换马、归队2。

以上可以看出在汉语词义中,军事战争域与人的言语争辩、市场竞争、竞技比赛等领域关系密切,而战斗过程与人所完成的任务有比较近似的地方。

3.表演域的映射方向

映射至人事政治域：帮腔2、补台、拆台、出台2、出台3、搭台、登台2、垮台、亮相2、亮相3、牵线1、上台2、下台、演戏2、着调、做戏2。

从以上词例来看,表演域映射方向比较集中单一,说明在汉语中多以演戏事项隐喻人的政治活动。

### 4.生理医疗域的映射方向

映射至人事情态域：逼命 2、催命、发疯 2、发热 3、盲目、切肤、切骨、找病 2。

映射至人事活动域：把脉 2、放血 3、割肉、换血、扒皮、开刀 2、输血 2、造血 2。

生理医疗域的隐喻点：一是人的生理状况涉及心理的状况及程度的深重，二是医疗有疾病作为处置对象，所以其投射到其他语义域时也多是表示管理、处理某种情况或事物。

### 5.宗教信仰域的映射方向

映射至人事活动域：传灯、开荤 2、取经、烧香 2、说教 2、贴金。

以上根据宗教活动中的各个特点与各种事项相联系。

映射至人事情态域：见鬼 1、闹鬼 2、招魂 2、作怪、作祟。

"魂、鬼、怪、祟"多是迷信思想的产物，投射到客观世界的人事情态时含离奇古怪义，多带有贬义色彩。

### 6.竞技体育域的映射方向

映射至人际关系域：出局 3、斗法、对擂、交棒、接棒、摊牌 2。

映射至事物情态域：跳水 2、洗牌 2。

总之，竞技体育领域本身就是多人的竞争，而且伴随着赛事进行会发生各种突变情况，所以其隐喻多涉及在生产生活中人与人之间的竞争或传递关系，或者是事物的发展变化态势。

### 7.经济商贸域的映射方向

映射至性状域：兑现 2、破产 3。

映射至人际事务域：欠债 1、欠账 1。

### (三)物质特征的隐喻

人在感知外部客观世界的过程中逐步掌握外物的特征，并以此为源域向人事、物态、情状等比较抽象的认知域投射，来建构人的主观世界。支配式双音词也由此路径构词，数量与人体经验的隐喻构词相近。

### 1.无生自然域的映射方向

映射至人事域：变天 2、翻天 2、滑坡 2、合流 2、回潮 2、降温 3、升温 2。

**2.有生植物域的映射方向**

映射至人事域：成材、归根、连理 2、萌芽、生根、扎根 2。

**3.有生动物域的映射方向**

映射至人事域：布网 1、漏网、逐鹿 1、铩羽、上钩、跳槽 2、咬群 2、续貂、学舌 2、钓鱼。

映射至情状域：冲天、炸窝 2、放羊 2、附骥、嗜血 2、恋栈。

**4.人造物质域的映射方向**

映射至变化域：曝光 2、成器、充电 2、出笼 2、出笼 3、出炉 2、断弦、翻盘 2、回炉 2、加温 2、破的、散架、缩水 3、塌架 2、脱钩 2、砸锅、中的。

映射至物态域：接榫 2、托底 2、悬空 2。

从以上考察可以看出，其一般规律是由比较具体的语义域映射至比较抽象的语义域。自然物质的天象天气、植物动物，一般物质的变化，人的自身动作及具体行为，人的军事战争、经济活动、戏剧表演、竞技体育、卫生医疗、出行交通、宗教信仰等各职业专业领域的行为都是比较可观可感的，所投向的多是较为抽象的言语、政治、管理、竞争、人际关系、职位、职务、人事进程、思想方向、心理态度、性质状态等不太容易外化的抽象世界。隐喻型支配式双音词借助跨域映射使比较抽象的活动事件得以外显，满足了明确表达信息的需求，也便于接受者理解。

## 二、转喻型支配式双音词

在人的认知中，行为是注意焦点，实体是淡化背景，所以一个"行为—实体"关系的组合凸显的是行为，整个结构体是活动性的。通常来说，支配式双音词的前位动素是注意的焦点，而后位语素是背景，这个动素影响了整个结构体的性质。例如由动素"拍"和名素"手"构成双音词"拍手"，整词具有与前位语素"拍"一致的动词性。支配式双音词主要反映的是"活动"这一语义范畴，动词性是支配式双音词的典型语法属性。

但是在大量的汉语支配式双音词汇中，有一部分词的语法属性是非典型的，有名词、形容词和副词等词类。转喻是利用两个认知域之间的关联性，由显著度高的认知域过渡到显著度相对较低的认知域。非典型支配式双音词的生成也可以看作是受转喻机制影响，产生的非范畴化。霍珀（Hopper）和汤普森（Thompson）提出非范畴化（decategorization）概念，其基本含义是词类（主要是名词和动词）在一定的语篇条件下脱离其基本语义与句法特征的过程。① 刘正光认为,非范畴化不但是语言变化与发展的重要途径,更是人类认知的一种重要方式。他把非范畴化定义为:在一定条件下范畴成员逐渐失去范畴特征的过程。② 支配式双音词通过转喻,失去其动词性语法属性,生成名词、形容词、副词以及极少的连词。下面着重对前面三类的转喻条件以及构词语素的语义倾向性进行分析。

(一)支配式双音节名词的生成

名词区别于动词的最根本的特征是它的独立性,而动词则有依附性。动词与名词在语义上存在对立,所以动词性成分向名词性转变,主要不是因为两者相似,而是因为两者相关。从哲学上来说,物质与运动相互区别又彼此联系。物质是运动的,运动是物质的运动,运动和物质密不可分。支配式双音词构词由一个反映"活动"的语义范畴转喻与该"活动"有关的主体、结果、处所等等。通过梳理,《现代汉语词典》(第 7 版)有 207 个支配式双音节名词词项,下面按照名词的义类分别进行分析。

1. 有生名词

有生名词共计 77 个,约占总数的三分之一,是支配式双音节名词中最多的一类。它们都是指人名词,没有动植物名词。列举如下:

> 伴游 2、帮办 2、帮工 2、帮闲 2、帮凶 1、保安 3、保镖 2、编剧 2、参谋 1、参谋 2、参议 2、代办 2、代办 3、当差 2、导播 2、导购 2、导演 2、导医 2、导游 2、导诊 2、董事、督办 2、督军、督学、翻砂 1、管家 1、管家 2、管事 3、护法 2、监工 2、监考 2、监事、监制 3、检场 2、将军 1、将军 2、开山 4、理事、连理 2、领班 2、领队 2、领港 2、领航 2、领江 2、陪客 2、陪练 2、生齿、受业 2、司机、司库、司令 1、司令 2、司炉、司药、司仪、听差 2、驼背 2、卧底 2、无辜 2、裹礼 2、协理 2、引港 2、赞礼 2、掌舵 3、掌柜 1、掌门、知己 2、知客 1、知客 2、知事、知县、知音、制片 2—2、主考 1、主拍 1—2、助理 2、资政 2。

该类名词往往是通过叙述人的行为来转指人的职务或身份,例如"监制 2",由"监督摄制"转指"监督摄制的人"。其中有一些是有类推性的词模,例如"帮 X""保 X""参 X""代 X""导 X""督 X""管 X""监 X""领 X""陪 X""司 X""掌 X""知 X""主 X"等。分析前位动素义类分布,情况见表 8-3。

---

① Hopper, Paul J. and Thompson, Sandra A. "The Discourse Basis for Lexical Categories in Universal Grammar," *Language* 60, no. 4(1984):703-752.

② 刘正光:《语言非范畴化:语言范畴化理论的重要组成部分》,上海外语教育出版社,2006年,第 61 页。

表 8-3　支配式双音节有生名词前位动素义类分布

| 义类 | 状态 | | | | | 变化 | | | | 转移 | 活动 | 作用 |
|---|---|---|---|---|---|---|---|---|---|---|---|---|
| 次类 | 控自行为状态 | 控他行为状态 | 关系简单状态 | 自身经历状态 | 非自身经历状态 | 特征经历变化 | 特征使役变化 | 控自行为变化 | 控他行为变化 | 控他行为转移 | 独立行为活动 | 单纯行为作用 |
| 词数 | 10 | 22 | 1 | 1 | 3 | 1 | 1 | 6 | 5 | 1 | 1 | 25 |
| | 37 | | | | | 13 | | | | 1 | 1 | 25 |

从表 8-3 可以看出状态动素与作用动素占多数，而转移动素和活动动素参与构词的数量极少。具体来说，控自行为状态和控他行为状态、单纯行为作用动素参构度高。下面具体来分析它们的生成方式。

(1)监工 2、监考 2；(2)督办 2、督学。

(1)中例词的语义框架是"主体—控制状态—受事"，(2)中例词的语义框架是"主体—控制状态—事件"，"监""督"是控自行为状态，其语义结构是"事件{行为者 i　控制　［客体 i　状态]}"，转指行为者。

(3)保安 3、保镖 2；(4)司库、司炉。

(3)(4)中例词的语义框架是"主体—控制状态—受事"。"保""司"是控他行为状态，其语义结构是"事件{行为者 i　控制　［客体　状态]}"，转指行为者。

(5)领班 2、领队 2；(6)导演 2、导游 2。

(5)中例词的语义框架是"主体—行为作用—受事"，(6)中例词的语义框架是"实体—行为作用—事件"。"领""导"是单纯行为作用，其语义结构是"事件{行为者　控制［工具　影响　客体]}"，转指行为者。

控自行为变化动素、控他行为变化、独立行为活动也都是转指行为者。但"受业 2"是个例外，其前位是控他行为转移动素"受"，表接受义，"业"是事项名素，表学业义。整个词项不是接受学业的主体，而是接受学业的来源者老师。

除了这些主体的语素构词占了绝大多数，其他也有一些特例，在此也稍作分析。

关系简单状态"连理 2"，转类表示"恩爱夫妻"，既有隐喻，也有转喻。"连理"本指不同根的草木枝干连生在一起，与恩爱夫妻的关系相似，最终转指恩爱夫妻。

由经历状态动素所构的词，"无辜 2"是指没有罪的人，"没有罪"修饰说明人的状态。"知音"是通过典故化成词，语义生成途径则是转指经历者。

"驼背2"的"驼"是经历状态动素,其语义结构是"事件{经历者i 经历 〔客体i 处于 生理特征〕}",也是转指经历者。

"生齿",是由自身特征经历变化动素参构,意思是长出乳齿,古时把已经长出乳齿的男女登入户籍,后来借指人口、家口。"翻砂1"是由特征使役变化动素"翻"参构,由该事件转指使役者。

### 2.无生名词

无生名词共计 46 个。总体看来,这些支配式双音词主要是与人有关的各类物品或使用的工具。下面根据它们的用途大致分类。

第一类是涉及人的身体的用品,有:包头1、绑腿、垫肩2、抽纱2、垫肩1、盖头、裹脚2、裹腿、护耳、护领、护腿、护腕、护膝、护腰、披肩1、披肩2。

总体看来,其前位语素多为作用动素,后位语素多为指人名素中的身体部位。该类词是通过描述物品作用于某人体部位的功能后转指。

第二类是物品的某个部位,有:把手1、把手2、扳手1、扳手2、刹车4、扶手、靠背、靠手、摇手2、抓手2。

它们前位语素的类型多样,后位语素多是人体部位"手"。该类词主要是通过描述人的手所接触的物品部位来转指的。

第三类是某种人所使用的工具或物品,有:刨冰、承尘1、搭腰、滴水1、垫脚、拂尘、盖火、护岸2、护壁、进口1—3、陪嫁、司南、添箱2、调羹、遮阳2、指南。

有相当多的词的前位语素是简单动素,后位语素则很多是无生具体名素。

第四类是工艺作品,有:雕漆2、剪影2、剪纸2、剔红。

该类前位语素均是非单纯作用动素,"雕""剪""剔"的语义特征是对事物实施某种影响并改变对象,它们转指经由活动产生的成果。

### 3.空间名词

空间名词只有 9 个,有:薄海、滴水2、跌水2、隔壁、间壁1、溢觞2、露天2、听事2、退步3。

除了"听事2""退步3"是通过人的行为来转指处所,其他词都是前位动素是简单动素,后位语素是无生具体名素。

### 4.抽象事物名词

抽象事物名词有 26 个,列举如下:

备考2、备注1、备注2、补白1、代序、仿宋、汗青、集句2、辑佚2、纪实2、纪事2、纪行、纪要、开篇1、开篇2、考古、启事、提纲;补差2、进账 2、润笔；出息 1、了局 2、为人 2、抓手 2、造物。

其中可外化抽象名词占绝大多数，主要是与文化有关的事物 18 个，例如"代序"。另外还有表钱物的 3 个，例如"进账 2"。不外化抽象名词 5 个，例如"了局 2"表示"解决的办法"。

### 5. 抽象事情名词

抽象事情名词有 33 个，列举如下：

> 保险 1、蹦床 2、承题、叠韵、传真 2、划艇 1、会意 1、击剑、加餐 2、剪影 3、讲史、竞走、开始 3、拟人、拟物、泼墨 1、破题 1、龋齿、生光、跳月、趟马、跳板 4、通感、卫生 2、象形、行事 1、行政 2、想象 2、指事、中暑 1；吃水 4、出手 4、出手 5。

其中事项名词占主体，多数是自指产生。动词的转指和自指用法是朱德熙（1983）提出的，汉语动词可以转指名词，也可以自指名词。许多体育项目"蹦床 2、划艇 1、击剑"，既是自指，又有特指，由泛指同类事或物，转变成指向单一。无论是转指、自指都是对事物的指称，其都是从行为活动转喻来的。性状名词只有 3 个，"吃水 4"指船进入水的深度，"出手 4"指袖子的长短，"出手 5"指开始做某件事情时表现出来的本领。

### 6. 时间名词

时间名词有 16 个，作为单一义类的词汇数量还是比较多的，列举如下：

> 傍晚、傍午、薄暮、重九、重午、重阳、垂暮、过午、惊蛰、立春 1、立冬 1、立秋 1、立夏 1、凌晨、启明、知命 2。

后位语素如果是时间名素，则多是自指产生。例如"立春 1、立冬 1、立夏 1、立秋 1"，"立春"表示春天开始，它表称一个节气名，由陈述转为指称。少量转指例如"知命 2"则是典故化造词，《论语·为政》："五十而知天命。"指年至五十，能了解上天的意志和人的命运，后来用"知命"代指人五十岁。

支配式双音节名词中像"监考 2"那样，与其他词项"监考 1"共用一个语素结合形式，或者是"披肩 1""披肩 2"多个义项共用一个语素结合形式，这种情况占总数的一半以上。法国语言学家马蒂内（A. Martinet）在解释语言演变时提出了著名的经济原则。语言作为一个信息传递系统，其内部也处处体现这种经济原则，那就是通过简洁的方式给出一些关键性的符号而获得最成功的信息传递效果。词汇系统在构词时付出最少的编码努力，然后借助认知系统中的转喻机制将各种词项联系沟通起来，也是遵循经济原则的体现。

（二）支配式双音节形容词的生成

动词性结构与形容词性结构的转化有其哲学基础。运动是事物的根本属性和存在方式，而事物是动作行为发生的主体。性质与状态都不是独立存在的，它要以事物为依托，因此在对事物依附性方面动词和形容词具有一致性。在语义上，动词和形容词并没有不可跨越的鸿沟，张伯江[①]、张国宪[②]都曾列过"名词—形容词—动词"的连续统。在句法功能上，动词和形容词均是谓词性的。所以，当一个述宾双音结构具备一定的语义条件时，可以通过词化方式形成双音节形容词。

本书从《现代汉语词典》（第 7 版）中择取形容词性支配式双音词，共得354 个词项，下面分别对双音词前位语素和后位语素的义类分布和制约因素进行论述。

### 1. 支配式双音节形容词前位语素的语义特点

我们将参构动素分为状态、变化、作用、活动、转移五类，加上前位形素，分别统计它们所参构的语素量及所构成的词项量，详细分布见表 8-4。

表 8-4　支配式双音节形容词前位语素义类分布和构词项量统计

|  | 状态动素 | 变化动素 | 作用动素 | 活动动素 | 转移动素 | 形素 |
|---|---|---|---|---|---|---|
| 语素量 | 66 | 41 | 36 | 14 | 4 | 37 |
| 词项量 | 169 | 57 | 56 | 19 | 7 | 46 |
| 词项量占总比 | 47.8% | 16.1% | 15.8% | 5.3% | 2.0% | 13.0% |

前位语素主要是状态动素，所构词项量占总数近一半，平均每个语素构词项约 2.6 个，具有一定的能产性。具体分析，状态动素可分为两大类：简单状态动素和行为状态动素。其中简单状态动素分为存在状态动素和关系状态动素。存在状态动素包括表达某客体处于某环境的存于状态动素，或某环境存有某种客体的存有状态动素。其中"有 X"词项多达 11 个，"无 X"词项多达 15 个，有较强的构词能力。关系状态动素表示两个或多个事物之间的静态关系，参构语素和所构词项比较多。有对当义作前位语素的"对X"达 9 个词项。符合义的参构动素有 12 个，其中"合 X"词项多达 11 个。行为状态动素作前位语素所构词项相对较少，只有 45 个，主要是控自状态

---

①　张伯江：《词类活用的功能解释》，《中国语文》1994 年第 5 期。

②　张国宪：《现代汉语形容词功能与认知研究》，商务印书馆，2006 年，第 8 页。

动素和控他状态动素两类。在控自状态动素中的心理状态动素,多是表示对外物态度有较强指向性的语素,如表喜好义的语素"好""要""贪"等。控他状态动素,有表保有义的语素"保""守""扼"等。

王军在分析形容词的语义特征时说:"尽管性状依附于以空间性为基本属性的实体,本身却不占据空间;尽管性状依附于以时间性为基本属性的动作行为,性状本身却不占据时间。"①人们在认知某种事物的性状时,是以相对静止的状态来分析和理解的,包括认识事件进程的快慢、长久,都是超脱了时间性的经验概括和抽象。动词是表示人或事物的动作、存在、变化的词汇,典型的动词所指是在一维时间上占有一定时间量的行为动作,表现出时间上的延续性和动作的可重复性。吕云生将动词所表现的事物在特定环境中静止不动的情况称为"状态"。② 状态动词是非典型动词,决定了由它们参构的述宾结构的时间性也很弱,属于非典型的述宾结构,这与性状的认知特征相符。由于转喻的基本规律是 A 和 B 的邻近度越高,A 转指 B 的可能性就越大,所以由状态动素参构的结构易于形成一个描述事物性状的双音节形容词,这是状态动素参构度较高的一个重要因素。

前位变化动素分为四类。一类是简单变化动素,如表到达义的"及""入""着",其中"入 X"形容词多达 7 个词项。一类是行为变化动素。其中控他行为变化动素有"革"等,控自变化动素有"到"等。一类是使役变化动素,有"上"等。还有一类是经历变化动素,其中"失 X"双音词项多达 7 个。

吕云生对"变化"语义要素分析说:"变化是瞬间完成的,这意味着在时间轴上,变化的起点和终点是重合的。"③变化动词表达的是事物从旧的状态、位置或范围转变到新的状态、位置或范围。原有的位置和结果位置是重合的,变化一经完成,便转入结果状态。变化动素过程性弱的语义特征为它构造支配式双音节形容词提供了语义基础。此外我们发现一个特点,所参构的语素多为与隐现有关的存在变化,如"见外""卖力""害羞""失准2"等,前位语素时间性相对较弱。而表示运动过程变化的动素,如表示开始义的"开",表示停止义的"罢",表示结束义的"关"等,都没有参构形容词性的支配式双音词,这说明变化动素构造形容词时也会受到性状不占时间和空间特性的制约。

---

① 王军:《形容词的语义特征及语义分类》,《词汇学理论与应用(四)》,商务印书馆,2008 年,第 139 页。

② 吕云生:《〈礼记〉动词的语义分类研究》,中国广播电视出版社,2009 年,第 39 页。

③ 吕云生:《〈礼记〉动词的语义分类研究》,中国广播电视出版社,2009 年,第 49 页。

前位作用动素可以分为具体作用动素和抽象作用动素。具体作用动素往往有具体的施力作用,构词语素较少,如刺刻义的"棘""扎""刻"等。抽象作用动素是施加抽象的影响,如败坏义的语素"败""扫",表招引义的"夺""抢""惹""招"等。

作用动素和后位语素可以合成形容词性的支配式双音词,其中一个因素就是作用是一个施力的过程,由于力量或能力是无形的东西,具有程度的连续性,如"很扫兴"表示对兴致的破坏是高量级的,该双音结构具备了形容词的程度性要求。另一个重要因素是有相当多的作用动素后接的是"耳""眼"等人的附属感官名素,或是指人名素"人",如"刺耳""吵人"等,这些支配式双音词表达的是通过对人感官的刺激作用,形成人的内心主观状态,由于心理状态也是抽象的,具有程度的连续性,其与形容词的语义特征正相匹配。

活动动素和所构词项较少,如表经历义的"过""耐",表论述义的"讲""说"等。转移动素参构语素及所构词项都最少,只有表传递义的"传"、表趋向义的"走"以及表下去义的"下"。

"活动"是事物持续性的运动,"转移"是事物从原始位置向最终位置的移动,二者都有比较明显的过程,具有较强的时间性,这与形容词不占时空的属性相冲突,因此活动动素和转移动素的构词能力很弱。它们与状态动素在时间性上存在极大反差,因而所构词项数量悬殊。此外,同是与心理有关的动素,状态类心理动素构词能力较强,而表示人的活动类心智动素则构词能力较弱,如支配式双音词"猜谜""算账""酌情""背书"等都不是形容词。

前位形素大致分为两类。一类是描写人的心理情状的形素,占据主体地位,如表舒适义的"舒""怡",表憋闷义的"堵""闷""憋",表烦恼义的"烦""恼""闹""糟"等。一类是非心理的一般形素,有表偏斜义的"偏",表一致义的"齐",表寡少义的"薄""寡"等。

形素具有一定的参构能力,很明显,如果一个前位语素有程度性,其所构双音结构的语义属性与形容词要求比较接近。但是形素的构词量为什么没有超过状态动素,甚至是变化动素、作用动素呢?可能是因为一般形素带宾能力弱,所构成的支配式双音词比较少,制约了它构成形容词的数量。

2. 支配式双音节形容词后位语素的语义特点

支配式双音节形容词的后位语素可分为名素和非名素,其中名素可分为具体名素和抽象名素两大类。表 8-5 分析了语义分类并统计了构词量,可由之考察后位语素的特点。

表 8-5 支配式双音节形容词后位语素义类分布和构词项量统计

| 分析项 | 抽象名素 | | | 具体名素 | | | 非名素 | | |
|---|---|---|---|---|---|---|---|---|---|
| 次类 | 事物 | 事情 | 时间 | 有生 | 无生 | 空间 | 动素 | 形素 | 代素 |
| 词项量 | 95 | 78 | | 77 | 8 | | 31 | 49 | 4 |
| 再次类 | 可外 \| 不外 | 事项 \| 性状 | 1 | 指人 \| 非人 | 人造 \| 自然 | 11 | | | |
| 词项量 | 17 \| 78 | 18 \| 60 | | 76 \| 1 | 7 \| 1 | | | | |
| 占总比 | 26.8% | 22.0% | 0.3% | 21.8% | 2.3% | 3.1% | 8.8% | 13.8% | 1.1% |

　　抽象名素所构词项占总量的近一半。其中事物抽象名素按照是否依附于具体实体分为可外化抽象名素和不外化抽象名素。不外化抽象名素中主要是与心理有关的名素,构词能力强,如"X 心"词项多达 35 个,"X 意"词项有 10 个,"X 情"词项有 8 个,呈现出一定的规则性和模式化。事情抽象名素包含事项名素和性状名素,事项名素是对运动行为的指称,所构的"X 事"词项有 6 个。性状名素后者是对性质和状态的指称,所构的"X 力"词项有 7 个。

　　作为一个述宾双音结构,前位成分对整个结构的语法性质起到重要作用,但是后位成分对整个结构的语义特征也有一定影响。马建忠说:"静字,所以肖事物之形者。形者,附事物而生。"[1]形容词所表示的性状不是独立存在的,不是有形的东西。王军认为:"名词是表示人、事物或观念名称的词,典型的名词具有空间性特征,即所指是离散的、具体的、占有三维或二维空间的实体。"[2]抽象名词空间性弱,是非典型的名词。一个前位动素后接抽象名素组合的支配式双音词呈现弱空间性,这与形容词的语义特征相符,这就能解释后位抽象名素为何具有如此强的参构形容词的能力。

　　具体名素所构词项约占总量的四分之一,有生具体名素的构词量远超无生具体名素。有生具体名素中一类是指称人的有生名素,如"X 人"构词多达 19 个。此外就是指称人的身体部位的名素有较强的构词能力,如形容词"X 眼"多达 16 个,词项"X 目"8 个,"X 手"9 个,"X 耳"5 个,突出外物对人的感官刺激,引起人的心理产生某种状态。粗略统计,支配式双音节形容词中表达心理性状或与心理性状有关的词有 100 多个,约占总数三分之一,这也可以看作是该类复合词的一条倾向性规则。

　　无生具体名素、空间名素构词能力很弱。上文已经分析了后位语素参

---

① 马建忠:《马氏文通》,商务印书馆,1983 年,第 111 页。
② 王军:《形容词的语义特征及语义分类》,《词汇学理论与应用(四)》,商务印书馆,2008 年,第 139 页。

构会受到形容词无空间性特征的制约。除此之外,具体名素和抽象名素对前位动素的动作性也有很大影响。当述宾结构的后位宾语是由意义比较实在的具体名素充当时,专注的是客观事件叙述,前位动素动作性较强。例如"扫榻","榻"是具体无生名素,"扫"是用扫帚等工具除去尘土,动作非常具体。"扫雷"的"扫"是采用一定手段除去,动作性相对较弱。而"扫兴"的后位语素"兴"是一种心理性状的指称,"扫"的去除义非常抽象,不能外化,只能作主观理解,动作性最弱,程度性增强。再比较"在场""在册""在理"三个词中的语素"在",很明显随着后位语素越抽象,"在"的语义越虚。越具体的动作空间性和时间性越强,与形容词不占据时空的附属特性正相悖,决定了它们的构词能力会很弱。

还有一部分后位语素是动素和形素。"动+名"与"动+动"述宾结构的语义特征也存在一些差异。例如"宜人"与"宜居"相比,前者结构重心在"宜",而后者语义关注点往后移,"宜"的重心地位有所弱化。也就是说述宾结构后位如果是名素,则前位动素作用往往凸显;后位如果是动素,就会降低前位动素的重心地位。同样,"动+形"结构前位动素的作用也有不同程度的弱化。例如,同样是表示遭受义的语素"吃","吃紧"的"吃"比"吃罪"的"吃"作用更弱,整个结构的关注点由"吃"调动到后位语素"紧"。而且由于后位形素较为抽象,也带来整个结构比较抽象,如"逼真""入微""守旧"等一类双音结构,与形容词的抽象语义属性更为接近,也就更容易成词。

### 3. 支配式双音节形容词的构成方式

李宇明认为形容词的"程度性"是"与所谓的名词的'空间性'和动词的'时间性'处于相同的层面"[①]。王军指出"程度性是形容词的本质语义特征,是形容词作为一个词类的区别性语义特征"[②]。程度是对抽象的事物性质内部连续过渡集合的估量,程度性是形容词的量特性。表现在语法功能上,多数形容词与程度副词如"很""十分"或"有点"相结合。因此,述宾双音结构在词化过程中必须拥有程度性,才具备形容词的基本属性。我们总结了部分支配式双音节形容词的构成方式。

(1)前位作用凸显

该型形容词往往是前位语素意义与程度性相关,使其整个双音结构形容词化。比较典型的是关系状态动素、心理状态动素和作用动素充当前位

---

① 李宇明:《汉语量范畴研究》,华中师范大学出版社,2000年,第230页。

② 王军:《形容词的语义特征及语义分类》,《词汇学理论与应用(四)》,商务印书馆,2008年,第140页。

语素。

关系动素表"对当"义的"对","适合"义的"合""适","顺从"义的"顺",本来指一个精确状态,但由于"认知的有限扩散使词的所指不确定,造成精确词义的模糊化"①,使其具有连续性的量幅,"适合""顺从"都可以受程度副词"很"的修饰。由这些单音动素参构的述宾结构也有了一定程度性,如可以说"很对口""很合脚""很适用""很顺心"等。此外,关系动素中表示"靠近"义的"逼""近""贴",由于事物之间的关系距离接近是一个连续性变化,它们所构双音词"逼真""贴题"都可以受程度副词修饰。

心理状态动素"怕""懂""贪"等本身具有程度性,由于是表示对外物的态度,指向性较强,对后位语素支配力大,自身的程度性凸显,故双音词可以受程度副词修饰,如"很怕生""很懂事""很贪吃"。作用动素和语素结合成形容词性的支配式双音词,其原因在上文已经阐述,"刺鼻""吵人""耀眼""诱人"等词具有程度性也是由于前位动素的作用凸显。

(2)后位作用凸显

该型形容词往往是前位动素动作性弱,后位语素作用凸显,多为抽象名素或形素,时空性弱,有程度性特征,从而使整个结构发生形容词化。最典型的是存有或隐现、消亡等与存在有关的动素作前位语素的支配式双音词。

简单状态动素中"有"所构"有利""有益""有力"等 11 个词项的后位语素均为抽象名素。"无"所构"无能""无聊1""无私"等 15 个词项后位语素为抽象名素、动素和形素。存有状态动素后接抽象名素和具体名素在程度性上存在差异,如"很有钱"可以说,钱是所有货币资产的总称,有一定概括性,是抽象名素。但如果是典型的具体名素,则有空间的三维性和离散性,是可数的,如"很有房"与"很有车"都不能说。同样,可以说"很无力",但"很无烟""很无风"都不行。控他状态动素,表示怀有义的语素构词"抱愧""抱歉",其前位语素"抱"实际上表达的是内心世界的存有,语义较虚,"愧"是心理状态动素,"歉"是抽象名素。

变化动素中的隐现类语素也是以后位语素为凸显成分。如经历变化动素表示产生义的"害"所构词"害羞""害臊"的语义重心在后位,"臊""羞"都是表示心理情绪。同时,我们发现"害病""害眼"双音结构并没有形容词化,说明后位语素的语义类型对它能否形容词化起到重要作用。

作用动素中的耗费义的"吃"构词"吃力1",耗费是一种物质的消亡,

---

① 王军:《形容词的语义特征及语义分类》,《词汇学理论与应用(四)》,商务印书馆,2008 年,第 147 页。

"很吃力"意思是耗费很多的劲或力。表示承受义的"吃"后接语素多为形素,如"吃紧 1""吃重 2""吃香",凸显的都是后位语素。

总之,以上双音结构表示的是存有或失去某一事物或状态,从认知上讲,提及某一事物都是以存在为前提的,存在前提是认知背景而显得不突出,当后位语素意义特征与程度性要求越接近,双音结构越容易发生形容词化。

（3）主观评价增值

该型形容词是在原来述宾双音结构的基础上添加上人对该事件的主观评价之后,从而拥有形容词的程度性。

比较典型的是"下饭",本来"下饭 1"是个动词,表示把主食吃下去,本身并没有程度性。但是,我们可以说"这个菜很下饭",意思是这种菜有助于把米饭吃下去,"下饭 2"与"下饭 1"的区别就在于添加了"容易使吃下这个动作进行"这个主观评价,而且事件发生的困难或容易都是形容词性的。又如"工人阶级是最革命的阶级",形容词项"革命 2"是在"革命 1"基础上通过语义增值表示"具有革命意识的"的主观评价,从而拥有程度性。

还有通过一定比较产生某种主观评价。动词"上镜 1"本身表示某人出现在影视（镜本来是镜头）中,后来人为主观将某人在和某人不在影视镜头中的相貌做比较,添加了好看的义值,从而形容词化了。"上相""出饭"（做出来的饭显得多）也是如此。

（4）韵律作用

在汉语词汇双音化的趋势下,一些单音节形容词为了适应汉语双音节音步的韵律需要,将自己内含的义素析出,凑合另一个表示该义素的语素形成双音节形容词,其实在语义上并没有增添太多新的意义信息。该型支配式双音节形容词,主要是由心态类的形素充当前位语素,心理类的抽象名素充当后位语素组合而成。如"焦心"的"焦"就是表示内心着急的形容词,为凑成双音节,从"焦"的语义中析出"内心",用抽象语素"心"充当后位语素,从而由单音节发展为双音词形容词。以同样方式构成的支配式形容词还有"烦心""灰心""堵心""舒心"等等。

（三）支配式双音节副词的生成

副词通常认为是一个半实半虚的词,即它具有一定的实在意义,但是在句法功能上不能充当主谓宾句法主要成分。在副词内部根据语义往往可以分成若干类型。张谊生将副词分为词汇义为主和语法义为主的两大类。前者是实义副词,又称描摹性副词。后者包含主观性的语气副词（又称评注性副词)与客观性的关联副词、否定副词、时间副词、程度副词等等。① 我们在《现代汉语词典》(第 7 版)中找到 70 个支配式双音节副词,包含描摹性副词、时间副词和评注性副词。

### 1. 描摹性副词

描摹性副词主要说明动作行为及其变化的情状和方式,例如"竭力""极力"等竭尽类着重说明用力的极度,"任情 2""任意 1"等任凭类着重说明人的主观态度,"轮次 1"等着重说明行为所依据的循序原则,"劈面""劈头 1"等对当类说明行为的空间关系。总体看来,描摹性副词的支配式双音词是细致刻画行为的功能词。

描摹性副词总计有 53 个。将语义近似的进行类聚,主要有以下几个小类。

同一类型下比较多的描摹性副词是:

任凭类:畅怀、放声、任情 2、任意 1、肆意、随机 1、随口、信手、恣情 1、恣情 2、恣意、纵情。

竭尽类:抵死、极口、极力、极意、竭诚、竭力、尽量 1、尽情、拼力、拼命 2、拼死。

有无类:存心 2、有心 3、有意 3、无端、无故、无意 2。

对当类:劈脸、劈面、劈头 1、劈头 2、劈胸。

同一类型下比较少的描摹性副词是:

坚持类:秉公、执意。

分合类:比肩 2、并肩 2、分头 1。

居布类:遍地 2、居中 2。

触及类:搭便、着实 2、着意 2。

假借类:加意、借端、借故。

其他类:轮次 1、绝口 2、率先、苦心 2、迎风 2、应声。

从数量来看,任凭类、竭尽类的这些表达强量特征的支配式双音节副词有一定能产性。史金生曾经分析说:"具有[＋强量度]特征的情状副词大大多于具有[＋弱量度]特征的情状副词,与人们的社会认知活动有关,事物的数量或者程度越大或者越高,那么它的认知凸显性就越大,相应地出现于人们交际的几率也就越大。同样,社会里的各种事物,当它们的数量特征达到

---

① 张谊生:《现代汉语副词研究》(修订本),商务印书馆,2014 年,第 23 页。

一定程度时,通常高于标准,最容易进入语言交际。"①

下面以"极力""竭力"的副词化过程考察描摹性支配式双音节副词生成的一般条件。

"极力"双音结构出现在战国时代,但并未凝结为词,如《韩非子·解老》:"所谓'事天'者,不极聪明之力,不尽智识之任。"延续至宋代,出现大量"极力"双音结构充作状语的语例,如《南迁录》:"其子粗在城中,与同知章去疾极力守城。"当然也有"极力"与"苦心"结合当谓语的语例,如《朱子语类》卷一百三十:"当时游其门者,虽苦心极力,学得他文词言语,济得甚事!"至明清后,文献中几乎都是"极力"凝固结构作状语修饰动词,少见"极力"分用的语例。在现代汉语平面,它是一个典型的双音词。

"竭力"双音结构首现比"极力"稍早。《左传·成公三年》:"其竭力致死,无有二心,以尽臣礼。"同样在先秦时代"竭力"是短语,并未凝固,如《论语·学而》:"事父母能竭其力。"这种"竭力"合用和分用的局面一直延续到明代,随着"竭"的语素黏着化程度加深,明清文献"竭力"中间插入的成分少了,已基本定型。到了现代汉语,"竭力"单用时常在状语位置,需要和另一双音结构组合成四字格才能作谓语;偶尔会有分用格式,如"竭群众之力办好事情"。

两词都曾经充当谓语,后来都出现不同程度的副词化,之所以发生语法性质的改变,是因为其语义条件和句法环境的影响。

首先从语义来看,两词均表示用尽力量,施力的本质是某物体对另一物体的作用,所以必然要涉及施力者和施力对象,即对什么用力,缺少了对象就显得不完整。两个词的语义是不自足的,它们对宾语成分或者说介宾结构有一定黏附性。施力对象可以是名词性的,如《韩非子·难三》:"故忠臣尽忠于公,民士竭力于家。"施力对象也可以是动词性的,如《国语·晋语》:"吾闻事君者,竭力以役事,不闻违命。"此处"竭力"是主要动词,"以"是连词,连接前后两项,后项是前项的目的,义即"来","以便"。可以说两个词的语义特征决定了它们会出现连动句法结构。

其次从句法结构上看,"竭力"等词出现在连动结构的前位时,如《孟子·万章上》:"我竭力耕田,共为子职而已矣。"由于"竭力"语义较为抽象,当后接具体作用或活动动词时,受连动结构"一个动词核心"的句法限制,句法结构经过重新分析,"竭力"成为主要动词的修饰成分,说明动作的用力情况。相较于"竭",单音词"极"的动作性更弱,"极力"在宋代出现了大量作状

---

① 史金生:《情状副词的类别和共现顺序》,《语义功能语法研究》,首都师范大学出版社,2018年,第218页。

语的语例,这直接导致它的副词化。

总体来看,以上的这些支配式双音结构由于自身语义结构的不自足性,在句子中有的充当连谓结构的前一个谓词性成分(如"并肩 2""分头 1"),有的充当动宾结构中带谓词性宾语的动词(如"着意 2""竭力"),故在句法上有处于连动结构的机会。由于这些双音结构中的前位成分以状态动素居多,尤其是关系状态动素,后位动素多为抽象名素,整个结构及物性低。张伯江指出:"低及物性的成分功能上是伴随性的,句法语义地位也相对较低。"①由于该双音结构通常不表示事件的前景,不能成为连谓结构的重心,处于弱化的地位,所以逐渐发展成为修饰主要动词的辅助性成分,形成描摹性副词。张亚军在分析描摹性副词的构词特征时提及支配式是该类副词的主要构成方式之一。② 这应当与这些支配式双音词具有弱动作性和低及物性,从而在连动结构中充当伴随性成分有关。

2.时间副词

时间副词有 13 个:彻夜、成年 2、成日、成天、成宿、成夜、到底 2、及时 2、及早、克期、克日、有时、坐地 2。

任何运动变化都是在时间轴上的延续,时间副词是表达动作行为在时间轴上各种状态的功能词,通常作为动作行为的背景信息出现在句中。支配式结构的双音词除了部分可以作谓语外,还有的只能作状语或补语,例如:"他彻夜难眠。""彻夜"并不能独立成句,必须依赖于其他句法成分,因此语法功能增强,成为专职的时间副词。

3.评注性副词

评注性副词只有 4 个:当真 2、着实 1、到底 3、到底 4。

评注性副词比较少。其原因大概有三个方面:一是支配式双音节副词主要是描写动作行为的情态,其承担的主要功能就是对具体形貌的描摹,与更抽象的评注性副词的功能相反,致使大量的词停留在语法化较浅的层次。二是支配式双音词的两个参构语素往往比较实在,限制了它向更虚的词进一步语法化。三是评注性副词主要是表达主观情态,它的形成常常需要有一定的句法语用条件,即处于评议句中才有较大的可能性。

在这里我们择取评注性副词的"着实 1"和描摹性的副词"着实 2"的形成过程做一个分析。《现代汉语词典》(第 7 版)"着实 1"释为"实在;确实",

---

① 张伯江:《汉语连动式的及物性解释》,《语法研究和探索(九)》,商务印书馆,2000 年,第 138 页。

② 张亚军:《副词与限定描状功能》,安徽教育出版社,2002 年,第 294 页。

"着实2"释为"(言语、动作)分量重;力量大"。从量范畴的角度来看,"着实1"与"着实2"都表示对高量级的确认或说明,但是在认知范畴方面,"着实1"与"着实2"是存有差异的。姚占龙认为"情态属于一种认知范畴,可以分为'现实情态'和'非现实情态'两种;现实情态注重于一个现实发生的真实事件,而非现实情态则不注重于事件的真实性"①。"着实2"主要是对后位的动作情态进行客观的描摹和限定,而"着实1"则带有一定的主观性。沈家煊指出所谓"主观性"是指"说话人在说出一段话的同时表明自己对这段话的立场、态度和感情,从而在话语中留下自我的印记"②。"着实"后面的命题表达是一种客观事实还是主观态度,可以用"我觉得/认为"来检验。崔蕊指出"我觉得/认为"是典型的表达说话人主观认识和看法的标记,如果命题p能够出现在"我觉得/认为p"中,表示p有可能表示一种主观认识;如果p不能出现在"我觉得/认为p"中,则证明p是一种客观事实。③ 如可以说"我觉得卡车司机的换档技术着实巧妙到了极点","着实1"的语义特征是[＋主观][＋确认][＋程度高量]。而"广告上'亲亲孩子'一语,我觉得着实打动了众多为人父母者的心"则不对。所以,"着实2"的语义特征可归纳为[＋客观][＋描摹][＋动作量大]。下面结合汉语史语料来考察它们的生成和发展过程。

首先,"着实"在五代至两宋之际有词汇化倾向。

唐五代时期的敦煌文献中的"着实"双音结构是较早的用例。

(1)眼见先灵皆妄语,耳听天乐不着实。(《敦煌变文集新书·金刚般若波罗蜜经讲经文》)

汉语中多有名词宾语省略,直接组成"动词＋形容词"动宾结构的现象。在诗文中受到句式工整的限制,"不着实处"的"处"省略,该例的"着实"应理解为落到实处。

在北宋文献中,"着实"并不太多见,往往在一些语录中出现。例如:

(2)知极其高,故效天;礼着实处,故法地。(张载《横渠易说·系辞上》)

(3)傥忽于此知得谛当去,不妨步步踏着实地,心心契证平常。(绍隆等编《圆悟佛果禅师语录》卷第四)

例(2)"着"的宾语是"实处",例(3)"踏着"的宾语是"实地"。由此看出

---

① 姚占龙:《"说""想""看"的主观化及其诱因》,《语言教学与研究》2008年第5期。

② 沈家煊:《语言的"主观性"与"主观化"》,《外语教学与研究》2001年第4期。

③ 崔蕊:《"其实"的主观性和主观化》,《语言科学》2008年第5期。

"着"与"实"是跨层结构,并没有直接的语义关系。

（4）毕竟如何是<u>着实</u>处? 十方薄伽梵,一路涅槃门。（绍隆等编《圆悟佛果禅师语录》卷第十三）

（5）降此之外,毕竟如何是<u>着实</u>得力处?（慧然录《大慧普觉禅师法语》卷第二十四）

（6）但请北朝别差横使,仍尽赍<u>着实</u>文据,往南朝逐一理会,所贵速得了当。（沈括《乙卯入国奏请（并别录）》）

例（4）也有"着实处",但是与例（2）（3）"着＋实处""踏着＋实处"不一样,它的结构是"着实＋处",例（5）"着实"与"得力"并列修饰"处"可以证明此种分析的合理性。"着实处"由原来的动宾结构（着/实处）变为定中结构（着实/处）,是一种跨层结构的重新分析,它的词汇化程度有所提高。例（6）"着实"用法进一步拓展,充当定语修饰"文据",表示切实义,是形容词性的。

"着实"双音结构不仅可以作定语,还可以作状语。

（7）士大夫学道,多不<u>着实</u>理会。除却口议心思,便茫然无所措手足。（慧然录《大慧普觉禅师书》卷第二十七）

（8）百亿毛头一时现,<u>着实</u>论量,未是极则之谈。（绍隆等编《圆悟佛果禅师语录》卷第四）

例（7）"着实"充当"理会"的状语,这是副词性成分出现的典型位置,此双音结构具备了副词化的句法位置条件。"着实"既可以译为"切实",也可以译为"踏实认真",突出表示做事的态度,这种用法到南宋用得更多了。例（8）"着实"结构用于谓词性成分"论量"之前作方式状语,"着实"大致的意思是从实,"论量"是评议义,"着实论量"就是说实话的意思,表明人的主观看法贴合客观实际。这里"着实"用于表达评议方式,为后来的主观化创设了条件。不过,此时"着实"并没有完全副词化。

（9）有般人,取一边舍一边,见处遍枯不能<u>着实</u>,便乃得失居怀,被物所转。（绍隆等编《圆悟佛果禅师语录》卷第九）

（10）参禅学道不为别事,只要腊月三十日眼光落地时,这一片田地,四至界分,<u>着实</u>分明,非同资谈柄作戏论也。（慧然录《大慧普觉禅师法语》卷第二十四）

例（9）"着实"作谓语,意思大概是切合实际,不空虚。"着实"前用能愿动词,说明"着实"并没有完全副词化,是谓语动词。例（10）"着实"与"分明"并列,而不是后代"很分明"的修饰关系,"着实"还是切实义。

经历北宋的发展,双音结构"着实"的词汇化趋势非常明显,在这个过程中,"着实"结构发生了重新分化,"着实"由"踏着实地"陈述功能转化为"切合实际"的说明功能,为其句法位置由谓语到定语再到状语的变化提供了可能,"着实"副词化处于萌芽阶段。

其次,"着实"在南宋至元代发生语法化和主观化。

从南宋开始,"着实"用得越来越多,朱熹的语录中尤其多见,《朱子语类》共有 95 处"着实"的双音结构用例,用法灵活,语义丰富。

由切实义引申出形容词性的真实可信义,例如:

(11)伊川晚年所见甚实,更无一句悬空说底话。今观《易传》可见,何尝有一句不着实!(《朱子语类》卷六十七)

(12)诸先生说这道理,却不似邵子说得最着实。(《朱子语类》卷一百)

例(11)"着实"与"悬空"相对,可以理解为切实,但也可以理解为可靠。例(12)"着实"用程度副词"最"修饰,应理解为真实可信。这两句与北宋切实义的"着实"句相比较,北宋"着实"多是对事物的描述,切实义即是人的主观看法或做法与客观实际相切合,而例(11)和(12)主要是对人做法的评价,由主观与客观切合关系转喻到真实可靠情态,意义变得越来越依赖于说话人对命题内容的主观态度和评价,主观性不断增强。

(13)又不是安排,须是本源有,方发得出来,着实见得皆是当为底道理。(《朱子语类》卷五十二)

(14)子贡是着实见得那说底也难,故所以再问其次。(《朱子语类》卷四十二)

这两个语例中都有词语"见得",意思是看得出,表示人或写作者的主观看法。沈家煊解释"主观化"是"指语言为表现这种主观性而采用相应的结构形式或经历相应的演变过程"①。与例(8)"着实论量"相同,"着实"做状语,用来修饰人的看法时,发生主观化,由形容词的真实可信义进一步衍生为表示对某种看法的肯定,是"确实"义。

从《朱子语类》中还可以看出"着实"的第二条衍义路径。

(15)唯罗先生却是着实子细去理会。(《朱子语类》卷一百一)

例(15)"着实"与"子细"相连用作"理会"的状语,"子细"即仔细,表示人做事细心的心理状态。与例(7)"着实理会"相比较,发生微妙的语义变化,由原来的表示主观与客观的切合,转而强调人做事的主观态度方面,即踏实、认真。

(16)能如此着实用功,即如此着实到那田地,而理一之理,自森然其中,一一皆实,不虚头说矣。(《朱子语类》卷二十七)

(17)问:"心是知觉,性是理。心与理如何得贯通为一?"曰:"不须

---

① 沈家煊:《语言的"主观性"与"主观化"》,《外语教学与研究》2001 年第 4 期。

去着实通,本来贯通。"(《朱子语类》卷五)

例(16)"着实"修饰"用功",与例(15)相比较,由心理活动拓展至一般活动,逐渐摆脱"着实"原来强调主观与客观切合关系,更加凸显主体认真努力地积功累行的行为。例(17)"通"表示使得心与理贯通的结果,"着实"由"认真"这种努力态度,进一步发展为人发挥主观能动性花费较多精力去做某事,与客观事理的"本来"相对。这为后来"着实"衍生出"(言语、动作)分量重"奠定了基础。

元代文献中副词"着实"已经基本形成。

(18)俺着实是不认的你。(郑廷玉《看钱奴买冤家债主》)

"是不认的你"是人的一种主观判断,"着实"是对它后面论断可信的强调,它的主观化程度则大大加深,表示的是说话人的意志和对说话内容的态度。

(19)知县又徇了顾金事人情,着实用刑拷打。(《元代话本选集·陈御史巧勘金钗钿》)

(20)将我费得雄着实打了一顿。(李寿卿《说鱄诸伍员吹箫》)

例(19)"着实"后接成分由南宋的"用功"类词语拓展至"用刑拷打",从而衍生出现代汉语"着实2"的"力量大"这样的语义。例(20)出现了"着实"后接"打了一顿"结构,是现代汉语"着实2"后加动量补语用法的滥觞。

再次,"着实"在明清时代进一步发展演化。

到了明代,"着实"的用法更加多样化。确认义的"着实"除了继承以往的用法,还衍生出新的用法。

(21)那妖魔他的灵性着实是强大,撑开着一双金睛鬼眼。(《西游记》第二十回)

(22)夫人叱曰:"这道人甚不知理。此乃内室,如何径进,着实可恶!"(《封神演义》第十二回)

(23)云幕啽看见又是个数珠儿,越发晓得这个变化不测,心上着实害怕。(《三宝太监西洋记》第七十四回)

例(21)"是强大"与"强大"表义相近,"着实"可以理解为"确实",也可以理解为"实在"。例(22)由例(21)判断句式类推至"着实"直接接形容词谓语。"着实"与"实在"的功能出现交叉,表示对程度高量的确认。例(23)"着实"又接心理动词,衍生出对程度高量的确认,相当于评注性副词"实在",与现代汉语中的"着实1"用法相同。

此期表示用力度大的"着实2"所修饰的成分,除了常见的打责类,还有处理、吃喝、叮嘱等非具体的动作词语。例如:

(24)若无令许说话,但开口者,着实重处。(戚继光《纪效新书》卷四)

(25)是以这些小猴儿<u>着实</u>吆喝一声,说道:"甚么人啼哭哩?"(《三宝太监西洋记》第二十回)

(26)私下见了,暗地埋怨一番,<u>着实</u>叮嘱他:"要谨慎,关系人命事,弄得大了。"(小说《初刻拍案惊奇》卷三十六)

处置是抽象作用动词,"吆喝"是活动动词,"叮嘱"是言语转移动词,"着实"所修饰的词语由元代的具体作用动词类推至更多类型的动作词语。而且到了清代往后,"着实2"描摹具体动作的用例越来越少,现代汉语几乎都是接抽象作用或活动动词。

此外,在明代作品中"着实2"修饰动补结构用得越来越多。

(27)大家<u>着实</u>解劝了一番,安慰了晁夫人。(《醒世姻缘传》第十五回)

(28)晁夫人还是<u>着实</u>痛哭一场。(《醒世姻缘传》第三十回)

(29)那门槛上又将白秋罗连裙挂住,将珍哥<u>着实</u>绊了一交。(《醒世姻缘传》第三回)

例(27)由元代"打了一顿"类推出"解劝一番",时量补语"一番"表示动作的繁复情态。例(28)"痛哭一场"表示"费时费力,用时较长"。例(29)"着实"修饰"绊了一交",说明摔得厉害。"着实2"的语法功能与它本身的词义密不可分,"着实2"本来是由耗费较多精力开始语义虚化,这决定了它为什么可以去说明动作量大。

清代"着实1"后接"不 X"结构的用例多起来。例如:

(30)秋谷暗想:霍春荣的面貌<u>着实</u>不差。(《九尾龟》第五十回))

其次,修饰的动宾结构日益复杂,中间添加高量的定语成分也开始出现。例如:

(31)跟了中堂几年,<u>着实</u>发了几十万银子的家私。(《官场现形记》第二十四回)

"着实2"修饰表示花费较多精力的动补结构也有创新,出现接一段时间的用例。例如:

(32)秋谷也免不得一家一家的挨门回礼,倒<u>着实</u>忙了几天。(《九尾龟》第一百三十二回)

副词"着实"经过明清发展成熟,"着实1"衍生出程度高量的确认义。"着实2"所修饰的谓语成分有很大的拓展,而且结构复杂多变。现代汉语完全继承了这些用法,并且演化出更复杂的把字句、受字句、使役句等新的句法形式。

通过以上分析,现代汉语副词"着实"有两种用法,而且各有其来源。在历时演变过程中,双音结构"着实"在词汇化为表切实义的形容词后,具有充当定语、补语、状语的多种修饰性成分的句法功能,为其语法化提供了可能,而转喻和类推机制是推动其语法化的主要动因。评注性副词"着实1"的语义虚化链是"切实→可信→确定→实在",在语法化的过程中也发生了主观化。在转喻作用下,"着实1"经由描摹事物的真实判断到表达主观情态确认肯定的语义联结通道①实现从"可信"到"确定"语义转变。再由"是"字判断句类推至形容词谓语句,从"确定"延伸至"实在"义。描摹性副词"着实2"的语义衍生路径是:"切实→认真→努力→费力",它的搭配是由"着实理会"到"着实用功",再到"着实用刑拷打",基于语义相关性的类推,使得"着实2"不断接纳新的搭配对象,而每一次功能拓展又触发"着实2"自身语义发生转喻,在语义和句法的交互作用下完成语法化。虽然切实义是"着实1"和"着实2"副词化的语义基础,但是前者主要用于表述说话人对事件的观点、感受或评价的评议句,而后者主要是用于描摹客观事物动作活动的现实句,句类的差异影响它们的发展方向,最后成为功能不同的副词,可见词汇的变化差异是为了满足不同表达需求。由"着实1"和"着实2"生成的典型案例可以看出,支配式双音词中描摹性副词和评注性副词的衍生路径同中有异。

---

① 查阅《汉语大词典》,表示确认义的评注性副词"实在""确实"都曾有"真实可靠"义的用法,说明由描摹事物的真实判断到表达主观情态的确认肯定之间可以建立语义联结通道。

# 结　　语

　　本研究坚持当代理论训诂学的语义主体论、语义系统论的基本观点,吸取认知语言学等现代语言学相关理论的合理成分,择取相对封闭的共时语料《现代汉语词典》(第7版)中的7246个支配式双音词词项作为研究对象,以构词基础元素——语素为着力点,从构词成分、搭配关系、合成整词三个层面探究双音复合词构词法。在构词成分层面,参考汉语词汇语义要素及语义结构研究的成果,依据语义的亲疏关系构建组、集、类不同层次的语素义类体系,探究各类语素构词能力强弱;在搭配关系层面,通过发掘语素的语义属性,沟通古今汉语,探索支配式双音词前、后位语素结合的选择倾向;在合成整词层面,追溯汉语构词系统发展历程,对语素与复合词语义生成模式关系展开专题探讨。至此立足于支配式双音词构词特点和规则,总结本书在汉语复合词构词研究方面的五个主要观点,以期有补于汉语构词法研究。

## 一、汉语复合词构词法是包含多个层面的规则综合体系

　　长期以来,汉语复合词构词法研究手段和方式比较单一,占主流地位的句法结构形式分析往往成为构词法的代名词。句法结构分析方法在早期构词法探索中有一定的辅助作用,但是随着研究的深入,它的局限性日益突出。句法结构是较为抽象的语法关系,固然能够笼统地对部分构词现象进行概括性的说明,但是用它来分析复合构词规则有很大的不足。句法结构无法统括所有的复合词内部结构关系,合成构词过程中往往伴随有语义成分的潜隐,词的表层语素组合与词义深层结构并不完全一致。即使是表层与深层相同,由于受制于句和词在语言系统中表达功能的分工差异,符合句法结构的语素组合未必能满足成词的限制条件。无论是生成方式还是组成要素,构词与造句都有很大的差别,因此构词法不应当附庸于句法。

　　目前汉语构词法研究,无论是句法形式分析法还是语义角色分析法,都局限于词的结构关系范畴。但是,汉语复合词构造是多种因素作用的结果,并不是单纯一个方面。构词法研究的目的是探究复合词构词的规律,双音复合词是由两个单音节语素结合而成的新的单位,其中元素、结构、整体都

是构词要涉及的因素,所以,构词法研究不能总是将眼光停留在结构关系上。通过对汉语支配式双音词的研究实践,我们认为汉语复合词构词法应该包含多个层面。从构成要素和环节来看,其内容至少包含"语素—结构—整词"三个层面,每个层面有一些核心问题:语素的类型、数量、特征以及参与构词的限制条件和构词能力等;语素与语素的结构关系类型,语素选择结合的制约因素等;语素在构造整词中的功能,词的合成方式及类型等。这些内容组成了三个层面的核心框架,三个相对独立又彼此联系的层面再构建成构词规则综合体系。从多个层面展开系列研究,将会使汉语构词法研究内容变得充实明确,有助于拓展研究范围,促进研究视角和研究方法的多元化,逐步达到揭示构词现象背后潜藏的本质规律的目的。

### 二、语义是汉语复合词构词研究的核心内容

汉语是一种词根语,形态变化少,词根及其组合是汉语表达的主要方式,语义制约因素在汉语中尤为重要。双音节复合词由两个语素义融合为一个新的意义,语素义在构词过程中往往起着关键性的作用。如果忽视语义在构词分析中的地位和价值,那么很多现象的解释就会流于形式层面,无法揭示本质规律。

汉语的单音节语素多数是从历史汉语的单音词累积和传承而来,蕴含了丰富的语义内涵,形成了错综复杂的语义关系。当单音词充当语素参与构词时,前后位语素在义类搭配组合方面具有鲜明的倾向性。处在同类语素集中的成员由于具有相同类义素,在语素选择搭配上具有趋同性,而非同类语素集的成员的类义素存在区别,使得它们在选择语素结合上有差异性。处在同义组的语素有共同性和区别性语义特征,这种关系决定了复合构词时,语素与语素结合也是有选择性的。前位动素与后位语素的结合方式可分为相对自由搭配、限制性搭配和固定搭配,合格的语素搭配都是建立在语素意义基础之上的,可以说没有语素意义类型的丰富性,就没有搭配的多样性。

构词语素的语义特点往往影响它是否能成词,从支配式双音词来看,动作性强和具体名素组合成词难度较大,所形成的双音词多为非直接式。语素自身的语义特征会对整体结构的走向产生影响,由前位状态动素和后位抽象语素形成的组合,满足不占时空的依附特性的要求,因此成为支配式双音节形容词的主要来源。当动宾双音结构处于句中连动结构前位时,自身的弱动作性决定了它不能成为句子重心,故而转化为修饰主要动词的支配式双音节副词。

只有从语义角度观察复合构词现象,才会发现语言事实是丰富多彩、生动多样的。也只有通过观察、描写和解释构词成分的语义组合,才有可能揭示成词条件、组合理据、制约因素、机制动因等构词规律问题。因此,语义是汉语复合词构词研究的核心,需要对复合词构词法的语义问题给予更多关注。

### 三、构建语素体系是探讨构词法的前提和基础

汉语复合词由语素组合而成,语素是构词的基础材料,因此探讨构词规则也应当从语素开始,可是语素作为构词基础元素的价值一直没有得到充分挖掘。如果从语义结构关系入手研究构词法,的确对归纳概括构词模式有一定的积极作用。但是,该方式并不能从根本上解决哪些语素可以进入构词模式、语素的构词能力差异以及同义语素搭配组合的差异等构词问题。现有语素库多是语素的汇集,没有形成多层次的体系,单纯的数量统计并不能完全替代对语言单位性能的分析,无法满足探求现象背后潜藏的构词理据的需求。因此,有必要通过增加语素的语义关联信息来完善现有的语素库,可以把语素按照语义的亲疏关系聚合成若干集合,实现对语素的系联、分类,形成语素体系,探求语素组合的有序性和规则性。

本书致力于构词法研究薄弱环节的探讨,对支配式双音词的参构语素语义属性进行分析,尝试构建了以语义系统为基础的多层级语素体系,并详尽考察语素搭配情况,发现支配式双音词前、后位语素结合不是杂乱无章的,而是有明显的倾向性。不同义类的语素构词能力存在强弱差异,整个语素体系的构词量分布不平衡。从超强构词力语素义类分布来看,前位变化动素以及后位常用名素具备巨大的构词潜力,由此推出支配式双音词的典型结构是:活动事件〈动素(变化)+名素(可变性的人常用事物)〉。语素能否进入某构词模式受到它们自身特征的影响,前位动素往往决定词的语义结构,但后位语素的特点也决定它是否能进入该结构,语素结合是彼此选择的结果。而且支配式双音词前后语素支配力呈现一个由强到弱的等级序列,它对后接语素的语义角色类型也有直接影响,受事角色逐步递减,客事角色逐步增多。

在构词法三个层面中参构语素不仅是组合结构、合成整词的基础,而且是联系三个层面的中枢。目前,语素研究是构词法研究中的短板,是直接关系复合词构词研究能否再深入的重要一环。因此我们需要补齐短板,充分发掘语素体系在构词研究中的价值。

## 四、复合构词系统是运作有序的有机整体

系统是由事物相互联系的各部分按一定方式构成的有机整体。复合构词系统的组成元素是语素,众多的语素以普遍存在的语义亲疏关系形成复杂的体系。在语素组合构词时,同一语素可以进入不同语义结构,发挥核素、直素或间素等不同功能,从而生成各种类型的新词。根据构词语素功能和组合类型,复合词的语义结构模式有直接生成式、半直接生成式、非直接生成式。当多个语素组合成词或固定短语时便形成组合层次。有稳定数量的基础要素,有限的组合模式,有一定的层级,这是成熟系统的标志。其高效的运作方式构建了复合词彼此之间的联系,增强了汉语词汇的整体性和系统性。

复合构词系统内部有一定的运作机制。语素所处的系统位置制约它的构词能力,如果是语素组的典型成员,较为常用、活跃,一般构词能力较强。而语素组的边缘成员即使与之同义,其构词能力也十分有限。此外,处于上位义的语素适用范围广,是语素集的代表,它参与构词既符合双音词词义的概括性需要,也能满足双音词有限的两个素位的经济性要求,其搭配能力一般来说会强于下位从属的语素。而下位语素由于义值多,适用范围较小,故而构词能力相对较弱。这样复合构词系统以较少的上位常用语素构成大量的双音词,经济地利用语言符号,又用大量的下位低频语素构成少量的双音词,满足精确表达的需要。在语言经济原则和精确原则这两种相互矛盾的原则作用下,语素数量及构词量以互补分布来实现相互制约与系统平衡。双音复合词语义结构模式中的语义成分在构词过程中会有隐现,其遵循的基本规则是系统的区别律,语义成分信息度和区别度越高越容易显现,反之则越容易被潜隐。总体来看,汉语复合词构词系统是一个内部联系紧密、运作有序的有机整体。

## 五、古今沟通是解释构词理据的重要渠道

通常构词研究者认为语素是依附于复合词结构而非独立的,语素系统是否存在也是存疑的。这种静止的观点割裂了古代汉语与现代汉语的源流关系,将二者对立起来。从语言演进史来看,汉语词汇经历了从零散状态到组织性逐步增强的过程。在周秦时代已经形成了单音词为主体的汉语词汇基础,自魏晋开始汉语词汇走上双音化发展道路之后,原来累积的单音词的功能发生转移,充当语素身份组合成词。所以,从汉语衍生史角度来看复合词构词语素的来源是比较清晰的。

古代汉语单音词词汇系统是合成构词的基础,单音词在词汇系统中的位置决定了它合成构词时的结合能力。通过对支配式双音词的考察,汉语词汇孳生阶段在单音词存留的词源义以及义通关系制约单音语素的选择结合,证明语素的搭配不是任意的,而是可以解释的。先民的认知经验为后人奠定了基本的意义范畴,后人则是沿着已有的意义引申路径去构造新词。汉语语素的传承性是构建汉语语素义类系统的历史依据,基于这一点我们将历史汉语单音词的语义系统与现代汉语单音语素的系统性做通盘考虑,参照古代汉语单音词的语义关系构建起语素体系。因此,复合词的研究必须重视古今汉语的沟通,中国训诂学发掘词义内涵的学术经验和积累的单音词系统研究资料值得充分借鉴,从语素研究构词正是传统训诂学与现代复合词构词法研究的契合点。

现代汉语共时平面的双音节复合词是汉语长期发展逐步积累的结果,有些支配关系的双音结构在历史演进过程中出现词汇化、语法化以及主观化,因此构词研究需要打破绝对共时和历时的隔阂。构词法与造词法研究的关注点虽然各有侧重:前者聚焦共时平面语素与语素以什么方式结合成新的语言单位,后者重视词汇从无到有、从少到多的历时生成过程,但是,共时与历时并不能截然分开,构词法与造词法相互依存,二者可以统括到更广义的构词法中,彼此互证,促进汉语构词研究。

汉语语素数量众多,体系庞大,复合构词的复杂性还远不止本研究所及。本书在各类语素的构词现象分析方面还比较程式化,缺乏个性探讨和深入研究。因为词汇是一个开放系统,研究中所归纳的规则仅仅体现一种概率性或倾向性,要对构词本质做深入全面的了解,需要长期的积累与大量的观察和分析,并在实践中加以验证。由于学识和精力有限,本研究对支配式双音词构词现象的认识还比较粗浅,许多问题有待将来进一步探讨。

# 参考文献

**专著类**

蔡永强.汉语方位词及其概念隐喻系统.北京:中国社会科学出版社,
2010.

陈昌来.现代汉语动词的句法语义属性研究.上海:学林出版社,2002.

程湘清.汉语史专书复音词研究.北京:商务印书馆,2003.

丁声树,等.现代汉语语法讲话.北京:商务印书馆,1961.

董秀芳.词汇化:汉语双音词的衍生和发展.成都:四川民族出版社,
2002.

方清明.现代汉语名名复合词的认知语义研究.北京:科学出版社,
2015.

冯奇.核心句的词语搭配研究.上海:复旦大学出版社,2007.

冯胜利.汉语的韵律、词法与句法.北京:北京大学出版社,1997.

符淮青.现代汉语词汇.增订本.北京:北京大学出版社,2004.

葛本仪.汉语词汇研究.北京:外语教学与研究出版社,2006.

郭锡良.汉字古音手册.增订本.北京:商务印书馆,2010.

黄洁.汉语名名复合词语义认知研究.上海:复旦大学出版社,2018.

黄侃.黄侃国学讲义录.北京:中华书局,2006.

黄易青.上古汉语同源词意义系统研究.北京:商务印书馆,2007.

霍绍周.系统论.北京:科学技术文献出版社,1988.

贾燕子.上位化:概念域的历时演变与强势上位词的产生.北京:社会科
学文献出版社,2018.

姜红.陈述、指称与现代汉语语法现象研究.合肥:安徽大学出版社,
2008.

蒋绍愚.近代汉语研究概况.北京:北京大学出版社,1994.

黎锦熙.新著国语文法.北京:商务印书馆,1992.

黎良军.汉语词汇语义学论稿.桂林:广西师范大学出版社,1995.

李杰.现代汉语不及物动词带主事宾语句研究.上海:学林出版社,

2007.

李晋霞.词与短语区分的理论与实践.北京:中国社会科学出版社,2013.

李宇明.汉语量范畴研究.武汉:华中师范大学出版社,2000.

李宇明.语法研究录.北京:商务印书馆,2002.

林杏光.词汇语义和计算语言学.北京:语文出版社,1999.

刘光婷.现代汉语"形+宾"结构研究.北京:中国文史出版社,2016.

刘叔新.汉语描写词汇学.重排本.北京:商务印书馆,2005.

陆志韦,等.汉语的构词法.北京:科学出版社,1957.

陆宗达,王宁.训诂与训诂学.太原:山西教育出版社,2005.

吕叔湘.汉语语法分析问题.北京:商务印书馆,1979.

吕叔湘.汉语语法论文集.增订本.北京:商务印书馆,1984.

吕叔湘.吕叔湘文集.北京:商务印书馆,2004.

吕叔湘.语文常谈.北京:生活·读书·新知三联书店,2008.

吕云生.《礼记》动词的语义分类研究.北京:中国广播电视出版社,2009.

马建忠.马氏文通.北京:商务印书馆,2002.

孟凯.汉语致使性动宾复合词构式研究.北京:北京语言大学出版社,2016.

潘文国,叶步青,韩洋.汉语的构词法研究.上海:华东师范大学出版社,2004.

宋亚云.汉语作格动词的历史演变研究.北京:北京大学出版社,2014.

苏宝荣.词义研究与辞书释义.北京:商务印书馆,2000.

苏新春.汉语词义学.广州:广东教育出版社,1997.

孙常叙.汉语词汇.重排本.北京:商务印书馆,2006.

孙良明.中国古代语法学探究.增订本.北京:商务印书馆,2005.

孙银新.现代汉语词素系统研究.北京:中国社会科学出版社,2013.

索绪尔.普通语言学教程,高名凯,译.北京:商务印书馆,1980.

王凤阳.古辞辨.长春:吉林文史出版社,1993.

王力.同源字典.北京:商务印书馆,1982.

王宁.训诂学原理.北京:中国国际广播出版社,1996.

王宁.汉字构形学讲座.上海:上海教育出版社,2002.

王云路,王诚.汉语词汇核心义研究.北京:北京大学出版社,2014.

肖晓晖.汉语并列双音词构词规律研究——以墨子语料为中心.北京:

中国传媒大学出版社,2010.

许艳平.现代汉语属性名词语义特征研究.武汉:武汉大学出版社,2013.

杨树达.积微居小学述林全编.上海:上海古籍出版社,2007.

杨锡彭.汉语语素论.南京:南京大学出版社,2003.

袁红章.表象学.北京:科学技术文献出版社,1995.

曾立英.现代汉语作格现象研究.北京:中央民族大学出版社,2009.

张博.汉语同族词的系统性与验证方法.北京:商务印书馆,2003.

张道新,董宏.现代汉语词义范畴论.北京:中国社会科学出版社,2014.

张小平.当代汉语词汇发展变化研究.济南:齐鲁书社,2008.

张亚军.副词与限定描状功能.合肥:安徽教育出版社,2002.

张云秋.现代汉语受事宾语句研究.上海:学林出版社,2004.

张志毅,张庆云.词汇语义学.北京:商务印书馆,2001.

赵倩.汉语人体名词词义演变规律及认知动因.北京:中国社会科学出版社,2013.

赵艳芳.认知语言学概论.上海:上海外语教育出版社,2001.

赵元任.汉语口语语法.吕叔湘,译.北京:商务印书馆,2005.

周红.现代汉语致使范畴研究.上海:复旦大学出版社,2005.

周祖谟.汉语词汇讲话.北京:外语教学与研究出版社,2006.

朱德熙.语法讲义.北京:商务印书馆,1982.

朱彦.汉语复合词语义构词法研究.北京:北京大学出版社,2004.

朱志平.汉语双音复合词属性研究.北京:北京大学出版社,2005.

## 论文类

卜师霞.源于先秦的现代汉语复合词研究.北京:北京师范大学,2007.

蔡文兰.带非名词性宾语的动词//中国社会科学院语言研究所现代汉语研究室,编.句型和动词.北京:语文出版社,1987:327-343.

陈本源.语素在合成词中意义、功能的变异.东吴教学(社会科学版),1989(12):79-83.

陈昌来.现代汉语不及物动词的配价考察.语言研究,1998,35(2):38-47.

陈练军.单音动词语素化演变的特点.西南农业大学学报(社会科学版),2010,8(5):171-174.

陈平.试论汉语中三种句子成分与语义成分的配位原则.中国语文,

1994(3):161-168.

储泽祥.从动宾短语的演变情况看汉语句法结构的特点.古汉语研究,1998(2):25-29.

崔蕊."其实"的主观性和主观化.语言科学,2008(5):502-512.

戴昭铭.现代汉语合成词的内部结构与外部功能的关系.语文研究,1988(3):21-28.

刁晏斌.当代汉语的效率诉求及其表现.燕赵学术,2008(2):5-9.

范晓.谈词语组合的选择性.汉语学习,1985(3):1-3.

符淮青.词义和构成词的语素义的关系.辞书研究,1981(1):98-110.

符淮青.构成成分分析和词的释义.辞书研究,1988(1):48-55.

符渝.汉语偏正式双音合成词语素结合规律研究.北京:北京师范大学,2003.

郭继懋.谈动宾语义关系分类的性质问题.南开学报(哲学社会科学版),1998(6):73-80.

郭胜春.常用合成词语素显义类型统计分析及其对教学的启示.暨南大学华文学院学报,2006(1):9-12.

何思成.谈谈支配式合成词的界限.成都大学学报(社会科学版),1982(2):73.

洪成玉.词义的系统特征.首都师范大学学报(社会科学版),1987(4):1-11.

胡裕树,范晓.动词形容词的"名物化"和"名词化".中国语文,1994(2):81-85.

黄月圆.复合词研究.国外语言学,1995(2):1-9.

姜自霞.语素项的构词力概况及制约因素分析.语文研究,2007(2):36-40.

蒋绍愚.关于汉语词汇系统及其发展变化的几点想法.中国语文,1989(1):45-62.

金兰美.双宾动词对配价成分的语义选择.汉语学习,2005(2):51-54.

李伯超.汉语语素融合与融合词论:兼议汉语词汇的历史发展规律.湘潭大学学报(社会科学版),1992(1):110-116.

李行建.汉语构词法研究中的一个问题:关于"养病""救火""打抱不平"等词语的结构.语文研究,1982(2):61-68.

李晋霞,李宇明.论词义的透明度.语言研究,2008(3):60-65.

李智,王浩.比喻式偏正复合名词的结构研究.语文研究,2009(1):

35-38.

林源.《说文解字》心部字研究.上海:复旦大学,2004.

刘力坚.复合词造词材料的语素化问题.浙江师范大学学报(社会科学版),2005,30(4):20-24.

刘叔新.汉语复合词的内部形式的特点与类别.中国语文,1985(3):186-192.

刘叔新.复合词结构的词汇属性:兼论语法学、词汇学同构词法的关系//周荐.二十世纪现代汉语词汇论文精选.北京:商务印书馆,2004:105-112.

刘伟.语义透明度对留学生双音节合成词词汇通达的影响.北京:北京语言大学,2004.

刘扬,林子,康司辰.汉语的语素概念提取与语义构词分析.中文信息学报,2018(2):12-21.

吕叔湘.说"自由"和"粘着".中国语文,1962(1):1-6.

马庆株.指称义动词和陈述义名词//中国语文杂志社.语法研究和探索.北京:商务印书馆,1995:139-152.

马真.先秦复音词初探.北京大学学报(哲学社会科学版),1980(5):55-64.

钱宗武.论今文《尚书》复合词的特点和成因.湖南师范大学社会科学学报,1996(1):67-70.

邵敬敏,周芍.语义特征的界定与提取方法.外语教学与研究,2005(1):21-28.

沈家煊.语言的"主观性"和"主观化".外语教学与研究(外国语文双月刊),2001(4):268-275.

施茂枝.述宾复合词的语法特点.语言教学与研究,1999(1):123-135.

石毓智.古今汉语动词概念化方式的变化及其对语法的影响.汉语学习,2003(4):1-8.

史金生.情状副词的类别和共现顺序//史金生,刁晏斌.语义功能语法研究.北京:首都师范大学出版社,2018:213-233.

税昌锡.动词界性分类试说.暨南学报(人文科学与社会科学版),2005(3):95-100.

宋永培.《周礼》中"通"、"达"词义的系统联系.古汉语研究,1995(4):41-44.

宋玉柱.关于体宾动词和谓宾动词.世界汉语教学,1991(2):90-91.

苏宝荣. 论语素的大小与层级、融合与变异. 中国语文,2007(3): 266-271.

孙炜.《礼记》名词的语义系统研究. 北京:北京师范大学,2011.

唐超群. 动宾式合成词研究. 华中师范大学学报(人文社会科学版), 1990(2):89-95.

王诚. 上古汉语动词的语义内涵研究:以运动动词为中心. 北京:北京师范大学,2011.

王冬梅. 动词转指名词的类型及相关解释. 汉语学习,2004(4):5-11.

王飞燕. 汉语动宾复合词转指的原因. 聊城大学学报(社会科学版), 2004(4):33-35.

王光汉. 论典故词的词义特征. 古汉语研究,1997(4):52-55.

王洪君. 从与自由短语的类比看"打拳"、"养伤"的内部结构. 语文研究, 1998(4):2-12.

王军. 形容词的语义特征及语义分类//《词汇学理论与应用》编委会. 词汇学理论与应用(四). 北京:商务印书馆,2008:138-156.

王克仲. 古汉语动宾语义关系的制约因素. 中国语文,1986(1):99-102.

王力. 词和仂语的界限问题. 中国语文,1953(15):3-8.

王宁. 汉语词源的探求与阐释. 中国社会科学,1995(2):167-179.

王宁. 现代汉语双音合成词的构词理据与古今汉语的沟通//中国语文编辑部. 庆祝中国社会科学院语言研究所建所45周年学术论文集. 北京:商务印书馆,1997:125-131.

王宁. 训诂学与汉语双音词的结构和意义. 语言教学与研究,1997(4): 11-12.

王宁. 论本源双音合成词凝结的历史原因//杭州大学古籍研究所,杭州大学中文系古汉语教研室. 古典文献与文化论丛(第二辑). 杭州:杭州大学出版社,1999:1-16.

王宁. 汉语词汇语义学在训诂学基础上的重建与完善//北京师范大学民俗典籍文学研究中心. 民俗典籍文学研究(第二辑). 北京:商务印书馆, 2005:1-9.

王宁. 当代理论训诂学与汉语双音合成词构词研究//沈阳,冯胜利. 当代语言学理论和汉语研究. 北京:商务印书馆,2008:406-419.

王宁. 论词的语言意义的特性. 训诂学与词汇语义学论集. 北京:语文出版社,2011:1-14.

王宁,黄易青. 词源意义与词汇意义论析. 北京师范大学学报(社会科学版),2002(4):90-98.

王绍新.谈汉语复合词内部的语义构成.语言教学与研究,1987(3):28-41.

王树斋.汉语复合词词素义和词义的关系.汉语学习,1993(2):17-22.

王云路.百年中古汉语词汇研究述略.浙江大学学报(人文社会科学版),2001(4):52-57.

吴金华.略说古汉语复音词中的典故词.语言研究,2008(1):1-5.

肖晓晖.汉语双音并列合成词语素结合规律研究.北京:北京师范大学,2003.

许光烈.汉语词的理据及其基本类型.内蒙古民族师院学报(哲学社会科学版),1994(1):70-76.

杨晓黎.汉语词汇发展语素化问题刍议.汉语学习(学术版),2008(1):52-57.

杨晓黎.传承语素:汉语语素分析的新视角.安徽大学学报(哲学社会科学版),2012(2):56-61.

杨晓宇.主观视角下的动宾问题研究:以"足"部动词为例.北京:北京师范大学,2011.

杨振兰.试论词义与语素义.汉语学习,1993(6):24-27.

姚占龙."说、想、看"的主观化及其诱因.语言教学与研究,2008(5):47-53.

尹斌庸.汉语语素的定量研究.中国语文,1984(5):338-347.

袁毓林.论元角色的层级关系和语义特征.世界汉语教学,2002(3):10-22.

苑春法,黄昌宁.基于语素数据库的汉语语素及构词研究.世界汉语教学,1998(3):83-102.

张靖.支配式合成词管窥.松辽学刊(社会科学版),1989(4):67-88.

张寿康.略论汉语构词法.中国语文,1957(6):1-9.

张志公.谈汉语的语素:并略介绍哈尔滨语法教学研讨会.语言教学与研究,1981(4):4-18.

周红.动宾式动词配价分析.齐齐哈尔大学学报(哲学社会科学版),2003(2):1-4.

周荐.几种特殊结构类型的复合词.世界汉语教学,1992(2):108-110.

周卫华.从中文信息处理的角度看动宾语义关系的分类.湖北社会科学,2007(5):137-139.

朱德熙.自指和转指:汉语名词化标记"的、者、所、之"的语法功能和语义功能.方言,1983(1):16-31.

朱德熙,卢甲文,马真.关于动词形容词"名物化"的问题.北京大学学报(人文科学版),1961(4):51-64.

## 工具书类

汉语大字典编辑委员会.汉语大字典.成都:四川辞书出版社,1990.

林杏光,王玲玲,孙德金.现代汉语动词大词典.北京:北京语言学院出版社,1994.

罗竹风.汉语大词典.上海:汉语大词典出版社,1994.

梅家驹,竺一鸣,高蕴琦,等.同义词词林.上海:上海辞书出版社,1983.

孟琮,郑怀德,孟庆海,等.汉语动词用法词典.北京:商务印书馆,2003.

唐超群,刘鹤云,陶国良.组词字典.武汉:武汉大学出版社,1992.

于永玉,姜光辉,陈余齐.现代汉语造词词典.延吉:延边大学出版社,1992.

中国社会科学院语言研究所词典编辑室.现代汉语词典.第7版.北京:商务印书馆,2016.

周士琦.实用解字组词词典.上海:上海辞书出版社,1986.

宗福邦,陈世铙,萧海波.故训汇纂.北京:商务印书馆,2003.

# 支配式双音词前后位语素义类归属索引

| | | | | | | | |
|---|---|---|---|---|---|---|---|
| **A** | | 扒带1 | 212,300 | 罢讼 | 167,333 | 扳道 | 262,305 |
| 挨批 | 283,334 | 扒皮 | 172,292 | 罢诉 | 167,331 | 扳手1 | 262,291 |
| 挨宰 | 283,334 | 拔脚 | 152,292 | 罢演 | 175,333 | 扳手2 | 262,291 |
| 挨整 | 283,334 | 拔节 | 125,294 | 罢战 | 175,317 | 班师 | 219,289 |
| 嗳气 | 192,292 | 拔锚 | 262,297 | 罢职 | 167,311 | 颁奖 | 206,295 |
| 嗳酸 | 192,292 | 拔丝 | 262,295 | 摆功 | 162,317 | 搬兵 | 219,289 |
| 爱岗 | 71,310 | 拔俗 | 57,341 | 摆好 | 162,340 | 搬家1 | 219,305 |
| 爱国 | 71,311 | 拔腿1 | 152,292 | 摆局 | 84,315 | 搬家2 | 219,305 |
| 碍口 | 256,333 | 拔腿2 | 152,292 | 摆阔 | 154,335 | 办案 | 274,317 |
| 碍事1 | 256,314 | 拔营 | 178,305 | 摆擂 | 84,296 | 办差 | 274,315 |
| 碍事2 | 256,314 | 把舵 | 90,297 | 摆手1 | 152,291 | 办公 | 274,315 |
| 碍眼1 | 256,290 | 把风 | 81,306 | 摆手2 | 152,291 | 办事 | 274,314 |
| 碍眼2 | 256,290 | 把关1 | 96,304 | 摆桌 | 84,296 | 办学 | 163,311 |
| 安堵 | 39,296 | 把关2 | 96,304 | 败火 | 135,323 | 办罪 | 266,317 |
| 安分 | 39,320 | 把酒 | 90,297 | 败绩1 | 122,323 | 扮酷 | 74,340 |
| 安家1 | 88,288 | 把脉1 | 90,318 | 败家 | 135,299 | 扮戏1 | 77,316 |
| 安家2 | 88,288 | 把脉2 | 90,318 | 败军1 | 64,289 | 扮戏2 | 77,316 |
| 安身 | 75,341 | 把手1 | 90,291 | 败诉 | 194,331 | 伴读 | 78,332 |
| 安神 | 62,322 | 把手2 | 90,291 | 败胃 | 257,292 | 伴宿2 | 78,328 |
| 安心1 | 93,312 | 把盏 | 90,297 | 败兴1 | 257,313 | 伴舞1 | 78,333 |
| 安心2 | 39,312 | 罢笔 | 175,333 | 败选 | 194,331 | 伴游1 | 78,333 |
| 安营 | 84,305 | 罢工 | 175,315 | 败阵 | 194,305 | 伴游2 | 78,333 |
| 按脉 | 261,318 | 罢官 | 167,311 | 拜佛 | 241,313 | 拌嘴 | 237,307 |
| 昂首 | 139,290 | 罢教 | 175,331 | 拜节 | 241,324 | 帮办1 | 268,334 |
| 熬夜 | 250,325 | 罢考 | 175,333 | 拜金 | 70,309 | 帮办2 | 268,334 |
| 拗口 | 57,333 | 罢课 | 175,316 | 拜客 | 147,288 | 帮厨 | 268,305 |
| 傲人 | 39,287 | 罢练 | 175,333 | 拜年 | 241,326 | 帮工1 | 268,315 |
| 傲世 | 105,311 | 罢赛 | 175,316 | 拜师 | 158,288 | 帮工2 | 268,315 |
| 傲物 | 105,287 | 罢市 | 175,332 | 拜寿 | 241,324 | 帮困 | 268,323 |
| **B** | | 罢手 | 153,291 | 拜堂 | 241,305 | 帮腔1 | 268,309 |
| 扒车 | 232,297 | | | | | 帮腔2 | 268,309 |

| | | | | | | | |
|---|---|---|---|---|---|---|---|
| 帮闲1 | 268,339 | 保洁 | 47,337 | 报时 | 211,325 | 备耕 | 240,332 |
| 帮闲2 | 268,339 | 保举 | 93,334 | 报收 | 211,329 | 备荒 | 83,318 |
| 帮凶1 | 268,317 | 保媒 | 94,316 | 报数 | 211,321 | 备货 | 240,298 |
| 帮凶2 | 268,317 | 保密 | 92,306 | 报喜 | 211,316 | 备考1 | 89,333 |
| 绑腿 | 269,292 | 保苗 | 92,294 | 报晓 | 211,325 | 备考2 | 89,333 |
| 傍晚 | 57,325 | 保命 | 92,319 | 报信 | 211,306 | 备考3 | 240,333 |
| 傍午 | 57,325 | 保暖 | 47,336 | 报怨 | 209,313 | 备课 | 240,316 |
| 包产 | 94,330 | 保墒 | 47,323 | 报站 | 211,305 | 备料1 | 240,298 |
| 包场 | 92,305 | 保湿 | 47,336 | 报账 | 211,309 | 备勤 | 83,315 |
| 包车1 | 92,297 | 保胎 | 95,289 | 刨冰 | 271,300 | 备取 | 89,331 |
| 包饭1 | 92,295 | 保温 | 47,321 | 抱病 | 110,318 | 备选 | 89,331 |
| 包房1 | 92,305 | 保息 | 93,309 | 抱憾 | 93,328 | 备汛 | 83,318 |
| 包费1 | 94,309 | 保鲜 | 47,339 | 抱恨 | 93,328 | 备用 | 89,334 |
| 包工 | 94,315 | 保险1 | 94,318 | 抱愧 | 93,328 | 备灾 | 83,318 |
| 包伙1 | 92,296 | 保险2 | 94,304 | 抱歉 | 93,313 | 备战 | 240,317 |
| 包机1 | 92,297 | 保险3 | 94,304 | 抱屈 | 93,328 | 备注1 | 89,330 |
| 包金1 | 269,300 | 保修1 | 94,334 | 抱拳 | 90,291 | 备注2 | 89,330 |
| 包赔 | 94,331 | 保真1 | 94,340 | 抱窝 | 255,342 | 背风 | 51,301 |
| 包头1 | 269,290 | 保真2 | 47,323 | 抱冤 | 93,317 | 背光 | 51,301 |
| 包席1 | 92,296 | 保值 | 47,321 | 抱怨 | 93,313 | 背气 | 192,292 |
| 包销1 | 94,332 | 报案 | 211,317 | 暴库 | 49,305 | 背人1 | 78,287 |
| 包月 | 92,325 | 报仇 | 209,288 | 暴尸 | 49,290 | 背人2 | 78,287 |
| 包桌1 | 92,296 | 报到 | 211,329 | 暴狱 | 243,305 | 背书1 | 237,309 |
| 保安1 | 95,341 | 报德 | 208,313 | 曝光1 | 254,301 | 背约 | 80,310 |
| 保安2 | 95,341 | 报恩 | 208,313 | 曝光2 | 254,301 | 背运2 | 40,314 |
| 保安3 | 95,341 | 报废 | 211,337 | 爆表 | 116,298 | 悖理 | 56,314 |
| 保膘 | 92,293 | 报关 | 211,311 | 爆仓1 | 116,310 | 被难1 | 283,318 |
| 保镖1 | 95,299 | 报国 | 208,311 | 爆仓2 | 116,305 | 被难2 | 283,318 |
| 保镖2 | 95,299 | 报话1 | 211,307 | 爆粗 | 160,340 | 奔命1 | 231,307 |
| 保底1 | 92,309 | 报价1 | 211,309 | 爆冷 | 117,338 | 奔丧 | 204,316 |
| 保底2 | 93,303 | 报捷 | 211,330 | 爆料 | 160,308 | 崩盘 | 122,323 |
| 保固 | 93,336 | 报警 | 211,317 | 爆胎 | 122,297 | 绷脸 | 74,290 |
| 保皇 | 95,288 | 报矿 | 211,300 | 爆笑 | 190,333 | 蹦床2 | 235,299 |
| 保级 | 92,322 | 报料1 | 211,308 | 背榜 | 91,308 | 逼宫 | 266,304 |
| 保价 | 94,321 | 报名 | 211,307 | 背债 | 94,310 | 逼供 | 266,331 |
| 保驾 | 95,297 | 报幕 | 211,297 | 备案 | 89,308 | 逼和 | 266,330 |
| 保荐 | 93,334 | 报丧 | 211,316 | 备查 | 89,328 | 逼婚 | 266,316 |
| 保健 | 95,337 | 报失 | 211,330 | 备份2 | 89,341 | 逼命1 | 266,319 |

| | | | | | | | |
|---|---|---|---|---|---|---|---|
| 吃水1 | 238,301 | 冲顶2 | 204,303 | 筹办 | 236,334 | 出九 | 115,325 |
| 吃水2 | 254,301 | 冲高 | 199,338 | 筹建 | 236,330 | 出局1 | 186,316 |
| 吃水4 | 54,301 | 冲浪 | 232,301 | 筹拍 | 236,328 | 出局2 | 186,316 |
| 吃素1 | 238,296 | 冲天 | 199,303 | 筹资 | 215,309 | 出局3 | 186,316 |
| 吃素2 | 238,296 | 冲喜 | 166,316 | 筹组 | 236,330 | 出科 | 186,289 |
| 吃香 | 283,337 | 冲账 | 70,309 | 出版 | 160,308 | 出口1 | 130,291 |
| 吃斋1 | 238,296 | 充电1 | 88,301 | 出榜1 | 133,308 | 出口3 | 115,303 |
| 吃斋2 | 238,296 | 充电2 | 88,301 | 出榜2 | 133,308 | 出口4 | 130,303 |
| 吃斋3 | 238,296 | 充公 | 88,338 | 出兵 | 130,289 | 出栏1 | 130,304 |
| 吃重1 | 283,336 | 充饥 | 88,329 | 出彩1 | 117,292 | 出力 | 133,319 |
| 吃重2 | 283,336 | 充军 | 88,289 | 出彩2 | 117,292 | 出列 | 147,323 |
| 吃重3 | 254,321 | 充数 | 88,321 | 出彩3 | 187,323 | 出笼1 | 130,298 |
| 吃罪 | 283,317 | 充血 | 49,292 | 出槽1 | 130,298 | 出笼2 | 130,298 |
| 弛禁 | 166,310 | 充值 | 88,309 | 出槽2 | 115,304 | 出笼3 | 130,298 |
| 弛电 | 207,306 | 重九 | 125,342 | 出厂 | 130,311 | 出炉1 | 130,298 |
| 弛名 | 219,320 | 重码1 | 54,306 | 出场 | 148,305 | 出炉2 | 130,298 |
| 弛目 | 154,291 | 重午 | 125,342 | 出车 | 130,297 | 出马 | 130,293 |
| 弛书 | 207,306 | 重阳 | 125,313 | 出丑 | 187,318 | 出梅 | 115,325 |
| 弛誉 | 219,320 | 崇洋 | 70,303 | 出道 | 148,311 | 出面 | 149,290 |
| 持仓 | 92,310 | 抽成1 | 212,342 | 出饭 | 118,295 | 出苗 | 125,294 |
| 持法 | 165,310 | 抽丁 | 212,289 | 出伏 | 115,325 | 出名1 | 187,320 |
| 持股 | 92,310 | 抽风2 | 212,301 | 出阁 | 147,305 | 出牌 | 133,299 |
| 持衡 | 47,338 | 抽青 | 125,335 | 出格1 | 115,322 | 出偏 | 117,327 |
| 持家 | 273,315 | 抽纱1 | 212,297 | 出格2 | 115,322 | 出票1 | 133,299 |
| 持论 | 92,307 | 抽纱2 | 212,297 | 出轨1 | 115,305 | 出票2 | 133,299 |
| 持平1 | 95,341 | 抽身 | 151,341 | 出轨2 | 115,310 | 出品2 | 132,294 |
| 持平2 | 47,338 | 抽水1 | 212,301 | 出国 | 147,311 | 出圈 | 130,304 |
| 持身 | 84,341 | 抽水2 | 121,301 | 出海 | 148,304 | 出奇 | 130,338 |
| 持斋 | 80,316 | 抽税 | 212,309 | 出货1 | 130,298 | 出气 | 133,313 |
| 持正1 | 95,339 | 抽穗 | 125,294 | 出货2 | 130,298 | 出勤 | 148,315 |
| 持正2 | 95,339 | 抽薹 | 125,294 | 出货3 | 130,298 | 出糗 | 187,318 |
| 斥地 | 173,303 | 抽闲 | 188,326 | 出家 | 147,289 | 出缺 | 117,311 |
| 斥资 | 163,309 | 抽象1 | 212,323 | 出价 | 160,309 | 出山 | 147,304 |
| 赤背 | 74,292 | 抽象2 | 212,323 | 出界 | 115,302 | 出神 | 193,319 |
| 赤膊1 | 74,291 | 抽芽 | 125,294 | 出警 | 148,317 | 出师1 | 186,288 |
| 赤脚1 | 74,292 | 抽样 | 212,322 | 出境1 | 148,302 | 出师2 | 130,289 |
| 赤身 | 74,290 | 仇外 | 71,311 | 出境2 | 148,303 | 出世1 | 187,311 |
| 赤足1 | 74,292 | 酬宾 | 206,288 | 出镜 | 149,299 | 出世2 | 117,311 |

| | | | | | | | |
|---|---|---|---|---|---|---|---|
| 刺目 | 255,291 | 催办 | 266,334 | 错时 | 51,326 | 打赌 | 164,333 |
| 刺青 | 271,335 | 催产1 | 124,330 | 错位1 | 51,302 | 打非 | 263,327 |
| 刺眼1 | 255,290 | 催产2 | 124,329 | 错位2 | 51,302 | 打更1 | 259,342 |
| 刺眼2 | 255,290 | 催发 | 124,329 | 错银 | 269,300 | 打工 | 240,315 |
| 刺字 | 271,307 | 催肥 | 124,335 | **D** | | 打鼓 | 259,299 |
| 赐教 | 206,331 | 催化 | 124,329 | 搭便 | 81,318 | 打卦 | 164,306 |
| 从缓 | 80,339 | 催泪1 | 124,292 | 搭车1 | 96,297 | 打拐 | 263,334 |
| 从简 | 80,341 | 催泪2 | 124,292 | 搭车2 | 96,297 | 打鬼 | 243,314 |
| 从教 | 240,331 | 催眠 | 124,328 | 搭话1 | 79,307 | 打齁 | 191,333 |
| 从警 | 240,288 | 催命 | 124,326 | 搭伙1 | 150,289 | 打夯 | 164,333 |
| 从军 | 150,289 | 催奶 | 124,292 | 搭伙2 | 157,289 | 打黑 | 263,338 |
| 从宽 | 80,340 | 催情 | 124,313 | 搭界1 | 52,302 | 打滑1 | 117,332 |
| 从略 | 80,330 | 催生 | 124,330 | 搭腔1 | 79,307 | 打滑2 | 117,332 |
| 从命 | 79,307 | 催熟1 | 124,336 | 搭桥1 | 242,296 | 打诨 | 164,316 |
| 从权 | 80,318 | 催熟2 | 124,336 | 搭桥2 | 242,296 | 打假 | 263,340 |
| 从戎 | 150,289 | 存案 | 86,308 | 搭桥3 | 242,296 | 打卡 | 158,300 |
| 从师 | 78,288 | 存档 | 86,308 | 搭手 | 90,291 | 打雷 | 118,301 |
| 从俗2 | 79,341 | 存货1 | 86,298 | 搭台 | 242,296 | 打擂 | 243,296 |
| 从速 | 80,339 | 存款1 | 86,309 | 搭戏 | 68,316 | 打扒 | 263,331 |
| 从严 | 80,340 | 存栏 | 50,304 | 搭线 | 178,297 | 打泡 | 260,323 |
| 从业 | 240,311 | 存粮1 | 86,295 | 搭腰 | 86,293 | 打炮1 | 159,299 |
| 从医 | 240,288 | 存盘 | 86,295 | 答言 | 79,307 | 打炮2 | 159,299 |
| 从艺 | 240,320 | 存身 | 75,341 | 达标 | 114,322 | 打谱1 | 85,309 |
| 从影 | 240,316 | 存食 | 50,295 | 达旦 | 114,325 | 打气1 | 261,301 |
| 从优 | 80,340 | 存世 | 50,311 | 达意 | 156,313 | 打气2 | 261,301 |
| 从征 | 150,334 | 存心1 | 93,312 | 答话 | 154,307 | 打钎 | 259,298 |
| 从政 | 150,315 | 存心2 | 93,312 | 答卷1 | 238,309 | 打枪1 | 159,299 |
| 从众 | 79,289 | 存疑 | 89,313 | 答礼 | 208,316 | 打趣 | 164,316 |
| 凑钱 | 141,309 | 搓麻 | 260,337 | 答题 | 238,308 | 打拳 | 241,316 |
| 凑手 | 57,291 | 撮要1 | 212,308 | 答疑 | 154,313 | 打闪 | 118,301 |
| 促进 | 266,331 | 措办 | 236,334 | 打靶 | 159,299 | 打扇 | 260,297 |
| 促退 | 266,331 | 措辞 | 88,307 | 打包1 | 269,295 | 打食2 | 165,295 |
| 促膝 | 57,292 | 措手 | 233,291 | 打包2 | 167,295 | 打私 | 263,338 |
| 促销 | 266,332 | 措意 | 71,312 | 打表 | 273,298 | 打胎 | 165,289 |
| 蹙额 | 233,290 | 错车 | 51,297 | 打岔 | 164,332 | 打铁 | 259,300 |
| 篡国 | 213,311 | 错峰 | 51,324 | 打场 | 259,304 | 打样1 | 239,323 |
| 篡权 | 213,320 | 错季 | 51,325 | 打车 | 96,297 | 打样2 | 239,322 |
| 篡位 | 213,311 | 错金 | 269,300 | 打道 | 165,305 | 打油1 | 213,301 |

| | | | | | | | |
|---|---|---|---|---|---|---|---|
| 得济 | 188,334 | 瞪眼1 | 232,290 | 殿后 | 75,302 | 顶罪1 | 94,317 |
| 得救 | 188,334 | 瞪眼2 | 232,290 | 雕版 | 270,299 | 顶罪2 | 70,317 |
| 得力1 | 188,319 | 低头1 | 65,290 | 雕花1 | 270,323 | 鼎新 | 163,339 |
| 得力2 | 188,319 | 滴水1 | 225,301 | 雕漆1 | 270,301 | 订婚 | 164,320 |
| 得力3 | 188,319 | 滴水2 | 225,301 | 雕漆2 | 270,301 | 订货1 | 164,298 |
| 得人 | 188,287 | 觌面 | 157,290 | 吊丧 | 241,316 | 订交 | 164,320 |
| 得胜 | 188,330 | 抵命 | 70,319 | 吊线 | 65,297 | 订位 | 164,302 |
| 得时 | 188,318 | 抵数 | 55,321 | 吊孝 | 241,316 | 定案1 | 177,317 |
| 得势 | 188,320 | 抵死 | 264,330 | 钓鱼 | 242,293 | 定编 | 177,320 |
| 得手1 | 188,291 | 抵债 | 70,310 | 调茬 | 170,342 | 定点1 | 177,302 |
| 得手2 | 188,291 | 抵账 | 70,310 | 调档 | 212,308 | 定鼎 | 65,297 |
| 得体 | 55,323 | 抵罪 | 70,317 | 调防 | 219,328 | 定都 | 177,304 |
| 得闲 | 188,326 | 缔交1 | 164,328 | 调干1 | 219,288 | 定额1 | 177,321 |
| 得益 | 188,320 | 缔交2 | 158,328 | 调卷 | 212,308 | 定岗 | 177,310 |
| 得意 | 194,312 | 缔盟 | 157,311 | 调职 | 224,311 | 定稿1 | 177,308 |
| 得用 | 55,334 | 缔约 | 164,310 | 掉膘 | 126,293 | 定格 | 123,323 |
| 得志 | 194,312 | 点火1 | 164,301 | 掉队1 | 195,323 | 定更 | 164,342 |
| 得罪 | 188,317 | 点火2 | 164,301 | 掉队2 | 195,323 | 定级 | 177,322 |
| 登场1 | 131,304 | 点饥 | 88,329 | 掉色 | 117,321 | 定价1 | 177,309 |
| 登场2 | 146,305 | 点将 | 214,288 | 掉头1 | 152,290 | 定睛 | 65,291 |
| 登程 | 146,305 | 点睛 | 269,291 | 掉头2 | 170,303 | 定局1 | 123,323 |
| 登第 | 186,322 | 点卯 | 69,325 | 掉线 | 117,307 | 定量1 | 177,321 |
| 登顶 | 146,303 | 点名1 | 69,307 | 跌水2 | 199,301 | 定量2 | 177,321 |
| 登高1 | 205,335 | 点名2 | 214,307 | 跌足 | 234,292 | 定名 | 177,307 |
| 登高2 | 205,335 | 点题 | 168,308 | 喋血 | 231,292 | 定期1 | 177,326 |
| 登基 | 146,311 | 点穴1 | 260,292 | 叠翠 | 125,335 | 定亲 | 177,320 |
| 登极 | 146,311 | 点穴2 | 260,292 | 叠韵 | 125,307 | 定情 | 177,313 |
| 登科 | 186,322 | 点赞 | 260,334 | 盯梢 | 81,302 | 定神1 | 65,319 |
| 登陆1 | 205,304 | 点种1 | 85,294 | 顶班2 | 94,315 | 定神2 | 62,322 |
| 登陆2 | 205,304 | 垫肩1 | 254,292 | 顶包 | 94,295 | 定损 | 177,329 |
| 登门 | 146,305 | 垫肩2 | 254,292 | 顶风1 | 51,301 | 定位1 | 177,302 |
| 登山1 | 205,304 | 垫脚 | 254,292 | 顶风3 | 51,301 | 定位3 | 177,302 |
| 登山2 | 205,304 | 垫圈 | 254,304 | 顶缸 | 94,297 | 定向1 | 177,302 |
| 登台1 | 146,296 | 垫资 | 208,309 | 顶命 | 70,319 | 定型 | 123,321 |
| 登台2 | 146,296 | 奠都 | 88,304 | 顶头 | 52,290 | 定性1 | 177,320 |
| 蹬腿1 | 234,292 | 奠基 | 84,303 | 顶账 | 70,310 | 定性2 | 177,320 |
| 等价 | 55,321 | 奠酒 | 241,296 | 顶职 | 94,311 | 定影 | 65,323 |
| 等身 | 55,290 | | | 顶嘴 | 263,307 | 定员1 | 177,287 |

| | | | | | | |
|---|---|---|---|---|---|---|
| 发报 | 207,306 | 发謷 | 193,339 | 发酸 1 | 117,336 | 翻车 1—2 |
| 发标 | 207,310 | 发狂 | 193,328 | 发酸 2 | 191,337 | |
| 发飙 | 156,301 | 发困 | 191,337 | 发酸 3 | 191,337 | 翻船 1 |
| 发兵 | 174,289 | 发蓝 | 133,335 | 发帖 | 160,308 | 翻船 2 |
| 发病 | 191,318 | 发懒 | 191,337 | 发威 | 156,322 | 翻供 |
| 发财 1 | 135,309 | 发愣 | 193,328 | 发文 1 | 207,308 | 翻浆 |
| 发财 2 | 135,309 | 发力 | 154,319 | 发问 | 162,331 | 翻脸 |
| 发颤 | 191,333 | 发亮 | 127,335 | 发祥 1 | 117,340 | 翻盘 1 |
| 发车 | 163,297 | 发令 | 160,307 | 发祥 2 | 117,340 | 翻盘 2 |
| 发愁 | 193,328 | 发毛 1 | 193,339 | 发笑 | 193,333 | 翻砂 1 |
| 发呆 | 193,328 | 发霉 | 117,327 | 发虚 1 | 193,339 | 翻砂 2 |
| 发电 1 | 132,301 | 发蒙 1 | 193,329 | 发虚 2 | 191,336 | 翻身 1 |
| 发电 2 | 207,306 | 发蒙 2 | 171,340 | 发芽 | 118,294 | 翻身 2 |
| 发抖 | 191,333 | 发面 1 | 135,295 | 发言 1 | 162,307 | 翻身 3 |
| 发端 | 124,317 | 发墨 | 118,301 | 发炎 | 191,323 | 翻天 1 |
| 发凡 | 168,308 | 发难 1 | 174,318 | 发音 1 | 127,301 | 翻天 2 |
| 发奋 1 | 174,337 | 发难 2 | 162,334 | 发源 1 | 124,304 | 翻胃 |
| 发愤 | 174,328 | 发蔫 1 | 117,337 | 发源 2 | 124,304 | 烦人 |
| 发疯 1 | 193,328 | 发蔫 2 | 191,337 | 发愿 | 162,312 | 烦神 |
| 发疯 2 | 193,328 | 发怒 | 193,328 | 发运 | 175,332 | 烦心 1 |
| 发福 | 191,335 | 发胖 | 191,335 | 发怔 | 193,328 | 反霸 1 |
| 发绀 | 117,335 | 发飘 | 191,336 | 乏力 1 | 38,319 | 反霸 2 |
| 发稿 | 207,308 | 发情 | 193,313 | 乏力 2 | 110,319 | 反腐 |
| 发光 | 127,301 | 发球 | 163,299 | 乏术 | 110,313 | 反戈 |
| 发汗 | 159,292 | 发热 1 | 127,321 | 乏味 | 48,320 | 反光 1 |
| 发狠 1 | 155,327 | 发热 2 | 191,323 | 伐木 | 271,294 | 反恐 |
| 发狠 2 | 193,340 | 发热 3 | 191,323 | 伐善 | 161,328 | 反口 |
| 发横 | 156,340 | 发轫 | 166,297 | 罚金 1 | 266,309 | 反目 |
| 发花 | 191,335 | 发丧 1 | 160,316 | 罚款 1 | 266,309 | 反扒 |
| 发话 1 | 160,307 | 发丧 2 | 274,316 | 罚款 2 | 266,309 | 反潜 |
| 发话 2 | 160,307 | 发傻 1 | 193,328 | 罚没 | 266,331 | 反身 |
| 发慌 | 193,339 | 发傻 2 | 165,340 | 法古 | 80,326 | 反手 1 |
| 发昏 | 191,340 | 发烧 | 191,323 | 翻案 1 | 134,308 | 反手 2 |
| 发火 1 | 118,301 | 发身 | 191,290 | 翻案 2 | 135,308 | 反贪 |
| 发火 2 | 163,299 | 发声 1 | 162,302 | 翻场 | 139,304 | 反胃 |
| 发急 | 193,339 | 发声 2 | 162,302 | 翻车 1—1 | | 反向 |
| 发家 | 135,299 | 发誓 | 162,307 | | 121,297 | 反正 1—1 |
| 发贼 | 165,340 | 发水 | 118,301 | | | |

Additional right-column values:

| | |
|---|---|
| 翻车 1—2 | 121,297 |
| 翻船 1 | 121,297 |
| 翻船 2 | 121,297 |
| 翻供 | 134,307 |
| 翻浆 | 226,301 |
| 翻脸 | 135,322 |
| 翻盘 1 | 120,323 |
| 翻盘 2 | 120,324 |
| 翻砂 1 | 139,300 |
| 翻砂 2 | 139,300 |
| 翻身 1 | 139,290 |
| 翻身 2 | 139,290 |
| 翻身 3 | 139,290 |
| 翻天 1 | 139,303 |
| 翻天 2 | 139,303 |
| 翻胃 | 226,292 |
| 烦人 | 63,287 |
| 烦神 | 64,319 |
| 烦心 1 | 63,312 |
| 反霸 1 | 264,314 |
| 反霸 2 | 264,288 |
| 反腐 | 263,330 |
| 反戈 | 139,299 |
| 反光 1 | 139,301 |
| 反恐 | 263,317 |
| 反口 | 155,307 |
| 反目 | 135,291 |
| 反扒 | 263,331 |
| 反潜 | 263,328 |
| 反身 | 139,290 |
| 反手 1 | 139,291 |
| 反手 2 | 139,291 |
| 反贪 | 263,331 |
| 反胃 | 226,292 |
| 反向 | 51,302 |
| 反正 1—1 | 151,341 |

| | | | | | | | |
|---|---|---|---|---|---|---|---|
| 挂失 | 88,330 | 灌水 | 86,301 | 过季 | 116,325 | 含怒 | 93,328 |
| 挂帅 | 86,288 | 灌音 | 88,301 | 过节1 | 250,324 | 含情 | 93,312 |
| 挂孝 | 91,296 | 逛灯 | 232,297 | 过节2 | 116,324 | 含笑 | 93,333 |
| 挂心 | 72,312 | 归档 | 134,297 | 过境 | 148,302 | 含羞 | 93,328 |
| 挂靴 | 86,296 | 归队1 | 204,289 | 过礼 | 207,298 | 含冤 | 93,317 |
| 挂账 | 88,310 | 归队2 | 204,289 | 过量 | 116,321 | 寒心 | 106,312 |
| 挂职1 | 94,315 | 归根 | 200,294 | 过路 | 148,305 | 喊话 | 161,307 |
| 挂职2 | 94,315 | 归公 | 208,338 | 过目 | 132,291 | 喊价 | 161,309 |
| 关怀 | 72,312 | 归功 | 90,317 | 过年1 | 250,326 | 喊冤 | 161,317 |
| 关机1 | 175,298 | 归谷 | 90,317 | 过年2 | 116,326 | 汗青1 | 41,335 |
| 关机2 | 175,298 | 归口1 | 90,311 | 过期 | 116,326 | 汗青2 | 41,335 |
| 关门1—1 | | 归口2 | 204,311 | 过人1 | 57,287 | 汗颜 | 41,290 |
| | 138,296 | 归类 | 141,321 | 过人2 | 148,287 | 颔首 | 153,290 |
| 关门1—2 | | 归天 | 186,313 | 过时1 | 116,326 | 航海 | 226,304 |
| | 138,296 | 归田 | 204,304 | 过时2 | 116,323 | 航空 | 226,303 |
| 关门1—3 | | 归位 | 204,302 | 过世 | 187,311 | 航天 | 226,303 |
| | 138,296 | 归西 | 186,314 | 过手 | 132,291 | 航宇 | 226,303 |
| 关门1—4 | | 归心2 | 158,312 | 过堂 | 132,305 | 号丧 | 237,316 |
| | 138,296 | 归阴 | 186,314 | 过望 | 116,312 | 嚎春 | 226,325 |
| 关心 | 72,312 | 归真 | 186,320 | 过午 | 116,325 | 号脉 | 218,318 |
| 关张 | 175,329 | 归罪 | 90,317 | 过眼 | 132,290 | 好客 | 71,288 |
| 观风 | 81,306 | 规避 | 236,329 | 过夜1 | 250,325 | 好奇 | 71,338 |
| 观光 | 81,323 | 规复 | 236,329 | 过夜2 | 116,325 | 好强 | 71,336 |
| 观礼 | 81,316 | 裹脚1 | 269,292 | 过瘾 | 250,313 | 好色 | 71,322 |
| 观战1 | 81,317 | 裹脚2 | 269,292 | 过载1 | 116,333 | 好胜 | 71,328 |
| 观战2 | 81,317 | 裹腿 | 269,292 | 过载2 | 202,295 | 好事 | 71,314 |
| 管家1 | 273,315 | 过半 | 116,342 | 过账 | 202,309 | 耗材1 | 126,298 |
| 管家2 | 273,315 | 过磅 | 132,298 | | | 耗能 | 126,321 |
| 管事1 | 273,314 | 过场1 | 148,305 | **H** | | 耗神 | 190,319 |
| 管事3 | 273,314 | 过秤 | 132,298 | 哈气1 | 159,292 | 耗资 | 190,309 |
| 管用 | 49,321 | 过当 | 116,338 | 哈腰1 | 152,292 | 合璧 | 141,297 |
| 冠名 | 89,307 | 过电 | 116,301 | 哈腰2 | 152,292 | 合度 | 55,321 |
| 灌肠1 | 162,292 | 过冬 | 250,325 | 害病 | 191,318 | 合法 | 55,310 |
| 灌顶 | 86,290 | 过度 | 116,321 | 害臊 | 193,328 | 合格 | 55,322 |
| 灌浆1 | 162,301 | 过分 | 116,320 | 害羞 | 193,328 | 合股 | 141,310 |
| 灌浆2 | 226,301 | 过关 | 148,304 | 害眼 | 191,290 | 合脚 | 55,292 |
| 灌浆3 | 226,301 | 过户 | 170,289 | 含苞 | 54,294 | 合口1 | 126,303 |
| 灌篮 | 162,299 | 过火2 | 226,301 | 含悲 | 93,328 | 合口2 | 55,321 |

| | | | | | | |
|---|---|---|---|---|---|---|
| 回话1 | 208,307 | 毁约 | 135,310 | 积水1 | 125,301 | 集资 | 141,309 |
| 回火1 | 203,301 | 汇款1 | 207,309 | 积水3 | 125,292 | 辑要 | 212,308 |
| 回火2 | 139,301 | 汇流 | 126,301 | 积怨1 | 125,313 | 辑佚1 | 212,329 |
| 回空 | 200,336 | 会钞 | 208,299 | 赍恨 | 93,328 | 辑佚2 | 212,329 |
| 回礼1 | 208,316 | 会车 | 126,297 | 缉毒 | 92,296 | 给水 | 210,301 |
| 回礼2 | 208,298 | 会客 | 157,288 | 缉私 | 92,338 | 计酬 | 235,310 |
| 回笼1 | 229,298 | 会面 | 157,290 | 缉凶 | 92,288 | 计价 | 235,309 |
| 回笼2 | 200,298 | 会师 | 157,289 | 跻身 | 205,341 | 计时 | 235,326 |
| 回炉1 | 229,298 | 会水 | 109,301 | 激将 | 140,288 | 计数2 | 218,321 |
| 回炉2 | 229,298 | 会心 | 109,312 | 及第 | 186,322 | 记仇 | 91,313 |
| 回门 | 204,289 | 会意1 | 126,307 | 及格 | 114,322 | 记工 | 88,315 |
| 回眸 | 139,291 | 会意2 | 109,312 | 及冠 | 186,328 | 记功 | 88,317 |
| 回暖 | 121,336 | 会友2 | 158,288 | 及笄 | 186,296 | 记过 | 88,317 |
| 回棋 | 203,299 | 会账 | 208,310 | 及龄 | 186,319 | 记恨 | 91,327 |
| 回青 | 121,335 | 绘图 | 239,309 | 及门 | 146,289 | 记名 | 88,307 |
| 回身 | 139,290 | 惠民 | 206,289 | 及时1 | 186,318 | 记事1 | 88,314 |
| 回生1 | 186,337 | 混迹 | 241,316 | 及时2 | 186,326 | 记事2 | 88,314 |
| 回生2 | 121,339 | 混事 | 240,315 | 及早 | 186,339 | 纪年1 | 88,325 |
| 回师 | 203,289 | 活命1 | 64,319 | 极口 | 133,307 | 纪实1 | 88,324 |
| 回手1 | 139,291 | 活命2 | 64,319 | 极力 | 133,319 | 纪实2 | 88,324 |
| 回手2 | 209,291 | 活血 | 228,292 | 极目 | 133,291 | 纪事1 | 88,314 |
| 回首1 | 139,290 | 获救 | 188,334 | 极意 | 133,312 | 纪事2 | 88,314 |
| 回首2 | 139,290 | 获释 | 188,330 | 即景 | 77,323 | 纪行 | 88,332 |
| 回天 | 135,311 | 获许 | 188,334 | 即事 | 77,314 | 纪要 | 88,308 |
| 回帖1 | 208,308 | 获选 | 188,295 | 即位1 | 146,302 | 忌口 | 74,291 |
| 回帖2 | 208,308 | 获准 | 188,334 | 即位2 | 146,311 | 忌嘴 | 74,291 |
| 回头1 | 139,290 | 获罪 | 188,317 | 即席1 | 77,296 | 济贫 | 268,335 |
| 回头2 | 139,290 | | | 即席2 | 146,302 | 济世 | 268,311 |
| 回头3 | 139,290 | **J** | | 即兴 | 77,313 | 济事 | 138,314 |
| 回稳 | 121,337 | 击剑 | 259,299 | 急难1 | 276,318 | 继任 | 214,315 |
| 回信1 | 208,306 | 击节 | 259,309 | 棘手 | 254,291 | 继位 | 214,311 |
| 回嘴 | 209,307 | 击水1 | 259,301 | 集句1 | 141,307 | 继武 | 80,316 |
| 悔过 | 105,317 | 击水2 | 259,301 | 集句2 | 141,307 | 祭灵 | 241,314 |
| 悔婚 | 155,320 | 击掌1 | 259,291 | 集权 | 141,320 | 祭灶 | 241,314 |
| 悔棋 | 155,299 | 击掌2 | 259,291 | 集群1 | 157,289 | 寄怀 | 87,312 |
| 悔约 | 155,310 | 积德 | 141,313 | 集释 | 141,308 | 寄情 | 87,312 |
| 悔罪 | 105,317 | 积肥 | 141,298 | 集邮 | 141,299 | 寄身 | 75,341 |
| 毁容 | 135,322 | 积年 | 125,342 | 集注2 | 141,308 | 寄语1 | 207,307 |
| | | 积善 | 141,317 | | | | |

| | | | | | | | |
|---|---|---|---|---|---|---|---|
| 交九 | 126,325 | 接驾 | 147,297 | 劫狱 | 212,305 | 解恨 | 132,327 |
| 交手 | 141,291 | 接界 | 52,302 | 结案 | 176,317 | 解惑 | 132,313 |
| 交心 | 211,312 | 接警 | 214,317 | 结彩 | 178,297 | 解禁 | 165,310 |
| 交友 | 68,288 | 接境 | 52,302 | 结仇 | 157,313 | 解渴 1 | 132,336 |
| 交账 1 | 206,309 | 接客 1 | 264,288 | 结关 | 176,311 | 解渴 2 | 132,336 |
| 交账 2 | 206,309 | 接客 2 | 264,288 | 结婚 | 157,320 | 解困 | 165,329 |
| 骄人 | 39,287 | 接力 | 151,319 | 结伙 1 | 157,289 | 解码 1 | 170,306 |
| 教书 | 211,309 | 接龙 | 142,323 | 结集 1 | 141,309 | 解码 2 | 170,306 |
| 焦心 | 106,312 | 接气 | 52,308 | 结晶 1 | 121,300 | 解密 1 | 165,306 |
| 矫命 | 80,307 | 接腔 | 79,307 | 结盟 | 157,311 | 解密 2 | 165,306 |
| 矫情 2 | 80,314 | 接亲 | 147,289 | 结亲 1 | 157,320 | 解难 1 | 165,314 |
| 矫形 | 170,323 | 接壤 | 52,303 | 结亲 2 | 157,288 | 解难 2 | 165,318 |
| 揽局 | 275,315 | 接事 | 214,315 | 结社 | 157,289 | 解囊 | 172,296 |
| 缴械 1 | 213,299 | 接手 | 151,291 | 结尾 1 | 176,318 | 解聘 | 176,331 |
| 缴械 2 | 210,299 | 接榫 1 | 142,303 | 结项 | 176,342 | 解气 | 132,313 |
| 叫价 | 161,309 | 接榫 2 | 142,303 | 结业 | 176,315 | 解扰 | 165,334 |
| 叫绝 | 161,338 | 接头 1 | 142,303 | 结义 | 157,338 | 解套 | 132,328 |
| 叫苦 | 161,340 | 接头 2 | 142,303 | 结缘 | 157,314 | 解题 1 | 238,308 |
| 叫门 | 161,296 | 接头 3 | 142,303 | 结怨 | 157,313 | 解题 2 | 168,308 |
| 叫屈 | 161,328 | 接吻 | 142,291 | 结账 | 137,309 | 解题 3 | 168,308 |
| 叫停 1 | 161,329 | 接戏 | 214,316 | 截稿 | 137,308 | 解体 1 | 122,321 |
| 叫停 2 | 161,329 | 接线 1 | 142,295 | 截流 | 173,301 | 解体 2 | 122,310 |
| 叫早 | 161,325 | 接线 2 | 142,307 | 截屏 | 271,295 | 解围 1 | 165,327 |
| 叫阵 | 161,323 | 接站 | 147,305 | 截肢 | 271,292 | 解围 2 | 165,327 |
| 结果 1 | 125,294 | 接踵 | 52,292 | 竭诚 | 133,339 | 解吸 | 178,330 |
| 结实 1 | 125,294 | 揭榜 1 | 167,308 | 竭力 | 133,319 | 解压 | 165,333 |
| 接棒 | 214,299 | 揭榜 2 | 172,308 | 解馋 | 132,328 | 解严 | 165,340 |
| 接地 1 | 142,304 | 揭秘 | 167,306 | 解嘲 | 165,334 | 解颐 | 194,322 |
| 接地 2 | 142,304 | 揭幕 1 | 167,297 | 解愁 | 155,328 | 解疑 1 | 132,328 |
| 接防 | 151,328 | 揭幕 2 | 167,297 | 解冻 1 | 119,327 | 解疑 2 | 168,313 |
| 接访 | 264,331 | 揭牌 | 167,309 | 解冻 2 | 138,327 | 解忧 | 132,328 |
| 接风 | 147,301 | 节哀 | 275,328 | 解冻 3 | 165,334 | 解约 | 165,310 |
| 接骨 | 142,292 | 节能 | 173,321 | 解毒 1 | 132,296 | 解职 | 167,311 |
| 接轨 1 | 142,296 | 节食 | 173,333 | 解毒 2 | 132,323 | 介怀 | 91,312 |
| 接轨 2 | 142,296 | 节育 | 275,330 | 解饿 | 132,336 | 介意 | 91,312 |
| 接柜 | 264,297 | 节欲 | 275,313 | 解乏 | 132,337 | 戒毒 | 166,296 |
| 接机 1 | 147,297 | 节支 | 173,331 | 解构 | 236,321 | 借端 | 81,318 |
| 接机 2 | 264,297 | 劫机 | 266,297 | 解雇 | 176,332 | 借故 | 81,318 |

| | | | | | | | |
|---|---|---|---|---|---|---|---|
| 决意 | 155,312 | 开播 2－2 | | 开架 1 | 65,297 | 开缺 | 117,311 |
| 角力 | 244,319 | | 174,333 | 开架 2 | 65,297 | 开赛 | 174,316 |
| 绝版 | 124,308 | 开场 | 174,316 | 开讲 | 174,331 | 开山 1 | 172,304 |
| 绝产 1 | 119,329 | 开车 1 | 174,297 | 开奖 | 167,295 | 开山 2 | 172,304 |
| 绝代 | 39,326 | 开车 2 | 174,298 | 开街 | 172,305 | 开山 3 | 172,304 |
| 绝后 1 | 187,289 | 开秤 | 174,298 | 开戒 | 165,310 | 开山 4 | 172,304 |
| 绝后 2 | 124,326 | 开锄 | 174,333 | 开禁 | 165,310 | 开墒 | 172,304 |
| 绝户 1 | 187,289 | 开槌 | 174,298 | 开镜 | 138,299 | 开哨 | 174,299 |
| 绝迹 | 119,316 | 开打 1 | 174,334 | 开局 1 | 174,316 | 开始 1 | 124,318 |
| 绝交 | 158,320 | 开打 2 | 174,334 | 开卷 1 | 138,308 | 开始 2 | 124,318 |
| 绝口 1 | 153,291 | 开刀 1 | 138,298 | 开课 1 | 174,316 | 开始 3 | 124,318 |
| 绝口 2 | 153,291 | 开刀 2 | 138,298 | 开课 2 | 163,314 | 开市 1 | 174,332 |
| 绝路 1 | 119,305 | 开刀 3 | 138,298 | 开口 1－1 | | 开市 2 | 174,332 |
| 绝伦 | 39,321 | 开道 1 | 172,305 | | 138,291 | 开台 | 174,342 |
| 绝命 | 187,319 | 开吊 | 243,333 | 开口 1－2 | | 开膛 | 138,292 |
| 绝情 1 | 158,312 | 开冻 | 119,327 | | 138,303 | 开题 | 168,316 |
| 绝情 2 | 193,312 | 开恩 | 154,313 | 开犁 1 | 174,333 | 开庭 | 243,305 |
| 绝食 | 176,333 | 开饭 1 | 174,295 | 开犁 2 | 172,298 | 开通 1－2 | |
| 绝世 | 39,325 | 开饭 2 | 174,295 | 开例 | 163,315 | | 124,327 |
| 绝收 | 119,331 | 开工 1 | 174,315 | 开镰 | 174,298 | 开胃 | 132,292 |
| 绝嗣 | 187,289 | 开工 2 | 174,315 | 开路 1 | 172,305 | 开心 1 | 105,312 |
| 绝望 | 193,312 | 开锅 | 227,297 | 开路 2 | 172,305 | 开心 2 | 105,312 |
| 绝育 | 132,330 | 开国 | 163,311 | 开锣 | 174,299 | 开行 | 174,332 |
| 绝缘 1 | 53,323 | 开航 1 | 174,332 | 开门 1 | 138,296 | 开学 | 174,331 |
| 绝缘 2 | 142,323 | 开航 2 | 174,332 | 开门 2 | 138,296 | 开言 | 174,307 |
| 绝种 | 119,293 | 开河 1 | 119,304 | 开蒙 | 171,340 | 开颜 | 194,322 |
| 竣工 | 123,315 | 开河 2 | 172,304 | 开幕 1 | 138,297 | 开眼 | 173,303 |
| **K** | | 开户 | 163,311 | 开幕 2 | 138,297 | 开演 | 174,333 |
| 咯血 | 192,292 | 开化 2 | 124,329 | 开拍 1 | 174,328 | 开业 | 174,315 |
| 开班 | 174,289 | 开怀 | 105,312 | 开拍 2 | 174,332 | 开印 | 174,330 |
| 开笔 1 | 174,333 | 开荒 | 242,304 | 开拍 3 | 174,299 | 开映 | 174,333 |
| 开笔 2 | 174,333 | 开会 | 243,316 | 开炮 1 | 159,299 | 开园 1 | 174,304 |
| 开笔 3 | 174,333 | 开荤 1 | 174,296 | 开炮 2 | 159,299 | 开园 2 | 172,305 |
| 开编 | 174,333 | 开荤 2 | 174,296 | 开篇 1 | 124,308 | 开斋 1 | 165,316 |
| 开标 | 138,310 | 开伙 1 | 174,296 | 开篇 2 | 124,308 | 开斋 2 | 165,316 |
| 开播 1 | 174,329 | 开伙 2 | 174,296 | 开票 1 | 167,308 | 开展 2 | 174,316 |
| 开播 2－1 | | 开机 1 | 174,298 | 开票 2 | 239,299 | 开战 1 | 174,333 |
| | 174,333 | 开机 2 | 174,298 | 开腔 | 138,291 | 开战 2 | 174,333 |

| | | | | | | | |
|---|---|---|---|---|---|---|---|
| 滥觞 2 | 230,297 | 立案 1 | 163,308 | 利人 | 41,287 | 敛足 | 153,292 |
| 劳步 | 64,332 | 立案 2 | 163,317 | 利他 | 41,341 | 练笔 1 | 241,333 |
| 劳驾 | 64,297 | 立案 3 | 163,317 | 莅会 | 146,316 | 练笔 2 | 241,333 |
| 劳军 | 265,289 | 立春 1 | 124,325 | 莅任 | 146,315 | 练兵 1 | 241,289 |
| 劳力 3 | 242,319 | 立春 2 | 124,325 | 连类 | 142,321 | 练兵 2 | 241,289 |
| 劳神 | 64,319 | 立地 1—1 | | 连理 1 | 52,323 | 练队 | 241,289 |
| 劳师 | 265,289 | | 76,302 | 连理 2 | 52,323 | 练功 | 241,320 |
| 劳心 1 | 64,312 | 立冬 1 | 124,325 | 连年 | 52,342 | 练武 1 | 241,316 |
| 劳心 2 | 242,312 | 立冬 2 | 124,325 | 连篇 1 | 52,342 | 练武 2 | 241,317 |
| 劳心 3 | 64,312 | 立法 | 164,310 | 连篇 2 | 52,308 | 炼丹 | 273,296 |
| 落汗 | 192,292 | 立功 | 163,317 | 连日 | 52,342 | 炼焦 | 273,300 |
| 落色 | 117,321 | 立国 | 163,311 | 连声 | 52,342 | 炼句 | 236,307 |
| 乐见 | 105,330 | 立户 1 | 163,289 | 连体 | 52,290 | 炼油 1 | 273,301 |
| 乐意 1 | 105,312 | 立户 2 | 163,311 | 连天 1 | 52,342 | 炼油 2 | 273,301 |
| 乐意 2 | 105,312 | 立脚 | 75,292 | 连天 2 | 52,342 | 炼油 3 | 273,301 |
| 累年 | 125,342 | 立论 | 163,307 | 连天 3 | 52,303 | 炼字 | 236,307 |
| 累世 | 125,326 | 立秋 1 | 124,325 | 连线 | 142,307 | 恋家 | 104,289 |
| 冷场 2 | 37,302 | 立秋 2 | 124,325 | 连夜 2 | 52,342 | 恋旧 | 104,339 |
| 离岸 | 117,304 | 立誓 | 163,307 | 联产 1 | 52,330 | 恋群 | 104,289 |
| 离队 | 158,289 | 立嗣 | 163,288 | 联程 2 | 52,306 | 恋栈 | 104,304 |
| 离婚 | 158,320 | 立夏 1 | 124,325 | 联机 | 52,298 | 恋战 | 104,317 |
| 离任 | 147,315 | 立夏 2 | 124,325 | 联句 | 52,341 | 亮底 1 | 167,318 |
| 离世 1 | 147,311 | 立宪 | 164,310 | 联袂 | 52,296 | 亮底 2 | 167,318 |
| 离世 2 | 187,311 | 立项 | 163,342 | 联手 | 52,291 | 亮剑 1 | 167,299 |
| 离题 | 117,308 | 立言 1 | 163,307 | 联网 | 52,307 | 亮剑 2 | 167,299 |
| 离心 2 | 117,302 | 立言 2 | 162,307 | 联谊 | 52,320 | 亮相 1 | 149,322 |
| 离辙 | 117,305 | 立业 1 | 163,317 | 联姻 1 | 52,320 | 亮相 2 | 149,322 |
| 离职 1 | 147,311 | 立业 2 | 213,299 | 联姻 2 | 52,320 | 亮相 3 | 149,322 |
| 离职 2 | 147,311 | 立意 1 | 155,312 | 联宗 | 52,289 | 量力 | 218,319 |
| 罹难 | 283,318 | 立意 2 | 163,313 | 敛步 | 153,332 | 量刑 | 218,317 |
| 礼佛 | 241,313 | 立约 | 164,310 | 敛财 | 213,309 | 疗饥 | 166,329 |
| 理财 | 273,309 | 立账 | 163,309 | 敛迹 1 | 76,316 | 燎原 | 226,304 |
| 理发 | 271,291 | 立志 | 163,312 | 敛迹 2 | 76,316 | 了局 1 | 176,323 |
| 理气 | 274,320 | 立足 1 | 75,292 | 敛迹 3 | 76,316 | 了局 2 | 176,323 |
| 理事 1 | 274,314 | 立足 2 | 75,292 | 敛钱 | 213,309 | 了事 | 176,314 |
| 理事 2 | 274,314 | 励志 | 73,312 | 敛衽 1 | 274,296 | 了账 | 176,309 |
| 历时 1 | 227,326 | 利己 | 41,341 | 敛衽 2 | 274,296 | 撂手 | 160,291 |
| 历险 | 250,318 | 利尿 | 40,330 | 敛容 | 153,322 | 咧嘴 | 233,291 |

| | | | | | | | |
|---|---|---|---|---|---|---|---|
| 落伍 2 | 195,289 | 满目 | 46,303 | 魅人 | 256,287 | 免疫 | 149,318 |
| 落选 | 108,295 | 满七 | 126,324 | 扪心 | 260,292 | 免征 | 167,331 |
| 落账 | 65,308 | 满腔 | 38,312 | 萌芽 | 125,294 | 免职 | 167,311 |
| 落座 | 205,302 | 满师 | 126,331 | 蒙尘 | 283,300 | 免罪 | 167,317 |
| **M** | | 满孝 | 126,316 | 蒙垢 | 283,318 | 勉力 | 73,319 |
| 抹脸 | 261,290 | 满意 | 107,312 | 蒙难 | 283,318 | 面壁 1 | 77,296 |
| 骂街 | 265,305 | 满员 | 49,288 | 蒙冤 | 283,317 | 面壁 2 | 77,296 |
| 骂娘 | 265,289 | 满月 1 | 126,325 | 眯缝 | 232,303 | 面壁 3 | 77,296 |
| 骂阵 1 | 265,305 | 漫天 1 | 46,303 | 弥缝 | 277,320 | 面世 | 117,311 |
| 埋名 | 277,307 | 漫天 2 | 46,303 | 弥天 | 46,303 | 面市 | 117,305 |
| 埋头 | 74,290 | 盲目 | 107,291 | 弥月 1 | 126,325 | 描红 1 | 239,335 |
| 买官 | 213,311 | 冒功 | 92,317 | 弥月 2 | 126,325 | 描金 | 239,300 |
| 买醉 | 213,329 | 冒名 | 92,307 | 迷航 | 105,332 | 描图 | 239,309 |
| 迈步 | 234,316 | 冒死 | 77,330 | 迷路 1 | 105,305 | 灭顶 | 134,290 |
| 卖唱 | 209,333 | 冒险 | 77,318 | 迷路 2 | 105,305 | 灭活 | 132,337 |
| 卖功 | 162,317 | 没底 | 110,318 | 迷人 | 63,287 | 灭火 | 132,301 |
| 卖乖 | 154,340 | 没劲 2 | 49,320 | 迷途 1 | 105,305 | 灭迹 | 132,323 |
| 卖官 | 209,311 | 没脸 | 110,313 | 弭谤 | 176,334 | 灭口 | 132,288 |
| 卖国 | 209,311 | 没命 1 | 110,319 | 弭兵 | 176,317 | 灭门 | 132,289 |
| 卖老 | 154,339 | 没命 2 | 110,319 | 弭患 | 166,318 | 灭种 1 | 132,289 |
| 卖力 | 151,319 | 没命 3 | 110,314 | 弭乱 | 171,317 | 灭种 2 | 119,293 |
| 卖命 1 | 151,319 | 没完 1 | 110,329 | 免单 | 167,308 | 灭族 | 132,289 |
| 卖命 2 | 151,319 | 没完 2 | 110,329 | 免费 | 167,309 | 明理 1 | 109,314 |
| 卖俏 | 154,340 | 没羞 | 110,339 | 免冠 1 | 178,296 | 明志 | 156,312 |
| 卖身 1 | 209,341 | 没缘 | 110,314 | 免冠 2 | 178,296 | 鸣鞭 1 | 229,299 |
| 卖笑 | 209,333 | 没辙 | 110,313 | 免检 | 166,328 | 鸣笛 | 229,297 |
| 卖解 | 209,320 | 没治 1 | 110,334 | 免考 | 166,333 | 鸣金 | 229,295 |
| 卖艺 | 209,320 | 没治 2 | 110,334 | 免礼 | 166,316 | 鸣谢 | 156,327 |
| 卖友 | 209,288 | 没治 3 | 110,334 | 免票 1 | 167,299 | 鸣冤 | 161,317 |
| 卖嘴 | 162,333 | 美发 | 40,291 | 免签 | 167,333 | 铭心 | 256,312 |
| 满仓 | 64,310 | 美甲 | 40,291 | 免试 1 | 166,333 | 瞑目 | 232,291 |
| 满点 | 126,326 | 美容 | 40,322 | 免试 2 | 166,331 | 命笔 | 273,299 |
| 满额 | 49,321 | 美体 | 40,290 | 免税 | 167,309 | 命驾 | 285,328 |
| 满服 | 126,296 | 昧死 | 77,330 | 免俗 | 149,341 | 命名 | 208,307 |
| 满腹 | 38,312 | 昧心 | 106,312 | 免刑 | 166,317 | 命题 1 | 208,308 |
| 满怀 1-1 | | 媚世 | 264,311 | 免修 | 166,331 | 命意 1 | 208,313 |
| | 38,312 | 媚俗 | 264,341 | 免验 | 166,331 | 摸彩 | 217,310 |
| 满面 | 46,290 | 媚外 | 264,311 | 免役 | 167,315 | 摸底 | 217,318 |

| | | | | | | | |
|---|---|---|---|---|---|---|---|
| 盘底 | 82,318 | 陪审 | 78,331 | 批租 | 168,332 | 平槽 | 54,304 |
| 盘店 | 209,305 | 陪住 | 78,328 | 披红 | 91,297 | 平产 | 54,330 |
| 盘货 | 82,298 | 赔话 | 210,307 | 披肩1 | 91,292 | 平地2 | 38,304 |
| 盘库 | 82,305 | 赔款1 | 210,309 | 披肩2 | 91,292 | 平价1 | 275,309 |
| 盘山 | 54,304 | 赔款3 | 210,309 | 披卷 | 262,308 | 平叛 | 171,329 |
| 盘腿 | 65,292 | 赔礼 | 210,316 | 劈脸 | 52,290 | 平权 | 54,320 |
| 盘膝 | 65,292 | 赔钱1 | 190,309 | 劈面 | 52,290 | 平账 | 38,309 |
| 盘账 | 82,309 | 赔钱2 | 210,309 | 劈山 | 272,304 | 评标 | 218,310 |
| 判案 | 167,317 | 赔罪 | 210,317 | 劈手 | 233,291 | 评功 | 218,317 |
| 判罚 | 167,334 | 配菜 | 69,296 | 劈头1 | 52,290 | 评级 | 218,322 |
| 判刑 | 167,317 | 配餐1 | 69,295 | 劈头2 | 52,290 | 评价1 | 218,321 |
| 判罪 | 167,317 | 配方2—1 | | 劈胸 | 52,292 | 评奖 | 218,295 |
| 叛国 | 155,311 | | 69,296 | 劈叉 | 234,323 | 评理 | 218,314 |
| 抛锚1 | 159,297 | 配股 | 210,310 | 劈腿1 | 234,292 | 凭栏 | 76,296 |
| 抛锚2 | 159,297 | 配货 | 210,298 | 劈腿2 | 234,292 | 凭险 | 81,304 |
| 抛盘1 | 209,310 | 配军 | 88,289 | 劈账 | 211,309 | 泼墨1 | 85,301 |
| 跑步 | 231,316 | 配料1 | 69,298 | 辟谣 | 265,307 | 泼墨2 | 85,301 |
| 跑电 | 115,301 | 配器 | 69,294 | 媲美 | 69,340 | 迫降1—2 | |
| 跑肚 | 192,292 | 配色 | 69,321 | 偏科 | 71,321 | | 266,331 |
| 跑光 | 115,301 | 配膳 | 69,296 | 偏食2 | 71,295 | 迫降2 | 266,329 |
| 跑马1 | 229,293 | 配套 | 141,342 | 偏私 | 71,338 | 破案 | 167,317 |
| 跑马2 | 229,293 | 配戏 | 78,316 | 骗汇 | 277,309 | 破冰1 | 135,300 |
| 跑墙 | 123,323 | 配药 | 69,296 | 骗税 | 277,309 | 破冰2 | 135,300 |
| 跑题 | 117,308 | 配音 | 69,301 | 飘红 | 226,335 | 破财 | 190,309 |
| 跑外 | 231,302 | 配乐 | 69,309 | 飘绿 | 226,335 | 破产1 | 122,299 |
| 泡吧 | 75,305 | 配种 | 141,294 | 撇嘴 | 233,291 | 破产2 | 122,299 |
| 陪餐 | 78,333 | 喷饭 | 190,295 | 拼版 | 178,341 | 破产3 | 122,299 |
| 陪床 | 78,297 | 喷粪 | 159,293 | 拼力 | 154,319 | 破钞 | 190,299 |
| 陪吊 | 78,333 | 喷口 | 159,291 | 拼命1 | 264,319 | 破的 | 135,303 |
| 陪读 | 78,332 | 喷漆1 | 260,301 | 拼命2 | 264,319 | 破格 | 171,322 |
| 陪祭 | 78,333 | 烹茶 | 272,296 | 拼死 | 264,330 | 破戒1 | 171,310 |
| 陪嫁 | 78,331 | 捧杯 | 90,299 | 拼图1 | 178,309 | 破戒2 | 171,330 |
| 陪酒 | 78,296 | 捧腹 | 90,292 | 拼音 | 178,301 | 破局1 | 171,323 |
| 陪客1 | 78,288 | 碰杯 | 259,297 | 贫水 | 48,301 | 破局2 | 122,323 |
| 陪客2 | 78,288 | 碰壁 | 195,296 | 贫血 | 48,292 | 破句 | 135,307 |
| 陪练1 | 78,333 | 碰面 | 157,290 | 贫油 | 48,301 | 破浪 | 135,301 |
| 陪练2 | 78,333 | 碰硬 | 244,336 | 聘任 | 216,328 | 破例 | 171,322 |
| 陪聊 | 78,333 | 批准 | 168,334 | 平仓 | 38,310 | 破门1 | 135,296 |

| | | | | | | | |
|---|---|---|---|---|---|---|---|
| 翘首 | 139,290 | 清口1 | 39,321 | 求亲 | 215,320 | 取给 | 188,331 |
| 切齿 | 262,291 | 清欠 | 133,328 | 求情 | 215,313 | 取经 | 212,308 |
| 切肤 | 115,292 | 清热 | 132,323 | 求全1 | 216,337 | 取景 | 212,323 |
| 切骨 | 115,292 | 清污 | 133,337 | 求全2 | 83,327 | 取闹1 | 188,334 |
| 切汇 | 92,309 | 清心2 | 39,312 | 求饶 | 215,334 | 取闹2 | 188,333 |
| 切脉 | 261,318 | 清心3 | 132,292 | 求人 | 215,287 | 取暖 | 188,336 |
| 切片1 | 271,295 | 清淤 | 133,301 | 求生 | 83,315 | 取巧 | 212,340 |
| 切身1 | 53,341 | 清账1 | 133,309 | 求实 | 83,324 | 取胜 | 188,330 |
| 切身2 | 53,341 | 清障 | 133,295 | 求是 | 83,341 | 取笑 | 188,334 |
| 切实 | 55,324 | 请安1 | 217,341 | 求学2 | 83,314 | 取信 | 188,313 |
| 切题 | 55,308 | 请辞 | 215,329 | 求医 | 83,334 | 取样 | 212,322 |
| 怯场 | 106,305 | 请调 | 215,332 | 求援 | 215,334 | 取悦 | 188,328 |
| 怯阵 | 106,323 | 请功 | 215,317 | 求战1 | 83,333 | 取证 | 212,318 |
| 窃国 | 212,311 | 请假 | 215,326 | 求战2 | 215,333 | 娶亲 | 213,289 |
| 窃密 | 212,306 | 请降 | 215,329 | 求诊 | 215,331 | 龋齿1 | 108,291 |
| 惬怀 | 39,312 | 请教 | 215,331 | 求证 | 83,318 | 去火 | 132,323 |
| 惬意 | 39,312 | 请客 | 216,288 | 求知 | 83,314 | 去任 | 147,315 |
| 侵晨 | 57,325 | 请命2 | 215,307 | 求职 | 83,311 | 去世 | 187,311 |
| 侵权 | 275,320 | 请赏 | 215,331 | 求治 | 215,334 | 去暑 | 132,321 |
| 亲民 | 73,289 | 请示 | 215,329 | 求助 | 215,334 | 去职 | 147,311 |
| 勤王1 | 276,288 | 请缨 | 215,297 | 驱策 | 266,297 | 圈钱 | 92,309 |
| 勤王2 | 73,288 | 请愿 | 215,312 | 驱车 | 266,297 | 劝和 | 268,330 |
| 勤政 | 73,315 | 请战 | 215,333 | 驱邪 | 266,318 | 劝驾 | 266,297 |
| 轻敌 | 105,288 | 请罪 | 215,334 | 屈才 | 134,288 | 劝架 | 268,316 |
| 轻生 | 105,319 | 庆功 | 265,317 | 屈驾 | 134,297 | 劝降 | 268,329 |
| 倾巢 | 121,296 | 庆生 | 265,330 | 屈节1 | 139,292 | 劝进 | 266,331 |
| 倾城2 | 63,304 | 求爱 | 215,328 | 屈节2 | 139,292 | 劝酒 | 266,296 |
| 倾力 | 154,319 | 求购 | 216,331 | 屈膝 | 139,292 | 劝退 | 268,329 |
| 倾盆 | 121,297 | 求和1 | 215,330 | 屈心 | 106,312 | 缺编 | 50,320 |
| 倾情 | 154,312 | 求和2 | 216,330 | 屈指 | 139,291 | 缺德 | 50,313 |
| 倾心1 | 63,312 | 求婚 | 215,316 | 屈尊 | 134,340 | 缺考 | 149,333 |
| 倾心2 | 156,312 | 求见 | 215,330 | 祛疑 | 166,313 | 缺课 | 149,316 |
| 清仓1 | 277,305 | 求教 | 215,331 | 趋时 | 83,323 | 缺勤 | 149,315 |
| 清仓2 | 133,310 | 求解 | 83,330 | 趋同 | 200,338 | 缺位1 | 50,311 |
| 清场 | 133,305 | 求借 | 215,332 | 取保 | 188,288 | 缺位3 | 50,302 |
| 清道1 | 132,305 | 求救 | 215,334 | 取材 | 212,298 | 缺席 | 149,302 |
| 清道2 | 133,305 | 求靠 | 215,328 | 取道 | 212,305 | 缺员 | 50,288 |
| 清火 | 132,323 | 求偶 | 83,289 | 取法 | 212,322 | 缺阵 | 149,323 |

| | | | | | | | |
|---|---|---|---|---|---|---|---|
| 涉密 | 53,306 | 升值2 | 199,321 | 失记 | 191,328 | 失算 | 194,333 |
| 涉世 | 250,311 | 升值3 | 199,321 | 失检 | 194,334 | 失态 | 194,322 |
| 涉讼 | 53,333 | 升职 | 224,311 | 失脚 | 190,292 | 失调1 | 119,338 |
| 涉外 | 53,311 | 生变 | 118,329 | 失节1 | 189,313 | 失调2 | 48,334 |
| 涉险 | 250,318 | 生病 | 191,318 | 失节2 | 189,313 | 失望1 | 193,312 |
| 涉足 | 231,292 | 生财 | 136,309 | 失禁 | 189,334 | 失望2 | 193,312 |
| 摄生 | 274,319 | 生齿 | 191,291 | 失敬 | 48,339 | 失笑 | 190,333 |
| 摄食 | 212,295 | 生根 | 125,294 | 失据 | 189,328 | 失效 | 119,318 |
| 摄像 | 91,323 | 生光 | 118,301 | 失控 | 189,328 | 失信 | 189,313 |
| 摄影1 | 91,323 | 生火 | 132,301 | 失礼1 | 80,316 | 失修 | 48,334 |
| 摄影2 | 91,316 | 生气1 | 193,328 | 失礼2 | 48,316 | 失序 | 119,322 |
| 摄政 | 95,315 | 生色 | 136,321 | 失利 | 189,320 | 失学 | 189,331 |
| 申办 | 215,334 | 生身 | 191,341 | 失联 | 189,327 | 失血 | 189,292 |
| 申购 | 215,331 | 生事 | 132,318 | 失恋 | 189,313 | 失言 | 190,333 |
| 申领 | 215,331 | 生息1 | 125,309 | 失灵 | 119,337 | 失业 | 189,311 |
| 申谢 | 156,327 | 生效 | 118,318 | 失密 | 119,306 | 失宜 | 56,338 |
| 申冤1 | 166,317 | 生锈 | 118,300 | 失眠 | 189,328 | 失意 | 56,312 |
| 申冤2 | 161,317 | 省事1 | 136,314 | 失明 | 189,320 | 失音 | 192,301 |
| 伸手1 | 140,291 | 省事2 | 136,314 | 失陪 | 48,328 | 失迎 | 48,329 |
| 伸手2 | 140,291 | 省心 | 136,312 | 失群 | 195,289 | 失语1 | 190,333 |
| 伸腿1 | 140,292 | 失策 | 194,313 | 失色1 | 119,321 | 失语2 | 194,333 |
| 伸腰 | 140,292 | 失察 | 194,328 | 失色2 | 193,322 | 失约 | 80,310 |
| 审美 | 236,340 | 失常 | 120,338 | 失神1 | 190,319 | 失真1 | 56,340 |
| 审题 | 236,308 | 失宠 | 189,327 | 失神2 | 193,322 | 失真2 | 56,340 |
| 升班 | 224,289 | 失传 | 119,332 | 失慎1 | 189,340 | 失职 | 194,315 |
| 升格 | 224,322 | 失聪 | 189,320 | 失慎2 | 189,340 | 失重 | 189,321 |
| 升官 | 224,311 | 失措 | 193,334 | 失声1 | 190,302 | 失准1 | 56,338 |
| 升级1 | 224,322 | 失当 | 56,338 | 失声2 | 189,302 | 失准2 | 193,322 |
| 升级2 | 199,322 | 失地1 | 189,303 | 失声3 | 192,302 | 失踪 | 119,316 |
| 升旗 | 202,299 | 失地3 | 189,304 | 失时 | 194,318 | 失足1 | 190,292 |
| 升天1 | 205,303 | 失范 | 80,310 | 失实 | 56,324 | 失足2 | 190,292 |
| 升天2 | 205,303 | 失和 | 193,338 | 失势 | 189,320 | 施暴1 | 165,340 |
| 升位 | 199,302 | 失衡 | 120,338 | 失事 | 118,318 | 施暴2 | 165,340 |
| 升温1 | 199,321 | 失欢1 | 189,327 | 失收1 | 119,331 | 施肥 | 87,298 |
| 升温2 | 199,321 | 失欢2 | 193,328 | 失收2 | 48,331 | 施工 | 165,315 |
| 升学 | 224,311 | 失婚 | 189,320 | 失手1 | 190,291 | 施教 | 165,331 |
| 升帐 | 202,296 | 失火 | 118,301 | 失手2 | 189,291 | 施救 | 165,334 |
| 升值1 | 199,321 | 失计 | 194,313 | 失守 | 189,328 | 施礼 | 165,316 |

| | | | | | | | |
|---|---|---|---|---|---|---|---|
| 施威 | 156,322 | 试表 | 218,298 | 收市 | 176,332 | 受贿 | 214,331 |
| 施压 | 89,333 | 试车 | 218,298 | 收尾1 | 176,318 | 受检 | 214,328 |
| 施斋 | 206,296 | 试点1 | 217,302 | 收效 | 188,318 | 受奖 | 188,334 |
| 施诊 | 206,331 | 试岗 | 217,311 | 收心 | 155,312 | 受戒1 | 214,310 |
| 施政 | 165,315 | 试工 | 217,315 | 收音1 | 255,301 | 受惊 | 282,330 |
| 施治1 | 165,334 | 试婚 | 217,320 | 收音2 | 120,301 | 受窘 | 283,327 |
| 施治2 | 165,334 | 试机 | 218,298 | 收银 | 214,309 | 受苦 | 282,340 |
| 识货 | 109,298 | 试水2 | 217,301 | 守成 | 92,317 | 受累1 | 282,327 |
| 识荆 | 109,303 | 视事 | 82,314 | 守法 | 80,310 | 受累2 | 282,337 |
| 识趣 | 109,320 | 适婚 | 55,316 | 守寡 | 73,316 | 受礼 | 214,298 |
| 识羞 | 109,339 | 适口 | 55,321 | 守恒 | 47,339 | 受凉 | 283,336 |
| 识字 | 109,307 | 适龄 | 55,319 | 守节1 | 92,313 | 受命 | 214,307 |
| 拾荒 | 212,337 | 适时 | 55,318 | 守节2 | 73,313 | 受难 | 282,318 |
| 拾零 | 178,337 | 适销 | 55,332 | 守旧 | 73,339 | 受盘 | 213,332 |
| 拾趣 | 178,320 | 适意 | 55,312 | 守灵 | 78,299 | 受骗 | 282,334 |
| 拾遗1 | 212,295 | 适用 | 55,334 | 守门1 | 83,305 | 受聘1 | 214,331 |
| 拾遗2 | 212,295 | 逝世 | 187,311 | 守门2 | 96,295 | 受聘2 | 214,316 |
| 食补 | 238,295 | 舐痔 | 233,323 | 守丧 | 78,316 | 受气 | 282,327 |
| 食言 | 155,307 | 释法 | 168,310 | 守时 | 80,326 | 受穷 | 282,335 |
| 蚀本 | 190,309 | 释怀 | 193,312 | 守岁 | 83,325 | 受屈 | 282,328 |
| 使坏 | 273,340 | 释疑 | 168,313 | 守土 | 96,303 | 受权 | 214,320 |
| 使假 | 273,340 | 释义1 | 168,307 | 守孝 | 80,316 | 受让 | 214,332 |
| 使然 | 285,341 | 释义2 | 168,307 | 守信 | 92,313 | 受热1 | 283,336 |
| 始业1 | 124,315 | 嗜血1 | 104,292 | 守业 | 92,317 | 受热2 | 283,336 |
| 始业2 | 124,311 | 嗜血2 | 104,292 | 守夜 | 83,325 | 受辱 | 282,334 |
| 示爱 | 156,328 | 誓师 | 160,289 | 守职 | 75,311 | 受伤 | 282,334 |
| 示范 | 168,310 | 收报 | 214,306 | 守制 | 80,310 | 受赏 | 188,332 |
| 示好 | 156,339 | 收兵1 | 162,289 | 守拙 | 73,340 | 受审 | 188,331 |
| 示警 | 156,334 | 收兵2 | 162,289 | 受案 | 214,317 | 受损 | 282,334 |
| 示例1 | 168,318 | 收操 | 176,333 | 受病 | 282,318 | 受托 | 214,332 |
| 示人 | 168,287 | 收场1 | 176,316 | 受潮 | 283,336 | 受洗 | 214,316 |
| 示弱 | 156,336 | 收车 | 162,297 | 受挫 | 282,334 | 受降 | 214,329 |
| 示威1 | 156,322 | 收工 | 176,315 | 受敌 | 283,288 | 受刑 | 282,317 |
| 示威2 | 156,322 | 收镰 | 176,298 | 受罚 | 282,334 | 受训 | 214,333 |
| 示意 | 156,312 | 收盘1 | 176,324 | 受粉 | 120,294 | 受业1 | 214,315 |
| 示众 | 168,289 | 收盘2 | 176,295 | 受过 | 283,317 | 受业2 | 214,315 |
| 市惠 | 215,320 | 收秋 | 212,294 | 受害 | 282,334 | 受益 | 188,320 |
| 试笔 | 217,333 | 收尸 | 274,290 | 受寒 | 283,321 | 受阅 | 214,328 |

| | | | | | | |
|---|---|---|---|---|---|---|
| 随便4 | 79,341 | 抬头1 | 152,290 | 探幽2 | 217,337 | 讨厌2 | 285,327 |
| 随便5 | 79,341 | 抬头2 | 152,290 | 蹚路 | 217,305 | 讨厌3 | 285,327 |
| 随机1 | 79,318 | 坍方 | 122,300 | 烫发 | 272,291 | 讨债 | 216,310 |
| 随军 | 78,289 | 贪杯 | 104,297 | 烫花 | 272,295 | 讨账1 | 216,310 |
| 随口 | 190,333 | 贪财 | 104,309 | 烫金 | 272,335 | 套车 | 86,297 |
| 随身 | 54,290 | 贪吃 | 104,333 | 烫蜡 | 272,300 | 套汇1 | 209,309 |
| 随俗 | 79,323 | 贪青 | 47,335 | 烫手 | 254,291 | 套汇2 | 209,309 |
| 随心 | 56,312 | 贪色 | 104,322 | 烫头 | 272,291 | 套利 | 209,309 |
| 随意 | 79,312 | 贪生 | 72,319 | 趟马 | 232,293 | 套现 | 209,309 |
| 随缘 | 79,314 | 贪小 | 104,335 | 叨光 | 188,320 | 疼人1 | 71,287 |
| 遂心 | 56,312 | 贪赃 | 213,310 | 叨教 | 188,331 | 腾空 | 199,303 |
| 遂意 | 56,312 | 摊场 | 85,304 | 掏底 | 217,318 | 剔红 | 271,335 |
| 遂愿 | 56,312 | 摊牌1 | 85,299 | 掏心 | 156,312 | 提词 | 168,307 |
| 损人2 | 275,287 | 摊牌2 | 85,299 | 滔天1 | 46,303 | 提干1 | 218,288 |
| 缩编2 | 136,320 | 谈话1 | 237,307 | 滔天2 | 46,303 | 提干2 | 218,288 |
| 缩量 | 136,321 | 谈话2 | 237,307 | 逃荒 | 149,318 | 提纲 | 261,298 |
| 缩手 | 140,291 | 谈心 | 237,312 | 逃婚 | 149,316 | 提货 | 212,298 |
| 缩水1 | 140,301 | 弹泪 | 250,292 | 逃课 | 149,316 | 提级 | 218,322 |
| 缩水2 | 121,301 | 弹指 | 234,291 | 逃命 | 149,319 | 提价 | 173,309 |
| 缩水3 | 121,301 | 叹绝 | 265,338 | 逃难 | 149,318 | 提名 | 162,307 |
| 索偿 | 216,331 | 叹气 | 159,292 | 逃票 | 149,299 | 提亲 | 162,320 |
| 索酬 | 216,310 | 探案 | 218,317 | 逃生 | 149,329 | 提神 | 257,319 |
| 索贿 | 216,331 | 探班 | 147,289 | 逃税 | 149,309 | 提速 | 173,321 |
| 索价 | 216,309 | 探病 | 147,329 | 逃席 | 149,296 | 提现 | 212,309 |
| 索解 | 216,318 | 探低 | 199,338 | 逃学 | 149,311 | 提要1 | 212,308 |
| 索赔 | 216,331 | 探底2 | 199,303 | 逃夜 | 149,325 | 提职 | 218,311 |
| 锁国 | 172,311 | 探风 | 218,306 | 逃债 | 149,310 | 题词1 | 238,307 |
| **T** | | 探家 | 147,289 | 淘金1 | 214,300 | 题额 | 238,300 |
| 塌方 | 122,300 | 探监 | 147,305 | 淘金2 | 214,300 | 题款1 | 238,307 |
| 塌架1 | 122,296 | 探矿 | 217,300 | 淘气1 | 285,328 | 题名1 | 238,307 |
| 塌架2 | 122,296 | 探路 | 217,305 | 淘神 | 190,319 | 题签1 | 238,300 |
| 塌台 | 122,296 | 探秘 | 217,306 | 讨饭 | 215,295 | 题字1 | 238,307 |
| 踏步1 | 234,316 | 探亲 | 147,288 | 讨价 | 216,309 | 剃头 | 271,291 |
| 踏春 | 232,325 | 探伤 | 217,323 | 讨教 | 215,331 | 替工1 | 171,315 |
| 踏青 | 232,294 | 探胜 | 217,323 | 讨巧 | 188,340 | 替考 | 171,333 |
| 踏足 | 146,292 | 探头1 | 153,290 | 讨饶 | 215,334 | 添彩 | 136,321 |
| 抬杠2 | 261,299 | 探险 | 217,337 | 讨嫌 | 285,327 | 添丁 | 125,288 |
| 抬手 | 152,291 | 探幽1 | 217,335 | 讨厌1 | 285,327 | 添乱 | 125,337 |

| | | | | | | | |
|---|---|---|---|---|---|---|---|
| 添色 | 136,321 | 跳伞 | 204,295 | 停车1 | 137,297 | 通婚 | 68,320 |
| 添箱1 | 87,297 | 跳水1 | 204,301 | 停车2 | 84,297 | 通经1 | 109,308 |
| 添箱2 | 87,297 | 跳水2 | 204,301 | 停车3 | 123,298 | 通令1 | 160,307 |
| 填仓 | 87,305 | 跳舞1 | 235,316 | 停工 | 137,315 | 通名1 | 160,307 |
| 填词1 | 88,309 | 跳舞2 | 235,316 | 停航 | 123,332 | 通气1 | 62,301 |
| 填词2 | 88,307 | 跳月 | 235,300 | 停火 | 137,299 | 通气2 | 62,301 |
| 填方1 | 87,300 | 跳闸 | 201,297 | 停机1 | 137,298 | 通气3 | 160,306 |
| 填房1 | 77,305 | 贴己1 | 57,341 | 停机2 | 137,298 | 通窍 | 109,313 |
| 填空1 | 77,303 | 贴金 | 269,300 | 停机3 | 137,298 | 通商 | 53,315 |
| 填空2 | 88,303 | 贴身3 | 57,341 | 停刊 | 137,330 | 通天1 | 53,303 |
| 填鸭1 | 87,293 | 贴水1 | 206,309 | 停课 | 137,316 | 通天2 | 53,311 |
| 挑脚 | 261,315 | 贴题 | 55,308 | 停灵 | 84,299 | 通信1 | 160,306 |
| 挑食 | 214,295 | 贴息1 | 206,309 | 停牌 | 137,309 | 通信2 | 160,306 |
| 挑嘴 | 214,291 | 贴现 | 206,309 | 停食 | 123,295 | 通讯1 | 160,306 |
| 调峰 | 169,324 | 贴心 | 57,312 | 停手 | 137,291 | 通邮 | 53,315 |
| 调幅 | 120,321 | 听便 | 79,341 | 停学 | 137,311 | 同名 | 39,307 |
| 调羹 | 272,296 | 听差1 | 79,315 | 停业1 | 137,315 | 同上 | 54,302 |
| 调级 | 169,322 | 听差2 | 79,315 | 停业2 | 137,315 | 同岁 | 39,319 |
| 调剂1 | 272,296 | 听房 | 82,305 | 停战 | 137,333 | 同行1 | 39,311 |
| 调剂2 | 272,296 | 听话1 | 82,307 | 停诊 | 137,331 | 同姓 | 39,307 |
| 调价 | 169,309 | 听话2 | 79,307 | 停职 | 137,315 | 统稿 | 64,308 |
| 调酒 | 272,296 | 听会 | 82,316 | 挺身 | 235,290 | 痛心 | 106,312 |
| 调速 | 169,321 | 听讲 | 82,331 | 通便 | 62,293 | 偷税 | 149,309 |
| 调味 | 272,321 | 听课 | 82,316 | 通车1 | 62,297 | 偷闲1 | 188,326 |
| 调资 | 169,309 | 听命 | 79,307 | 通车2 | 53,297 | 投案 | 204,317 |
| 挑灯1 | 262,297 | 听审1 | 83,331 | 通敌 | 68,288 | 投保 | 204,315 |
| 挑灯2 | 86,297 | 听审2 | 82,331 | 通电1 | 62,301 | 投标 | 150,310 |
| 挑衅 | 275,313 | 听事1 | 275,314 | 通电2-1 | | 投产 | 125,330 |
| 跳班 | 204,289 | 听事2 | 275,314 | | 160,306 | 投诚 | 204,339 |
| 跳板4 | 235,297 | 听说1 | 82,329 | 通风1 | 226,301 | 投弹 | 159,299 |
| 跳槽1 | 205,298 | 听讼 | 275,333 | 通风2 | 62,301 | 投档 | 207,308 |
| 跳槽2 | 205,298 | 听证1 | 275,329 | 通风3 | 160,306 | 投敌 | 204,288 |
| 跳行1 | 201,342 | 听证2 | 275,329 | 通感 | 53,331 | 投毒 | 87,296 |
| 跳行2 | 201,342 | 听证3 | 275,330 | 通关1 | 115,311 | 投稿 | 207,308 |
| 跳行3 | 205,311 | 听政 | 275,315 | 通航 | 53,332 | 投工 | 89,315 |
| 跳级1 | 204,322 | 停摆 | 123,332 | 通好 | 68,339 | 投壶 | 159,297 |
| 跳级2 | 204,322 | 停办 | 137,334 | 通话1 | 160,307 | 投缳 | 148,297 |
| 跳间 | 204,341 | 停播 | 137,333 | 通话2 | 160,307 | 投机1 | 55,313 |

| | | | | | | | |
|---|---|---|---|---|---|---|---|
| 投机2 | 96,318 | 退兵2 | 203,289 | 托庇 | 81,334 | 脱口 | 117,291 |
| 投军 | 204,289 | 退步1 | 250,316 | 托病 | 81,329 | 脱困 | 186,323 |
| 投考 | 150,333 | 退步2 | 229,316 | 托词1 | 81,307 | 脱粒 | 178,295 |
| 投篮 | 159,299 | 退步3 | 229,316 | 托底1 | 254,303 | 脱盲 | 186,288 |
| 投料 | 87,298 | 退场 | 147,305 | 托底2 | 254,303 | 脱毛1 | 117,293 |
| 投拍 | 125,328 | 退潮 | 123,301 | 托福1 | 81,312 | 脱毛2 | 178,293 |
| 投票 | 85,308 | 退磁 | 123,321 | 托孤 | 207,289 | 脱帽 | 178,296 |
| 投亲 | 204,288 | 退岗 | 147,311 | 托故 | 81,318 | 脱敏 | 132,323 |
| 投身 | 150,341 | 退耕 | 167,332 | 托管1 | 207,334 | 脱皮 | 192,292 |
| 投师 | 204,288 | 退婚 | 167,320 | 托管2 | 207,334 | 脱贫 | 186,335 |
| 投药1 | 206,296 | 退伙1 | 151,296 | 托疾 | 81,318 | 脱坡 | 122,304 |
| 投药2 | 87,296 | 退伙2 | 151,289 | 托名 | 81,307 | 脱期 | 57,326 |
| 投医 | 204,288 | 退货 | 208,298 | 托腔 | 69,309 | 脱色1 | 130,321 |
| 投影1 | 159,323 | 退票 | 208,299 | 托身 | 75,341 | 脱色2 | 117,321 |
| 投缘 | 55,314 | 退聘 | 167,331 | 托市 | 265,332 | 脱涩 | 130,336 |
| 投注2 | 89,309 | 退坡 | 250,304 | 托收 | 207,331 | 脱身 | 130,341 |
| 投资1 | 89,309 | 退亲 | 167,320 | 托养 | 207,331 | 脱手1 | 117,291 |
| 透底 | 211,318 | 退勤 | 147,315 | 托运 | 207,332 | 脱手2 | 117,291 |
| 透风1 | 115,301 | 退热 | 192,323 | 拖腔1 | 237,309 | 脱水1 | 189,301 |
| 透风2 | 115,301 | 退烧 | 192,323 | 拖堂 | 177,342 | 脱水2 | 117,301 |
| 透水1 | 115,301 | 退市 | 117,305 | 脱靶 | 57,299 | 脱俗 | 147,341 |
| 透水2 | 115,301 | 退税 | 208,309 | 脱班 | 57,342 | 脱胎1 | 178,298 |
| 秃顶1 | 38,290 | 退庭 | 147,305 | 脱产 | 147,330 | 脱胎2 | 178,298 |
| 秃头1 | 38,290 | 退位 | 147,311 | 脱档 | 124,322 | 脱位 | 192,302 |
| 秃头3 | 38,290 | 退伍 | 151,289 | 脱发 | 192,291 | 脱险 | 186,318 |
| 秃头4 | 38,290 | 退席 | 147,302 | 脱肛 | 192,292 | 脱相 | 192,322 |
| 突围 | 148,327 | 退学 | 147,331 | 脱岗1 | 147,304 | 脱销 | 124,332 |
| 屠城 | 172,304 | 退押 | 208,332 | 脱岗2 | 147,311 | 脱瘾 | 186,313 |
| 吐翠 | 117,335 | 退役1 | 151,317 | 脱稿1 | 147,308 | 脱羽 | 117,293 |
| 吐气1 | 156,313 | 退役2 | 151,317 | 脱稿2 | 147,308 | 脱脂 | 130,292 |
| 吐气2 | 159,293 | 退役3 | 151,315 | 脱钩1 | 117,297 | 驼背1 | 107,292 |
| 吐絮1 | 117,294 | 退赃 | 208,310 | 脱钩2 | 117,297 | 驼背2 | 107,292 |
| 吐絮2 | 117,294 | 退职 | 147,315 | 脱轨 | 117,305 | 拓荒 | 242,304 |
| 吐血 | 159,292 | 蜕皮 | 117,293 | 脱货 | 124,298 | 拓销 | 173,332 |
| 吐字 | 237,307 | 褪色 | 123,321 | 脱胶1 | 117,300 | **W** | |
| 推头 | 261,291 | 吞金 | 238,300 | 脱胶2 | 130,300 | 挖方1 | 271,300 |
| 退保 | 151,315 | 吞声 | 155,302 | 脱节 | 117,292 | 挖潜 | 216,319 |
| 退兵1 | 203,289 | 屯兵 | 65,289 | 脱白 | 192,295 | 完稿 | 177,308 |

| | | | | | | | |
|---|---|---|---|---|---|---|---|
| 休假 | 74,326 | 蓄洪 | 86,301 | 学坏 | 217,340 | 压场2 | 75,316 |
| 休牧 | 175,332 | 蓄谋 | 93,313 | 学舌1 | 217,291 | 压车 | 50,297 |
| 休市 | 175,332 | 蓄念 | 93,313 | 学舌2 | 218,291 | 压船 | 50,297 |
| 休庭 | 175,305 | 蓄意 | 93,312 | 学舌3 | 218,291 | 压顶 | 253,290 |
| 休学 | 175,331 | 蓄志 | 93,312 | 雪耻 | 166,318 | 压锭 | 173,298 |
| 休业1 | 175,315 | 宣判 | 160,330 | 雪恨 | 166,327 | 压队 | 75,323 |
| 休业2 | 176,315 | 宣誓 | 160,307 | 雪冤 | 166,317 | 压港 | 50,304 |
| 休渔 | 175,332 | 宣战1 | 160,333 | 寻根1 | 216,318 | 压货1 | 50,298 |
| 休战 | 175,333 | 宣战2 | 160,333 | 寻根2 | 216,318 | 压货2 | 50,298 |
| 修辞1 | 277,307 | 悬红 | 215,309 | 寻机 | 216,318 | 压价 | 173,309 |
| 修道 | 218,314 | 悬壶 | 65,297 | 寻死 | 216,330 | 压惊 | 96,330 |
| 修函 | 242,306 | 悬空1 | 46,303 | 寻隙1 | 216,320 | 压境 | 57,302 |
| 修好2 | 163,339 | 悬空2 | 46,303 | 寻隙2 | 216,318 | 压客 | 50,288 |
| 修脚 | 271,292 | 悬梁 | 76,296 | 寻衅 | 216,313 | 压库1 | 50,305 |
| 修身 | 268,341 | 悬赏 | 215,295 | 巡风 | 81,306 | 压库2 | 173,305 |
| 修史 | 242,326 | 悬腕 | 65,291 | 巡礼1 | 81,316 | 压台1 | 75,342 |
| 修书1 | 242,309 | 悬心 | 106,312 | 巡礼2 | 81,316 | 压台2 | 96,323 |
| 修书2 | 242,306 | 旋里 | 204,303 | 巡天 | 232,303 | 压题1 | 69,308 |
| 修仙 | 241,314 | 旋踵 | 139,292 | 巡夜 | 82,325 | 压条 | 253,294 |
| 修宪 | 170,310 | 选材1 | 214,288 | 循环 | 226,323 | 压阵1 | 75,323 |
| 修业 | 218,315 | 选材2 | 214,298 | 循例 | 80,315 | 压阵2 | 96,323 |
| 羞明 | 104,335 | 选矿 | 214,300 | 循序 | 80,322 | 押宝 | 236,300 |
| 羞人 | 63,287 | 选煤 | 214,300 | 训话 | 211,307 | 押车 | 82,297 |
| 许婚 | 265,320 | 选美 | 214,340 | 徇情 | 80,312 | 押题 | 236,308 |
| 许愿1 | 79,312 | 选题1 | 214,308 | 徇私 | 80,338 | 押尾 | 239,318 |
| 许愿2 | 79,312 | 选项1 | 214,342 | 逊色2 | 58,320 | 押韵 | 53,307 |
| 序齿 | 69,319 | 选秀 | 214,288 | 逊位 | 219,311 | 押账 | 209,310 |
| 叙别 | 237,330 | 选样 | 214,322 | 殉国 | 187,311 | 哑场 | 37,302 |
| 叙功 | 218,317 | 选址1 | 214,302 | 殉节1 | 187,313 | 哑火1 | 37,299 |
| 叙旧 | 237,339 | 选种 | 214,294 | 殉节2 | 187,313 | 哑火2 | 37,299 |
| 叙事 | 168,314 | 炫富 | 154,335 | 殉节3 | 187,313 | 轧场 | 261,304 |
| 酗酒 | 238,296 | 炫技 | 154,320 | 殉难 | 187,318 | 延聘2 | 177,331 |
| 续貂 | 178,293 | 炫目 | 255,291 | 殉情 | 187,313 | 延期1 | 177,326 |
| 续假 | 137,326 | 削发 | 271,291 | 殉职 | 187,315 | 延期2 | 177,326 |
| 续聘 | 137,331 | 削价 | 173,309 | **Y** | | 言和 | 244,330 |
| 续弦 | 178,299 | 削职 | 167,311 | 压案 | 89,317 | 言情 | 168,312 |
| 续约1 | 137,310 | 学步 | 217,332 | 压产 | 173,330 | 沿例 | 80,315 |
| 絮窝 | 41,296 | 学好 | 217,340 | 压场1 | 96,302 | 掩鼻 | 270,291 |

| | | | | | | | |
|---|---|---|---|---|---|---|---|
| 应时1 | 55,325 | 游方1 | 232,303 | 有序 | 49,322 | 御侮 | 263,334 |
| 应市 | 55,332 | 游街 | 232,305 | 有益 | 47,320 | 寓目 | 45,303 |
| 应试1 | 150,333 | 游水 | 231,301 | 有意1 | 110,312 | 圆场 | 277,302 |
| 应试2 | 264,333 | 游乡1 | 232,303 | 有意2 | 110,312 | 圆谎 | 277,307 |
| 应诉 | 154,331 | 游乡2 | 232,303 | 有意3 | 110,312 | 圆梦2 | 138,312 |
| 应讯 | 214,331 | 游园 | 232,305 | 有余1 | 47,327 | 援建 | 268,330 |
| 应邀 | 214,331 | 有碍 | 47,334 | 有缘 | 110,314 | 援例 | 213,315 |
| 应运 | 55,314 | 有差 | 47,327 | 有致 | 49,320 | 援手1 | 262,291 |
| 应战1 | 264,317 | 有偿 | 47,331 | 有种 | 110,312 | 援外 | 268,311 |
| 应战2 | 214,317 | 有成 | 109,317 | 诱变 | 267,329 | 约稿 | 216,308 |
| 应招 | 214,329 | 有得 | 110,330 | 诱供 | 267,331 | 约会1 | 244,330 |
| 应召1 | 214,334 | 有底 | 109,318 | 诱降 | 267,329 | 约集 | 216,330 |
| 应召2 | 79,334 | 有方 | 109,313 | 诱人1 | 267,287 | 约见 | 244,330 |
| 应征1 | 79,331 | 有感 | 109,331 | 诱人2 | 256,287 | 约期1 | 244,326 |
| 应征2 | 79,331 | 有关1 | 47,327 | 淤血1 | 50,292 | 约谈 | 244,333 |
| 拥军 | 265,289 | 有关2 | 47,327 | 瘀血1 | 50,292 | 阅兵 | 82,289 |
| 咏怀 | 156,312 | 有恒 | 109,312 | 渔利1 | 213,320 | 阅卷 | 218,309 |
| 用兵 | 273,289 | 有旧 | 47,339 | 逾常 | 148,338 | 阅世 | 250,311 |
| 用餐 | 238,295 | 有礼 | 109,316 | 逾分 | 148,320 | 悦耳 | 39,291 |
| 用典 | 273,315 | 有理 | 49,314 | 逾矩 | 148,310 | 悦目 | 39,291 |
| 用饭 | 238,295 | 有力 | 49,319 | 逾期 | 148,326 | 越冬 | 250,325 |
| 用工 | 273,288 | 有利 | 47,320 | 与会 | 150,316 | 越轨 | 148,310 |
| 用功1 | 273,319 | 有名 | 49,320 | 育才 | 268,288 | 越级 | 148,322 |
| 用功2 | 273,319 | 有年 | 47,342 | 育雏 | 268,293 | 越界 | 148,302 |
| 用力 | 273,319 | 有染1 | 47,327 | 育林 | 268,294 | 越境 | 148,302 |
| 用命 | 79,307 | 有染2 | 47,327 | 育苗 | 268,294 | 越礼 | 148,316 |
| 用人1 | 273,287 | 有时 | 47,326 | 育秧 | 268,294 | 越权 | 148,320 |
| 用人2 | 273,287 | 有损 | 47,334 | 育种 | 268,293 | 越位1 | 148,311 |
| 用膳 | 238,296 | 有望 | 109,312 | 浴血 | 250,292 | 越野 | 148,304 |
| 用事1 | 274,314 | 有为 | 110,333 | 遇刺 | 283,330 | 越狱 | 148,305 |
| 用事2 | 274,314 | 有喜 | 110,316 | 遇害 | 283,330 | 匀脸 | 38,290 |
| 用事3 | 273,314 | 有限1 | 49,321 | 遇救 | 283,334 | 殒命 | 189,319 |
| 用武 | 273,317 | 有限2 | 49,321 | 遇难1 | 283,318 | 殒身 | 189,319 |
| 用心1 | 273,312 | 有效 | 47,318 | 遇难2 | 195,318 | 孕穗 | 125,294 |
| 用刑 | 273,317 | 有心1 | 109,312 | 遇险 | 195,318 | 运笔 | 273,299 |
| 用印 | 273,299 | 有心2 | 110,312 | 喻世 | 63,311 | 运筹 | 273,313 |
| 用语1 | 273,307 | 有心3 | 110,312 | 御敌 | 263,288 | 运思 | 273,313 |
| 忧心1 | 106,312 | 有形 | 49,321 | 御寒 | 257,321 | 运算 | 165,333 |

| | | | | | | | |
|---|---|---|---|---|---|---|---|
| 晕场 | 107,302 | 在业 | 45,311 | 择业 | 214,311 | 沾光 | 188,320 |
| 晕车 | 107,297 | 在意 | 71,312 | 择优 | 214,340 | 沾亲 | 52,288 |
| 晕池 | 107,304 | 在职 | 45,311 | 咋舌 | 233,291 | 沾手1 | 153,291 |
| 晕船 | 107,297 | 在座 | 45,302 | 增仓 | 136,310 | 沾手2 | 153,291 |
| 晕机 | 107,297 | 载波 | 87,302 | 增产1 | 125,329 | 斩首1 | 271,290 |
| 晕堂 | 107,305 | 载客 | 254,288 | 增产2 | 136,330 | 斩首2 | 271,288 |
| 晕血 | 107,292 | 载誉 | 110,320 | 增持 | 136,328 | 展翅 | 140,293 |
| 晕针 | 107,298 | 载重 | 254,321 | 增高1 | 136,321 | 展期1 | 177,326 |
| **Z** | | 拐指 | 262,291 | 增光 | 136,313 | 展限 | 177,321 |
| 匝地 | 46,304 | 赞礼1 | 268,316 | 增辉 | 136,301 | 展业 | 165,315 |
| 咂舌 | 233,291 | 赞礼2 | 268,316 | 增容 | 136,327 | 占先 | 45,324 |
| 砸锅 | 272,297 | 葬身 | 86,290 | 增色 | 136,301 | 占线 | 45,307 |
| 砸钱 | 89,309 | 遭劫 | 195,318 | 增收 | 136,330 | 占优 | 45,340 |
| 栽赃 | 89,310 | 遭难 | 195,318 | 增速 | 136,321 | 站队 | 76,323 |
| 宰客 | 275,288 | 遭殃 | 283,318 | 增盈 | 136,329 | 站岗 | 76,304 |
| 宰人 | 275,287 | 遭罪 | 283,318 | 增值 | 125,321 | 张榜 | 138,308 |
| 在案 | 45,308 | 造册 | 164,308 | 赠别 | 207,330 | 张口 | 138,291 |
| 在编 | 46,320 | 造反 | 174,329 | 赠票1 | 207,299 | 张目1 | 138,291 |
| 在册 | 45,308 | 造福 | 164,312 | 扎根1 | 125,294 | 张嘴1 | 138,291 |
| 在场 | 45,302 | 造假 | 164,340 | 扎根2 | 125,294 | 张嘴2 | 138,291 |
| 在朝 | 45,311 | 造句 | 164,307 | 扎手 | 254,291 | 长脸 | 136,313 |
| 在岗 | 45,311 | 造林 | 164,294 | 扎眼 | 256,291 | 涨潮 | 123,301 |
| 在家1 | 45,305 | 造孽 | 164,317 | 扎营 | 84,305 | 涨价 | 136,309 |
| 在家2 | 46,289 | 造神 | 164,314 | 扎针 | 271,298 | 掌厨 | 94,305 |
| 在教1 | 46,289 | 造市 | 164,332 | 轧钢 | 261,298 | 掌灯1 | 90,297 |
| 在教2 | 46,289 | 造势 | 164,323 | 眨眼1 | 232,291 | 掌舵1 | 94,297 |
| 在理 | 55,314 | 造物 | 164,300 | 眨眼2 | 232,291 | 掌舵2 | 94,297 |
| 在内 | 46,302 | 造型1 | 164,321 | 炸群 | 127,293 | 掌舵3 | 94,297 |
| 在世 | 45,311 | 造型3 | 164,321 | 炸市 | 127,305 | 掌柜1 | 94,305 |
| 在望1 | 46,328 | 造血1 | 191,292 | 炸窝1 | 127,296 | 掌门 | 94,289 |
| 在望2 | 46,328 | 造血2 | 191,292 | 炸窝2 | 127,296 | 掌权 | 94,320 |
| 在位1 | 45,311 | 造谣 | 164,307 | 摘挡 | 165,322 | 掌印1 | 94,299 |
| 在位2 | 45,311 | 造影 | 164,323 | 摘牌1 | 165,309 | 掌印2 | 94,300 |
| 在下 | 45,302 | 择吉 | 214,341 | 摘牌2 | 165,309 | 掌嘴 | 41,291 |
| 在先1 | 45,324 | 择交 | 214,328 | 摘牌3 | 212,309 | 仗势 | 81,320 |
| 在线 | 45,307 | 择偶 | 214,289 | 摘要1 | 212,308 | 仗义1 | 95,314 |
| 在心 | 71,312 | 择期 | 214,326 | 摘由 | 212,318 | 仗义2 | 71,313 |
| 在野 | 45,311 | 择校 | 214,311 | 择菜 | 166,294 | 胀库 | 49,305 |

| | | | | | | | |
|---|---|---|---|---|---|---|---|
| 招标 | 159,310 | 肇端 | 124,317 | 征婚 | 215,316 | 执棒 | 90,299 |
| 招兵 | 159,288 | 肇祸 | 174,318 | 征缴 | 213,332 | 执笔 | 90,299 |
| 招工 | 159,288 | 肇始 | 124,318 | 征文1 | 215,308 | 执鞭 | 90,299 |
| 招股 | 159,310 | 肇事 | 174,318 | 整地 | 274,304 | 执导 | 94,334 |
| 招魂1 | 159,314 | 遮丑 | 277,318 | 整队 | 274,323 | 执罚 | 165,334 |
| 招魂2 | 159,314 | 遮羞1 | 255,339 | 整风 | 274,322 | 执法 | 165,310 |
| 招领 | 159,331 | 遮羞2 | 277,318 | 整流 | 170,301 | 执绋 | 90,299 |
| 招盘 | 159,332 | 遮阳1 | 255,300 | 整容 | 277,322 | 执纪 | 165,310 |
| 招亲1 | 159,289 | 遮阳2 | 255,300 | 整形 | 277,321 | 执教 | 94,331 |
| 招亲2 | 159,289 | 遮阴 | 255,302 | 整枝 | 274,294 | 执勤 | 165,315 |
| 招商 | 159,288 | 折半 | 170,342 | 整装1 | 274,295 | 执业 | 240,315 |
| 招生 | 159,288 | 折冲 | 263,331 | 正骨 | 38,292 | 执意 | 73,312 |
| 招事 | 119,318 | 折福 | 190,312 | 正名 | 167,307 | 执政 | 94,320 |
| 招手 | 233,291 | 折光1 | 121,301 | 正误2 | 40,317 | 值钱 | 55,309 |
| 招贤 | 159,288 | 折桂 | 212,294 | 正音1 | 40,301 | 值勤 | 94,315 |
| 招降 | 159,329 | 折价1 | 170,309 | 正字1 | 40,307 | 值日 | 94,324 |
| 招眼 | 256,291 | 折价2 | 173,309 | 证婚 | 167,316 | 值夜 | 94,325 |
| 招灾 | 119,318 | 折寿 | 190,319 | 支边 | 265,302 | 植发 | 87,291 |
| 招赘 | 159,330 | 折腰 | 235,292 | 支差 | 264,315 | 植根 | 85,294 |
| 招租 | 159,331 | 折账 | 70,310 | 支教 | 265,331 | 植苗 | 85,294 |
| 着调 | 55,309 | 折纸 | 172,297 | 支前 | 265,302 | 植皮 | 87,292 |
| 着慌 | 193,339 | 诊脉 | 218,318 | 知道 | 109,314 | 植树 | 85,294 |
| 着火 | 118,301 | 振臂 | 152,291 | 知底 | 109,318 | 植牙 | 87,291 |
| 着急 | 193,339 | 赈灾 | 268,318 | 知己1 | 109,341 | 殖民 | 219,288 |
| 着凉 | 283,336 | 争霸 | 219,288 | 知己2 | 109,341 | 止步 | 137,332 |
| 着迷 | 193,328 | 争宠 | 219,327 | 知客1 | 94,288 | 抵掌 | 259,291 |
| 着魔 | 193,313 | 争冠 | 219,322 | 知客2 | 94,288 | 指南 | 52,302 |
| 找病1 | 216,318 | 争光 | 215,313 | 知名 | 109,307 | 指事 | 168,300 |
| 找病2 | 216,318 | 争脸 | 215,313 | 知命1 | 109,314 | 至此1 | 114,341 |
| 找钱 | 208,309 | 争强 | 244,336 | 知命2 | 109,314 | 至此2 | 114,341 |
| 找死 | 216,330 | 争胜 | 244,330 | 知情1 | 109,323 | 至此3 | 114,341 |
| 召回1 | 267,331 | 争先 | 244,324 | 知情2 | 109,312 | 至极 | 114,303 |
| 召回2 | 267,331 | 争雄 | 219,288 | 知趣 | 109,320 | 至今 | 114,326 |
| 召见1 | 267,330 | 征兵 | 267,288 | 知事 | 94,314 | 志哀 | 156,327 |
| 召见2 | 267,330 | 征答 | 215,331 | 知县 | 94,303 | 制版 | 164,299 |
| 照常1 | 53,338 | 征地 | 213,303 | 知心 | 109,312 | 制黄 | 164,340 |
| 照旧1 | 53,339 | 征订 | 215,330 | 知音 | 109,301 | 制假 | 164,340 |
| 照相 | 91,322 | 征稿 | 215,308 | 知足 | 109,339 | 制冷 | 164,336 |

| | | | | | | | |
|---|---|---|---|---|---|---|---|
| 转科2 | 205,321 | 追逃 | 205,329 | 走板1 | 117,309 | 奏捷 | 123,330 |
| 转口 | 201,303 | 追尾 | 114,303 | 走笔 | 229,299 | 奏凯 | 239,309 |
| 转脸1 | 152,290 | 追星 | 71,288 | 走边 | 231,302 | 奏乐 | 239,309 |
| 转年1 | 201,325 | 追赃 | 83,310 | 走镖 | 78,299 | 奏效 | 123,318 |
| 转念 | 152,313 | 追责 | 83,315 | 走低 | 200,338 | 足月 | 126,325 |
| 转企 | 201,311 | 追踪 | 216,316 | 走风 | 133,306 | 卒岁 | 250,325 |
| 转身1 | 139,290 | 坠地 | 223,304 | 走高 | 200,338 | 卒业 | 176,316 |
| 转身2 | 139,290 | 缀文 | 243,308 | 走红1 | 200,337 | 阻燃 | 256,332 |
| 转手 | 170,291 | 准入1 | 265,329 | 走红2 | 200,337 | 组队 | 178,289 |
| 转帖 | 202,308 | 准入2 | 265,329 | 走火1 | 133,299 | 组稿 | 178,308 |
| 转向1—1 | 170,302 | 捉刀 | 90,298 | 走火2 | 133,299 | 组阁1 | 178,289 |
| 转向1—2 | 170,302 | 酌情 | 236,323 | 走火3 | 133,301 | 组阁2 | 178,289 |
| 转型1 | 201,321 | 着笔 | 141,299 | 走火4 | 133,301 | 组团 | 178,289 |
| 转型2 | 170,321 | 着力 | 73,319 | 走路1 | 231,305 | 钻井1 | 271,304 |
| 转学 | 205,311 | 着陆 | 114,304 | 走路2 | 147,305 | 钻心 | 254,292 |
| 转眼 | 152,291 | 着墨 | 141,301 | 走马 | 229,293 | 醉酒 | 107,296 |
| 转业 | 205,311 | 着色 | 141,321 | 走强1 | 200,336 | 醉人1 | 64,287 |
| 转院 | 205,311 | 着实1 | 114,324 | 走强2 | 200,336 | 醉人2 | 63,287 |
| 转运1 | 120,314 | 着实2 | 114,324 | 走俏 | 200,337 | 醉心 | 63,312 |
| 转载2 | 202,295 | 着手 | 141,291 | 走热 | 200,337 | 遵命 | 80,307 |
| 转账 | 202,308 | 着眼 | 141,291 | 走人 | 147,287 | 佐理 | 268,334 |
| 转正 | 224,338 | 着意1 | 71,312 | 走软 | 200,337 | 作案 | 239,317 |
| 转制 | 170,310 | 着意2 | 73,312 | 走弱1 | 200,338 | 作罢 | 72,329 |
| 转向2 | 190,302 | 着重 | 141,341 | 走弱2 | 200,338 | 作保 | 77,288 |
| 装机 | 242,298 | 着装1 | 91,296 | 走色 | 117,321 | 作弊 | 239,317 |
| 装甲1 | 86,296 | 咨政 | 244,315 | 走绳 | 231,299 | 作别 | 239,330 |
| 装假 | 74,340 | 资政1 | 268,315 | 走水1 | 133,301 | 作答 | 239,331 |
| 装酷 | 74,340 | 资政2 | 268,315 | 走水2 | 225,301 | 作对1 | 239,320 |
| 壮胆 | 39,319 | 滋事 | 119,318 | 走私 | 219,338 | 作对2 | 119,341 |
| 撞车1 | 253,297 | 恣情1 | 106,313 | 走索 | 231,299 | 作恶 | 239,317 |
| 撞车2 | 253,297 | 恣情2 | 106,313 | 走台1 | 231,296 | 作法1 | 239,320 |
| 撞墙 | 195,296 | 恣意 | 106,312 | 走台2 | 231,296 | 作废 | 72,329 |
| 撞衫 | 195,296 | 纵步1 | 154,316 | 走题 | 117,308 | 作梗 | 239,334 |
| 撞锁1 | 195,297 | 纵火 | 160,301 | 走心1 | 193,312 | 作古 | 119,326 |
| 追风 | 83,323 | 纵酒 | 154,296 | 走心2 | 64,312 | 作怪 | 239,314 |
| 追根 | 217,318 | 纵目 | 154,291 | 走穴 | 147,311 | 作假1 | 164,340 |
| | | 纵情 | 106,313 | 走运 | 200,314 | 作假2 | 164,340 |
| | | 纵身 | 235,290 | 走嘴 | 133,333 | 作价 | 164,309 |

# 后　记

　　本书稿是在我的博士论文基础上经过较大修改完成的。转眼之间，博士毕业已整十年，课题所用语料《现代汉语词典》也从最初的第五版出到了第七版，拖延这么久，主要还是因为自己的愚拙和懈怠。一路甘苦走来，才亲身体会到著述之不易，由此从心底深深感佩那些著作等身的名师大家究竟需要何等的天资、何等的勤奋！

　　2008年我有幸忝列王宁老师门下攻读博士学位，因为当年报考方向是词汇语义学，所以自己在平常学习过程中对汉语词汇现象比较关注。临到毕业论文选题，我想选一个古今沟通的词汇问题加以探讨，借此拓宽自己的研究视野和思路。那时，王宁老师就复合词的构词问题已经发表许多成果，加之前面有多位师兄、师姐写过有关双音词的论文，我就打算在复合词上做点探讨。经过多次选题汇报，在老师的指导下我最终将研究范围锁定在支配式双音词上。由于自己选用的语料是《现代汉语词典》，但是在有限的时间内无法对全部词语进行穷尽考察，故而确立了几个专题从不同侧面来探讨支配式双音词构词的特点，2011年顺利通过答辩。但是我知道自己对研究对象的考察比较有限，对某些问题的分析还不够深入，在理论提升方面还有很大空间，所以我在博士论文的后记中写道"论文好像刚刚画上了一个逗号"，打算日后就此专题进行全面、彻底的研究。

　　回扬州大学工作之后，由于忙于各种事务，博士论文先放了两三年。真正着手修改是从2014年做支配式双音词语素义分析表开始的。当时试图对构词语素做一番全面清理，并考察语义的亲疏关系对语素结合的影响。2016年按照新设计的章节框架我申报了国家社科基金后期资助并有幸立项，之后参照评审专家的修改意见，补充部分内容，并完善论述。2020年一个繁忙的劳动节过后，我把结项终稿送去打印店，那时内心终于感到一丝轻松。这些年的研究都是在工作与事务之余进行，断断续续，但是好歹坚持了下来，算是一份迟交给导师的作业，了结了毕业时的一个心愿。

　　回望走过的路，遇到的困难主要有几个方面：第一是所考察的语料量比较大。《现代汉语词典》中的支配式双音词项有7000多个，每次从词典中提取支配式双音词和复查一遍，或者分析一遍它们的语素义、语义结构和义类归属都需要近两个月,这也就带来材料整理的精力投入过多而理论思考不够的问题。第二就是研究对象比较复杂。探究构词不仅要照顾到语素搭配,而且要关注语素义组成双音词意义的复合问题;在目前词义学认知水准下,对语素义的确定、义类的归纳、复合词语义结构的分析做到尽量合理有一定难度;复合词牵涉的问题比较多,如构词法与句法长期纠缠在一起,需要厘清二者关系。第三,相较于基础单位、结构和功能都有相对比较成熟的分析思路和术语系统的句法研究,构词法除了套用句法结构形式分析法之外,要想再深入细致地分析构词类型,探讨构词理据,目前还没有比较成熟的研究范式,需要自己探索。因此本书撰写经历了渐渐积累和逐步拓展的过程。

　　书稿最终能够完成,首先要感谢我敬爱的博士导师王宁先生,能在先生身边读书真是人生的一件幸事。王老师就像一盏明灯指引我前行的方向,她的一系列理论和可操作的方法给了我莫大的指导和启发。毕业之后离开了老师,自己一方面继续关注老师的最新成果,另一方面当遇到难题时就去重读老师的著作,每次读都会有一些新的认识。本书中引用了诸多王老师的理论,可是由于我的能力有限,有些地方可能理解得并不准确,由此造成的失误应由我本人负责。每当我在工作和生活中遇到困难时,只要联系王老师,王老师都会给予我大力支持和帮助。书稿清样出来后,我请求老师赐序,她慨然答应,在百忙之中为本书题写序言,其中许多话语既是给我的鼓励,也是对我继续努力的鞭策。

　　书稿虽然是在毕业之后完成,但其实是我对北师大三年所学知识的理解、消化和应用。当年在北师大,王老师为了培养和成就我们,奉献了自己宝贵的著书和休息时间。她针对我们的学习情况有计划地安排课程,每个学期都给我们开两到三门课。为了完善我们的知识结构,每个暑假都安排一段时间给我们补课,还请来名家上课和做讲座,拓宽我们的知识面。三年下来,我的听课笔记都有十几本!本书基本的研究理念与方法都是从课程学习中获得的。其他各位老师的教诲也让我受益匪浅。感谢吕云生、孙炜、黄易青老师,他们的研究成果为我进行语素义类分析奠定了良好的基础。特别是吕云生老师,在我博士答辩时,赠予大著,使我日后能有机会静心研读。此外我还从师兄师姐的论著中获益良多,如肖晓晖老师对语义系统的论述,符渝老师的复合词分类,卜师霞老师对复合词古今源流的探讨,凌丽君老师提供的文献资料,都很有启发意义和参考价值。同门孟琢兄、刘青松兄、王诚兄,与你们一起研习的日子值得珍藏回忆。

　　本研究从语义的视角为汉语构词法研究路径做了一些新的尝试,显然许多地方还不成熟，正如本书结语末尾所说，分析还比较粗浅，目前所作的工作可谓是以蠡测海，自不量力，因此真诚期待得到各位方家的批评指正。构词法研究领域许多问题还需要进一步深入探讨，对我的构词研究之路来说，这本小书仅仅是画上一个"分号"，希望今后能将此课题研究持续下去。本书花较大的篇幅不厌其烦地讨论前、后位语素的义类以及罗列双音词的义类归属和语义结构模式，就是希望为后续的构词法中观专题研究打下一个基础。此外，目前对支配式双音词构词语素的语义属性已经做了分析，但是如何将这些信息与数据库结合还做得不够，希望将来能借助现代数字技术呈现语素组合成词的网络关系，解释各类型复合词的构词现象。积之跬步，仰而攀登，诸君同道，岂有意乎？

特别感谢我的硕士导师钱宗武先生和师母周正宣女士对我的扶持和关爱。钱老师是《尚书》学名家，我在读硕期间就被先生的真知灼见深深折服。周老师慈母般的教诲，春风化雨，润物无声。回扬大之后，恩师高屋建瓴、旁征博引的论述和指导，每次聆听都令我敬佩，催我奋进！

感谢北师大各位老师的谆谆教诲，感谢博士论文答辩委员会的张志毅、张博、吕云生、易敏、陈淑梅诸位先生，他们为我提出了很多宝贵的修改意见。感谢国家社科基金后期项目的匿名评审专家提出的中肯意见，使得书稿得以进一步完善。感谢扬州大学文学院的各位领导与师友在我最困难的时候给予我关心和帮助。感谢浙江大学出版社责任编辑杨利军女士的辛勤付出，她的专业细致和尽心尽责的指导，使得本书各方面更加规范。

最后，我要感谢家人对我所选择的道路的全力支持和无限关爱。在撰写此书的十年里，我经历了众多人间世事。父亲于 2017 年永远离开了我们，让我觉得生命不再完整。2008 年初秋父亲送我去北师大报到时在扬州火车站月台上奔走的身影在我的脑海中时常浮现，让我永远怀念，谨以此书作为一瓣心香敬献给我的父亲。岁月不居，韶光易逝，已入不惑之年的我自当加倍勉力，感恩所有关心、支持、帮助过我的人，谢谢！

陈　树

2021 年 7 月 1 日于扬州梅岭